恩格斯传

将军和第二提琴手

张云飞 著

中国人民大学出版社
·北京·

恩格斯（1891 年）

恩格斯和马克思的自白[①]

选项	恩格斯的自白 （1868 年 4 月）	马克思的自白 （1865 年 4 月）
喜爱的优点 　一般人 　男人 　女人	愉快 莫管闲事 善于安置物品	淳朴 刚强 柔弱
特点	凡事一知半解	目标始终如一
对幸福的理解	饮 1848 年的沙托-马尔高酒 （暗示 1848 年的革命事件）	斗争
对不幸的理解	找牙科医生	屈服
能原谅的缺点	各种各样的无节制	轻信
厌恶的缺点	伪善	逢迎
厌恶的是	矫揉造作、傲慢不逊的女人	马丁·塔波尔（英国诗人）
最不喜欢的人物	斯珀吉昂（著名的洗礼教派传教士，狂信者）	
喜欢做的事	捉弄人和被人捉弄	看小尼达（南尼达·菲力浦斯）
喜爱的男英雄	一个也没有	斯巴达克、刻卜勒
喜爱的女英雄	太多了，一个也举不出来	甘泪卿（《浮士德》中的人物）
喜爱的诗人	"狐狸-莱涅克"（歌德）、莎士比亚、阿里欧斯托等等	埃斯库罗斯、莎士比亚、歌德
喜爱的散文家	歌德、莱辛、扎梅耳松博士（恩格斯在英国就医时的德国眼科医生）	狄德罗
喜爱的花	风铃草	瑞香
喜爱的颜色	任何一种，只要不是苯胺染料	
喜爱的菜	凉菜：沙拉；热菜：爱尔兰焖肉	鱼
喜爱的格言	一无所有	人所具有的我都具有
喜爱的箴言	从容不迫	怀疑一切

---

① 马克思，恩格斯. 马克思恩格斯全集：第 32 卷. 北京：人民出版社，1974：682－683；马克思，恩格斯. 马克思恩格斯全集：第 31 卷. 北京：人民出版社，1972：588－589. 恩格斯的《自白》和马克思的《自白》均写于马克思长女燕妮（小燕妮）的纪念册当中。

恩格斯的自白

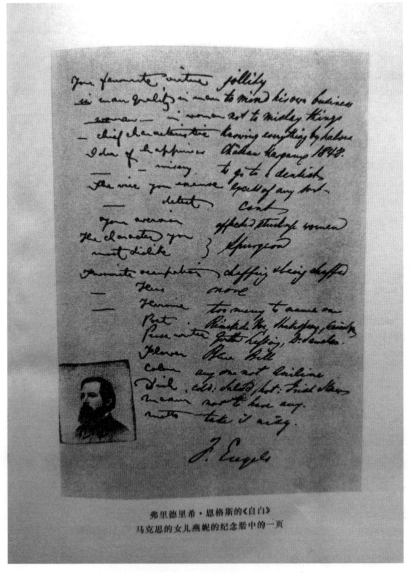

弗里德里希·恩格斯的《自白》
马克思的女儿燕妮的纪念册中的一页

弗里德里希·恩格斯的《自白》
马克思的女儿燕妮的纪念册中的一页

目　录

第 1 章

飞扬的青春
——青少年时代

> 恩格斯 1820 年生于普鲁士王国莱茵省的巴门城。父亲是个工厂主。1838 年，由于家庭情况，恩格斯中学还没有毕业，就不得不到不来梅一家商号去当办事员。从事商业并没有妨碍恩格斯对科学和政治的研究。当他还是中学生的时候，就憎恶专制制度和官吏的专横。对哲学的钻研，使他更前进了。[①]

弗里德里希·恩格斯的青春既有浪漫诗歌和亲密朋友的陪伴，也离不开枯燥的财务报表和无趣的商务应酬，是热情洒脱的，也充满了无奈和挣扎。年轻的恩格斯始终在跟命运抗争，学习不辍，最终得以摆脱家庭环境的影响，形成了自身的无产阶级革命观点和坚定的无产阶级革命立场。

1. 富足的家庭和"巴门的诗人"

1820 年 11 月 28 日，在这个平凡的日子里，一个伟大的人物——弗里德里希·恩格斯，出生在德国莱茵省的巴门市[②]。

莱茵是德国经济和政治最为发达的地区，与受法国大革命影响颇深的马克思的家乡——特里尔不同，巴门航运便利，工业发达，是莱茵较为著名的工业

---

① 列宁．弗里德里希·恩格斯//列宁专题文集：论马克思主义．北京：人民出版社，2009：53.

② 后来，位于伍珀河谷的巴门和埃尔伯费尔德（爱北斐特）两个城市合并为一个城市，即今天的"伍珀塔尔"。"塔尔"，即河谷的意思。

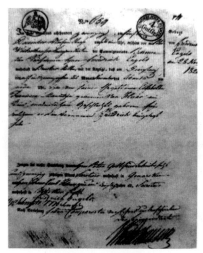

恩格斯的出生证书

城市。维也纳会议后，上莱茵地区划归普鲁士管辖。当时德国四分五裂，大陆封锁。相反，莱茵地区因其便利的交通条件，又缺乏国内竞争，很快成为资本主义工商业较为发达的地区。巴门的葡萄酒和纺织产品远销各国，也因此被誉为"德国的曼彻斯特"。与发达的经济相适应的是先进的文明，这里是自由主义的天堂。受法国大革命启蒙的一代文学家、哲学家和诗人如席勒、海涅就生活在此处，"莱茵人天性十分活泼。他们的血液在血管里像新鲜的莱茵葡萄酒一样轻快地流动，他们的眼睛总是敏锐地、愉快地注视着周围的世界"①。每当春天到来时，莱茵河沿岸绿草如茵，大自然披上节日的盛装，恩格斯一家也会正装出席莱茵地区的音乐会。到了秋天，葡萄成熟时，又会有大型的葡萄收获节的活动，热闹非凡。相比内陆地区，莱茵省搭上了资本主义高速发展的便车，经济和文化生活都呈现出蓬勃向上的状态。不过，自由主义对工业城市巴门却影响不大，这里的人们在乎金钱多过关心政治民主和自由，风气十分保守，资本家和工人不仅是雇佣关系，还维系着传统的宗法关系。因此，相较于新兴的文学和哲学浪潮，宗教在这里仍然处于统治地位。受虔诚主义影响，巴门的人们维系着亘古不变、缺乏丰富娱乐活动的刻板生活。

　　倘若你走在 19 世纪巴门的街头，提及恩格斯这一姓氏，还是有很多人知道的。这是一个典型的巴门家族。祖先白手起家，一代代人秉承刻苦努力的信

---

①　马克思，恩格斯 . 马克思恩格斯全集：第 2 卷 . 2 版 . 北京：人民出版社，2005：438.

仰，不断积累财富，等到恩格斯出生时，这个家族名下已有漂白厂、印染厂和织造亚麻或丝绸带的织带厂，从下巴门火车站到伍珀河①之间的土地也归其所有，是名副其实的望族。恩格斯的父亲与兄弟们一起经营的家族织造厂更是巴门同类公司中最大的一家。虽然老恩格斯也深受虔诚主义的影响，做事踏实肯干、谨慎自律，但也爱好音乐，兴趣颇多，并不像葛朗台那样是钻进钱眼里的商人。恩格斯家族还会在谷地修建住房、兴办学校，参与巴门的各种公共事务，在当地有着极佳的名声。很多年后，当恩格斯参与政治斗争被关押在监狱要求保释时，家族的名声还为他提供了担保。可以想见，当恩格斯背叛自己的阶级，投入无产阶级解放的革命事业时，这个传统的资产阶级家庭该有多么震惊。

恩格斯的童年充满了温馨快乐。他的父亲老弗里德里希·恩格斯，经人介绍与哈姆中学校长的女儿爱利莎·范·哈尔结婚。恩格斯的父母都受过良好的教育，父亲性格内敛，母亲个性却开朗活泼，受过人文主义教育的熏陶。由于父亲工作繁忙，恩格斯小时候与母亲常住外祖父家，学识渊博的外祖父常常会抱着他，给他讲述英雄人物的古代神话故事。13 岁时，恩格斯还特地写了《献给我的外祖父》这样一首诗来表达对外祖父的敬爱和感激之情。他的表舅卡尔·斯内特拉格牧师也经常邀请恩格斯去他家做客，为他解释经义。耳濡目染，恩格斯逐渐有了宗教信仰，对基督教也有了情感认知。恩格斯兄弟姐妹间的感情也极好。他有四个弟弟和四个妹妹。恩格斯对他们很关爱。成年离开家乡后，他也不忘经常与弟弟妹妹们通信，描述自己在外面的生活，关心他们的起居。这是一个人口众多的大家庭，互相之间充满了关心和爱护。虽然恩格斯成年后经常批评家里沉闷的风气，但不可否认，在物质和情感方面，家人对他还是照顾有加，只是恩格斯选择了与他们不一样的道路而已。

作为长子，恩格斯承担着父辈沉甸甸的期望。遵循家族传统，恩格斯在接受了家庭教育后就来到了他父亲担任管理委员会委员的巴门市立中学学习。这是一所虔诚主义的理科学校，以直观的方式教授物理和化学，为他后来进一步学习自然科学打下了重要基础。在初步接受一定的自然科学知识后，恩格斯进入了埃尔伯费尔德②福音教会中学学习。这是一所被公认为普鲁士最好的学校之一的中学，虽受虔诚派管理，但实际教学由代理校长汉契克博士负责。他是

---

① 旧译"乌培河"。
② 旧译为爱北斐特。

一名路德派，受自由主义影响较大，教学中注重语言和人文主义专业学习。这所中学有一大半课时设计了人文主义专业学习。在埃尔伯费尔德，恩格斯感受到了与保守封闭的巴门不一样的文化风气，在学习上也非常努力刻苦。从他的学业证书上可以看到，他掌握了拉丁语、希腊语和法语，在历史、地理、数学和物理方面的成绩也不错。汉契克博士对他的评价很高，认为他资质很高，表现出一种力求扩展自己的科学知识的值得赞许的愿望。原本恩格斯的父亲也期望他能继续学习，接受良好的教育，以便日后能够继承家业。但公司的变动使得老恩格斯不得不把计划提前了。当时，老恩格斯和他的兄弟们因为利润分配产生分歧，黯然退出家族公司，开始了创业活动，急需帮手，所以他只能让恩格斯提前退出学校，在巴门的办事处学习。

可是，这时的恩格斯再也不是小时候乖巧听话的小朋友了。在现在保存下来的老弗里德里希·恩格斯写给恩格斯的母亲的信中，老恩格斯将他描述为"性格奇特和好动的孩子"，虽然表面上彬彬有礼，但即使害怕惩罚也没学会无条件服从。他开始有自己的思想和认知了，也因此显得和这个传统的普鲁士商人家庭格格不入。他发现学校里教授的东西与他从外祖父和表舅那里听来的故事完全不同，家庭富足但雇佣的穷人却如此贫困，这让他对父亲的说教、母亲的善良产生了怀疑。虔诚主义的家庭文化已不再是他所能认同和遵循的了，少年的他只能用诗歌描绘内心五彩斑斓的世界，以暂时摆脱压抑的家庭和烦琐的职业。虽然在父亲的压力下，恩格斯不得不从事自己所不喜爱的职业，但他还是利用业余时间和他的朋友们格雷培兄弟组成了一个小组，经常写作诗歌。英雄人物和对自由的向往是他的诗歌的主题，在《1836年的诗》里，他提到了退尔、齐格弗里特、浮士德、阿基里斯（阿喀琉斯）、哥特弗里德和唐·吉诃德（堂吉诃德）这些崇尚自由、打破封建传统的骑士英雄。"当你再次看见他们，欢乐充满心田。"[1] 骑士小说是他少年时代最为钟爱的文学题材。1837年他还曾写了一篇小说，来歌颂希腊人反抗土耳其人的解放运动，文风青涩又生动活泼。尽管他的父亲曾因为阅读这些虔诚主义所不允许的书籍狠狠地教训了他，但他仍然会大胆地把从学校图书馆借的小说带回家阅读，老恩格斯对此忧心忡忡，担心他"向一种令人不安的漫不经心和性格软弱方面发展"[2]。

[1] 马克思，恩格斯．马克思恩格斯全集：第41卷．北京：人民出版社，1982：625.
[2] 恩格斯．我们的孩子//中共中央马克思恩格斯列宁斯大林著作编译局．回忆恩格斯．北京：人民出版社，2005：18.

年轻的恩格斯的内心处于挣扎中，迫切需要一种真正的信仰以支撑他从外界获得的知识。过多注重形式和教条的虔诚主义显然不能满足恩格斯的需求，虽然他时常拿自己的零花钱救助穷人，但杯水车薪，他无法解决《圣经》里的世界和现实世界、保守的家庭和自由的学校教育之间的差异问题，只能寄托于反抗旧秩序的骑士英雄们来解除他内心的苦闷。当然，此时恩格斯在文学作品中对自由和平等的强调与其说是反抗政治制度的黑暗，不如说是天性使然。他对贫苦阶层发自内心的关爱和同情、对压迫和专制的不满和痛恨，是他而后观察现实世界的最初动因和起点。

我看到远方闪烁着光芒
恩格斯

我看到远方闪烁着光芒，
那是一个个美好的形象，
就像点点繁星穿透云雾，
放射出清纯淡远的柔光。①

　　家庭出身并不意味着一切。在这个典型的普鲁士基督徒家庭里，恩格斯继承了父辈的谦虚自持，但也有着天生的善良天真的浪漫主义情怀。1838 年 7月，在巴门家里的公司混了大半年后，恩格斯告别了家人和朋友，中断学业，来到不来梅学习经商。

2. 不来梅商行练习生的工作、娱乐和写作

　　相比"德国的曼彻斯特"——巴门这样的工业城市，不来梅就显得开放热闹了许多。第一次真正告别家庭，来到陌生的城市，与不同的人群相处，无论是体魄还是思想，恩格斯都获得了极大的提高。

　　不来梅是德国北部的一座海港城市，由帝国直辖，不受领主管理，这让它成为远近闻名的贸易交流城市。恩格斯的父亲选择让恩格斯来到这里，出于以下考虑。一方面，这里有他非常信任的朋友——亨利希·洛伊波尔德。他们拥有共同的信仰和相同的商业活动，能够帮助他监督恩格斯在不来梅的工作和生

---

　　① 　马克思，恩格斯. 马克思恩格斯全集：第 2 卷 . 2 版 . 北京：人民出版社，2005：5.

活。另一方面，洛伊波尔德的商行主要处理的是萨克森和西里西亚的亚麻制品出口美洲的业务，也承办咖啡和雪茄烟的进口业务。这与恩格斯父亲的商业规划不谋而合。老恩格斯希望在德国和英国分别建立一所独家企业，专职经营纺织业，成熟之后完全交给恩格斯。相比巴门的办事处来说，在不来梅这样的港口城市学习，恩格斯可以获得更多的信息，能够初步了解欧洲纺织工业的生产和销售情况。显然，恩格斯的父亲没有详细地为他的长子描述过他的事业版图是如何规划的，恩格斯也无法理解为何要在毕业前半年让他辍学。当时，他的同学和朋友如格雷培兄弟都已升入大学，恩格斯感到十分压抑。他认为，"家庭里旧习气还很严重，它不能同外来客人取得谅解，友好相处。因此，在这里当然要发生家庭的更新，必然要经历一个痛苦的过程，而我以为旧式家庭确实需要这样的过程"①。从这时起，恩格斯开始以自由的笔触在报刊上发表文章，揭开旧式传统虚伪的面纱。

　　然而，内心的压抑并不妨碍恩格斯享受他在不来梅的新生活。相比自怨自艾，恩格斯经常与巴门的家人、在外上学的同学和朋友通信，描述自己在不来梅的生活。他以诙谐又略带嘲讽的语调说起住处的偏僻、工作的枯燥和老板对萨克森领事们的恭敬。事实上，相比其他见习生，恩格斯在洛伊波尔德商行的工作还是很舒适的。虽然他不能大张旗鼓地在工作时间阅读文学作品，但当老板不在时，他还会假借誊写业务函件的名义给弟弟妹妹、同学和朋友们写信，有时心血来潮还在信的空白处画上漫画，现在保存下来的他寄给格雷培兄弟们的信件上多处都画有文学作品中的经典人物形象。虽然恩格斯像他父亲所描述的那样，性格里带有漫不经心的因子，但还是颇受洛伊波尔德老板的器重。相比其他见习生，这个会二十几种语言、知识渊博又热情开朗的小伙子具有明显的长处，在见习生涯开始不到八个星期，他开始抄写商行的来往函件。从最简单地熟悉贸易商品、包装货样箱子到而后能自如地对付发货簿和账单，可以说，恩格斯很称职地完成了他的见习生涯。1841 年在结束不来梅的生活后，老恩格斯还专门带着他进行了长途旅行，实地调查了欧洲的丝织业和棉纺织业中心。显然，这是把他往接班人的方向上培养。

　　恩格斯在不来梅不仅学习了经商知识，还大大扩展了社交圈，广泛结识不来梅的各界人士，拓宽了眼界。他在不来梅的住处是当地一位名叫格奥尔格·

---

① 马克思，恩格斯．马克思恩格斯全集：第 2 卷．2 版．北京：人民出版社，2005：300.

哥特弗里德·特雷维腊努斯的牧师的家。他经常与牧师讨论宗教问题，和牧师家人结伴出游，节日还会互赠礼品，相处还算愉快。牧师家庭在不来梅与政治几乎隔绝，虽很保守，但也不勉强恩格斯参加圣经学会和主日学校这样的宗教场所活动。在这样的家庭居住，相比巴门少了很多束缚。

　　恩格斯偶尔也会感到孤独和寂寞，他曾写信给他的妹妹描述自己的房间周边的环境："我房间的窗户面向一条巷子，那里常常闹鬼。如果我很晚还未上床睡觉，11 点光景就听见巷子里开始闹腾起来了；猫叫狗吠，幽灵或大笑或哀号或敲打邻居的百叶窗。不过所有这一切都是很自然的事，因为巷子里住着一个点路灯工人，11 点钟的时候还要出门巡查。"① 颇有"客枕无眠，怎到天明"之感。刚到不来梅时，恩格斯只是 18 岁的少年，信件中多次表达了对家人和同学的思念。他常常让妹妹玛丽亚写信告诉他："这 8 个星期我不在，胖子一定又讲了什么笑话，难道你就不能写信告诉我？我根本不可能知道的事情不是很多吗？"② 他跟不来梅的庸人无法产生共鸣，感到"仿佛思想正从我的头脑中消失，仿佛我的生命正被夺去"③。

　　不过，恩格斯从来都不是一个悲观主义者。他自许为"傲慢不羁的大学生"，积极参与各项组织和活动，还发展了受益终身的兴趣爱好。夏季骑马，冬季滑冰，学习唱歌、跳舞，还参加辩论俱乐部、小胡子协会和演说协会。一开始恩格斯还苦恼办公室不允许读书，过了一段时间后，恩格斯在办公室支起了吊床，还能在老板不在的时候偷偷抽雪茄、喝啤酒，好不惬意。

　　恩格斯仿佛已经融入了不来梅的社交圈子，他的老板是萨克森王国驻不来梅领事和商务代办，经常带着恩格斯参加当地的酒会。恩格斯会呼朋唤友，喝得酩酊大醉，在与妹妹的通信中提到酒会上有趣的事，也会嘲讽老板对贵族们的阿谀奉承。从表面上看，恩格斯很适应当地的社交生活。但实际上，恩格斯从来没有认可，或者说喜欢过这种虚伪、庸俗的生活。此时，他的精神重点已经发生了初步的转移。在不来梅的前两年，恩格斯与好朋友格雷培兄弟经常讨论宗教问题，认为虔诚派对宗教的解释是陈词滥调，存在明显的矛盾。但后面，他发现他和他的朋友们"在这些争论中，我们彼此产生误解；当回答问题时，早已忘了自己原先说过的关键性的话；这样是不会有什么结果的。要彻底

① 马克思，恩格斯. 马克思恩格斯全集：第 47 卷 . 2 版 . 北京：人民出版社，2004：85.
② 同①91.
③ 同①100.

地探讨问题"①。

此时，恩格斯已经通过在报刊上发表文章与青年德意志的成员建立了联系，从一个文学爱好者变成参与者——巴门的城市诗人在施特劳斯的带领下，走上了通向黑格尔主义的道路。不过，这位巴门的城市诗人正式发表作品还是在来到不来梅之后。他的浪漫诗经常碰壁，直到1838年，他的诗歌《贝都英人》第一次匿名发表在《不来梅杂谈》上。不过，恩格斯在给格雷培兄弟的信上提到了这件事情，编辑把最后一节诗改动了，消解了诗歌所要表达的自由主义思想，这让他很生气。而后，他在不来梅的主要作品就比较集中发表在《德意志电讯》和《知识界晨报》上。《德意志电讯》创办者卡·谷兹科是青年德意志派的代表人物，吸引了一批持有自由主义观点的撰稿人，恩格斯就是其中之一。

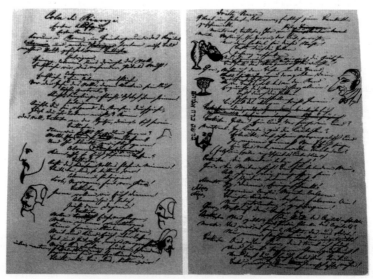

恩格斯写的诗剧《科拉·迪·里恩齐》手稿

恩格斯化名弗里德里希·奥斯瓦尔德在《德意志电讯》上发表了不少关于文学评论和政治争论的文章，还有一些未署名文章。其中，未署名的描述自己家乡的批判性文章《伍珀河谷来信》，引起了很大的争论。通过这些文章，恩格斯逐渐走向青年德意志派了。他认为，"青年德意志的目标日益明确，这就是他们意识到的'时代观念'。这些本世纪的观念（奎纳和蒙特就是这样说的）

---

① 马克思，恩格斯.马克思恩格斯全集：第47卷.2版.北京：人民出版社，2004：228.

并不像人们诬蔑的那样，是某种蛊惑人心的或反基督教的东西；它们建筑在每个人的天赋人权之上，并且涉及现代关系中同这种权利相矛盾的一切事物。这些观念包括：首先是人民参与国家管理，也就是实行立宪制度；其次是犹太人的解放，取消一切宗教强制，取消一切门阀贵族，等等"①。《伍珀河谷来信》对虔诚主义压抑底层人民精神的批判、《德国民间故事书》对文学纵容伪善和贵族卑躬屈膝的批判以及《为德国〈贵族报〉做的追思弥撒》对等级制的嘲讽，以及他偷偷运送禁书到巴门的行动，表明此时的恩格斯的政治和社会倾向已经转移到自由主义上去了。

　　而后，恩格斯发现青年德意志派喜欢在无足轻重的问题上争论不休，各说各话，无法前进，也因此丧失了兴趣。1840 年 3 月至 5 月，恩格斯创作的《现代文学生活》对青年德意志派代表人物进行了批判性的梳理，也澄清了自己的立场。他仍然十分推崇白尔尼，认为白尔尼是争取自由和权利的伟大战士，也很重视倾向自由主义和现实主义的伊默曼，说"我们还年轻，还富有火热的力量，就让我们去为自由而斗争吧"。这时候，恩格斯已经通过施特劳斯走向黑格尔，解决了他的宗教疑问，成为一名真正的无神论者。对宗教信仰的怀疑是恩格斯批判现实社会、走向自由民主主义的重要原因。虔诚派、青年德意志派始终无法解决《圣经》自身存在的矛盾，调和现实和宗教间的关系，而施特劳斯的《耶稣传》利用历史来理解基督教，将宗教回归到人类历史的发展长河中，去除了基督教的神圣性和至上性，这样，恩格斯迅速地与他批判已久的宗教信仰决裂，转向黑格尔哲学。恩格斯在另一份报刊《知识界晨报》上发表的文章就显得温和许多，没有多少政治性。

　　《不来梅通讯》系列文章生动展现了不来梅的剧场文化、港口文化和精神世界，对了解 19 世纪初期的德意志海港城市生活极有帮助。在这些文章中，恩格斯像一位通讯记者那样对不来梅发生的事件和情况进行报道，如乘坐"罗兰号"前往不来梅港，他详细而精确地描绘了不同社会阶层旅客的精神面貌和轮船环境，着重提到了甲板居住环境恶劣和空气不流通等问题。恩格斯不算是典型的"富二代"，对待社会问题，他从不置身事外，而是始终带有悲悯和激愤的心情，和广大贫苦阶层站在一起。值得一提的是，通过恩格斯描写不来梅的通讯文章，我们也能身临其境地感受到海港城市的风采："从威悉河上望去，

---

　　① 马克思，恩格斯 . 马克思恩格斯全集：第 47 卷 . 2 版 . 北京：人民出版社，2004：135.

这个小镇非常迷人，河上帆樯林立，遥遥可见，一部分船已陈旧过时，一部分是当地新建造的。莱苏姆河就在这里注入威悉河，丘陵起伏的两岸同样十分'美妙'，就像一位来自费格萨克近郊格龙村的教师以名誉向我担保的那样，看上去甚至富有浪漫色彩。"① 但恩格斯在这里始终没有找到志同道合的朋友，对他来说，工作和生活都是一如既往地乏味。

1840 年恩格斯所作的不来梅港速写

不过，不来梅的工作和生活还是让恩格斯成长了不少。1841 年 1 月，恩格斯在《德意志电讯》上发表了《恩斯特·莫里茨·阿恩特》一文，一方面赞扬德国作家阿恩特的爱国之心，肯定他对青年人的激励作用。但另一方面，他又尖锐地批判了阿恩特提出的建立基督教国家的观点，认为阿恩特所期望建立的"有机国家"把国家的公民区分为贵族、市民和农民以及与之有关的一切人，用一些美丽的辞藻掩盖住背后的压迫和旧制度。恩格斯提出了自己的政治见解，要求建立一个伟大的、统一的、平权的公民国家，废除等级、行会、长子继承权以及其他一切特权。此时，他已完全站在了青年黑格尔派这边，认为"我们时代的任务就在于完成黑格尔思想和白尔尼思想的相互渗透。在青年黑格尔派中已经有不少白尔尼的思想，所以白尔尼可以在《哈雷年鉴》发表的不少文章上毫不犹豫地签署自己的名字。但是，思想和行动相结合，一方面还没有被充分地意识到，另一方面还没有深入到国民之中"②。这时，他已经超越了青年德意志派只停留在笔尖上的自由和民主，更加认可青年黑格尔派的政治主张，希望能够将行动和理论统一起来，建立资产阶级自由主义的统一国家。

恩格斯过去一直通过文艺作品表现自己的自由主张，将对现存制度的批判融入现实生活中来，充满了浪漫主义和自由主义色彩，但当现实的批判变成政

① 马克思，恩格斯. 马克思恩格斯全集：第 2 卷 . 2 版 . 北京：人民出版社，2005：188.
② 同①274.

治主张的宣告后，青年德意志派已经无法满足他的战斗需求了。他需要更加激烈和鲜明的理论思潮的支持，黑格尔庞大的理论体系俘获了他。

在不来梅，白尔尼、谷兹科、卢格、甘斯、施特劳斯和黑格尔等这些文学家和理论家的作品出现在了恩格斯的书桌上和文章里。青年德意志派和青年黑格尔派这两个特征相悖的思想浪潮席卷了恩格斯的脑海，最终，恩格斯选择了政治激进、主张明确的青年黑格尔派，期望能够从理论转向行动，建立自由主义的资产阶级国家。

3. 革命的匕首——《伍珀河谷来信》

1839 年 3 月左右，恩格斯在《德意志电讯》上匿名发表了其第一篇政论性文章——《伍珀河谷来信》。这是恩格斯根据亲身观察所作的一幅生动描绘 19 世纪早期德国工业城市自然和社会状况的社会风俗画，是恩格斯所有早期作品中影响较大且在其思想发展历程中占有重要位置的作品。

发表在《德意志电讯》第 49 期上的《伍珀河谷来信》

这篇文章分为两个部分。在第一部分中，恩格斯介绍了伸延在伍珀河流域上的两座城市——埃尔伯费尔德和巴门的城市状况。在第二部分中，恩格斯详细介绍了虔诚主义对这两座城市的影响以及自由主义文学对虔诚主义的冲击。文章内容充实、文笔生动活泼。虽然最终观点还不太成熟，但也不失为一篇通讯范文，对了解 19 世纪早期德国工业城市的真实状况极具史料参考价值。

　　在第一部分的开头，恩格斯详细描绘了埃尔伯费尔德和巴门的城市风光。他先以俯视的角度描绘了孕育这两座城市的伍珀河的自然风景："沿岸的地带倒相当引人入胜，并不太高的山峦，有的重岩积秀，有的峭危峻险，个个披着翠绿的衣装，嵌入碧绿的草地，当天气晴朗，蔚蓝的天空映入伍珀河的时候，它那鲜红的颜色就完全消失了。"① 在恩格斯看来，这条家乡的母亲河早在工业生产的污染下变成了混浊又可怜的伍珀河了，无法再与莱茵河相比。在资本主义机器大工业生产初期，人们随意掠取自然资源和污染环境，没有意识到要进行有效的管理，像漂白厂这样需要大量用水的工厂通常会布置在河流附近，对水域造成严重的污染。恩格斯认为，河流泛着的红色波浪来自许多使用土耳其红颜料的染坊，实则河流的污染已经到了出现富营养化的地步了。接下来，恩格斯又将我们的视野从河流拉入这两座城市的布景。由远及近，先是暗淡的埃尔伯费尔德：这里有着奇形怪状的塔楼、建筑很糟糕的教堂以及各个部分很不相称的大厦。埃尔伯费尔德的街道毫无特点，小胡同也不像样，漂亮的市政厅大厦的位置也很奇怪。在恩格斯看来，这座城市简直是四不像，单调又无趣。不过，他对位于伍珀河桥另一端的家乡巴门的感情就更为浓烈了一些。这里的房屋都是新式的，盖得别致，高大而坚固，还有笔直的公路和景致迷人的自然风光。在恩格斯眼里，巴门与其说是城市不如说是各种建筑的简单堆积。埃尔伯费尔德和巴门是迎着工业浪潮而兴起的河谷城市，其城市的社会功能按需增加，也因此使城市面貌显得没有什么规律可循。不过，恩格斯对城市面貌的描绘是为其接下来论述城市的社会状况服务的。

恩格斯笔下的河流污染

　　这条狭窄的河流泛着红色波浪，时而急速时而缓慢地流过烟雾弥漫的工厂厂房和堆满棉纱的漂白工厂。然而它那鲜红的颜色并不是来自某个流血的战场——因为这里相互厮斗的只有神学家的笔杆和长舌妇们，而且往往是为了琐碎小事，——也不是源于人们羞于启齿的行为（虽然这确实有足够的根据），而是完全源于许多使用土耳其红颜料的染坊。②

---

① 马克思，恩格斯．马克思恩格斯全集：第2卷．2版．北京：人民出版社，2005：39．
② 同①39．

与单调的城市面貌相适应的是庸俗的精神生活。在这篇文章中，恩格斯将笔触对准了下层等级。酗酒和神秘主义成为他们打发时间的主要选择。每到周末，直到酒店关门，醉汉们才从酒店拥出来，其中大部分都是倒在路旁的沟里睡一觉后才醒过来。恩格斯认为，成为上帝的选民意味着拥有幸福和财富，其他人则会永远受苦的观点是荒谬的。与一般资产阶级作者不同的是，恩格斯对这些醉汉的态度很温和，并不认为他们的品性天生如此。接着，恩格斯分析了造成这种庸俗且有害的社会生活的原因。他认为，工厂劳动是造成这种现象的直接原因。"在低矮的房子里劳动，吸进的煤烟和灰尘多于氧气，而且大部分人从 6 岁起就在这样的环境下生活，这就剥夺了他们的全部精力和生活乐趣。"① 工人的工作环境恶劣，工作内容重复和单调。无论是谁，如果长期从事这样的体力劳动，都会在肉体和精神上陷入崩溃。因此，这些工人要么酗酒要么投向神秘主义的怀抱，别无选择。工厂主和工人形成了贫富对比明显的两个阶级。工厂主大腹便便、轻松愉快。而工人普遍处于可怕的贫困境地，梅毒和肺部疾病蔓延，还包括大量的儿童。恩格斯不因自身为工厂主的儿子而停止对唯利是图的工厂主的虚伪面目的揭露，但也由于时代条件的限制，他并没有进一步揭示二者背后的剥削和被剥削的劳资关系的实质。在他看来，工人的贫穷堕落、工厂主的伪善都是建立在虔诚派的流行的基础之上的。虔诚派的宗教观点确立了埃尔伯费尔德和巴门庸俗的社会生活的合理性。

在第一部分的余下内容中，恩格斯列举了埃尔伯费尔德和巴门虔诚派的代表人物，主要是克鲁马赫尔和他的三个同行——阿·科尔、莱·赫尔曼和海·巴尔，以及维希林豪森的施梯尔，通过揭露他们言行的矛盾之处，恩格斯对伍珀河谷的虔诚派的活动情况进行了介绍。

在第二部分中，恩格斯揭示了虔诚派对伍珀河谷方方面面的影响，认为这种虔诚主义精神已经彻底断送了这一地区。在教育方面，恩格斯详细介绍了三所地方经费办的高级学校：巴门市立学校、埃尔伯费尔德文科中学和埃尔伯费尔德中学。其中的两所是恩格斯的母校，是他亲身体验和感受过的地方。恩格斯认为，学校完全操纵在目光短浅的信奉虔诚主义的管理委员会手中，教师队伍的组建、教材选编和学生课程设置都极其荒谬。选拔教师不看才能而看信仰，教材远远落后于实践，管理者根本不了解学校的状况，教育在伍珀河谷地

---

① 马克思，恩格斯. 马克思恩格斯全集：第 2 卷 . 2 版. 北京：人民出版社，2005：44.

区得不到重视。这里的人们生活庸俗，一成不变，只有生意能引起他们的兴趣。自由主义和爱国主义都无法在他们心目中引起长久不变的热情。彼时，恩格斯深受"青年德意志"文学运动的影响，认为新文学具有唤醒民众内心自由主义精神的力量，介绍了伍珀河谷地区在报刊、诗歌和散文等方面的情况。在他看来，总体而言，埃尔伯费尔德和巴门仍然在虔诚主义和伪善主义的影响之下，文学发展缓慢，"青年德意志"仍需扩展自身的影响。

这篇文章一经发表就引起了很大的轰动。人们很难想象这篇对上层阶级的经济和社交生活极尽嘲讽，揭露他们信奉的虔诚主义教派的伪善和庸俗的文章出自当地一位知名工厂主的儿子之手。

亲友们对《伍珀河谷来信》的愤怒反应——恩格斯所作的漫画

1839 年 4 月 12 日，恩格斯在第二部分提到的《埃尔伯费尔德日报》主编马丁·伦克尔在报刊上发表文章猛烈抨击恩格斯的这篇文章，恩格斯随后对此进行了回应，《埃尔伯费尔德日报》也全文刊发了。不过这并不能止住评论的声音。《德意志电讯》的主编谷兹科在报刊上针对批评也进行了回应。恩格斯连续给他的好朋友格雷培兄弟写了多封书信谈到了此事。文章发表、思想观点能够引起广泛的讨论，恩格斯对此还是很兴奋的。他以活泼的语气主动向格雷培兄弟承认他就是文章的作者："哈，哈，哈！你知道《电讯》上的那篇文章是谁写的吗？该文作者就是正在写这封信的人。"[1] 针对伦克尔这些保守派人士的批评，他也强调他的文章的真实性："文章中所引用的一切材料都是有凭有据，是我从目击者那里获得的。"[2] 只是为家人着想，他不能公开自己的真

---

① 马克思，恩格斯. 马克思恩格斯全集：第 47 卷 . 2 版 . 北京：人民出版社，2004：143 - 144.

② 同①174.

实名字，让格雷培兄弟替他保密。可是，这篇文章引起即将成为牧师的格雷培兄弟的极大反感。不过，当时并没有影响他们的友谊，通信还在继续。恩格斯在而后的信件中多次与他们讨论《圣经》观点的矛盾性以及虔诚派牧师的庸俗无能。对自己文章所引起的轰动，恩格斯的态度是欣喜又带有少许不安。在对伦克尔的回应文章中，恩格斯并没有过多的嘲讽，反而显得很温和。面对格雷培兄弟的批评，恩格斯虽然也坚持自己观点的正确性和真实性，但也谦虚地表示文章在结构上确实显得比较松散："文章中也许个别地方有些夸张，但是从理性的角度来看，整篇文章描绘了一幅真实的图景。当然，如果抱着成见去读它，认为它是一篇杂乱无章的粗劣作品，倒也像是这样。"①

科尔纽在《马克思恩格斯传》第一卷中认为恩格斯在结尾处暗示了自己的文学活动，这其实是一种误解。恩格斯在《伍珀河谷来信》第二部分提到了"我还要提到一个聪明的青年人；这个青年说，既然弗莱里格拉特能够既做店员，又做诗人，那他一定也能办到。但愿德国文学不久会由于他的几本连目前最优秀的作品也无法与之相比的短篇小说而丰富起来；人们对这些小说能够指摘的惟一缺点就是：情节陈旧，构思不巧妙，文字不精练。如果不是照顾情面，我很想简要介绍一下其中的一篇，但也许不久的将来，会有一个出版商怜悯这位伟大的杜（我不敢说出全名来……）"②。在 1839 年 4 月 23 日左右给格雷培的信中，恩格斯提到了这位"杜"是下巴门维腾施泰因家的年轻办事员杜尔霍尔特，经历和他相似，但不是他本人。

可见，《伍珀河谷来信》不是恩格斯用来沽名钓誉、哗众取宠的文章。作为巴门本地人，他切身体验和观察到新兴工业城市的变化和庸俗的社会生活，看到了虔诚主义对当地人生活的影响，感到了改变的迫切性，只不过此时他认为文学的力量远高于经济的力量。

《伍珀河谷来信》是恩格斯来到不来梅不久后发表的政论性文章，文笔的犀利、内容的真实与对虔诚派观点和人物的讽刺，已明显表现出恩格斯此时已不是巴门那个迷茫又沉默的少年了，因此，不用惊奇埃尔伯费尔德和巴门的保守派人士会完全想不到这篇文章的作者是弗里德里希·恩格斯。19 岁的恩格斯通过这篇文章显示出自身对政治的敏感性和对吃人的虔诚派的唾弃，他的才

---

① 马克思，恩格斯 . 马克思恩格斯全集：第 47 卷 . 2 版 . 北京：人民出版社，2004：180.
② 马克思，恩格斯 . 马克思恩格斯全集：第 2 卷 . 2 版 . 北京：人民出版社，2005：64.

能已初步为青年德意志派代表人物所认可，后续文章邀约也纷至沓来。可以说，《伍珀河谷来信》在恩格斯争取政治自由和解放的革命道路上具有重要的开端意义，像一把匕首刺进了以维护伍珀河谷合理社会秩序为傲的工厂主和牧师的心脏，戳穿了虔诚主义和神秘主义的伪善面目，揭示了伍珀河谷恶劣的生态环境和社会环境，在生态史和社会发展史研究上都具有重要意义。

　　这是一篇怀着对下层人民浓浓的同情和对上层阶层激烈的愤慨而作的文章，就像 24 岁的马克思在《关于林木盗窃法的辩论》中第一次切实触摸到底层人民的挣扎、物质利益对不同阶层的影响那样，年轻的恩格斯通过《伍珀河谷来信》看到了"下层等级，特别是伍珀河谷的工厂工人，普遍处于可怕的贫困境地；梅毒和肺部疾病蔓延到难以置信的地步；光是埃尔伯费尔德一个地方，2 500 个学龄儿童中就有 1 200 人失学，他们在工厂里长大，——这只是便于厂主雇用童工而不再拿双倍的钱来雇用被童工代替的成年工人。但是大腹便便的厂主们是满不在乎的，因为虔诚派教徒的灵魂不致因为使一个儿童变坏堕落就下地狱，特别是这个灵魂如果每个礼拜日到教堂去上两次，那就更心安理得了。因为我们知道，厂主中间对待工人最坏的就是虔诚派教徒。他们借口不让工人酗酒，千方百计降低工人的工资"①。这种残酷的对比让恩格斯感到迫切需要去改变现状，也埋下了一颗革命的火种。

　　此时，恩格斯尚未了解资本主义的运行规律，更无法看到成熟的资本主义社会关系。他对阶级没有清晰的认识，对上下层人民的阶级属性和剥削实质无法准确把握，寄托于消除虔诚派来获得思想解放。他的政治主张和当时的资产阶级自由派一样，仍然是"犹太人和奴隶的解放，普遍的立宪制以及其他的好思想——为德国人民所掌握"②。但关心和同情贫苦阶层，力求实现平等、自由和解放的火苗已经让他摆脱了宗教束缚，开始转向更加激进的革命民主主义。

　　今天，当我们再度回看恩格斯的《伍珀河谷来信》时，会惊奇地发现这篇文章中所写的内容在资本主义世界中仍然每天存在着：被污染的自然环境、庸俗的娱乐活动和愚昧的宗教。正因为真实可信，这幅社会风俗画丝毫不显得过时，足可见时年 19 岁的恩格斯的思想敏锐和才华横溢。

---

① 马克思，恩格斯. 马克思恩格斯全集：第 2 卷 . 2 版 . 北京：人民出版社，2005：44 - 45.
② 马克思，恩格斯. 马克思恩格斯全集：第 47 卷 . 2 版 . 北京：人民出版社，2004：170.

4. 国王近卫军的炮兵和柏林大学的旁听生

1841 年 3 月，恩格斯离开不来梅，结束了他的实习生涯，回到巴门。同年 9 月底，在经过一段长期旅行后，恩格斯来到柏林，开启了他为期一年的军旅生涯。

恩格斯离开不来梅，仍然是遵循了他父亲的安排。不过，在与妹妹玛丽亚的通信中，恩格斯还是难掩兴奋之情。"感谢上帝，我现在也将离开这个沉闷的小城市，在这里，没有别的事可做，只有击剑、吃、喝、睡和刻苦用功，等等。"① 这就是他在不来梅生活的全部，在经历了初期的慌乱和适应后，恩格斯已基本熟悉了不来梅洛伊波尔德的全部经营活动，开始将注意力投向维系商业关系上，广泛参加社交活动。而这对他来说已经没有什么学习的意义了。当他父亲把他召回巴门时，三年的时间让恩格斯已经从那个"巴门的诗人"成长为有立场、有觉悟的年轻人了。他广泛地阅读书籍，通过文学投稿与青年德意志派相识，甚至还准备翻译雪莱的作品。通过文学，恩格斯开始接触现实世界，思考政治问题，有了独立的意识和自由的主张，他的批判虽然开始于宗教批判，但逐渐有了政治意义。他在思想上开始靠近青年黑格尔派，阅读黑格尔的著作，崇尚施特劳斯世俗化耶稣的举动。莱茵省已经困不住恩格斯了。

不过，参军也是恩格斯为逃避家庭压力而不得不做出的选择。当他从不来梅回来时，参加巴门的社交活动成为常态。在给妹妹玛丽亚的信中，恩格斯写道："参加婚礼，探亲访友，是啊，我去到那里，又吃又喝，而事后又把这些事议论一番，这根本不是我的作风。况且你也不习惯从我这里听到这种事。"② "昨天妈妈到奥古斯特家去喝咖啡，在那里她发觉尤利娅·恩格斯小姐非常沉默，而玛蒂尔达·韦姆赫纳小姐则很健谈，你自己可以从中得出某些结论。"③ 恩格斯这时已经 21 岁，先成家后立业成为他父母对他的另一个重要安排。可是，这时的他似乎正处于失恋期，在《漫游伦巴第》的游记中，恩格斯写道："这就是在我之前就有人把自己爱情的悲伤带到这座山峰上来了，因此我并不是孤独一人怀着一颗一个月以前尚无限幸福而现在却已破碎寂寞的心站在

---

① 马克思，恩格斯. 马克思恩格斯全集：第 47 卷. 2 版. 北京：人民出版社，2004：280.

② 同①286.

③ 同①288.

这里。还有什么样的悲痛比一切个人痛苦中最高尚最崇高的痛苦即爱情的痛苦更有权利向美丽的大自然倾诉呢?"① 怀着这样心情的恩格斯无论如何不肯接受父母的安排而早早成家,然而待在家又无所事事,在这样的处境下,当他父亲在旅游归来后将参军的选择放在他面前时,虽然他心里有些不情愿成为普鲁士国王的近卫军,但能够离开家乡,去往柏林已经远胜于一切了。于是,1841年的9月,恩格斯来到柏林成为普鲁士王国卫队中的一员。

1842 年恩格斯穿军装的自画像

从整体上看,恩格斯很享受他在柏林这一年多的生活和学习。虽然军旅经历对恩格斯的一生来说影响很大,可以说无论是体魄还是精神都有所受益,但恩格斯对待参军这件事情的热情并不是很高涨。这是因为:

一方面,恩格斯的身体对军队的训练强度不太适应,在与妹妹的通信中,恩格斯写道:"昨天我得了大炮寒热病。事情是这样的:整个早晨我都感到很不舒服,觉得身体有点支持不住,随后我被叫去操练,在大炮旁边差点昏过去,后来我只好离开,午后可怕的寒热病便发作了。今天早晨我觉得好一些,可是仍然不能正常操练。现在我的病基本上已经痊愈,然而由于得了卡他性的大炮寒热病,我还是请了两天病假。但愿病假过后我又能够很好地使用大炮通条。"② 柏林的自然环境和社会环境与莱茵省显然不同。恩格斯来到柏林后,对饮食和住宿都不太适应和喜欢。恩格斯晚年乘坐柏林号横渡大西洋时,说这个"柏林"比他年轻时待的柏林各方面都优越得多了。"如果近卫军尉官们知

---

① 马克思,恩格斯. 马克思恩格斯全集:第 2 卷 . 2 版 . 北京:人民出版社,2005:314.
② 马克思,恩格斯. 马克思恩格斯全集:第 47 卷 . 2 版 . 北京:人民出版社,2004:290.

道这里的饭菜是多么丰盛而味美，那他们马上就会拿陆上的（或沙上的）柏林来换取水上的柏林。"① 不过，恩格斯来柏林不是为了吃苦的。作为志愿兵，他是自愿入伍，享受比一般兵士更多的优待。其实，他也完全可以通过缴费免除自己的兵役。在经过新兵训练后，他拥有临时的勤务兵，可以告诉他日常的安排。在花作为资本家的老弗里德里希·恩格斯的金钱方面，恩格斯从不吝啬。志愿兵的制服和膳宿费自理，每周六晚上，恩格斯会去莱茵饭店改善伙食，新兵训练期一结束，恩格斯就在外租房居住，对他来说，士兵的营房显然难以忍受。1842 年，恩格斯还在租处养了一条名叫"无名氏"的猎犬。

另一方面，恩格斯来到柏林，完全志不在于军事。虽然恩格斯在给妹妹的信中透露出身穿制服、拥有军人身份的自豪，但对他而言，军队的生活枯燥无味，毫无意义。性格浪漫洒脱的他天生不愿受约束，但军营生活管理十分严格，"制服上哪怕只有一个纽扣或只有一个风纪扣没有扣好，任何一个军官或士官都可以关我禁闭"②。他对官僚做派的形式主义活动和训练十分排斥，当时士兵们每隔四个星期就要去一次教堂，恩格斯常常溜掉；他对在讨厌的宫廷广场来回奔跑也毫无兴趣，这使他时常盼望下雨和下雪。19 世纪 50 年代，在《欧洲军队》这篇文章中，他还批判说德国这种阅兵式的训练方式不仅陈旧，还浪费兵力、物力和财力。可以说，20 岁刚出头的恩格斯不是一个非常称职的志愿兵，尽管他的退役品行证书上写着"服役期间品德和执勤均表现优异"。从他而后的人生轨迹来看，在普鲁士国王近卫队任职炮兵的这段经历还是为他成为一名无产阶级军事科学奠基人做了一定的理论和实践上的准备。他在这里学习了炮兵学的基本知识，经常参加火炮的操作训练，还进行过实弹操练。恩格斯后面参加 1848—1849 年革命、撰写军事评论和百科全书的军事词条时都运用到了这些知识和经验。

求学才是恩格斯来到柏林的真正目的。有种观点认为，与马克思相比，恩格斯没有受过系统的教育，尤其在哲学方面缺乏训练，所以他的观点呈现出庸俗化倾向，学理不深。这种说法忽略了恩格斯柏林求学的这段经历。恩格斯在柏林的日程安排得十分紧凑，在训练和执勤之外，恩格斯还来到柏林大学旁听了两学期的哲学课。他在不来梅养成的喝酒和抽烟习惯在与妹妹的通信中似乎

---

① 马克思，恩格斯．马克思恩格斯全集：第 37 卷．北京：人民出版社，1971：78 - 79.
② 马克思，恩格斯．马克思恩格斯全集：第 47 卷．2 版．北京：人民出版社，2004：293.

很少提及了，训练之余就去上课。如果"今天晚上谢林不讲课，因此我整个晚上都有空，于是我可以非常努力和非常安静地进行工作了"①。生活再次变得丰富多彩了。他在《一个旁听生的日记》里详细记述了他在柏林大学的旁听生活。

19 世纪初期，去柏林大学听哲学课也是一种潮流。按照恩格斯的记述，当时柏林大学的教师中有各种派别的代表，因此辩论的气氛十分活跃。黑格尔去世后造成的理论分歧通过辩论也吸引了大批学生。"柏林大学的荣誉就在于，任何大学都没有像它那样屹立于当代思想运动的中心。"② 活跃的学术气氛、优越的地理位置，吸引了诸多对哲学感兴趣的人士来到柏林大学旁听。尤其是谢林的到来，让哲学争论达到顶峰，无论是观点针对谢林的马尔海内克，还是谢林本人的讲座，讲堂里都挤满了人，"青年人、老年人、大学生、军官、以及天知道还有些什么人"③。恩格斯来到柏林时，所感受到的就是这种浓烈的哲学气氛。青年黑格尔派在与谢林的论战中成为另一种"时髦"的哲学，关注者众多。恩格斯在柏林大学大概一共上了七门课，大部分是关于神学的哲学课，还有一门普鲁士财政制度课。

在《一个旁听生的日记》中，恩格斯除了描绘谢林的反对者——马尔海内克热闹非凡的上课情景之外，还提到了他上的一门有关普鲁士财政制度的公开报告课。据恩格斯解释，这是因为报告者冯·亨宁是黑格尔的老学生，当时恩格斯的主要兴趣在黑格尔哲学上，自然会来参加讲演。恩格斯认为，"普鲁士的基础不是过去几个世纪的废墟，而是万古长青的精神，这种精神在科学中获得意识，在国家中为自己创造自身的自由。如果我们放弃这种精神和它的自由，那么我们就否定了自身，就是出卖了自己最神圣的财富，就是扼杀了我们自己的生命力，我们也就不再有资格跻身于欧洲国家的行列"④。恩格斯对亨宁讲演的体会充分体现了他此时的思想倾向和政治主张，希望通过哲学变革破除普鲁士的封建思想以实现民族独立和自强，有浓厚的法国大革命的色彩。这也是典型的青年黑格尔派主张。

恩格斯在柏林除了开阔眼界和系统扩展哲学知识以更好地批判基督教哲学

① 马克思，恩格斯. 马克思恩格斯全集：第 47 卷 . 2 版 . 北京：人民出版社，2004：293.
② 马克思，恩格斯. 马克思恩格斯全集：第 2 卷 . 2 版 . 北京：人民出版社，2005：424.
③ 同②425.
④ 同②430.

外，其另一大收获是广交朋友，尤其是结识了青年黑格尔派中志同道合的朋友。柏林大学激烈的学术讨论氛围，尤其是将老年谢林请上讲坛的做法不仅吸引了恩格斯，还吸引了对黑格尔哲学感兴趣的青年，这些人以维护黑格尔哲学中革命性的辩证法为己任，力求批判谢林的保守哲学，在政治上倾向于自由主义，和恩格斯的主张基本一致。恩格斯晚年在与麦克斯·希尔德布兰德的通信中澄清他与施蒂纳的交往关系时，提到了他在柏林的交友状况："当时和我来往的有爱·梅因、布尔、埃德加尔·鲍威尔，稍后有布鲁诺·鲍威尔及其他一些人。"① 当时那里还有书商、中学教员和剧作家，以及第一个为后来的《莱茵报》撰稿的鲁滕堡，他们成立了不同的小组。恩格斯参加的是马克思曾经也在其中的博士俱乐部，白天在朋友那里见面，晚上则在各种啤酒馆里见面，"我们对黑格尔的哲学进行了很多辩论"②。恩格斯和其中的很多人私交都非常好，为抗议波恩大学 1842 年 3 月底解聘布鲁诺·鲍威尔，他和埃德加·鲍威尔还合写了一首长诗《横遭威逼但又奇迹般地得救的圣经，或信仰的胜利》，以讽刺的形式描绘了青年黑格尔派和神学哲学反动势力的代表之间的斗争。这首诗主要的出场人物有布鲁诺·鲍威尔、卢格、梅因、施蒂纳，还有特里尔之子——卡尔·马克思，以及他本人的化名——奥斯瓦尔德。他对马克思的描绘是：

> 是面色黝黑的**特里尔**之子，一个血气方刚的**巨妖**。
>
> 他不是在走，而是在跳，在急急忙忙向前飞奔，
>
> 他怒目圆睁，满腔悲愤。
>
> 只见他高振双臂，直指穹苍，
>
> 仿佛要把广袤的天幕扯落地上。
>
> 他紧握双拳，不知疲倦，
>
> 宛若凶神附体，只顾向前。③

但那时马克思已经离开柏林回到波恩了。恩格斯这一时期并未能与马克思本人见面。事实上，当时恩格斯也并没有进入博士俱乐部的核心圈子，当他与青年黑格尔派这些人熟识时，马克思已经转向批判青年黑格尔派的自由人联合

---

① 马克思，恩格斯 . 马克思恩格斯全集：第 37 卷 . 北京：人民出版社，1971：285.

② 同①286.

③ 马克思，恩格斯 . 马克思恩格斯全集：第 2 卷 . 2 版 . 北京：人民出版社，2005：505.

《横遭威逼但又奇迹般地得救的圣经，或信仰的胜利》的封面

体小组了。在马克思看来，这些人夸夸其谈，丝毫不触及真正切实利益的现实问题，毫无用处。

柏林为恩格斯的思想转向做了充分的准备。它让恩格斯脱离了莱茵省单调而乏味的生活环境，为其批判基督教、提出自身的政治主张提供了平台，也是他与马克思结识的源头。

5. 批判谢林——否定天启哲学

谢林是吸引恩格斯来到柏林大学课堂的主要原因。晚年的谢林成为普鲁士王国维护自身合法地位的哲学工具，自然成为恩格斯批判基督教哲学和基督教国家、宣传政治自由主义观点的对象和"靶子"。

相比英法等国，19世纪初期的德国仍然处于封建割据状态，邦国林立。这种分裂状态在经济上极大地阻碍了资本主义的发展，在政治上使得大容克地主阶级成为国内统治阶级，实行专制统治。而在思想上，受到法国大革命影响的一批知识分子迫切要求政治统一、实行民主和自由，以推动经济发展和民族崛起。恩格斯出生在经济最为发达的莱茵地区，自小切身感受到了这种封闭的统治对人们的身体和心灵的影响，所以一直站在反对封建专制统治和宗教迫害的第一线。当他看到布鲁诺·鲍威尔因公开反对波恩大学神学系而被解聘时，这种愤怒就转向对普鲁士专制统治的维护者谢林身上了。可见，恩格斯批判谢林的政治意义要大于学术意义。他站在青年黑格尔派的立场上试图维护黑格尔哲学的批判性的观点和方法，以反对普鲁士的官方哲学——谢林对黑格尔的批判。

　　恩格斯对谢林的批判主要集中于三篇论战性的文章——《谢林论黑格尔》（1841 年 12 月）、《谢林和启示》（1842 年 1—3 月）和《谢林——基督哲学家，或世俗智慧变为上帝智慧》（1842 年 3—4 月）。恩格斯分析了谢林对黑格尔哲学注解中存在的矛盾、谢林哲学观点的矛盾以及谢林哲学背后的宗教实质。

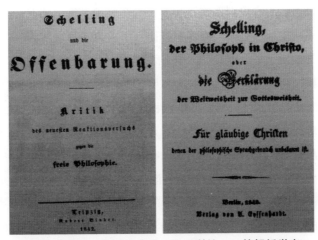

恩格斯撰写的《谢林和启示》和《谢林——基督哲学家，
或世俗智慧变为上帝智慧》的扉页

　　其一，恩格斯认为，谢林对黑格尔哲学的批判充满谬误，消解了实存概念，无法对现实有任何触动。谢林和黑格尔原为同窗好友，两人天资聪颖，哲学观点却针锋相对，颇有"既生瑜，何生亮"的味道。当黑格尔去世后，他的哲学教席却由谢林继承了。不过，谢林的到来是受到当时普鲁士的文教大臣的邀请，是为了抵抗声势浩大的青年黑格尔派，后者放大了黑格尔哲学的革命元素，希望建立符合资产阶级利益的民主制度。不过，1841 年谢林的到来不仅遭到了黑格尔哲学的左派（即青年黑格尔派）的反对，还受到黑格尔哲学的右派（即老年黑格尔派）的抗议。恩格斯在柏林大学所旁听的课程教授中，亨宁就属于老年黑格尔派。恩格斯在《谢林论黑格尔》中详细记述了谢林来到柏林大学的初次讲演的场景和内容，可以看出谢林的到来是当时哲学界的一大盛事，吸引了各派代表和青年学生参加，不完全是青年黑格尔派的关注。在谢林对黑格尔的理解中，"黑格尔必须努力引导同一哲学超越自身的界限，超越存在的潜在力、即纯粹的存在可能性，并且使实存从属于同一哲学"①。而谢林认为，存在着比实存更为先在的东西，将存在的纯粹潜在力看作仅仅存在于思维中的潜在力。这种看法遭到黑格尔哲学学派的左派和右派的共同反对。青年黑格尔派和老年黑格尔派在黑格尔哲学观上存在观点差异，原因在于老年黑格尔派希望维护黑格尔哲学体系的完整性，即保守性，而青年黑格尔派更加关注现实的一面，力求实现黑格尔哲学的辩证方法，即革命性。在黑格尔的哲学世界中，纯粹的存在是黑格尔实现其哲学体系化的开端和终点，也是其方法得以存在的基础。谢林的讲演则取消了实存，将其变成思维中的存在，与此同时，在思维中又无法实现这个存在的体系，让哲学成为一种直观的先天经验主义，沦为基督教的辩护士了。因此，讲演一结束，谢林就受到德国哲学界的猛烈抨击，不仅恩格斯连续发表文章批判谢林观点中的错误，卢格、马克思也都在书信和著作中对谢林做出了评价。与他们相比，恩格斯的文章言辞激烈，观点犀利，受到了广泛的关注，卢格还误以为文章是一位哲学博士所著。

其二，恩格斯揭露了谢林哲学观点存在的问题。谢林认为有三种潜在力。第一种潜在力直接同存在相关，第二种潜在力通过排斥第一种潜在力才有可能存在，第三种潜在力被排斥于前两种潜在力之外。潜在力转化的依据是来自后于自己发生的而且对它来说相对地不存在的东西。因此，在谢林的否定哲学中，第一个本原是一切存在的第一物质，他设定了某种更高的东西，而自由活动在潜在力中间的精神却不能直接起作用，始终是潜在力。这样，在恩格斯看来，谢林的三种潜在力的划分与黑格尔以否定为途径的发展过程相同，但它们三者被彼此割裂，固定于分裂状态，谢林所认为的潜在力将实存和理性分割，变成一种独特的、感性的——超感性的本质。这样的理性在恩格斯看来是缺乏必然性支持的，缺少实存内容，无非是先天经验的总结。恩格斯认为，"只有费尔巴哈才使我们对它有了透彻的认识；这种结论是：理性只有作为精神才能存在，精神则只能在自然界内部并且和自然界一起存在，而不是比如脱离整个自然界，天知道在什么地方与世隔绝地生存着"②，青年黑格尔派的政治主张可以用黑格尔的名言"存在即是合理"来理解。他们认为，政治民主和自由是符合概念自身发展的必然结果，在现实世界中的实现也是必然的。但是，谢林

---

① 马克思，恩格斯 . 马克思恩格斯全集：第 2 卷 . 2 版 . 北京：人民出版社，2005：325.
② 同①355.

的否定哲学将理性和存在割裂开来，成为互相依附的潜在力，需要另一个高于其自身的存在成为前提，显然与恩格斯的政治立场不符。马克思在博士论文附录中批评谢林则是从谢林青年时期和晚年时期的哲学观点的矛盾出发，他更为强调原子的灵动性和自我选择，这与恩格斯的看法的角度和视野还存在着区别。

其三，恩格斯认为谢林是基督教哲学家，是基督教哲学的辩护士。谢林在否定哲学中，贬低和抑制了理性，理性如果要从潜在力成为现实，就必须要臣服上帝，这样才能够提高声望和得到真理的精神的启发。理性只有获得主的启示才能领悟到对自我的确认。没有获得启示的哲学就不是真正的哲学。与此同时，与施特劳斯在《耶稣传》中把耶稣描绘成历史人物不同，谢林将基督教置于历史之上，上帝即是世界精神和历史精神的化身，人成为上帝可肆意拣选的器皿。谢林的天启哲学完全是神学，他从哲学的角度来论证上帝的存在，从而为基督教加以辩护，让自由和理性屈服于神学。恩格斯认为，谢林的启示哲学是"把权威迷信、感觉的神秘主义和诺斯替教派的幻想偷偷塞进自由的思维科学的初步尝试"[1]，是带有神秘性和虚幻性的宗教。

恩格斯笔下的谢林

此人中等身材，白发苍苍，有一双浅蓝色的快活的眼睛，眼睛的神情与其说令人敬畏，不如说使人精神振作，加上他那有点发福的体形，给人的印象与其说是一位天才的思想家，倒不如说是一个和蔼的家长。他的声音并不悦耳，但却有力，操一口士瓦本-巴伐利亚方言，总是把"Etwas"["某物"]说成"Eppes"——这就是谢林的外表。[2]

恩格斯论谢林的系列文章可以看作他在柏林的这段旁听学习经历特殊的毕业论文。他对哲学的兴趣始于其对宗教虔诚主义的反感，青少年的生活经历，尤其是与下层人民的接触让他看到了宗教和世俗生活的鸿沟，因此，对基督教的痛恨成为其与青年德意志派的短暂接触以及而后在柏林与青年黑格尔派成员的结识的重要共同点，也是他走进大学课堂的内在驱动力。接下来，他通过自主的哲学学习——研读黑格尔、费尔巴哈、施特劳斯等人的著作和柏林大学的

① 马克思，恩格斯.马克思恩格斯全集：第2卷.2版.北京：人民出版社，2005：344.
② 同①324.

旁听，逐渐将这种宗教反感与政治自由主义结合在一起，成为追求民主和自由的资产阶级知识分子中的一员。

他对谢林的批判不能完全视为学术文章，与同时期马克思的博士论文相比，其文章哲学用语不够规范、情绪色彩浓重，将谢林的私德与他的学术观点混合在一起，这种文章的学术价值自然要打折扣。此时的恩格斯对黑格尔的辩证法的理解也不够深入，他在《谢林和启示》中，将谢林和黑格尔的方法论混为一谈，认为谢林的否定哲学就是黑格尔的辩证法，缺乏对黑格尔体系哲学的深层把握。在这方面，恩格斯似乎更加注重直接的接触和个人的体验，在慎重的理论分析方面做得不够。他对谢林的批判的哲学论证算不上严谨，但在初学者中也可以说是佼佼者。他不仅在文章中针对谢林在柏林大学的讲演进行了评价，还提到了费尔巴哈、施特劳斯等人，这些也是他在不来梅一直关注的哲学人物。他肯定施特劳斯将耶稣世俗化的做法，认为费尔巴哈对基督教的批判是对黑格尔创立的关于宗教的思维学说的必要补充。"神学的秘密是人类学"。恩格斯为其对宗教本能的反感确立了人文主义的立场，也进一步明确了他作为无神论者的政治主张——反抗压迫和专制，追求民主和自由。恩格斯在这一时期的学习和交往活动为其接下来进入现实社会，分析阶级状况和现实状况做了充分的理论准备和知识积累。

恩格斯的青少年时期充满着迷茫和矛盾，既有诗歌和文学掀起的热情和激烈，也有无奈从商的忧郁和苦闷，这些感性情绪最终通过柏林的哲学学习有了理论的表达和思想的结论，虽然这时恩格斯的思想还处于唯心主义时期，对观念和理性推崇过高。卢格曾在信中高度赞扬恩格斯的哲学才华。恩格斯回复道：

> 我还年轻，是个哲学自学者。我所学到的知识足以使自己形成一个信念，并且在必要时捍卫它；但是要想有效地、有的放矢地为这种信念去工作，这些知识还不够。我当了"兜售哲学的人"，人们就会对我提出更高的要求，而且我没获得博士文凭，也就无权探讨哲学问题。我希望，当我再写点什么，同时署上自己的名字的时候，能够满足这些要求。此外，现在我不能过于分散我的时间，因为不久以后，我大概又要把更多的时间用于经商。迄今为止，我的写作活动，从主观上说纯粹是一些尝试，尝试的结果就说明我的天赋是否允许我富有成效地促进进步事业，是否允许我积极参加本世纪的运动。我对尝试的结果感到满意了；现在我认为我的义务

是学习，我要以更大的兴趣继续学习，去越来越多地掌握那些不是先天赋予一个人的东西。[①]

在批判谢林的文章获得广泛赞誉时，年轻的恩格斯能有这种清醒的认识已是难能可贵了。

[①]　马克思，恩格斯．马克思恩格斯全集：第 47 卷．2 版．北京：人民出版社，2005：301-302．

第 2 章

现实的批判
——从革命民主主义走向共产主义

弗里德里希·恩格斯是当代社会主义最杰出的代表人物之一，他在 1844 年就以他最初发表在马克思和卢格在巴黎出版的《德法年鉴》上的《国民经济学批判大纲》引起了注意。《大纲》中已经表述了科学社会主义的某些一般原则。在曼彻斯特（当时恩格斯住在那里），他用德文写了《英国工人阶级状况》（1845 年），这是一部重要的著作，其意义由马克思在《资本论》中作了充分的估价。在他第一次旅居英国以及后来旅居布鲁塞尔的时候，他是社会主义运动的正式机关报《北极星报》和罗伯特·欧文的《新道德世界》报的撰稿人。①

从 1842 年到 1844 年，按照"老头子"的安排，恩格斯到英国的曼彻斯特去学习和研究英国经商之道。就是在曼彻斯特时期，这个"不务正业"的家伙，通过深入工人阶级，通过加入宪章运动，通过批判性研究英国古典政治经济学和英法空想社会主义思想，通过社会主义理论和工人运动的初步结合，得出了以工人阶级为主体消灭私有制的科学结论，彻底背叛了资产阶级，从革命民主主义转变到共产主义上来。

1. 到曼彻斯特的工人当中去

大约 1842 年 9 月底到 10 月初，恩格斯服役期满，经过到科隆的短暂旅行

---

① 马克思写的 1880 年法文版前言//马克思，恩格斯. 马克思恩格斯文集：第 3 卷. 北京：人民出版社，2009：491.

之后，回到了自己的家乡巴门。

　　这时，恩格斯的家族企业获得了新的发展。老恩格斯掌管了巴门的"弗里德里希·恩格斯公司"、曼彻斯特的"欧门—恩格斯"棉纺厂、恩格斯基兴的"欧门—恩格斯"棉纺厂等三个公司。在老恩格斯的构想中，恩格斯如果要接替家业的话就必须要掌握经商的各个环节。现在，经过不来梅办事处的学习、柏林的开阔眼界，恩格斯还需要继续学习英国人的经商之道。在老恩格斯与人合办的上述三家公司中，曼彻斯特的公司盈利最丰。因此，老恩格斯在1842 年的 6 月就有了将自己的长子派遣到曼彻斯特的公司当"襄理"的想法。"老头子"的如意算盘是：一方面，让恩格斯收回"放荡不羁"的言行，浪子回头；另一方面，希望恩格斯通过了解英国公司具体的经营状况，能够把英国先进的管理经验带回德国，如预算、价格、经营方法、机器设备、工艺等。显然，到曼彻斯特去经商是"老头子"对他的长子恩格斯人生规划中的重要一环。

　　恩格斯对父亲的安排乐见其成，没有之前去不来梅那么抵触了。恩格斯在柏林大学学习的时候就已经听过冯·亨宁教授关于普鲁士财政制度的公开报告，出于自身行业的敏感，他一直很关注经济问题，来到典型的资本主义国家——英国，可以切实感受经济发达所带来的社会变化，将理论中的社会问题还原到现实中来，这比巴门、不来梅，甚至政治性较强的柏林对恩格斯来说都更具吸引力。1842 年 11 月底，恩格斯踏上了曼彻斯特之旅，开始了人生的新的阶段。

19 世纪 40 年代的曼彻斯特

　　当时，英国已经成为资本主义生产关系发展最为成熟和典型的国家，成了"世界工厂"。蒸汽动力和机器生产极大地提高了生产效率，铁路和轮船缩

短了空间距离，但是，贫富差距和阶级矛盾也空前激烈。距离伦敦 37 英里①
的曼彻斯特是英国的第二大城市，是英国的生产中心。这座城市的老城是工业
区，建筑杂乱无章，乌烟瘴气，令人窒息。工人阶级就在这里生产和生活。外
城新建的城区干净漂亮，资本家舒服地居住在这里。更为重要的是，曼城是英
国工会运动最为活跃的地方，是宪章运动的中心，是欧洲社会主义者最多的集
聚地。在这里，恩格斯通过广泛接触社会各阶层，切实感受到资产阶级和无产
阶级之间的阶级对立，将在德国形成的对底层人民的同情和关怀化为对共产主
义的信仰。曼城的两年时光，是恩格斯走向革命道路的重要转折点。

恩格斯的工作地点在曼城的商业中心，作为公司襄理的他在南门街有自己
的办公室。与不来梅的实习生涯不同，恩格斯在曼彻斯特对公司业务并没有什
么发言权，彼得·欧门并不想让恩格斯介入公司业务，他只好将大多数时间花
在了学习英语和社交上。很快，他的英语就相当熟练了。他参加商务聚会，与
普鲁士籍的工厂主们结识。但交往愈深，恩格斯对自身所处的阶级的认可度越
低。他发现这些资产者在日常生活中都是很好的丈夫和父亲，是一些可敬的和
体面的人物；在商业关系上大方得体。但对他们而言，唯一的决定性的因素还
是个人的利益，特别是对发财的渴望。当恩格斯向资产者描述工人区的恶劣的
不合卫生的建筑体系和可怕的居住条件时，资产者却毫不在乎，无法对穷人的
痛苦处境产生共鸣。"一切生活关系都以能否赚钱来衡量，凡是不赚钱的都是
蠢事，都是不切实际的，都是幻想。"② 与其他的资产者不同，恩格斯"放弃
了资产阶级的社交活动和宴会、波尔图酒和香槟酒，把自己的空闲时间几乎全
部用来和普通工人交往"③。这位"不务正业"的公司襄理，走遍城市的大街
小巷，走遍了曼城的所有贫民窟。他与不同的工人交谈，了解他们的收入和生
活状况，积累了丰富的第一手材料。对底层人民生活状况了解愈深，恩格斯离
柏林自由人团体的距离就愈远，不再将资产者和无产者之间的生活和精神状态
的悬殊归结为宗教影响，不再在理论中而是转向在现实的经济和社会生活中寻
找解决压迫和不平等问题的途径。受当时共产主义思潮尤其是赫斯的影响，他
将共产主义作为新黑格尔派哲学的必然产物接受下来，虽然此时他对共产主义
的理解还不深，理想化色彩仍然极其浓厚，但他内心深处已经和工人阶级站在

---

① 1 英里约为 1.609 千米。
② 马克思，恩格斯. 马克思恩格斯文集：第 1 卷. 北京：人民出版社，2009：477.
③ 同②382.

一起了。

与在不来梅和柏林时期参加学术团体、批判宗教崇拜不同，在曼城，恩格斯广泛参与了政治团体的社会活动。他先是以个体的身份研究英国的社会关系和政治关系、英国工人的生活条件和劳动条件，考察英国工人的斗争和宪章运动。他访问了曼城的工厂和工人区，还参加各种群众大会和工人集会。在此基础上，恩格斯与英国活跃的工人组织建立了联系。1843 年，在旅居伦敦期间，恩格斯同德国工人的秘密团体正义者同盟的领导人卡·沙佩尔、约·莫尔和亨·鲍威尔建立了联系。同年秋天，恩格斯访问了宪章派报纸《北极星报》编辑部，并同该报编辑——宪章派左翼领袖之一乔·哈尼结识。

与此同时，恩格斯还研究了亚当·斯密、大卫·李嘉图、让·巴·萨伊、约·雷·麦克库洛赫、詹姆斯·穆勒和其他资产阶级经济学家的著作。他还广泛阅读昂·圣西门、沙·傅立叶、罗·欧文、格·巴贝夫、埃·卡贝、威·魏特林及其他空想社会主义和空想共产主义的代表人物的著作，以及比·约·蒲鲁东的著作。

自 1843 年 10 月 23 日起，恩格斯开始为英国欧文派社会主义者的刊物《新道德世界》撰稿。他撰写的描述英国社会情况的通讯文章发表在宪章派报纸《北极星报》《新道德世界》，以及马克思主编的带有明显革命民主主义色彩的《莱茵报》上。当时，凡是站在左翼一边，关心社会问题和群众状况的人都自许为共产主义者，但恩格斯已经意识到他自身的观点与宪章运动和欧文派社会主义之间的差别，所以，并未确定要加入特定的政治组织。他在"废除反谷物法"和"实行十小时工作制"等运动中寻求与宪章派、欧文派社会主义的共同点，但在他看来，"宪章派还处于很落后的状态，发展水平还很低，但他们却是真正的活生生的无产者，是无产阶级的代表。社会主义者看得比较远，提出消灭贫困的实际办法，但他们来自资产阶级，因此不能和工人阶级融合在一起。社会主义和宪章运动的融合，法国共产主义以英国方式的再现，将会在最近发生，而且已经部分地发生了。只有实现了这一点，工人阶级才会真正成为英国的统治者；那时，政治和社会的发展也将向前推进，这种发展将有利于这个新生的政党，有利于宪章运动的继续发展"①。恩格斯认为，社会主义只有和宪章派融合才能脱离其空想性，真正实现无产阶级社会主义。

---

① 马克思，恩格斯 . 马克思恩格斯文集：第 1 卷 . 北京：人民出版社，2009：473.

> **哈尼笔下的恩格斯**
>
> 　　1843年，恩格斯从布莱得弗德到里子，到《北极星报》编辑部来找我。他个子很高，少年英俊，面孔几乎像孩子一样年轻。虽然他出生在德国，受教育在德国，但是当时已经说得一口流利的英语。他告诉我，他常常读《北极星报》，对宪章运动非常关心。①

　　恩格斯在曼彻斯特的经商活动并没有如他父亲所期望的那样提高他的经商能力，以至于不到两年他就被老恩格斯召回巴门。但是，1842年至1844年的曼彻斯特时期，是恩格斯人生中的关键转折点：他正在经历从革命民主主义向共产主义的转变。当然，他当时对共产主义的理解仍然具有一定的主观性。

2. 与马克思伟大友情的开端

　　马克思和恩格斯相差两岁，在早期思想发展上似乎也存在着两年的差异。当马克思已经在与卢格的书信中宣布脱离青年黑格尔派时，恩格斯才刚刚脱离作为浪漫主义文学派别的青年德意志派，开始接受青年黑格尔派的观点，成为柏林"自由人"团体中的一员。但是，这并不能阻止他们的友谊。

　　事实上，恩格斯在柏林服役的时候就听说过马克思的名字。当时，马克思已经是博士俱乐部的核心成员了，与鲍威尔兄弟、科本和卢格等人熟识，其独特的个人风格和鲜明的哲学观点让他在青年黑格尔派中名声大振。到1841年，在其博士论文《德谟克利特的自然哲学和伊壁鸠鲁的自然哲学的差别》中，马克思已经展现出不同于青年黑格尔派的研究旨趣。他借用了伊壁鸠鲁的原子偏斜说将意识和存在联系在一起，强调和赞扬了事物本身内在的具有否定意义的辩证运动，而青年黑格尔派仍然坚持抽象的理论研究，将意识和存在割裂开来逃避现实问题。尤其是，马克思在1842年4月开始参与反对派报纸《莱茵报》的撰稿工作，转向现实的、具体的政治问题上来后，他与青年黑格尔派尤其是其中的自由浪漫的代表柏林"自由人"团体就渐行渐远了。他曾在一封与卢格的通信中提到与柏林"自由人"团体的梅因之间的关系，认为这些自由人

---

　　① 哈尼. 关于恩格斯//中共中央马克思恩格斯列宁斯大林著作编译局. 回忆恩格斯. 北京：人民出版社，2005：67.

的"这些作品不是从**自由的**即独立的和深刻的内容上看待自由,而是从无拘无束的、长裤汉式的且又随意的形式上看待自由"①。他认为,青年黑格尔派这些人在偶然写写的剧评之类的东西里塞进一些共产主义和社会主义的信条,即新的世界观,是不适当的,甚至是不道德的。虽然马克思和青年黑格尔派都是从宗教入手来讨论政治问题,但马克思此时通过撰写政论文章已经率先进入了社会批判的领域。在他看来,宗教本身是没有内容的,其根源不是在天上,而是在人间,随着以宗教为理论的被歪曲了的现实的消失,宗教也将自行消亡。在信中,马克思毫不掩饰对柏林"自由人"团体的不着边际的空论和孤芳自赏的反感。但是,马克思和恩格斯在柏林并未碰过面。

1842 年 9 月底或 10 月初,恩格斯在从柏林返回巴门的归途中顺访科隆。当时,科隆的《莱茵报》已经成为政治激进主义的革命舞台,上面的文章辛辣、机智而又通俗,影响范围广,逐渐发展为普鲁士政府书报检查的重点监控对象。马克思在 1842 年年初就加入了《莱茵报》,同年 10 月 15 日成为该报的编辑。在报社工作的这段时间里,马克思对林木盗窃法和摩泽尔河沿岸地区农民状况的研究,推动他由纯政治转向经济关系,从而走向社会主义。令人遗憾的是,恩格斯并未见到马克思。1842 年 10 月以前,马克思在波恩。在这次科隆旅行中,恩格斯见到了对他之后思想发展影响颇大的第一个转向空想共产主义的青年黑格尔分子——赫斯。赫斯关于哲学共产主义的观点将本就关注社会问题的恩格斯从抽象的理论研究拉入了现实领域。恩格斯当时也认识到,只有共产主义才能彻底解决社会问题。因此,二人的谈话多有共鸣。这次谈话给赫斯也留下了深刻的印象。在给友人的一封信中,赫斯将恩格斯称为"老资格的革命家"和"热心的共产主义者"。

由于遗憾没有见到马克思,考虑到去英国以后再见面就更加困难,因此,1842 年 11 月下旬,恩格斯决定在去往曼彻斯特的途中绕道科隆去拜访马克思。在《莱茵报》的编辑部,恩格斯终于见到了马克思,但是遭到了马克思的冷淡对待。恩格斯后来回忆道:"11 月底我赴英国途中又一次顺路到编辑部去时,遇见了马克思,这就是我们十分冷淡的初次会面。马克思当时正在反对鲍威尔兄弟,即反对把《莱茵报》搞成主要是**神学**宣传和无神论等等的工具,而不作为一个进行政治性争论和活动的工具;他还反对埃德加尔·鲍威尔的清谈

① 马克思,恩格斯.马克思恩格斯文集:第 10 卷.北京:人民出版社,2009:3.

共产主义,这种共产主义仅仅以'极端行动'的愿望作为基础,并且随后不久就被埃德加尔的其他听起来颇为激烈的言辞所代替。因为当时我同鲍威尔兄弟有书信来往,所以被视为他们的盟友,并且由于他们的缘故,当时对马克思抱怀疑态度。"① 由于二人政治立场一致,因此,双方仍然约定,恩格斯继续担任《莱茵报》的通讯员,向报纸撰写有关英国的通讯报道。

在恩格斯到了曼彻斯特后,两人的关系发生了转机。契机开始于恩格斯就其在英国的所见所闻向马克思主编的《莱茵报》和《德法年鉴》等刊物的投稿。1842 年 12 月 8 日,《莱茵报》刊登了恩格斯的《英国对国内危机的看法》。这是一篇单纯的政论文章。恩格斯在文章中评价了宪章派的政治策略的失败。宪章派力求通过下院来争取普选权,这是永远不可能成功的。这篇经过马克思之手刊登的文章已经显示出恩格斯的关注点转移到了现实领域。

当《莱茵报》由于书报检查制度被迫停刊后,马克思仍然坚持在新闻出版领域与普鲁士政府做斗争,与卢格合作筹办的新刊物《德法年鉴》问世。这一刊物也就顺理成章地成为恩格斯的投稿对象。在马克思的推荐下,恩格斯的论述资本主义经济实质、英国政治状况和工人阶级处境的《国民经济学批判大纲》和《英国状况。评托马斯·卡莱尔的〈过去和现在〉》等文章陆续发表在《德法年鉴》上。恩格斯在思想上逐渐从革命民主主义转向共产主义、从唯心主义转向唯物主义。这两个转变与马克思的思想发展正好趋向一致。恩格斯在《大陆上社会改革的进展》中认为,共产主义是青年黑格尔派哲学的必然产物,而"马克思博士《莱茵报》的另一位编辑"与他同属于拥护共产主义的共和党人。恩格斯主张应"采取一切必要的步骤,对社会改革进行卓有成效的宣传,创办新的期刊,保证一切拥护共产主义的出版物的传播"②。这与马克思的观点高度契合。多年后,马克思回忆道:"自从弗里德里希·恩格斯批判经济学范畴的天才大纲(在《德法年鉴》上)发表以后,我同他不断通信交换意见,他从另一条道路(参看他的《英国工人阶级状况》)得出同我一样的结果。"③ 自《德法年鉴》起,马克思就和恩格斯开始了较为频繁的书信往来,在思想上有了进一步的沟通和交流。

相同的政治诉求和理论兴趣缩短了科隆和曼彻斯特的物理距离,也拉近了

① 马克思,恩格斯.马克思恩格斯全集:第 39 卷.北京:人民出版社,1974:452-453.
② 马克思,恩格斯.马克思恩格斯全集:第 3 卷.2 版.北京:人民出版社,2002:494.
③ 马克思,恩格斯.马克思恩格斯文集:第 2 卷.北京:人民出版社,2009:592-593.

马克思和恩格斯的思想距离。1844 年 8 月底，恩格斯一结束在曼彻斯特的工作就前往巴黎，与马克思进行了历史性的会面。跨越思想的千山万水，在共产主义和唯物主义的地平线上，他们终于站在了一起，成为终身的战友和同志。

3. 与爱尔兰女工玛丽的旷世之恋

在曼彻斯特开始工人阶级研究的时候，恩格斯找到了两位知己——玛丽·白恩士和格奥尔格·维尔特。对恩格斯来说，曼彻斯特的两年经历如此刻骨铭心，一个重要原因就是在这里遇到了自己一生的挚爱——玛丽。

无论是在思想上还是财产上，玛丽都是一位真正的无产者。她是一个爱尔兰人，自小生活在英国的贫民窟——"小爱尔兰"。她的父亲是一名染色工人。她长大后也毫无意外地成为一名纺织女工。虽然目不识丁，出身贫寒，但是，玛丽性格爽朗、胆识过人。在与工人的交往中，恩格斯与她相识相恋，不久就住在了一起。

玛丽是恩格斯真正走入工人阶级队伍的领路人之一。她自小生活在工人群体中，了解工人的所思所想，熟悉工厂制度，对资本家的剥削深恶痛绝。不过，繁重枯燥的体力劳动却没有耗尽玛丽对生活的热爱。她乐于助人，热情大方，参加集会和起义，希望爱尔兰能通过自由斗争实现民族的独立。正是其独立、乐观和开朗的性格吸引了在工人住宅区考察的恩格斯。玛丽的陪伴对于初来英国尚未熟悉语言的恩格斯来说极其重要。恩格斯时常同她一起漫游曼彻斯特的工人区，拜访居住在贫民窟中的工人家庭，与他们交谈，了解他们生活和劳动的更多细节。她让恩格斯意识到和工人们的社交集会相比，资产阶级的觥筹交错有多么无趣。那时，每周周日曼彻斯特的"共产主义大厅"会举办晚会，恩格斯和玛丽时常会来吃便饭和跳舞，度过愉快的夜晚。与纺织女工的交往，让恩格斯能够真正站在无产阶级一边，真真切切地了解工人的真实状况，并对他们进行科学和客观的研究。不仅如此，玛丽对爱尔兰民族独立的关切和对英国统治阶级的压迫的憎恨也深深影响了恩格斯。对爱尔兰历史、现状和未来的研究成为恩格斯而后思想发展的重要内容。二十多年后，恩格斯为写好爱尔兰历史还专门策划了一次爱尔兰旅行。

在而后的恩格斯的革命旅途中，玛丽始终陪伴左右。德国无产阶级诗人格奥尔格·维尔特是恩格斯的亲密朋友和战友，他一有时间就会来曼彻斯特拜访恩格斯，与他一起快乐地度过了许多个星期天，在这期间也与玛丽熟识。他曾特地为玛丽写过一首诗，叫作《颂玛丽》：

> 玛丽，这年轻的女郎，
> 胸中充满沸腾的热血，
> 和潮水一起来自梯培雷里，
> 来自爱尔兰。
> 她轻盈地离船登岸，
> 水手们都同声惊叹：
> "天哪！这位玛丽女郎，
> 真象野玫瑰含苞待放！"
>
> 她潇洒地走向市场，
> 一个过路人向她问安；
> "天哪！这位玛丽女郎，
> 一双小脚多么漂亮！"
> 她乘车去利物浦，
> 黑亮的眼睛闪耀着勇敢的目光，
> 人们围着她的座位，
> 久久不愿离开她的身旁。
>
> 玛丽和潮水一起来自梯培雷里，
> 来自爱尔兰。
> 这位女郎放声高喊：
> "谁买桔子，又甜又香？"
> 全城的人：黑人、波斯人、
> 有色人、犹太人和受过洗礼的人，
> 霎时间都来购买，
> 桔子真是又甜又香。
>
> 海上不见船帆，
> 码头无船出港，

一个痴情水手，
坐在船上遐想：
真想去利物浦一趟，
那里有位玛丽，
来自梯培雷里的年轻女郎，
正在卖桔，坐在椅上。

梅塞河畔的女郎，
人们对你情深意长。
海上有人为你倾倒，
陆地上更有人对你敬仰。
有一只小船
桅樯折断，
船员不慎落水，
难忘桔子甜香。

她抗拒人们的无礼和粗暴，
被灼痛的双唇似在燃烧，
那些蓄着大胡子的顾客，
总爱聚在市场的这一角。
陌生人的亲吻使她愠怒，
她毫不宽恕，
她挣扎、叫喊、逃跑，
摆脱别人的拥抱。

收拾起挣来的钱钞，
这是金黄色水果换来的酬报，
虽然怒气未消，
还是急忙往家跑。
把钱锁牢，谨防被撬，
这时正月已来到。

> 赶忙汇寄爱尔兰，
>
> 自己不留一分一毫。

> "为了拯救我的同胞，
>
> 我向你们捐献钱钞，
>
> 起来，擦亮利剑和斧刀，
>
> 把胸中的宿怨燃烧！
>
> 但愿梯培雷里的三叶草，
>
> 长得比英国的蔷薇更繁茂，
>
> 请代替我玛丽，
>
> 向奥康奈尔先生问好！"①

玛丽与恩格斯交往的二十年中，始终未与恩格斯结婚。但在恩格斯的朋友中间，玛丽作为恩格斯夫人的身份却是公开的。维尔特在与母亲的通信中提到，恩格斯"有一个曼彻斯特的小英国人作妻子，因此，我们的谈话一半用英语，一半用德语"。宪章运动领导人朱利安·哈尼也曾多次拜访玛丽，在书信中对玛丽有多次介绍。在写给马克思的女儿小燕妮的自白中，恩格斯表示自己喜爱的女人的优点是善于安置物品，厌恶的是矫揉造作、傲慢不逊的女人，最喜欢的热菜是爱尔兰焖肉，显然，这些回答都带有和玛丽多年生活的痕迹。他十分喜爱这位红头发、热情能干的爱尔兰姑娘。

不过，有学者认为马克思夫人燕妮和玛丽关系不睦，恩格斯出于体面，没有和玛丽生活在一起，玛丽只是作为恩格斯的情人而不是作为夫人出现在社交圈里，恩格斯本人是一位喜爱女人的浪漫"富二代"。这种说法是对恩格斯和玛丽关系的污蔑。恩格斯晚年在与卡尔·考茨基(1854—1938)的通信中说的一段话大致可以解释他未与玛丽结婚的原因："根据我自己家里的经验，我知道，父母很难（有时甚至不可能）公正地对待违背他们的意愿而进入家门的女婿或媳妇。不管父母怎样相信自己的意图是最好的，但这些最好的意图多半只会造成家庭新成员的痛苦，而且间接给自己的儿子或女儿造成痛苦。每个丈夫会发现自己妻子的某些缺陷，反之亦然，这是正常的。但是由于第三者的好意

---

① 克利姆. 恩格斯文献传记. 中央编译局，译. 长沙：湖南人民出版社，1986：140-143.

的过问，这种批评态度会转为感情不好和长期不和。"① 玛丽是无产者，恩格斯是有产者，恩格斯的父母竭力反对这门婚事。此外，恩格斯成长于父亲严厉、母亲慈爱的传统式家庭，对私有制社会条件下的婚姻没有任何憧憬，对资产阶级法律和道德根本不屑一顾。在其晚年著作《家庭、私有制和国家的起源》中，恩格斯提出："权衡利害的婚姻，在这两种场合都往往变为最粗鄙的卖淫——有时是双方，而更常见的是妻子。妻子和普通娼妓的不同之处，只在于她不是像雇佣女工做计件工作那样出租自己的身体，而是把身体一次永远出卖为奴隶。"② 他尊重女性的价值，肯定妇女在劳动中的地位，但在资本主义社会的条件下，婚姻的自由和平等无法得到真正的实现，因此，他和玛丽都选择了不婚的相处模式。在恩格斯参与革命的过程中，玛丽始终参与其中、陪伴左右。燕妮·马克思和玛丽·白恩士都是非常伟大的女性，但两人成长经历不同，相处时间也不长，即使关系冷淡也并不能代表燕妮对玛丽的看轻。用剥削阶级尤其是资产阶级的道德和法律来评价一位无产阶级革命家和思想家的爱情和婚姻，多么可笑！

共同的理想和志趣让恩格斯和玛丽这两位来自不同阶级和不同国家、有着不同成长经历的年轻人走在了一起。自此，他们相互扶持，谱写出私有制时代最与众不同的浪漫的无产阶级的爱情。

4. 与工人运动和社会主义的密切接触

随着资本主义社会阶级矛盾的发展，工人运动和社会主义在英国风起云涌。宪章运动是前者的代表，欧文的社会主义是后者的代表，二者走的是两条不同的道路。恩格斯与二者都保持了联系，并且试图在哲学共产主义的基础上超越宪章主义和社会主义。

与自发的工人运动不同，宪章运动是工人自觉产生的运动。1835 年以威廉·洛维特为首的伦敦工人协会委员会，草拟了《人民宪章》，提出了六条要求：（1）精神正常并且没有犯过罪的一切成年男子都有普选权；（2）议会每年改选一次；（3）议会议员支薪，使没有财产的人也能够当代表；（4）为了消除资产阶级方面的贿买和恐吓，选举采用秘密投票的方式；（5）设立平等的选区

---

① 马克思，恩格斯．马克思恩格斯全集：第 37 卷．北京：人民出版社，1971：107.
② 马克思，恩格斯．马克思恩格斯全集：第 28 卷．2 版．北京：人民出版社，2018：89.

以保证平等的代表权；（6）取消纯属形式的 300 英镑地产的代表资格限制，使每个选民都同样有被选举权。这也是当时激进的小资产阶级的口号。真正让宪章派声势大涨又凸显其社会性质的是废除谷物法和争取十小时法案的运动。

废除谷物法和争取十小时工作时限立法的斗争，是宪章派参与现实运动的两大表现和重要成果。1815 年，英国的土地占有者颁布了限制甚至禁止从国外输入谷物的法律，以便能够在保持高额地租的同时抬高谷物价格。激进的资产阶级和人民在 1838 年年底创立了"反谷物法同盟"，要求废除谷物法，保持贸易自由。宪章派站在了这场斗争的前线。1846 年废除谷物法的法案通过，扫清了英国资本主义经济发展的又一障碍。通过这次斗争，工人阶级逐渐意识到小资产阶级无法真正代表自己的利益，谷物法的废除对他们的现实处境的改善没有任何好处，因此，逐渐转向了宪章派。同时，争取十小时工作时限立法的斗争是英国工人因不满一天工作 12 小时而开展的斗争，立志于通过政治变革来提高自己经济地位的宪章运动理所当然地将之作为自己的主题之一。1847年 6 月 8 日，英国议会通过了十小时工作日法案，将妇女和少年的日劳动时间限制为十小时。1848 年 5 月 1 日起，这项决定作为法律生效。宪章运动标志着工人阶级正式踏上了政治舞台。

1842 年，当恩格斯来到曼彻斯特时，宪章运动正在这片土地上如火如荼地开展着。年轻的恩格斯迅速和宪章派相交，参与他们组织的集会和运动。恩格斯身体力行地站在了宪章派一边。他到共产主义大厅去听取演讲和报告，向宪章派的《北极星报》撰稿，参加他们的会议，关注废除谷物法和争取十小时工作时限立法的斗争的进度。1845 年年底，他把曼彻斯特宪章派领袖詹姆斯·李奇称为"我的好朋友"。

1842 年宪章派举行游行示威

同时，恩格斯还参加了英国社会主义的运动。他在德国时就对欧文领导的英国社会主义运动极为感兴趣，推崇欧文放弃工厂主的优越地位和丰厚财产从事工人运动解放事业的做法。来到曼彻斯特后，恩格斯开始为欧文社会主义者领导的《新道德世界》撰稿，关注他们的日常活动和安排。

1843 年夏天，恩格斯还与德国工人阶级的第一个政治组织——"正义者同盟"产生联系，虽然恩格斯在回忆中认为"尽管我们当时的观点在个别问题上有分歧——对于他们的狭隘平均共产主义，我当时还报之以在某种程度上同样狭隘的哲学高傲态度"①。但是，恩格斯仍然肯定地称他们是他遇到的"第一批革命无产者"。

有意思的是，虽然恩格斯与这些左翼组织建立了友好的联系，为他们的杂志撰稿，参与他们的游行活动，但是他始终没有加入上述组织，成为其中的正式一员。这是因为恩格斯此时的立场是哲学共产主义。

1843 年 11 月，在《大陆上社会改革的进展》一文中，恩格斯分析了法国、德国和瑞士等国工人运动的形势，据此推测未来工人运动的走向。在他看来，共产主义是建立在健全的哲学原理的基础上的。这说明，一方面，作为哲学民族的德国拥有开展工人运动、建立共产党的得天独厚的条件；另一方面，共产党只能在有教养的社会阶级中建立，共产党的骨干只能是大学生和商人。

当时恩格斯从内心深处并不认可英国工人运动的组织方式，在与工人运动的领导人相处时，也是带有"在某种程度上同样狭隘的哲学高傲态度"与之对立。随着宪章运动的不断开展，恩格斯对工人运动的认识也逐渐深入。在他看来，英国是一个实践出真知的国度，现实经济的迅速发展带来国内贫困和竞争的加剧，使得英国的工人运动必须要采取的是宪章派与欧文社会主义结合的方式。宪章运动本质上只是一种社会现象，代表了资本主义经济高速发展过程中工人阶级的政治诉求，是工人阶级觉悟和组织水平提高的标志。但它与小资产阶级结合，没有明确的政治口号，没有强有力的领导阶层。工人阶级的宪章派目光短浅，只是看到了选举权的重要性，仿佛拥有了选举权就意味着工人阶级的独立和解放，甚至在选举诉求中排除了妇女。他们没有看到工人经济地位的丧失，也无法真正把握资产阶级和工人阶级的矛盾。这样的宪章运动最终只会为资产阶级所操控，不能真正形成对工人阶级有利的长久发展趋势，也不可能

---

① 马克思，恩格斯．马克思恩格斯文集：第 4 卷．北京：人民出版社，2009：228.

实现共产主义的目标。

欧文社会主义者看到了工人阶级的贫困，提出了具体的解决办法来消除贫困，但这些社会主义者来自资产阶级，他们无法真正走入工人阶级，只能通过自上而下的办法来解决资产阶级和工人阶级的矛盾。这样的"调和"模式不可能得到工人阶级的认可。

此时，恩格斯将共产主义分为社会共产主义、政治共产主义和哲学共产主义。他认为，在英国，社会和政治的结合才能真正获得工人阶级的支持。这也让他意识到把共产主义和工人运动结合起来、把工人阶级改善境遇的偶然诉求变成系统的阶级解放理论的必要性。

5. 天才的大纲——《国民经济学批判大纲》

1843 年初夏，恩格斯旅居伦敦。秋天，与宪章派领导人结识，对生产的无限扩大和工人处境的困难有了更加深刻的认识。同年年底，回到曼彻斯特后，恩格斯创作了《国民经济学批判大纲》，对资本主义社会的经济社会关系进行了较为彻底深入的分析。1844 年 2 月底，该文在马克思和卢格主编出版的《德法年鉴》上发表。

在这篇文章中，恩格斯主要通过批判资产阶级的政治经济学说，揭示了资本主义固有的内在矛盾。在他看来，重商主义和自由主义政治经济学都只是"私经济学"，没有办法也不可能真正揭露出资本主义经济的运行规律。它们没有想到提出私有制的合理性的问题，这样的理论学说最终会背弃自己的前提，求助于诡辩和伪善，用人道主义精神为自己背书，实则进行的是血腥恐怖的掠夺。贸易差额论是整个重商主义的学说，但贸易的后盾是拳头，其背后是成千上万人的牺牲，这样一种理论掩盖了商人的彼此妒忌和贪婪。自由主义的政治经济学探讨了私有制的各种规律，表明了资本主义经济水平的进步，与重商主义支持无限制地推动自由贸易不同，自由主义政治经济学强调的是进行野蛮的垄断，二者本质上没有什么差别，都认为社会关系只是为了私有制而存在。这样的经济学说只能作为私经济学存在，没有办法真正实现"国民财富"。接下来，恩格斯围绕"竞争"研究政治经济学的基本范畴，以揭露自由贸易制度所产生的矛盾。

恩格斯揭露了最日常的经济活动——商业的虚伪和不人道。在私有制的统

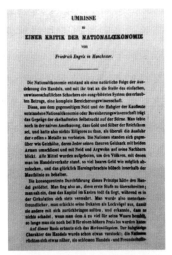

恩格斯的《国民经济学批判大纲》

治下，买和卖构成了商人收入的直接来源，贱买贵卖也成为任何一个商人追求的目标。然而，这种活动却造成了人和人之间相互对立、竞争的关系。在人际关系上，人和人互不信任、相互欺骗；在民族关系上，各民族之间友好的关系被瓦解，以使敌对的关系普遍化。为了让个别人之间的仇恨和可耻的竞争达到极端尖锐的地步，私有制条件下的商业将公共利益和个人利益对立、民族和民族之间的利益对立、人和人之间的利益对立，甚至家庭关系也因为利益而丧失了温情。在恩格斯看来，这样的商业社会就是自私自利的野蛮社会。

　　恩格斯深入剖析了价值概念。恩格斯对自由主义政治经济学价值概念的批判具有一定的创造性。他认为，像麦克库洛赫和李嘉图这样的经济学家，把实际价值等同于生产效用，排除了竞争，造成了概念上的混乱；萨伊的效用论同样如此。抽象价值是由生产费用来决定的说法是不切实际的。恩格斯认为，物品的价值包括两个要素：生产费用和效用。但由于竞争和利益的关系，物品的效用常常得不到实现，造成了物品本身所固有的实际效用和这种效用的决定之间，以及效用的决定和交换者的自由之间的对立。让价值从属于生产费用和竞争的相互作用所决定的价格，即实际价值和抽象价值之间的对立，如时机、时尚和富人的癖好这些要素，造成了价格和价值的分离。我们在日常生活中所遇见的高昂的奢侈品便是这种分离的代表。

　　恩格斯剖析了生产费用的构成。据经济学家说，商品的生产费用是由生产原材料所必需的土地的地租、资本及其利润、生产和加工所需要的劳动的报酬三个要素组成的。在这里，恩格斯天才式地将生产费用划分为自然的、客观的方面和人的、主观的方面，并将发明这样的精神要素划归到主观的生产费用中，比自由主义的政治经济学家李嘉图更进了一步。

恩格斯考察了资本主义政治经济学的另外两个关键的范畴——资本和劳动。资本和劳动的分离，以及完成这一分离的人类——资本家和工人的分裂，让资本可以不花费劳动即取得收入，而作为生产主要因素的劳动在资本主义政治经济学家看来却无足轻重。劳动和劳动的产物相对立，工人工资的真正意义在物品中也没有得到真正的显示。人的劳动的意义、劳动对于财富的价值，像资本和劳动的分离一样，被淹没在工资的形式中了。

恩格斯认为，造成不道德的商业、实际价值和抽象价值的对立以及资本和劳动对立的源头是竞争。自由主义政治经济学家用"竞争"来批判重商主义的"垄断"，二者实则是一回事。竞争本身就是以垄断即财产的垄断为前提的，而垄断就是财产的所有权。竞争的实质是消费力对生产力的关系，在竞争的条件下，供求关系始终不会达到平衡，二者相互对立和隔绝，每个人都希望成为投机家，不劳而获。在人类不自觉的状态下，供应和需求的规律是一个以当事人的盲目活动为基础的自然规律，必然会造成像过去的大瘟疫一样按期来临的商业危机。资产阶级经济学家否认了供求关系的不对等是经济危机产生的主要原因的观点。马尔萨斯提出的人口论，将人口的增长速度和生产的增长速度对立起来，认为人口威胁着生活资料，生产的增长无法赶上人口的增长，由此产生了商业危机。在经济学家看来，只有能够为自己取得的东西提供等价物的人，才是真正的需求者、真正的消费者。因此，消除贫困人口成为马尔萨斯人口论的潜在诉求。这种将人口过剩和财富过剩对立的学说显示出了自身的虚伪本质。竞争不仅是造成供求关系不对等和商业危机的源头，也导致了财产的集中、社会阶级的分裂。财产权的垄断是竞争形成的必要条件，自由竞争也会进一步引起垄断。一般说来，大的财产比小的财产增长得更快，社会的贫富差距会逐渐增大，社会关系的矛盾也会愈来愈尖锐。它让人们相互奴役，社会秩序日益衰朽和混乱，在道德上便表现为犯罪数量的增长和人们的堕落。

恩格斯通过批判资本主义的"私经济学"提出了共产主义的经济学说。只有消灭私有制、消灭竞争和利益对立，才能结束供求分离、社会关系紧张和道德堕落的危机局面。其一，通过组织生产来消除生产的无意识。竞争是以当事人的盲目活动为基础的，在经济活动中无意识的个体相互对立，全凭偶然性来进行生产。如果生产者自己知道消费者需要多少，如果他们把生产组织起来，彼此都分担一部分，有意识地进行生产，那就不会有竞争的波动和竞争引起危机的倾向了。其二，消除私有制，消除资本、劳动和自然之间的对立，即消除科学服务于人类的限制条件，形成无穷无尽的生产能力，自觉地为大众造福。这样，"人口过剩"与"生产过剩"之间的对立也就不存在了。其三，进行全面的社会改革，消除人和人之间的对立。贫富阶层差距的拉大、中间阶层的缩减，以及工厂制度下的道德堕落，使得阶级斗争愈发尖锐，社会革命一触即发，已经到了必须要进行社会改革，改变工人困难处境的地步了。

　　恩格斯在这篇文章中分析了竞争的经济作用和社会作用——竞争使得资本和资本、劳动和劳动、土地和土地对立起来，是贫困、穷苦和罪恶的原因，提出消灭私有制、消除竞争的主张。这是恩格斯对典型资本主义国家——英国经济和社会状况进行考察后得出的结论。

　　难能可贵的是，恩格斯在《国民经济学批判大纲》中提出了一些具有生态价值的思想。其一，自然和人是构成生产的两个要素。土地是前者的典型代表，后者还包括人的肉体活动和精神活动。其二，土地私有化是最大的不道德。土地是我们的一切，人们通过在土地上劳动耕作获得生存的必要条件，建立与自然的关系。因此，把土地当作买卖的对象就是走向自我买卖的最后一步。"地租是土地的收获量即自然方面……和人的方面即竞争之间的相互关系"①，将它作为生产费用的一部分，实则考虑的是生产能力和竞争的关系。地租是靠占有和掠夺实现的。其三，在资本主义社会中，买和卖让人和人之间的关系沦为利益关系，与此同时，自然在商人眼里也仅仅是工具，而不是人类赖以生存和发展的空间。贬低和忽视自然价值是资本主义制度崩溃的又一关键因素。其四，只有通过消灭私有制的共产主义才能实现人与自然、人与社会关系的和谐。由于私有制割裂了人与自然、人与社会的关系，因此"他瓦解一切私人利益只不过替我们这个世纪面临的大转变，即人类与自然的和解以及人类本身的和解开辟道路"②。"两个和解"是恩格斯早期对资本主义思想批判的中心，也由此产生出其对未来共产主义社会的期许。

　　《国民经济学批判大纲》是恩格斯唯物主义和共产主义思想的萌芽，也是

---

　　①　马克思，恩格斯．马克思恩格斯文集：第 1 卷．北京：人民出版社，2009：69.
　　②　同①63.

马克思主义发展史上的重要著作。在这篇文章中，恩格斯已经触碰到了资本主义的经济本质，发现了资本、劳动和土地的分离，对资本主义竞争机制进行分析。在私有制条件下，竞争使得人们各自为政，一切人反对一切人，无法实现信息的流通和对等，因此也无法保证供求之间的平衡，商业危机无可避免。恩格斯揭露了资本主义社会条件下因贫穷和失业造成的道德堕落和家庭关系的分割，违背了人性。就恩格斯早期思想发展来说，以上观点的提出无疑是前进了一大步。恩格斯在这里摆脱了抽象的哲学分析和激情的演说，结合自身的经商体验，分析了现实的资本主义经济社会关系，这为共产主义学说的提出奠定了扎实的理论基础。这种结合现实的理论分析对于当时的马克思来说也是极其珍贵的。

1885年，恩格斯在回忆共产主义者同盟的历史时，提到其在曼彻斯特的经历，称："我在曼彻斯特时异常清晰地观察到，迄今为止在历史著作中根本不起作用或者只起极小作用的经济事实，至少在现代世界中是一个决定性的历史力量；这些经济事实形成了产生现代阶级对立的基础；这些阶级对立，在它们因大工业而得到充分发展的国家里，因而特别是在英国，又是政党形成的基础，党派斗争的基础，因而也是全部政治史的基础。"① 立足经济现实来分析资本主义社会的运行机制、对未来共产主义社会进行科学预测的做法，让恩格斯摆脱了人道主义的共产主义，关注经济要素对社会发展的影响，为最终转向唯物主义和共产主义打下了坚实的基础。

此外，《国民经济学批判大纲》充满了思想的闪光点。例如，在文章结构的编排上，恩格斯从最简单的经济活动——商业谈起，分析商品的价值和资本利润，《资本论》的结构与之具有相似性。在《国民经济学批判大纲》中，恩格斯提到人和自然的分离、竞争造成的土地肥力的耗尽以及"两个和解"的观点。这样，早于马克思《1844年经济学哲学手稿》提出的共产主义是完成了的人道主义和完成了的自然主义的统一的思想，恩格斯将共产主义看作人与自然和解（和谐）的社会，从而开启了后来马克思主义发展的生态维度。恩格斯将发明作为精神要素纳入生产费用，在人和自然关系中强调科学的重要参与，为而后研究科学技术和社会的关系打下了基础。由此可见，《国民经济学批判大纲》是恩格斯思想的重要发源地。

---

① 马克思，恩格斯．马克思恩格斯文集：第4卷．北京：人民出版社，2009：232．

　　马克思在《1844 年经济学哲学手稿》中专门摘录了这篇文章，多年后在与友人的通信中也称之为"天才大纲"。当时，马克思对共产主义的理解还停留在政治哲学的维度，缺乏现实的经济指向，正是借助这篇文章，马克思克服了对资本主义和共产主义社会的抽象理解，为而后研究现实的经济制度奠定了基础。

　　有意思的是，恩格斯晚年先后拒绝了李卜克内西和帕普利茨翻译《国民经济学批判大纲》的要求。他认为，这篇文章只具有历史的价值，缺点很多，错误也很多。诚然，文章中的许多观点略显稚嫩，在对资本主义的批判中大部分篇幅还停留在道德批判上。在谈到竞争的经济作用时，尤其是对价值的分析方面还不够彻底，结论也不是十分清晰。但这只是一位没有任何经济学背景的 23 岁青年的作品，其中的天才式的断言和理论热情不容忽视。恩格斯本人对自己的第一篇社会科学方面的文章也感到有点自豪。正如考茨基为恩格斯写的传记中所说的那样："这篇文章很重要，因为它第一次试图用政治经济学来论证社会主义。当时，恩格斯对政治经济学的了解很肤浅（例如，关于李嘉图只引用了麦克库洛赫的简单化的解释）。因此，书中除了科学社会主义（恩格斯后来同马克思一道成为它的创始人）的一些萌芽，也还存在某些错误。而这些萌芽同恩格斯在英国所看到的那些社会主义形式还有相似之处。"[1] 可见，在恩格斯思想转变的过程中，《国民经济学批判大纲》占有举足轻重的地位。

6. 考察资本主义的发生——《英国状况。十八世纪》

　　1844 年 1 月，恩格斯在《德法年鉴》上发表了《英国状况。评托马斯·卡莱尔的〈过去和现在〉》，对靠近托利党的卡莱尔的《过去和现在》一书进行评述。他借用卡莱尔之口批判了无用的土地贵族、贪婪的资产阶级和无耻的议会，但同时批判了卡莱尔未来理想的虚无，认为人们应该相信自身，通过自身的努力来建设社会、获得解放。在这篇文章的结尾处，恩格斯写道："写完这篇总的绪论以后，我还打算在本杂志的最近几期比较详细地谈一谈英国状况及其核心问题工人阶级的状况。英国状况对历史和所有其他国家都有不可估量的

---

　　①　马克思，恩格斯 . 马克思恩格斯全集：第 28 卷 . 2 版 . 北京：人民出版社，2018：658.

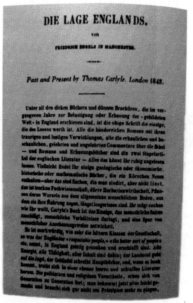

恩格斯的《英国状况。评托马斯·卡莱尔的〈过去和现在〉》

意义，因为在社会关系方面，英国无疑地远远超过了所有其他的国家。"①
1844 年 8 月连载于巴黎的《前进报》上的文章——《英国状况。十八世纪》
便是其中的一篇文章。

　　在这篇文章中，恩格斯回顾了 18 世纪以来英国各领域所发生的变化，以
此解释资本主义为何在英国，而不是在法国和德国首先发展起来。他认
为："英国的革命是社会革命，因此比任何其他一种革命都更广泛，更有深远
影响。人类知识和人类生活关系中的任何领域，哪怕是最生僻的领域，无不对
社会革命发生作用，同时也无不在这一革命的影响下发生某些变化。"② 在科
学领域，18 世纪的自然科学经历了从零散杂乱的资料铺陈到分类科学出现的
变化，各门科学揭示出成果出现的必然性和内部联系，对自然的认识取得了科
学的形式，如地理学和物理学。百科全书思想出现的根据就在于各门科学是相
互联系的整体。社会科学同样如此，哲学的批判的分析和历史的现实相结合。
唯物主义和共和政体在 18 世纪复活了。在这样的理论背景下，德法英三国呈

---

　　① 马克思，恩格斯. 马克思恩格斯全集：第 3 卷 . 2 版 . 北京：人民出版社，2002：524 -
525.

　　② 马克思，恩格斯. 马克思恩格斯文集：第 1 卷 . 北京：人民出版社，2009：87.

现出不同的发展态势。不同于德国发达的哲学思维、法国激进的政治品格，英国由于受到培根"工具理性"和休谟"怀疑论"的影响，放弃了抽象的内部世界的思考，而采取了社会经验主义的活动方式。与法国人相比，英国的活动是分离的、孤立的个人的活动，而不具有政治活动所要求的整体性，由此而成为社会革命而不是政治革命。

这种原子式的社会状况以财产为媒介，通过利益，即社会的手段，将人贬低成了物的奴隶，取消了民族利益、同业公会利益以及一切特殊的利益，人在金钱的统治下完全异化。这种社会革命大大强化了封建制度的灭亡所引起的这些后果，让金钱贵族在政治上战胜了门阀贵族，小块土地逐渐被大地产侵占和吞没。自耕农和小租佃者破产，变成了雇农和靠工资生活的织工。这样，社会革命就为英国工业的发展提供了阶级来源——让社会分裂成了有产者和无产者。

与此同时，社会革命还为英国工业的发展提供了技术保障。建立在唯物主义基础上的 18 世纪自然科学与实践相结合，产生了一批有影响力的现代机器，如蒸汽机、陶器生产的改造、珍妮纺纱机、水力纺纱机、骡机、动力织机等。这些率先在棉纺织业产生的发明直接推动了英国工业的产生，而后确立工厂制度，让机器在工厂得到了实际的应用，进一步推动了工业的发展。"所有的机器都经过无数次微小的但总起来却很有意义的改进，而每一次新的改进都给予整个工业体系的扩展以有利的影响。"① 逐渐，新发明新技术扩展到了其他工业部门，不仅直接影响了丝麻等高级纺织工业部门，还使得染色、印花和漂白等行业发展起来，对机械制造业、化学工业以及煤炭的开采，其影响都是深远的。英国的工业革命是联动式的："这是工业中一切改进的无可争议的结果，文明程度一提高，就产生新的需要、新的生产部门，而这样一来又引起新的改进。"② 随后，英国的金属加工业、制铁部门和采矿业的产量都有了飞速的增长。

英国工业的确立改善了社会其他领域的发展状况。在交通上，英国的道路不断修整和拓宽，新建的公路让最偏远的地方都能够和外界相接触；四通八达的河流、蒸汽船舶的出现让航运更加便利；公共铁路线路和里程数的增加，让

---

① 马克思，恩格斯．马克思恩格斯文集：第 1 卷．北京：人民出版社，2009：99.

② 同①102.

工业城市之间的联系更加密切。英国工业革命性的变化使得人和人的关系成了商业关系，政治组织变成了社会内容的形式，公共利益让渡于私人利益。最为重要的是，产业革命改变了阶级结构，无产阶级的出现、民主主义政党的产生让英国人分成了土地贵族、金钱贵族和工人民主派，这是推动整个英国前进的动力来源。恩格斯认为，一旦废除了谷物法并实施《人民宪章》，即金钱贵族在政治上战胜了门阀贵族，而工人民主派又战胜了金钱贵族，社会革命的契机也就到来了。

《英国状况。十八世纪》与另外两篇文章是恩格斯讲述英国状况的系列文章。在《英国状况。十八世纪》末尾，恩格斯提到要在另一篇文章中说明土地贵族、金钱贵族和工人民主派是怎样起作用的。实际上，在《英国状况。评托马斯·卡莱尔的〈过去和现在〉》和《英国状况。英国宪法》中对此都有所说明。《英国状况。评托马斯·卡莱尔的〈过去和现在〉》关注的是社会阶级的分化和虚伪的福利制度，《英国状况。英国宪法》评价了君主立宪制背景下的法律制度的确立。归根结底，是金钱决定着英国的社会制度、政治制度，促使工业革命发生和发展，让资本主义制度在英国得以确立。

事实上，我们可以发现《英国状况。十八世纪》这篇文章的问题很多。恩格斯从民族特性出发，认为英国在18世纪的启蒙运动中呈现出与德国、法国不同的民族性格，带有更加明显的经验主义和个体主义的品格，以此造成原子式的社会关系。这种孤立的社会性和拜金的经验主义既是工业革命产生的条件，也是其造成的后果，由此改变了英国的产业分布、交通环境和阶级划分。恩格斯此时将金钱贵族和土地贵族分为两类，在封建社会向资本主义社会过渡的时期，这两个阶层之间的斗争也将始终影响经济的发展水平。可见，恩格斯对英国资本主义起源的描述还带有浓烈的赫斯共产主义影响的痕迹，他利用民族性来分析英国的现状，显然不符合辩证唯物主义的叙事方式。他的分析还带有宿命论的色彩。

但撇开这些问题不谈，恩格斯对英国资本主义起源的分析，对工业革命的发生和扩散机制的分析，以及对工人阶级出现的评价，为而后详细论述工业革命在英国的发生和发展奠定了基础。他关于工业革命由纺织工业向各类工业部门扩散以及工业革命的影响的论述，后面直接运用到《英国工人阶级状况》中了。

值得注意的是，恩格斯在这里还多次运用了"异化""原子式的个人""利益关系"等术语，与同一时期马克思在《论犹太人问题》《1844 年经济学哲学手稿》中所使用的术语含义相似。这也充分说明，和马克思一样，青年恩格斯此时也处于由革命民主主义向共产主义思想转变的阶段。

7. 为工人阶级鼓与呼——《英国工人阶级状况》

1844 年 9 月至 1845 年 3 月，恩格斯在其家乡巴门创作的《英国工人阶级状况》，既是对其前期在英国曼彻斯特工作和生活经历的总结，也有了新的发现和思考。相比《国民经济学批判大纲》和《英国状况》系列文章，《英国工人阶级状况》的现实性和理论性更强，是恩格斯走向共产主义和历史唯物主义的重要标志。

1844 年 8 月底，恩格斯一结束在曼彻斯特的工作就特意绕道去了巴黎，见到了因受普鲁士政府迫害而被迫移居巴黎的马克思。他在那里与马克思度过了心情愉快的十天，第一次"感到自己真正是人"。在与马克思的朝夕相处、彻夜长谈中，恩格斯更加清楚自身的立场——坚定不移地与工人阶级站在一起，进行战斗。回到巴门后，他和赫斯一起，在科隆等地举办座谈会，宣传共产主义，也因此上了政府的黑名单，受到了父亲和其他家人的不理解和嘲讽。《英国工人阶级状况》正是在这种情况下创作完成的。在外面，他一边要做着自己讨厌的商业工作，一边要举办关于共产主义的座谈会。回到家后，他要顾及母亲的心情，过着"最体面的庸人所盼望过上的日子，恬静而舒适、虔诚而正派"①，而他的内心始终处于沸腾状态，对资产阶级的愤恨则全部倾注在《英国工人阶级状况》的创作中了。这本书也是他策划许久之作。在与马克思同时期的通信中，恩格斯写道："我将给英国人编制一份绝妙的罪行录。我要向全世界控诉英国资产阶级所犯下的大量杀人、抢劫以及其他种种罪行，还要写一篇英文序言，打算单独印行，并分别寄给英国的政党领袖、著作家和议员们。让这些家伙记住我吧。顺便说一句，不言而喻，我这是指桑骂槐，即骂的是德国资产阶级。我清清楚楚地告诉他们，他们和英国的资产阶级一样可恶，只是在榨取方面不那么大胆、不那么彻底、不那么巧妙罢了。这本书一旦脱稿，我就着手去写英国人的社会发展史。这件工作花的力气要少一些，因为

---

① 马克思，恩格斯 . 马克思恩格斯文集：第 10 卷 . 北京：人民出版社，2009：29.

恩格斯《英国工人阶级状况》第 1 版的扉页

我已经把材料准备好，材料的安排也已经心中有数，而且我对这个问题是完全清楚的。"① 作为其共产主义宣传的一部分，恩格斯希望通过展现典型资本主义国家的英国工人阶级的生活境遇来揭示资产阶级对工人阶级的剥削和压迫。可见，《英国工人阶级状况》虽然创作于恩格斯唯物史观尚未完全成熟之际，但其本质上是一本真正的共产主义著作。

　　《英国工人阶级状况》共有 11 个章节，包括"致大不列颠工人阶级""序言""导言""工业无产阶级""大城市""竞争""爱尔兰移民""结果""各②别的劳动部门　狭义的工厂工人""其他劳动部门""工人运动""矿业无产阶级""农业无产阶级""资产阶级对无产阶级的态度"等内容。

　　在曼彻斯特的一年里，恩格斯深入工人住宅区进行实地调查，亲自了解英国工人阶级的劳动和生活状况，同时广泛收集和仔细研究他所能看到的各种官方文件和材料。正如恩格斯在开篇"致大不列颠工人阶级"中所说，这本书把"你们的状况、你们的苦难和斗争、你们的希望和要求的真实情况"都描绘出来了，不仅展现出了工人阶级的现状，还将工业革命和工人阶级的命运联系起来，讲述了工人阶级的历史、过去和未来。

　　工人阶级的起源无疑与工业革命有关。机器的改进提高了生产效率、扩大了生产规模，也改变了产业布局，压缩了农业、小手工业的生产空间，佃农和破产的小手工业者由于没有任何资产在手，只有靠出卖自己的劳动力为生，他们就成为第一代的工人。恩格斯在"导言"中扩展了这一内容。他更加清楚地

---

　　① 马克思，恩格斯．马克思恩格斯文集：第 10 卷．北京：人民出版社，2009：23.
　　② 应为"个别"之误。

介绍了工业革命自纺织业起扩散到其他产业的过程，以及它本身对交通运输、城乡关系等的影响，深刻地说明了工业革命是一场真正的社会革命的观点。在工业革命之前，英国社会呈现出暮气沉沉的特点，其生产和社会活动的重心在家庭。它既是生产单位——手工作坊完全由家庭成员组成，也是社交活动的名片——个人被淹没在家庭背后，闭关自守，与世隔绝，在自己的生活环境中没有剧烈的波动。珍妮纺纱机的出现是打破这种庸碌而舒适、诚实而安静生活的第一个发明。它将手摇纺车的锭子从一个升级到了十六个至十八个，一个人就能生产比过去多得多的纱了，提高了劳动效率，也增加了对布匹的需求，织布和纺纱逐渐成为两个相互独立的部门。纺织品量的增多引起价格下跌，致使拥有小块土地的农民也出现了分流：一部分成为新兴的织工阶级，另一部分变成短工，成为农业无产阶级。机器的改进引起了阶级结构的变化，相应地阶级结构也促进了机器的进一步改造。水力纺纱机、骡机、梳棉机和粗纺机，以及蒸汽机的出现又进一步推动了纺织业的升级，机器的数量和生产能力、工人的数目在 18 世纪下半期有了大幅度的增长，机器劳动取代手工劳动，在英国的各工业部门中占据主导位置。

从棉纺织业开始的机器劳动进而带动了羊毛加工业、麻纺织业和蚕丝加工业等衣料制造业的进步——产量和工人人数有了大幅度的增加，与此同时，从 1760 年开始的英国工业的巨大发展也逐渐扩散到机器、燃料和原料需求等其他行业。机器的生产推动了煤炭、铁的生产，煤矿、铁矿、锡矿等矿产资源的开采比过去紧张得多。由于从事非农业人口的增加和机器的推动，农业的耕种方式受到了明显的影响，英国从粮食输出国变成了依赖粮食进口的国家。由于产品运输和机器的使用，特别是科学发明在产业中的直接运用，英国的交通建设也发展迅速：交通运输方式从陆路为主变成了海陆并驾齐驱，火车运输也逐渐成为主力，交通路线延长到了边远乡村，极大地方便了人员流通和物品运输。可见，18 世纪下半期开始的工业革命完全地改变了英国的面貌，它让一个以农业生产为主体的国家变成了有许多庞大的工业城市、非农业人口占据主导的工业国家，无产阶级和资产阶级成为这个国家的主要群体。那么，工业革命给对其贡献最大的工人阶级带来什么福利了呢？

恩格斯当然肯定了英国工业革命所带来的历史进步性。但在他看来，工业革命只是把工人完全变成了简单的机器，剥夺了他们独立活动的最后一点残余。被剥夺最后自由的工人，在工业革命后的浪潮中，其工作和生活的状态仍然是没有任何保障的贫穷和无助。

　　和马克思一样，恩格斯认为人的劳动是人实现自我价值的唯一途径，而资本主义条件下发生的劳动异化，让人反感劳动，人的价值受到了压抑。工人去工作，不是为了兴趣和爱好，而是失去了土地和其他劳动资料后，不得不去工厂，出卖自己的劳动力来维持生存。工厂劳动是枯燥乏味和单调的："分工把强制劳动的这种使人动物化的作用增强了好多倍。在大多数劳动部门，工人的活动都局限在琐碎的纯机械性的操作上，一分钟又一分钟地重复着，年年如此。如果一个人从童年起就每天有 12 小时或 12 小时以上从事制针头或锉齿轮的工作，另外再加上像英国无产者这样的生活条件，那么，当他 30 岁的时候，还能保留多少人的感情和能力呢？这种情形在使用蒸汽动力和机器以后也没有改变。工人的劳动减轻了，肌肉不紧张了，工作本身是无足轻重的，但也是极其单调的。这种工作不让工人有精神活动的余地，并且要他投入很大的注意力，除了把工作做好，别的什么也不能想。这种强制劳动剥夺了工人的一切可支配的时间，工人只有一点时间用于吃饭和睡觉，而没有时间从事户外活动，在大自然中获得一点享受，更不用说从事精神活动了，这种工作怎能不使人沦为牲口呢！"① 即使这样，工人的权益还是得不到保障。他们的工作环境极度恶劣，漂洗工人需要将身体长期暴露在潮湿充满化学制剂的环境里，矿井的环境就更差了。矿业深处的空气含氧很少，并且混杂着尘土和炸药爆炸时的烟尘，对工人肺部的伤害很大。通风环境差、充满化学制剂的工作环境极大地伤害了工人，尤其是妇女和儿童的身体。营养不良导致的发育不良、身体畸形基本上是工人的常见状态。但身体上受到的伤害并不是工作所带来的唯一伤害，还有竞争所造成的精神压力。工人普遍处于朝不保夕的紧张中，为了控制工资水平，资本家让无产者处于普遍的竞争中，还有爱尔兰移民的到来让市场上永远存在着一支庞大的失业后备军，以等待取代正在工作中的工人的位置。为了维持生存，无产者之间不得不进行竞争。因此，辛苦和乏味的工作并没有为工人带来健康的身体和愉悦的心情，工人们在繁重的工作后只想通过尽情享乐来放纵自己，他们没有任何资格也没有多余的精力去学习知识和文化，提高自己的教育水平。只有酗酒和纵欲能够刺激他们摆脱筋疲力尽的工作，而这让他们没有办法对知识进行判断。

---

　　① 马克思，恩格斯．马克思恩格斯文集：第 1 卷．北京：人民出版社，2009：432 - 433.

工人通过出卖劳动力获得的工资并没有为他们带来称心如意的生活。他们的工资连基本的生存需要都无法满足。恩格斯用真实的笔触记录下了 19 世纪中期英国工人的悲惨生活。他们住在城市中最糟糕的地区里最糟糕的房屋中。为了节省房租，很多人挤在一个不大的空间里，没有排水沟，也没有污水沟，到处都是一堆堆垃圾和煤灰。不流通的空气、没有用的污水沟，人员又极度密集，这里是流行病菌繁殖的高发地区，"在整个苏格兰，有六分之一的穷人患了热病，这种灾害由流浪的乞丐以惊人的速度从一个地方带到另一个地方，但是并没有影响到社会的中等阶级和上等阶级"①。缺衣少食和生活需要不能得到充分满足，使工人身体的抵抗力降低，极易受到流行病毒的侵袭，再加上工人的流动性强，所以每当流行病来袭，患病的工人人数会更多，且疾病的严重程度和死亡率也更高。在流行病蔓延时，穷人没有办法按照医生的要求，获得隔离所需的住房和医疗设施。因此，如果分群体来分析平均寿命的话，工人阶级的平均寿命大大低于上等阶级和中产阶级的。当然，也只有穿得很破、吃得很坏的人才能在这样的居住条件中生存下去。打在粗布上的补丁是贫穷的英国工人的常见装扮，他们的衣柜里几乎没有亚麻布和毛织品；没有钱买鞋子，赤脚走路便在工人中流行起来；吃的土豆和蔬菜质量都很坏，肉还会发臭，小摊贩们还会在烟草面粉里掺假卖给这些贫穷的工人。可见，工人们的衣食住行根本得不到保障。他们的生活在有工作时还能勉勉强强靠吃发臭的食物维持着，当竞争激烈特别是更便宜的爱尔兰移民涌入后，他们失去工作，就只好碰运气，有什么吃什么了。

当然，英国政府也做出了一些改善的努力，但这些努力背后仍然是为了维护统治阶级的统治稳定，仍然是为资产阶级的利益服务，而对工人的工作和生活水平并没有什么实质性的提高。在霍乱流行时，卫生警察会命令居民搬出来，清扫一番，并用氯气把房子熏一遍，但仅此而已。穷人的住宅区没有什么规划，只要有空隙，资产阶级就会建造房子，反正无论多坏的小屋，总会找到租不起好房子的穷人来租。但是，他们会用最富有的厂主和商人的大花园、别墅遮住工人区的真正面貌，有系统地把工人阶级排斥在大街以外，费尽心机地把一切可能刺激资产阶级的眼睛和神经的东西掩盖起来。英国政府实行的义务教育也只是在名义上存在，大批的儿童要工作根本没有办法去上学，开办的主

---

① 马克思，恩格斯. 马克思恩格斯文集：第 1 卷. 北京：人民出版社，2009：413.

日学校让他们接受的是不能理解的教条和各种神学上的奥妙东西，一切智力的、精神的和道德的发展却被可耻地忽视了。在慈善救济方面，资产阶级的做法同样如此。为减轻财政上的负担，他们要求调整 1601 年的《济贫法》，原本由教区负责救济穷人的办法变成强迫失业者一律进入习艺所工作，贫穷就是犯罪，无论男女老少，一旦失业就必须到习艺所去生活。那里的伙食比最穷的工人吃的还要坏，而工作却很繁重，家庭成员分散居住，幼小的孩子会因为得不到看管而丧命，这里跟监狱毫无差别。新济贫法的实施建立在马尔萨斯的人口论的基础上，认为穷人就是这个世界上过剩的人口，他们的存在没有任何用处，建造习艺所只是为了让他们心甘情愿地饿死罢了。

可见，不可能依赖统治阶级来改善工人的生存处境，他们夺走了工人的土地、房屋，甚至洁净的空气和水。工业化及其相伴的城市化进程，让资产者手中的土地愈来愈多，而农民赖以生存的小块土地则在市场的挤压下被收买，他们只有依靠自身的劳动力为生。随着生产的发展，无产者人数逐渐增多，工人阶级也逐渐意识到他们应该要像人一样地生活、感觉和思想，要去和资产阶级的利益做斗争，以此来摆脱这种非人的状况，争取良好的比较合乎人的身份的状况。工人对资产阶级的反抗也经历了从最早、最原始和最没有效果的犯罪到有组织的工会罢工的阶段。

恩格斯重点分析了英国的宪章运动和欧文社会主义运动浪潮。相比犯罪而言，宪章运动代表着工人阶级登上了世界历史的政治舞台，无疑具有里程碑的意义。但是，宪章运动缺乏群众基础，宪章派不了解工人切身的真正利益，也不参加起义的准备工作，只是顺应了资产阶级的政治要求，充当了资产阶级与贵族阶层斗争的工具。当废除谷物法问题出现后，二者就分道扬镳了。宪章运动必须要脱离资产阶级，才能成为真正的工人运动。欧文社会主义运动则相反，它看到了工人的经济诉求，但其原则过于抽象，对待资产阶级又极度宽容，甚至经常抱怨下层阶级道德堕落，因此，虽然一部分欧文社会主义者是工人阶级中最有教养和最坚强的部分，但它无法成为工人阶级的公共财产。恩格斯认为："社会主义和宪章运动的融合，法国共产主义以英国方式的再现，将会在最近发生，而且已经部分地发生了。只有实现了这一点，工人阶级才会真正成为英国的统治者。"[①] 此时的恩格斯认为，将无产者与消灭贫困的实际办

---

① 马克思，恩格斯. 马克思恩格斯文集：第 1 卷. 北京：人民出版社，2009：473.

法结合起来，有组织地开展工人运动才是获得解放的真正途径。

总体来看，恩格斯以真实的笔触描绘了世纪性变革——工业革命后英国工人阶级的生活状况、造成其贫困的原因，以及资产阶级和无产阶级之间激烈的阶级斗争，也由此进一步揭示了工业化过程中的城市变迁、城市和自然关系的变化等问题，内容翔实，观点清晰。

该书于 1845 年在莱比锡出版后引起了人们广泛的兴趣，是《共产党宣言》出版前最为畅销的共产主义书籍之一。马克思和列宁对恩格斯这部著作评价颇高。在《资本论》中，马克思直接引用了《英国工人阶级状况》中的材料。1863 年 4 月 9 日，马克思在给恩格斯的信中写道："英国工人能够多快地摆脱资产阶级对他们的明显的腐蚀，还要等着瞧。此外，你的书中的主要论点，连细节都已经被 1844 年以后的发展所证实了。我又把这本书和我关于后来这段时期的笔记对照了一下。只有那些用尺子和每条'报纸趣闻'来衡量世界历史的德国小市民才会认为，在这种伟大的发展中，二十年比一天长，殊不知以后可能又会有一天等于二十年的时期。"① 马克思所说的"这本书"正是《英国工人阶级状况》。马克思评价它"写得多么清新、热情和富于大胆的预料，没有学术上和科学上的疑虑！连认为明天或后天就会亲眼看到历史结局的那种幻想，也给了整个作品以热情和乐观的色彩，与此相比，后来的'灰暗的色调'就显得令人极不愉快"②。恩格斯 72 岁高龄时在《〈英国工人阶级状况〉美国版附录》中这样评价自己年轻时的著作："那时作者还年轻，只有 24 岁，所以这本书无论在优点方面或缺点方面都带有作者青年时代的痕迹；但是无论优点或缺点，现在都没有使他感到羞愧。"③ 虽然《英国工人阶级状况》在哲学、经济和政治方面的总的理论观点，与其成熟时期的观点并不完全一致，但 1844 年还没有现代的国际社会主义，而这本书"体现了它的胚胎发展的一个阶段。正如人的胚胎在其发展的最初阶段还要再现出我们的祖先鱼类的鳃弧一样，在本书中到处都可以发现现代社会主义从它的祖先之一即德国哲学起源的痕迹"④。在 1892 年德文版的序言中，恩格斯又做了进一步的澄清。他认为，他在书中结尾处强调的共产主义的最终目标是把连同资本家在内的整个社会从现存关系的

---

①　马克思，恩格斯 . 马克思恩格斯文集：第 10 卷 . 北京：人民出版社，2009：203.

②　同①.

③　马克思，恩格斯 . 马克思恩格斯全集：第 28 卷 . 2 版 . 北京：人民出版社，2018：368.

④　同③373.

狭小范围中解放出来，这在抽象的意义上是正确的，然而在实践中却是毫无意义的，有产阶级不但自己不感到有任何解放的需要，而且全力反对工人阶级的自我解放，所以工人阶级就应当单独地准备和实现革命。这是恩格斯近五十年的无产阶级革命斗争经验的科学总结。

无论如何，《英国工人阶级状况》在恩格斯思想发展历程中都占有重要的位置，是恩格斯前期思想积累的总结，也是开启马克思、恩格斯合作创立唯物史观的序章。他在这本书中对竞争的阐述是《国民经济学批判大纲》的继续；对新济贫法虚伪性的揭示、对宪章运动与英国欧文社会主义关系的分析、对工业革命以来英国社会变化的描述曾是《英国状况》系列文章的主题。不过，《英国工人阶级状况》虽然吸收了其前期的成果，但在这本书中，恩格斯更为清晰、深刻地说明了英国的经济、政治、社会和意识状态是如何为工业革命所决定的，以及在这样"社会谋杀"的环境下资产阶级和无产阶级的阶级斗争该何去何从。这让他摆脱了年轻时的意气用事，在历史观上呈现出唯物主义的特征，甚至连西方马克思主义研究者麦克莱伦也认为这部著作是"在城市地理学和社会学相对现代的领域的一个创举"①。其中，对工人阶级承受环境污染危害的分析和批判，不仅延续了《英国状况》的思路，具有环境社会学的意义，而且是开辟马克思主义生态维度的力作，与《1844年经济学哲学手稿》交相辉映，相得益彰。当然，这一点适用于整个《英国工人阶级状况》和《1844年经济学哲学手稿》的关系。

列宁对《英国工人阶级状况》的评价

恩格斯**第一个**指出，无产阶级**不只**是一个受苦的阶级，正是它所处的那种低贱的经济地位，无可遏止地推动它前进，迫使它去争取本身的最终解放。而战斗中的无产阶级是能够**自己帮助自己**的。工人阶级的政治运动必然会使工人认识到，除了社会主义，他们没有别的出路。另一方面，社会主义只有成为工人**阶级**的**政治**斗争的目标时，才会成为一种力量。这就是恩格斯论英国工人阶级状况的一书的基本思想。现在，这些思想已为全体能思考的和正在进行斗争的无产阶级所领会，但在当时却完全是新的。叙述这些思想的著作写得很动人，通

---

① 麦克莱伦.恩格斯传.臧峰宇，译.北京：中国人民大学出版社，2017：36.

篇都是描述英国无产阶级穷苦状况的最确实最惊人的情景。这部著作是对资本主义和资产阶级的极严厉的控诉。它给人的印象是很深的。从此，到处都有人援引恩格斯的这部著作，认为它是对现代无产阶级状况的最好描述。的确，不论在 1845 年以前或以后，还没有一本书把工人阶级的穷苦状况描述得这么鲜明，这么真实。①

① 列宁．弗里德里希·恩格斯//列宁专题文集 论马克思主义．北京：人民出版社，2009：55.

第 3 章

历史的真谛
——历史唯物主义的创立

自从弗里德里希·恩格斯批判经济学范畴的天才大纲（在《德法年鉴》上）发表以后，我同他不断通信交换意见，他从另一条道路（参看他的《英国工人阶级状况》）得出同我一样的结果。当 1845 年春他也住在布鲁塞尔时，我们决定共同阐明我们的见解与德国哲学的意识形态的见解的对立，实际上是把我们从前的哲学信仰清算一下。这个心愿是以批判黑格尔以后的哲学的形式来实现的。两厚册八开本的原稿早已送到威斯特伐利亚的出版所，后来我们才接到通知说，由于情况改变，不能付印。既然我们已经达到了我们的主要目的——自己弄清问题，我们就情愿让原稿留给老鼠的牙齿去批判了。①

曼彻斯特一年的生活经历对恩格斯来说有着重大的影响。《国民经济学批判大纲》和《英国状况》系列文章的创作已展现出一种完全不同的形象，恩格斯已经脱离了唯心主义，远离青年黑格尔派，走向了唯物主义和共产主义。尤其是恩格斯经过大量社会实践和调查研究完成的《英国工人阶级状况》，表明他已经成为一名真正的共产主义者了。那么，接下来就需要通过澄清与旧有理论的关系以正面阐述其哲学立场和观点了。这一任务，恩格斯是与通过另一条道路同步完成两大转变的一生挚友——马克思共同完成的。

---

① 马克思.《政治经济学批判》序言//马克思，恩格斯. 马克思恩格斯文集：第 2 卷. 北京：人民出版社，2009：592 - 593.

1. 与马克思的三次会面缔结终生友情

　　卡尔·马克思，1818 年 5 月 5 日出生于德国莱茵河畔的特里尔城，比恩格斯年长两岁。和恩格斯相比，马克思家庭的政治氛围更加浓厚，他的父亲是一名律师，具有较高的社会地位。马克思出身于典型的中产阶级家庭，受其父亲影响，较早接触启蒙思想，接受了系统的学术教育。虽然其家庭背景、教育背景、早期经历，甚至性格都有明显的差别，但当二人通过不同的方向看到了私有制条件下无产阶级生活的窘迫，选择走上共产主义的革命道路后，马克思和恩格斯这两个名字就紧密地联系在了一起。

　　马克思和恩格斯的真正合作开始于巴黎会面。1842 年 11 月下旬，恩格斯在赴英途中拜访了科隆的《莱茵报》编辑部，见到了在那里担任主编的马克思，但两人互相看对方都不太顺眼。此时，马克思看到了物质利益的重要性，反对空谈争议的青年黑格尔派，他反对把《莱茵报》搞成主要是宣传无神论等的工具；恩格斯当时还和鲍威尔兄弟有交往，马克思将他当作青年黑格尔派的一员，对他的态度自然不那么友好。

19 世纪 40 年代的马克思和恩格斯

　　到了第二次在巴黎见面时，情况有所变化。此时，马克思因为受到普鲁士政府的迫害，来到巴黎，和卢格一起创办《德法年鉴》。其间，恩格斯的文章《国民经济学批判大纲》《英国状况。评托马斯·卡莱尔的〈过去和现在〉》在该刊物上发表，其观点与正处于变革时期的马克思的思想出奇地一致。因此，二人开始通信。当恩格斯从曼彻斯特返回家乡时，特地绕路去了巴黎，与马克思会面。在恩格斯的回忆里，与马克思度过的十天是他人生中最快乐的时光。两人在位于巴黎一区的雷让斯咖啡馆见面，从德国古典哲学到政治经济学，从空想社会主义到欧洲工人运动的发展，正在撰写《巴黎手稿》的马克思与恩格斯的想法几乎完全一致，两人惺惺相惜，一段伟大的友谊自此拉开序幕。

　　会面后，恩格斯回到巴门一边开展共产主义宣传，一边利用他在曼彻斯特收集的材料撰写《英国工人阶级状况》，马克思则以二人在这十天的讨论内容为基础来负责《神圣家族》的撰写工作。在写作过程中，对青年黑格尔派的清算逐渐变成阐述自己新世界观的开端，篇幅也在不断地增加。1845 年 1 月 20 日，恩格斯写信给马克思："你把《批判的批判》扩充到 20 个印张，这的确使我大吃一惊。但这是很好的事情。这么多的东西现在就要问世了，否则，谁知道它们还会在你的写字台里搁多久呢。不过，你把我的名字也署在封面上，那就未免欠妥了，因为我至多只写了一个半印张。"① 不仅如此，同年 3 月，恩格斯又在信中写道："我从出版广告上看到，你把我的名字写在前面了，为什么这样？我可是几乎什么也没有写，而且〔你的〕文风确实是每一个人都能看出来的。"②《神圣家族》的序言落款也确实是把恩格斯放在前面了。1864 年 7 月 4 日，马克思在给恩格斯的信中指出："你知道，首先，我对一切事物的理解是迟缓的，其次，我总是踏着你的脚印走。"③ 可见，马克思极为看重恩格斯的思想。对共同的理想和事业的追求是二人结成永久友谊的真正基础。他们不在乎功名利禄，在意的是清除过去的、错误的世界观和历史观，在于追求真理。《神圣家族》是马克思和恩格斯终生合作以及创立自己学说的开端，在他们的思想进程中占有重要的位置。

　　当马克思在巴黎创作第一本二人合写的著作《神圣家族》时，恩格斯正在巴门的家中经历与其商人家庭的抗争。这是一个信奉基督教的传统普鲁士商人家庭，与政治没有什么瓜葛，属于社会的上流阶层，老恩格斯对于恩格斯从事的工作完全不能理解，家庭氛围极度压抑。在恩格斯的描述中，"我的母亲是个很好的人，只是在我的父亲面前一点儿也不能自主，我很爱她；要不是为了我的母亲，我一刻都不想对我那个狂热而专横的老头儿作丝毫的让步。但是我母亲一忧伤就要生病，每当她特别为我而生气时，马上就要头痛一个星期。我

---

①　马克思，恩格斯．马克思恩格斯文集：第 10 卷．北京：人民出版社，2009：29.
②　马克思，恩格斯．马克思恩格斯全集：第 47 卷．2 版．北京：人民出版社，2004：346.
③　马克思，恩格斯．马克思恩格斯全集：第 30 卷．北京：人民出版社，1975：410.

再也不能忍受了。我必须离开这里，但是还得住几个星期，我真不知道该怎么忍受"①。在这种情况下，恩格斯还关心着因受专制政府迫害被迫离开巴黎而流亡比利时的马克思。1845 年年初，警官突然来到马克思的家里，拿出普鲁士政府怂恿基佐发出的驱逐令，要求他必须在 24 小时内离开巴黎。同年 2 月初，马克思先到达比利时的布鲁塞尔，他的夫人燕妮和女儿也随后抵达。那时，马克思一家已经一贫如洗了。他的妻子燕妮不得不廉价出售家具和部分衣物来凑够搬家的费用。当时恩格斯远在巴门，在信件里多次询问马克思的状况，他大方地把自己《英国工人阶级状况》的稿酬交给了马克思，还召集了朋友们为马克思募捐，让马克思能够安心地在布鲁塞尔开展工作。

　　1845 年 4 月初，当把巴门的一切都商量妥当后，恩格斯最终脱离了"这个彻头彻尾地信仰基督教的普鲁士家庭里的沉闷生活"②，来到比利时的首都布鲁塞尔，和在那里的马克思会合，开始了他们第一次的流亡生活和正式合作。马克思、恩格斯原本计划翻译出版一套《外国杰出的社会主义者文丛》，以编纂一套社会主义史的原始资料汇编，或者毋宁说是一部用史料编成的社会主义史。1845 年 2—3 月，恩格斯在给马克思的信中写道："我们在这里打算翻译傅立叶的著作，如有可能，干脆出版一套《外国杰出的社会主义者文丛》。最好是从傅立叶的著作开始。翻译的人也找到了。赫斯刚才告诉我，法国出版了一本傅立叶词典，是傅立叶的某个门徒编的。"③ 恩格斯在给马克思的另一封信中说："昨天赫斯把你的信转交给我了。关于翻译的事，现在还完全没有安排妥当。"④ 1845 年 3 月，马克思还写下了《〈外国杰出的社会主义者文丛〉计划》。出版这套丛书是马克思、恩格斯和赫斯共同商议的结果，但最终因为著作众多，难以找到适合的出版商而流产。不过出版这套丛书只是马克思和恩格斯众多合作计划中的一项而已。

　　当时，布鲁塞尔会聚了德国、法国、波兰等国的流亡者，是名副其实的国际民主运动的中心。恩格斯在布鲁塞尔生活了将近三年的时间。在这里，他和马克思一起进行了无产阶级的组织和宣传工作，创立了共产主义通讯委员会，希望能够从思想上和组织上团结各国的社会主义者和先进工人。他们来往伦

---

① 马克思，恩格斯. 马克思恩格斯全集：第 47 卷 . 2 版 . 北京：人民出版社，2004：353.
② 同①340.
③ 同①347.
④ 同①348.

敦、巴黎多次，设法在那里成立通讯委员会，密切联络各国的无产者。在思想上，他们创作多篇文章，包括之前的《神圣家族》、《德意志意识形态》、《德国状况》系列文章和关于德国制宪问题的文章，与魏特林主义、"真正的社会主义"、蒲鲁东主义进行斗争的文章，以清除错误思想对无产阶级的影响。

布鲁塞尔的生活是困难而热烈的，恩格斯和马克思一起为无产阶级政党的成立扫清了思想和组织上的障碍，同时也确定了思想和组织的基础。在斗争中，他们逐渐成为真正的无产阶级政党的领导人。

2. 脱离青年黑格尔派的宣言书——《神圣家族》

《神圣家族》全称是《神圣家族，或对批判的批判所做的批判。驳布鲁诺·鲍威尔及其伙伴》，从中就可看出这部著作沿袭了马克思、恩格斯以往的风格，是一部论战性的著作，其论战对象就是青年黑格尔派的代表人物，马克思、恩格斯曾经的朋友——布鲁诺·鲍威尔。1844 年 8 月，马克思和恩格斯在巴黎会面后决定共同创作一部反对青年黑格尔派的著作，以澄清两人与青年黑格尔派的关系，这样，原本是青年黑格尔派骨干成员的马克思和恩格斯正式脱离了这一唯心主义哲学团体。

《神圣家族》第 1 版的扉页

正如恩格斯本人在通信中强调的，《神圣家族》是一部马克思个人风格较为明显的著作。由于恩格斯在巴黎逗留了十天后就返回了巴门，这部著作从修改完成到最后出版，其中的主要工作基本上都是由马克思来承担的。不过,《神圣家族》也十分清楚地表明了各章节作者的分工。虽然恩格斯只写了一个多印张,但其对鲍威尔的批判还是十分清楚的。全书分为篇幅不等的九个章节,对蒲鲁东、鲍威尔和"通讯"都展开了批评,除了与马克思合作的章节外,恩格斯还独立写作了五个短篇。可以肯定的是,原本在巴黎商议的著作篇幅,在恩格斯走后,由马克思扩充到了二十多个印张,以致恩格斯在 1845 年 3 月给马克思的信中对著作提出了一些意见,如"篇幅还是太大","我写了不到一个半印张,而你写了二十多个印张。《卖淫》这一段最好删去。这一段内容太少,而且没有什么意义"①。波兰学者科拉科夫斯基认为,这部著作既冗长又充满琐屑的嘲弄,对对手的名字含沙射影等,其目的是陈列出黑格尔派的这一"神圣家族"及其思辨性批判的天真和愚蠢。

有人猜测,马克思扩充文章是为了规避当时的出版审查政策,因为超过 21 个印张的书可以不用经过出版审查,不过这一说法没有得到任何书信的支持。目前可以确认的是,马克思和恩格斯对于批判鲍威尔的思辨唯心主义哲学的态度是一致的,而且这也是其思想进程中的必要环节。马克思在 1844 年 8 月 11 日给费尔巴哈的信中写道:"我将出一本小册子来反对批判的这种谬误。"② 而恩格斯到达巴黎时已准备创作《英国工人阶级状况》这一根据亲身调查和观察得出的现实理论著作,因此,批判鲍威尔是他们从思辨唯心主义走向历史唯物主义的必经之路,也是二人合作的前提和基础。

布鲁诺·鲍威尔是青年黑格尔派的代表人物。他曾亲耳聆听过黑格尔的教诲,在与老年黑格尔派的争论中,将自己装扮成黑格尔主义的卫道士。1842 年年底,青年黑格尔派改称"自由人"团体,抛弃了原有的激进民主主义路线,转向主观主义的无政府主义,他们把自己看作高踞群众之上的人物,自命不凡地认为自己不会犯错误,因此,马克思、恩格斯讽刺地称他们是"神圣家族"。通过批判"神圣家族"的思辨唯心主义观点,马克思、恩格斯得以初步阐述了唯物史观的一系列重要思想,是马克思、恩格斯走向成熟的必经阶段。

《神圣家族》表明,马克思、恩格斯正在从抽象的人转向现实的人,开始从人的现实社会关系出发来看待人的本质。相反,青年黑格尔派则忽视人民群众的历史作用,他们从精神同群众的对立出发,仅强调思想在变革社会中的作

---

① 马克思,恩格斯. 马克思恩格斯全集:第 47 卷 . 2 版 . 北京:人民出版社,2004:350, 351.

② 同①76.

用。对此，马克思、恩格斯旗帜鲜明地指出："'思想'一旦离开'利益'，就一定会使自己出丑。另一方面，不难理解，任何在历史上能够实现的群众性的'利益'，在最初出现于世界舞台时，在'思想'或'观念'中都会远远超出自己的现实界限，而同一般的人的利益混淆起来。"① 只有切实代表和满足人民群众的利益，思想才能真正发挥自身的历史作用。当然，要充分发挥思想的作用，必须要有相应的主体。思想总是有自己的限度，永远不能超出旧世界秩序的范围。在任何情况下，思想所能超出的只是旧世界秩序的思想范围。从根本上来看，思想本身根本不能实现什么东西。思想要成为现实，就要有使用实践力量的人。这里的人不是指抽象的个人，而是指掌握了这种思想的广大人民群众。事实上，历史活动是群众的活动。随着历史活动的深入，必将是群众队伍的扩大。这样，马克思、恩格斯就明确阐述了人民群众才是社会历史的真正创造者和主人。同时，"批判的批判什么都没有创造，工人才创造一切，甚至就以他们的精神创造来说，也会使得整个批判感到羞愧"②。这样，在肯定人民群众作用的基础上，马克思、恩格斯突出了工人阶级的历史主体作用。虽然在论述的过程中，马克思和恩格斯还在多处使用了"人的自我异化""人性"这类带有明显费尔巴哈人本主义色彩的词语，但把群众作为历史的规定者和活动者，只有群众的存在和现实活动才能生成人的思维和意识的看法，表明马克思和恩格斯已经超越了费尔巴哈。

马克思和恩格斯在《神圣家族》中也公开宣扬了自己的无产阶级立场。在《神圣家族》创作前，马克思已经通过《莱茵报》的编辑工作接触到了现实利益，在《论犹太人问题》中也正面阐述了人的解放和政治解放的关系，更不用说《1844年经济学哲学手稿》提到的工人阶级和人的异化问题。恩格斯也通过切身走进曼彻斯特的工人区，了解了他们的生活和工作情况，选择和无产阶级站在一起。回到巴门后，他将工作重点放在了共产主义的宣传上。

马克思、恩格斯认为，只有无产阶级才能真正代表广大群众的利益。他们获得解放的现实条件和资产阶级借以解放自身和社会的那些条件是根本不同的。只有无产阶级的利益才和广大人民群众的利益根本一致。

只有无产阶级才能自己解放自己，而无产阶级解放与全人类解放不可分

① 马克思，恩格斯. 马克思恩格斯文集：第1卷. 北京：人民出版社，2009：286.
② 马克思，恩格斯. 马克思恩格斯全集：第2卷. 北京：人民出版社，1957：22.

割。"无产阶级能够而且必须自己解放自己。但是，如果无产阶级不消灭它本身的生活条件，它就不能解放自己。如果它不消灭集中表现在它本身处境中的现代社会的**一切**非人性的生活条件，它就不能消灭它本身的生活条件。无产阶级并不是白白地经受那种严酷的但能使人百炼成钢的**劳动**训练的。问题不在于某个无产者或者甚至整个无产阶级暂时**提出**什么样的目标，问题在于**无产阶级究竟是什么**，无产阶级由于其**身为无产阶级**而不得不在历史上有什么作为。它的目标和它的历史使命已经在它自己的生活状况和现代资产阶级社会的整个组织中明显地、无可更改地预示出来了。"① 这样，无产阶级就成为革命的领导阶级，其历史使命就是带领广大人民群众进行革命，消灭私有财产和私有制。对此，马克思、恩格斯指出："私有财产在自己的国民经济运动中自己使自己走向瓦解，但是私有财产只有通过不以它为转移的、不自觉的、同它的意志相违背的、为事物的本性所决定的发展，只有当私有财产造成**作为无产阶级的无产阶级**，造成意识到自己在精神上和肉体上贫困的那种贫困，造成意识到自己的非人化从而自己消灭自己的那种非人化时，才能做到这一点。无产阶级执行着雇佣劳动由于为别人生产财富、为自己生产贫困而给自己做出的判决，同样，它也执行着私有财产由于产生无产阶级而给自己做出的判决。"② 马克思、恩格斯全面阐述了革命的领导阶级和主体力量，以及无产阶级的历史使命。

通过批判青年黑格尔派，马克思和恩格斯确立了其唯物史观的基本立场。针对鲍威尔等青年黑格尔派宣扬自我意识在社会发展进程中起决定性作用的错误观点，马克思、恩格斯明确强调了物质生产的决定性作用的观点。正像批判的批判把思维和感觉、灵魂和肉体、自身和世界分开一样，它也把历史同自然科学和工业分开，把历史和实践分开，认为历史的诞生地不是地上的粗糙的物质生产，而是天上的迷蒙的云兴雾聚之处。其实，物质生产才是真正的历史的诞生地，因此，必须从社会物质生产的高度来考察人类社会历史的发展进程。同时，"《德法年鉴》已经指出，**现代国家承认人权**和**古代国家承认奴隶制**具有同样的意义。就是说，正如古代国家的**自然基础**是奴隶制一样，**现代国家的自然基础**是市民社会以及市民社会中的人"③。市民生活就是物质利益的领域。青年黑格尔派着重强调个体的需求、个体的地位，然而个体必须要"成为他人

---

① 马克思，恩格斯 . 马克思恩格斯文集：第 1 卷 . 北京：人民出版社，2009：262.

② 同①261.

③ 同①312.

的需要和这种需要的对象之间的牵线者"，是市民生活而不是政治生活将个体和个体之间联系起来。这里的市民社会主要是指资产阶级的生产关系，是资产阶级社会的基础。这样，马克思、恩格斯虽然尚未对市民社会的本质活动做过多的解释，但在《神圣家族》中，他们初步揭示了生产力决定生产关系、经济基础决定上层建筑的唯物史观的基本观点，强调一定社会的经济结构决定了其政治结构，只不过他们这时还没有使用科学的"生产关系"的概念。

1886 年，恩格斯在根据马克思 1845 年春写下的《关于费尔巴哈的提纲》而创作的《路德维希·费尔巴哈和德国古典哲学的终结》中写道："对抽象的人的崇拜，即费尔巴哈的新宗教的核心，必定会由关于现实的人及其历史发展的科学来代替。这个超出费尔巴哈而进一步发展费尔巴哈观点的工作，是由马克思于 1845 年在《神圣家族》中开始的。"① 1867 年，马克思在同恩格斯的通信中提到《神圣家族》时也称"对于这本书我们是问心无愧的"。列宁认为，马克思、恩格斯在写作《神圣家族》时已经成长为无产阶级革命家，其中的观点已经十分接近唯物史观中最为基本和基础的概念即生产关系了。《神圣家族》本身创作的目的是清除以布鲁诺·鲍威尔为代表的青年黑格尔派和黑格尔思辨唯心主义的影响，是一篇脱离青年黑格尔派的宣言。自此，马克思和恩格斯开启了共同创立唯物史观、进行无产阶级革命斗争的艰难而光辉的历程。

3. 走向历史深处——《德意志意识形态》的创作

《德意志意识形态》是马克思、恩格斯继《神圣家族》后再次合作的著作，其全称是《德意志意识形态。对费尔巴哈、布·鲍威尔和施蒂纳所代表的现代德国哲学以及各式各样先知所代表的德国社会主义的批判》。虽然采取的仍然是批判性的论战形式，但与在《神圣家族》中不太一样的是，马克思、恩格斯在《德意志意识形态》中首次正面系统地阐述了他们的哲学新世界观，对历史唯物主义的基本原理进行了详细的阐释。

《德意志意识形态》创作于 1845 年秋至 1846 年上半年。从《德意志意识形态》的全称题目也可看出，这部著作针对的是费尔巴哈、鲍威尔和"真正的社会主义"的代表人物施蒂纳等人的哲学观点。事实上，《德意志意识形态》

① 马克思，恩格斯. 马克思恩格斯文集：第 4 卷. 北京：人民出版社，2009：295.

的创作缘由较为复杂。马克思在《〈政治经济学批判〉序言》中写道："当 1845 年春他也住在布鲁塞尔时，我们决定共同阐明我们的见解与德国哲学的意识形态的见解的对立，实际上是把我们从前的哲学信仰清算一下。这个心愿是以批判黑格尔以后的哲学的形式来实现的。"[①] 当时，马克思、恩格斯所居住的布鲁塞尔会集了欧洲各地的社会主义者，各种流派思想观点云集，也出现了彼此相反的声音。

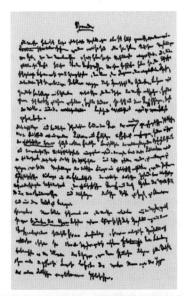

《德意志意识形态》手稿的第一页：序言

1845 年 7 月中旬，马克思、恩格斯一同去英国进行了一次旅行，实地考察了资本主义国家的运行状况，与正义者同盟、宪章派领导人进行了交谈，在英国的图书馆调阅了德国所没有的政治经济学资料。通过这些活动，马克思、恩格斯对政治经济学、社会主义的认识更进了一步。这使他们有了完全不同于当时还墨守黑格尔哲学的青年黑格尔派、"真正的社会主义"和他们之前所推崇的"费尔巴哈的"新的哲学主张。回到布鲁塞尔后，马克思、恩格斯迫切地希望通过系统正面地阐述其历史唯物主义观点来为而后的政治经济学和开展工人运动奠定哲学基础。这也是马克思在《〈政治经济学批判〉序言》中所提到的这部著作并未最终出版的原因。马克思自己在 1846 年 8 月初与卡尔·弗里

---

①　马克思，恩格斯．马克思恩格斯文集：第 2 卷．北京：人民出版社，2009：593.

德里希·尤利乌斯·列斯凯的通信中也谈到了《德意志意识形态》："同德国资本家商定要出版那部著作以后，我就把《经济学》的写作搁置下来了。因为我认为，在发表我的**正面阐述**以前，**先发表**一部反对德国哲学和迄今的**德国社会主义**的论战性著作，是很重要的。为了使读者对于我的同迄今为止的德国科学根本对立的经济学观点有所准备，这是必要的。顺便说一句，这就是我在一封信中告诉过您的在《经济学》出版以前必须完成的那部论战性著作。"① 除旧布新，澄清自身观点与过往哲学观点的本质区别是确立一个崭新的共产主义理论形态的必要前提。

不过，推动恩格斯和马克思着手这项工作的有三个更为直接的原因。一是鲍威尔等人在《维干德季刊》上发表系列文章来反驳马克思、恩格斯的《神圣家族》。1845年《维干德季刊》第三卷发表了鲍威尔和施蒂纳的多篇文章，集中论述了鲍威尔的自我意识哲学和施蒂纳的唯一者哲学，并对马克思、恩格斯的观点进行了反驳。马克思、恩格斯认为，他们简直像做预言的教堂神父一样可笑，讽刺他们是"莱比锡宗教会议"。因此，《德意志意识形态》原为回应1845年《维干德季刊》系列文章的批判而作。二是施蒂纳的《唯一者及其所有物》的出版。1844年11月19日，恩格斯写信给马克思提到这部著作，认为施蒂纳的观点是重要的，"比例如赫斯所认为的还重要。我们不应当把它丢在一旁，而是要把它当做现存的荒谬事物的最充分的表现加以利用，在我们**把它颠倒过来之后**，在它上面继续进行建设"②。随后，"真正的社会主义"在德国理论界的影响扩散到法国和英国的正义者同盟中，他们号召人们信奉一种人性的社会主义，破坏工人运动的科学基础，严重阻碍了社会主义理论和实践的发展。因此，马克思、恩格斯愈来愈感受到需要批判以施蒂纳为首的"真正的社会主义"来确立科学共产主义学说的前进路线。三是澄清和费尔巴哈思想关系的需要。马克思、恩格斯对青年黑格尔派的批判常见费尔巴哈观点的踪迹，尤其是在公开出版的《神圣家族》中，对费尔巴哈的历史功绩做了言过其实的评价，但事实上，马克思、恩格斯早已超越了费尔巴哈的人本主义世界观，从费尔巴哈抽象的人过渡到了现实的人。当马克思、恩格斯思想走向成熟后，他们二人就需要超越费尔巴哈，与其人道主义的社会主义划清界限。1845年马克

---

① 马克思，恩格斯. 马克思恩格斯全集：第47卷.2版.北京：人民出版社，2004：383.
② 马克思，恩格斯. 马克思恩格斯文集：第10卷. 北京：人民出版社，2009：24.

思《关于费尔巴哈的提纲》就列出了其与费尔巴哈哲学观点的区别，《德意志意识形态》系统化了马克思、恩格斯对费尔巴哈的批判。马克思、恩格斯认为，费尔巴哈回避现实，同样属于"莱比锡宗教会议"中的一员。可见，通过创作《德意志意识形态》，马克思、恩格斯厘清了他们与青年黑格尔派和"真正的社会主义"等流派之间的关系，确立了历史唯物主义。

《德意志意识形态》是一部完成中的创作作品，马克思、恩格斯在批判他人的观点中展现了唯物史观的丰富性，但是，没有呈现出完整的目录结构。从时间上看，《德意志意识形态》的实际创作过程并不长，只有不到一年的时间。1846 年的春天，马克思就已致信出版商咨询《德意志意识形态》的出版事宜了，但由于普鲁士政府的阻挠一直没有成功。同年 10 月，恩格斯在给马克思的信中还提到要找瑞士的书商接洽一下，看能不能找到地方来印刷手稿，但"这些人当中没有一个人有钱来印"。随着时间的推移，出版事宜一直未能谈妥，但与著作相关的资料却一直在出现，这样，马克思、恩格斯也在不断地对手稿进行修改，因为"一个笔耕不辍的著作家不把他在 6 个月以前写的东西在 6 个月以后**原封不动地**拿去付印，这是可以理解的"①。正因如此，《德意志意识形态》含有许多修改的痕迹，这份手稿具有一定的未完成性。

从当前编辑的手稿来看，《德意志意识形态》包括两卷八章，共约 50 印张手稿。第一卷包括序言和三章，批判了"莱比锡宗教会议"的代表人物鲍威尔、施蒂纳和费尔巴哈等人，并正面阐述了马克思、恩格斯的历史唯物主义基本观点。第二卷包括五章，揭露了"真正的社会主义"的哲学主张的社会根源和阶级本质。由于二月革命的爆发和当局政府的压制，马克思、恩格斯最终放弃了出版《德意志意识形态》的计划，他们在世时，只有第二卷的一章"反克利盖的通告"等极个别章节公开发表。1847 年，"真正的社会主义"运动开始出现各种支派。用恩格斯的话说，"从写好上述对'真正的社会主义者'的评论到现在，已经过去好几个月了。在此期间，过去只是时而在这里时而在那里零星出现的'真正的社会主义'，已经蓬勃地发展起来。它在祖国的每一个角落都有自己的代表，甚至一跃而成为文坛上有一定影响的流派。而且现在它本身已分裂成许多支派，虽然各个支派被德国人的诚恳和科学精神的共同纽带，被共同的意向和共同的目的紧密地联系在一起，但彼此仍有显著的不同，因为

---

① 马克思，恩格斯. 马克思恩格斯全集：第 47 卷 . 2 版 . 北京：人民出版社，2004：384.

各派具有各自独特的个性"①。后来，马克思、恩格斯对"真正的社会主义"进行了彻底清算。

这部著作还是马克思、恩格斯深度合作的成果。有学者以马克思、恩格斯通信中观点的变化为依据，认为《关于费尔巴哈的提纲》写作在先，就足以说明《德意志意识形态》是马克思主笔的著作，恩格斯只起到了辅助作用。从字迹上，我们可以发现，在《德意志意识形态》尤其是主要阐述正面意见的"费尔巴哈"部分，马克思、恩格斯采取的是深度合作的模式：马克思写完恩格斯修改，或者恩格斯写完马克思修改，又或者马克思写一段恩格斯写一段。因此，很难彻底地将马克思和恩格斯的观点分清。多年后，恩格斯在与马克思的女儿的通信中这样回忆那段在布鲁塞尔创作《德意志意识形态》的日子："两个人那时候在布鲁塞尔天天晚上这样哈哈大笑，使得家里任何一个人都不能入睡。我们那时都是大胆的小伙子，海涅的诗篇同我们的散文相比，不过是天真的儿戏而已。"② 总之，《德意志意识形态》是马克思、恩格斯二人真正合作的科学产物。

4. 唯物史观的科学表述——《德意志意识形态》的主要内容

在《德意志意识形态》中，马克思、恩格斯提出要摒弃一切空想，将思辨哲学建立在现实的土壤中。只有真正与工人运动相结合，才能推动德国乃至世界的现实改革。在第一卷第一章对费尔巴哈的批判中，马克思、恩格斯首次从前提、观点和结论三方面系统阐述了唯物史观的基本原理。

第一，人的现实存在是一切历史观阐述的基本前提。鲍威尔、费尔巴哈这些哲学家没有一个人想到要提出关于德国哲学和德国现实之间的联系的问题，关于他们所做的批判和他们自身的物质环境之间的联系的问题。对此，马克思、恩格斯强调："我们开始要谈的前提不是任意提出的，不是教条，而是一些只有在臆想中才能撇开的现实前提。这是一些现实的个人，是他们的活动和他们的物质生活条件，包括他们已有的和由他们自己的活动创造出来的物质生活条件。因此，这些前提可以用纯粹经验的方法来确认。"③ 现实的个人的生

---

① 马克思，恩格斯. 马克思恩格斯全集：第3卷. 北京：人民出版社，1960：641.

② 马克思，恩格斯. 马克思恩格斯全集：第36卷. 北京：人民出版社，1975：33.

③ 马克思，恩格斯. 马克思恩格斯文集：第1卷. 北京：人民出版社，2009：516-519.

产活动是一切历史研究活动的客观前提，必须要回到现实的生活中对此来加以确认，而不是相反地从头脑中去构想现实的个人的活动。当然，现实的个人是从事物质生产的个人，是工人阶级。

第二，马克思、恩格斯认为，为了生存和发展，人类必须要进行三种方式的生产。

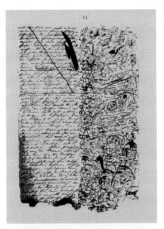

《德意志意识形态》的手稿

一是物质资料的生产。人类不可能像动物那样通过遗传和天性向自然界索取食物和住所，必须要通过现实的物质劳动来满足其基本的生存和发展需要，由此与自然界进行物质交换。因此，一切人类生存的第一个前提，也就是一切历史的第一个前提是：人们为了能够"创造历史"，必须能够生活。为了生活，首先就需要吃喝住穿以及其他一些东西。因此，第一个历史活动就是生产满足这些需要的资料，即生产物质生活本身。这样就科学揭示出物质生产在社会存在和社会发展中的决定作用。

二是物质资料的再生产。通过生产物质生活，人将自然纳入自身的历史进程中，而这一进程并不会随着基本生存需要的满足而停止。这样，第二个事实是，已经得到满足的第一个需要本身、满足需要的活动和已经获得的为满足需要而用的工具又引起新的需要。这样，这种新的需要的产生是第一个历史活动。在此基础上，产生了再生产。需要的满足及在其基础上产生的新需要构成了物质劳动的生产和再生产的循环往复，人和自然的关系也由此处于动态变化的过程中。这也是人类与动物、人类史与自然史既相区别又相联系的原因。

三是人自身的生产。在物质生活的生产和再生产的基础上，产生了人自身的生产，即人口的增长。一开始就进入历史发展过程的第三种关系是：每日都在重新生产自己生命的人们开始生产另外一些人，即繁殖。这就是自己生命的生产和他人生命的生产。这就是夫妻之间的关系、父母和子女之间的关系，即家庭。而人口的增长又是建立在个体间的生产交往的基础之上的。这种交往始于物质劳动，但在生产劳动中，人自身也在进行着精神活动和政治活动，可以说，这种生产的内容极其丰富。

在人类历史中，物质资料的生产和再生产、人自身的生产三者间并不存在先后关系，而是系统发生，共同作用，形成和改变着人和自然、人和人之间的关系。马克思、恩格斯将这种关系统称为"社会关系"。"社会关系的含义在这里是指许多个人的共同活动，不管这种共同活动是在什么条件下、用什么方式和为了什么目的而进行的。由此可见，一定的生产方式或一定的工业阶段始终是与一定的共同活动方式或一定的社会阶段联系着的，而这种共同活动方式本身就是'生产力'；由此可见，人们所达到的生产力的总和决定着社会状况，因而，始终必须把'人类的历史'同工业和交换的历史联系起来研究和探讨。"① 显然，马克思、恩格斯并不是所谓的经济决定论者，他们在阐释人类历史发展的前提时，始终强调人类生产的丰富性，其中既包括自然生产和物质生产，也强调了人自身的生产和精神生产，明确了人类生活的现实性、丰富性和系统性。

第三，马克思、恩格斯阐明了社会存在和社会意识辩证关系的基本原理。社会存在和社会意识的关系问题是社会历史观的基本问题。在马克思、恩格斯之前，一切社会历史观都未彻底地解决这一问题。在明确全部人类历史的第一个前提是现实的个人的生产活动后，马克思、恩格斯将自然纳入了研究视野当中。"第一个需要确认的事实就是这些个人的肉体组织以及由此产生的个人对其他自然的关系。当然，我们在这里既不能深入研究人们自身的生理特性，也不能深入研究人们所处的各种自然条件——地质条件、山岳水文地理条件、气候条件以及其他条件。"② 只要有人存在，自然史和人类史就是相互制约、不可分割的。可见，马克思、恩格斯提出的"社会存在"概念，包括社会存在的自然物质前提，即人口、资源、环境等。在这个意义上，唯物史观天然地内在

---

① 马克思，恩格斯．马克思恩格斯文集：第1卷．北京：人民出版社，2009：532－533.
② 同①519.

地具有自己的生态维度和生态指向。

一定的社会存在决定了一定的社会意识的产生。人们在生产中产生了语言，形成了一种实践的、既为别人存在因而也为我自身而存在的、现实的意识。这种"意识"区别于德国古典哲学中的"纯粹意识"。它形成于现实的生产活动中，受到现实的物质因素的影响，但在形成后它又具有相对的独立性，因为到了一定的阶段后，物质生产和精神生产的相互作用，可以让语言脱离直接的现实环境。社会意识具有相对的独立性和作用性，甚至在一定条件下反作用于社会存在。

第四，在科学阐释社会存在和社会意识的辩证关系的基础上，马克思、恩格斯进一步说明了人类社会发展的动力来源。他们提出了生产力决定生产关系、经济基础决定上层建筑矛盾运动的基本原理。首先，马克思、恩格斯论述了生产力的特征及其重要性。马克思、恩格斯批判费尔巴哈"没有看到，他周围的感性世界决不是某种开天辟地以来就直接存在的、始终如一的东西，而是工业和社会状况的产物，是历史的产物，是世世代代活动的结果，其中每一代都立足于前一代所奠定的基础上，继续发展前一代的工业和交往，并随着需要的改变而改变他们的社会制度"①。生产力是人类通过长期的物质活动对自然施加自身影响的现实积累过程和成果。通过代代相传和经验总结，人们不断提高自身认识和改造自然界的水平。如果没有生产力的发展，那么，人类社会只会出现贫穷、极端贫困的普遍化。生产力不仅是满足人类基本生存和生活需要的物质前提，还决定着生产关系的形成，最终影响了交往关系。共产主义社会是建立在高度发达的生产力的基础上的，必须消灭一无所有的贫困状态。马克思、恩格斯高度重视生产力在人类社会发展中的地位和作用。在接下来的多部著作中，他们都强调了共产主义社会一定要注重提高生产力水平，必须要建立在生产资料和生活资料极大丰富的前提之上。当然，与现实的人的生产方式多样一致，生产力不单单指物质生活资料的丰富，还包括精神生产水平的提高、人自身生产的优化等多个方面，马克思、恩格斯在《德意志意识形态》中扩大了生产力的外延，并不完全将之限定在经济水平的提升上。

同时，人们在生产活动中形成的生产力与交往形式（生产关系）的关系也不能用决定和被决定来简单地概括。在马克思、恩格斯看来，交往形式在一定

---

①　马克思，恩格斯. 马克思恩格斯文集：第 1 卷. 北京：人民出版社，2009：528.

条件下也会超越生产力提前展现出来。例如，"按照我们的观点，一切历史冲突都根源于生产力和交往形式之间的矛盾。此外，不一定非要等到这种矛盾在某一国家发展到极端尖锐的地步，才导致这个国家内发生冲突。由广泛的国际交往所引起的同工业比较发达的国家的竞争，就足以使工业比较不发达的国家内产生类似的矛盾（例如，英国工业的竞争使德国潜在的无产阶级显露出来了）"①。在世界历史中，社会基本矛盾的运动具有不平衡性。

第五，马克思、恩格斯运用社会存在和社会意识、生产力和交往形式的矛盾运动规律来分析人类社会历史发展的一般规律，进一步揭示了社会形态更迭演替的一般规律。在《德意志意识形态》中，马克思、恩格斯提出了三种所有制形式。

第一种所有制形式是部落（Stamm）所有制。部落所有制是人类社会发展的第一个阶段，它与生产的不发达阶段相适应。当时，人们靠狩猎、捕鱼、畜牧或者最多靠耕作为生。在人们靠耕作为生的情况下，这种所有制是以有大量未开垦的土地为前提的。在这个阶段，分工还很不发达，仅限于家庭中现有的自然形成的分工的进一步扩大。因此，社会结构只限于家庭的扩大。父权制的部落首领管辖部落成员，统治奴隶。这一阶段建立在生产力水平极端不发达的基础之上，既包含原始社会的一些特征，即存在部落首领和部落成员，也包含阶级社会的一些特征，即存在着奴隶。这表明马克思、恩格斯当时还没有将原始社会末期和奴隶社会初期科学区分开来。后来，随着《资本论》研究和人类学研究的深入，马克思在《人类学笔记》、恩格斯在《家庭、私有制和国家的起源》中科学厘清了这一问题。

第二种所有制形式主要是指罗马城邦所有制，即罗马奴隶制社会。古典古代的公社所有制和国家所有制构成了第二种所有制形式。这种所有制首先是由于几个部落通过契约或征服联合为一个城市而产生的。在这种所有制下仍然保存着奴隶制。在这种社会形态下，虽然私有制得到了很大的发展，但是部落社会的公社所有制形式依旧发挥着一定的作用，公民共同拥有支配那些做工的奴隶的权力。

第三种所有制形式是封建或等级所有制，即西欧的封建社会。古代的起点是城市及其狭小的领域，中世纪的起点是乡村。在中世纪，地广人稀，居住分

---

① 马克思，恩格斯. 马克思恩格斯文集：第1卷. 北京：人民出版社，2009：567-568.

散，而征服者也没有使人口大量增加。这种情况决定了起点有这样的变化。因此，与希腊和罗马相反，封建制度的发展是在一个宽广得多的、由罗马的征服以及起初就同征服联系在一起的农业的普及所准备好了的地域中开始的。在不同时代和国家，封建社会的发展存在着不同的起点和形式，并非千篇一律。马克思、恩格斯后来揭示出，东方的封建社会与西欧的封建社会具有不同的社会结构和演化方向。

社会是一个由多重因素构成的复杂整体。新的生产力的出现不单是由于物质资料量的提升，还包括分工的细化和精确化。一个民族的生产力发展水平，与该民族的分工发展程度也有着密切的联系。"分工的各个不同发展阶段，同时也就是所有制的各种不同形式。这就是说，分工的每一个阶段还决定个人在劳动材料、劳动工具和劳动产品方面的相互关系。"① 马克思、恩格斯对部落所有制、罗马城邦所有制和封建或等级所有制的划分，虽未达到完善地步，但第一次较为完整地表明了按照生产关系尤其是生产资料所有制划分社会形态的科学思想。后来，马克思在《政治经济学批判大纲》中将前资本主义所有制划分为古典古代的、亚细亚的和日耳曼的三种形式。马克思在《〈政治经济学批判〉序言》中提出了五种社会形态的划分。

第六，共产主义社会是生产力和生产关系矛盾运动的最终产物。马克思、恩格斯进一步明确了未来社会的发展方向。

共产主义是理论、运动、理想、制度的统一。马克思、恩格斯指出："共产主义对我们来说不是应当确立的**状况**，不是现实应当与之相适应的**理想**。我们所称为共产主义的是那种消灭现存状况的**现实的**运动。这个运动的条件是由现有的前提产生的。"② 在私有制社会中，个人通过分工所进行的活动被固定下来成为一种不受个人控制的异己的物质力量，这种在个体之外不受控制的异己的外在强制力量，在资本主义社会发展到了顶峰，出现了两大经济地位完全对立的阶级——资产阶级和无产阶级，以至于这个除了出卖自身劳动力之外一无所有的劳动阶级不得不为了生存发起斗争以获得更多的生活和生存必需品。在斗争中，无产阶级发现只有通过联合才能走向胜利，只有通过阶级解放才能解放自身，由此产生了现实的共产主义运动。不过，共产主义和所有过去的运

① 马克思，恩格斯. 马克思恩格斯文集：第 1 卷. 北京：人民出版社，2009：521.
② 同①539.

动不同的地方在于：它推翻了一切旧的生产关系和交往关系的基础，并且第一次自觉地把一切自发形成的前提看作前人的创造，消除这些前提的自发性，使这些前提接受联合起来的个人的支配。

随着资本主义的发展和工人运动的蓬勃开展，无产阶级力量不断发展壮大，成为共产主义的革命主体。马克思、恩格斯指出："共产主义革命则针对活动迄今具有的**性质**，消灭**劳动**，并消灭任何阶级的统治以及这些阶级本身，因为完成这个革命的是这样一个阶级，它在社会上已经不算是一个阶级，它已经不被承认是一个阶级，它已经成为现今社会的一切阶级、民族等等的解体的表现。"① 显然，共产主义革命必须消灭阶级统治，消灭异化劳动和被动劳动。只有工人阶级才能完成这一任务，并通过革命来解放自己。在实践中，革命之所以必需，不仅是由于没有任何其他的办法能够推翻统治阶级，而且还由于推翻统治阶级的那个阶级，只有在革命中才能抛掉自己身上的一切陈旧的肮脏东西，才能胜任重建社会的历史重任。可见，只有在夺取政权、消灭私有制的过程中，无产阶级才能抛掉自己身上的陈旧东西，完成改造自身的艰巨任务，进而胜任建设共产主义新社会的工作。

马克思、恩格斯指出，生产力和生产关系在资本主义社会中的矛盾运动决定了共产主义社会的必然产生。共产主义是建立在生产力高度发达的基础之上的。在资本主义社会中，大工业的发展极大地推动了生产力的迅猛发展，然而，"生产力在其发展的过程中达到这样的阶段，在这个阶段上产生出来的生产力和交往手段在现存关系下只能造成灾难，这种生产力已经不是生产的力量，而是破坏的力量（机器和货币）。与此同时还产生了一个阶级，它必须承担社会的一切重负，而不能享受社会的福利，它被排斥于社会之外，因而不得不同其他一切阶级发生最激烈的对立；这个阶级构成了全体社会成员中的大多数，从这个阶级中产生出必须实行彻底革命的意识，即共产主义的意识，这种意识当然也可以在其他阶级中形成，只要它们认识到这个阶级的状况"②。资本主义无法控制自身的生产力的发展，使这种发展了的生产力成为一种破坏性的力量，进而推动资本主义的最终灭亡。

然而，与唯心主义哲学家不同，马克思、恩格斯认为共产主义革命运动的胜

---

① 马克思，恩格斯．马克思恩格斯文集：第1卷．北京：人民出版社，2009：543．
② 同①542．

利必须要建立在一定的物质基础上。"历史上周期性地重演的革命动荡是否强大到足以摧毁现存一切的基础；如果还没有具备这些实行全面变革的物质因素，就是说，一方面还没有一定的生产力，另一方面还没有形成不仅反抗旧社会的个别条件，而且反抗旧的'生活生产'本身、反抗旧社会所依据的'总和活动'的革命群众，那么，正如共产主义的历史所证明的，尽管这种变革的**观念**已经表述过千百次，但这对于实际发展没有任何意义。"① 共产主义是社会经济运动的必然结果。当然，共产主义的实现是一个动态的历史的进程，不可能一蹴而就。

马克思、恩格斯认为，共产主义社会的确立是以生产力的巨大增长和高度发展以及普遍交往的形成即"世界历史"的形成为前提的。在世界历史的环境中，共产主义不可能作为某种地域性的东西而存在。"共产主义只有作为占统治地位的各民族'一下子'同时发生的行动，在经验上才是可能的，而这是以生产力的普遍发展和与此相联系的世界交往为前提的。"② 只有在世界历史条件下，人和人、民族和民族间的相互依存关系被充分认识后，工人阶级才能自觉地联合起来，成为统一的组织和自觉行动的历史主体。在世界历史的条件下，马克思、恩格斯提出了"同时胜利论"的重要观点，强调共产主义要在几个占统治地位的民族同时发生，这样，才能最终消灭地域性的共产主义，使共产主义最终取得胜利。必须指出的是，"同时胜利论"并不等于同步胜利论，更不等于几个主要资本主义国家要在同一天爆发革命。在世界历史的背景下，各个国家之间的发展不平衡，跨度比较大，因此，世界历史本身就是一个大尺度的时间概念，几十年甚至上百年仅仅是其中的一个很短的时段而已。因此，不能狭隘地理解"同时胜利论"，更不能与列宁的"一国胜利论"进行抽象的比较，后者只是对前者的补充和完善。

马克思夫人燕妮笔下的《德意志意识形态》

夏天，恩格斯和卡尔一道写文章批判德意志哲学，促使他们这样做的外部动力是《惟一者及其所有物》一书的出现。结果写成了一部渊博的著作，这一著作本该在威斯特伐里亚出版的。③

---

① 马克思，恩格斯. 马克思恩格斯文集：第1卷. 北京：人民出版社，2009：545.
② 同①538-539.
③ 燕妮·马克思. 动荡生活简记//中共中央马克思恩格斯列宁斯大林著作编译局. 回忆马克思. 北京：人民出版社，2005：152.《惟一者及其所有物》现一般写作《唯一者及其所有物》。

　　除以上观点外，马克思对分工、阶级解放和意识形态等范畴也都做了经典的阐释。例如，无论有多少种含义，马克思、恩格斯始终揭示的是意识形态作为虚幻思想体系的阶级实质。

　　近些年来，随着《马克思恩格斯全集》历史考证第二版（MEGA2）工作的推进，一些论者试图证明《德意志意识形态》当初是作为杂志的论文创作的。其实，这是赫斯背着马克思、恩格斯与出版商商谈过程中搞的小把戏。马克思、恩格斯、燕妮都指出，《德意志意识形态》是作为一部著作创作的。事实上，不论是作为著作还是作为论文，《德意志意识形态》作为历史唯物主义创立的科学标志的地位都是撼动不了的。

5.《德意志意识形态》的伟大贡献

　　作为一部未完成的著作，《德意志意识形态》是马克思、恩格斯著作中"断臂维纳斯"一般的存在。自苏联马克思恩格斯研究院院长梁赞诺夫1924年公开出版《德意志意识形态》第一卷第一章"费尔巴哈"后，无数学者付出了巨大的努力，期望能够真实再现马克思、恩格斯的唯物史观。但遗憾的是，无论是阿多拉茨基版、巴加图利亚版、广松涉版，还是 MEGA2 版，都不可能完全按照"客观主义"（创作过程）的方式呈现《德意志意识形态》的内容结构。当然，这自然与《德意志意识形态》一书经历了多次修改、未公开出版的草稿性质有关。问题的关键是，要从理论贡献的高度来评价《德意志意识形态》的价值。《德意志意识形态》是马克思、恩格斯思想发展史上具有转折性意义的一部哲学著作。马克思、恩格斯实现了哲学立场转变和政治立场转变的统一，完成了人类哲学史上最伟大的革命性变革。

　　马克思、恩格斯在《德意志意识形态》中彻底清除了以往哲学流派的影响，宣告了一个新的哲学流派的诞生。破旧立新，确立一个新的哲学流派首先需要澄清其与原有流派之间的关联。对于马克思、恩格斯来说，这尤为重要。因为在他们的思想发展历程中，无论是布鲁诺·鲍威尔还是费尔巴哈都是他们青年时期思想转变的见证者。马克思、恩格斯曾是鲍威尔被大学辞退事件中鲍威尔的重要声援者，是青年黑格尔派的骨干成员；他们也多次写信给费尔巴哈，请求他为《莱茵报》发声。在《德意志意识形态》写作前的《神圣家族》中，马克思、恩格斯还对费尔巴哈表示过赞扬。因此，当黑格尔哲学在德国被应用在社会主义运动中，成为"行动的矮子"——"真正的社会主义"这一流派的思想武器时，马克思、恩格斯就意识到，如果想要在现实中成功地开展工人解放运动，他们就必须与他们曾经的挚友、老师和同僚划清界限，确立起历史唯物主义的哲学基础。

在《德意志意识形态》中，马克思、恩格斯按照鲍威尔、费尔巴哈和施蒂纳的顺序系统批判了德国古典哲学和青年黑格尔派的唯心主义观点，全面论述了唯物史观和唯心史观的根本对立和区别，确立了历史唯物主义，将人的解放尤其是无产阶级的阶级解放牢牢建立在辩证唯物主义、历史唯物主义的哲学基础上，彰显出德国古典哲学所缺乏的现实性、历史性、革命性、批判性。"意识形态"在当时主要表示的是被颠倒了的虚假意识，这种盛行的"意识形态狂热"集中体现了德意志民族的局限性。它让青年哲学家深陷意识形态的内部争论中无法自拔，忽视真正推动人类社会进步的现实动力，"把这些共产主义的体系、评论和论战性著作同现实运动割裂开来"①，离开实在的历史基础而转移到思想基础上去。马克思、恩格斯深入剖析了工业的双重性及其内在联系。"由此可见，这种历史观就在于：从直接生活的物质生产出发阐述现实的生产过程，把同这种生产方式相联系的、它所产生的交往形式即各个不同阶段上的市民社会理解为整个历史的基础，从市民社会作为国家的活动描述市民社会，同时从市民社会出发阐明意识的所有各种不同的理论产物和形式，如宗教、哲学、道德等等，而且追溯它们产生的过程。这样做当然就能够完整地描述事物了（因而也能够描述事物的这些不同方面之间的相互作用）。"② 这样，在《德意志意识形态》中，马克思、恩格斯进行了对黑格尔唯心主义哲学和费尔巴哈人本主义哲学的双重的系统批判，实现了从革命民主主义向共产主义、从唯心主义向历史唯物主义和辩证唯物主义的转变，标志着哲学领域革命性变革的完成。《德意志意识形态》不是要超越唯物主义和唯心主义，而是要超越旧唯物主义和唯心主义，向上提升唯物主义和向前发展唯物主义。《德意志意识形态》正式宣告了一个人类理论思维史上最伟大变革的完成。这就是创立和确立历史唯物主义。

马克思、恩格斯在《德意志意识形态》中确立了新的世界观和方法论。

① 马克思，恩格斯.马克思恩格斯文集：第 1 卷.北京：人民出版社，2009：589.
② 同①544.

在《德意志意识形态》中，马克思、恩格斯认为，全部人类历史的第一个前提无疑是有生命的个人的存在，在不同的历史条件下，人们生产的内容和生产的方式有所不同，人的本质和发展程度也会出现差异，由此确立了唯物史观的出发点是现实的个人和物质生活资料的生产方式，而不是抽象的原则或主观臆想的东西。当然，这个现实的个人不仅仅是生活的人，还是从事生产的人、从事革命的人。在此基础上，马克思、恩格斯系统阐述了马克思主义哲学的世界观和方法论。

首先，确立了马克思主义哲学的实践观。恩格斯在《德意志意识形态》中提出了"**实践的唯物主义**"的概念，以此区别于费尔巴哈的直观唯物主义。"实践"是马克思主义哲学的核心范畴。在《关于费尔巴哈的提纲》中，马克思虽多次提到"实践"，但并没有详细介绍过这一决定历史发展的"实践"范畴的确切含义。在《德意志意识形态》中，马克思、恩格斯立足于现实，认为实践具有能动地改变世界的历史作用，是理论和历史的发源地。马克思、恩格斯高度重视物质生产活动，把物质生活资料的生产作为人和动物区别的根本标志。人们通过物质实践来满足个体生存的基本需要，实践还构成了人类自身的存在方式。马克思、恩格斯将实践看作现实世界的基础，实践是现实中的人们把握感性世界的唯一方式。马克思、恩格斯的实践观直接将现实历史纳入了唯物主义的研究范围，而不是将唯物主义与社会历史简单叠加。由此，形成了马克思、恩格斯实现自然和社会相统一的独特视角。

其次，马克思、恩格斯形成了辩证统一的自然观和社会观。在《德意志意识形态》中，自然是马克思、恩格斯在研究社会历史关系中从未忽视过的关键因素，现实的个人生存首先需要确认的事实就是"这些个人的肉体组织以及由此产生的个人对其他自然的关系"①。他们认为，其中不仅包含了人们自身的生理特性，也包括人们所处的各种自然条件。但人的生产和生活又必须与动物区别开来，人是能够直接或间接地生产着自己的物质生活本身的物种，在现实的社会活动中生产自身，与动物有着本质的区别。马克思、恩格斯在《德意志意识形态》中首次提出了"自然的历史"和"历史的自然"的概念，将人和自然的统一纳入唯物史观的内容中，以此反对布鲁诺的"自然和历史的对立"和费尔巴哈的半截子唯物主义。但工业革命的历史证明，人与自然的斗争会促进

---

① 马克思，恩格斯. 马克思恩格斯文集：第 1 卷. 北京：人民出版社，2009：519.

生产力在相应基础上的发展，但从哲学上来看，自然的历史和历史的历史二者是相互促进、相互成就的。在此基础上，马克思、恩格斯明确指出，我们仅仅知道一门唯一的科学即历史科学。历史划分为自然史和人类史。只要人类存在，自然史和人类史就不可分割，就存在着相互作用。

再次，马克思、恩格斯呈现出了一种崭新的思维方式——唯物主义的辩证法。德国古典哲学和青年黑格尔派长期以来在唯物主义和唯心主义、辩证法和形而上学中绕圈，要么沦为机械唯物主义，要么空谈逻辑，不讲内容，使辩证法成为唯心辩证法。他们的方法论和世界观严重脱离，机械化地分割了思维方式和现实世界，青年黑格尔派的思想完全是头脑中演化出来的，也因此只能在头脑中改造，而无法投入现实活动中。"真正的社会主义"也存在这一问题，因此，他们的呼唤无法引起现实中的人们的共鸣。《德意志意识形态》虽然不是一部完整的著作，但是，马克思、恩格斯立足于"现实的个人"，从个人的物质生产实践活动出发，展现出了自然的历史和历史的自然的统一，并由此探讨了社会存在与社会意识、生产力和"交往手段"，以及"市民社会"和"意识形式"的辩证关系。在此基础上，马克思、恩格斯推进辩证法的发展，使之成为革命的批判的根据。马克思、恩格斯的辩证法是唯物的历史的实践的辩证法，是辩证法发展的科学形态和最高成就。

最后，在《德意志意识形态》中，马克思、恩格斯实现了政治立场和哲学立场的统一。马克思、恩格斯坚持从现实的前提出发对人类历史进行考察，并从中概括抽象出最一般的结果。"这些抽象与哲学不同，它们绝不提供可以适用于各个历史时代的药方或公式。相反，只是在人们着手考察和整理资料——不管是有关过去时代的还是有关当代的资料——的时候，在实际阐述资料的时候，困难才开始出现。这些困难的排除受到种种前提的制约，这些前提在这里是根本不可能提供出来的，而只能从对每个时代的个人的现实生活过程和活动的研究中产生。"[①] 在考察人类社会发展规律的过程中，马克思、恩格斯注重研究特殊对象的特殊矛盾，坚持具体问题具体分析，反对抽象的历史哲学。在此基础上，马克思、恩格斯创造性地提出了"**实践的唯物主义**"的科学概念。"实际上，而且对**实践的唯物主义者即共产主义者**来说，全部问题都在于

---

① 马克思，恩格斯 . 马克思恩格斯文集：第 1 卷 . 北京：人民出版社，2009：526.

使现存世界革命化，实际地反对并改变现存的事物。"① 第一，这种唯物主义不仅始终将实践看作认识论的首要的第一位的原则，而且将实践的观点贯穿于整个新哲学中。第二，这种唯物主义始终承认外部自然界的客观性、条件性和优先性，始终承认和尊重客观规律，是唯物主义的集大成者和科学提升。第三，这种唯物主义以实现共产主义为目标，始终承认和尊重无产阶级的历史主体地位，始终致力于无产阶级的阶级解放，始终致力于消灭资本主义，始终坚持共产主义的初心和理想。当然，脱离共产主义的实践的唯物主义有可能滑向实践本体论，不尊重客观规律和人民群众的实践本体论必然会倒向唯心主义，而这恰好是实践的唯物主义所坚决反对的东西。后来，恩格斯在《路德维希·费尔巴哈和德国古典哲学的终结》中鲜明地指出，在劳动发展史中找到社会发展史锁钥的哲学新派别，一开始就是面向工人阶级的。

《德意志意识形态》的创作，标志着唯物史观的创立，为而后马克思、恩格斯思想的发展打下了坚实的哲学基础。马克思、恩格斯创立唯物史观的最初动机和最终目的是实现共产主义和无产阶级的解放，当"真正的社会主义"的流行严重阻碍了德国工人运动的发展时，马克思、恩格斯意识到必须要明确共产主义的真正的哲学基础。共产主义不仅仅是理想，还是现实的运动发展的结果，是必须为之努力的运动和制度，共产主义不是脱离现实基础的乌托邦。在这一前提下，马克思、恩格斯在《德意志意识形态》中说明了共产主义是生产的社会化和生产资料的私人占有之间的矛盾发展的必然结果，对分工、劳动、解放等范畴进行了说明，也系统展望了未来共产主义社会的生产和生活图景。这种哲学观的确立有力地推动了马克思、恩格斯现实共产主义运动的开展。在这种意义上来说，《共产党宣言》可以说是《德意志意识形态》的完成本。此外，《德意志意识形态》也为马克思主义政治经济学的发展打下了基础。有人将《资本论》和《德意志意识形态》分裂开来，认为马克思、恩格斯的思想发展中存在着由"生产逻辑"向"资本逻辑"的逻辑转向。这首先是模糊了两部著作的学科归属和写作目的。《德意志意识形态》是一部哲学论著，相对于《神圣家族》中马克思对蒲鲁东的《什么是财产？》的批判来说，马克思、恩格斯在《德意志意识形态》中已经明确了生产的社会关系的含义，他们将生产力和"交往方式"联系起来，实质上说明了生产的社会方式和内容，并且突

---

① 马克思，恩格斯. 马克思恩格斯文集：第1卷. 北京：人民出版社，2009：527.

出了物质资料生产的重要地位，这也是马克思、恩格斯转向政治经济学研究的关键因素。可以说，《资本论》是《德意志意识形态》的应用型研究，是哲学成果在政治经济学领域的运用和发展。由此可见，唯物史观这一伟大发现在马克思、恩格斯思想中占据着极其重要的位置。

　　初到比利时，马克思、恩格斯就共同完成了思想转变。从《神圣家族》到《德意志意识形态》，马克思主义哲学从初见锋芒到真正成形，一个属于无产阶级和劳动人民的哲学新派别在布鲁塞尔诞生了！等待着马克思、恩格斯的就是如何将这个"批判的武器"转化为工人运动的"武器的批判"。

第 4 章

壮丽的日出

——马克思主义的创立

在 1847 年召开的两次代表大会上，同盟进行了改组。第二次大会决定委托马克思和恩格斯两人起草一篇宣言，把党的基本原则规定下来并公布于世。《共产党宣言》就是这样产生的，它在 1848 年二月革命前不久第一次发表，后来被译成欧洲几乎所有的文字。①

在自身实现"两个转变"之后，随着唯物史观的创立，马克思、恩格斯开始更为自觉地将科学共产主义学说与工人运动结合起来。在 1847 年，社会主义是资产阶级的运动，共产主义是工人阶级的运动。在恩格斯率先加入正义者同盟之后，马克思也加入了这一组织。马克思、恩格斯共同将之改组为共产主义者同盟。受同盟的委托，马克思、恩格斯共同为这一世界上第一个国际性无产阶级政党起草了其纲领——《共产党宣言》。《共产党宣言》是国际共产主义运动史上的第一个纲领性文件。它的问世标志着马克思主义的正式诞生。

1. 创立第一个国际性的无产阶级政党

从 1836 年到 1852 年，是国际工人运动发展的"光辉青春时期"。为了帮助无产阶级担负起时代赋予的伟大使命，马克思、恩格斯认为，应该帮助他们组成"一个自觉的阶级政党"。这是他们在 1847 年以来所采取的坚定不移的政

---

① 恩格斯. 卡尔·马克思//马克思，恩格斯. 马克思恩格斯文集：第 3 卷. 北京：人民出版社，2009：453.

治立场。在马克思、恩格斯的指导下，世界上第一个按照科学社会主义原则组织起来的无产阶级政党——共产主义者同盟脱胎而出。

在蓬勃发展的工人运动中，各国出现了一些具有政治性的工人群众组织。当时，影响较大的工人政治组织主要有德国的正义者同盟、英国的宪章派全国协会、法国的四季社等。为了使科学共产主义学说能够为工人所接受，转化为工人运动，马克思、恩格斯积极与这些工人组织建立联系，最后，他们将注意力集中到了正义者同盟上。

"正义者同盟"由"流亡者联盟"发展而来。1834 年，德国流亡者在巴黎建立流亡者联盟。这是一个半宣传、半秘密的组织，主要开展秘密活动。联盟的成员是工人，但几乎都是地道的手工业者。这些手工业者的最大光荣是：虽然他们本身还不是真正的无产者，但他们已经能够本能地预料到自己未来的发展，并且能够自觉或不自觉地组织为一个无产阶级政党。尽管联盟里没有一个人读过一本经济学著作，但是，他们主张的"平等""博爱""正义"暂时还有助于克服一切理论上的困难。这样，就迫切需要用科学共产主义学说改造和武装这一组织。1836 年，正义者同盟从流亡者联盟分离出来成为一个单独的新的秘密组织。其成员主要是工人运动的最急进分子，大部分是无产阶级分子。这是德国第一个无产阶级的组织。这一新的同盟迅速发展，在法国、德国、英国等欧洲国家建立了支部。同盟的口号是："人人皆兄弟！"（"四海之内皆兄弟！"）1839 年 5 月 12 日，法国人举行起义。同盟各支部参与了四季社组织的这次行动。随着起义的失败，这些支部也同法国人一起遭到失败。

1843 年，恩格斯在伦敦认识了来自正义者同盟的亨利希·鲍威尔、卡尔·沙佩尔、约瑟夫·莫尔三人。鲍威尔是皮鞋匠，沙佩尔当过排字工人，莫尔是钟表匠。这是恩格斯遇到的第一批革命无产者。1885 年，恩格斯回忆说："尽管我们当时的观点在个别问题上有分歧——对于他们的狭隘平均共产主义，我当时还报之以在某种程度上同样狭隘的哲学高傲态度——，但我永远也不会忘记这三个真正的男子汉在我自己还刚刚想要成为一个男子汉的时候所留给我的令人敬佩的印象。"[①] 当时，恩格斯把平均共产主义理解为全部或主要以要求平等为依据的共产主义。

早在 1840 年 2 月 7 日，德意志工人教育协会已在英国伦敦成立。这是一

---

① 马克思，恩格斯. 马克思恩格斯文集：第 4 卷. 北京：人民出版社，2009：228.

个公开的组织。该协会成为同盟吸收新盟员的地方。由于共产主义者一向是最活跃、最有知识的会员，因此，同盟自然就完全掌握了协会的领导权。不久，同盟在伦敦建立了一些被称为"秘所"的支部。瑞士和其他地方也采用了这一策略。凡是能够公开建立工人协会的地方，都以协会的方式开展活动。凡是法律禁止成立工人协会的地方，同盟成员便通过参加歌咏团、体操会等团体开展活动。参加工人协会的成员来自欧洲的各民族。不久，协会便改名为工人共产主义教育协会。在会员证上至少用 20 种文字印有"人人皆兄弟！"的口号。

1843 年，沙佩尔建议恩格斯加入同盟，但是，恩格斯拒绝了这个建议。尽管如此，马克思、恩格斯不仅同伦敦的盟员经常保持通信联系，而且同巴黎各支部当时的领导人艾韦贝克医生有着更为密切的交往。尽管马克思、恩格斯没有参与同盟的内部事务，但仍然知道同盟发生的一切重要事件。他们通过口头、书信和报刊等方式，影响着最杰出的盟员的思想观点。

1847 年春天，受同盟委托，莫尔到布鲁塞尔去面见马克思，接着又到巴黎去找恩格斯，再三邀请他们二位加入同盟。莫尔表示，同盟确信马克思、恩格斯观点一般正确，确信必须使同盟摆脱陈旧的密谋性的传统和方式。如果马克思、恩格斯愿意加入同盟，同盟将有可能在其代表大会上以宣言形式阐述马克思、恩格斯的"批判的共产主义"，然后可以作为同盟的宣言予以发表。同时，马克思、恩格斯也将有可能帮助同盟用新的符合当时条件的适当组织来代替其过时的组织。由于马克思、恩格斯以前认为是同盟的缺点的地方，现在同盟代表们自己已经主动承认并且已经消除，因此，马克思、恩格斯欣然接受了这一邀请，决定对同盟进行改组。马克思、恩格斯接受加入同盟的必要条件是，必须摒弃同盟章程中一切助长个人迷信权威的东西。此后，马克思在布鲁塞尔把比较靠近自己的人组成同盟的支部，恩格斯则经常到同盟在巴黎的几个支部去参加活动。

经过三个多月的酝酿和准备，1847 年 6 月 2 日至 9 日，正义者同盟改组大会在伦敦秘密举行。由于经费问题，马克思未能出席大会。恩格斯代表巴黎支部出席。根据马克思、恩格斯在会前的提议，大会决定把正义者同盟改组为"共产主义者同盟"（Communist League），用马克思、恩格斯提出的"全世界无产者，联合起来！"的战斗口号代替"人人皆兄弟！"的口号，使之成为真正的无产阶级政党。同盟取消了密谋时代遗留下来的一切旧的神秘名称，由支部、区部、总区部、中央委员会以及代表大会构成。组织本身完全采用民主的方式，各委员会由选举产生并随时可以罢免。同盟至少在平常的和平时期已变成一个纯粹宣传性的团体。大会讨论并初步通过了《共产主义者同盟章程》草案。章程的第一条规定："同盟的目的：推翻资产阶级，建立无产阶级统治，消灭旧的以阶级对立为基础的资产阶级社会和建立没有阶级、没有私有制的新社会。"① 尽管这一章程没有明确将共产主义作为奋斗目标，但是，明确了推翻资本主义制度和建立没有阶级与没有私有制的新社会的政治任务。在这次有300 人左右参加的共产主义者同盟第一次代表大会上，恩格斯主持或参加了大会所有文件的起草和审议工作，从而保证大会能够在一系列重要问题上坚持科学共产主义的原则和精神。这样，世界上第一个国际性的无产阶级政党就正式成立了！

在大会期间（1847 年 6 月 2 日至 9 日），恩格斯为同盟起草了第一个纲领性稿本——《共产主义信条草案》。大会决定将之作为制定同盟纲领的基础。与会者经过认真讨论后认为，讨论同盟的原则是极其重要的步骤，不能操之过急，应该提交各支部进行充分讨论。大会要求各支部将讨论、修订和补充的意见反馈给同盟中央委员会。

一个工人笔下的恩格斯

马克思、恩格斯和威·沃尔弗等人出席大会，这无论对工人共产主义教育协会会员或共产主义者同盟盟员都有极大的影响。人们对那一次的代表大会寄以莫大的期望，而这种期望不仅没有被辜负，而且获得了出乎意料的满足。《共产党宣言》的出现就是一个明证。它是那次具有历史意义的代表大会的伟大成果。

从外表看来，恩格斯和马克思很不一样。恩格斯身材魁梧匀称，举止敏捷稳健，说话简洁有力；气概英武，像一个军人一样。他非常乐观，谈吐诙谐而中肯。凡是和他接触的人，立刻就会得到一种印象：这是一个天赋极高的人。也有人在我面前说，恩格斯并不像他们所想象的那样和蔼可亲。那是由于恩格斯在和不熟悉的人接触时态度审慎。这种审慎后来表现得更为明显。②

① 马克思，恩格斯. 马克思恩格斯文集：第 4 卷. 北京：人民出版社，2009：236.
② 列斯纳. 一个工人对弗里德里希·恩格斯的回忆//中共中央马克思恩格斯列宁斯大林著作编译局. 回忆恩格斯. 北京：人民出版社，2005：57.

　　大会闭幕之后，受同盟巴黎区部委托，恩格斯于 1847 年 10 月底至 11 月在《共产主义信条草案》的基础上起草了新的纲领草案——《共产主义原理》，准备提交同盟第二次代表大会讨论。

　　1847 年 11 月 29 日至 12 月 8 日，共产主义者同盟在英国伦敦召开第二次代表大会。马克思代表布鲁塞尔支部、恩格斯代表巴黎支部参加了大会。经过长时间的辩论，终于消除了所有的分歧和怀疑，一致通过了新原则，大会最后批准了经过马克思修改的新章程。马克思、恩格斯在大会上阐述了科学共产主义学说的基本观点，并得到与会者的高度赞许，因此，大会委托马克思、恩格斯起草同盟纲领，将无产阶级政党的基本原则通过纲领的形式公之于众。1847 年 12 月 9 日至 1848 年 1 月底，经过一个多月的努力，马克思、恩格斯共同完成了同盟的纲领，并将之命名为《共产党宣言》。1848 年 2 月底，《共产党宣言》第一个德文单行本在伦敦出版。接着，二月革命爆发。这样，国际共产主义运动史上第一个纲领性文献就横空出世！

《共产党宣言》德文第 1 版封面

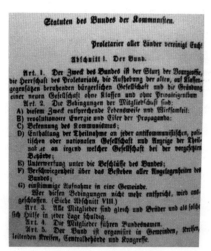

《共产主义者同盟章程》

2. 19 世纪 40 年代批判工人运动错误思潮的斗争

　　为了促进科学共产主义学说与工人运动的结合，1846 年年初，马克思和恩格斯在布鲁塞尔创立了共产主义通讯委员会。在当年的一年里，共产主义通讯委员会在欧洲许多地方创立了分会或小组。通过这些组织的活动，科学共产主义学说得到了较为广泛的传播。这样，共产主义通讯委员会就逐步成为国际工人运动的政治中心和思想中心。

19 世纪 40 年代，在宣传科学共产主义学说的同时，马克思、恩格斯同魏特林主义、"真正的社会主义"、蒲鲁东主义等工人运动内部的各种错误思潮进行了坚决的斗争，捍卫了科学共产主义学说，为《共产党宣言》奠定了思想基础。

魏特林（1808—1871）以裁缝为生，是一个手工业无产者。他参加了共产主义通讯委员会的初期工作，是正义者同盟的重要骨干。在《现实的人类和理想的人类》《和谐与自由的保证》等著作中，他主张财产公有，社会平等，消灭私有制，建立一个人人参加劳动，平均领取生活必需品，和谐和自由的"共有共享"的"民主共产主义家庭联盟"。由此，他创立了魏特林主义。这一思想对德意志早期工人运动发挥过一定的正面作用，成为正义者同盟的指导思想。在 1844 年巴黎《前进报》上，马克思对之做出了高度评价："谈到德国工人总的教育水平或他们接受教育的能力，我提请读者注意**魏特林**的天才著作，不管这些著作在论述技巧方面多么不如**蒲鲁东**，但在理论方面甚至往往胜过他。资产阶级，包括其哲学家和学者在内，有哪一部论述资产阶级解放——**政治解放**——的著作能和魏特林的《和谐与自由的保证》一书媲美呢？只要把德国的政治论著中那种褊狭卑俗的平庸气同德国工人的这部**史无前例**的光辉灿烂的处女作比较一下，只要把无产阶级巨大的**童鞋**同德国资产阶级极小的政治烂鞋比较一下，我们就能够预言**德国的灰姑娘**将来必然长成一个**大力士的体型**。"[①] 1885 年，恩格斯在《关于共产主义者同盟的历史》中指出，自己至今仍同意马克思在 1844 年做出的上述评价。

魏特林主义实质上是空想的平均共产主义。在实践上，该理论提出三年过渡到共产主义社会，大力鼓吹兴办公共食堂、移民村和职工交易银行等改良主义措施。在策略上，该理论反对无产阶级支持当时的资产阶级民主革命的策略，主张依靠小手工业者和流氓无产者少数人的密谋及穷人的自发起义，用暴力摧毁旧制度，甚至宣扬盗窃是穷人反对富人的手段。魏特林本人宣称，他的共产主义理论和基督教学说的精神相一致。显然，该理论根本不了解资本主义的剥削本质和资本主义势必为社会主义所取代的客观规律。

1845 年年底，马克思、恩格斯邀请魏特林到布鲁塞尔。在共产主义通讯

① 马克思，恩格斯. 马克思恩格斯全集：第 3 卷 . 2 版 . 北京：人民出版社，2002：390.

委员会成立之初，吸收他参加委员会的工作。但是，此时的魏特林已经不再是一个天真年轻的帮工裁缝了。他为自己的"卓越"才能所震惊，力求弄清共产主义社会究竟应当是什么样子。他觉得自己是一个由于卓越才能而受忌妒者追逐的大人物，觉得到处都有竞争者、隐蔽的敌人和陷阱。他认为自己口袋里装有一个能在人间建成天堂的现成药方，并觉得每个人都在打算窃取他的这剂药方。在伦敦的时候，他就已经和同盟盟员发生争吵。在布鲁塞尔，尽管马克思夫妇对他表现出了几乎是超人的耐心，但是，他仍然同任何人都合不来。这样，马克思、恩格斯同这个从一个国家被赶到另一个国家的预言家的冲突终于爆发。

1846 年 3 月 30 日，在布鲁塞尔共产主义通讯委员会召开的会议上，马克思、恩格斯试图说服魏特林走上科学共产主义道路，但未获成功。在会议开幕词中，恩格斯公开批判了魏特林反对制定科学共产主义纲领、反对建立无产阶级政党和开展群众性政治斗争的错误主张，阐明了制定团结无产阶级进行斗争的共同纲领的必要性和紧迫性。接着，马克思揭露出平均共产主义在德国工人运动中造成的思想混乱。马克思、恩格斯都主张用科学共产主义学说教育工人，并第一次明确提出对待德国即将来临的资产阶级革命的策略问题。但是，魏特林固执己见，坚持认为德国即将迎来共产主义革命，靠热情和激情就可实现共产主义，靠宣传无济于事。同时，他认为马克思、恩格斯提出的无产阶级对待即将来临的资产阶级革命的策略是对共产主义信念的背叛。马克思、恩格斯对这种"左"倾空想思想进行了科学驳斥。

参加这次会议的安年科夫后来回忆道：

> 第一次会面，马克思就邀请我参加第二天晚上在他那儿和裁缝魏特林（此人在德国曾得到相当一批工人的支持）举行的一个会议。会议的任务是在可能范围内确定工人运动领袖们的共同行动方式。我立即接受了这一邀请。
>
> 裁缝鼓动家魏特林长着金色的头发，是一个漂亮的年轻人，穿一身很讲究的大礼服，留着风流的小胡子，与其说他是一个严厉而易怒的工人（我曾以为他是这样的一个人），还不如说他是一个跑腿的伙计。我们很快地互相作了介绍，看来，魏特林这个人是很有礼貌的。我们坐在一张绿色小桌旁边，马克思坐在桌子的一端，手里拿着铅笔，低着他那狮子般的头在看一张纸，同时他的不可分离的同伴、宣传工作上的助手恩格斯这位身

材高大、气概轩昂、像英国人那样傲慢而严肃的人，宣布开会。他说，凡是献身于改造劳动的事业的人必须了解彼此的观点，并制定一种共同的理论，作为所有那些没有时间或机会来研究理论问题的后继人的旗帜。恩格斯还没有讲完，马克思就抬起头来，直接向魏特林提出问题："魏特林，你在德国大叫大嚷地鼓动，请你讲一讲，你根据什么来证明你的活动是正确的？你根据什么来确定将来的活动？"……看来，魏特林是想使会议只停留在一般的清谈上。……他的讲话与恩格斯的讲话完全不同……①

不久，应"真正的社会主义"代表人物海尔曼·克利盖的要求，魏特林就到美洲去了，想要在那里完成其预言家的使命。这样，魏特林就完全丧失了对欧洲和德国工人运动的影响。后来，正义者同盟一致同意将魏特林开除出同盟。

在与魏特林主义斗争的同时，马克思、恩格斯还展开了对以海尔曼·克利盖为代表的"真正的社会主义"的斗争。

克利盖（1820—1850）是德国记者，在 19 世纪 40 年代后半期在美国纽约领导了德国"真正的社会主义者"集会，成为"真正的社会主义"的代表人物。1845 年秋天，克利盖去往美国，以"德国共产主义在纽约的著作界代表"的身份开展活动。1846 年 1 月，他创办《人民论坛报》并担任主编。以此为阵地，他大肆宣传以费尔巴哈"爱"的说教为基础的抽象的共产主义观点，把美国小资产阶级改革派反对土地垄断的运动看作共产主义的运动。这些看法严重违反科学共产主义思想，严重歪曲了德国共产主义运动的形象，造成了十分消极的后果。因此，马克思、恩格斯决定对之展开批判。

1846 年 5 月 11 日，共产主义通讯委员会召开会议。恩格斯、日果、海尔堡、马克思、载勒尔、魏特林、威斯特华伦（马克思内弟）、沃尔弗出席会议。会议集中讨论了《人民论坛报》问题。除了魏特林之外，其他成员都赞成将马克思、恩格斯起草的决议草案作为会议正式决议分发给各国共产主义者。

这份以"反克利盖的通告"为题的决议共由五个部分构成。第一部分为"把共产主义变成关于爱的呓语"。克利盖把共产主义描绘成某种充满爱的、和利己主义相反的东西，并且把有世界历史意义的革命运动归结为爱和恨、共

---

①　安年科夫．《美妙的十年》片段//中共中央马克思恩格斯列宁斯大林著作编译局．回忆马克思．北京：人民出版社，2005：273．

产主义和利己主义等几个词。其实，这是一种怯懦而虚伪的说法。第二部分为"'人民论坛报'的政治经济学及其**对'青年美国'的态度**"。美国在 19 世纪 40 年代兴起的以"平分土地"为核心的民族改良运动不同于共产主义。马克思、恩格斯指出："我们完全承认美国民族改良派运动的历史合理性。我们知道，虽然这个运动所力求达到的结果在目前会促进现代资产阶级社会工业制度的发展，但是它既然是无产阶级运动的成果，是对一般土地私有制、特别是在美国现存条件下对土地私有制举行的攻击，其结果必然会导向共产主义。"①但是，克利盖却把某些实在的人的这种只有次要意义的运动形式夸大为一般人的事业。其实，只有通过无产阶级革命消灭资本主义私有制，才能实现共产主义。第三部分为"形而上学的夸大"。在共产主义的幌子下，克利盖宣传陈旧的德国宗教哲学的幻想。这种幻想与共产主义截然相反，正是实现共产主义最不需要的东西。第四部分为"向宗教谄媚"。在共产主义的招牌下，在欧洲经常冒充为无神论者的克利盖大肆贩卖某些宗教理念，结果必然是完全自甘堕落。第五部分为"克利盖个人的言论"。作为真正的预言家和爱的宣传者，克利盖以仿佛受骗的纯洁心灵对嘲笑者、不信神的人和旧世界的人表现出极端疯狂的愤怒。这样，克利盖的观点和活动就遭到尖锐批评。

由于布鲁塞尔共产主义通讯委员会责成克利盖在《人民论坛报》上全文发表这份决议，克利盖不得不于 1846 年 6 月 6 日至 13 日在他主编的《人民论坛报》第 23 号和 24 号上发表了这一文件。该通告也于 1846 年在《威斯特伐里亚汽船》杂志 7 月号上发表。由于通告里反对克利盖，这个通告立即产生了作用：克利盖从同盟舞台上消失了。当然，这些通告是"在论及当时形成中的共产党的内部事务的特殊场合"发出的。

在同魏特林和克利盖的斗争告一段落后，1846 年 8 月，恩格斯从布鲁塞尔前往巴黎。他此行的主要任务和目的有两项。一是在理论上帮助在法国巴黎的德国共产主义者认清当时在正义者同盟内部占主导地位的"真正的社会主义"的本质，宣传科学共产主义学说。二是在组织上同法国工人运动的活动家及其组织建立广泛的联系，组建共产主义通讯委员会巴黎支部。

此时，由于与老恩格斯的关系尚未修复，没有经济收入的恩格斯只好暂住在房租低廉的位于塞纳河左岸的一条小巷——枯树街 11 号。寄给马克思的信

---

① 马克思，恩格斯. 马克思恩格斯全集：第 4 卷. 北京：人民出版社，1958：9.

甚至没有贴邮票,希望由马克思"到付"。即使如此,恩格斯仍然开展了卓有成效的工作。他多次与正义者同盟巴黎支部的领导人艾韦贝克会谈,拜访了著名的空想社会主义者埃·卡贝,探访了德国著名诗人、马克思的挚友海涅。同时,他与法国工人群众和各方人士广泛接触。到达巴黎的第五天,他就向布鲁塞尔委员会寄出第一份工作报告,一个月后寄出了第二份工作报告,又一个月后寄出了第三份工作报告,全面汇报了共产主义者在巴黎的思想动态和活动情况。

通过调研,恩格斯发现,格律恩大肆宣扬的蒲鲁东主义在法国工人中造成了思想混乱,因此,他发起了批判格律恩的斗争。

格律恩(1817—1887)是"真正的社会主义"的典型代表。1843 年,他结识赫斯,受到哲学共产主义思想的影响。1845 年,他开始在巴黎活动。1846 年,应蒲鲁东的邀请,他将《经济矛盾的体系,或贫困的哲学》译为德文。当时,格律恩在工人当中大肆鼓吹蒲鲁东的"协作社计划"。这种计划主张用工人的储备金开办工厂,使所有的工人都能实现就业,协作社内部实行等价交换;剩余产品直接投放世界市场。这样,资本家手中掌握的资本就丧失了支配劳动和获取利润的权力。最后,就可废除资本主义制度,实现无产阶级的解放。显然,这一套东西无非是小资产阶级社会主义学说而已。

尽管艾韦贝克同格律恩进行过斗争,但是,他没有从科学共产主义学说的高度开展斗争,总体上仍然受小资产阶级社会主义思想的影响。恩格斯试图当面揭露格律恩的问题,但是,格律恩避而不见。只有艾泽曼等几个马前卒摇旗呐喊。因此,恩格斯不得不直接面对艾泽曼等人。

为了揭露格律恩的"真正的社会主义"和蒲鲁东小资产阶级社会主义的荒谬,恩格斯不得不连续三个晚上参加专门讨论蒲鲁东计划的工人集会。

在第一次集会上,艾泽曼等人要求公开讨论蒲鲁东的计划。恩格斯指出,这个计划根本无法实现。"真正的社会主义"和小资产阶级社会主义根本反对无产阶级,根本不承认暴力革命的必要性,属于小资产阶级和庸人的东西。相反,恩格斯突出了暴力革命的必要性。恩格斯的发言遭到与会者的一致围攻。他们只是老调重弹,毫无新意,并且攻击共产主义。忍无可忍的恩格斯痛斥这些人根本不像无产阶级的样子。

在第二次集会上,恩格斯提出必须明确这个集会是不是共产主义性质的集会。如果这个集会坚持共产主义性质,那么,必须停止攻击共产主义。如果这个集会是随便什么人的讨论随便什么问题的集会,那么,自己将退出这个集会。恩格斯将共产主义的宗旨概括为以下三点:"(1)实现同资产者利益相反的无产者的利益;(2)用消灭私有制而代之以财产公有的手段来实现这一点;(3)除了进行暴力的民主的革命以外,不承认有实现这些目的的其他手段。"①恩格斯关于共产主义的论述是针对与格律恩分子斗争的焦点问题展开的。第一,共产主义是代表无产阶级利益的运动,而不是代表其他什么阶级利益的运动。第二,共产主义主张用公有制取代资本主义私有制,而不是像"真正的社会主义者"和蒲鲁东主义者那样美化私有制、保存私有制。第三,共产主义主张用暴力革命消灭资本主义私有制,而不是采用温情主义和密谋主义。经过投票,集会以13票压倒2票的绝对优势,宣布集会是共产主义集会。

1846年10月23日,恩格斯在提交给布鲁塞尔共产主义通讯委员会的第三份工作报告中说,同格律恩的斗争已经取得了胜利,巴黎之行的目的已经达到。

在社会主义思想史上,格律恩第一次提出了"科学社会主义"的概念。1845年,格律恩指出,由于其一生都在探求新的科学,因此,圣西门的学说像一个种子荚,包括民主主义的社会主义、感性主义的社会主义、宗教的社会主义、国民经济的社会主义和科学的社会主义。后来,马克思、恩格斯沿用了"科学社会主义"概念,用以指与"空想社会主义"不同的建立在唯物史观和剩余价值理论基础上的社会主义理论。这个意义上的科学社会主义是科学共产主义学说(马克思主义)的一个组成部分,是其核心和归宿。

在与格律恩的斗争取得胜利的同时,老恩格斯寄来了汇款,恩格斯就迁居到百合花路23号一座比较阔绰的住宅去居住了。但是,恩格斯的活动引起了警察的警觉,他们试图将恩格斯驱逐出境。在这种情况下,恩格斯不得不有所"收敛",躲到家里进行研究和写作。他研究了蒲鲁东新近出版的《经济矛盾体系,或贫困的哲学》,阅读了研究瑞典、丹麦等北欧国家状况的书籍,写作了《真正的社会主义者》《诗歌和散文中的德国社会主义》等文章,计划撰写一部多卷本的《论英国社会史》。1846年11月中旬到12月之间,恩格斯在致马克思的信中诙谐地说道:"我要感谢高贵的警察,他们把我从施特劳宾人中拉了出来,并且使我铭记这段生活的欢乐。如果说两星期来一直跟踪我的那些可疑的家伙果真是密探(其中有几个我确切地知道就是密探),那就是说警

① 马克思,恩格斯.马克思恩格斯文集:第10卷.北京:人民出版社,2009:40.

察局在最近发出了许多参加孟德斯鸠、瓦伦蒂诺、普拉多等地舞会的入场券。我得感谢德莱塞尔先生，他使我愉快地见识了一些浪漫女郎和许多乐事，因为我想充分利用我待在巴黎的最后几个日夜。"① 从 1847 年 4 月初开始，恩格斯的私人通信尤其是与马克思的通信不得已采用秘密地址。

上述斗争促进了同盟内部尤其是伦敦领导者不知不觉的思想转变。1885年，恩格斯回忆说："他们越来越明白，过去的共产主义观点，无论是法国粗陋的平均共产主义还是魏特林共产主义，都是不够的。魏特林所著《一个贫苦罪人的福音》一书中有个别的天才论断，但他把共产主义归结为原始基督教，这就使瑞士的运动起初大部分掌握在阿尔布雷希特这类蠢货手中，后来又掌握在库尔曼这类诈取钱财的骗子预言家手中。由几个美文学家所传播的'真正的社会主义'，是把法国社会主义语句翻译成陈腐的黑格尔德文和伤感的陶醉于爱的幻想（见《共产主义宣言》中关于德国的或'真正的'社会主义一节），这种通过克利盖和通过阅读有关著作而传入同盟的社会主义，仅仅由于它软弱无力就必然会引起同盟中老革命者的厌恶。过去的理论观念毫无根据以及由此产生的实践上的错误，越来越使伦敦的盟员认识到马克思和我的新理论是正确的。"② 这样，将马克思、恩格斯创立的科学共产主义学说确立为无产阶级政党的指导思想就成为顺理成章的事情了。

3. 共产主义者同盟的最初纲领——《共产主义信条草案》

1847 年 6 月，在将正义者同盟改组为共产主义者同盟的过程中，已经明确了新同盟的共产主义性质。"因为旧的名称是在特殊的情况下，并考虑到一些特殊的事件才采用的，这些事件与同盟的当前目的不再有任何关系。因此这个名称已不合时宜，丝毫不能表达我们的意愿。许多人要正义，即要他们称为正义的东西，但他们并不因此就是共产主义者。而我们的特点不在于我们一般地要正义——每个人都能宣称自己要正义——，而在于我们向现存的社会制度和私有制进攻，在于我们要财产公有，在于我们是共产主义者。"③ 因此，同

---

① 马克思，恩格斯. 马克思恩格斯全集：第 47 卷. 2 版. 北京：人民出版社，2004：433 - 434.

② 马克思，恩格斯. 马克思恩格斯文集：第 4 卷. 北京：人民出版社，2009：235.

③ 马克思，恩格斯. 马克思恩格斯全集：第 42 卷. 北京：人民出版社，1979：430 - 431.

盟迫切需要制定一个共产主义的纲领。

在改组中，1846 年 11 月，同盟发出了一份公告。1847 年 2 月，同盟又发出了一份公告。前者提出了如下三个问题：第一，无产阶级对待大资产阶级和小资产阶级应该采取什么态度？第二，无产阶级对待各种宗教派别应该采取什么态度？第三，对待社会党党派和共产主义党派应该采取什么态度？后者提出了如下三个问题：第一，什么是共产主义？共产主义者追求的目标是什么？第二，什么是社会主义？社会主义者追求的目标是什么？第三，通过什么途径才能最迅速、最容易实行共有共享制？前者提出了同盟的策略问题，后者提出了同盟的政治原则问题。对此，恩格斯早在 1846 年 10 月 23 日致布鲁塞尔共产主义通讯委员会的第三封信中已经做出了科学回答。这就是：第一，实现同资产者利益相反的无产者的利益。第二，用消灭私有制而代之以财产公有的手段来实现这一点。第三，除了进行暴力的民主的革命以外，不承认有实现这些目的的其他手段。这样，起草共产主义者同盟纲领草案的任务自然就落在了恩格斯的肩上。

在此基础上，按照科学共产主义学说，恩格斯起草了《共产主义信条草案》。这一文件采用了问答的方式，由 22 个问题构成。从思想上来看，《共产主义信条草案》大体包括以下内容：

第一，共产主义的目标和基础。共产主义是这样的一个社会："把社会组织成这样：使社会的每一个成员都能完全自由地发展和发挥他的全部才能和力量，并且不会因此而危及这个社会的基本条件。"[①] 即，共产主义社会是使每个人自由而全面发展的社会。实现这一社会目标，首先需要在生产关系上消灭私有制，代之以财产共有。其次，在生产力方面，必须建立在生产力尤其是先进生产力的基础上。最后，需要形成这样一种原理，即要认识到个人幸福和大家幸福是不可分割的。这样，恩格斯在唯物史观的基础上明确提出了未来共产主义的科学设想。

第二，无产阶级的历史地位和历史使命。在资本主义工业化发展中，无产阶级应运而生。"无产阶级是完全靠自己的劳动而不是靠某一种资本的利润为生的社会阶级；因而这一阶级的祸福和存亡取决于生意的好坏，一句话，取决

---

① 马克思，恩格斯 . 马克思恩格斯全集：第 42 卷 . 北京：人民出版社，1979：373.

于竞争的波动。"① 尽管恩格斯还没有区分清楚劳动和劳动力的关系，但是，从无产阶级和资产阶级之间阶级利益对立的角度明确了无产阶级的阶级地位。无产阶级不同于奴隶、农奴、手工业者。只有废除一切私有制，无产阶级才能解放自己。

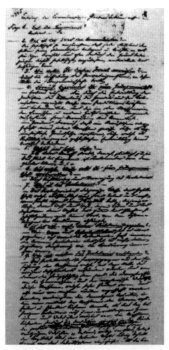

《共产主义信条草案》的手稿

第三，共产主义学说的定义和内容。实现共产主义需要一定的历史条件。只有在机器和其他发明有可能向全体社会成员展示出获得全面教育和幸福生活的前景时，才会实现共产主义。从理论上来看，"共产主义是关于奴隶、农奴或手工业者不可能实现而只有无产者才可能实现的那种解放的学说"②。这里的共产主义即科学共产主义。在恩格斯看来，科学共产主义是关于无产者实现解放的学说。这一学说必然属于 19 世纪，而以往任何时候都是不可能有的。其实，这就是恩格斯对马克思主义做出的科学定义，明确了马克思主义的阶级解放的主旨。

① 马克思，恩格斯. 马克思恩格斯全集：第 42 卷. 北京：人民出版社，1979：374.
② 同①378.

　　第四，无产阶级革命的途径和措施。革命在任何地方和任何时候都是完全不以单个的政党及整个阶级的意志和领导为转移的各种情况的必然结果。无产阶级革命不能采用密谋的方式，也不能采用随心所欲主观盲动的方式，而必须采用暴力革命。"世界上几乎所有国家的无产阶级的发展都受到有产阶级的暴力压制，因而是共产主义者的敌人用暴力引起革命。如果被压迫的无产阶级因此最终被推向革命，那么，我们将用实际行动来捍卫无产阶级的事业。"① 在此基础上，还必须通过民主的国家制度达到无产阶级的政治解放，要采用一些社会经济措施保障无产阶级的生存。

　　由于其一定程度上是同盟内部思想妥协的产物，《共产主义信条草案》在内容和形式上都没有达到科学共产主义学说已经形成的理论高度。但由于适应了无产阶级反对资产阶级斗争的根本要求和利益，因此，《共产主义信条草案》是科学共产主义学说的第一个纲领性的草案。

　　但是，令人遗憾的是，《共产主义信条草案》在相当长的时间内不为世人所知。1968 年，贝尔·安德烈亚在西德汉堡国家与大学图书馆手稿部的档案中发现了共产主义者同盟第一次代表大会代表、同盟汉堡支部负责人马尔腾堡的遗物，里面有包括《共产主义信条草案》在内的同盟"一大"的文件。根据原稿上的笔迹，断定恩格斯为《共产主义信条草案》的作者。

　　共产主义者同盟第一次代表大会结束后，恩格斯返回巴黎。1847 年 7 月底，他到布鲁塞尔，在那里工作了三个月左右。他与马克思一道在布鲁塞尔建立了同盟的支部和区部委员会，创建了布鲁塞尔德意志工人协会，将之作为同盟的公开形式。通过开展形式多样的活动，协会会员很快就达到 100 多名。1847 年 9 月下旬，马克思由于家事原因前往荷兰。恩格斯开始负责同盟支部和协会的领导工作。在此期间，恩格斯领导了反对宗派分裂的活动。1847 年 9 月 27 日，来自欧洲各国的约 120 名代表举行会议，建立了国际民主协会，恩格斯当选为副主席。这时，从巴黎传来消息，巴黎支部的工作进展较为缓慢，因此，恩格斯催马克思尽快回来。10 月中旬，当马克思回到布鲁塞尔后，恩格斯立即返回巴黎。临行前，他推荐马克思担任国际民主协会副主席。11 月 15 日，马克思当选为副主席。在马克思的努力和影响下，国际民主协会很快成为国际民主主义运动的中心。

---

　　① 马克思，恩格斯. 马克思恩格斯全集：第 42 卷. 北京：人民出版社，1979：378.

4. 五个月的完善和升华——《共产主义原理》

　　按照共产主义者同盟第一次大会致同盟盟员的通告信，同盟把《共产主义信条草案》作为讨论的文件分发给同盟的各个区部和支部，要求大家认真讨论，提出修改意见，然后提交同盟第二次代表大会，以此为基础来形成同盟的纲领。但是，很多区部和支部并没有认真对待这件事情。中央委员会在后来的来信中还抱怨过这个问题。只有在布鲁塞尔，在马克思、恩格斯的领导下，认真研究和讨论过这个文件，并向中央委员会反馈了重要意见。

　　1847 年 10 月，恩格斯从布鲁塞尔回到巴黎之后，很快被选为同盟巴黎区部委员。恩格斯进入巴黎区部委员会之后，委员会内部马上围绕这个文件展开了激烈的争论。赫斯利用这一机会炮制了一份同盟纲领的修正稿。他把科学共产主义学说和他的"真正的社会主义"混合在一起，企图向同盟兜售自己的"私货"。1847 年 10 月 22 日，同盟巴黎区部委员会召开会议，讨论同盟的纲领草案问题。在讨论赫斯的修正稿时，恩格斯对其进行了逐字逐句的分析，还没有分析到一半，出席会议的盟员们就为恩格斯的见解和逻辑所折服。会议一致否决了赫斯的草案，决定委托恩格斯在《共产主义信条草案》的基础上再拟出一份新的纲领草案。1847 年 10 月 25 日，恩格斯在致马克思的信中写道："在我到达的前几天，最后的一些格律恩分子（整个一个支部）被赶了出去，不过其中半数是会回来的。现在我们只有 30 个人。我立即建立了一个宣传支部，整天奔波，勤勉工作。我立即被选进了区部，任务是搞通讯。有20—30 个人被推荐正待接收入盟。我们很快又会更加壮大起来。对莫泽斯，我开了一个很厉害的玩笑（**此事请保密**）。他的确写成了一篇绝妙的教义问答修正稿。而我就在上星期五的区部会议上对这篇稿子按问题逐个进行了分析，我还没有谈到一半，大家就表示满意了。**在没有任何人反对的情况下**，我受托草拟一篇新的教义问答在本星期五的区部会议上进行讨论，并且要**背着各支部**寄往伦敦。当然，这件事要做得神不知，鬼不觉，否则我们全都得下台，并且会引起公愤。"① 果然不负众望，恩格斯用了几天的功夫就撰写出了《共产主

---

　　① 马克思，恩格斯. 马克思恩格斯全集：第 47 卷.2 版. 北京：人民出版社，2004：489 - 490. 莫泽斯即赫斯。

义原理》。

《共产主义原理》仍然采用问答的形式，由 25 个问题构成。1847 年 11 月
23 日到 24 日，在致马克思的信中，恩格斯谈到了《共产主义原理》的内容结
构："我把我在这里草拟的东西带去，这是用简单的叙述体写的，时间十分仓
促，还没有作仔细的修订。我开头写什么是共产主义，接着写什么是无产阶
级——它产生的历史，它和以前的劳动者的区别，无产阶级和资产阶级之间的
对立的发展，危机，结论。其中也谈到各种次要问题，最后谈到了共产主义者
的党的政策中应当公开的内容。"①《共产主义原理》科学阐明了科学共产主义
学说的一系列原则。

第一，科学共产主义学说的定义。在《共产主义信条草案》的基础上，
1847 年 9 月至 10 月，在《共产主义者和卡尔·海因岑》一文中，针对海因岑
将共产主义只看作理论的错误，恩格斯指出，共产主义既有实践的一面，又有
理论的一面。在实践上，共产主义是无产阶级和资产阶级之间的阶级斗争，是
现实的运动。同时，"共产主义作为理论，是无产阶级立场在这种斗争中的理
论表现，是无产阶级解放的条件的理论概括"②。进而，《共产主义原理》指
出："共产主义是关于无产阶级解放的条件的学说。"③ 显然，这里的共产主义
指科学共产主义学说，即马克思主义。这是恩格斯给出的马克思主义的科学定
义：马克思主义是关于无产阶级解放的条件的学说。这样，就明确了马克思主
义的无产阶级解放的主旨。

第二，无产阶级及其历史使命。在《共产主义信条草案》的基础上，《共
产主义原理》进一步阐明，无产阶级是在工业革命的过程中产生的，是靠出卖
自己的劳动来维生的阶级。只有通过消灭竞争、私有制和一切阶级差别，无产
阶级才能获得解放。难能可贵的是，《共产主义原理》已经提出了"世界历史"
和"世界革命"的思想。"事情已经发展到这样的地步：今天英国发明的新机
器，一年之内就会夺去中国千百万工人的饭碗。这样，大工业便把世界各国人
民互相联系起来，把所有地方性的小市场联合成为一个世界市场，到处为文明
和进步做好了准备，使各文明国家里发生的一切必然影响到其余各国。因此，
如果现在英国或法国的工人获得解放，这必然会引起其他一切国家的革命，这

---

① 马克思，恩格斯．马克思恩格斯文集：第 10 卷．北京：人民出版社，2009：56.
② 马克思，恩格斯．马克思恩格斯文集：第 1 卷．北京：人民出版社，2009：672.
③ 同②676.

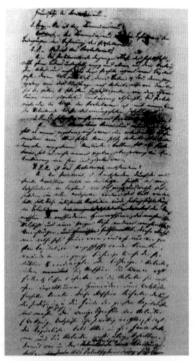

《共产主义原理》的手稿

种革命迟早会使这些国家的工人也获得解放。"① 在"世界历史"的基础上，"世界革命"就成为必然选择。

第三，资本主义商业危机及其后果。在大工业基础上产生的自由竞争必然导致商业危机。这种每五年到七年发生一次的商业危机，给工人带来了极度的贫困，激起了普遍的革命热情，给现存的资本主义制度造成极大的危险。在这种情况下，或者必须放弃大工业，事实上这是绝对不可能的；或者是由整个社会按照确定的计划和所有人的需要来领导。同时，大工业的发展为建立这样的一种新社会制度提供了可能。这样，恩格斯就从资本主义生产方式运行的经济必然性的角度揭示出资本主义必然灭亡和共产主义必然胜利的可能性。

第四，共产主义的远景和特征。虽然共产主义成为历史必然，但是，仍然需要一定条件才能实现共产主义。在生产关系上，必须废除私有制。尽管用和平方式消灭私有制很理想，但是，现实的阶级斗争情况决定了，只能通过暴力

---

① 马克思，恩格斯．马克思恩格斯文集：第 1 卷．北京：人民出版社，2009：680.

革命才能实现这一目的。在此基础上，无产阶级必须建立自己的统治。这里，恩格斯已经提出了无产阶级专政的思想。进而，无产阶级要消灭阶级对立和社会差别，由整个社会来共同地和有计划地管理经济和社会事务。"由社会全体成员组成的共同联合体来共同地和有计划地利用生产力；把生产发展到能够满足所有人的需要的规模；结束牺牲一些人的利益来满足另一些人的需要的状况；彻底消灭阶级和阶级对立；通过消除旧的分工，通过产业教育、变换工种、所有人共同享受大家创造出来的福利，通过城乡的融合，使社会全体成员的才能得到全面发展，——这就是废除私有制的主要结果。"① 这就意味着，共产主义是实现每个人自由而全面发展的社会。

可见，无论是从内容还是从形式上来看，《共产主义原理》在《共产主义信条草案》的基础上都上升到了一个崭新的境界。《共产主义原理》科学阐明了科学共产主义学说的基本原理和共产党的基本纲领，是一个较为成熟的马克思主义文件。这是恩格斯对马克思主义和国际共产主义运动的突出贡献之一。

5. 共产主义的科学探索——《共产党宣言》的创作

在《共产主义原理》刚刚完成的时候，出于对国际共产主义运动高度负责和勇于不断自我革命的马克思主义科学精神的考虑，恩格斯决定对《共产主义原理》进行脱胎换骨的改造，准备从文件名称、文本形式、思想内容等方面进行颠覆性的修改和完善。

1847 年 11 月 23 日到 24 日，恩格斯在致马克思的信中指出："请你把《信条》考虑一下。我想，我们最好不要采用那种教义问答形式，而把这个文本题名为《共产主义宣言》。因为其中或多或少要叙述历史，所以现有的形式完全不合适。我把我在这里草拟的东西带去，这是用简单的叙述体写的，时间十分仓促，还没有作仔细的修订。"② 从这里可以看出，第一，恩格斯对自己写作的《共产主义原理》不满意，认为是时间仓促之下的草草之作，需要进一步修订和完善。第二，从文件名称来看，恩格斯建议作为同盟纲领文件的名称应该命名为《共产主义宣言》，应该阐明共产主义的立场。第三，从文本形式来看，

---

① 马克思，恩格斯. 马克思恩格斯文集：第 1 卷. 北京：人民出版社，2009：689.

② 马克思，恩格斯. 马克思恩格斯文集：第 10 卷. 北京：人民出版社，2009：55 - 56.

恩格斯认为，应该放弃教义问答形式，采用"宣言"的形式，这样，便于集中系统地阐明科学共产主义学说。第四，从思想内容来看，在表述科学共产主义学说的同时，应该考察社会主义思想和社会主义运动的历史，这样，才能夯实思想的历史基础。显然，这封信是恩格斯提出的创作《共产主义宣言》(《共产党宣言》)的科学思路和工作方案。为了慎重起见，恩格斯和马克思约定，在前往伦敦的途中，两人先在比利时的奥斯坦德会面。在那里，马克思赞同恩格斯的看法，两人在所有讨论的重大原则问题上达成了高度的共识。自此，马克思、恩格斯决定另起炉灶，重新起草一份新的无产阶级政党的科学纲领。

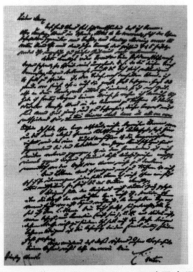

恩格斯 1847 年 11 月 23 日至 24 日致马克思的信

由于出席会议的代表白天忙于正常工作或做工，同盟的"二大"只能在晚上举行，断断续续地进行了十天。在大会上，马克思、恩格斯同形形色色的错误思想进行了不妥协的斗争，战胜了封建社会主义、小资产阶级社会主义等各种各样的社会主义思潮，科学阐明了科学共产主义学说的基本原则，坚决捍卫了共产主义政党的理论基础和基本原则。因此，马克思、恩格斯二人成为共产主义者同盟当之无愧的领袖，他们创立的科学共产主义学说成为世界上第一个共产党的理论基础。因此，大会决定委托马克思和恩格斯起草准备公布的共产主义者同盟纲领。1885 年，恩格斯回忆说："第二次代表大会于同年 11 月底至 12 月初举行。马克思也出席了这次代表大会，他在长时间的辩论中——大会至少开了 10 天——捍卫了新理论。所有的分歧和怀疑终于都消除了，一致通过了新原则，马克思和我被委托起草宣言。宣言在很短时间内就完成了。"①
大会结束后，马克思和恩格斯立即投入到纲领的写作工作当中。

共产主义者同盟第二次代表大会会址（位于伦敦大磨坊街的红狮旅馆）

列斯纳笔下的《共产党宣言》和恩格斯

　　……在1847年11月底又举行了共产主义者同盟第二次代表大会。这次，卡尔·马克思也出席了大会。他和恩格斯从布鲁塞尔到伦敦，目的是要在同盟代表大会上捍卫科学共产主义的原理。大会一共进行了十天。

　　……后来，1848年初，当《共产党宣言》手稿送到伦敦时，我把手稿送到印刷所，并从那里取回清样交给卡尔·沙佩尔校对，也算为发表这一划时代的文献尽了一份力。

　　那是我生平第一次看到马克思和恩格斯。他俩给我的印象是永远不会磨灭的。

　　……………

　　弗里德里希·恩格斯是马克思的精神上的兄弟，一望而知是典型

---

　　①　马克思，恩格斯．马克思恩格斯文集：第4卷．北京：人民出版社，2009：237.

的日耳曼人。他体格匀称，动作灵敏，有金黄色的头发和漂亮的胡子。他不大像一个学者，倒像一个年轻有为的近卫军上尉。

恩格斯本人对现代社会主义的创立和传播做出了很大的贡献，但是他常常强调他那不朽的朋友的作用。像恩格斯这样的人，你只要对他了解得越深刻，也就会越加敬爱……①

在奥斯坦德讨论的基础上，大会结束后，马克思、恩格斯回到布鲁塞尔又继续进行了深入的讨论，确定了纲领的基本结构。根据后来的伯恩斯坦的记载，马克思和恩格斯各自先起草了一份初稿，然后再在一起对初稿进行修改和完善。就在这时，受布鲁塞尔国际民主协会的委托，恩格斯于 12 月底返回巴黎，去做加强协会与法国民主主义者的联系的工作。因此，《共产党宣言》的最后写作和定稿工作落在了马克思一个人的身上。在原有工作的基础上，1847 年 12 月底至 1848 年年初，马克思还草拟了《共产党宣言》的第三章的一份计划草案。1885 年，恩格斯在唯一保存下来的一页《共产党宣言》手稿上注明："手稿，卡尔·马克思，《共产党宣言》第一稿"。就是在《共产党宣言》的这一页仅存的手稿上，还留下了马克思夫人燕妮隽秀的珍贵笔迹。"无产者，有利于十小时工作日法，不赞同他们对这一措施产生的结果所抱的幻想"这一行，是由燕妮誊写上去的。当然，马克思的起草工作也不是一帆风顺的。他曾经收到同盟中央委员会的"催稿函"，要求他在 1848 年 2 月 1 日之前必须交稿。最终，马克思用了不到一个月的时间，完成了名为《共产党宣言》的同盟新纲领。

《共产党宣言》送到伦敦后，得到了中央委员会的一致同意。德国工人运动和国际工人运动活动家弗里德里希·列斯纳（1825—1910）为《共产党宣言》的印刷做了大量准备工作，沙佩尔审阅了该书的校样。1848 年 2 月下旬，《共产党宣言》第一个德文单行本在伦敦印刷完成，一共印刷了几百本。其版权页上写着：1848 年"由布格哈德在伦敦主教路利物浦街 46 号工人教育协会所在地"印刷。这个版本并没有作者署名，直接交给共产主义者同盟的各个支部，再由各个支部转发出去。1850 年英国宪章派机关刊物《红色共和党

---

① 列斯纳 . 1848 年前后（一个老共产主义者的回忆）//中共中央马克思恩格斯列宁斯大林著作编译局 . 回忆马克思 . 北京：人民出版社，2005：245 - 247.

人》刊登《共产党宣言》第一个英译本，编辑在译文中透露出马克思、恩格斯为《共产党宣言》的作者。《共产党宣言》标志着世界上第一个无产阶级政党的纲领正式问世。后来，"科隆共产党人案件"（1851—1852 年）发生之后，由于共产党被普鲁士反动政府取缔，因此，《共产党宣言》以《共产主义宣言》的名称多次出版。共产党人的奋斗目标是实现共产主义，共产主义任务需要通过共产党人来完成。因此，用《共产主义宣言》怀疑甚至否认《共产党宣言》，不是文人无聊的文字游戏，就是别有用心。

6. 马克思主义的真正创立——《共产党宣言》的理论贡献

从结构上来看，《共产党宣言》主要包括四章的内容。第一章，资产者和无产者。第二章，无产者和共产党人。第三章，社会主义的和共产主义的文献。第四章，共产党人对各种反对党派的态度。从理论上来看，《共产党宣言》确立了马克思主义尤其是科学社会主义的基本原理。

第一，共产主义的历史必然性。基于对生产力和生产关系、经济基础和上层建筑的矛盾运动的科学分析，基于对阶级社会中阶级斗争发展规律的科学考察，基于对资本主义生产方式内在矛盾的科学分析，马克思、恩格斯指出，尽管资本主义在历史上起过革命的作用，资本主义创造的生产力超过了以往一切时代的总和，但是，"随着大工业的发展，资产阶级赖以生产和占有产品的基础本身也就从它的脚下被挖掉了。它首先生产的是它自身的掘墓人。资产阶级的灭亡和无产阶级的胜利是同样不可避免的"[①]。这样，就提出了"资本主义必然灭亡、共产主义必然胜利"的"两个必然性"的科学结论，坚定了全世界无产阶级推翻资本主义制度、实现共产主义理想的革命信心。

第二，无产阶级的历史地位和阶级使命。资本的条件是雇佣劳动。雇佣劳动建立在工人的自相竞争的基础上。无产阶级是随着资本主义大工业的发展而产生的，无产阶级的存在和它反对资产阶级的斗争同时存在。在当前同资产阶级对立的一切阶级中，只有无产阶级才是真正革命的阶级。因此，"如果说无产阶级在反对资产阶级的斗争中一定要联合为阶级，通过革命使自己成为统治阶级，并以统治阶级的资格用暴力消灭旧的生产关系，那么它在消灭这种生

---

① 马克思，恩格斯 . 马克思恩格斯文集：第 2 卷 . 北京：人民出版社，2009：43.

关系的同时，也就消灭了阶级对立的存在条件，消灭了阶级本身的存在条件，从而消灭了它自己这个阶级的统治"①。暴力革命是无产阶级革命的重要原则。无产阶级的历史使命就是用暴力推翻资产阶级的统治，使自己上升为统治阶级。

第三，无产阶级政党的政治立场。基于对人民群众的历史创造作用的科学考察，基于对无产阶级的历史地位和阶级使命的科学考察，基于对劳动人民的认同和同情，马克思、恩格斯科学地揭示出，无产阶级是先进生产力的代表，是资本主义制度的掘墓人，是共产主义新社会的创造者。因此，共产党人必须旗帜鲜明地站在无产阶级和广大劳动人民一边。过去的一切运动都是由少数人进行的运动或者是为了维护少数人利益的运动，无产阶级的运动则是由绝大多数人进行的运动，是维护绝大多数人利益的独立的运动。这样，就突出了马克思主义和马克思主义政党的阶级性，形成了马克思主义政党的政治立场，充分体现了马克思主义政党的根本性质和宗旨。

第四，无产阶级革命的纲领和策略。无产阶级革命的第一步就是使自己上升为统治阶级，争得民主。在此基础上，无产阶级将利用自己的政治统治，一步一步地夺取资产阶级占有的生产资料和全部资本，把一切生产资料和生产工具集中在国家即组织成为统治阶级的无产阶级手里。进而，无产阶级要利用先进的科学技术尽可能快地增加生产力的总量，增加社会的物质财富和精神财富。同时，还要采用其他社会经济措施。例如，按照共同的计划增加国家工厂和生产工具，开垦荒地和改良土壤，把农业和工业结合起来，促进城市和乡村的融合。"共产党人为工人阶级的最近的目的和利益而斗争，但是他们在当前的运动中同时代表运动的未来。"② 这就要求共产党人把共同理想和远大理想统一起来。

第五，共产主义的特征。在生产关系的构成要素中，生产资料的所有制是决定和影响社会形态性质和变迁的关键因素。私有制是造成一切压迫和剥削的根源。在资本主义私有制条件下，活的劳动只是增殖已经积累起来的劳动的一种手段。这种私有制是建立在阶级对立上面、建立在一些人对另一些人的剥削上面的产品市场和占有的最后和最完备的表现。因此，共产主义的特征不是

---

① 马克思，恩格斯．马克思恩格斯文集：第 2 卷．北京：人民出版社，2009：53.
② 同①65.

废除一般所有制，而是要彻底废除资本主义私有制。"从这个意义上说，共产党人可以把自己的理论概括为一句话：消灭私有制。"① 这里，根本不涉及生活资料问题。同时，在消灭私有制的同时，还必须要消灭工人阶级和劳动人民的一无所有和普遍贫穷。

第六，共产主义的崇高社会理想。马克思主义政党的最高目标是实现共产主义。人的自由而全面的发展是共产主义社会的本质特征。"代替那存在着阶级和阶级对立的资产阶级旧社会的，将是这样一个联合体，在那里，每个人的自由发展是一切人的自由发展的条件。"② 其一，实现这一崇高的理想必须以消灭资本主义私有制为前提。在存在私有制的情况下，占有生产资料的少数人必然会剥削和压迫不占有生产资料的大多数人。这样，人的自由而全面的发展根本无从谈起。其二，实现这一崇高理想必须以建立自由人联合体为基础。在存在工农差别、城乡差别、脑体差别的情况下，不具备人的自由而全面的发展的条件。只有在自由人联合体中，人的自由而全面的发展才能成为现实。同时，实现人的自由而全面的发展必须以物质财富极大丰富、人们精神境界极大提高为条件。

第七，无产阶级的国际主义。在资本主义民族国家范围内，国家成为资产阶级压迫和统治无产阶级和劳动人民的工具，在这个意义上，工人没有祖国。绝不能剥夺工人所没有的东西。同时，随着资本主义将人类历史从民族历史、地域历史推向世界历史，无产阶级革命日益具有世界性。联合的行动，至少是各文明国家的联合的行动，是无产阶级获得解放的首要条件之一。因此，无产阶级及其政党的口号是："全世界无产者，联合起来！"③ 这为全世界的无产阶级联合起来解放全人类指明了科学方向。

总之，《共产党宣言》是第一次全面地、系统地阐述科学社会主义基本原理的科学巨著，是马克思主义正式形成的科学标志。同时，《共产党宣言》的问世是人类文明史上的伟大事件之一。

---

① 马克思，恩格斯. 马克思恩格斯文集：第 2 卷. 北京：人民出版社，2009：45.
② 同①53.
③ 同①66.

7. 马克思主义与时俱进的科学典范

当然，《共产党宣言》是一定时间、地点、场合下的产物，并不像马克思后来创作的《资本论》那样是长时间科学研究的精雕细琢之作，因而一定程度上存在着这样或那样的问题。马克思、恩格斯当时就明确意识到了这一问题。但是，他们认为，《共产党宣言》是一部历史作品，自己无权做出改动。因此，利用《共产党宣言》再版和出版外语版本的机会，通过写作序言等方式，马克思、恩格斯有效弥补了这方面的缺憾，并且向前推进了马克思主义。

马克思、恩格斯共同为《共产党宣言》写作了两个"序言"。

在《1872 年德文版序言》中，马克思、恩格斯从坚持和发展辩证统一的高度对《共产党宣言》做出了实事求是的评价。在从 1848 年到 1872 年的 25 年当中，在实现从空想到科学飞跃的基础上，社会主义实现了从科学理论到革命实践的飞跃。1871 年爆发的巴黎公社革命是无产阶级夺取政权的第一次伟大尝试。马克思、恩格斯指出，一方面，不论实际情况和历史条件发生了什么样的变化，《共产党宣言》阐述的基本原理仍然完全正确。这一原理就是共产党人的原理，就是科学社会主义的基本原理。另一方面，巴黎公社经验表明，无产阶级不能简单地掌握现存的国家机器，必须建立无产阶级专政。由此来看，《共产党宣言》的有些地方已经过时了。《共产党宣言》只是强调无产阶级革命尤其是暴力革命，没有提出无产阶级专政的思想。根据这些考察，马克思、恩格斯指出，马克思主义基本原理的运用"随时随地都要以当时的历史条件为转移"[1]。这样，不仅坚持了唯物辩证法的具体问题具体分析的思想精髓，而且树立了一个马克思主义与时俱进的科学典范。

《1882 年俄文版序言》是马克思、恩格斯生前唯一公开发表的二人关于俄国问题共同看法的文献。在《共产党宣言》当初出版时，几乎没有提到俄国和美国的情况。那时，俄国是欧洲全部反动势力的最后一支庞大后备军，到处推行专制统治。美国正通过移民政策吸收欧洲无产阶级的过剩力量，还没有成为资本主义发展的典型。这表明，卷入无产阶级运动的地区是多么狭小。但是，到 1882 年的时候，俄国已是欧洲革命运动的先进部队了，美国人数众多的无

---

[1]　马克思，恩格斯．马克思恩格斯文集：第 2 卷．北京：人民出版社，2009：5.

产阶级和神话般的资本积聚第一次发展起来了。因而，俄国和美国不仅成为科学研究的典型案例，而且有可能成为世界革命的前沿阵地。

马克思去世后，恩格斯为《共产党宣言》创作了 5 个序言。这就是：《1883 年德文版序言》《1888 年英文版序言》《1890 年德文版序言》《1892 年波兰文版序言》《1893 年意大利文版序言》。在这些序言当中，恩格斯主要科学阐明了以下问题：

第一，历史唯物主义的基本原理。唯物史观是马克思在科学上的第一个伟大发现，是科学社会主义的重要哲学基础。在《德意志意识形态》当中，马克思、恩格斯已经科学揭示出唯物史观的基本原理。由于当时主要是为了自己搞清楚问题，《德意志意识形态》没有公开出版，而让老鼠的牙齿去"批判"了。因此，如何简明扼要地阐明唯物史观基本原理就显得尤为重要和迫切。恩格斯指出："贯穿《宣言》的基本思想：每一历史时代的经济生产以及必然由此产生的社会结构，是该时代政治的和精神的历史的基础；因此（从原始土地公有制解体以来）全部历史都是阶级斗争的历史，即社会发展各个阶段上被剥削阶级和剥削阶级之间、被统治阶级和统治阶级之间斗争的历史；而这个斗争现在已经达到这样一个阶段，即被剥削被压迫的阶级（无产阶级），如果不同时使整个社会永远摆脱剥削、压迫和阶级斗争，就不再能使自己从剥削它压迫它的那个阶级（资产阶级）下解放出来。"[1] 这就指明：其一，社会存在决定社会意识；其二，阶级斗争是阶级社会发展的动力；其三，无产阶级革命是无产阶级解放的必由之路。这样，唯物史观的基本原理就以简单明了的方式呈现在了世人面前。

第二，社会主义和共产主义的区分。空想社会主义主张在不消灭私有制的基础上实现社会主义，共产主义主张在消灭私有制的基础上实现共产主义。在1847 年，社会主义者主要包括两种人：一是各种空想社会主义的信徒，二是各种改良主义的社会庸医。他们都站在工人运动之外，宁愿向"有教养的"资产阶级寻求支持。当时将政治变革和根本改造社会统一起来的工人，把自己称为共产主义。根据当时社会主义运动和思想、共产主义运动和思想的发展情况，恩格斯反复强调，社会主义是资产阶级的运动，共产主义是无产阶级的运动。这样，就明确了共产主义运动和思想的无产阶级属性。

---

① 马克思，恩格斯. 马克思恩格斯文集：第 2 卷. 北京：人民出版社，2009：9.

　　第三，《共产党宣言》的传播和普及成为衡量工业发展和工人运动的重要标尺。由于《共产党宣言》科学地揭示出资本主义必然灭亡和共产主义必然胜利的历史运动规律，揭示出资本主义大工业发展的社会经济机制和后果，揭示出无产阶级的历史使命，揭示出无产阶级革命的前景，因此，《共产党宣言》成为判断社会发展和阶级意识的一种尺度。"某一国家的大工业越发展，该国工人想要弄清他们作为工人阶级在有产阶级面前所处地位的愿望也就越强烈，工人中间的社会主义运动也就越扩大，对《宣言》的需求也就越增长。因此，根据《宣言》用某国文字发行的份数，不仅可以相当准确地判断该国工人运动的状况，而且可以相当准确地判断该国大工业发展的程度。"① 在这种情况下，共产党人应该丝毫不放松对工人阶级的教育。

　　在这些序言中，恩格斯反复强调马克思在创作《共产党宣言》中的作用，将起草《共产党宣言》的功劳归于马克思一个人。这不仅体现出恩格斯高尚的情操，而且见证了恩格斯和马克思的伟大友谊。

　　上述 7 篇序言同样是《共产党宣言》文本群的重要构成部分。假如没有这些序言，那么，《共产党宣言》真的就成为历史文献甚至"历史古董"了。7 篇序言使《共产党宣言》的血肉更为丰满。

　　同时，利用《共产党宣言》再版和出版外文版本的机会，根据国际共产主义运动、马克思主义和人类科学文化思想的发展趋势和重要成果，通过增加注释的方式，恩格斯进一步丰富和发展了《共产党宣言》的基本思想。

　　第一，史前社会和阶级社会的区别。在当初出版的时候，《共产党宣言》第一章第一句话为"至今一切社会的历史都是阶级斗争的历史"。其实，这是一个不准确甚至是错误的论断，因为在人类历史上长期存在着一个没有私有制、没有阶级、没有剥削的社会。但是，在 1848 年的时候，人类根本没有认识到这一点。这也是一些人形成私有制天经地义、万古长存的错误认识的重要原因。但是，到了 19 世纪 70 年代，随着达尔文的生物进化论在文化人类学当中的运用，形成了文化人类学的进化论学派。这一派通过田野调查发现，在人类历史上，长期存在着原始社会（史前社会）。因此，恩格斯在 1888 年英文版中加了一个注："这是指有**文字**记载的全部历史。在 1847 年，社会的史前史、

---

① 马克思，恩格斯 . 马克思恩格斯文集：第 2 卷 . 北京：人民出版社，2009：23.

成文史以前的社会组织，几乎还没有人知道。"① 这样，恩格斯就将史前史（史前社会）和成文史（阶级社会）严格区分开来了，这不仅丰富和发展了马克思主义社会形态理论，而且坚定了无产阶级消灭资本主义、实现共产主义的信心。

第二，无产阶级和资产阶级的定义。在《共产党宣言》及其准备文献中，并没有给出无产阶级和资产阶级的精确定义。在 1888 年英文版中，恩格斯给第一章的标题"资产者和无产者"加了一个注："资产阶级是指占有社会生产资料并使用雇佣劳动的现代资本家阶级。无产阶级是指没有自己的生产资料，因而不得不靠出卖劳动力来维持生活的现代雇佣工人阶级。"② 这样，就明确了用生产资料的占有情况划分阶级的历史唯物主义的标准、定义和方法，将阶级看作一个由生产资料所有制造成的社会分化和社会对立的经济范畴。同时，这里把"劳动"和"劳动力"区分清楚了。《共产主义信条草案》将无产阶级看作一个完全靠自己的劳动为生的阶级，这里将无产阶级看作一个出卖劳动力为生的阶级。显然，在界定无产阶级的内涵方面，"劳动力"比"劳动"更为准确。

1885 年 10 月 8 日，恩格斯完成了《关于共产主义者同盟的历史》一文。在科学总结共产主义者同盟历史的过程中，他客观记录了《共产党宣言》的创作和传播情况，同时进一步丰富和发展了《共产党宣言》的相关思想。例如，由于阶级关系和阶级斗争日益明朗化，"共产主义现在已经不再意味着凭空设想一种尽可能完善的社会理想，而是意味着深入理解无产阶级所进行的斗争的性质、条件以及由此产生的一般目的"③。这样，就进一步深化了《共产主义原理》当中对科学共产主义学说即马克思主义的科学定义。马克思主义就是关于无产阶级斗争的性质、条件以及由此产生的一般目的的科学学说。这一科学文献也是共产党党史研究的科学典范。

此外，恩格斯利用其他机会大力传播《共产党宣言》的思想。例如，1894年 1 月 3 日，意大利社会党人卡内帕致信恩格斯，请他为一本杂志题词，用一句简单的话来表述未来的社会主义新纪元的特征，以区别于但丁将旧纪元的特征概括为"一些人统治，另一些人受苦难"。恩格斯考虑再三后于 1 月 9 日回复说："除了《共产主义宣言》中的下面这句话……我再也找不出合适的

---

① 马克思，恩格斯. 马克思恩格斯文集：第 2 卷. 北京：人民出版社，2009：31.

② 同①.

③ 马克思，恩格斯. 马克思恩格斯文集：第 4 卷. 北京：人民出版社，2009：233.

了：'代替那存在着阶级和阶级对立的资产阶级旧社会的，将是这样一个联合体，在那里，每个人的自由发展是一切人的自由发展的条件。'"① 通过这样的工作，恩格斯促进了马克思主义时代化具体化大众化。

显然，恩格斯对《共产党宣言》的贡献不仅是多方位的，而且具有原创性。这不仅表现在《共产主义信条草案》和《共产主义原理》构成了《共产党宣言》的"母本"或"底稿"，《共产主义信条草案》和《共产主义原理》的论述结构影响到了《共产党宣言》的章节结构安排，而且表现在思想内容上。尽管西方马克思学以制造马克思和恩格斯的对立为能事，但是，下述看法颇为中肯："根据《共产党宣言》中所包含的更多文章的内容能够分别追溯到恩格斯的《国民经济学批判大纲》（关于自由竞争）、《英国工人阶级状况》（关于家庭）和'爱北斐特演讲'（关于消灭私有制）。恩格斯研究这些主题的时候用的是一种自己独有而马克思没有用过的方法。"② 其实，在马克思"第一小提琴手"和恩格斯"第二小提琴手"开始合奏的时候，恩格斯奏响了走向科学共产主义的第一个美妙的音符。在此基础上，才有了响彻云霄的英特纳雄耐尔的壮歌。

从 1848 年的二月革命起，《共产党宣言》已经遍历全世界，差不多译成了世界上所有民族的文字，在世界上得到了广泛的传播，并极大地改变了人类的命运和社会的走向。到 1864 年国际工人协会（第一国际）成立时，继续使用"全世界无产者，联合起来！"的战斗口号。现在，"全世界无产者，联合起来！"的战斗号角响彻全世界，世界各国斗争着的无产阶级无不将之写入自己的章程中。

① 马克思，恩格斯．马克思恩格斯文集：第 10 卷．北京：人民出版社，2009：666.

② 卡弗．马克思与恩格斯：学术思想关系．姜海波，王贵贤，等译．北京：中国人民大学出版社，2008：81.

第 5 章

革命的大潮
——热情投身 1848—1849 年欧洲革命

> 你从苏黎世的出版社那里可以知道，最近我扎扎实实地做了些工作，并且利用机会重温了 1848—1849 年美妙的青年时代所写的一些东西。这显得非常必要，因为年青一代已经忘记了或者从来就不知道这一切，他们现在希望知道当时发生了什么事，鉴于存在着大量捏造的材料和报道，所以必须使他们尽可能有一个正确的认识。①

《共产党宣言》发表不久，1848—1849 年欧洲革命爆发了。尽管这是一次现代资产阶级社会向旧的封建官僚社会发起的斗争，但是，无产阶级是革命的主体。恩格斯不仅与马克思一道全身心地投入到了这场革命当中，共同创办了《新莱茵报》，而且直接参与了武装起义，成了一名勇敢的士兵。科学社会主义在 1848—1849 年革命中得到检验和证明。因此，恩格斯晚年将这一段时光称为"美妙的青年时代"。

1. 《共产党宣言》的"德国化"——《共产党在德国的要求》

在 1830 年 7 月进行的"七月革命"之后，法国建立了"七月王朝"。这是一个由银行家、交易所经纪人、铁路大王、大矿主、大森林主、大地主组成的金融贵族执政的政权。在其统治下，尽管资本主义在法国有所发展，但是，使广大工人、农民和小资产阶级的生活更加贫困，因而，要求实现社会变革、改

---

① 马克思，恩格斯．马克思恩格斯全集：第 36 卷．北京：人民出版社，1975：391.

革选举制度的社会呼声日益高涨。

在这种背景下，1848 年 2 月 22 日，巴黎的广大群众尤其是工人和学生冒雨拥上街头，高喊"打倒基佐，改革万岁！"的口号。他们冲向反动政府首相基佐的官邸，军队几乎无招架之力，窗户玻璃被打得粉碎。2 月 23 日，群众同政府军展开激战，工人举行罢工。2 月 25 日，法兰西第二共和国成立，"二月革命"取得胜利。一个名为阿尔伯的工人成为临时政府的委员。这在世界任何一个国家里是从来不曾有过的事情。这样，"资产阶级完成了自己的革命：他们推翻了基佐，并结束了大交易所经纪人的独占统治。但在目前的第二场斗争中，已经不是一部分资产阶级同另一部分资产阶级相对峙：目前是无产阶级同资产阶级相对峙了"①。随后，奥地利、普鲁士、捷克、匈牙利相继发生革命。这即为震撼世界的 1848—1849 年欧洲革命。

此时，身居布鲁塞尔的恩格斯热烈地欢呼二月革命的爆发。1847 年 12 月 31 日，恩格斯在巴黎德国革命流亡者新年宴会上发表演说。由于其在巴黎工人当中进行革命活动，因此，1848 年 1 月 29 日，他被法国反动政府驱逐出境。1 月 31 日，他到达布鲁塞尔。2 月 20 日，他在布鲁塞尔民主协会上介绍法国政府迫害民主主义者和驱逐其本人出境的详细情况。2 月 25 日到 3 月初，他和马克思一道积极参加比利时的共和运动。这一运动是在法国二月革命的影响下开展起来的。2 月 25—26 日，他撰写《巴黎的革命》一文，热情赞扬了巴黎工人阶级在革命中的历史主体作用。2 月 27 日，该文发表于《德意志—布鲁塞尔报》第 17 号上。

恩格斯论工人阶级在 1848—1849 年革命中的贡献

由于这次革命获得胜利，法国的无产阶级又成了欧洲运动的领袖。荣誉和光荣属于巴黎的工人们！他们推动了整个世界，所有国家都将一一感到这一点，因为法兰西共和国的胜利就是全欧洲民主派的胜利。

我们的时代，民主派的时代来到了。②

---

① 马克思，恩格斯．马克思恩格斯全集：第 4 卷．北京：人民出版社，1958：547.
② 恩格斯．巴黎的革命//马克思，恩格斯．马克思恩格斯全集：第 4 卷．北京：人民出版社，1958：548.

随着革命形势的发展，为了能够更有力地领导无产阶级的斗争，2月27日左右，共产主义者同盟中央委员会把其职权转交给马克思和恩格斯领导的布鲁塞尔区部委员会。随即，布鲁塞尔区部委员会成为中央委员会。3月11日，马克思当选为中央委员会主席，恩格斯当选为中央委员会委员。中央委员会通过布鲁塞尔工人协会和民主协会开展工作。

如火如荼的革命吓坏了比利时封建统治阶级。2月底，马克思、恩格斯的亲密战友、同盟的领导人威廉·沃尔弗（1809—1864）被比利时反动当局逮捕并遭到毒打。3月3日晚，本来接到法兰西共和国临时政府成员邀请而准备返回巴黎的马克思被逮捕。次日，马克思夫人燕妮也被逮捕。在经过18小时的监禁之后，马克思全家连衣物都来不及携带就匆匆忙忙去了巴黎。3月5日，恩格斯给《北极星报》去信，揭露了比利时政府迫害马克思和其他政治流亡者的阴谋。在随后的几天里，恩格斯将马克思留在布鲁塞尔的东西整理装箱运往巴黎。由于意识到自己也将被驱逐，因此，他抓紧时间筹措赴巴黎的路费。

3月21日左右，恩格斯从布鲁塞尔到达巴黎，与马克思会合。当他抵达巴黎的时候，就传来了德国柏林"三月革命"胜利的消息。1848年3月18日，广大群众在宫廷广场集会，要求政治自由、实行大赦、公民在法律面前人人平等、实行人民代议制、废除高利贷、召开联合省议会等。当反动军队企图驱赶集会群众时，工人、市民、大学生迅即构筑街垒进行反击。在巷战中，起义者死亡150多人，受伤1 000余人。迫于压力，国王让步。3月29日，成立了由资产阶级自由派领导的内阁。由此，三月革命取得胜利。

马克思和恩格斯认为，这次革命并不彻底，德国无产阶级应当继续努力，将革命进行到底。基于这样的认识，他们为共产主义者同盟中央委员会起草了《共产党在德国的要求》等文件。《共产党在德国的要求》是共产主义者同盟在德国革命中的政治纲领，由17条内容构成，提出了一个"三段论"或"三步走"式的革命纲领。

第一步，实行革命的民主主义。消除封建割据和封建统治，建立革命的民主主义的共和国，是革命的前提和条件。因此，《共产党在德国的要求》的第一条提出：全德国宣布为一个统一的、不可分割的共和国。在此基础上，为了减轻农民和小租佃者所担负的社会义务和其他义务，不致减少抵偿国家开支所需的资金，不使生产本身遭受损失，《共产党在德国的要求》还提出，应该采取以下措施：无偿地废除一切至今还压在农民头上的诸如徭役租、代役租和什一税等封建义务；将各邦君主的领地和其他封建地产等全部收归国家所有；将农民的抵押地宣布为国家所有；在租佃制流行的地区，将地租或租金作为赋税缴纳给国家。

第二步，进行资产阶级民主革命。《共产党在德国的要求》提出，在完成上述革命任务的同时和基础上，应该实行普选权、武装全体人民、彻底实行政教分离、实行普遍的免费的国民教育、限制继承权、实行高额累进税等社会经济措施。例如，在武装全体人民的问题上，"今后，军队同时也应当是劳动大军，使部队不再象以前那样光是消费，并且还能生产，而所生产出来的东西要多于它的给养费用。此外，这也是组织劳动的一种方法"[1]。这些措施不是无产阶级的最终目的，而是当时资产阶级革命必须完成的基本任务。

第三步，开始社会主义革命。只有在上述基本任务完成之后，才可以开始具有社会主义性质的革命。《共产党在德国的要求》提出，主要应该采取以下措施：成立国家银行，能按照全体人民的利益来调节信用事业，从而破坏大金融资本家的统治。建立国家交通运输系统，铁路、运河、轮船、道路、邮局等全部归国家所有，并无偿地由无产阶级支配。建立国家工厂制度，国家保证所有的工人都有生活资料，并且负责照管丧失劳动力的人。显然，这些措施都具有社会主义改造的性质，突出了无产阶级的所有权和支配权。

最后，《共产党在德国的要求》提出："为了德国无产阶级、小资产阶级和小农的利益，必须尽力争取实现上述各项措施。因为只有实现了这些措施，一直受少数人剥削，并且今后还有可能受少数人压迫的德国千百万人民，才能争得自己的权利和作为一切财富的生产者所应有的政权。"[2] 这样，《共产党在德国的要求》不仅重申了《共产党宣言》的基本主张，而且实现了《共产党宣言》的"德国化"。事实上，《共产党在德国的要求》是《共产党宣言》在1848 年的德国的具体环境和具体条件下的具体运用和具体发展。

1848 年 3 月 30 日左右，《共产党在德国的要求》在巴黎印成传单发行。同时，被《柏林阅报室》1848 年 4 月 5 日第 82 号的号外、《曼海姆晚报》1848 年 4 月 6 日第 96 号、《特利尔日报》1848 年 4 月 6 日第 97 号的附页、《德意志

---

① 　马克思，恩格斯 . 马克思恩格斯全集：第 5 卷 . 北京：人民出版社，1958：3.
② 　同①5.

总汇报》1848年4月9日第100号的附刊等报刊转载。在1848年9月10日之前,《共产党在德国的要求》在科隆又印成传单发行。

2. 革命年代德国最著名的报纸——《新莱茵报》

在忙于制定共产党人在德国民主革命的纲领的同时,在1848年3月下半月到4月初,共产主义者同盟组织了三四百个工人单个返回德国参加革命。但是,巴黎的小资产阶级民主派建立了德意志民主协会,试图组织义勇军即德意志军团返回德国,用武力向德国输出革命。马克思、恩格斯坚决反对这种冒险主义的做法。3月底,他们准备返回德国参加革命。4月6日左右,恩格斯与马克思全家一道离开巴黎。进入德国之后,他们先在美因茨做短暂停留,和当地的共产主义者同盟盟员讨论了往后组织和联合工人联合会的任务。4月11日,他们到达科隆,将之作为自己此行的目的地,决定在这里办一份大型的民主派日报,来开展革命鼓动和组织活动。

马克思和恩格斯之所以选择科隆而不是柏林作为目的地,原因在于科隆是莱茵省的中心,该省经历过法国大革命的洗礼,发展了规模极大的工业,领会了现代法的观念,存在着言论自由,是德国当时最先进的地方。相比之下,柏林仅仅是一个"王都"而已,工人还没有成长起来,不存在言论自由。

当时,民主党人和一部分共产党人已经在科隆着手筹备创办大型报纸。这些人试图把报纸办成纯地方性的媒体,即科隆的报纸,想把马克思、恩格斯赶到柏林去。经过马克思和恩格斯的义正词严的说理和苦口婆心的劝说,没有过二十四小时,他们就把阵地夺了过来,获得了报纸的主办权。不过,马克思和恩格斯做出了让步,将当地的一位共产主义者同盟盟员列入编辑部当中。此人只写了一篇文章(刊登在第二号上),以后就什么也没有写过。

在马克思忙于筹办报纸的时候,恩格斯决定回到家乡巴门探亲并为报纸筹措资金。4月25日之前,马克思给恩格斯去信,希望他能够从自己的"老头子"(老恩格斯)那里获得筹办报纸的经济支持。4月25日,恩格斯回信说:"从我的老头儿那里根本什么也弄不到。在他看来,《科隆日报》已经是叛逆到了顶点,他宁愿叫我们吃1 000颗子弹,也不会送给我们1 000塔勒。"[1]

---

① 马克思,恩格斯.马克思恩格斯全集:第48卷.2版.北京:人民出版社,2007:25.

在此期间，恩格斯在当地创建了一个共产主义者同盟支部，并将《共产党宣言》的大部分译成了英文。5 月 6 日，马克思造访巴门，逗留期间，他与恩格斯一道讨论了报纸的出版问题和共产主义者同盟的活动问题。最终，只筹集到 14 股，每股为 50 塔勒。由于难以筹集到更多的资金，恩格斯只好于 5 月 20 日返回科隆。

马克思和恩格斯决定将筹办的报纸命名为《新莱茵报》。在编辑委员会当中，由马克思担任总编辑，恩格斯、沃尔弗等 7 人为编辑。报纸原定于 1848 年 7 月 1 日正式出版，但是，考虑到普鲁士政府会出台加强书报检查的新的法令，报纸提前在 6 月 1 日正式出版。《新莱茵报。民主派机关报》的创刊号上发表了《〈新莱茵报〉编辑部的声明》、恩格斯的《法兰克福议会》和《波旁王朝的新的英勇事迹》两篇文章。

《新莱茵报》的政治纲领有两个要点。第一，建立统一的、不可分割的、民主的德意志共和国。无产阶级的利益迫切要求德国彻底统一成一个民族。唯此，才能把过去遗留下来的一切琐屑障碍除掉而扫清无产阶级同资产阶级较量的战场。第二，对俄国进行一场包括恢复波兰的战争。报纸赞助一切革命民族，号召革命的欧洲对俄国这一欧洲反动势力的强大支柱，进行一场普遍的战争。

报纸编辑部的制度由马克思一人"独裁"，由此形成了"排挤"恩格斯的局面。对于一家必须在一定时刻出版的大型日报来说，按照任何别的制度都不能彻底贯彻自己的方针，只能选择"独裁"。由于其深刻的洞察力和坚定的立场，马克思理所当然地成为报纸的"独裁者"。这对于编辑部全体成员来说，是理所当然和毋庸置疑的事情，大家都乐于接受马克思的领导。由于报纸的经费十分困难，因此，除了大量的领导和组织工作之外，马克思还经常到处游说化缘，试图筹集资金。在马克思外出期间，由恩格斯代理报纸的总编辑。由于恩格斯作风严谨、一丝不苟，编辑部这帮血气方刚、才华横溢的年轻人往往不"买账"，因此，经常发生"内讧"。对于同事们的"挑战"和"狂妄"，恩格斯往往一笑了之，处变不惊，有条不紊地推进着报纸的编辑和发行等工作。这何尝不是一种处世的智慧和美德呢？这与马克思的智慧和美德形成了良性的互补。一旦马克思回来，编辑部就马上恢复正常，大家又和和睦睦地一起工作了。

《新莱茵报》同事与恩格斯的"内讧"

当《莱茵报》随着 1848 年革命运动①的高涨而复刊以后，恩格斯就和马克思一起参加了该报的编辑部，在马克思外出的时候，恩格斯就代理他的领导职务。但是，在编辑部同事们（这些全是才气横溢、革命热情很高的勇敢的青年）的心目中，恩格斯并不像马克思那样享有很高的威信，虽然他的品德和才干皆在他们之上。马克思告诉我，有一次他从维也纳回来，恰好碰上编辑部内部闹纠纷，使恩格斯感到很棘手。当时，关系非常紧张，似乎只有决斗才能解决问题了。为了编辑部内部的和解，马克思不得不施展出他的全部外交才能。②

恩格斯为报纸倾注了满腔心血，为办好报纸做出了杰出贡献。由于行政事务繁忙，马克思为报纸撰写的文章屈指可数。在第一个月当中，他只撰写了 2 篇社论，在整整第一个季度当中也不过 5 篇而已。因此，报纸的社论、评论等重头文章都由恩格斯操刀完成。在 1848 年 6 月到 9 月的四个月当中，绝大部分的文章由恩格斯撰写完成。从 1848 年 6 月 1 日正式出版到 1849 年 5 月被迫停刊，《新莱茵报》共出版发行了 301 期，恩格斯共计写作了 100 多篇文章和通讯（表 5-1 列举了 1848 年 6 月在该报发表的部分文章）。1885 年 5 月 15 日，恩格斯向他人回忆说："至于《新莱茵报》上的文章，您首先需要断定哪些真正是马克思写的。例如，有关六月起义的一些文章，其中只有一篇很出色的文章是他写的。对斗争等等的全部叙述，都是我写的。反对巴枯宁和泛斯拉夫主义的那篇文章也同样是我写的。"③ 当然，我们不能简单地将马克思和恩格斯分开，他们二人彼此进行了有计划的分工和亲密的合作。情况往往是，由恩格斯写出初稿，由马克思进行定稿，最后公开发表。因此，这些文章代表着他们共同的看法。

恩格斯异于常人的外语天赋、高深的外语素养、杰出的外语才能在报纸编辑和文章写作上派上了大用场。当时，报纸通讯员和作者几乎遍及整个欧洲，

---

① 指 1848—1849 年欧洲革命。
② 拉法格.忆恩格斯//中共中央马克思恩格斯列宁斯大林著作编译局.回忆恩格斯.北京：人民出版社，2005：23-24.
③ 马克思，恩格斯.马克思恩格斯全集：第 36 卷，北京：人民出版社，1975：312.

其来稿用各种各样欧洲的文字写就，只有恩格斯可以自如而准确地处理这些稿件。同时，在自己写作文章的过程中，恩格斯大量地运用了欧洲各种报刊上的多种文字资料。在这个意义上，《新莱茵报》不仅仅是一份德国的报纸，更是一份具有国际性的报纸。

表 5-1　恩格斯于 1848 年 6 月发表在《新莱茵报》上的文章举要

序号	写作日期	文章题目	文章内容	发表日期
1	4 日	《战争的喜剧》	关于什列斯维希-霍尔施坦战争	5 日
2	6 日	《柏林的妥协辩论》	对普鲁士国民议会辩论的评论	7 日
3	8 日	《对波兰的重新瓜分》	支持波兰人民的民族解放	9 日
4	13—14 日	《柏林关于革命的辩论》		14—17 日
5	17 日	《布拉格起义》	对捷克人民的民族解放的同情与支持	18 日
6	19 日	《6 月 17 日的妥协会议》	武装人民是革命胜利的条件	20 日
7	20 日	《在波兹南的新政策》		21 日
8	22 日	《法兰克福德国国民议会的第一件事迹》	批评议会对意大利革命所采取的政策	23 日
9	24 日	《起义的民主性质》	布拉格起义的意义	25 日
10	6 月 25 日至 7 月 1 日	《巴黎消息》等关于巴黎六月起义的系列文章	巴黎无产阶级第一次阶级战斗的进程	6 月 26 日至 7 月 2 日
11	6 月 30 日至 7 月 1 日	《六月革命（巴黎起义的经过）》	支持巴黎工人的起义	7 月 1—2 日

在繁忙著述的同时，恩格斯热衷于各种社会活动。他是正式在册的科隆市民自卫团的士兵，编在第十六连。他积极参加科隆民主协会和科隆工人联合会的活动。从 1848 年 7 月开始，积极参加科隆三个民主团体中央委员会的工作。8 月 13—14 日，恩格斯和马克思参加在科隆召开的莱茵省民主主义者第一届代表大会。恩格斯在代表大会上的发言突出了莱茵省人民群众对反动的普鲁士国家制度的憎恨。大会通过的决议认为，必须在工人和农民当中进行工作，在乡村建立组织并与之保持经常的联系。

恩格斯是 1848 年 9 月 7 日和 13 日举行的科隆民主派民众大会的实际发起

人。7 日，科隆民主协会和《新莱茵报》编辑部在练马场召开群众大会，有数千人出席。大会通过致法兰克福国民议会①书，要求取消普鲁士政府和丹麦缔结的休战协定；大会还通过致普鲁士国民议会书，抗议反民主的市民自卫团法案。13 日，《新莱茵报》编辑部、科隆工人联合会和民主协会在科隆弗兰肯广场举行民众大会，有 6 000 人出席会议。中午 12 点刚过，沃尔弗宣布开会，提议选举安全委员会作为科隆城在当时的合法政权机关中没有代表的那一部分居民的组织。这一提议在暴风雨般的掌声中通过。大会通过了由恩格斯提出的致柏林议会书，要求议员们在有人试图解散议会的时候，能够执行自己的职务，即使在刺刀的威胁下也不要擅离职守。恩格斯和马克思参加了由三十人组成的安全委员会。这是一个由人民直接选举产生和直接向人民负责的机构，力图采取一切合法手段保卫革命的成果，确保人民用鲜血换来的权利不受侵犯。在成立的当天，安全委员会便向有关当局宣告自己的成立。

安全委员会成立之后，科隆的阵线出现了分化。亲政府立宪派声称，安全委员会是一个"非法的行政机关"，是建立"红色共和国革命"的第一步。为了约束这一派，恩格斯于 1848 年 9 月 17 日又组织了一次民众大会。这次大会在科隆城外沃林根附近菲林格荒野上举行，有数千人参加。沙佩尔当选为主席，恩格斯当选为书记。根据主席的提议，大会以多数票对一票通过成立社会民主的红色共和国。根据恩格斯的提议，会议一致通过了以下决心书：如果普鲁士和德国由于普鲁士政府反对国民议会和中央政权的决议而发生冲突，我们准备为德国而战，直到流尽最后一滴血。

尽管当时有人污蔑科隆和沃林根等几次民众大会哗众取宠，但是，它们是当时几个月来在德国举行的最大规模的革命的群众集会。集会教育和团结了民众。通过这几次大会，恩格斯显示出了卓越的组织才能和超前的预测能力。

《新莱茵报》上的文章就像榴弹一样投向敌人，在敌人的周围发生爆炸。起初，这些革命言辞引起了股东这些"庸人"的担忧，他们纷纷退股。由于报纸发表《逮捕》一文，1848 年 7 月 6 日，法院以侮辱最高检察官和宪兵为名传讯马克思。8 月 3 日，法院传讯恩格斯做证，企图查出《逮捕》一文的作者。9 月 4 日，法院再次传讯恩格斯。这次，恩格斯已经不是作为证人而是作为《新

---

① 法兰克福国民议会（Frankfurter Nationalversammlung）是在 1848—1849 年德国革命期间成立的国民议会，用以计划以民主之方式统一德国。议会在法兰克福召开，有 831 名众议员出席。

莱茵报》上发表的《逮捕》一文案件的同案人被传讯。预审已经结束，如果检察机关提不出新的罪状，高等审判庭将择期做出决定：马克思、恩格斯和科尔夫（报纸的发行人）是否应该因被控侮辱或诬蔑最高检察官和宪兵而出席陪审法庭受审。

在这期间，法兰克福起义爆发。1848 年，丹麦与普鲁士由于石勒苏益格和荷尔斯泰因两个公国问题发生战争。由于法兰克福议会批准和丹麦的休战，议会中的资产阶级代表与反动势力妥协，因此，人民群众发起武装起义，筑起街垒与反动军警战斗。据《新莱茵报》的报道："**科伦** 9 月 19 日，晚上 7 点钟。德国和丹麦的休战引起了狂风暴雨。法兰克福爆发了流血的起义。德国的荣誉被国民议会出卖给可耻下台的普鲁士内阁，但是法兰克福、欧芬巴赫、哈瑙的工人以及这些城市郊区的农民却用自己的生命来捍卫这种荣誉。"① 面对这种情况，恩格斯不仅在《新莱茵报》上连续发表《休战协定的批准》等文章，无情地批判国民议会的背叛行为，而且组织了一次民众大会。9 月 20 日，安全委员会、民主协会和科隆工人联合会在科隆埃塞尔大厅召开大会，通过了声援法兰克福起义的决议。恩格斯在会议上发表了演说，报告了法兰克福起义的经过，抨击了法兰克福议会通过的可耻决议。23 日，《新莱茵报》发表了 9 月 20 日科隆民众大会的决议。25 日，科隆检察机关以其 20 日的演说阴谋反对现行制度为名对恩格斯提出控诉。26 日，科隆戒严，陷入反革命的白色恐怖当中。28 日，迫于警察司令部的命令，《新莱茵报》被迫停刊。由于存在着身陷囹圄的危险，恩格斯早在 24 日左右就已逃离科隆到达日内瓦。30 日，警察搜查位于科隆赫勒街 14 号的恩格斯住宅，结果既未抓捕到恩格斯本人，也未搜查到恩格斯的"罪证"。在聚集于恩格斯住宅门口的市民的一片喝倒彩声中，司法官员和警察只好灰溜溜地离开。

在恩格斯流亡瑞士期间，一些人试图离间马克思和恩格斯的关系，甚至剥夺恩格斯在《新莱茵报》的权利。但是，马克思极力维护恩格斯的权利和"权威"，照管恩格斯的住所和财物，并寄去钱物和恩格斯 1848 年 3 月 30 日的法国护照。10 月 12 日，由于宣布解除戒严，《新莱茵报》第 114 号即复刊的第 1 号出版。26 日，马克思致信已经远在日内瓦的恩格斯，告诉他报纸已经复刊，提醒他一有可能，就写些通讯和较长的文章寄来。在 11 月上半月的时候，马

---

① 马克思，恩格斯 . 马克思恩格斯全集：第 5 卷 . 北京：人民出版社，1958：485.

克思表示，只要恩格斯写稿，自己就能够"**随意付出**"他所要求的"**稿费**"给他。这样可以保证流亡在瑞士的恩格斯的日常生活。马克思深情地向恩格斯说："要我丢开你不管，哪怕是一分钟，都是纯粹的幻想。你永远是我的最知心朋友，正像我希望自己是你的最知心朋友一样。"① 恩格斯又陆续写作了一些文章发表在《新莱茵报》上，但也有一些没有发表。同时，恩格斯积极促进瑞士的报纸转载《新莱茵报》的报道和评论。1849 年 1 月 7 日左右，他致信马克思说明："我们的报纸现在在瑞士常常被大量引用；引用很多的是《伯尔尼报》，还有《国民报》，然后所有各报又都从这两家报纸加以转载。瑞士的法语报纸也常常引用我们的报纸，比《国民报》等报引用得少一些，但多于《科隆日报》。"② 由于证据不足和通缉令时限过期，在逃亡三个月后，1849 年 1 月中下旬，恩格斯重返科隆，与马克思一同投入到工作当中。但是，形势仍然险恶。

1849 年 5 月 19 日，由于马克思被驱逐出普鲁士、恩格斯遭到通缉，《新莱茵报》第 301 号成为终刊号。在《新莱茵报》唯一用红色油墨印刷的这一期上，发表了马克思的文章《〈新莱茵报〉被勒令停刊》和恩格斯的文章《匈牙利》。报纸编辑部在致科隆工人的告别书中深情地说："《新莱茵报》的编辑们在向你们告别的时候，对你们给予他们的同情表示衷心的感谢。无论何时何地，他们的最后一句话将始终是：**工人阶级的解放！**"③ 是啊，实现工人阶级的解放，这就是马克思和恩格斯的初心和使命，这就是马克思主义的初心和使命，这就是一切共产主义者的初心和使命。

1884 年年初，恩格斯在《马克思和〈新莱茵报〉（1848—1849 年）》一文中饱含深情地指出："首先是马克思的洞察力和坚定立场，才使得这家日报成了革命年代德国最著名的报纸。"④ "革命年代德国最著名的报纸"就是由恩格斯和马克思共同创办的《新莱茵报》。这当中饱含着恩格斯卓越的才华、无怨的付出和长期的坚守。

---

① 马克思，恩格斯．马克思恩格斯全集：第 48 卷．2 版．北京：人民出版社，2007：40 - 41.

② 同①56.

③ 马克思，恩格斯．马克思恩格斯文集：第 4 卷．北京：人民出版社，2009：12.

④ 同③7.

《新莱茵报》终刊号

3. "一个为无产阶级利益而斗争的老战士"

在《新莱茵报》停刊这段白色恐怖期间，恩格斯逃离德国，先到达法国巴黎，后来辗转到达瑞士伯尔尼。

在 1848 年 9 月 24 日左右逃离科隆后，恩格斯先在家乡巴门隐藏了起来，后决定去比利时。10 月 4 日，他到达布鲁塞尔，被比利时国家保安局拘留。10 月 5 日，被比利时警察押解到法国边界的恩格斯，又来到巴黎。在 1848 年法国二月革命期间，为了纪念获得自由，巴黎工人在大街上种植白杨树并将之命名为"自由树"，放烟火，兴高采烈地唱《马赛曲》，一派生机勃勃的革命气象。但是，此时的巴黎，已经没有灵魂，没有生命，没有火焰。恩格斯认为，巴黎已经死了，而这个美丽的死人愈是美丽，就愈显得可怕。于是，他决定离开巴黎到瑞士去，然后伺机回国。1848 年 10 月 10 日左右到 24 日，用了两个星期的时间，他徒步穿过法国。

恩格斯将这次艰苦之旅变成了浪漫之旅。他品尝了路上遇到的各种美酒，带着几分醉意，载歌载舞。从跳轻佻的四人舞到唱《马赛曲》，从跳康康舞的狂热到革命热情的激发，最后，喝了一瓶香槟酒，鼓起了人间最愉快的狂欢节的情绪。他给寄宿的主人家的孩子们在一张纸上画了几张脸谱，还一本正经地向孩子们说：这是卡芬雅克将军，这是路易-拿破仑，这是阿尔芒·马拉斯特，这是赖德律-洛兰，等等。^① 这些画像都很传神。农民们目不转睛地凝视着这些逼真的画像，并立即把这些漫画挂在墙上，还向恩格斯表达衷心感谢。当然，路上不仅有"美酒"可饮，也有"美女"相谈。恩格斯后来在自己的游记中写道："我在上山时花了更多的时间躺在草地上吃葡萄，喝葡萄酒，同种葡萄的人和他们的姑娘们谈笑；而我登上这一座不很高的山所花的时间，可以用来登上布罗肯山山峰，甚至登上少妇山。况且，每天都能把葡萄吃得饱饱的，因而在每一个葡萄园里都能找到适当的借口同这些老是笑容满面、和蔼可亲的男女们交往。"^② 一个创造美好事物的革命英雄主义者，怎么能够没有爱好美好事物的革命浪漫主义情怀呢？怎么能够"辜负"美酒和美女呢？

恩格斯还把这次艰苦之旅变成了调查之旅。他和沿途遇到的农民进行了交谈，了解他们的生活情况和生活感想，深刻地揭示了农民的二重性。一方面，恩格斯充分肯定了农民个人具有的各种美德。他们是善良的、好客的、愉快的人，对外来的人很殷勤、很关切。另一方面，恩格斯科学地揭露了农民的阶级局限性。农民总归是农民，其生活条件时时刻刻影响着他们。他们有着非常强烈的私有感，不可能提出消灭私有制的革命要求。"在抵押高利贷中，农民不可能看出阶级关系，他们不可能要求消灭这种关系，因为这样就会破坏他们自己的土地占有的基础，高利贷的压迫不是使他们卷入运动，而是把他们完全弄糊涂了。他们认为只有减少捐税才能减轻他们的负担。"^③ 因而，在很大程度上，农民的美德属于"个人美德"，属于"宗法式的美德"，农民"在文明世界中还是野蛮人"。这种情况使恩格斯非常沮丧。后来，恩格斯回忆说，自己在 1848 年真正认识了法国农民。

1848 年 10 月 24 日左右，恩格斯到达日内瓦。经过洛桑，大约在 11 月 9 日，他到达伯尔尼，在那里暂时住了下来。他在日内瓦开始写旅途随笔，最初将其标题定为"从巴黎到日内瓦"。这一手稿没有最终完成。该文最初发表于《新时代》杂志 1898 年第 1 卷第 1 期和第 2 期，题目为《从巴黎到伯尔尼》。在这篇"游记"当中，恩格斯还记录了法国的自然风貌、交通状况、风土人情等问题。可以将之看作《英国工人阶级状况》的"续篇"，或许可以说

---

① 卡芬雅克将军为法国将军，镇压了 1848 年巴黎六月起义。阿尔芒·马拉斯特为法国 19 世纪 40 年代温和的资产阶级共和派的代表人物。赖德律-洛兰为法国小资产阶级民主派代表人物。

② 马克思，恩格斯. 马克思恩格斯全集：第 5 卷. 北京：人民出版社，1958：571.

③ 同②562.

这是恩格斯创作的"法国农民阶级状况"吧。在方法上，二者共同奠定了马克思主义"田野调查"的科学典范；在思想上，前者表明了恩格斯对工人阶级的科学认知，后者表明了恩格斯对农民的科学认知。

在流亡瑞士期间，恩格斯在两个方面展开了工作。一方面，他继续为《新莱茵报》撰稿，主要是报道瑞士的新闻，涉及"瑞士社会的精华"、国民院、瑞士联邦议会、瑞士行政当局和流亡者等问题。从 1848 年 12 月 6 日写作的关于瑞士的文章开始，到 1849 年 1 月 11 日写作的文章，恩格斯得出结论，瑞士各邦封闭自封，无聊透顶。

另一方面，恩格斯积极参加了瑞士的工人运动。一到达瑞士，恩格斯就访问了洛桑工人联合会和伯尔尼德意志手工业者联合会，特别强调依靠共产主义者同盟在瑞士的组织。1848 年 12 月 8 日，洛桑工人联合会委托恩格斯作为代表参加伯尔尼工人代表大会。委托书如此说道："鉴于不可能派代表去出席伯尔尼工人代表大会，特委托你做我们的代表。作为一个为无产阶级利益而斗争的老战士，在这次大会上你当然也一定能够完成自己的任务，虽然这一次你不必同资产者和其他小商人打交道；要知道这是真正的无产者，你应当同他们一道并且为他们进行工作。那末，让我们把我们对中央联合会的愿望简单地告诉你。"[①] 1848 年 12 月 9 日到 11 日，瑞士德国人联合会第一次代表大会在伯尔尼军火库巷 9 号举行。作为洛桑工人联合会的全权代表，恩格斯参加了会议。在代表大会闭幕后三天，恩格斯被伯尔尼联合会推选为由五人组成的瑞士德国人联合会总会中央委员会书记。

作为中央委员会书记，恩格斯开展了大量活动。他将 200 份印制的代表大会决议记录中的 194 份，连同载有大会报道的许多份《独立主义者》，寄给了17 个瑞士联合会。此外，他还起草了 21 封书信。但是，只有写给美因河畔法兰克福三月同盟理事会的信件和给斐维德国工人联合会的信件的两封信草稿保存了下来。

1849 年 1 月 11 日或 12 日，在得知没有被逮捕的危险的情况下，恩格斯离开瑞士回国。在短短不到四个月的时间当中，这位年仅 28 岁的年轻人，已经被大家看作"一个为无产阶级利益而斗争的老战士"了。

---

① 　马克思，恩格斯．马克思恩格斯全集：第 6 卷．北京：人民出版社，1961：681.

4. "最坚定的共产主义者也是最勇敢的士兵"

1849 年 1 月中下旬，回到德国后，恩格斯马上重新投入《新莱茵报》的编辑工作当中，并亲身参加到如火如荼的革命运动当中。

在为《新莱茵报》撰稿的过程中，恩格斯写作了一些关于军事问题的文章。这些文章集中在 1848 年到 1849 年的"人民之春"时期，即 1848—1849 年欧洲革命时期。在此期间，匈牙利爆发了反对奥匈帝国的民族革命战争，恩格斯对之进行了连续的报道和评论。例如，在写作于 1849 年 1 月 8 日左右的《匈牙利的斗争》一文中，他突出了匈牙利战争的人民性质和游击性质，分析了这场战争的进程。他指出："在即将来临的世界大战中，不仅那些反动阶级和王朝，而且那许多反动民族也要完全从地球上消失。这也将是一种进步。"[1] 这样，恩格斯就将自己的军事才华展示在了世人面前。

李卜克内西对恩格斯关于匈牙利革命战争文章的评价

在和他闲谈中，我才知道《新莱茵报》所发表的那几篇关于匈牙利革命战争的文章原来是他写的；这些文章由于内容经常得到证实，因而大家都猜测是出于匈牙利军队某高级指挥官之手。其实，正像他自己笑着对我说的那样，除了所有的报纸都掌握的并且差不多完全得自奥国政府的那些材料，他根本没有任何其他材料。而这个政府却大撒其谎，说它在匈牙利活像现在西班牙政府在古巴一样，总是百战百胜。在这种时候，恩格斯的天才慧眼就对他大有帮助。他能够不理会那些空话。他的头脑就像 X 光一样。大家知道 X 光不会折射，因而任何时候也不会歪曲形象。在这种光线的帮助下，恩格斯放过那些对查明真相无用的非本质的因素，不让任何烟幕迷惑自己，不轻信任何虚构的情节，而根据可靠的事实来确定自己的见解。[2]

与马克思一道，恩格斯大力推动革命运动的发展。2 月 11 日，他和马克

---

① 马克思，恩格斯. 马克思恩格斯全集：第 6 卷. 北京：人民出版社，1961：207.

② 李卜克内西. 忆恩格斯//中共中央马克思恩格斯列宁斯大林著作编译局. 回忆恩格斯. 北京：人民出版社，2005：5-6.

思出席工人联合会举办的宴会，在宴会的讲话中表达了对匈牙利革命战士的敬意。2 月 24 日，他和马克思出席由他提议举行的、由科隆工人联合会委员会举行的纪念法国二月革命爆发一周年的宴会，他在宴会上提议为正在进行斗争的意大利人、为罗马共和国干杯。3 月 19 日，在由科隆的工人和民主派举办的纪念柏林巷战一周年的宴会上，他提议为六月起义的战士们干杯。此外，恩格斯在科隆工人联合会里举办了"社会讲座"。这些活动鼓舞了工人群众的士气。

1849 年 2 月，普鲁士当局传讯《新莱茵报》总编辑马克思、编辑恩格斯等人。在科隆的法庭上，恩格斯和马克思据理力争，为自己做无罪辩护。最后，在旁听群众的欢呼声中，法庭迫不得已宣告马克思和恩格斯无罪。这样，随着对普鲁士反动政府和资产阶级的尖锐攻击，《新莱茵报》的发行量和声誉度与日俱增。

就在《新莱茵报》事业如日中天的时候，"德国维护帝国宪法的运动"爆发了。恩格斯毅然决然地放下笔，拿起枪，奔赴革命的第一线。

1849 年 3 月 28 日，法兰克福国民议会通过了德国第一部资产阶级宪法——《德意志帝国宪法》。这是消灭小邦割据局面和免除各种不堪忍受的苛捐杂税的重要一步，是迈向德国统一的重要步骤。但是，以普鲁士为首的德意志各邦拒绝承认帝国宪法并磨刀霍霍准备镇压民主力量。为了维护帝国宪法，1849 年 5 月 3 日，萨克森工人开始武装起义，国王和内阁被赶出了德累斯顿。同一天，普法尔茨选出了革命的地方保卫委员会，成立临时政府。5 月初，莱茵普鲁士的国民自卫军和后备军发表声明，表明他们不再为普鲁士反动派的利益"去镇压人民"。在巴登，一个州委员会接管了行政权力机关。这就是"德国维护帝国宪法的运动"。

伍珀河谷同样爆发了起义，发生了激烈的街垒战。1849 年 5 月 6 日，埃尔伯费尔德（简称"埃城"）的民主主义者、工艺学校教员海尔曼·克尔纳来到《新莱茵报》编辑部向翘首以待的恩格斯讲述了起义经过。5 月 9 日，埃城起义者筑起了街垒，攻占了监狱，驱散了市政府，捣毁了市长的住宅。由起义者组成的安全委员会领导着这个城市。

由于这次起义发生在自己的家乡，恩格斯坚定地站在了起义者一边。5 月 10 日左右，他制订确保莱茵省起义取得胜利的行动计划，并奔赴佐林根，又从佐林根同革命工人队伍一起前往埃城。5 月 11 日，他到达埃城。当他到达的时候，这里有 2 500 名到 3 000 名战士。其中，武装的增援部队起初在 1 000 人以上。但是，由于后备军和市民自卫团都拒不参加这次集结，因此，到 5 月 12 日和 13 日的时候，就已减少了一半。最后，当宣布总集结令的时候才发现，能够指靠的全部武装力量，充其量也不过 700 人到 800 人而已。5 月 11 日，安全委员会委派恩格斯领导构筑防御工事和安装大炮的工作，并检查城内全部街垒。5 月 12 日，有人看到一个戴眼镜、留着小胡子、穿着方格子上衣的年轻人在面对巴门的街垒上，指挥人们将街垒改成棱形，以便抵御普鲁士军队进攻时从正面射击而来的子弹。据一个武装志愿人员说，这位年轻人就是《新莱茵报》的编辑恩格斯。为了能够给武装的革命工人发军饷，恩格斯要求安全委员会向资产阶级强行征税。

据说，就是在这次战斗中发生了这样一段"插曲"。受人尊敬的工厂主"老恩格斯"与有名的共产主义者即自己的儿子"小恩格斯"不期而遇。一位准备前往教堂做礼拜，一位站在街垒当中摩拳擦掌，"蠢蠢欲动"。作为一个在全城享有极高声誉的模范市民，老恩格斯目睹自己儿子如此"大逆不道"的行为，恼怒万分，暴跳如雷，拂袖而去。在他看来，自己的"不孝之子"已经无可救药了，发誓不再给其一分一文。1849 年 6 月那个星期日的早上，父子二人最终"决裂"和"断裂"。后来，由于小恩格斯的母亲和其他亲人出面说情，老恩格斯才恢复了同自己儿子的联系，但是，恩格斯也只是为了马克思和自己的共同事业才与自己的父亲保持着"冷淡的商业关系"而已。

5 月 14—15 日，由于害怕恩格斯会宣布成立红色共和国，埃城的资产阶级力图逮捕他。在资产阶级的压力下，安全委员会建议恩格斯离开该城。这一行为激起了工人的愤慨。工人们要求恩格斯留下来，并保证"要用自己的生命来保卫他"。5 月 15 日，恩格斯已经不再担任志愿军的任何职务，在对形势进行了冷静的估计之后，为了避免引起起义者内部的分裂，恩格斯在这一天离开家乡返回科隆。5 月 17 日左右，反动当局发出逮捕恩格斯的命令，他不得不隐藏起来。接着，《新莱茵报》停刊，马克思被驱逐出普鲁士。尽管壮志未酬，但是，恩格斯深信，现在这个运动只是另一个重要千百倍的运动的序幕，在那个运动中涉及的将是他们工人切身的利益。

后来，恩格斯指出："埃尔伯费尔德的起义之所以值得比较详尽地阐述一下，是因为在这里，各个不同阶级在维护帝国宪法的运动中的立场，表现得最鲜明、最彻底。贝格-马尔克区其他城市中的运动和埃尔伯费尔德的运动一模一样，不同的地方就是，在那些城市里各个阶级参加或是不参加运动并不那样明显，因为在那些地方，各个阶级本身就不像在这个区的工业中心那样相互间区分得非常明显。"① 显然，埃尔伯费尔德起义具有典型意义。

恩格斯带兵"抢劫"军需库

根据骑兵班长施塔克向后备军地方管理处提供的证词和下级军官施泰尼格尔的证词，起初在军需库外边出现了一支先遣队，大约有六至八名射手，后来就出现了以恩格斯和扬森为首的武装匪徒三四十人。他们两人骑着马，佩带了马刀和手枪。队伍马上在军需库前面整顿好，在门外布置了岗哨。然后，恩格斯从皮套里拔出手枪，走到骑兵班长施塔克跟前问他还有没有武器，当那个人回答说武器已经被佐林根和瓦尔德来的队伍抢走时，便命令骑兵班长跟他进军需库。两个军人若要反抗三四十名武装匪徒，那是无益的，尤其因为自从佐林根人前几次袭击之后军需库的大门再也锁不上了。因此，这两个军人被迫向暴力让步，允许进入军需库。恩格斯在这里挑选了一些军械和服装，命令把它们搬到院子里，然后写了两张内容不完全相同的收据，由总指挥卡尔·扬森签了字。根据从军需库劫走的物品清单看，有军粮袋、头盔、军裤、子弹袋、手枪、马刀、鼓、皮鞋和一支长枪。扬森命令，每个匪徒可以从这些东西中挑选一套合身的服装和一件必需的武器。扬森本人并不否认，他同自己的一部分武装队伍（三十九至四十人）一起到格莱弗拉特去就是为了上述目的；他只是说，他这样干是根据 5 月 15 日早晨收到的冯·米尔巴赫的书面命令，即要他在格莱弗拉特到瓦尔德的途中征集军需品。他还说，同他一起率领队伍的恩格斯来到格莱弗拉特后，在军需库门外布置了岗哨，同骑兵班长一起走了进去。据他说，当恩格斯在军需库里忙碌的时候，他让副官沃尔迈纳照料队伍，自己去察看军需库周围的地形，回来后看到各种军需品已经摆在操场上……②

---

① 马克思，恩格斯. 马克思恩格斯全集：第 10 卷. 2 版. 北京：人民出版社，1998：28.

② 摘自 1849 年 5 月爱北斐特起义参加者案件的起诉书//马克思，恩格斯. 马克思恩格斯全集：第 44 卷. 北京：人民出版社，1982：640 - 641.

　　《新莱茵报》停刊后，1849 年 5 月 19 日到 20 日，马克思和恩格斯来到美因河畔法兰克福。恩格斯就当时的形势向法兰克福左派议员阐明了自己的军事计划。这一计划提出，应该废除封建义务以解放农民，设立一个集中管理机构使之有权发行货币，这样，可以有效地动员农民参加起义。这个计划没有得到国民议会的支持。5 月 20 日或 21 日，马克思和恩格斯到达巴登。他们力图说服运动的领导者，把国民议会置于他们的领导之下。但是，领导运动的资产阶级民主派拒绝了马克思和恩格斯的建议。5 月 23 日到 24 日左右，马克思和恩格斯前往普法尔茨。由于起义是在维护帝国宪法的口号下进行的，而领导起义的又是小资产阶级民主派的领袖，因此，马克思和恩格斯拒绝以任何形式正式参加对运动的领导。5 月底，马克思和恩格斯在去宾根的途中被逮捕，被押往达姆斯塔德①和法兰克福等地，获释后又回到宾根。6 月 2 日左右，恩格斯离开宾根返回凯则尔斯劳顿②，计划先作为一个普通政治流亡者停在那里。一旦战斗爆发，就投入战斗。6 月 3 日左右，马克思到达巴黎。6 月 12 日以前，由于进行反政府宣传的罪名，恩格斯被普法尔茨临时政府逮捕。次日，他获释。

　　6 月 13 日，为了获得军事经验的机会，恩格斯腰佩战刀参加了巴登-普法尔茨军队，即由共产主义者同盟盟员奥古斯特·维利希（1810—1878）指挥的志愿部队。这支部队大约有 700 人到 800 人，其主体是：一连大学生，一连在贝桑松同维利希生活在一起的工人，三连人数不多的来自几个地方的体操家，两连来自附近地区的志愿人员，以及一连配备着大镰刀的莱茵普鲁士人。这些人多半是参加普吕姆和埃尔伯费尔德起义之后流亡到这里来的。因此，这一部队具有明显的无产阶级的性质。

恩格斯向马克思夫人燕妮谈巴登-普法尔茨起义

　　维利希是唯一有些才干的军官，于是我就到他那里去，做了他的副官。我参加了四次战斗，其中有两次，特别是拉施塔特会战，是相当重要的；我发现，备受赞扬的冲锋陷阵的勇敢是人们能够具备的最平常的品质。子弹飞鸣简直是微不足道的事情；在整个战役中，虽然有不少胆怯行为，但我并没有看到有多少人**在战斗中**畏缩不前。而更

① 现一般译作"达姆施塔特"。
② 现一般译作"凯泽斯劳滕"。

多的却是"蛮勇举动"。总之，我幸运地摆脱了各种危险；不管怎样，《新莱茵报》方面有一个人参加了战斗毕竟是件好事，因为所有的民主派无赖当时都在巴登和普法尔茨，而目前他们正在吹嘘他们所没有干过的英雄业绩。否则，又会有人叫嚷什么《新莱茵报》的先生们胆子太小，不敢参加战斗。可是，在所有的民主派先生当中，除了我和金克尔，没有一个人参加过战斗。金克尔加入我们的军团当了火枪手，他干得很出色；他在第一次参加战斗时头部被枪弹擦伤，并被俘。①

维利希手下有十来个副官，恩格斯为其文书副官。恩格斯不仅完成了文书工作，而且参加了师部的参谋会议，有几天甚至直接指挥贝桑松工人连。恩格斯参加了四次战斗。在战斗中，他表现出了英勇无畏的气概，赢得了人们的赞誉。

恩格斯参与的第一次战斗是发生于 1849 年 6 月 17 日的林恩塔尔之战。志愿军刚刚登上荆棘丛生的山坡，普鲁士步枪手就从对面树林边用锥形枪弹向志愿军射击。当被派到左方去包抄的队伍还没有到达普鲁士人侧翼的时候，恩格斯就无法带着一队兵通过面前的一片广阔的原野。在几乎毫无掩蔽地在最猛烈的火力之下待了半个多小时后，为了搞清楚战况，恩格斯独自爬下山坡，离开自己的指挥岗位。当敌军发起攻击的时候，由于群龙无首，志愿军不得已放弃阵地。在撤退的时候，志愿军折损的人员比战斗时还多。

恩格斯参与的第二次战斗是发生于 1849 年 6 月 21 日的卡尔斯多夫之战。当志愿军的先头部队向相遇的普鲁士士兵喊话的时候，敌人的哨兵就开火了。志愿军的先头部队不是用刺刀将其刺倒，而是也开了火。此时，志愿军内部闹出了"乌龙"，自己人向自己队伍的主力开火。转眼之间，前面的一半队伍散了，有的士兵四处逃跑，有的士兵在大路上乱成一团。四面八方是粗野混乱的喊叫声、枪炮声和子弹的呼啸声。尽管普鲁士人预先得知志愿军来临的消息，但是，也只是草草放了几枪就了事，慌慌张张地撤退了。

恩格斯参与的第三次战斗是发生于 1849 年 6 月 28 日的穆尔格河之战。志

---

① 恩格斯致燕妮·马克思（1849 年 7 月 25 日）//马克思，恩格斯. 马克思恩格斯文集：第 10 卷. 北京：人民出版社，2009：59-60.

愿军和普鲁士军隔着峡谷从两面的山坡射击了一阵，白白耗费了大量弹药。普鲁士军沉着应战。当常备军在从距离 600 到 800 步远的地方盲目地发射子弹的时候，志愿军则按照维利希的命令十分坦然地把枪支放在一起，在虚构的火网之下休息。志愿军的步枪手走下林木丛生的斜坡，在常备营的一部分战士的配合下，把对面山坡上的普鲁士人赶跑了。落到志愿军手中的有几个被打死打伤的普鲁士人，还有两名俘虏。

恩格斯参与的第四次战斗是发生于 1849 年 6 月 29 日的穆尔格河之战。这一天，普鲁士军发起了全线进攻，志愿军连午饭都来不及吃就开始应战。维利希和恩格斯率领一连步枪手和敌人遭遇。步枪手成散兵线散开。志愿军的步枪手在果木树和葡萄架的掩护下同敌人对峙了一段时间，敌军火力非常强大，志愿军的战士亦猛烈还击。但是后来有一支强大的敌军纵队沿大路向前冲来增援他们的步枪手，这时志愿军左翼的步枪手后退了。激战进行了约一个小时。在普鲁士军得到增援后，志愿军的散兵线后退了。这次战斗，志愿军的伤亡很重。

在普鲁士军队的攻势下，7 月 12 日，恩格斯与志愿军的残余部队流亡到瑞士，巴登-普法尔茨起义失败。维护帝国宪法的运动之所以失败，就在于其本身的不彻底性和内部缺陷。但是，对于恩格斯、马克思以及整个无产阶级革命事业来说，虽败犹荣。"无产阶级的党在巴登-普法尔茨军队里的力量相当强大，特别是在志愿军团里，例如在我们这一队，在流亡者军团等等。这个党敢于对一切其他党派这样说：谁也无法对无产阶级的党的任何成员提出丝毫的责难。最坚定的共产主义者也是最勇敢的士兵。"① "最坚定的共产主义者也是最勇敢的士兵"，不仅是恩格斯这个时期的人生而且是其整个人生的生动写照。

5. "美妙的青年时代"的记忆和总结

起义失败后，恩格斯并没有灰心丧气，而是从科学社会主义理论的高度科学地反思和总结这次革命的经验，先后写作了《德国维护帝国宪法的运动》《德国农民战争》《德国的革命和反革命》等文献，丰富和发展了马克思主义关于革命的理论。

---

① 马克思，恩格斯 . 马克思恩格斯全集：第 10 卷 . 2 版 . 北京：人民出版社，1998：94.

　　1849 年 7 月 24 日，恩格斯随失败后的志愿军到达瑞士的沃韦。7 月 25 日，他给远在巴黎的马克思夫人燕妮去信，表达了对马克思是否仍然自由的深度关切，并讲述了自己参加巴登-普法尔茨起义的动人心魄的经历。7 月底，马克思接到恩格斯的来信后十分惊喜。他在给恩格斯的回信当中提出了如下建议："你现在有极好的机会就巴登-普法尔茨革命写一部历史或一篇抨击性文章。如果你没有参加这次战争，我们是不能就这种滑稽戏提出我们的看法的。你在这样做的时候可以很好地表达《新莱茵报》对整个民主派的态度。我确信这种著作会受到欢迎，并且会给你带来一些钱。"① 确实，对于流亡当中的恩格斯来说，金钱能够帮助他摆脱困顿处境。接着，马克思又连续给恩格斯写了两封信，向他通报了情况。8 月底，恩格斯在洛桑找到栖居之处后，根据自己的日记，甚至可能是根据维利希志愿军的战事日记，开始写作《德国维护帝国宪法的运动》。恩格斯决定将之写成一本抨击小资产阶级民主主义者的小册子，最初计划以单行本的形式出版。到 1850 年 2 月，全书付梓。

　　该书由"莱茵普鲁士""卡尔斯卢厄""普法尔茨""为共和国捐躯！"四个部分构成。恩格斯科学地分析了德国维护帝国宪法运动的起因、过程和后果，绘声绘色地描述了巴登-普法尔茨起义的战斗图景，分析了各个阶级对待革命的立场，初步探索了革命战争的规律。

　　恩格斯对德国维护帝国宪法运动这一历史事件进行了一分为二的分析。从其失败的原因来看，是由运动本身的不彻底性和内部的缺陷造成的。认真对待运动的人并不认真对待帝国宪法，认真对待帝国宪法的人却不认真对待运动。这种两张皮的情况，必然导致运动失败。从其成果来看，主要有以下两个方面：一是使局势简单化了。"在这次运动失败以后，取得胜利的只可能要么是以立宪主义稍加粉饰的封建官僚君主制，要么是真正的革命。而革命在德国只有当无产阶级的全面统治建立起来的时候才能结束。"② 二是大大地促进了那些阶级对立表现得还不很尖锐的德意志邦的对立的发展，即发生了明显的阶级分化。

　　恩格斯通过运用阶级分析法分析德国各个阶级的情况来证明自己的上述结论。一是从农民来看，其利益和小资产阶级的利益有些一致，有些相似，加上他们分散在全国各地，没有受教育的机会，因此，他们同样处于小资产阶级的

---

① 马克思，恩格斯 . 马克思恩格斯全集：第 48 卷 . 2 版 . 北京：人民出版社，2007：86.
② 马克思，恩格斯 . 马克思恩格斯全集：第 10 卷 . 2 版 . 北京：人民出版社，1998：107.

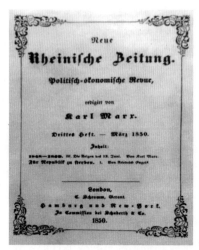

《新莱茵报。政治经济评论》第 3 期，载有恩格斯
《德国维护帝国宪法的运动》一文的第四部分 "为共和国捐躯！"

政治庇护之下。二是从小资产阶级来看，虽然他们掌握着运动的领导权但害怕危害自己的权力，从而处处表现出优柔寡断、动摇、妥协，把运动限制在其所规定的范围内，阻止运动的进一步发展。三是从资产阶级来看，与英法资产阶级相比，德国资产阶级怯懦无比，哪怕有一点点再发生混乱即进行真正决战的迹象，便会张皇失措地退出斗争的舞台，溜之大吉。四是从无产阶级来看，其具有自己独特的阶级气质，能够承担起将革命进行到底的历史重任。恩格斯在分析小资产阶级的时候指出："我们的'民主派'太无知了，资产阶级气味太浓了，他们无法理解无产阶级的革命立场，无法理解工人阶级的未来。因此，对于真正的无产阶级气质他们也是仇视的，因为无产阶级自尊心非常强，决不会对他们阿谀逢迎；因为无产阶级眼光非常远大，决不会被他们所利用，然而每次发生推翻现政权运动的时候，这些人总是手握武器站在最前方，在任何革命运动中，这些人都直接体现着无产阶级的党。既然所谓的民主派没有兴趣对这样的工人给予肯定，那么，无产阶级的党就有责任给这些工人以应有的荣誉。"① 因此，只有在无产阶级的领导下，今后的民主革命才有可能取得胜利。

《德国维护帝国宪法的运动》是总结德国革命的重要的史学著作，同时具有重要的军事学的意义和价值，是恩格斯开创马克思主义历史科学和马克思主

---

① 马克思，恩格斯．马克思恩格斯全集：第 10 卷．2 版．北京：人民出版社，1998：93．

义军事科学的重要作品。

　　在日内瓦期间，恩格斯与威廉·李卜克内西（1826—1900）结识。1849年 8 月 23 日，马克思致信恩格斯，说自己已被法国政府驱逐，计划前往英国伦敦，希望恩格斯到伦敦与他会合。由于法国政府没有给予其过境的权利，10月 6 日，恩格斯只好取道意大利热那亚乘船前往英国。经过五个星期的海上颠簸，11 月 10 日左右，他到达伦敦。

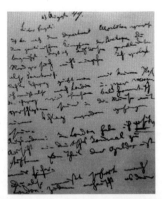

马克思 1849 年 8 月 23 日致恩格斯的信

　　1850 年秋天，恩格斯在伦敦写作完成了《德国农民战争》一书。书中写道，1524 年，德国局部地区爆发农民战争；后来，扩展到德语南部地区的大部分地区。"在这期间，农民们严格地遵守了停战协定。为了准备鸠迪加礼拜日的谈判，他们拟定了自己的要求，即著名的**十二条款**。他们要求由全体教徒选举和罢免神职人员，废除小什一税，把大什一税中除支付教士薪俸之外的全部余款均用于公共事业，废除农奴制、渔猎权和死亡税，限制苛重的徭役、赋税和土地税，归还从教会和个人那里夺去的林地、牧场和特权，消除司法和行政部门的专横跋扈。由此可见，在各农军中温和妥协派还占很大优势。"[①] 即使如此，1525 年和 1526 年，起义仍相继在各地遭到镇压。这即为"德国农民战争"。1870 年，《德国农民战争》又以单行本的形式出版。为此，作者还写作了"1870 年第二版序言"。由于深受德国工人读者的欢迎，该书 1875 年得以再版。为此，作者又写作了"1870 年第二版序言的补充"。

　　关于该文的写作原因，恩格斯在"1870 年第二版序言"中指出："我的论

---

　　① 马克思，恩格斯．马克思恩格斯文集：第 2 卷．北京：人民出版社，2009：281.

述打算通过对这场斗争的历史进程的简要叙述，来说明农民战争的起源，参加这一战争的各种党派的立场，这些党派企图借以弄清自己立场的那些政治的和宗教的理论，以及从当时这些阶级的历史地存在的社会生活条件中必然产生的斗争结局本身；这就是说，我是打算指明：当时德国的政治制度，反对这一制度的起义，以及当时那个时代的政治的和宗教的理论，并不是当时德国农业、工业、水陆交通、商品交易和货币交易所达到的发展程度的原因，而是这种发展程度的结果。这个唯一唯物主义的历史观不是由我，而是由马克思发现的。"① 即，《德国农民战争》的写作目的是运用唯物主义历史观来说明社会历史事件尤其是德国农民战争的起因和后果。

恩格斯《德国农民战争》德语原文

在写作的过程中，恩格斯主要参考了德国民主主义者历史学家威·戚美尔曼（W. Zimmermann）的《伟大德国农民战争通史》（*Allgemeine Geschichte des grossen Bauernkrieges*，1841—1843）一书。德国农民战争是地道的"德国本国史"，但是，1848 年前后，由于德国大多数专业历史学家在政治上坚持保守态度，因此，他们在"德国农民战争"问题上持有"历史虚无主义"的立场，试图解构其在德国历史上的重要性。同样，英美史学界将之置于边缘化的位置。在这种背景下，恩格斯的《德国农民战争》具有重要的史学价值，突出了农民起义的研究，甚至可以说开创了马克思主义历史科学的范式和传统。

《德国农民战争》由七个部分构成。第一部分主要回顾 16 世纪初期德国的状况。第二部分主要分析中世纪德国农民战争的实质以及路德和闵采尔在农

---

① 马克思，恩格斯. 马克思恩格斯文集：第 2 卷. 北京：人民出版社，2009：204.

民战争中的作用。第三、四、五、六部分，集中论述德国 16 世纪农民战争的历史过程，歌颂广大农民及其领袖的英雄气概。第七部分分析了德国农民战争的后果，对德国 16 世纪农民战争（1524—1526 年农民战争）和 1848—1849 年德国革命进行了比较。《德国农民战争》包含着丰富的内容。

第一，主要分析了德国 16 世纪农民战争和 1848—1849 年德国革命发生与失败的原因，比较了两次革命战争的同异。1524—1526 年的农民战争是一次德国的地方性事件。1848—1849 年的革命并不是德国的地方性事件，而是伟大的欧洲事件的一个部分。因此，这次革命不会像 1524—1526 年农民战争那样结束。

第二，立足于唯物主义历史观提出，15 世纪到 16 世纪德国总的经济状况和政治状况所构成的历史条件，促使德国 1524—1526 年农民战争的发生，同时也注定其必然失败。恩格斯指出："16 世纪的所谓宗教战争首先也是为着十分实际的物质的阶级利益而进行的。这些战争同后来英国和法国的国内冲突完全一样，都是阶级斗争。如果说这些阶级斗争当时是在宗教的标志下进行的，如果说各阶级的利益、需要和要求都还隐蔽在宗教外衣之下，那么，这并没有改变事情的实质，而且也不难用时代条件来加以解释。"[①] 同时，德国分裂割据状态的加剧和巩固是农民战争的主要结果，也是其失败的原因。这样，就将对农民战争的分析建立在了经济分析的基础上。

第三，运用阶级分析的方法，考察了当时各阶级的经济状况和政治态度，重点分析建立革命联盟的重要性和可能性。恩格斯指出："与农民对峙的是诸侯、贵族和城市的有组织的力量，他们相互结盟，严阵以待，这种情况一日不变，农民就不可能独立进行革命。农民只有同其他等级结成联盟才有胜利的机会；但是，既然所有其他等级一齐剥削农民，农民如何去同他们联合呢？"[②] 在此基础上，恩格斯批判了德国资产阶级的前身——市民等级叛变革命的可耻行为。

第四，热情讴歌了德国农民战争的英雄壮举。由于其是初期无产阶级的代表人物，已经预感到共产主义必将实现，因此，闵采尔显示出英勇的气概。恩格斯指出："闵采尔在诸侯面前遭到严刑拷问，然后被斩首。他毕生英勇果敢，

---

①　马克思，恩格斯 . 马克思恩格斯文集：第 2 卷 . 北京：人民出版社，2009：235.

②　同①232.

在走向刑场时，依然充满大无畏的精神。他被害时至多不过 28 岁。"① 在此基础上，恩格斯希望德国人民从 1848—1849 年革命失败的情绪中走出来，重整旗鼓。

在该书最后，恩格斯强调，1848—1849 年革命即使没有证明德国的进步，也证明了欧洲的进步。这次革命归根结底正是工人阶级自己的运动，因此，工人阶级必须将革命进行到底。该书写作完成差不多 34 年之后，1884 年 12 月 31 日，恩格斯说道："我的《农民战争》正在完全重新修改。农民战争将作为全部德国历史的轴心拿出来。这也要做不少工作。但是准备工作差不多已经完成。"② 遗憾的是，这个打算没有实现，只保留下来若干片段和提纲。无论如何，恩格斯始终坚持以历史主义的态度对待自己的这一作品。

1851 年 7 月底，进步的资产阶级报纸《纽约每日论坛报》的编辑德纳向马克思约稿。当时，由于其忙于政治经济学研究工作，因此，马克思委托和请求恩格斯为自己代笔，撰写一些关于德国革命的文章。以《新莱茵报》合订本作为主要资料依据，参考马克思提供的其他一些补充材料，恩格斯写作了一系列文章。在写作中，恩格斯经常与马克思交换意见。在寄给编辑部之前，马克思都看过这些文章。从 1851 年 10 月 25 日到 1852 年 10 月 23 日，这组文章在《纽约每日论坛报》上陆续发表，署名为马克思。世人一直以为这些文章出自马克思之手。直到 1913 年，马克思和恩格斯的来往书信公开之后，大家才知道这些文献的真实作者是恩格斯。这表明，为了无产阶级革命事业和马克思的科学研究，恩格斯乐于做出自我牺牲。当初，这一组文章在发表时没有标题。1896 年，马克思的三女儿爱琳娜·马克思-艾威林（1855—1898）编辑出版了这组文章的第一个英文单行本，并给每篇文章加了标题，书名是《革命和反革命或 1848 年的德国》。同年还出版了卡·考茨基翻译的德文本，书名是《德国的革命和反革命》。

这组文章分为 19 个部分，第一部分介绍了革命前夕的德国状况，分析了德国社会的阶级结构，指出德国革命的发生和失败有着深刻的原因。第二、三、四部分，介绍了普鲁士邦、德国其他各邦和奥地利的政治、经济等方面的状况，指出由于社会各种矛盾激化，德国革命不可避免。第五、六、十一、十七、十九部分，介绍了德国人民的英勇斗争，揭露了资产阶级在革命中的局限

---

① 马克思，恩格斯. 马克思恩格斯文集：第 2 卷. 北京：人民出版社，2009：307.

② 马克思，恩格斯. 马克思恩格斯全集：第 36 卷. 北京：人民出版社，1975：264.

1851 年 10 月 25 日《纽约每日论坛报》发表的马克思署名文章

和弊端。第八、九、十二部分，批判了普鲁士和奥地利的民族压迫政策，分析了泛斯拉夫主义和匈牙利革命对德国革命的影响，阐述了马克思主义关于民族运动与人民革命的关系思想。第七、十、十三、十四、十五、十六、十八部分，集中揭露了资产阶级的软弱性与妥协性。

从内容来看，《德国的革命和反革命》是总结 1848—1849 年德国革命经验的科学文献。在一般意义上，恩格斯强调："这些原因不应该从一些领袖的偶然的动机、优点、缺点、错误或变节中寻找，而应该从每个经历了动荡的国家的总的社会状况和生活条件中寻找。"① 即，唯物史观是分析和研究社会问题、社会事件、社会运动的科学世界观和方法论。

第一，革命发生和失败的客观原因。恩格斯坚决反对从少数人的恶意的角度进行分析和研究的唯心史观，强调革命背后的必然的社会要求。具体来说，"1848 年 2 月和 3 月突然爆发的运动，不是个别人活动的结果，而是民族的要求和需要的自发的不可遏止的表现，每个国家的各个阶级对这种要求和需要的认识程度虽然各不相同，但都已清楚地感觉到。这已经是一件公认的事实"②。1848—1849 年德国革命最深刻的原因，在于德国发展资本主义经济的客观要求。由于德国资本主义经济发展还不充分，不仅造成了德国资产阶级的软弱性和妥协性，而且造成了德国无产阶级力量的相对弱小和政治上的不成

---

① 马克思，恩格斯 . 马克思恩格斯文集：第 2 卷 . 北京：人民出版社，2009：352.
② 同①.

熟，这是革命失败的深刻原因。如此看来，如果革命者被打败了，那么，除了从头干起之外再无别的办法。

第二，无产阶级是革命的主体和动力。按照阶级分析方法，恩格斯深入细致地分析了德国社会各阶级的性质和状况，阐明了德国革命的主体和动力问题。德国农民阶级不能独立地从事革命运动，不能成为革命的领导阶级，只能是革命的同盟军，要靠工人阶级来领导。德国小资产阶级究竟能走多远，完全可以作为衡量德国小资产阶级有多大能耐的尺度。除了使托付给它的运动遭到失败之外，它什么能耐也没有。德国资产阶级具有软弱、动摇、妥协的特质和局限，常常阻碍革命的深入发展，甚至在关键时刻背叛革命，与封建旧势力勾肩搭背，狼狈为奸，不能成为革命的领导阶级。相比之下，真正具有现代思想的德国工人阶级是革命的主体和动力。当然，"在资产阶级的各个部分，尤其是其中最进步的部分即大工业家还没有获得政权并按照他们的需要改造国家以前，工人阶级运动本身就永远不会是独立的，永远不会具有纯粹无产阶级的性质"①。因此，只有无产阶级和资产阶级矛盾充分发展，无产阶级才能发挥自己的革命主体和革命动力的作用。从总体来看，工人阶级代表整个民族的真正的和被正确理解的利益，因为他们尽量加速革命的进程，而这个革命对于文明欧洲的任何一个旧社会都已成为历史的必然。这些观点深化了《德国维护帝国宪法的运动》的有关看法。

第三，工人阶级革命的历史推动作用。在1848—1849年德国革命的一切场合，城市工人阶级都是起义者真正的战斗主力，即首先拿起武器与军队作战的主力。这在于，德国工人阶级已经经过社会主义思潮的洗礼，更为重要的是，已经积累了一定的实际斗争的经验。西里西亚纺织工人起义和布拉格印花工厂工人起义，"这些不是反对政府而是反对企业主的工人起义，产生了深刻的影响，对在工人中间的社会主义和共产主义宣传给予了新的推动"，"大城市的工人阶级把社会主义和共产主义的学说当做自己解放的手段"②。这样，就实现了革命的理论和革命的实践的初步结合。在此基础上，无产阶级革命的目标不是要改变私有制，而是要消灭私有制。这样，就明确了无产阶级革命的策略。

① 马克思，恩格斯. 马克思恩格斯文集：第2卷. 北京：人民出版社，2009：356-357.
② 同①368.

第四，民族解放运动是人民革命运动的同盟军。在 1848—1849 年革命时期，欧洲的民族解放运动也风起云涌。在欧洲，奥地利、普鲁士采用民族压迫政策，德国资产阶级背叛波兰、意大利的民族解放运动。而泛斯拉夫主义，"站在专制主义和反动势力一边"，"是人民事业的叛徒，是奥地利政府的各种阴谋的拥护者和主要支持者，在所有革命的民族的心目中，他们是罪人"①。因此，无产阶级运动必须团结和引导民族解放运动。"我们甚至现在也还认为，在欧洲大陆将来的任何动荡中，匈牙利仍然是德国的必需的和天然的同盟者。"② 即，民族解放运动是各国人民斗争的重要同盟军。当然，必须以是否有利于革命利益来衡量民族解放运动，而不能片面追求民族利益。③

第五，群众起义和武装斗争是革命胜利的基本形式。从 1848—1849 年德国革命可以看出，"正是旧的复杂的社会机体中阶级对抗的这种迅速而剧烈的发展，使革命成为社会进步和政治进步的强大推动力"④。没有革命，便没有社会进步和政治进步。但是，革命不是一次盲目的行动，而是一种艺术。例如，"起义也正如战争或其他各种艺术一样，是一种艺术，它要遵守一定的规则，这些规则如果被忽视，那么忽视它们的政党就会遭到灭亡。这些规则是从各政党的性质和在这种情况下所要对待的环境的性质中产生的逻辑推论，它们是如此浅显明白"⑤。这种艺术其实就是一种科学。其一，起义是一种用若干极不确定的数进行的演算，而且每天都可能发生变化，因此，不能打无准备之仗，必须要有充分的准备，尤其是不能玩弄起义。其二，防御是任何武装起义的死路，将使起义在和敌人较量以前就遭到毁灭，因此，在起义筹划和开始的时候，就必须以最大的决心行动起来并采取进攻。"勇敢"是起义的唯一法宝和美德。这些论述具有重要的军事科学的价值。

通过对 1848—1849 年德国革命的历史唯物主义的分析，《德国的革命和反革命》集中阐述了马克思和恩格斯对 1848—1849 年德国革命的最重要的观点，丰富和发展了无产阶级革命的理论。

总之，与马克思的《资产阶级和反革命》《1848 年至 1850 年的法兰西阶

---

① 马克思，恩格斯 . 马克思恩格斯文集：第 2 卷 . 北京：人民出版社，2009：430.
② 同①420.
③ 由于这时尚未展开人类学和民族学研究，因此，恩格斯关于消灭落后民族的观点有欠妥当。
④ 同①383.
⑤ 同①446.

级斗争》等文献一道，恩格斯的《德国维护帝国宪法的运动》《德国农民战争》《德国的革命和反革命》等科学文献，实事求是地总结了 1848—1849 年欧洲革命的经验，并通过这次革命检验、丰富和发展了《共产党宣言》正式确立的马克思主义的立场、观点和方法。1885 年 12 月 5 日，恩格斯仍然将这些作品看作"1848—1849 年美妙的青年时代所写的一些东西"。后来，正是根据这些文献和理论，列宁创立了马克思主义关于武装起义的学说。

6. 共产主义者同盟的重建和改组

一到达伦敦，恩格斯就立即投入到共产主义者同盟中央委员会的工作当中。

1848—1849 年欧洲革命失败后，迫切需要改组共产主义者同盟。在马克思到达伦敦后，共产主义者同盟中央委员会大部分成员陆续聚集到了这里。马克思重组了中央委员会并恢复了积极的活动。恩格斯的到来，更是如虎添翼。为了把原本分散的革命力量重新组织起来，为未来的革命培养和训练骨干力量，马克思和恩格斯加紧改组同盟的工作。1850 年 3 月，他们共同起草了《共产主义者同盟中央委员会告同盟书。1850 年 3 月》。这篇文献认为，虽然革命失败了，但是，新的革命高潮即将来临。"民主派小资产者只不过希望实现了上述要求便赶快结束革命，而我们的利益和我们的任务却是要不断革命，直到把一切大大小小的有产阶级的统治全都消灭，直到无产阶级夺得国家政权，直到无产者的联合不仅在一个国家内，而且在世界一切举足轻重的国家内都发展到使这些国家的无产者之间的竞争停止，至少是发展到使那些有决定意义的生产力集中到了无产者手中。"[①] 这样，就提出了"不断革命"的思想。当然，"不断革命"就是要将革命进行到底，不可能是别的意思。这一文献以及其他文献，为改组同盟奠定了思想理论基础。

在积极改组同盟的同时，马克思和恩格斯力求团结一切可以团结的革命力量，积极与在伦敦的其他各国的革命流亡者和英国宪章派左翼领袖建立联系。1850 年 4 月中旬，马克思、恩格斯和维利希代表共产主义者同盟中央委员会与英国宪章派左翼领袖哈尼、法国布朗基派的领导人亚当等，共同签署了成立

① 马克思，恩格斯.马克思恩格斯文集：第 2 卷.北京：人民出版社，2009：192.

世界革命共产主义者协会的协议。

1850 年 6 月，马克思和恩格斯在由他们起草的《共产主义者同盟中央委员会告同盟书。1850 年 6 月》中宣布，同盟已经重新组织了起来，并得到了巩固。

在此期间，恩格斯在伦敦广泛深入到工人当中，调查了解工人运动的情况，收集各种资料和信息，以便全面细致地分析英国和整个欧洲的政治走势，未雨绸缪。他积极参加由德意志工人教育协会、社会民主主义德国政治流亡者救济委员会组织的活动，经常出席民主派兄弟协会主办的集会。他在集会上发表演说，引导工人群众科学认识和把握形势，学习巴黎工人阶级六月革命的精神，始终坚持正确的革命方向。例如，1850 年 9 月 10 日，他出席了民主派兄弟协会为支持痛打了屠杀匈牙利人民的刽子手奥地利元帅海瑙的巴克莱彼尔金斯公司造酒厂的工人而召开的大会。在演说中，恩格斯感谢英国工人以自己应有的姿态教训了奥地利元帅海瑙，进一步表达了对民族解放运动的关切，引导工人正确对待民族解放运动。

为了"延续"《新莱茵报》的事业，1850 年，马克思和恩格斯在伦敦创办《新莱茵报。政治经济评论》。该杂志在英国伦敦编辑，在德国汉堡和美国纽约印刷。从 1850 年 1 月到 10 月，该杂志共出版六期，其中第 5 期和第 6 期为合刊。马克思和恩格斯在该刊上发表了一系列总结 1848—1849 年欧洲革命经验、阐述无产阶级革命主张的著作。恩格斯撰写的《德国维护帝国宪法的运动》的前两章发表在创刊号上，其他章节陆续刊载在第 2 期和第 3 期上。恩格斯写作的《德国农民战争》，载于第 5 期和第 6 期的合刊号上。此外，在伦敦期间，恩格斯还为宪章派刊物积极撰稿。

然而，1850 年夏，共产主义者同盟内部形成了以维利希和沙佩尔为首的宗派集团。他们不顾革命处于低潮的实际情况，提出要在德国立即发动革命，夺取政权。对此，马克思和恩格斯立足于唯物史观关于社会基本矛盾的学说，科学论证了革命何以发生以及如何防止盲动的问题。"只有在**现代生产力和资产阶级生产方式这两个要素互相矛盾**的时候，这种革命才有可能。"[1] "**新的革命，只有在新的危机之后才可能发生。但它正如新的危机一样肯定会来临。**"[2]

---

[1]　马克思，恩格斯 . 马克思恩格斯全集：第 10 卷 . 2 版 . 北京：人民出版社，1998：229.

[2]　同[1].

马克思和恩格斯坚决反对冒险主义行动，认为这是一种脱离实际的宗派策略。1850 年 9 月 15 日，共产主义者同盟中央委员会召开非常会议。马克思担任会议主席并做长篇发言，恩格斯担任会议秘书。马克思指出，维利希和沙佩尔等人用"革命的"词句代替了对客观现实的唯物主义的分析。但是，这些人仍然固执己见，竟然污蔑马克思和恩格斯是"靠笔杆活动的人"，而将自己看成是实干家。这样，会上就发生了分裂。委员会的多数成员支持马克思和恩格斯的路线，形成多数派。最后，会议不顾维利希和沙佩尔等少数派的反对，决定把中央委员会迁往科隆，并委托科隆区部组织新的中央委员会。最后，马克思提议，在伦敦组织两个同盟区部，将多数派和少数派分别组织起来，这样可以避免同盟的公开分裂，但是，这两个区部都必须接受中央委员会的领导。

但是，第二天，少数派竟然将马克思、恩格斯及其拥护者从同盟中开除出去。因此，在与有关方面协商之后，马克思和恩格斯相继主动退出了伦敦德意志工人教育协会。接着，伦敦社会民主主义者协会、世界革命共产主义者协会相继解散。在将中央委员会迁往科隆的过程中，经过严肃认真的讨论，同盟通过了将维利希和沙佩尔等人开除出去的决议。至此，共产主义者同盟发生分裂。

在这样的背景下，马克思退回到了书房当中，一心一意撰写《资本论》。但是，马克思全家陷入了可怕的贫困当中。为了解决这一问题，帮助马克思顺利完成《资本论》，恩格斯不得不向作为工厂主的"老头子"低头妥协，决定回到父亲与他人合伙的位于曼彻斯特的公司当中去经商。1848—1849 年欧洲革命就此落幕。马克思和恩格斯期待着新的革命的爆发和成功。

第6章

无私的奉献

——曼彻斯特二十年

我希望，并且坚信，再过一年我会成为一个不愁吃穿的人，能够根本改善我的经济状况，并且终于又能站稳脚跟。没有你，我永远不能完成这部著作。坦白地向你说，我的良心经常像被梦魇压着一样感到沉重，因为你主要是为了我才把你的卓越才能浪费在经商上面，使之荒废，而且还要分担我的一切琐碎的苦恼。①

在艰难困苦中创作的《资本论》，是马克思一生中最为伟大的著作。1867年5月7日，在德国汉诺威准备付印《资本论》第一卷的马克思，给远在英国曼彻斯特的恩格斯去信，表达了对恩格斯为《资本论》的创作完成所做牺牲的歉意和所做贡献的谢意。他还乐观地表示，只要此书出版后获得几百英镑的稿酬，那么，自己就可以衣食无忧了。但是，资本主义现实再次"嘲弄"了马克思，其所得的稿酬还不够支付他创作《资本论》期间所抽的雪茄的费用。因此，《资本论》第一卷出版后，马克思全家的生活依然需要依赖恩格斯的帮助。这样，从1850年11月中旬到1870年秋天，为了全力支持马克思完成《资本论》，恩格斯在曼彻斯特度过了漫长的二十年。这二十年，恩格斯过着资本家和革命家的"双重的生活"。

---

① 马克思致恩格斯（1867年5月7日）//马克思，恩格斯. 马克思恩格斯文集：第10卷. 北京：人民出版社，2009：256.

1. "英国资产阶级的苦"——曼彻斯特的生意经

1848—1849 年欧洲革命失败之后，老恩格斯及其家人给恩格斯开出了三种选择。一是到印度的加尔各答去经商。这一提议不仅遭到了恩格斯的强烈反对，而且遭到了老恩格斯合伙人的明确拒绝。因此，这一选择不得不流产。二是到美国的纽约去为公司采购棉花。这个方案得到了恩格斯的同意，甚至马克思都计划与恩格斯一道去美国。但是，由于当时经济处于繁荣时期，棉花的价格非常便宜，没有必要专门设置一名采购员，因此，这一选择不得不被放弃。三是让恩格斯作为家族的代表去曼彻斯特（简称"曼城"）经商。这是老恩格斯和小恩格斯最能够达成共识的选择，并得到了马克思的支持。最后，恩格斯欣然前往曼城。

1850 年 11 月中旬，恩格斯迁居曼城，重新在"欧门—恩格斯公司"工作。革命失败之后，恩格斯原计划与马克思一道在伦敦从事共产主义理论研究和实践活动，但是，他们自身遇到了"物质难题"。由于试图实现稳定就业的尝试失败，没有固定的经济来源，从父亲那里继承来的遗产全部用于运营《新莱茵报》而一无所获，重新回归政治经济学研究的马克思及其家人陷入了缺衣少食的窘迫状态当中，一筹莫展。恩格斯自身也断了生计。万般无奈之下，恩格斯不得不向现实低头，决定到曼城经商去。这样，他可以利用自己的经商所得去帮助马克思，解除其后顾之忧，使马克思能够继续从事政治经济学研究。尽管这是无奈之举，但是，好在可以与为了革命而分离四年之久的心爱的玛丽团聚和相守了。在残酷的现实中，思念尤甚，温情犹存，爱情犹在。

对于重返曼城的恩格斯的计划和意图，老恩格斯和家人心知肚明。1850年的夏天，恩格斯的胞妹玛丽亚·布兰克在一封信中直言不讳地说，恩格斯之所以急于成为一名商人，只是为了保证他的生活有个着落，以免流落街头；但是，一旦他认为形势对他的党有利，他就会毅然决然地抛弃商业，去为他的党工作。经商不是他的志趣，更不是他的毕生志向。知兄莫若妹啊！显然，资产阶级家庭对这个资产阶级的"不肖子孙"存在着严重的不信任。

去曼城经商，好在也算是"浪子回头"吧。1851 年 1 月 22 日和 2 月 13 日，老恩格斯在给儿子的信中谈道，经商对于恩格斯未必是好事，但是，对于家族和公司来说是有利的，除了他没有人更能代表家族了。1851 年 6 月底，这对在革命中决裂的冤家父子在曼城再度相聚。恩格斯的母亲忧心忡忡，担心父子再度剑拔弩张，就安排老恩格斯到自己的合伙人那里去居住，提醒自己的儿子不要在父亲面前谈论政治，以免招惹是非。就这样，父子二人周旋了一个星期，最终达成了妥协的协议。对于父子二人的这次会面，1851 年 7 月 6 日，恩格斯在致马克思的信中写道："他似乎根本没有想到革命，这种人现在竟然这样自信！而在我这方面，从一开始我就提出了每年要 200 英镑左右的交际费用和生活费；这一点没有费多少事就得到了同意。有这么多的薪水，已经过得去了，如果在下一次决算之前一切平安无事，并且这里的营业情况不错，那么他必须掏出的钱还不止此数——今年我拿到的就要远远超过 200 英镑。同时，他向我介绍了他在这里的和另一处的整个营业情况；由于他的营业情况很好，从 1837 年以来他的财产增加了一倍以上，所以我自然也就不必再有所顾虑了。"① 同时，恩格斯给马克思汇去了 5 英镑的汇票。想当初恩格斯父子决裂的时候，马克思对囊中羞涩的恩格斯出手大方，倾其所有。恩格斯现在的选择和行为，就是"投我以桃，报之以李"吧。

　　起初，恩格斯只是其父亲在欧门—恩格斯公司的代表。该公司的主要业务是生产缝纫线、针织细线和加工棉纱，其产品销往英格兰、苏格兰、法国、意大利、瑞士、德国、荷兰、俄国、奥地利、美洲各地区和印度。该公司在英国的兰开斯特、约克郡、德比郡、莱斯特郡以及苏格兰、德国、瑞士和法国都设有营业所。1864 年，该公司的营业额为 5 万英镑。1852 年以后，恩格斯成为办事员兼襄理。作为办事员，其工作主要是成天与账目打交道。作为襄理，他要审核公司往来账目，参与公司管理。因此，二十年当中，恩格斯忙得不可开交。最初，每天工作 10 小时，后来为 6 小时。

　　随着岁月的流逝，恩格斯在公司的地位逐渐提升，最终成为资本家。1854年，他成为曼彻斯特交易所的一名成员。1854 年 9 月 2 日，马克思在致恩格斯的信中说："你现在是交易所的一员，而且是完全受尊敬的。向你祝贺。很想听听你在这狼群中的咆哮。"② 1856 年 11 月 17 日，恩格斯告诉马克思，自己接受了培养商业学徒的任务。1859 年 11 月 17 日，恩格斯告诉马克思，自己承担了对外代表公司的大部分职责，公司把最繁重的代表公司的担子越来越多

---

　　① 马克思，恩格斯. 马克思恩格斯全集：第 48 卷. 2 版. 北京：人民出版社，2007：301-302.

　　② 马克思，恩格斯. 马克思恩格斯全集：第 49 卷. 2 版. 北京：人民出版社，2016：596.

地往自己身上推。1860 年 3 月 20 日，老恩格斯因病突然去世。除了曼城的这家公司之外，老恩格斯在巴门和恩格斯基兴还有两家公司。围绕着遗产分割问题，恩格斯兄弟姊妹之间产生了严重分歧。恩格斯的弟弟和妹妹们坚决反对恩格斯继承父亲的遗产，理由就是恩格斯不务正业且自 1849 年以后一直在国外居住和生活，这两家企业应该由他们继承。他们提出的对恩格斯的补偿方案是：拨出 1 万英镑来巩固他在欧门—恩格斯公司的法律上和经济上的地位，使他能够在以后成为该公司的合伙人。但是，按照英国当时的法律，一位股东去世后，其继承人不能立即在公司得到继承权。这样，这一提议就等于侵犯和损害了恩格斯的继承权。争论的结果是，老恩格斯的二儿子海尔曼担任上述两家公司的业务经理，恩格斯的母亲担任两家公司的名誉经理，其他家人成为公司的股东，恩格斯被剥夺了上述两家公司的继承权。这些人甚至想剥夺恩格斯在英国公司的一切权利。但是，恩格斯的母亲打算让自己的长子在她的保护下获得家族在英国公司的继承权。1860 年 5 月，受家族的委托，恩格斯的另一位弟弟艾米尔到曼城与欧门—恩格斯公司的合伙人谈判。经过谈判，恩格斯最终成为这家公司的唯一合伙人。对此，1861 年 2 月 13 日，恩格斯在致自己的母亲爱利莎·恩格斯的信中说："问题解决了，事情就算结束了。你任何时候也不会再听到我对这件事的意见，自然，要是艾米尔到这里来，我一定象往常那样尽我兄弟之谊。尽管我同他在这个问题上意见有分歧，但是他毕竟是一个非常好的小伙子，他在这里的时候对我的利益是很关心的。"[1] 1861 年 2 月 27 日，他对自己的母亲讲道："我还会有成百个别的企业，但是我永远不会有另一个母亲。"[2] 显然，在这位为革命献身的革命家的内心深处存在着浓厚的亲情，不会为了金钱与家人断绝关系。不论家人如何对待自己，在恩格斯看来，母亲依然是母亲，弟弟依然是弟弟。

　　1861 年 2 月，恩格斯只负责家族在英国公司的投资。1862 年 9 月 25 日，他第一次获得英国公司的签约人的地位。根据家族与欧门签订的协议，确定恩格斯为公司的办事员兼襄理。欧门每年支付给恩格斯 100 英镑的生活费。如果恩格斯完成了本职工作，公司从当时的利润中按照每 100 英镑提取 10 英镑的比例提成，作为对恩格斯工作的额外酬金。恩格斯家族将 1 万英镑的资本留在

---

① 马克思，恩格斯. 马克思恩格斯全集：第 30 卷. 北京：人民出版社，1975：579.
② 同①581.

欧门—恩格斯公司，恩格斯需要付给家庭 5％的利息，自己每年获得这笔投资的 10％的利润。1864 年 6 月 30 日，恩格斯与欧门签订了新的契约，成了公司的股东，而且与欧门弟兄二人共同成为企业主。即，从 1864 年起，恩格斯成了资本家。到 1864 年 6 月 30 日，恩格斯投入公司的资本已从 1 万英镑增加到 1.3 万英镑。按照契约，除去公积金和利息之外，企业利润在三位企业主之间的分配比例为：16/25 属于一位欧门，4/25 属于另一位欧门，5/25 归恩格斯。起初，恩格斯的利润为投资金额的 15％，到 19 世纪 60 年代后半期达到了投资金额的 25％。

1864 年恩格斯与欧门公司签订的合同的第一页和最后一页

这一切都是无奈之下的选择。1867 年 4 月 27 日，恩格斯在致马克思的信中写道："只要我还在经商，我就什么也不能干；尤其是我当上老板之后，负的责任更大，情况也就更糟了。如果不是为了增加收入，我真想再当办事员。无论如何，再过几年我的商人生活就要结束，那时收入就会减少很多很多。我脑子里老是在转，那时候我们怎么办呢。不过，如果事情照目前这样发展下去，即使到那时不发生革命，一切财政计划也没有终止，那么事情也总是会安排妥当的。如果不是这样，那么等我脱身出来的时候，我打算开他一个大大的玩笑，写一本有趣的书：《英国资产阶级的苦与乐》。"① 随着投资比例和获得利润比例的增加，恩格斯不得不成为"做生意的牲口"，他称自己为"埃及的幽囚"。"埃及的幽囚"原本指古代埃及被施加酷刑，且被强制从事艰苦劳动的囚犯。恩格斯以此比喻自己被迫经商，浪费时间，牺牲事业，受尽折磨，受尽苦难。恩格斯不时想，什么时候能够苦尽甘来，重获自由呢？

---

① 马克思，恩格斯．马克思恩格斯文集：第 10 卷．北京：人民出版社，2009：250.

2. "合伙的事业"——对马克思全家的经济援助

按照马克思和夫人燕妮的家庭出身和个人教养，他们本可以过上衣食无忧的中产阶级生活甚至是锦衣玉食的资产阶级生活，但是，为了全世界无产阶级和劳动人民的解放，他们毅然决然地牺牲了自己的"远大前程"和"美好生活"。后来，尽管马克思和燕妮各自获得了不菲的遗产，但是，他们慷慨地捐献给了那些流亡的无产阶级战士。在流落到英国之后，他们的生活陷入了穷困当中。正是为了减轻马克思的经济负担，恩格斯才不得不做出牺牲，咬牙去了曼城。

其实，到达伦敦之后，马克思一直想谋取一份正式的职业，但是，"屡试不第"。资产阶级铁路当局甚至以马克思"字迹潦草"为名，拒绝了他的就职申请。这进一步加剧了马克思自身的"财政危机"。事情在 1851 年 7 月底出现了一丝转机。马克思接到美国进步的资产阶级报纸《纽约每日论坛报》的编辑查理·安德森·德纳请求为该报撰稿的邀请。条件是马克思每周为报社提交 2 篇通讯，报社向马克思支付 10 美元（相当于 2 英镑）稿费。这笔钱在当时可以勉强维持两口之家一周的生活。经过考虑，马克思接受了德纳的建议，以便通过给这个报纸撰稿来影响社会舆论，从工人阶级的立场阐明一些极其重要的问题，同时可以获得稿酬作为家庭日常生活的开支。马克思为《纽约每日论坛报》撰稿延续了十年以上。但是，马克思的稿费收入极其不稳定和不持续。1851 年，马克思为报纸撰文 6 篇，收到 6 英镑的稿费，即每篇文章的稿费为 1 英镑。然而，由于报纸发行困难，连这么低廉的稿酬，马克思也很难按时领到。1855 年 11 月初，马克思不得不写信给德纳，坚决要求改变自己给《纽约每日论坛报》撰稿的条件。德纳复信表示同意马克思的建议：每星期给报纸投寄 2 篇文章，每篇文章的稿酬为 10 美元（相当于 2 英镑）。1861 年 1 月 28 日，报纸单方面要求马克思中断寄稿。9 月 18 日，马克思开始重新为该报撰稿。中间停稿近 8 个月。1862 年 4 月 13 日左右，马克思收到德纳的来信，信中建议马克思停止给《纽约每日论坛报》寄稿，因为该报在最近两个月一共只发表了马克思的两篇文章。德纳还说他自己也计划退出该报的编辑部。1862 年 6 月到 7 月之间，由于停止为《纽约每日论坛报》撰稿，马克思全家生活陷入艰难窘迫当中。在为《纽约每日论坛报》撰稿期间，马克思和恩格斯在《纽约每日论坛报》上发表了大约 489 篇文章，但是，报社付给他的稿酬不过曲曲的 715 英镑而已。马克思希望每年拿到 210 英镑稿费的要求从来没有成为现实。他的生活因而常常需要恩格斯接济。

如前文所述，1851 年 11 月中旬，恩格斯迁居曼城，重新在"欧门—恩格斯公司"工作。由于刚进入公司时候的职位较低、自身的收入有限，因此，恩格斯每个月给马克思汇寄 5 英镑。从 1854 年起，恩格斯的收入开始不断增加。1860 年之后，随着自己地位的提升和收入的增加，恩格斯给马克思每个月汇寄 10 英镑。即使如此，马克思仍然入不敷出。

1852 年 4 月 14 日，马克思的小女儿弗兰契斯卡不幸死去。由于手头拮据，作为父亲的马克思不得不向一位比邻而居的法国流亡者借钱埋葬女儿。他在致恩格斯的信中只是简单地说："只给你写这两行，告诉你，小孩子今天 1 点 1 刻夭折了。"① 一个父亲掩盖着内心多么大的悲伤，才写下这些话。接到马克思的信后，恩格斯于 4 月 20 日在写给马克思的信中懊恼地说："我很想寄些钱给你，但是我在伦敦花的钱比预计的要多得多，所以直到月底我自己在这里都得省吃俭用，而下个月我为还账和在德国订购的书籍一下子就得付出 12 英镑。但是，一有可能，我就设法在 5 月初为你弄一些钱。如果我早知道伦敦的情况，我会放弃这次实际上完全是多余的伦敦之行，那样手头也会宽裕一些。"②

1854 年约 6 月 3 日到 21 日之间，马克思夫人燕妮患病，马克思没钱付给医生出诊费。在 6 月 21 日给恩格斯的信中，他抱怨说："在我的妻子病情危急的时候，尊敬的弗罗恩德医生突然**不来了**，并且给我寄来一张 26 英镑的账单，想'说明'他是作为医生同我发生'关系'的。由于我的妻子的情况危急——现在也还使人担心——，我当然不得不向亲爱的'朋友'投降，以书面形式答应他在本月底付给他 8 英镑，其余的 5—6 周付完。"③ 和往常一样，恩格斯向自己的朋友马克思伸出了援手，寄去了 5 英镑。接着，恩格斯又断断续续寄去一些钱。

1855 年 3 月中旬，马克思的儿子埃德加病危，燕妮为儿子的病担忧也病倒了。由于经常彻夜不眠，加上照料病人，马克思的身体十分衰弱。4 月 6

① 马克思，恩格斯．马克思恩格斯全集：第 49 卷．2 版．北京：人民出版社，2016：97．
② 同①100 - 101．
③ 同①578．

日，八岁的埃德加不幸病故。4 月 12 日，马克思向恩格斯倾诉道："亲爱的孩子曾使家中充满生气，是家中的灵魂，他死后，家中自然完全空虚了，冷清了。简直无法形容，我们怎能没有这个孩子。我已经遭受过各种不幸，但是只有现在我才懂得什么是真正的不幸。我感到自己完全垮了。幸而从埋葬他那天起我头痛欲裂，不能想，不能听，也不能看。"① 恩格斯像往常一样，对艰难窘迫的马克思一家给予物质上的帮助。7 月 3 日，马克思向恩格斯说，寄来的 5 英镑收到了。

1858 年 6 月到 8 月初，由于妻子燕妮和三女儿爱琳娜患病，马克思急需钱。由德国诗人弗莱里格拉特帮忙，以恩格斯的名义开期票弄到一笔钱以后，马克思立即送燕妮到兰兹格特②去疗养几个星期。

1859 年 8 月底到 10 月，由于作为德意志工人共产主义教育协会和伦敦的德意志其他工人协会机关刊物的《人民报》周报停刊，马克思花了很多时间来清理该报的事务，不得不用自己的钱来偿付一部分由于出版报纸而欠印刷所老板的债款。在这种情况下，马克思全家生活更加艰难窘迫，没有钱付房租、煤气费、水费，无法缴纳子女的学费。恩格斯像往常那样予以接济，在 9 月 23 日到 27 日之间给马克思寄去 1 张 5 英镑券。

1862 年 6 月到 7 月，为了缓解因停止为《纽约每日论坛报》撰稿造成的生活窘迫的情况，在恩格斯的帮助下，马克思偿还了一部分债务。6 月 6 日，马克思写信给恩格斯说，他寄来的两英镑已经收到。6 月 18 日，他又给恩格斯写信说："我又来向你诉苦，实在不痛快，但是有什么办法呢？妻子天天对我说，她还不如同孩子们进坟墓，的确，我也不能责怪她，因为我们由于目前处境而忍受的屈辱、痛苦和可怕的事情实在非笔墨所能形容。你知道，五十英镑全还了债，还没有还清一半。两英镑付了煤气费。维也纳的那一小笔钱要到 7 月底才能拿到，而且这笔钱少得很，因为这些狗东西现在一星期连一篇文章也不登。此外从 5 月起又得添上新的开支。至于在伦敦这种地方七个星期不名一文的极其危急的境况，就不去谈它了，因为对这些我们已经习以为常了。但是你凭亲身经验会清楚地知道，总有些日常的开支必须付现钱。因此只好把 4 月底从当铺赎出来的东西又送去典当。可是，近来这种财源已经枯竭，上星

---

① 马克思，恩格斯. 马克思恩格斯全集：第 49 卷 . 2 版 . 北京：人民出版社，2016：660.
② 现一般译作"拉姆斯盖特"。

期，我妻子徒然地打算把我的一些书籍卖掉。我对可怜的孩子们特别感到心疼，因为这一切正好发生在展览季节，他们的熟人都在尽情游玩，而他们却只怕有人来，会看到这种寒伧景象。"① 7 月 3 日左右，恩格斯向马克思寄去一张 10 英镑的支票。接着，8 月 1 日，恩格斯写信告诉马克思："附上的十英镑是我今天能寄给你的全数。情况是这样的。上月我必须支付的有：一季的养马费十五英镑，女房东二十五英镑（老希尔还把它算在 7 月份，因为我是昨天付出的），波克罕②五十英镑，你十英镑，一共一百英镑。这个月我要支付的有：鲁普斯③十英镑，波克罕的票据十五英镑，书商约十英镑（1861 年的余数）。其次，还有零星开支：裁缝、鞋匠、衬衫之类、雪茄烟——约二十五英镑，加上上面提到给你的十英镑，一共七十英镑，或者说两个月共一百七十英镑，**日常开支除外**。你可以看出我的境况如何。此外，我几乎完全有把握说，上个会计年度我已经超支了，这个年度我的收入将微乎其微。希望你能对你的债主再拖一段时间；而我对我的债主则毫无办法。因为这里的人习惯到办事处来要账，这样一来，催上两三次，在精神上就会感到有一种必须还债的压力。"④ 在自身能力许可的范围内，恩格斯所能做的也只有这么多了。

在接下来的几年当中，这种情况还时有发生。1863 年 1 月，由于停止给《新闻报》撰稿，马克思全家生活极为艰难窘迫。恩格斯给以相当大的金钱援助。1866 年 8 月到 11 月初，马克思全家生活陷入极端困境。虽然马克思几次写信给身在荷兰的富裕的亲戚求助，但始终没有得到回信，只有恩格斯像往常一样帮助了马克思。1867 年 1 月到 2 月，马克思经济状况非常困难，面临着全家被撵出住宅和家产被查封的困境。恩格斯再次帮助了马克思。

对于恩格斯的无私援助，马克思并不是心安理得地接受。1865 年 7 月 31 日，他在给恩格斯的信中说："我诚心告诉你，我与其写这封信给你，还不如砍掉自己的大拇指。半辈子依靠别人，一想起这一点，简直使人感到绝望。这时唯一能使我挺起身来的，就是我意识到我们两人从事着一个合伙的事业，而我则把自己的时间用于这个事业的理论方面和党的方面。就我的条件来说，我住的房子的确太贵，再就是我们这一年比往年生活得好一些。但是唯有这种办

① 马克思，恩格斯．马克思恩格斯全集：第 30 卷．北京：人民出版社，1975：250－251.
② 德国民主主义者。
③ 即沃尔弗。
④ 同①263－264.

法能使孩子们维持那些可以使她们的前途得到保证的社交关系，况且，她们受过许多痛苦，也应当使她至少有一个短时期的补偿。我想你也会有这样的看法：即使单纯从商人的观点来看，纯粹无产者的生活方式在目前也是不适宜的，如果只有我们夫妻两人，或者这些女孩子都是男孩子，这种生活方式当然很好。"① 从表 6－1 中可以看出，恩格斯在此期间的收入为 23 289 英镑，个人花费大约12 000英镑（包括家用、给党和其他党内同志的援助等），个人积蓄8 250英镑，给予马克思的援助 3 131 英镑。给予马克思的援助占恩格斯收入的13.4％，与恩格斯个人花费的比约为 1∶4。因此，不存在恩格斯"养活"马克思的问题，更不存在恩格斯以经济上的援助"要挟"马克思的问题。恩格斯向马克思提供的是接济，马克思仍然需要自己解决他和家人的生活问题。他们"合伙的事业"要求他们这样做。

　　显然，马克思和燕妮不是坐享其成的人，更不是游手好闲的人。马克思所致力于的无产阶级正义事业与他所处的所反对的资本主义丑恶制度之间的严重冲突，造成了马克思及其家人的穷困潦倒。这是马克思向恩格斯求援的根本原因，也是恩格斯援助马克思的根本缘由。恩格斯在经济上援助马克思，只是为了让马克思更好地完成《资本论》的创作而已。马克思撰写《资本论》，是为了给无产阶级的解放提供科学的武器。因而，二人之间的援助与被援助与"个人友谊"和"道德绑架"没有任何一点关系。其中展示的是恩格斯这一无产阶级革命伟大导师的高尚的品德和伟大的人格！同样，这也向我们展示了马克思不计得失、无畏无惧、勇往直前的高尚的品德和伟大的人格！

表 6－1　恩格斯向马克思提供物质援助的统计表（1851—1869 年）

年份	恩格斯的最低收入	有据可查的援助额	大约累计的援助额
1851	200 英镑	43 英镑 10 先令	50 英镑
1852	100 英镑	39 英镑 3 先令	50 英镑
1853	100 英镑	20 英镑	60 英镑
1854	268 英镑	12 英镑	60 英镑
1855	263 英镑	10 英镑	60 英镑
1856	508 英镑	15 英镑	60 英镑
1857	937 英镑	50 英镑	60 英镑
1858	940 英镑	48 英镑 9 先令 6 便士	60 英镑

① 马克思，恩格斯. 马克思恩格斯全集：第 31 卷. 北京：人民出版社，1972：135.

续前表

年份	恩格斯的最低收入	有据可查的援助额	大约累计的援助额
1859	1 078 英镑	58 英镑	60 英镑
1860/61	1 704 英镑	210 英镑	210 英镑
1861/62	1 784 英镑	139 英镑	144 英镑
1862/63	1 869 英镑	215 英镑	215 英镑
1863/64	1 338 英镑	280 英镑	280 英镑
1864/65	2 320 英镑	——	——
1865/66	2 320 英镑	205 英镑	215 英镑
1866/67	2 320 英镑	395 英镑	395 英镑
1867/68	2 320 英镑	225 英镑	245 英镑
1868/69	2 920 英镑	907 英镑	907 英镑
总计	23 289 英镑	2 872 英镑 2 先令 6 便士	3 131 英镑

　　注：1864 年 7 月 1 日至 1865 年 6 月 30 日，马克思得到了沃尔弗的遗产（600～700 英镑），因此，这期间恩格斯没有资助马克思。

　　资料来源：克利姆 . 恩格斯文献传记 . 中央编译局，译 . 长沙：湖南人民出版社，1986：379.

3. 无名的作者——为《纽约每日论坛报》撰稿

　　在衣食无着的情况下，《纽约每日论坛报》的约稿无疑具有"雪中送炭"的意味。《纽约每日论坛报》（*New-York Daily Tribune*）创办于 1841 年 9 月 2 日，初期具有较浓厚的傅立叶空想社会主义的色彩。在 1844 年欧洲革命中，该报的采访部主任德纳和另一位记者为革命所吸引来欧洲采访，在科隆结识了马克思。在 1852 年到 1854 年期间，约 50 万德国人来到纽约，他们期待能够看到来自德国的新闻。这家北美发行最广的报纸，急需发表关于德国局势方面的文章以满足这些读者的需求。在这种情况下，1851 年 7 月底，升任该报编辑部主任的德纳邀请马克思为报纸撰稿。马克思首先考虑的不是自身的经济问题，而是将之看作一次开展革命斗争的机会。早在 1851 年 8 月 2 日，马克思在与身在美国的魏德迈的通信中便指出："如果你到了纽约，就去拜访一下《纽约论坛报》的安·德纳，代我和弗莱里格拉特向他问好。""既然在德国报刊完全受到压制，那么只有在美国才能在报刊上进行斗争。"① 德国诗人弗

---

　　① 马克思，恩格斯 . 马克思恩格斯全集：第 48 卷 . 2 版 . 北京：人民出版社，2007：333 - 334.《纽约论坛报》即《纽约每日论坛报》。

莱里格拉特是马克思在《新莱茵报》的同事，也被约请为《纽约每日论坛报》撰稿。马克思征询恩格斯的意见，恩格斯建议接受报纸的约请。于是，马克思成为该报的撰稿人。

当时，《纽约每日论坛报》拟就刚刚结束的 1848—1849 年欧洲革命进行广泛而深入的报道，但是，马克思难以完全胜任这一工作，只有恩格斯才能圆满完成这一任务。其一，马克思当时流亡英国伦敦不久，英文水平有限，日常交流都受限，更遑论用英文撰稿。而恩格斯不仅有在英国生活和工作的经历，而且是语言方面的天才，用英文写作不在话下。其二，文章主要论述军事问题，马克思对这个领域并不熟悉。而恩格斯不仅亲自参加了 1848—1849 年欧洲革命中的重大武装起义，而且对军事问题有专门且深入的思考和研究。其三，政治经济学研究工作任务繁重，马克思一时难以抽身出来。在自身生活有保障的前提下，经商的恩格斯在工作之余可以较为自如地支配自己的时间，能够进行写作。在这种情况下，自身经济能力仍然有限的恩格斯同意先替马克思写作一组文章，以解燃眉之急。

以刚刚结束的 1848—1849 年欧洲革命中德国发生的事件为主题，恩格斯写作了 19 篇通讯，陆续寄往纽约，以马克思的名义发表于《纽约每日论坛报》1851 年 10 月 25 日至 1852 年 10 月 23 日的各期上。这组通讯文章在美国大受欢迎，美国读者十分感兴趣，大有"洛阳纸贵"之势。这组通讯文章即后来结集出版的《德国的革命和反革命》。鉴于此，该报编辑部决定长期聘用马克思，马克思就此获得了一份正当的"差事"。

为了扩大报纸的影响，抬高自身形象，马克思和恩格斯为《纽约每日论坛报》撰写的许多文章被报纸以社论的名义发表，而只在一些不重要的文章上署上马克思的名字。同时，出于意识形态和财政开支等方面的考虑，马克思和恩格斯写作的许多文章再次被拒收。例如，1856 年 9 月中旬，马克思收到德纳退回来的恩格斯写作的批评泛斯拉夫主义的文章 15 篇和马克思本人所写的关于多瑙河各公国的文章 3 篇。这些文章由于受《纽约每日论坛报》出资人、泛斯拉夫主义者古罗夫斯基的影响而未予发表。因此，关于马克思和恩格斯在《纽约每日论坛报》发文的具体数量，难以有完全清楚的统计。加上历史和资料等方面的原因，更增加了精确统计的难度。现在，一说是 465 篇，二说是 487 篇，三说是 489 篇。实际上，马克思和恩格斯撰稿多达 500 篇（组）以上。

麦克莱伦谈马克思和恩格斯在《纽约每日论坛报》上的发文数量

　　《纽约每日论坛报》一共刊登了马克思的文章 487 篇，其中 350 篇是他自己写的，125 篇是恩格斯写的（大部分是关于军事方面的），12 篇是合写的。[①]

　　除了马克思本人亲自写作的文章之外，其他文章作者的情况即恩格斯的贡献问题，较为复杂。第一种情况是由恩格斯写作，但署名为马克思。除了《德国的革命和反革命》之外，还有不少文章属于这种情况。例如，1852 年 11 月 29 日，应马克思的要求，恩格斯写作了《最近的科隆案件》一文。该文发表在 1852 年 12 月 22 日《纽约每日论坛报》上。第二种情况是由恩格斯写作，但作为报纸的社论发表。这种情况所占比例较大。例如，1853 年 10 月 21 日到 27 日左右，恩格斯撰写了两篇谈论土耳其政府对俄国宣战后巴尔干和高加索的战局的文章。这两篇文章分别以《双方军队在土耳其的调动》《神圣的战争》为题，作为社论先后于 11 月 8 日和 15 日发表在该报上。再如，1860 年 12 月 24 日和 1861 年 1 月底，恩格斯写作了两篇论述奥地利和德国革命危机的增强的文章。一文以《奥地利革命的发展》为题发表于 1861 年 1 月 12 日的报纸上，一文以《德国的运动》为题作为社论于 1861 年 2 月 12 日发表。第三种情况是直接由恩格斯写作而发表的文章。例如，1854 年 6 月 10 日，恩格斯撰写了关于俄军围攻土耳其要塞——锡利斯特里亚的文章。这篇文章包括大量的军事历史材料，最后以《对锡利斯特里亚的围攻》为题于该年 6 月 26 日发表。第四种情况是由恩格斯写作但未被采纳的文章。除了上面提到的批判泛斯拉夫主义的文章之外，1857 年 1 月下半月，恩格斯撰写的第二篇关于山地战的文章和马克思撰写的一篇金融论文，都被拒稿。

　　即使是马克思本人写作的文章，恩格斯也有所贡献。一种情况是马克思用德文写作的文章由恩格斯译为英文发表。例如，1852 年到 1853 年，应德纳的要求，马克思用德文写作了《英国的选举。——托利党和辉格党》《宪章派》这样两篇关于英国当前状况的文稿，主要讨论了欧洲政治与社会议题。写作完成之后，他交由恩格斯翻译为英文，分别发表在 1852 年 8 月 21 日和 25 日的《纽约每日论坛报》上。到 1853 年 1 月 28 日，马克思才第一次自己用英文

---

　　① 麦克莱伦. 马克思传. 王珍，译. 北京：中国人民大学出版社，2008：264.

撰写文章，即标题为《死刑。——科布顿先生的小册子。——英格兰银行的措施》的文章。该文分析了资本主义社会中犯罪行为增多的社会原因，发表在1853年2月18日的《纽约每日论坛报》上。这说明，马克思已经能够用英文写作了。此前，由于语言障碍和研究繁忙等方面的原因，马克思本人用德文写作的文章大都由恩格斯译为英文发表。还有一种情况是，由恩格斯提供素材，最终由马克思完成写作。例如，1854年6月19日到23日，马克思利用恩格斯给他寄来的材料写作了《俄军的撤退》一文，于7月10日发表。

当然，马克思对恩格斯写作的文章也有所贡献。例如，1853年4月26日到29日，根据马克思的要求，恩格斯写作了关于瑞士的政治地位的文章。马克思为这篇文章增写了关于英国政府迫害流亡者一节，并于4月29日把文章寄出。《纽约每日论坛报》编辑部把这篇文章分为《火箭案件。——瑞士的暴动》和《瑞士共和国的政治地位》两篇，相继于5月14日和17日发表。又如，1854年6月16日，马克思对恩格斯所写的《俄土战场的形势》一文进行了补充，并寄往纽约。文章于7月8日发表。再如，1854年12月14日到15日，恩格斯写作了一篇再一次强调奥地利和普鲁士参加战争可能促进欧洲革命开始的文章，马克思进行了补充。该文以《战况的进展》为题于1855年1月1日发表。

至于二人合写的文章，当然是珠联璧合的产物。例如，1853年3月到4月初，马克思和恩格斯合写了《不列颠政局。——迪斯累里。——流亡者。——马志尼在伦敦。——土耳其》一文。值得一提的是，在此期间恩格斯还写作了《在土耳其的真正争论点》《土耳其问题》《欧洲土耳其前途如何?》三文。这四篇文章先后于4月7日、12日、19日和21日发表，后三篇作为社论发表。又如，1854年1月26日到27日马克思和恩格斯合写《君士坦丁堡的设防。——丹麦的中立。——英国议会的成分。——欧洲的歉收》一文，发表在2月16日的《纽约每日论坛报》上。马克思在"英国议会的成分"一节中指出，英国现行的选举制度保证贵族寡头政体的统治。还有，1854年7月29日到8月1日马克思和恩格斯合写的《无聊的战争》一文，于8月17日发表。该文指出，西班牙的革命事件可以开辟欧洲革命的新纪元。

在这个过程中，恩格斯也存在"爽约"的情况。1854年、1855年、1869年等年份，恩格斯撰文较多，其他年份相对较少。有时候，由于不可抗拒的原因，恩格斯不得不暂且搁笔。1852年2月中，由于在欧门—恩格斯公司办事处的工作很忙，恩格斯只能勉强抽时间为《纽约每日论坛报》等报刊撰文。1857 年 1 月到 3 月，由于为办事处的工作所拖累，恩格斯几乎没有时间为《纽约每日论坛报》写稿。1857 年 4 月底到 10 月，由于长期患重病，恩格斯不能经常帮助马克思为《纽约每日论坛报》撰写军事评论文章。1857 年 7 月 28 日到 11 月 8 日，他在海滨疗养地治病。7 月 30 日，身在利物浦附近滑铁卢疗养的恩格斯写信向马克思说："可惜，我来此就患重感冒，使腺病顿时恶化，引起剧痛，不得安眠。最坏的是在几天之内我几乎完全不能工作；每天给黑克舍尔写报告以及写一些必须的札记——这就是我能完成的一切。每到晚上我被疼痛和疲倦所困扰，至今还不能看书。真见鬼，这种糟糕的事正好发生在现在！自星期五晚上或星期六早晨以来，先因为心神不安，现在又因为病，我把全部时间都白白浪费了。我的样子的确可悲，弯腰曲背，一步一拐，软弱无力，例如现在我就又痛得不知如何是好。"① 黑克舍尔为在曼城的德国医生，负责为恩格斯治病。1862 年 3 月 10 日，马克思撰写的《墨西哥的混乱》在《纽约每日论坛报》发表。这是马克思在该报发表的最后一篇通讯。

　　从思想内容来看，这些文章涉及工人阶级生存状况和工人运动的前景、民主主义和社会主义运动新高潮的前景、资本主义国家在印度等地的殖民政策及民族解放斗争的前景、欧洲的经济及政治和社会状况、战争和军事行动及策略、欧洲国家和美国的国际关系及中国议题等广泛的领域，还涉及军事科学技术等方面的问题（见表 6 - 2）。例如，1860 年 3 月到 4 月，恩格斯撰写了《论线膛炮》这样一篇长文。该文发表于 4 月 7 日、21 日和 5 月 5 日的《纽约每日论坛报》。这些内容可称得上"庞杂"。

马克思夫人燕妮关于向报刊寄送马克思和恩格斯文章的记载

---

　　① 马克思，恩格斯 . 马克思恩格斯全集：第 29 卷 . 北京：人民出版社，1972：149 - 150.

表 6 - 2 马克思和恩格斯在《纽约每日论坛报》上发表文章的议题和类别统计

议题	类别	数量	数量（百分比）
工人问题	工人权利及生存状态	8	10 (2.0%)
	工人运动	2	
资产阶级民主运动及社会主义运动	德国革命、运动	20	43 (8.8%)
	西班牙革命、起义	13	
	其他欧洲国家的革命、起义、暴动	10	
殖民政策及被压迫民族争取自由独立的斗争	欧洲国家的殖民统治	15	27 (5.5%)
	殖民地自由、独立斗争	12	
欧洲经济与金融	欧洲经济、金融状况	33	48 (9.8%)
	欧洲经济、金融危机	15	
欧洲政治与社会	英国政治与社会	49	161 (32.9%)
	政治人物	26	
	欧洲其他国家政治与社会	86	
战争与军事	克里米亚战争相关及其他	129	129 (26.4%)
国际关系	欧洲国家间外交关系	47	71 (14.5%)
	中国议题	16	
	美国议题	8	
总数		489	489 (99.9%)

资料来源：沈荟，熊涛．"学术性新闻"：马克思在《纽约每日论坛报》的社会历史写作．新闻与传播研究，2020（9）.

说明：议题先后顺序有所调整。

1853 年 7 月以后，《纽约每日论坛报》每天增出晚版。在此之前，已经出版《纽约每周论坛报》《纽约半周论坛报》两种专版。在所发表的马克思和恩格斯的文章中，有超过一半和近三成的文章还分别在《纽约半周论坛报》和《纽约每周论坛报》上再次发表。两种报纸共同采用的文章超过了五分之一。在所发表的马克思和恩格斯的这些文章中，有四成以上作为报纸社论发表。在此期间，恩格斯还积极为《新奥得报》《人民报》《新闻报》等报刊撰稿。1924 年，《纽约每日论坛报》与《纽约先驱报》合并为《纽约先驱论坛报》。1966 年，《纽约先驱论坛报》停刊。

恩格斯在马克思逝世后评价道："最早的《莱茵报》（1842 年），巴黎的《前进报》（1844 年），《德意志—布鲁塞尔报》（1847 年），《新莱茵报》（1848—1849 年），《纽约每日论坛报》（1852—1861 年），以及许多富有战斗性的小册子，在巴黎、布鲁塞尔和伦敦各组织中的工作，最后，作为全部活动的顶峰，创立伟大的国际工人协会，——老实说，协会的这位创始人即使没有别的什么建树，单凭这一成果也可以自豪。"① 当然，这一评价同样适用于恩格斯本人。作为马克思主义新闻观的共同创始人和无产阶级新闻事业的共同开拓者的恩格斯，同样值得被后代人永远铭记！更为重要的是，马克思和恩格斯在为《纽约每日论坛报》撰稿期间的研究工作和新闻工作，为马克思日后创作和完成《资本论》提供了广泛而厚实的知识基础和思想准备，为马克思和恩格斯日后完善马克思主义理论体系提供了重要的广泛的知识储备。

4. 有力的辩护——声援和救助科隆共产党人

尽管恩格斯陷入了可怕的商业活动当中，但他始终没有忘记自己是一位科学共产主义者；尽管恩格斯不断地躲进自己的秘密住宅奋笔写作，但他始终是作为一名战斗的无产阶级革命家冲锋在实际斗争的最前线。其中，声援和救助科隆共产党人是马克思和恩格斯在 19 世纪 50 年代初期开展的一项重要的革命实践活动。

共产主义者同盟分裂之后，迁往科隆的新的同盟中央委员会开展了许多卓有成效的活动，引起了普鲁士反动当局的极大恐慌和密切关注。在国王腓特烈·威廉四世的直接策划下，1851 年春天，普鲁士政府组成以柏林警察总监辛凯尔迪为首，包括行政、外交部门在内的庞大机构，监视共产主义者同盟的活动，甚至在普鲁士驻伦敦的大使馆里设立了一个真正的秘密警察分署。1851 年 5 月 10 日，萨克森警察在莱比锡火车站逮捕了同盟中央委员会特使诺特荣克，从其住处搜出了同盟中央的秘密文件和通信地址。接着，同盟的 11 名成员先后在莱比锡和科隆被捕。5 月 24 日到 28 日，马克思从多种途径得知这一消息，并告诉了恩格斯。为罗织罪名，制造伪证，普鲁士当局故意拖延时间，直到 1852 年 10 月 4 日到 11 月 12 日，才在科隆以"密谋叛国"的罪名对被捕者进行审判。反动当局提出的证据是普鲁士警探伪造的共产主义者同盟中央委员会会议的所谓"原本记录"和其他伪造档案材料，以及用盗窃和派遣密探打入内部等令人不齿的行径从维利希—沙佩尔冒险主义宗派集团那里获得的一些材料。在伪造档案和假证词被揭穿的情况下，1852 年 11 月 12 日，法庭仍然对七名"被告"分别判处三年到六年不等的徒刑，另将四名"被告"无罪释放。

① 马克思，恩格斯 . 马克思恩格斯文集：第 3 卷 . 北京：人民出版社，2009：602.

本来，反动当局以"阴谋颠覆政府的主犯"的名义，将马克思和恩格斯也列入了"被告"的名单。但是，按照莱茵省刑事诉讼法的规定，被告在审判时必须到庭，然而反动当局无法缉拿到身在英国的马克思和恩格斯，马克思和恩格斯无法到庭，因此，他们没能对马克思和恩格斯进行缺席控告和审判。反动当局对未能同时审判马克思和恩格斯感到十分懊恼，一直把他们列在要逮捕的黑名单当中。这就是轰动一时的"科隆共产党人案件"，又称为"科隆审判"。

在科隆共产党人遭到逮捕以后，马克思和恩格斯就想方设法地与他们取得和保持联系，追踪案件的进展，而且向英国和法国的报刊投送声明和揭露案件真相的文章，以在世人面前展示普鲁士当局的卑鄙阴谋。马克思的家俨然成为科隆共产党人的"伦敦办事处"。为了躲避秘密警察的监视，大部分的信件是通过曼彻斯特发出的。因此，恩格斯的家就成为"第二办事处"。1852 年 10 月 27 日，恩格斯在致马克思的信中说："我在这里把这东西又复制了一份，并且通过两条不同的十分可靠的途径寄往科隆；我还将希尔施亲笔写的两张便条粘在原稿上，盖上火漆印——这本来应该在伦敦就搞好的——，并且签上我的名字以证明这一情况，因此，在最坏的情况下，除非全部材料被扣押，这两张便条才会被扣押。我还找到几条与科隆联系的途径；尽管前两条途径（但这不能重复利用）有 99% 的把握，使材料能在当天准确送到施奈德处，但如果我从你那里收到**经你证实的第三份附有新的希尔施笔迹样本的材料**，再通过另一条途径寄到那里，那毕竟还是好的。总之，普鲁士人**不可能**没收这个东西，否则参与者将负刑事责任。"[①] 希尔施曾为共产主义者同盟盟员，1851 年 9 月起成为普鲁士警探，参与伪造科隆共产党人案件的文件。"第二办事处"的工作毫不马虎，将所有寄出的文件编制为一份清单，注明了发出的时间和寄送的方法等信息。

马克思夫人燕妮笔下的"伦敦办事处"

刚才收到《科隆》，又是丑闻连篇。马上又要按照商业地址发出两封信件。我们这里现在建立了整套办事机构。两三个人写东西，另一些人跑腿，还有一些人筹集便士，以便使写东西的人能够生活下

---

① 马克思，恩格斯. 马克思恩格斯全集：第 49 卷. 2 版. 北京：人民出版社，2016：272 - 273.

> 去，并能把前所未闻的丑行的证据端到旧的官方世界的面前。再加上我的三个活泼的孩子又唱又叫，他们常常被他们的严厉的爸爸赶走。真是热闹极了。①

在工作中，恩格斯时刻提醒马克思要提高警惕，以防尾随在身后的密探窃取对共产党人不利的文件和材料。1851 年 8 月 1 日，恩格斯在致马克思的信中特意提醒说："注意：你要把你的文件始终妥善地保存在可靠的地方，不要放在家里。一些时候以来，我在这里被人严密监视着，每次出外，总有两三个密探盯在后面。本生先生不会放过机会向英国政府提供新的重要情报，说我们住在这里如何危险。"②"本生先生"指普鲁士驻英国大使。1852 年 10 月 27 日，恩格斯又提醒马克思，通过邮局的信件的地址，要交替使用不同的笔迹书写；经包裹公司寄出的包裹，不要总是由同一个人寄出，也不要在同一个地点寄。恩格斯认为，所有这些轮流使用的办法，将保证他们的充分安全。恩格斯真是"诸葛一生唯谨慎，吕端大事不糊涂"啊。

由于恩格斯和马克思所写的声明和文章只有少数得以发表，同时意识到自己提供给辩护人的情报、文件、证据、证词不一定会有什么结果，因此，恩格斯一直催促马克思，由他和马克思共同起草一篇辩护词。1852 年 10 月 31 日，恩格斯向马克思建议："如果科隆人仍然被判罪——不过我认为这几乎是不可能的，因为我们仍将竭尽一切努力，使全部消息和文件送到那里——，那么我们无疑应该写点东西。否则，我想这只会削弱政府失败的影响。然而，即使如此，这也将取决于一系列的情况。首先应该把一切文件和书面宣誓证词等等的经过所有公证手续认证的准确抄件保存下来，因为这些东西将编成一套出色的证明文件。"③ 11 月 5 日至 6 日，恩格斯再次提醒马克思："从案件现在的进展来看，我认为，我们无论如何应该发表一点东西。案件结束后，让施奈德和某个被告到伦敦来一下，这会有好处，甚至是必要的，那时我将设法在一个星期六或星期天前往伦敦，等我们把一切商量妥当后，你再同我一起来这里，手稿几天之内就可以脱稿。在此期间，你写信问问老埃布讷，他能不能把这个小册

---

① 燕妮·马克思致阿道夫·克路斯（1852 年 10 月 28 日）// 马克思，恩格斯. 马克思恩格斯全集：第 49 卷 . 2 版 . 北京：人民出版社，2016：735.
② 马克思，恩格斯. 马克思恩格斯全集：第 48 卷 . 2 版 . 北京：人民出版社，2007：331.
③ 马克思，恩格斯. 马克思恩格斯全集：第 49 卷 . 2 版 . 北京：人民出版社，2016：291.

子交给勒文塔尔出版，我同意我们和他分担盈亏。"① 在这样的背景下，马克思撰写的《揭露科隆共产党人案件》和恩格斯撰写的《最近的科隆案件》等作品相继问世。

应马克思的请求，1852 年 11 月 29 日，恩格斯撰写了《最近的科隆案件》一文。该文以马克思的名义，发表在 1852 年 12 月 22 日的《纽约每日论坛报》上。在深刻揭露科隆共产党人案件的真相、严厉谴责普鲁士反动当局险恶用心的基础上，恩格斯在该文中深刻阐明了以下问题。

针对普鲁士反动当局污蔑共产主义者同盟是颠覆政府的阴谋组织的不实之词，恩格斯深刻阐明了无产阶级政党的性质和使命。1848—1849 年欧洲革命失败之后，整个欧洲陷入了白色恐怖当中，结社权和集会权都被废除了，任何政党都失去了建立合法组织的可能性，对于无产阶级政党而言更是如此。党和党的领袖都被迫流亡海外。在这种情况下，无产阶级政党只能转入地下活动，以秘密的方式存在。但是，它决然不同于以推翻现有政府为目的的阴谋家组织。无产阶级政党的建立"是为了更远大更崇高的目的，它们懂得：推翻现存政府只不过是即将来临的伟大斗争中的过渡阶段，它们竭力保持紧密的联系，并建立以它们为核心的党去进行最后的决战"；这个最后的决战就是消灭"资本对劳动的统治"②。马克思对此更有明确的说明。马克思指出，共产主义者同盟不是一个阴谋家团体，而是一个秘密地组织无产阶级政党的团体，因为德国无产阶级被公开地剥夺了出版、言论、结社的自由。

与维利希—沙佩尔集团不同，先进的无产阶级政党不幻想无论在什么时候都能够随心所欲地进行那种必须在实践中实现其思想的革命，而是要求将脚踏实地和远大理想统一起来，分阶段分步骤地完成自己的使命。恩格斯指出，1848—1849 年欧洲革命证明了这样一种理论，从其中推出的结论是："必须首先由小生意人民主派当政，然后共产主义的工人阶级才能指望确立自己的政权并消灭使它处于资产阶级压迫之下的雇佣奴隶制。由此可见，共产党人的秘密组织不能抱有推翻德国**现存**各邦政府的直接目的。建立秘密组织不是为了推翻这些政府，而是为了推翻迟早必将取它们而代之的那个叛乱政府，这种组织的成员可能而且无疑会在一定的时候个别地积极支持反对**现状**的革命运动。"③

---

① 马克思，恩格斯．马克思恩格斯全集：第 49 卷．2 版．北京：人民出版社，2016：298.

② 马克思，恩格斯．马克思恩格斯全集：第 11 卷．2 版．北京：人民出版社，1995：564.

③ 同②564 - 565.

马克思对之进行了具体的解释。在法国，无产阶级已被资产阶级打败，攻击现存政府是同攻击资产阶级完全一致的，因此，一些秘密团体把推翻现存国家政权作为其直接目的是正当的。在德国，资产阶级和无产阶级都处于本国半封建政府的统治之下，因此，正确的选择是，秘密团体把组织无产阶级政党作为其目的，而不考虑现存政府的命运。在那里，对现存政府的胜利攻击并不是破坏资产阶级的政权，而是必须首先协助它建立统治权。

无产阶级政党的性质和使命，德国所处的社会历史发展阶段，决定了无产阶级政党的活动方式只能是从事宣传鼓动工作，以增强无产阶级的阶级意识。恩格斯指出："除了在群众中秘密地传播共产主义思想之外，通过其他方式为这种运动作**准备**，这不可能是共产主义者同盟的任务。这个团体的大多数成员对它的这些基本原则都是十分明了的，因此，当它的某些成员为追逐名位的野心所驱使，企图把同盟变成**即兴地**进行革命的阴谋家组织时，他们很快就被开除了。"① 这就是共产主义者同盟内部分裂的原因。对此，马克思直言不讳地指出，从共产主义者同盟中分离出来的这个集团所要求的即使不是真正的密谋，至少也是密谋的外表，因而他们坚持同当代的民主主义英雄结成直接的联盟。这个集团就是维利希—沙佩尔集团。这些人一方面在秘密活动那种庄严的、带有戏剧性的斗篷下面竭力掩盖自身的渺小，另一方面又打算在革命到来时满足自己的一点微不足道的功名心，博得那些民主主义的爱吵吵嚷嚷的饶舌者的拥戴。

恩格斯指出，这个集团如果也算是阴谋家组织的话，那它也不是反对现存政府的，而是反对它的可能的继承者的。他在一封信中讥讽地说道："真妙！警察偷窃，伪造，撬开写字台，发假誓，作伪证，除此之外，还声称，对待那些与世隔绝的共产党人，他们拥有特权！所有这一切，以及警察当局以最无耻的手法攫取检察机关的全部职能，把泽特推到无足轻重的地位，把未经证实的文件、赤裸裸的谣传、密告、道听途说当成真正的法律证据，当成罪证，——这太过分了！"② 这样，就有力地推翻了强加在共产主义者同盟头上的一切不实之词。

在精神和道义上声援科隆共产党人的同时，马克思和恩格斯也十分重视从

① 马克思，恩格斯．马克思恩格斯全集：第 11 卷．2 版．北京：人民出版社，1995：565.
② 马克思，恩格斯．马克思恩格斯全集：第 49 卷．2 版．北京：人民出版社，2016：274.
泽特，这里指普鲁士法官。

物质和经济上支援这些无辜的受害者及其不幸的家属。1852 年 12 月 7 日，由马克思领头起草、恩格斯签名的《关于救济在科隆被判刑的无产阶级代表及其家属的呼吁书》发出呼吁："救济在科隆被判刑的工人政党的先锋战士，特别是关怀他们的无依无靠的家属，是工人政党的义务。我们希望，旅居美国的德国工人也不会把自己置于党的这项义务之外。"① 即使在结案之后，恩格斯和马克思也积极地投身到救援当中。1853 年 5 月 20 日，恩格斯把魏德迈从美国寄来的款项寄给马克思，请他转交弗莱里格拉特。此人是在科隆被判罪的共产主义者同盟盟员及其家属救济金的收款人。这笔款项是应马克思和恩格斯及他们的拥护者的呼吁在美国募集的。1853 年 7 月 9 日，德国流亡者、科隆共产党人案件被告之一雅科比携带着马克思的介绍信来曼城找恩格斯。恩格斯设法在曼城为其寻找工作。1860 年 3 月 15 日，恩格斯请拉萨尔帮助出狱不久的诺特荣克找一份工作。

　　总之，在科隆共产党人案件当中，恩格斯和马克思为营救被捕者和揭露普鲁士政府的卑劣伎俩做了大量工作，并借此公开宣传共产主义者同盟的正确路线和革命策略。这一案件的直接后果是使同盟在普鲁士境内的组织遭到破坏，国际反动势力加强了对同盟的迫害。1852 年 11 月 17 日，同盟宣布自行解散。德国独立工人运动第一个历史时期就此落幕。

1852—1853 年普鲁士警察局档案中的马克思案卷和恩格斯案卷

5. 世界的历史——从西方社会到东方社会

　　在《德意志意识形态》《共产党宣言》等著作中，恩格斯和马克思在唯物

---

　　① 马克思，恩格斯. 马克思恩格斯全集：第 11 卷. 2 版. 北京：人民出版社，1995：571.

主义的基础上批判性地改造了黑格尔的"世界历史"的思想，提出了"三个从属于"的判断，形成了马克思主义的世界历史思想。在 1848—1849 年欧洲革命的基础上，他们进一步深化了自己的世界历史思想，将关注的目光从西方投向了东方，十分重视民族解放运动。

在西方资本主义发展的过程中，为了争夺中国市场，解决贸易逆差问题，作为当时世界上头号资本主义大国，英国先后向古老的中国发起了第一次鸦片战争（1840—1842）和第二次鸦片战争（1856—1860）。结果，在将中国开始纳入世界资本主义体系的同时，致使中国国家蒙辱、人民蒙难、文明蒙尘。在这样的背景下，中国以及在中国发生的战争自然成为西方社会包括西方媒体关注的热点问题。在应美国《纽约每日论坛报》之约撰稿的过程中，马克思和恩格斯围绕着中国议题，表明了自己的看法。

除了马克思写作的《中国革命和欧洲革命》等系列文章之外，恩格斯主要撰写了两篇论述中国议题的文章。1857 年 4 月初，他为《纽约每日论坛报》撰写了《英人对华的新远征》一文。该文作为社论于 4 月 17 日发表在该报上。1857 年 5 月 20 日左右，应马克思的要求，他为《纽约每日论坛报》撰写了《波斯和中国》一文。该文于 6 月 5 日发表在该报上。在这两篇文章中，恩格斯初步阐明了中华文明和世界历史的复杂关系。

第一，中华文明的成就和贡献。勤劳勇敢的中国人民在长期的实践中创造了辉煌灿烂的中华文明。在撰写《德国农民战争》的时候，恩格斯就指出："一系列或多或少具有重要意义的发明大大促进了手工业的发展，其中具有光辉历史意义的是火药和印刷术的发明。""书刊印刷业的兴起和商业发展的需要，不仅打破了僧侣对读书写字的垄断，而且也打破了他们对较高层次的文化教育的垄断。"[①] 后来，在写作《自然辩证法》的时候，恩格斯列举了中国古代的一些发明创造及其传入欧洲的时间、途径等问题。例如，蚕在 550 年前后从中国输入希腊；棉纸于 7 世纪从中国传到阿拉伯人当中，在 9 世纪输入意大利；磁针于 1180 年前后经阿拉伯人传到欧洲人手中。恩格斯还提到了破布造纸、木刻和木版印刷、铜版雕刻术、火枪枪机等中国古代发明。马克思和恩格斯在这个问题上的看法一致。他们都肯定了中华文明的成就和贡献，肯定了中华文明成果传入西方社会以后对于世界历史的推动作用。

---

① 马克思，恩格斯 . 马克思恩格斯文集：第 2 卷 . 北京：人民出版社，2009：221，225.

　　第二，古代中国的停滞和落后。与工业革命以来西方社会的迅速发展不同，古老的中国具有稳定的结构和特征，甚至表现出停滞和落后。马克思、恩格斯在1850年写作的《时评。1850年1—2月》中指出："有一个事实毕竟是令人欣慰的，即世界上最古老最巩固的帝国八年来被英国资产者的印花布带到了一场必将对文明产生极其重要结果的社会变革的前夕。当我们欧洲的反动分子不久的将来在亚洲逃难，到达万里长城，到达最反动最保守的堡垒的大门的时候，他们说不定就会看见上面写着：……［中华共和国　自由，平等，博爱］。"① 这里，马克思和恩格斯将过往的中国看作"世界上最古老最巩固的帝国"和"最反动最保守的堡垒"。在此基础上，恩格斯在《波斯和中国》一文中指出："在中国，这个世界上最古老国家的腐朽的半文明制度，则用自己的手段与欧洲人进行斗争。""甚至国外的华侨——他们向来是最听命和最驯顺的臣民——也进行密谋，突然在夜间起事，如在沙捞越就发生过这种情形；又如在新加坡，当局只是靠武力和戒备才压制住他们。"② 这里，恩格斯将过往的中国文明看作"世界上最古老国家的腐朽的半文明制度"，将中国人看作"最听命和最驯顺的臣民"。此外，马克思还用"活的化石""密闭棺材里的木乃伊"来形容古代中国。这些批评不是站在西方中心主义立场上做出的评论，而是基于进步历史观的科学批评。确实，中国传统社会的统治阶级为了自身的统治，刻意阻挠了中国社会的进步。

　　第三，世界历史对于中国的进步意义。由于中国传统社会具有停滞性的特点，因而，世界历史将中国卷入人类文明的洪流，必将推动中国社会的进步。1847年11月30日，恩格斯在伦敦德意志工人教育协会的演说中谈道："在中国这个一千多年来一直抗拒任何发展和历史运动的国家中，随着英国人及其机器的出现，一切都变了样，并被卷入文明之中。"③ 这有利于先进生产力在中国的传播和发展。马克思和恩格斯在《时评。1850年5—10月》中又指出，轮船的发展将推动大西洋上的运输和开辟太平洋上的交通，将把澳大利亚、新西兰、新加坡、中国跟美洲联系起来，这样，可以把环球旅行时间缩短到四个月。即使到了晚年，恩格斯仍然坚持这种看法。例如，1892年9月22日，他

---

　　① 马克思，恩格斯．马克思恩格斯全集：第10卷．2版．北京：人民出版社，1998：277 - 278．

　　② 马克思，恩格斯．马克思恩格斯文集：第2卷．北京：人民出版社，2009：622，626．

　　③ 马克思，恩格斯．马克思恩格斯全集：第42卷．北京：人民出版社，1979：472．

在致俄国进步人士丹尼尔逊的信中指出："就拿英国来说。最后一个新的市场是中国，这一市场的开辟可以使英国的贸易暂时恢复繁荣。因此，英国资本极力要修建中国的铁路。但是，中国的铁路意味着中国小农经济和家庭工业的整个基础的破坏。"① 因此，与其说西方殖民主义侵略者不自觉地充当了"文明的贩子"，不如说世界历史的发展过程就是一个促进世界文明共同发展的过程。

　　第四，世界历史对于中国的残酷影响。西方资本主义凭借"刀"与"火"的方式开辟世界历史，给东方社会的人民带来了"血"与"泪"的屈辱。恩格斯和马克思对西方殖民主义尤其是鸦片战争持严厉的批判态度。在《英人对华的新远征》一文中，恩格斯阐释了第一次鸦片战争时期所采取的军事行动的起因和过程。他指出："那一次英国人轻而易举地向中国人勒索到大宗银两，这很可能引诱他们再进行一次同样的尝试；他们是这样一个民族，虽然非常厌恶**我们**的掠夺本性，但是自己却保留了大量的——并不比我们少一些——为我们16 世纪和 17 世纪共同祖先所特有的那种古老的海盗式掠夺精神。"② 在第一次鸦片战争的镇江保卫战中，瓜洲城投降，并交出了 300 万元的赎金，英国心满意足地将这笔款项放进腰包里去了，充分显露出其"海盗"的本性。在第二次鸦片战争中，英军一度冲入广州城内，纵火将靖海门、五仙门附近民房尽行烧毁，虽然后来由于兵力不足，退到城外，但仍然炮轰城市、掠杀居民。对此，恩格斯在《波斯和中国》一文中将西方侵略者称为"文明贩子们"。他们"把炽热的炮弹射向毫无防御的城市、杀人又强奸妇女"，采用"绑架、偷袭和夜间杀人"等"卑劣行为"。这一切都是由英印殖民当局推进的鸦片生产和鸦片贸易造成的。1876 年 2 月，恩格斯在《德意志帝国国会中的普鲁士烧酒》一文中揭示出了鸦片生产和鸦片贸易的实质。他指出："惟一导致更带毁灭性的直接后果（但不是对本国人民，而是对他国人民）的一种生产，就是英印为毒害中国而进行的鸦片生产。"③ 西方殖民主义以战争手段对付由鸦片生产和鸦片贸易毒害中国人民引发的禁烟运动和社会反抗，充分暴露了其"文明贩子们"的"海盗式掠夺精神"，充分暴露了这些以文明自居的西方资本主义侵略者最具侵略性、野蛮性和残暴性。

　　第五，中国人民反抗殖民主义斗争的人民性和正义性。在第一次鸦片战争

① 马克思，恩格斯. 马克思恩格斯文集：第 10 卷. 北京：人民出版社，2009：636.
② 马克思，恩格斯. 马克思恩格斯全集：第 16 卷 .2 版. 北京：人民出版社，2007：102.
③ 马克思，恩格斯. 马克思恩格斯全集：第 25 卷 .2 版. 北京：人民出版社，2001：50.

1857 年 6 月 5 日《纽约每日论坛报》发表的恩格斯的《波斯和中国》

当中，由于对中国的统治阶级失望和绝望，大多数中国人消极观望，"抱着东方宿命论的态度屈从于敌人的暴力"①。但是，西方殖民主义的血腥侵略教育了中国人民，给中国人民上了生动的一课。恩格斯在《英人对华的新远征》一文中指出，中国人不会白白放过这次战争的经验，中国人在炮兵射击和防御方法上技术大有进步。在第二次鸦片战争当中，中国人掀起了"全民战争"来抵抗西方殖民主义侵略者。中国人民采用的战争手段有：在西方侵略者的食物中下毒，暗带武器搭乘西方商船以伺机杀死船员和欧洲乘客并夺取船只，绑架和杀死西方人，等等。这一切"野蛮行为"使西方人陷入了"灭绝战"当中。因此，恩格斯旗帜鲜明地指出："简言之，我们不要像道貌岸然的英国报刊那样从道德方面指责中国人的可怕暴行，最好承认这是'保卫社稷和家园'的战争，这是一场维护中华民族生存的人民战争。虽然你可以说，这场战争充满这个民族的目空一切的偏见、愚蠢的行动、饱学的愚昧和迂腐的野蛮，但它终究是人民战争。而对于起来反抗的民族在人民战争中所采取的手段，不应当根据公认的正规作战规则或者任何别的抽象标准来衡量，而应当根据这个反抗的民族所刚刚达到的文明程度来衡量。"② 恩格斯提出，不能按照西方文明的教条来评价中国人民反抗西方殖民主义的斗争，而应该根据这个民族达到的文明程度来进行具体分析。从其性质来看，中国人民的反抗殖民主义的斗争是"保卫社稷和家园"的战争，是一场维护中华民族生存的人民战争。这样，恩格斯就

---

① 马克思，恩格斯 . 马克思恩格斯文集：第 2 卷 . 北京：人民出版社，2009：625.
② 同①626.

充分肯定了中国人民反对西方殖民主义侵略斗争的人民性和正义性。

　　第六，中国革命促进世界历史发展的可能前景。在西方殖民主义将中国拖入世界历史当中的同时，殖民主义和中华民族的矛盾不仅会激发中国的社会变革，而且会引发西方的社会变革，最终会促进世界文明的发展。就前一个方面，恩格斯在《波斯和中国》一文中指出："中国的南方人在反对外国人的斗争中所表现的那种狂热本身，似乎表明他们已觉悟到旧中国遇到极大的危险；过不了多少年，我们就会亲眼看到世界上最古老的帝国的垂死挣扎，看到整个亚洲新纪元的曙光。"① 这就是，随着外部问题对内部问题的刺激，中国内部将爆发社会革命，从而推动中国和亚洲进入新纪元。就后一个方面，恩格斯晚年多次讲到，中国人口的增长和流入，将会激化西方社会的矛盾，从而推动西方社会的革命。1894 年 9 月下半月，恩格斯在致马克思的二女儿劳拉·拉法格（1845—1911）的信中指出："过剩人口将迅速、不断地增长——从土地上被赶走的农民奔向沿海到别的国家谋生。现在是成千成千地外流，到那时就会成百万地出走。那时，中国苦力将比比皆是——欧洲、美洲和澳大利亚都有。他们将试图把我们工人的工资和生活水平降到中国的水平。那时我们欧洲工人的时刻也就会到来。英国人将首先起来；他们身受这种渗入之害，**就会起来斗争**。"② 这是否意味着被压迫民族的斗争会激发西方资产阶级国家当中的阶级矛盾和阶级斗争呢？1894 年 9 月 23 日，恩格斯在致卡尔·考茨基（1854—1938）的信中更是直截了当地指出："资本主义生产只有中国尚待征服了，最后它征服了中国，但它本身在自己祖国的存在却成为不可能了。"③ 资本主义开辟的世界历史所激化的社会矛盾，将会终结资本主义自身。这就是世界历史时代的革命辩证法。

　　总之，恩格斯坚持从世界历史和民族历史、阶级斗争和民族解放的辩证关系出发来审视东方和西方、中国和西方的关系，这样，不仅深化和发展了马克思主义世界历史理论，而且为被压迫民族的民族解放和阶级解放提出了新的课题和新的任务。

　　由于印度是英国的殖民地，19 世纪 50 年代在英国议会中围绕着东印度公司的殖民统治地位展开了激烈的争辩，加之 1857—1859 年爆发了反对英国殖

---

① 马克思，恩格斯. 马克思恩格斯文集：第 2 卷. 北京：人民出版社，2009：628.

② 马克思，恩格斯. 马克思恩格斯全集：第 39 卷. 北京：人民出版社，1974：286.

③ 同②288.

民统治的印度民族大起义，因此，印度成为马克思和恩格斯关注的重点。除了马克思写作的《不列颠在印度的统治》《不列颠在印度统治的未来结果》等文章之外，恩格斯也撰写了一系列关于印度问题的文章。

恩格斯撰写的关于印度问题的文章主要从军事的角度展开了对印度民族大起义的评论。1857 年 9 月 24 日，恩格斯在致马克思的信中说："你希望讨论印度问题，我恰好也想，你大概会乐意听取我对这个问题的看法。我现在有机会拿着地图详细研究最近的邮件中的最主要情况。"① 马克思在其 1857 年 9 月 29 日和 10 月 6 日写作的两篇《印度起义》中利用了恩格斯这封信的内容，补充了对印度人民为反对英国统治而进行的民族解放大起义的目的的政治评价。

恩格斯写作了许多这方面的文章。例如，1857 年 11 月 16 日，应马克思的要求，恩格斯写作了关于德里城这一印度民族解放大起义的主要中心之一被英军攻占的文章。该文作为社论于 12 月 5 日发表在《纽约每日论坛报》上。1858 年 1 月 4 日和 14 日，恩格斯写作了两篇关于对勒克瑙城这一印度民族大起义第二个主要中心的围攻和强攻的文章。前一篇作为社论，后一篇作为通讯，于 1 月 30 日和 2 月 1 日发表在《纽约每日论坛报》上。1858 年 2 月 2 日左右，恩格斯写作了关于英国温德姆将军在印度战败的文章，作为社论于 2 月 20 日发表在《纽约每日论坛报》上。1858 年 5 月底到 7 月 6 日，恩格斯写作了三篇关于印度民族大起义的文章，都作为社论发表在 6 月 15 日、26 日和 7 月 21 日的《纽约每日论坛报》上。1858 年 9 月 17 日左右，恩格斯写作了一篇关于印度民族大起义的文章，作为社论于 10 月 1 日发表在《纽约每日论坛报》上。

在这些文章中，恩格斯分析了起义部队和其他参加者的种种表现；指出他们的优点是善于分散进行游击战，在广大农村地区迂回进行，熟悉地形，适应气候；表明其缺点是缺乏组织和统一指挥，没有先进的军事知识，兵力常常配备不当；认为他们的口号和手段是使农民不能交纳地租，或者至少给他们不交地租造成借口。此外，恩格斯看到了印度存在的宗教和种姓制度的复杂情况对起义的影响。

此外，反对泛斯拉夫主义、实现波兰的民族解放，也是恩格斯这一时期关注的重要问题。

① 马克思，恩格斯. 马克思恩格斯全集：第 29 卷. 北京：人民出版社，1972：179.

6. 曼彻斯特时期的友谊、爱情、交往、闲暇

在曼城的二十年，尽管经商无聊透顶，但是，恩格斯的工作和生活丰富多彩。有和知己之间的两地飞书，有灯下奋笔疾书时的"红袖添香"，有和资本家的周旋，有和革命家的交往，有陶醉于骑马和厨艺时的美好时光……

1848—1849 年欧洲革命失败后，革命队伍分散了，"知交半零落"，唯有马克思能够和恩格斯继续并肩战斗，但是，两人分住两地。尽管有空间上的距离，但是，伦敦和曼城之间的鸿雁传书拉近了二人之间的友谊。马克思的三女儿爱琳娜回忆说："我童年时代最初的记忆之一就是曼彻斯特的来信。马克思和恩格斯差不多每天都有信件往返，记得摩尔（家里都这样叫我的父亲）常常拿着信自言自语，好像写信的人就在面前似的：'嗯，不对，反正情况不是这样……''在这一点上你对了！'等等。但是特别使我忘不了的是：有时摩尔读着恩格斯的来信，笑得眼泪都流了出来。"[①] 在留下的 1 000 多封书信中，二人不仅互相嘘寒问暖，而且持续交换革命事业的信息，共同商讨《资本论》的创作，展望革命运动的前景。当然，恩格斯每天也期待着马克思的来信。

在这二十年间，马克思和恩格斯保持互访。1855 年 4 月 6 日，当马克思心爱的儿子埃德加病故后，马克思告诉恩格斯，他打算与燕妮到曼城住一段时间。于是，4 月 18 日到 5 月 6 日左右，马克思和自己的夫人住在曼城。朋友的友谊医治了心灵的创伤。后来，马克思偶尔会带着爱琳娜在曼城恩格斯的家里小住。1857 年 7 月 28 日到 11 月 8 日，由于患重病，恩格斯在利物浦附近滑铁卢、威特岛和泽西岛等地的海滨疗养。8 月 15 日，马克思致信养病中的恩格斯说："海本身自然是主要的药。但某些内服药仍然是需要的，一则为了预防疾病，二则为了直接治疗，给血液补充它所缺少的物质。我正在就你的病翻阅最新的法、英、德文献。"[②] 马克思希望通过查阅最新医学文献，找到治疗恩格斯疾病的方法，关心溢于言表。10 月初，马克思专程前往泽西岛圣赫利尔探望恩格斯，并与他一起去看望正在患病的老战友康拉德·施拉姆（1822 左右—1858）。恩格斯的伦敦之行往往下榻于马克思的住处。当得知恩格斯要来

① 马克思-艾威林. 弗里德里希·恩格斯//中共中央马克思恩格斯列宁斯大林著作编译局. 回忆恩格斯. 北京：人民出版社，2005：39.

② 马克思，恩格斯. 马克思恩格斯全集：第 29 卷. 北京：人民出版社，1972：151.

的时候，马克思全家欢天喜地，尤其是马克思的女儿们期待着恩格斯的到来。1868年4月1日到5日，恩格斯专程前往伦敦，参加了马克思二女儿劳拉和法国革命者保尔·拉法格（1842—1911）的婚礼。其实，在此之前，马克思曾经带着自己的乘龙快婿前往曼城拜访过恩格斯。

1863年1月6日，恩格斯的革命伴侣玛丽·白恩士（1823？—1863）猝然去世。当天恩格斯有事外出。玛丽很早就上床休息了。当其妹妹莉希·白恩士（1827—1878）在夜间不到十二点准备睡觉时发现，姐姐已经停止了呼吸。前几天还安然无恙，现在突然去世，怀疑不是心脏病就是脑出血。玛丽突然去世，恩格斯极度悲伤。作为朋友，马克思表示了哀悼。但是，在1月8日的回信当中，马克思在草草表示"极为意外""极为震惊"之后，紧接着开始"哭穷"："我打算在法国和德国设法弄一点钱没有成功，而且很明显，靠这十五英镑我只能阻止雪崩几个星期。更不用说，除了肉商和面包商，任何人都不再赊账给我，而且到这星期末连他们也要停止赊欠了——为了学费、为了房租和为了世上的一切，我被逼得喘不过气来。那些得到了几英镑债款的债主，狡猾地把这些钱塞进口袋里，又更使劲地向我逼债。加上孩子们上街没有鞋穿，没有衣服穿。一句话，魔鬼找上门了。"① 看到老友对自己爱人去世和自己的悲伤如此"冷酷无情"，恩格斯极度失望，极度生气，只好进行了冷处理。其实，马克思在发出信后就知道自己犯错和失礼了，开始向恩格斯不断赔礼道歉。

恩格斯之所以生气，是因为玛丽在其心目中具有崇高无比的位置，他们二人是因为革命的事业而走到了一起。当时，英国的上流社会尤其是资本家都过着"三妻四妾"的生活。明面上，他们一般只有一位妻子，但暗地里"妻妾成群"，在外面普遍另有一个以上的家庭。因而他们对这种现象都抱着听之任之的态度，而且从不打探对方的隐私。与此截然不同，恩格斯只有一个爱人（革命伴侣），只有一个家庭（革命家庭），显示出了自己对爱情的忠贞和对家庭的忠诚。当然，在这样的社会环境中，资产阶级也好，朋友也好，对恩格斯的"两重生活"也就见怪不怪了。在曼城的岁月当中，位于海德路的玛丽住处是恩格斯的避风港，是恩格斯真正的家。在这里，保存着党的档案资料，有恩格斯的笔记和手稿，有与马克思和其他欧美无产阶级及民主主义代表人物的来

---

① 马克思，恩格斯. 马克思恩格斯全集：第30卷. 北京：人民出版社，1975：309.

往信件，有整套的剪报资料，有秘密的情报资料。恩格斯随时准备着将这些宝贵的资料交给党，交给马克思。在这里，恩格斯自由放松，可以静心研究理论，可以安心从事写作，可以全心为党工作。从玛丽这样一位平凡而伟大的女性那里，恩格斯得到了心灵的慰藉。但是，她在毫无"名分"当中年仅 40 岁就安静地走了。这对资产阶级婚姻和家庭制度是多么大的嘲讽啊，这对恩格斯是多么残酷的打击啊！因此，恩格斯不能容忍马克思的冷漠。但是，看到老友这么懊悔，恩格斯就放下身段了。看在革命友谊的份上，恩格斯表示谅解。1863 年 1 月 26 日，他在给马克思的信中说："对你的坦率，我表示感谢。你自己也明白，前次的来信给我造成了怎样的印象。同一个女人在一起生活了这样久，她的死不能不使我深为悲恸。我感到，我仅余的一点青春已经同她一起埋葬掉了。我接到你的信时，她还没有下葬。应该告诉你，这封信在整整一个星期里始终在我的脑际盘旋，没法把它忘掉。不过不要紧，你最近的这封信已经把前一封信所留下的印象消除了，而且我感到高兴的是，我没有在失去玛丽的同时再失去自己最老的和最好的朋友。"[①] 尽管仅余的一点青春已经随同自己心爱的女人一起埋葬掉了，但因为无产阶级解放这一伟大的事业要求，两颗伟大的心脏仍然共同跳动。

拉法格笔下恩格斯的"两重生活"

从那时候起一直到 1870 年，恩格斯仿佛过着两重生活。一个星期当中有六天，从上午 10 时到下午 4 时他是商人，职务主要是用几种文字为公司起草与国外来往的信件并出入交易所。为了接待商界的熟人，恩格斯在市中心区设有一处专用寓所，而城郊的那所小房子，只有他那些政治上和学术上的朋友才能登门。在这些朋友中有化学家肖莱马，还有后来把《资本论》第一卷译成英文的赛米尔·穆尔。[②]

除了与马克思、肖莱马、穆尔保持友谊之外，恩格斯还与"勇敢的忠实的高尚的无产阶级先锋战士"威廉·沃尔弗建立和发展了深厚的革命友谊。沃尔弗出生在西里西亚弗兰肯施泰因附近的塔尔瑙一个世代相承的依附农民家庭，

[①]　马克思，恩格斯. 马克思恩格斯全集：第 30 卷. 北京：人民出版社，1975：314.

[②]　拉法格. 忆恩格斯//中共中央马克思恩格斯列宁斯大林著作编译局. 回忆恩格斯. 北京：人民出版社，2005：21-22.

1829 年入布雷斯劳大学学习，课余兼职做私人教师，勤工俭学。由于参加革命活动曾经被逮捕。1846 年 4 月，在布鲁塞尔与马克思和恩格斯结识，加入布鲁塞尔共产主义通讯委员会，参与共产主义者同盟的创建，并任同盟机关刊物《共产主义杂志》的主编。自此，三人建立起了诚挚的战斗友谊。1848 年 3 月在巴黎成为共产主义者同盟新的中央委员会成员。后来，与马克思和恩格斯一道签署同盟中央文件《共产党在德国的要求》，参加马克思主持的《新莱茵报》编辑部的工作。其间，他撰写了《西里西亚的十亿》等许多政论文章。他根据确凿事实和统计材料对农民受剥削的情况做了全面的描绘，并要求把地主以赎金形式从农民那里盗走的 10 亿法郎归还给农民，尖锐地揭露了封建反动势力。他的作品产生了广泛的社会影响。1849 年，沃尔弗作为议员参加全德国民议会，其在议会所做的要求宣布帝国摄政王和大臣为人民叛徒的发言引起了社会震动。革命失败后，于 1854 年移居曼城。恩格斯为他谋得了一份私人教师的固定职业，他以出色的业务能力和卓越的才华稳定和扩大了生源，得到了学生和家长的广泛好评，从而保证了生活来源。在曼城期间，恩格斯与他几乎天天见面。他是恩格斯在曼城唯一的革命同志。由于沃尔弗非常勤勉且十分节俭，到去世的时候，他竟然积存了 1 000 英镑。他的遗嘱是，给曼彻斯特席勒协会、恩格斯、博尔夏特（在曼城的德国医生，恩格斯的熟人）各 100 英镑，其余约 600 到 700 英镑以及书籍和其他财物都留给马克思。这样，就使马克思全家过了一年不再操心金钱的日子，保证了马克思的政治经济学研究工作。沃尔弗去世后，1876 年 5 月底（或 6 月初）到 9 月中，恩格斯撰写了《威廉·沃尔弗》一文，先在《新世界》杂志上分 11 期发表，后作为《西里西亚的十亿》一书 1886 年哥丁根-苏黎世版的序言出版。因此，后人认为："伦敦的马克思、曼彻斯特的恩格斯和沃尔弗，组成了无产阶级先锋的三执政。"[①]没有沃尔弗，马克思不会成为马克思，恩格斯也不会成为恩格斯。当然，反过来说也成立。

在曼城期间，恩格斯保持着与宪章运动的联系，与其领袖琼斯和哈尼也建立了友谊关系。他们是恩格斯"朋友圈"当中的重要成员。恩格斯不时为宪章派的报纸写一些文章。

在曼城期间，恩格斯还参与了"阿尔伯特俱乐部"和席勒协会的活动。当

---

① 克利姆.恩格斯文献传记.中央编译局，译.长沙：湖南人民出版社，1986：299.

时，在曼城有大约 1 000 名德国侨民，上述两个团体是以德国侨民为主的社团。前者是一个救济在曼城遭受贫困的外国人的协会，后者是一个在曼城的德国侨民的文化生活和社会生活活动的中心。通过这两个社团，恩格斯团结德国侨民，开展了大量民主主义活动。1864 年 7 月 7 日，恩格斯当选为席勒协会理事会的理事，同月又被选为协会主席。在担任协会主席期间，恩格斯将协会的图书馆和阅览室的支出从 100 英镑增加到了 170 英镑，沃尔弗去世时给协会捐款 100 英镑。恩格斯当选主席两年以后，协会会员达到 300 多人，图书馆藏书达到 4 000 多册，阅览室订阅 55 种杂志（大部分是德文杂志）。后来，由于协会不顾恩格斯的反对邀请庸俗唯物主义者和小资产阶级民主主义者福格特来演讲，恩格斯愤然退出协会。

当然，作为工厂主或资本家，恩格斯还要装点门面，因此，他与厂主和绅士的纨绔子弟们一道参加了猎狐协会和狩猎协会，成为威风凛凛的骑手。1857 年 12 月 31 日，恩格斯在致马克思的信中说："星期六我去猎狐，骑了七个钟头的马。这样的活动往往使我有好几天非常兴奋。这是我所知道的最好的体育娱乐。在整个打猎场上，我只看到两个人比我骑得好，不过他们的马也比较好。这使我的健康完全恢复。至少有二十个人从马上摔下来，有两匹马报废了，打死了一只狐狸（我看着打死的）；此外没有发生什么事故。根本没有真正的捕狐猎人；他们的骑术当然要比我好得多。给鲁普斯的贺信一定转去。"① 后来，恩格斯甚至劝说马克思练习骑马。到 65 岁的时候，恩格斯还定期到野外骑马奔驰，以恢复和放松身心。

同时，恩格斯也热衷于厨艺。1852 年 11 月 22 日，他在给自己的胞妹玛丽亚的信中说："半年来我都没有机会施展一下我做龙虾沙拉的公认的本领了——多么可怕啊，这会使人变得非常消沉！"② 显然，恩格斯是一个充满了生活趣味的人。

其实，恩格斯生活很节俭。住到玛丽处，就是为了省钱。恩格斯知道，如果自己每年为党节省 150 英镑，那么，这些钱就相当于社会民主主义流亡者委员会 1849 年募捐总数的一半。为了革命，既要装点门面而花钱，又要支援困难同志而省钱。这就是恩格斯在曼城的真实的生活，这就是恩格斯生活的辩证法。

---

① 马克思，恩格斯. 马克思恩格斯全集：第 29 卷. 北京：人民出版社，1972：237 - 238.
② 马克思，恩格斯. 马克思恩格斯全集：第 49 卷. 2 版. 北京：人民出版社，2016：310.

第 7 章

合伙的事业
—— 对《资本论》第一卷的贡献

你知道，如果你能在我的主要著作（到目前为止，我只写了些小东西）中直接以合著者的身份出现，而不只是被引证者，这会使我多么高兴！①

在恩格斯于曼彻斯特生活和工作的二十年间，马克思的主要工作集中在建立科学的无产阶级政治经济学（工人阶级政治经济学）上。在这一时期，马克思完成了《政治经济学批判（1857—1858 年手稿）》《政治经济学批判（1861—1863 年手稿）》等卷帙浩繁的政治经济学著作；在此基础上，他创作完成并出版了《资本论》第一卷，在劳动价值论的基础上正式形成了剩余价值理论。这是马克思在科学上的第二个伟大发现。尽管《资本论》的唯一署名人为马克思，但是，恩格斯是《资本论》当之无愧的第二作者，他将自己的智慧和胆识奉献给了《资本论》创作事业，为科学的无产阶级政治经济学的形成做出了不可磨灭的贡献。

1. 问题的切磋——参与马克思的政治经济学研究

在马克思还未开展政治经济学研究之前，恩格斯就已经发表了《英国工人阶级状况》《国民经济学批判大纲》等经济学著作。尤其是后者被马克思称

---

① 马克思致恩格斯（1866 年 7 月 7 日）//马克思，恩格斯. 马克思恩格斯文集：第 10 卷. 北京：人民出版社，2009：238.

为"批判经济学范畴的天才大纲"。这部著作既奠定了批判资产阶级政治经济学的科学基础，也奠定了恩格斯与马克思合作从事政治经济学研究的思想基础。即使到了 1860 年 1 月到 2 月初，为了研究政治经济学问题，马克思还重新阅读了恩格斯的《英国工人阶级状况》一书。在建立科学的无产阶级政治经济学的过程中，马克思与恩格斯保持着密切的学术交流，经常就写作中遇到的各种经济学问题交流意见。

土地耕种的历史序列与级差地租问题，是恩格斯和马克思讨论的一个重要话题。在 19 世纪 50 年代初期，马克思主要围绕着李嘉图的经济学说展开研究。马克思在研究中发现，李嘉图将地租看作生产费用和土地产品的价格之间的差额，其实问题仍然是使地租规律和整个农业的生产率的提高相符合。马克思认为："地租是由于不同的生产费用所得到的产品的价格平均化而产生的，但是这种市场价格规律不过是资产阶级竞争的规律而已。"① 1851 年 1 月 7 日，马克思在致恩格斯的信中询问他对这个问题的看法。1 月 29 日，恩格斯在回信中谈了对这个问题的意见。就李嘉图的观点，恩格斯认为，他把地租说成是各类土地的生产率之间的差额，但他在论证这个命题时存在着以下问题：一是除了说人们要去耕种愈来愈坏的土地以外，没有举出任何别的理由；二是完全忽视了农业进步；三是几乎完全抛开了人们要去耕种愈来愈坏的土地的说法，而始终强调这样一种论点——连续投入一定的土地上的资本，使收益增加得越来越少。在恩格斯看来，需要论证的命题本身是很清楚的，而在论证中举出的理由与这个命题却毫不相干。就马克思的观点，恩格斯认为，这种关于地租的新观点是完全正确的。他指出："毫无疑问，你对问题的解决是正确的，这使你有新的理由获得地租问题经济学家的称号。如果世间还有公理和正义的话，那么至少一年的全部地租现在应该归于你，这还只是你有权要求的最低数目。"② 最后，恩格斯建议马克思写作一篇论述地租问题的文章，由自己负责翻译，在英国的一家杂志上发表。恩格斯认为，这将会产生巨大的影响。

马克思十分重视科技进步成果在农业上的运用及其对于地租的影响。1845 年 4 月 26 日和 5 月 3 日《经济学家》杂志第 17 期和第 18 期上发表了《引人注意的发现——电和农业》一文。该文论述了苏格兰农民成功利用电力进行农作

---

① 马克思，恩格斯 . 马克思恩格斯文集：第 10 卷 . 北京：人民出版社，2009：66.

② 同①67.

物栽培和生产的问题。既然电力对农业生产有积极影响，那么这势必会影响到地租。马克思在阅读和摘录这篇文章之后，于 1851 年 5 月 5 日写信给恩格斯。他说自己看不懂这篇文章，请恩格斯用德文解释一下，并让恩格斯谈谈自己的看法。经过研究之后，恩格斯于 5 月 9 日在回信中说，这里有两个问题悬而未决：一是用这种方法能从大气中得到多少电，二是这种电对植物的发芽和生长会起什么作用。前者涉及拉线过程中受地磁影响产生的偏差，后者涉及农作物过早发芽可能遇到的霜冻问题。就后一个问题，恩格斯指出："如果电对植物的发芽和生长具有积极的作用，那么它就会使植物春天发芽过早，并使植物受到夜间霜冻等等的威胁。这种情况无论如何是必定会发生的，只有在冬天把架空的导线和地下的导线都截断才能补救。关于这一点，这个人也只字不提。用这种方法取得的电要么没有积极的作用，要么会造成过早的发芽。这一点也是应该说明的。"① 这里，恩格斯的自然科学素养和自然辩证法研究派上了用场。1869 年 11 月，根据正在研究地租问题的马克思的要求，恩格斯阅读了美国庸俗经济学家亨·查·凯里的《社会科学原理》一书，特别注意到其关于地租的论述。

货币流通量与商品价格的关系问题，是恩格斯和马克思讨论的第二个重要问题。1851 年 2 月 3 日，马克思向恩格斯提起货币流通理论问题。从李嘉图开始，古典经济学认为，金属货币的数量和其增减，同贵金属的流进或流出、贸易的顺差或逆差、汇率的有利或不利有关。马克思则认为，与之没有任何关系。马克思讨论这个问题的出发点是：贵金属的流进是同物价还不高但正在上涨、资本有剩余、出口超过进口等兴旺景象相联系的。黄金的流出则同相反的条件、相应的变化相联系。经过思考，2 月 25 日，恩格斯对此给出了答复。一是在萧条时期，金条的单纯流出本身就足以使银行摆脱金条过剩的现象，银行没有必要降低自己的利率。二是在萧条正在发展的时期，向银行挤兑同样可能发生，这可能由最通常的商业关系造成，动摇不了银行的信用。三是在结果上，通货的一部分将成为过剩，但这是与通货无关的萧条的结果，只是在最后才实际上显著地表现出来。在恩格斯看来，这个问题本身是完全正确的，并且对于把复杂的流通理论变为简单明了的基本原理大有帮助。

固定资本的折旧与补偿问题，是恩格斯和马克思讨论的第三个问题。1851

① 马克思，恩格斯. 马克思恩格斯全集：第 48 卷 . 2 版 . 北京：人民出版社，2007：268.

年 3 月 31 日，马克思写信向恩格斯询问：商人、工厂主等怎样计算他们自己消耗的那一部分利润？这些钱是从银行家那里取，还是怎样取？4 月 3 日，恩格斯答复说："商人作为一个公司，作为一个利润获得者，和同一个商人作为消费者，这在商业中是两个完全不同的互相敌对的人。商人作为公司，叫做资本账目或相应地叫做盈亏账目。商人作为吃、喝、住和养育子女的人，叫做家庭费用账目。资本账目把从商业领域转移到私人腰包的每一分钱记入家庭费用账目。因为家庭费用账目只有借方，没有贷方，从而是公司的最坏的负债者之一，所以到年终时，家庭费用账目的借方总额就将构成纯亏损并从利润中扣除。"① 例如，10 万塔勒的资本获得 1 万塔勒的利润，而 5 000 塔勒花费掉了，那么，算起来利润是 10%；而在把一切都正确地过了账之后，下一年的资本账目中的借方就是 105 000 塔勒。

　　1858 年 1 月 29 日，马克思请恩格斯解释不同种类的企业里资本周转的问题以及资本周转对利润和价格的影响问题。1858 年 3 月 2 日，马克思向恩格斯询问有关机器设备更新期限和固定资本补偿的问题。恩格斯答复说，机器设备平均 13 年更新一次。1867 年 8 月 26 日到 27 日，应马克思的要求，恩格斯研究有关固定资本的补偿和折旧基金的使用问题。他收集了曼彻斯特一些工厂的实际资料并把自己对这一问题所做的两个计算表寄给马克思。

　　经济危机问题，是恩格斯和马克思讨论的第四个问题。在马克思看来，没有经济危机就不会有重大的革命事件，因此，他与恩格斯频繁讨论到经济危机问题。1851 年 10 月 13 日，马克思询问恩格斯：商业危机的情况怎样？10 月 15 日，恩格斯答复说，危机到底怎样发展，还很难说。自此，经济危机问题进入马克思和恩格斯的研究视野。1853 年 4 月 26 日，在给马克思的信中，恩格斯引述了说明英国和法国的工商业衰落以及表明资本主义繁荣的不稳定性的材料。1853 年 10 月 12 日，马克思在给恩格斯的信中分析了法国的形势，建议恩格斯写一篇关于即将到来的经济危机可能给波拿巴制度带来的后果的文章。1856 年，根据种种迹象，马克思预感到一场决定性的阶级大搏斗即将开始。1856 年 4 月 14 日，恩格斯在致马克思的信中指出："现在正进入这个投机狂的最后阶段：俄国正在输入资本和投机；而由于它的国土广大，要修筑的铁路长达数百英里，投机看来将大大发展，很快就要完蛋。当我们听到其支线通往

---

① 马克思，恩格斯．马克思恩格斯全集：第 48 卷．2 版．北京：人民出版社，2007：240.

北京等地的伊尔库茨克大铁路的消息时，我们就该收拾行李了。这一次的崩溃将是前所未闻的；一切因素都已具备：激烈紧张，广泛普遍，一切有产的和统治的社会阶层都牵涉进去。可是特别有趣的是英国的先生们，他们深信，这里占统治地位的'健康的'商业不会发生任何类似的事情。"① 因此，恩格斯和马克思期待着经济危机的发生，希望以此来带动革命。

　　1856 年秋天，经济危机爆发，造成了失业增加、住房和食品缺乏、税收增加和日用必需品涨价等问题。马克思希望恩格斯多提供经济危机的第一手资料。1856 年 11 月 17 日，《卫报》上有一份关于法国的破产情况的有趣统计表，恩格斯将之寄给了马克思。他指出，金融危机有些起伏并逐渐加剧，看来将会像慢性病似的拖一冬天。其结果，它到春天爆发要比现在爆发激烈得多。因此，恩格斯预测到："这种慢性的紧张拖得越久，波拿巴集团的丑恶行径将暴露得越多，到现在为止还不知道详情的工人们将更愤怒。"② 1857 年 10 月到 1858 年 2 月，马克思收集了大量有关英、美、德、法等国的危机进程的材料，做了摘录、剪报，在报刊文章中标划重点，同时准备了专题笔记本，记录这些国家的危机发展的主要过程和所引发现象，详细地研究了普遍的经济危机的发展。他同恩格斯在通信中讨论了危机问题，恩格斯向他提供了许多有关曼彻斯特的危机进程及其后果的材料。1857 年 11 月 15 日，恩格斯把自己对于经济危机发展进程的观察告诉马克思，谈到经济危机在英国的表现、危机对人民群众的革命化的影响。在恩格斯看来，危机的蔓延和持久，是肯定无疑的。"但愿这种朝向慢性危机的'改善'，能够在决定性的主要的第二次打击到来以前出现。为了使居民群众振作起来，一段时期的慢性的压力是必要的。这样，无产阶级在进行打击时就能做得更好，更加熟练，更加协调；这正和骑兵的攻击一样，如果先让马小跑五百步，以便向敌人逼近到能让马飞驰的距离，就能取得好得多的战果。我不希望在整个欧洲完全被席卷以前，过早地发生事变，不然，斗争就会更艰难，更持久，更曲折。"③ 恩格斯还表示，由于革命已经在望，因此，自己在加紧研究军事。1865 年 4 月 12 日，恩格斯写信给马克思，详尽地报道了英国和其他国家棉花危机的发展情况。1866 年 5 月 25 日，应马克思的要求，恩格斯写信介绍曼彻斯特和利物浦两地纺织工业的经济危机的发

---

① 马克思，恩格斯. 马克思恩格斯全集：第 29 卷. 北京：人民出版社，1972：41-42.
② 同①81.
③ 同①203.

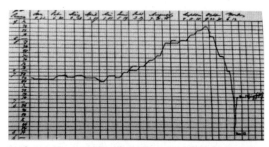

恩格斯在 1857 年 11 月 16 日给马克思的信中所附的奥尔良棉花价格变动表

展情况。

　　显然，恩格斯以其经济学的高超素养和成就、作为资本家管理工厂的丰富的经历和经验，深度参与了马克思的政治经济学研究和《资本论》的创作。

2. 哲学的澄明——《卡尔·马克思〈政治经济学批判。第一分册〉》

　　由于在科学上精益求精、一丝不苟，马克思创作《资本论》经历了一个漫长而复杂的过程。在 1857 年 8 月到 1858 年 6 月之间，马克思写作了大约 50 印张的手稿，形成了《政治经济学批判（1857—1858 年手稿）》，即后来所称的《大纲》。这是《资本论》最早的草稿。1857 年 11 月，他正式拟订了写作计划，拟分资本（包括导言等）、地产、雇佣劳动、国家、对外贸易、世界市场六册成书。其中，第一册（资本）计划分为资本一般、资本的竞争、信用、股份资本四篇。第一篇（资本一般）又分成资本的生产过程（第一章）、资本的流通过程（第二章）、两者的统一或资本和利润、利息（第三章）这样三章。这个三章结构后来成为整部《资本论》三卷框架的基础。原先预想的政治经济学史和社会主义史，将是另一部著作的内容。由于这是一个细致而又庞大的计划，存在着一系列的困难，加上马克思自身的经济原因和健康原因，以及实际工作占用大量时间，马克思最终也未完成这一计划。

　　到了 19 世纪 50 年代，由于革命形势的发展，马克思决定分册逐步出版自己研究的成果，而不是将之作为一个完整的形态一下子呈现在读者面前。1858 年 11 月 29 日，马克思向恩格斯说："我的妻子正在誊抄手稿，恐怕月底以前寄不出去。拖延的原因是：长时期身体不适，现在天气冷了才好了。家务和钱财上的麻烦事太多。最后，第一篇内容更充实了，因为头两章比原来计划的要写得更详细。其中**第一章《商品》，在草稿里根本没有写，第二章《货币或简**

单流通》只有一个简单的轮廓。"① 这里，马克思明确将自己的作品看作"手稿"或"草稿"。1859 年 1 月，马克思完成了《政治经济学批判》一书；6 月，该书在德国出版。它只相当于原计划中的第一册第一篇第一章的前半部分，包括商品、货币两章内容，而没有资本的内容。

尽管其是《资本论》的初篇，但《政治经济学批判》标志着马克思经济学体系已经基本确立。尤其是，该书的"序言"对唯物主义历史观做了一个简明扼要的概括。但是，当时德国党内很多同志对此书的价值和意义不甚明了。1859 年 7 月 19 日，马克思在致恩格斯的信中说："比斯康普想写一篇关于我的《政治经济学批判》的短评等等。我劝阻了，因为他对此一窍不通。可是既然他（在《人民报》上）已经许愿要谈一谈这部著作，所以我请你（如果不在本星期，就在下星期）替他写一写。简短地谈一下方法问题和内容上的新东西。你同时可以借此给这里的通讯员定一个基调并反击拉萨尔要扼杀我的计划。"② 这里，马克思向恩格斯明确提出了评论《政治经济学批判》一书的请求，重点是评论该书在"方法问题和内容上的新东西"。比斯康普是德国民主主义者，曾经参加《人民报》的编辑工作。在很多人满以为这部著作失败的情况下，7 月 22 日，马克思又写信给恩格斯询问书评的写作进展。1859 年 7 月 25 日左右，恩格斯写信给该书的出版商敦克尔，指出有必要在报上刊登关于马克思的《政治经济学批判》一书的出版广告。在这种情况下，1859 年 8 月 3 日到 15 日，恩格斯给马克思的《政治经济学批判》一书撰写了书评，书评的前两部分发表在 8 月 6 日和 20 日《人民报》第 14 期和 16 期上。由于《人民报》停刊，书评没有登完。

恩格斯写作的书评，主要是从哲学的高度充分评价了《政治经济学批判》的历史贡献。

第一，马克思政治经济学的革命变革。尽管政治经济学（国民经济学）是人类文明发展的重要成果，构成了马克思主义思想的重要理论来源，但是，它具有明显的阶级属性，是资产阶级的科学。马克思和恩格斯一登上理论舞台的时候，就明确意识到了这一点，力图超越国民经济学，创立无产阶级自身的政治经济学。从这种阶级分析的立场出发，恩格斯在书评中明确指出："政治经

---

① 马克思，恩格斯 . 马克思恩格斯全集：第 29 卷 . 北京：人民出版社，1972：358.

② 同①442.

马克思请求恩格斯撰写《政治经济学批判》书评

你忘了告诉我，你是否同意写一篇关于我的书的短评。在这里，这些家伙兴高采烈。他们满以为这部著作失败了，**因为**他们不知道，敦克尔直到现在一次也没有登过关于这部著作的广告。如果你要写的话，别忘记说：（1）蒲鲁东主义被连根铲除了，（2）通过最简单的形式、即**商品**形式，阐明了资产阶级生产的**特殊**社会的，而决不是**绝对**的性质。李卜克内西先生对比斯康普说，"从来没有一本书使他这样**失望过**"；而比斯康普自己也对我说，他不明白"有什么用处"。①

济学是现代资产阶级社会的理论分析，因此它以发达的资产阶级关系为前提。"② 只有在英国，才有这样发达的资本主义生产关系，它站到了现代资产阶级发展的最前列，因此，英国的古典经济学最为发达。相比之下，直到1830 年，陈腐可笑的中世纪残余还束缚着德国资产阶级的物质发展。在这样的条件下，不可能形成德国的政治经济学。后来，只是随着关税同盟的建立，为了适应德国资产阶级的需要，英国和法国的经济学才开始输入德国。德国的资产阶级经济学主要有两派。一派是以李斯特为代表的工业家的保护关税派。尽管这一派的著作是对英法经济学的模仿和抄写，但是总不失为德国资产阶级经济学著作中最优秀的作品。另一派是商人的自由贸易派。他们重复英国自由贸易派的言论，但是，他们属于官房学。这是一种浇上了一些折中主义经济学调味汁的无所不包的大杂烩，对于获取个人的功名利禄倒是有用。"当德国的资产阶级、学究和官僚把英法经济学的初步原理当做不可侵犯的教条死记硬背，力求多少有些了解的时候，德国无产阶级的政党出现了。它的全部理论来自对政治经济学的研究，它一出现，科学的、独立的、**德国的经济学**也就产生了。"③ 这种经济学是建立在唯物主义历史观基础之上的，自觉运用了唯物辩证法。这样，无产阶级政治经济学就超越了资产阶级政治经济学。无产阶级政治经济学是由马克思和恩格斯创立的科学体系。就其创始人来看，我们可以称之为马克思政治经济学；就其理论体系来看，我们可以称之为马克思主义政治

---

① 马克思，恩格斯 . 马克思恩格斯全集：第 29 卷 . 北京：人民出版社，1972：445.

② 马克思，恩格斯 . 马克思恩格斯文集：第 2 卷 . 北京：人民出版社，2009：595.

③ 同②596 - 597.

经济学。

　　第二，马克思政治经济学的哲学基础。在《〈政治经济学批判〉序言》（以下称《序言》）当中，马克思对唯物主义历史观进行了经典表述。在马克思和恩格斯刚开始致力于无产阶级解放的时候，当务之急是将唯心主义从其最后的避难所中驱逐出去，向上提升唯物主义和向前发展唯物主义。马克思和恩格斯已经在《德意志意识形态》中圆满地完成了这一任务，即创立了唯物主义历史观。恩格斯将之称为马克思在科学上的第一个伟大发现。但是，由于《德意志意识形态》没有公开出版，因此，无产阶级和社会各界对之知之甚少。正是以唯物主义历史观为哲学基础，马克思进一步创立了无产阶级政治经济学；在研究社会经济运动规律尤其是资本主义生产关系的基础上，无产阶级政治经济学进一步丰富和发展了唯物主义历史观。这是一个双向互动的过程，充分体现了马克思主义的整体性。这样，《序言》就成为唯物主义历史观的经典，第一次以简单明了、系统全面的方式将唯物主义历史观展示在无产阶级、劳动人民和全人类面前。因此，恩格斯指出："这种德国的经济学本质上是建立在**唯物主义历史观**的基础上的。"① 即，唯物主义历史观是无产阶级政治经济学的科学的哲学基础。

　　唯物主义历史观之所以能够成为无产阶级政治经济学的哲学基础，就在于它科学回答了社会历史观的基本问题，实现了人类理论思维发展史上最伟大的革命变革。在唯心主义一统天下的情况下，费尔巴哈恢复了唯物主义的权威，但是，这种唯物主义只是"半截子"唯物主义，即自然观上的唯物主义和历史观上的唯心主义的混合。在科学回答物质和意识关系的同时，马克思和恩格斯科学回答了社会存在和社会意识的关系问题，认为不是社会意识决定社会存在，而是社会存在决定社会意识。他们将社会领域划分为物质生活、政治生活、精神生活、社会生活等几个方面，认为物质生活的生产方式制约着整个社会生活、政治生活和精神生活的过程。只有充分理解了每一个与之相应的时代的物质生活条件，并且从这些物质条件中引申出社会生活、政治生活和精神生活的时候，在历史上出现的一切社会关系和国家关系、宗教制度和法律制度、理论观点才能被理解。这些因素都是物质生活的派生物。因此，恩格斯认为："这个原理，不仅对于经济学，而且对于一切历史科学（凡不是自然科学

---

　　① 　马克思，恩格斯．马克思恩格斯文集：第 2 卷．北京：人民出版社，2009：597.

的科学都是历史科学）都是一个具有革命意义的发现。"① 过去，充其量只存在社会历史学说。唯物主义历史观创立之后，才使关于社会历史问题的学说成为社会科学即历史科学。同样，正是在这样的哲学基础上，政治经济学才成为科学的经济学。

作为对社会历史规律的科学认识，唯物主义历史观的创立具有重大的理论和实践意义。从理论上来看，由于它科学回答了社会存在和社会意识的关系这一社会历史观的基本问题，因此，它给一切唯心主义，甚至给最隐蔽的唯心主义当头一棒，将唯心主义从其最后的避难所中驱逐了出去。对于社会科学来说，它既是科学的世界观，又是科学的方法论。作为一种科学的方法论，唯物主义历史观要求我们在研究社会历史问题的过程中要坚持从社会经济事实出发，详尽地占有材料，找出社会经济事实背后的历史真相和历史规律；在分析每一个社会历史事件和社会历史活动的时候，首先要寻找其背后的物质动因，要发现政治语句和法律语句背后的"物质语句"和"经济语句"，而不是相反。其实，"即使只是在一个单独的历史事例上发展唯物主义的观点，也是一项要求多年冷静钻研的科学工作，因为很明显，在这里只说空话是无济于事的，只有靠大量的、批判地审查过的、充分地掌握了的历史资料，才能解决这样的任务"②。当然，站在今天的理论思维高度来看，这也适用于自然科学。在实践上，唯物主义历史观为无产阶级和劳动人民变革现实资本主义社会、通向共产主义理想社会指明了方向。生产力和生产关系、经济基础和上层建筑构成的社会基本矛盾的运动和发展，推动着人类社会的历史形态的更替。当生产关系束缚了生产力的发展时，社会革命的爆发就有了必然性和合法性，这样，社会革命的时代就到来了。在资本主义社会当中，同样如此。在资本主义社会的胎胞里发展的生产力，同时又创造着解决这种对抗和冲突的物质条件。资产阶级的生产关系是社会生产过程的最后一种对抗形式。因此，恩格斯指出："只要进一步发挥我们的唯物主义论点，并且把它应用于现时代，一个强大的、一切时代中最强大的革命远景就会立即展现在我们面前。"③ 这样，人类的"史前时代"就将结束，人类将进入自由王国。这个自由王国只能是共产主义。

唯物主义历史观的基本观点像一根红线一样，贯穿于德国无产阶级政党的

① 马克思，恩格斯 . 马克思恩格斯文集：第 2 卷 . 北京：人民出版社，2009：597.
② 同①598.
③ 同①597 - 598.

全部文献当中。德国无产阶级政党有一个很大的优点，就是有一个新的科学的世界观作为理论的基础。这个科学的世界观就是马克思主义。对于其他一切无产阶级政党来说，都必须如此。

第三，马克思政治经济学的科学方法。用什么方法对待科学，是建立科学的政治经济学过程中必须解决的一个重大问题。在当时的德国思想界，居于主导地位的是"新的自然科学唯物主义"。这种思想的错误不在于其唯物主义立场，而在于其对唯物主义做了庸俗的理解，将黑格尔当作"死狗"，抛弃了辩证法。即，这是一种不懂得辩证法的唯物主义。恩格斯辛辣地说道："平庸的资产阶级理智这匹驾车的笨马，在划分本质和现象、原因和结果的鸿沟面前当然就一筹莫展了；可是，在抽象思维这个十分崎岖险阻的地域行猎的时候，恰好是不能骑驾车的马的。"① 这样，如何对待黑格尔的遗产就摆在了德国思想界面前。当时，存在着两种倾向。一种是按照形而上学的方式对待政治经济学问题，另一种是按照辩证思维的方式处理政治经济学问题。资产阶级经济学家在写他们那些缺乏内在联系的大部头的经济学著作时，采用的就是前一种方法。无产阶级政治经济学采用的是后一种方法。当然，这不是要直接采用和援引黑格尔的辩证法，而是必须看到黑格尔哲学的二重性。"黑格尔的思维方式不同于所有其他哲学家的地方，就是他的思维方式有巨大的历史感做基础。形式尽管是那么抽象和唯心，他的思想发展却总是与世界历史的发展平行着，而后者按他的本意只是前者的验证。真正的关系因此颠倒了，头脚倒置了，可是实在的内容却到处渗透到哲学中。"② 这样，就需要将黑格尔哲学的内容和形式区分开来。黑格尔哲学具有唯心主义的性质，将世界看作"绝对精神"外化的产物，但是，它体现的是世界辩证运动的总体图景。黑格尔是第一个想证明历史中有一种发展、有一种内在联系的人。只有马克思完成了这种"头脚倒置"的工作，创立了唯物辩证法。

唯物辩证法不是一般唯物主义和辩证法的结合，更不是旧唯物主义（费尔巴哈）和辩证法（黑格尔）的嫁接，而是在新唯物主义基础上对辩证法的革命改造，是在社会实践基础上从客观存在着的自然运动和社会运动中发现了其内在的辩证本性和辩证运动的规律。没有唯物主义历史观的创立，没有发现自然

① 马克思，恩格斯．马克思恩格斯文集：第2卷．北京：人民出版社，2009：601.
② 同①602.

运动和社会运动的内在关联和辩证互动，没有发现社会历史运动的客观的辩证的规律，没有发现社会历史运动的客观性和人民群众的历史能动性的统一，就不会形成唯物辩证法。当然，唯物辩证法始终认为主观辩证法是对客观辩证法的反映。因此，"这个划时代的历史观是新的唯物主义世界观的直接的理论前提，单单由于这种历史观，也就为逻辑方法提供了一个出发点"①。即，唯物主义历史观和唯物主义辩证法是不可分割的有机的整体，没有前者就不会形成后者，没有后者同样不会形成前者。唯物主义历史观结束了过去的全部逻辑学和形而上学，为开辟辩证逻辑和唯物辩证法奠定了科学的唯物主义基础。因此，恩格斯指出："马克思过去和现在都是唯一能够担当起这样一件工作的人，这就是从黑格尔逻辑学中把包含着黑格尔在这方面的真正发现的内核剥出来，使辩证方法摆脱它的唯心主义的外壳并把辩证方法在使它成为唯一正确的思想发展形式的简单形态上建立起来。马克思对于政治经济学的批判就是以这个方法做基础的，这个方法的制定，在我们看来是一个其意义不亚于唯物主义基本观点的成果。"② 这就是说明，唯物辩证法同样是马克思在科学上的伟大发现和伟大贡献，同样是无产阶级政治经济学的科学世界观和方法论。

将唯物辩证法运用到政治经济学研究当中，遇到的一个重要的问题是如何处理逻辑的和历史的关系。在黑格尔哲学当中，已经提出和形成了逻辑和历史相统一的方法。在政治经济学当中，历史应该包括资本主义生产关系的发展历史、作为其反映和辩护的资产阶级经济学的发展历史、作为其批判和取代的无产阶级政治经济学的发展历史以及未来的社会主义和共产主义经济学的发展历史等多个方面。在马克思研究政治经济学的过程中，主要面临的问题是如何处理资产阶级经济学文献和资本主义经济发展的关系问题。按照常规的理解，资产阶级经济学文献的历史发展提供了政治经济学批判的历史线索，经济学范畴出现的历史顺序遵循这种历史发展顺序即可。但是，历史充满了辩证法，常常是跳跃式地和曲折地前进的。如果政治经济学研究对之采取亦步亦趋的态度，那么，不仅会陷入无关紧要的材料纠缠当中，而且会打断思想进程。更为重要的是，写经济学史不能撇开资产阶级社会的历史。这里，存在着如何处理经济学说史和经济发展史的关系的问题，前者属于"主观"的历史，后者属于"客

---

① 马克思，恩格斯. 马克思恩格斯文集：第 2 卷. 北京：人民出版社，2009：602.
② 同①602 - 603.

观"的历史。其实，这里仍然存在如何坚持唯物主义的问题。这样，就要回归到逻辑的方法上来。根据辩证思维的发展和马克思的政治经济学作品，恩格斯指出："逻辑的方式是唯一适用的方式。但是，实际上这种方式无非是历史的方式，不过摆脱了历史的形式以及起扰乱作用的偶然性而已。历史从哪里开始，思想进程也应当从哪里开始，而思想进程的进一步发展不过是历史过程在抽象的、理论上前后一贯的形式上的反映；这种反映是经过修正的，然而是按照现实的历史过程本身的规律修正的，这时，每一个要素可以在它完全成熟而具有典型性的发展点上加以考察。"① 从完全成熟的而且具有典型性的发展点上考察事物，是逻辑和历史相统一方法的要害。

显然，马克思和恩格斯不仅将唯物辩证法运用在了政治经济学研究当中，而且在创立无产阶级政治经济学的过程中进一步向前推进了唯物辩证法。

第四，马克思政治经济学的逻辑结构。在运用唯物辩证法尤其是逻辑和历史相统一方法的过程中，科学的政治经济学要求坚持从"经济关系"出发。这种经济关系不只是人们头脑中发生的抽象的思维过程，而是在某个时候确实发生过或者还在发生的现实过程，因此，它们也是在实践中发展着的，并且可能已经得到了解决。因此，无产阶级政治经济学要从人们遇到的最初的经济关系出发，也就是要从完全成熟的而且具有典型性的发展点上考察事物。

按照这种辩证思维方法，商品应该成为政治经济学的起点范畴，政治经济学应该从商品开始。商品体现的不是物与物之间的关系，也不是人与物之间的关系，而是人与人之间的关系，即生产者和消费者之间的关系。因此，恩格斯旗帜鲜明地指出："经济学研究的不是物，而是人和人之间的关系，归根到底是阶级和阶级之间的关系。"② 政治经济学之所以为政治经济学，就在于不能脱离社会关系尤其是不能脱离阶级关系来看待经济现象和经济问题。当然，这些关系总是同物结合在一起，并且作为物而出现。但是，资产阶级经济学家根本不懂得这一点。在政治经济学发展史上，马克思第一次揭示出这种联系对于整个经济学的意义，从而使最难的问题变得如此简单明了。现在，甚至连资产阶级经济学家也能理解了。

在考察了商品之后，政治经济学就应该进入使用价值和交换价值。在原始

---

① 马克思，恩格斯．马克思恩格斯文集：第2卷．北京：人民出版社，2009：603．
② 同①604．

公社的物物交换中形成的商品，在发达的商品经济社会中，表现为使用价值和交换价值的矛盾。当然，这是经济学当中争论的一个问题。

在说明了使用价值和交换价值之后，就需要考察货币范畴。解决物物交换不可能性问题的办法，就是把代表一切其他商品的交换价值的特性转给一种特殊的商品，即货币。货币具有作为价值尺度的货币、作为流通手段的货币以及实在的货币等职能。

最后，恩格斯得出结论说："逻辑的发展完全不必限于纯抽象的领域。相反，逻辑的发展需要历史的例证，需要不断接触现实。因此这里插入了各种各样的例证，有的指出各个社会发展阶段上的现实历史进程，有的指出经济文献，以便从头追溯明确作出经济关系的各种规定的过程。对于个别的、多少是片面的或混乱的见解的批判，实质上在逻辑发展本身中已经作出了，因此可以叙述得很简略。"① 这样，通过逻辑地再现资本主义经济的矛盾运动过程，逻辑和历史相统一的方法就成为政治经济学的重要方法。无论是在研究方法上还是在叙述方法上，逻辑和历史相统一的方法都具有指导价值。

这样，恩格斯就概述了马克思《政治经济学批判。第一分册》的逻辑结构：商品—使用价值和交换价值—货币。第一分册的叙述到此为止。从货币到资本转化的问题，原计划在第二分册叙述。这里，体现的就是后来《资本论》体系的雏形。

恩格斯《卡尔·马克思〈政治经济学批判。第一分册〉》在中国的最早传播

恩格斯《卡尔·马克思〈政治经济学批判。第一分册〉》由彭嘉生译成中文，曾收入到 1929 年上海南强书局出版的《费尔巴哈论》中；还收入到 1939 年延安解放社出版的由王学文、何锡麟、王石巍翻译的《政治经济学论丛》一书中。

由于《人民报》停刊，恩格斯的书评没有登完。现在，我们把恩格斯的这两篇书评合称为《卡尔·马克思〈政治经济学批判。第一分册〉》。恩格斯的书评概述了马克思著作的基本观点和逻辑结构，科学阐明了其唯物主义历史观基础和唯物辩证法方法，为把握马克思的作品提供了科学的世界观和方法论。

---

① 马克思，恩格斯. 马克思恩格斯文集：第 2 卷. 北京：人民出版社，2009：605.

3. 出版的参谋——推动《资本论》第一卷出版

在完成了《政治经济学批判（1857—1858 年手稿)》之后，马克思又完成了《政治经济学批判（1861—1863 年手稿)》。在仔细研究了马克思拟订的《政治经济学批判》六册写作计划之后，恩格斯积极协助马克思完成了从六册结构向三卷四册结构的理论体系的过渡。即，第一卷包括"资本的生产过程"和"资本的流通过程"两册，论述"总过程的各种形式"的第二卷为第三册，考察"理论史"的第三卷为第四册。1867 年年初，马克思又进行了微调，以第一册为第一卷，第二册和第三册构成第二卷。自此，《资本论》这一科学的艺术的整体框架大体搭建起来。

根据马克思和汉堡出版商奥·迈斯纳的预先商定，整个《资本论》计划分两卷一次出齐，总的页数控制在 60 个印张之内。1866 年 2 月 10 日，恩格斯向正在为痛病病痛所折磨的马克思提出了这样的建议："此外，六十个印张足有厚厚的两大卷。你能不能这样安排一下：至少将第一卷先送去付印，第二卷再晚几个月？这样，出版者和读者都会感到满意，并且实际上一点也不会损失时间。""当事变惊动我们的时候，你即使已经写完了你的书的最后几章，然而却未能把第一卷付印，那又有什么用处呢？"[①] 马克思从善如流，决定首先只出第一卷。接到来信后，他于 2 月 13 日回信说："手稿虽已完成，但它现在的篇幅十分庞大，除我以外，任何人甚至连你在内都不能编纂出版。""此外，我完全同意你的意见，一当第一卷完成，就立即寄给迈斯纳。"[②] 从 1866 年 2 月到 1867 年上半年，马克思参阅了最新的文献，几乎重写了《资本论》第一卷。他把《政治经济学批判》一书的内容经过改写，放在了第一卷开头部分，即现在的整个第一篇"商品和货币"。

在写作的过程中，马克思曾经提议，将恩格斯作为这部伟大著作的第二作者。1866 年 7 月 7 日，马克思在致恩格斯的信中说："你知道，如果你能在我的主要著作（到目前为止，我只写了些小东西）中直接以合著者的身份出现，而不只是被引证者，这会使我多么高兴！"[③] 但是，恩格斯没有接受这一提议。

---

①　马克思，恩格斯．马克思恩格斯全集：第 31 卷．北京：人民出版社，1972：179，180.

②　马克思，恩格斯．马克思恩格斯文集：第 10 卷．北京：人民出版社，2009：235.

③　同②238.

他根本没有贪天之功的想法，只是一如既往地为建立无产阶级政治经济学任劳任怨地工作。

1866 年 11 月 10 日，马克思告诉恩格斯，手稿的第一部分将在下星期寄给出版商。1867 年 4 月 2 日，马克思告诉恩格斯，《资本论》第一卷已经完成，自己打算亲自将手稿送到汉堡。4 月 4 日，接到来信的恩格斯兴高采烈地说："乌拉！当我终于在白纸黑字上看到第一卷**已经完成**，你想立刻把它带到汉堡去的消息时，我禁不住这样欢呼起来。为了使你不致缺少 nervus rerum，随信附上七张五英镑银行券的半截，共**三十五英镑**，其他的半截一接到你通常的电报，就立即寄出。"① 4 月 10 日，马克思从英国伦敦动身前往德国汉堡，亲自将书稿交给出版商迈斯纳。4 月 29 日，《资本论》第一卷开始在莱比锡排印。5 月 5 日，在马克思生日这一天，他收到印刷所送来的《资本论》第一卷第一印张的校样。5 月 19 日，马克思回到伦敦。6 月 3 日，他把《资本论》的前五个印张的清样寄给恩格斯请他校阅和修改。

1867 年 6 月 16 日，恩格斯在给马克思的信中讲了读完《资本论》第一卷第一批校样后的意见。第一，应该用历史方法向庸人证明货币形成的必然性并表明货币形成的过程。恩格斯提出了在第一卷附录中叙述价值形式问题的想法。第二，章节结构应该明晰。恩格斯提出如下建议："这一部分你应当用黑格尔《全书》那样的方式来处理，分出简短的章节，用专门的标题来突出每一个辩证的过渡，并且尽可能把所有的补充说明和纯粹的例证用特殊的字体印出来。这样，看起来可能有点像教科书，但是对广大读者来说要容易理解得多。"② 第三，应该加强辩证阐述。恩格斯认为，《资本论》在辩证阐述方面有很大的进步。谁能够辩证思维，谁就能够理解它。此外，恩格斯还列了一个勘误表，热切地希望马克思再寄五六个印张来校对。按照恩格斯的意见，1867 年 6 月 17 日到 22 日，马克思撰写了《资本论》第一卷第一章的附录"价值形式"。

在仔细读完了将近 36 个印张后，1867 年 8 月 23 日，恩格斯在致马克思的信中谈了自己对修改《资本论》的意见。第一，他充分肯定马克思非常出色地叙述了劳动和资本的关系，认为这种关系在这本书中第一次得到完满而又相互

---

① 马克思，恩格斯. 马克思恩格斯全集：第 31 卷. 北京：人民出版社，1972：285. nervus rerum，这里指的是钱。

② 马克思，恩格斯. 马克思恩格斯文集：第 10 卷. 北京：人民出版社，2009：261.

联系的叙述。第二，他充分肯定马克思已经掌握了工艺术语。第三，他提出了第四章的章节结构的安排问题。第四章大约用了 200 页，但是，只分了四个部分。由于这四个部分的标题是用普通字体排印的，读者很难找得到。恩格斯质问马克思："你怎么会把书的**外部**结构弄成现在这个样子！"他认为，从外在形式上来看，第四章是写得最快、仔细加工最少的一章。"此外，思想进程经常被说明打断，而且对所说明的问题**从未**在说明的结尾处加以概括，以致经常从对一点的说明直接进入对另一点的叙述。这会让人感到非常疲倦，要是不全神贯注的话，甚至会感到混乱。在这里把题目分得更细一些，把主要部分更强调一些是绝对合适的，在准备英文版时这一点一定要做到。"① 重要的是，资产阶级经济学家在这里找不到他们可以突破的任何一个弱点。

恩格斯的上述中肯意见大部分为马克思所采纳，从而进一步加强了《资本论》这个科学的艺术的整体的整体性。

1867 年 9 月 14 日，《资本论》第一卷在德国汉堡公开出版。马克思将这部花费了自己大半生心血的科学巨著献给了自己难以忘怀的朋友、勇敢的忠实的高尚的无产阶级先锋战士——威廉·沃尔弗。其实，如此的荣耀，恩格斯也当之无愧。

4. 沉默的结束——推广和宣传《资本论》第一卷

《政治经济学批判》出版之后，资产阶级尤其是其经济学家三缄其口，采用了"沉默的阴谋"。为了避免八年前的"冷遇"和"尴尬"，这次，恩格斯决定主动出击。他采取的策略是，站在资产阶级立场上攻击《资本论》，以期引起社会各界尤其是资产阶级及其经济学家的关注。1867 年 4 月 27 日，恩格斯在致马克思的信中提出："为了对付那帮无赖文人，这样做是必要的，他们痛恨我们，这我们已经有充分的证据。此外，大部头学术著作如果没有这种辅助手段，要产生影响是很迟缓的，而一旦有了这种手段——想一想《晦涩哲人赫拉克利特》等等——，那就像'着火'一样。但是，这一次必须做得更踏实，更努力，因为这里还有个**财政**结果的问题。如果搞得好，迈斯纳就会乐意接受

---

① 马克思，恩格斯. 马克思恩格斯文集：第 10 卷. 北京：人民出版社，2009：267.

出版文集，因此又可以得到钱，而且更可以获得著作上的新成就。"① 果然，恩格斯具有"革命家"和"资本家"的双重智慧和谋略啊。《晦涩哲人赫拉克利特》为拉萨尔的作品。1867 年 9 月 11 日，恩格斯再度致信马克思说："看来，莱比锡的迈斯纳的人还要把书的发行拖延很久。到处都还没有广告。你认为，为了推动事情，我是否需要从资产阶级的观点对书进行抨击？迈斯纳或济贝耳一定会把这种文章登在报纸上的。至于书会被禁止，我自己不相信这一点，但是任何时候也不能担保某个检查官不会过于热心，如果起诉开始，你可以指靠自己的'朋友'利佩。"② 济贝耳为德国诗人，恩格斯的远亲。1867 年 9 月 12 日，马克思在给恩格斯的回信中说，从资产阶级观点对《资本论》进行抨击的计划是最好的作战方法。在这种情况下，从 1867 年 10 月到 1868 年 6 月底，恩格斯撰写了九篇评论《资本论》的书评（见表 7 - 1）。九篇书评主要涉及以下问题：

第一，《资本论》是工人阶级的《圣经》和武库。《资本论》的出版无疑是经济学领域的革命，尤其是对于像德国这样缺乏政治经济学、庸俗经济学充斥着思想界的国家来说更是如此。但是，《资本论》的贡献和价值远远不止如此。资本和劳动的关系，是全部现代社会体系即资产阶级社会所围绕旋转的轴心，但是，过去的经济学对此根本没有科学的说明，只有《资本论》第一次科学说明了这个问题。这部 50 个印张的学术著作向世人证明：我们的银行家、商人、工厂主和大土地占有者的全部资本，不过是工人阶级的积累起来的无酬劳动。尽管欧文、圣西门、傅立叶等空想社会主义者的著作在现在和将来都有价值，但是，只有马克思才能攀登到最高点，就像一个观察者站在最高的山巅观赏下面的山景那样，把现代社会关系的全部领域看得一览无遗和一清二楚。通过对过去的全部国民经济学著作的考察，通过对资本主义生产方式的剖析，《资本论》为社会主义理论和实践奠定了科学的理论基础。因此，无产阶级政党的所有派别，"都将欢迎这部书，把它看做自己的**理论圣经**，看做一个武库，他们将从这个武库中汲取自己所需的最重要的论据"③。工人阶级和那些具有共产主义意识的青年知识分子能够在《资本论》中找到充足的新的养料。

①　马克思，恩格斯 . 马克思恩格斯文集：第 10 卷 . 北京：人民出版社，2009：249.
②　马克思，恩格斯 . 马克思恩格斯全集：第 31 卷 . 北京：人民出版社，1972：351.
③　马克思，恩格斯 . 马克思恩格斯全集：第 21 卷 . 2 版 . 北京：人民出版社，2003：308.

表 7 - 1　恩格斯评论《资本论》第一卷的书评一览表

序号	写作时间	书评名称	发表时间	发表刊物	备注
1	1867 年 10 月 12 日	为《未来报》写的《资本论》第一卷书评	1867 年 10 月 30 日	《未来报》第 254 号附刊	
2	1867 年 10 月 12 日	为《莱茵报》写的《资本论》第一卷书评	1927 年	《马克思恩格斯文库》莫斯科版第 2 卷	《莱茵报》未发表
3	1867 年 10 月 22 日	为《埃尔伯费尔德日报》写的《资本论》第一卷书评	1867 年 11 月 2 日	《埃尔伯费尔德日报》第 302 号	
4	1867 年 11 月 3 日— 8 日	为《杜塞尔多夫日报》写的《资本论》第一卷书评	1867 年 11 月 16 日	《杜塞尔多夫日报》第 316 号	
5	1867 年 12 月 12 日— 13 日	为《观察家报》写的《资本论》第一卷书评	1867 年 12 月 27 日	《观察家报》第 303 号	
6	1867 年 12 月 12 日— 13 日	为《符腾堡工商业报》写的《资本论》第一卷书评	1867 年 12 月 27 日	《符腾堡工商业报》第 306 号	
7	1868 年 1 月上半月	为《新巴登报》写的《资本论》第一卷书评	1868 年 1 月 21 日	《新巴登报》第 20 号	
8	1868 年 3 月 2 日— 13 日	为《民主周报》写的《资本论》第一卷书评	1868 年 3 月 21 日和 28 日	《民主周报》第 12 期和第 13 期	
9	1868 年 5 月 22 日— 6 月 28 日	为《双周评论》写的《资本论》第一卷书评	1926 年	《马克思主义年鉴》杂志第 1 期	《双周评论》拒稿

第二,《资本论》的研究方法和整体结构。《资本论》的科学性建立在坚持从经济事实出发的历史唯物主义的基础上。在《1844 年经济学哲学手稿》中,马克思就提出了从当前经济事实出发的方法论要求。为了撰写《资本论》,马克思不仅对过去全部国民经济学著作都进行了批判性考察,而且力求从一切实际材料当中发现资本主义生产的固有秘密。资本主义工业的每一个进步都引起了马克思的高度重视。他不是让事实去迁就自己的理论,而是将自己的理论看作事实发展的结果。《资本论》引证的一切实际材料,所包括的大量极有价值

的历史材料和统计材料，都有最可靠的来源，大部分取自英国议会的正式报告。马克思不失公正地着重指出这些材料对于研究一个国家内部社会经济状况的必要性和重要性。因此，恩格斯从哲学的高度指出："作者在此用崭新的唯物主义的自然史的方法论述了经济关系。例如，对货币问题的表述，以及对下面的问题的详细的、非常内行的论证：各个不同的相互接续的工业生产形式——在这里是协作、分工以及与之并存的狭义工场手工业，及至机器、大工业和与它相适应的社会联系和关系——如何自然而然地一个接着一个发展出来。"① 这种崭新的唯物主义的自然史的方法建立在对社会经济运动规律的客观性的科学把握的基础之上，强调社会经济的发展如同自然运动一样是一个客观的自然历史过程。这种方法其实就是历史唯物主义的方法。对于政治经济学研究来说，历史唯物主义既是科学的世界观，又是科学的方法论。

同时，马克思在历史唯物主义的基础上颠倒了黑格尔的辩证法，创立了唯物辩证法。在唯物辩证法的视野当中，一切经济现象、经济行为、经济部门都具有整体性和系统性。过去，人们只是分门别类地看待它们。现在，它们全都互相依赖，既依赖遥远的国家的进步，也依赖紧邻的国家的进步以及世界市场变化无常的行情。其实，这就是世界市场体系。因此，作为其逻辑的再现，《资本论》的每一个范畴、每一个命题、每一个原理直至其体系都具有整体性和系统性。"我们首先可以举出全书巧妙的辩证的总体结构，举出在商品的概念中货币如何已经作为自在地存在的东西被表述出来，货币如何转化成资本。"② 正如马克思本人所讲的，不论其有多少缺点，《资本论》是一个科学的艺术的整体。

第三，剩余价值理论是贯穿《资本论》的红线。与古典经济学的劳动价值论不同，马克思发现了具体劳动和抽象劳动的矛盾，这样，劳动二重性理论成为"理解政治经济学的枢纽"。在科学的劳动价值论的基础上，马克思发现了剩余价值。恩格斯高度评价马克思剩余价值理论的科学贡献。"大家多少知道的社会主义理论的基本学说可以归结为一点：在现代社会中工人并没有得到他的劳动产品的全部价值作为报酬。这个原理也构成了贯穿这部著作的红线，只是它比从前表述得远为明确，更彻底地贯彻到它的一切结论中，更紧密地与国

① 马克思，恩格斯.马克思恩格斯全集：第 21 卷.2 版.北京：人民出版社，2003：335 - 336.
② 同①306.

民经济学的基本原理联系起来，或者更直接地同它们处于对立地位。"① 后来，恩格斯将剩余价值理论看作马克思在科学上的第二个伟大的发现。

理解剩余价值的秘密要从理解劳动力成为商品开始。货币占有者要把货币转化为资本，首先必须在商品市场上找到自由的工人。所谓"自由"具有双重含义：其一，工人是自由人，能够把其劳动力当作其商品来支配；其二，他自由得一无所有，没有任何实现其劳动力所必需的东西。工人出卖的不是其劳动，而是其劳动力。劳动力就是人的身体中存在的、每当人生产某种使用价值时就运用的体力和智力的总和。劳动力成为商品是资本主义经济制度形成的前提条件。"马克思对此作了如下解释：这个谜只有这样才能解开，即我们在市场上找到一种非常特殊的商品，这种商品的使用价值在于创造交换价值。这种商品是存在的，这就是**劳动力**。资本家在市场上购买劳动力，并且让这种劳动力为自己工作，再把它的产品卖出去。因此我们必须首先研究劳动力。"② 像任何商品一样，劳动力商品也具有价值和使用价值。劳动力的价值是生产工人及其家庭所需要的生活资料所必需的劳动时间，劳动力的使用价值能够创造出新的价值即剩余价值。"在现代社会关系中，资本家在商品市场上找到了一种**商品**，这种商品具有特别的性质，这就是，它的**使用是新价值的泉源，是新价值的创造**。这个商品，就是**劳动力**。"③ 这样，恩格斯就用清晰的语言将《资本论》中的劳动力理论尤其是劳动力成为商品构成资本主义经济制度前提的思想呈现了出来。

不变资本和可变资本的划分是马克思提出的新的资本分类法。资本是能够带来剩余价值的价值，在资本主义生产过程中采取劳动资料和劳动力两种形式。投在机器、原料、煤等上面的资本，固然在产品的价值上相应地再现出来，被保存和再生产出来，但是并不能从中产生剩余价值。为购买劳动力而预付的那部分资本则直接参与剩余价值的生产。"这一事实使马克思先生提出新的资本分类法，即把资本分为**不变资本**和**可变资本**。前者是投在机器、原料以及劳动过程所必需的一切其他要素上的那一部分资本。它只是被再生产出来；后者是用来购买劳动力即支付工资的那一部分资本，它不仅被再生产出来，同时还是剩余价值的直接源泉。由此可见，不变资本在剩余价值的生产上不管多

---

① 马克思，恩格斯 . 马克思恩格斯全集：第 21 卷 . 2 版 . 北京：人民出版社，2003：317.
② 同①310.
③ 同①364.

么必要，但是它并不直接参与这种生产，而且，投入任何行业的不变资本量丝毫不会影响该行业所生产的剩余价值量。"① 这样，就科学揭示出了剩余价值的来源。在确定剩余价值率时，不必考虑不变资本。只有把剩余价值量同直接参与创造剩余价值的资本量即可变资本量加以比较，才能确定剩余价值率。用公式来表示就是：$m' = m/v$。m' 为剩余价值率，m 为剩余价值，v 为可变资本。"因此，马克思先生认为，剩余价值率只是剩余价值同可变资本的比：假定劳动的日价格是 3 先令，每日创造的剩余价值也是 3 先令，则剩余价值率为100%。如果像通常那样，认为不变资本是生产剩余价值的一个积极因素，那会落到多么可笑的地步。"② 这样才能客观地展现出资本家对工人的剥削程度。

　　相对剩余价值生产和绝对剩余价值生产是生产剩余价值的两种方法。马克思把工人的劳动时间划分为"必要劳动"和"剩余劳动"两个部分。前者是再生产工人的劳动力价值的劳动时间，后者是超过必要劳动时间而用来生产剩余价值的时间。二者加在一起构成"工作日"。剩余价值的生产主要采用绝对剩余价值的生产和相对剩余价值的生产两种方法。前者是通过延长劳动时间生产剩余价值的方法。后者是在工作日长度不变的情况下，通过缩短必要劳动时间、延长剩余劳动时间来生产剩余价值的方法。在资本主义发展的初期，主要采用前一种方法。但是，这种方法要受到工人的生理极限等方面条件的制约。因此，在资本主义发展的后期，主要采用后一种方法。资本主义主要通过协作、分工、机器等方式实现从前者向后者的转变。马克思研究并描述了三种可以实现这种改进的主要方法。其实，这种转变不仅仅是资本主义通过"技术创新"实现的转变，更为重要的是它是工人斗争的结果。恩格斯指出："英国的工厂工人获得这一法律，是由于多年的坚持，是由于与工厂主作过最激烈最坚决的斗争，是由于新闻出版自由，集会结社的权利，并且由于巧妙地利用统治阶级内部的分裂。这个法律成了英国工人的保护者。它逐渐推广到一切大工业部门，去年，差不多推广到所有行业，至少推广到了一切雇用妇女和儿童的部门。关于英国由法律规定工作日的历史，本书包含着极其详尽的材料。"③ 其实，为规定工作日而进行的斗争，从自由工人在历史上最初出现的时候起，一直延续到现在。

---

　　①　马克思，恩格斯 . 马克思恩格斯全集：第 21 卷 . 2 版 . 北京：人民出版社，2003：440.
　　②　同①.
　　③　同①367 - 368.

剩余价值理论是马克思在经济学上的重大贡献。在国民经济学那里，劳动是一切财富的泉源，是一切价值的尺度。如果两件物品在生产上花费了同样的劳动时间，那么，就具有同样的价值。在一般意义上，只有相等的价值才能互相交换，所以这两件物品就应当能够互相交换。同时，国民经济学又告诉人们，有一种叫作资本的积累的劳动存在；这种东西，由于里面包含辅助的资源，可以使活劳动的生产率增加几百倍、几千倍，因此，它要求一定的报偿。这种报偿叫作利润。其实，事情的真相是，积累的死的劳动的利润，变得越来越大，资本家的资本也变得越来越大；而活劳动的工资，却变得越来越少，只靠工资为生的工人大众越来越多，越来越穷。因此，工人这种超过补偿工资所必要的时间以外的剩余劳动，才是剩余价值和利润的泉源，是资本继续不断增大的泉源。恩格斯指出："新提出的**剩余价值**的范畴是一个进步；我们看不出有什么东西可以反驳下面这个论断：不是**劳动**，而是劳动**力**作为商品在市场上出现；我们认为修改李嘉图的利润率规律（即应该提出剩余价值代替利润），是完全正确的。"① 不仅如此，剩余价值理论还深刻揭露出资本主义生产关系的剥削本质，奠定了无产阶级政治经济学的科学的理论基石。

第四，资本主义积累的后果导致资本主义必然灭亡和社会主义必然胜利。《资本论》第一卷以论述资本的积累而结束。在这个问题上，尽管过去已经写过很多文章，但只有《资本论》提供了很多新的东西，并从新的方面阐明了旧的东西。马克思最独特的是令人信服地证明，与资本的积聚和积累同时并进的是工人过剩人口的积累。在一个国家里，如果工作日的长度已定，那么，要增加剩余价值就只能依靠增加工人数量即增加人口；这种人口的增加是一国总资本生产剩余价值的数学界限。如果工人人数已定，那么，这个界限就由工作日可能延长的程度来决定。但是，在资本主义生产过程中，由于机器生产的发展、农业的改良等方面的技术进步，生产同样数量产品所必需的工人愈加减少了，这样，就使工人过剩的现象甚至比资本的增加更要快得多。一方面，他们形成了产业后备军；另一方面，产业后备军会破坏经常在业的工人的抵抗力量，使他们的工资保持在低下的水平上。归根到底，上述两个积累过程一方面使社会变革成为必要，另一方面使社会变革成为可能。因此，马克思的《资本论》"在与整个经济科学的联系中，论述了资本与劳动的全部关系，把'揭示

---

①   马克思，恩格斯．马克思恩格斯全集：第21卷．2版．北京：人民出版社，2003：306．

现代社会的**经济运动规律**'作为自己的最终目的，并且根据以无可怀疑的专门知识所作的显然认真的研究，得出了这样的结论：整个'资本主义生产方式'必定要被消灭"①。尽管资本主义是长期历史过程的结果，是许多次经济变革的产物，是社会生产的一系列陈旧层次灭亡的产物，但是，它自己最终会走向灭亡。这样，就提出了社会革命的要求，而不是修修补补。

第五，《资本论》科学性的普遍性和具体性的统一。尽管《资本论》具有激进的社会主义态度，但从根本性上来看，它是追求最严格的科学性的高度学术性著作，实现了科学性和阶级性的有机的统一。从其结论来看，《资本论》的结论是放之四海而皆准的真理，具有普遍性。但是，《资本论》的这种普遍性具有具体性。这在于，"贯串于全书的历史观念不允许作者把经济规律看做是永恒的真理，而把它仅仅看做是某种暂时的社会状态的存在条件的表述"②。真理总是具体的，总是与一定的时间、地点、条件结合在一起的。"在这本书中特别引人注目的是下面这一点：作者不是像通常所做的那样，把国民经济学的原理理解为永远有效的真理，而是理解为一定历史发展的结果。在就连自然科学也越来越变成历史的科学的时候（我们可以对照一下拉普拉斯的天文学理论，整个地质学和达尔文的著作），国民经济学到现在为止像数学一样仍旧是一种抽象的和普遍有效的科学。无论这本书的其他论断可能遭到怎样的命运，我们认为，使这种狭隘的观念就此终结是马克思不可抹杀的功绩。"③ 历史科学就是体现普遍性的具体性的科学。

在写就了《资本论》的前两篇书评之后，1867 年 10 月 12 日，恩格斯给德国社会主义者路德维希·库格曼（1830—1902）去信说："为了免得您多费辛苦，我一次写好了两篇文章，阐述了在我看来最能为公众所接受的一些观点，这两篇文章肯定适用于任何一家资产阶级报纸。这两篇东西也许有助于您在还没有亲自读完五十个印张的巨著之前就写出一些其他的文章和短评。主要的不在于写**什么**和**如何**写，而在于使人们来**谈论**这本书，使孚赫、米哈埃利斯、罗雪尔和劳这班家伙也**不得不**来表示自己对它的看法。应当尽量设法在一切报纸上发表文章，不管这些报纸是政治性的，还是其他性质的，只要它们肯发表就行，既要有长篇书评，也有短小简评，主要的是要多要经常。必须使这班先生

---

①　马克思，恩格斯．马克思恩格斯全集：第 21 卷．2 版．北京：人民出版社，2003：309.

②　同①306.

③　同①317 - 318.

1868 年 3 月 21 日《民主周报》上刊载的恩格斯为
《资本论》第一卷撰写的书评剪影

们无疑试图奉行的完全沉默的政策行不通，而且要**尽快**使它行不通。文章的校样希望每一次都能寄一份给马克思，以便我们和迈斯纳都能知道，正在做什么事情。"① 在库格曼的帮助下，其中一篇书评发表在《未来报》上。孚赫、米哈埃利斯、罗雪尔和劳等人是当时德国有名的资产阶级经济学家。

这样，在马克思的支持下，经过恩格斯坚持不懈的努力，形成了一个以恩格斯为主，包括马克思、库格曼、济贝耳、迈耶尔（美国工人活动家）、李卜克内西、拉法格和劳拉（马克思二女儿）以及其他革命友人在内的《资本论》宣传网。他们在许多刊物上相继发表了许多篇宣传和阐释《资本论》的文章，引起了资产阶级和社会各界的注意。结果，杜林等人起来攻击《资本论》。这样，"无论如何，沉默现已结束，该书正在为自己开辟道路，尽管是缓慢的。这一点现在已毫无疑问了"②。恩格斯撰写的九篇《资本论》书评不是单纯的书评，更为重要的是创立无产阶级政治经济学的光辉的文献。

5. 火种的撒播——促进《资本论》的普及和翻译

在出版《资本论》第一卷的同时，恩格斯和马克思就提出了出版《资本论》普及版和外文版的设想，以便促进《资本论》的革命思想的火种在工人群

---

① 马克思，恩格斯 . 马克思恩格斯全集：第 31 卷 . 北京：人民出版社，1972：564.
② 马克思，恩格斯 . 马克思恩格斯全集：第 32 卷 . 北京：人民出版社，1974：126.

众当中和全世界的广泛撒播。

　　1868 年春夏，恩格斯编写了《卡·马克思〈资本论〉第一卷提要》（以下称《提要》）译本小册子。《提要》提纲挈领地概括了《资本论》第一卷的立场、观点和方法，简明扼要地概述了《资本论》第一卷关于商品和货币、货币转化为资本、绝对剩余价值的生产、相对剩余价值的生产等内容。由于其他事务繁忙，恩格斯没有写完这本小册子。《提要》只包括《资本论》的前三分之二，到"机器和大工业"一节为止。尽管如此，但《提要》为无产阶级政党的领导者和其他先进人士提供了学习和掌握《资本论》的科学指南，造就了一代马克思主义理论家和无产阶级革命运动活动家。此后，通俗地解读《资本论》、促进《资本论》的大众化成为恩格斯一直惦记的重要事情。

　　当时，存在着像莫泽斯·赫斯这样附和拉萨尔派的人误读《资本论》从而误导读者的危险。拉萨尔的全部社会主义在于辱骂资本家，向落后的普鲁士容克献媚。拉萨尔头脑中充满了幻想，以为俾斯麦能承担起实现社会主义千年王国的任务。马克思与之截然不同，从客观的经济运动规律的高度揭示出了"两个必然性"，明确了工人阶级在实现"两个必然"中的主体地位。因此，1868 年 9 月 16 日，恩格斯在致马克思的信中提议："你是否认为迫切需要向工人简单通俗地叙述一下你的书的内容？如果不这样做，那就会冒出一个莫泽斯来，他会这样做的，而且会把一切都搞错的。对此你的意见如何？"[1] 这样，恩格斯就提出了面向工人群众编辑和出版《资本论》普及版的建议。

　　恩格斯还想方设法在工人群众中传播《资本论》，并将之与工人运动的具体斗争结合起来。美国内战结束后，美国争取通过立法程序规定八小时工作日的运动如火如荼地开展了起来。美国全国劳工同盟参加了这一运动，并在 1866 年 8 月巴尔的摩全国代表大会上宣布，八小时工作日的要求是把劳动从资本主义奴役下解放出来的必要条件。马克思认为，这一运动具有重大的意义，将争取八小时工作制列入国际工人协会日内瓦代表大会的议程，要求将之作为"全世界工人阶级的共同行动纲领"。在这样的背景下，1867 年 10 月 18 日，恩格斯在致迈耶尔的信中建议："希望您能够引起美国的德文报刊以及工人们对马克思的书的注意。由于在美国现在展开了争取八小时工作日的运动，因此这本书及其关于**工作日**的章节非常合乎时宜，而且总的来说，在许多方面

----

[1]　马克思，恩格斯. 马克思恩格斯全集：第 32 卷. 北京：人民出版社，1974：141.

将使人头脑清醒。您在这方面的每一进展，都将是对争取我党在美国的前途的斗争立下的巨大功劳。"① 当然，只有在《资本论》的指导下，工人阶级才能彻底获得解放。

到了恩格斯晚年，法国马克思主义者加布里埃尔·杰维尔写了《卡尔·马克思的〈资本论〉。简述，兼论科学社会主义》一书，通俗地解读了《资本论》。1883 年 12 月 29 日，考茨基写信告诉恩格斯，打算在德国出版刚刚在巴黎出版的杰维尔的上述著作的译本。1884 年 1 月 9 日，恩格斯回信说："杰维尔的著作就其**理论**部分来说，比其他著作好得多。不过应该：(1) 放弃对《资本论》逐章逐节纹丝不差的摹仿；(2) 删去一切对理解剩余价值理论不必要的东西。这当然就要求对叙述部分进行修改，大大压缩。"② 对于考茨基的翻译工作，恩格斯持有两可的态度。在这种情况下，考茨基放弃了翻译杰维尔著作的计划，决定单独撰写一部解读《资本论》的著作。1887 年，考茨基所著的《卡尔·马克思的经济学说。卡尔·考茨基的通俗阐述和注解》一书出版。可以说，考茨基的这本书是在恩格斯的提议下完成的。

为了让其他国家的工人阶级和进步人士了解《资本论》，恩格斯和马克思在《资本论》第一卷完成之后便已经开始考虑出版《资本论》的外文版了。1867 年 6 月 24 日，恩格斯在致马克思的信中，推荐国际会员英国法学家赛米尔·穆尔（1830 左右—1912）担任《资本论》第一卷的英文翻译工作："关于货币转化为资本的一章和剩余价值的产生的一章，就叙述和内容来说，是迄今为止最光辉的两章。我昨天把它们译给穆尔听，他对它们的理解完全正确，并且对于这种简单的取得结果的方法非常惊异。同时，我解决了由**谁**把你的书译成英文的问题：这就是穆尔。他现在的德文水平能够毫不费劲地阅读海涅的作品，并且会很快地熟悉你的风格（价值形式和术语除外，这我必须大力给以帮助）。自然，全部工作将在我的直接监督下进行。只要你一找到能对他的劳动（注意）**付给**一些**报酬**的出版者，他就会很乐意去做。这个人勤勉可靠，而且具有人们对一个英国人所能期待的理论修养。我已经对他说过，分析商品和货币的那一章，你本人将用英文重新改写。而其余各章也需要有一套翻译黑格尔用语的**术语**（英文的），关于这一点你目前可以考虑一下，因为这是不容易的，

① 马克思，恩格斯．马克思恩格斯全集：第 31 卷．北京：人民出版社，1972：567-568．
② 马克思，恩格斯．马克思恩格斯全集：第 36 卷．北京：人民出版社，1975：84．

但却是必须做的。"① 马克思逝世后，1887 年年初，由穆尔和马克思的三女婿爱德华·艾威林（1851—1898）根据德文第三版翻译、由恩格斯审核校订的《资本论》第一卷英文版分两册在英国伦敦出版。艾威林夫人即马克思的三女儿爱琳娜主动核对引文，把引自英国作者和蓝皮书并由马克思译成德文的许多文句恢复成英文原文。除了少数无法避免的例外，这项工作爱琳娜全部完成了。薪火相传，薪尽火传！就这样，在恩格斯的努力下，《资本论》的革命火种得以向工人群众和全世界广泛撒播。

6. 科学的评价——《卡尔·马克思》（1868 年）

随着唯物史观和剩余价值论这两个马克思在科学上的伟大发现的确立，社会主义从空想变成了科学。因此，在坚持用马克思主义指导无产阶级革命运动的过程中，也迫切需要全面理解马克思个人的生平和贡献。1868 年 7 月底，恩格斯曾为德国《凉亭》这样一份文艺性报纸写过一篇马克思的传记，但是，该报编辑部没有用稿。1869 年 7 月底，恩格斯对这篇初稿进行了加工，完成了一篇马克思传记。这篇传记以《卡尔·马克思》为题，发表于 1869 年 8 月 2 日《未来报》第 185 号上。

针对将拉萨尔看作德国工人运动创始人的错误看法，恩格斯从考察德国工人运动的历史入手，说明在 1848—1849 年革命之前以及在革命期间，在工人当中，特别是在德国西部，共产主义者同盟开展的一系列创造性活动，为今天的工人运动的发展奠定了良好的基础。虽然这个组织得很好的社会主义政党在科隆共产党人案件之后不复存在了，但是，其各个单独的成员仍然继续不声不响地准备着那后来为拉萨尔所利用的土壤。因此，有必要提醒一下："曾经有过这样一个人，他除了把组织这个政党作为自己的终生事业，还把对所谓社会问题的科学研究，即对政治经济学的批判作为自己的终生事业；他还在 1860 年以前就已经发表了自己重要的研究成果。"② 这个人就是马克思，这部著作就是《政治经济学批判》。这样，恩格斯明确指出了马克思是德国工人运动以至全世界工人运动当之无愧的领袖。

在回忆马克思青年时代活动的基础上，恩格斯指出，在《莱茵报》时期遇

---

① 马克思，恩格斯. 马克思恩格斯全集：第 31 卷. 北京：人民出版社，1972：314.
② 马克思，恩格斯. 马克思恩格斯全集：第 16 卷. 北京：人民出版社，1964：407 - 408.

到的物质利益问题，是马克思思想发生转变的关键。"对莱茵省议会辩论的批评，迫使马克思着手研究有关物质利益的问题，在这方面他获得了一些无论法学或哲学都不曾提供的新观点。马克思从黑格尔的法哲学出发，得出这样一种见解：要获得理解人类历史发展过程的锁钥，不应当到被黑格尔描绘成'大厦之顶'的国家中去寻找，而应当到黑格尔所那样蔑视的'市民社会'中去寻找。但关于市民社会的科学，也就是政治经济学，而当时要切实地研究**这门**科学，在德国是不可能的，只有在英国或法国才有可能。"① 正如在辩证法问题上进行的颠倒一样，马克思在市民社会和国家的关系问题方面对黑格尔也进行了颠倒，发现市民社会是一个为了物质利益而斗争的场所。在发现唯物史观的基础上，对市民社会的解剖应该到政治经济学中去进行，因此，马克思将确立无产阶级政治经济学作为自己毕生奋斗的事业。

经过多年艰苦卓绝的研究，在克服了难以数计的物质困难和其他困难的情况下，马克思终于完成了《资本论》第一卷。"这部著作是整个一生科学研究的成果。它是工人阶级政治经济学的科学表述。这里所涉及的不是鼓动性的词句，而是严密的科学结论。任何人，不管他对社会主义采取什么态度，都不能不承认，社会主义在这里第一次得到科学的论述，而且正是德国终于有机会也在这方面作出这种贡献。现在谁还要想同社会主义作斗争，那他就必须对付马克思；而假如他能够做到这一点，那自然也就无需再提到 dii minorum gentium 了。"② 正是在政治经济学尤其是在剩余价值理论的基础上，社会主义成为科学。这是马克思最为突出的贡献。相比之下，一切人物都显得黯然失色，微不足道。

《资本论》绝非单纯的意识形态之作，而是具有高度的科学性，实现了科学性和阶级性的有机的统一。从科学性上来看，马克思批判地考察了古典经济学的著述，利用了英国议会的实证材料，更为重要的是，"他所始终感到兴趣的，归根到底还是他二十五年中以无比的严肃认真的态度进行研究和探讨的科学；这种极其严肃认真的态度，使他在自己对自己的结论在形式和内容上尚未满意之前，在自己尚未确信已经没有一本书他未曾读过，没有一个反对意见未被他考虑过，每一个问题他都完全解释清楚之前，决不以系统的形式发表自己的结论。在我们这个模仿者的时代，有独创见解的思想家实在太少了；因此，如果

---

① 马克思，恩格斯. 马克思恩格斯全集：第 16 卷. 北京：人民出版社，1964：409.

② 同①411 - 412. dii minorum gentium，这里指二流人物。

有这样一个人，他不仅是有独创见解的思想家，而且在他自己的领域里具有无比渊博的学识，那他就应当加倍地受到赞许"①。《资本论》是第一部全面而透彻地描绘了以在英国所具有的那种古典形式存在于劳资之间的实际关系的著作。

马克思将理论家和革命家的品格有机地统一了起来。"除了科学研究之外，当然，马克思还从事工人运动。他是国际工人协会的创始人之一。最近时期，国际工人协会已成为人们谈论的中心，它已经在欧洲许多地方显示了自己的力量。我们认为，我们是可以这样说的：在这个无论如何是标志着工人运动中的一个时代的组织里，德国人正是由于马克思的功劳，也占有一个应有的重要地位。"② 正是由于马克思以大无畏的气概献身于无产阶级的解放事业，德国工人运动以至全世界工人运动才呈现出蓬勃发展的面貌。从根本上来看，马克思首先是无产阶级革命家，是无产阶级革命的伟大导师。

在概括马克思的生平活动的同时，恩格斯还指出："他曾经在一段时期内以评论性月刊形式继续出版'新莱茵报'（1850 年在汉堡出版），此后，他就独自埋头于英国博物馆，着手对收藏在它那庞大的、大部分藏书尚未为人所知的图书馆中的国民经济学著作进行研究。同时，他还定期向'纽约论坛报'投寄通讯稿；一直到美国内战爆发之前，马克思可以说是这个最好的英美报纸的欧洲政治问题方面的编辑。"③ 这说明，马克思并非一个游手好闲、等待恩格斯接济的人，并非恩格斯"养活"了马克思。

这篇恩格斯所写的第一篇马克思传记，以后又被李卜克内西刊登于 1869 年 8 月 21 日《民主周报》第 34 号附刊上。但是，李卜克内西在转载时删去了下面几句话："他的著作的全部内容都是抄袭来的，而且在抄袭时还作了歪曲；他有一个先驱者，一个在智力上远远超过他的人，他一面把这个人的著作庸俗化，同时却对这个人的存在只字不提；这个人的名字就是卡尔·马克思。"④ 显然，德国党内存在着对拉萨尔主义错误估计严重不足的问题。

总之，恩格斯的《卡尔·马克思》是他撰写的第一篇马克思传记，客观记述了马克思追求真理、不懈探索、献身斗争的光辉经历，系统总结了马克思在建立无产阶级政治经济学和指导德国工人运动健康发展等方面的伟大贡献，是研究马克思主义发展史的宝贵的科学的文献。

---

① 马克思，恩格斯 . 马克思恩格斯全集：第 16 卷 . 北京：人民出版社，1964：412 - 413.

② 同①413.

③ 同①410 - 411.

④ 同①408. 这里的"他"指拉萨尔.

第 8 章

将军的兵法
——创立马克思主义军事科学

  如果发生什么军事事件，我就指望曼彻斯特的陆军部会立即给我指示；在棉花和棉纱方面也是如此，这里的报纸对这方面的报道十分可怜。①

  拉法格刚寄来几份法文报纸，现将其中的一份《夜晚报》寄上。或许其中有些东西对您写军事论文有用。您可能想象不到，您的这些文章在这里多么轰动一时啊！这些文章写得如此惊人地清晰明了，使我不能不把您称作小毛奇。②

  在 1848—1849 年欧洲革命的最后阶段，恩格斯直接参加了德国境内的武装起义，开始明确意识到无产阶级必须要有自己的军事科学。革命失败后，在曼彻斯特经商的二十年当中，在马克思致力于建立和完善无产阶级政治经济学的同时，恩格斯坚持研究军事问题，致力于创立无产阶级军事科学，为自己赢得了"将军"的荣誉。1870 年 8 月 3 日，在普法战争期间，马克思在致恩格斯的信中说："如果战争再延续一些时候，那你很快会被公认为**伦敦的头号军事权威**。"③ 确实，创立无产阶级军事科学或马克思主义军事科学，是恩格斯对马克思主义的独创性贡献，同时在世界军事科学发展史上具有重要的地位。

---

  ① 马克思致恩格斯（1853 年 9 月 30 日）//马克思，恩格斯. 马克思恩格斯全集：第 49 卷. 2 版. 北京：人民出版社，2016：468.

  ② 燕妮·马克思致弗里德里希·恩格斯（1870 年 8 月 10 日）//马克思，恩格斯. 马克思恩格斯全集：第 33 卷. 北京：人民出版社，1973：655.

  ③ 马克思，恩格斯. 马克思恩格斯全集：第 33 卷. 北京：人民出版社，1973：29.

1. 军事问题的专门科学研究

在创立马克思主义的时候，恩格斯和马克思就已经科学地揭示出，一切历史冲突的根源都在于生产力和生产关系之间的矛盾，因此，暴力革命是无产阶级革命的普遍规律。1848—1849 年欧洲革命进一步证实了这一点。鉴于军事科学对无产阶级政党领导将来的革命战斗具有重大的意义，1850 年 11 月底，恩格斯在曼彻斯特开始系统研究军事问题，将创立无产阶级军事科学作为自己的重要使命和工作。

从时代背景来看，曼彻斯特的二十年，是资本主义生产迅速发展的时期，同时是资本主义国家内部的阶级矛盾和资本主义世界体系中的民族矛盾空前尖锐的时期，战争较为频繁。在此期间，发生了克里木战争（1853—1856）、西班牙革命战争（1854—1856）、第二次鸦片战争（1856—1860）、印度民族大起义（1857—1859）、意大利第二次独立战争（1859—1861）、西班牙摩洛哥战争（1859—1860）、普奥战争（1866）、普法战争（1870—1871）等一系列具有重要影响的战争事件。这些战争为什么会发生，其背后深层的原因是什么？这些战争具有什么性质，对现实尤其是民众产生了什么影响？这些战争的结局何在，人类在未来如何终结战争？这些时代课题迫切需要做出马克思主义的解答。恩格斯对军事问题的科学研究就是在这样的"时代之问"的背景下开展的。

从主观条件来看，恩格斯具有实战经验和军事敏感性，更适宜开展军事问题的科学研究。1854 年 3 月 30 日，恩格斯向《每日新闻》编辑亨利·约翰·林肯致信，自荐为该报军事专栏撰稿。他自我介绍说："我曾在普鲁士炮兵里受过军事教育。普鲁士炮兵虽然不像它本来可以达到的那样好，但却培养出了一批人，他们，正如我们的朋友尼古拉所说的，使'土耳其炮兵成为欧洲最好的炮兵之一'。后来，我又参加了 1849 年南德意志起义战争时期的战斗行动。多年来，对军事科学的所有部门进行研究已成为我的主要工作之一，而我当时发表在德文报刊上的论述匈牙利战局的一些论文有幸取得的成功，使我确信我的研究没有白费气力。我对欧洲大多数语言都比较熟悉，其中包括俄语、塞尔维亚语，也略懂罗马尼亚语，这就使我有可能利用一些最好的报道资料，也许这在其他方面对您也有用处。至于用英语正确而流利地写作的能力，您从我的文章中自然可以了解。关于我的其他一切情况，如果您想了解，我也乐于奉告，您也可以从您的教育问题撰稿人瓦茨博士那里得知，我同他相识已经有十多年了。"① 在这样的情况下，马克思和恩格斯不自觉地进行了科学的分工：马克思研究经济学问题，创立无产阶级政治经济学；恩格斯研究军事学问题，创立无产阶级军事科学。当然，在实际工作当中，恩格斯和马克思密切合作，珠联璧合。

为了能够保证研究的科学性，恩格斯首先从研究资料收集入手，试图为自己建立一个军事科学研究资料室。1851 年 6 月 19 日，恩格斯在致德国工人活动家约瑟夫·魏德迈的信中说："我自从迁来曼彻斯特以后，就开始啃军事，我在这里弄到的材料，至少对开端来说是足够了。军事在最近的运动中必将具有的重大意义，我往日的爱好，我在报纸上发表的匈牙利军事通讯，以及我在巴登的光荣的冒险经历——所有这些都促使我在这方面下功夫，我想在这方面至少要做到能够发表一定的理论见解而又不致太丢脸。这里现有的关于拿破仑战争和部分革命战争的材料要求事先了解很多历史细节，可是我对这些完全不了解或者只是了解得很肤浅，有关这些细节不是根本得不到解释，就是只能得到一些极为肤浅的解释，而且还要费很大的劲去搜罗它们。"② 他要求魏德迈向他提供研究当中所需要的各种军事资料。

从内容上来看，除了一般的资料之外，恩格斯还想了解当时各个军事部门的概况，想了解现代各种军队之间的差别，例如，想了解野炮炮架等的各种不同的构造，师、军等各种不同的编制和组织。他特别想得到关于军队、军需部门、野战医院的组织情况，以及任何一支军队所必需的装备方面的各种情况。从国别上来看，英国、法国、德国的资料都应该有。恩格斯认为，德国军事著作比法国或英国的同类著作适用得多。至于炮兵学，贝姆的手册也许是最好的。从时间上来看，应该覆盖古代和近代的军事著作。恩格斯表示，自己对早期的历史不太感兴趣。同时，恩格斯希望魏德迈能够提供一些好的专用的德国地图。尤其是 1801—1809 年符腾堡、巴伐利亚、奥地利的地图，1806—1807 年和 1813 年萨克森、图林根、普鲁士的地图，1814 年法国东北部的地图，伦巴第、匈牙利、石勒苏益格-荷尔斯泰因和比利时的地图。他询问：德国有没

---

① 马克思，恩格斯. 马克思恩格斯文集：第 10 卷. 北京：人民出版社，2009：126 - 127.
② 同①77.

有价钱不太贵但又可靠的这类地图集？从代表人物来看，恩格斯首先想到的是维利森和克劳塞维茨（1780—1831）的著作。他问魏德迈：他们两个人的书怎样？从理论和历史方面来说，哪些值得一读，哪些不值得读？1852 年 7 月 15日，恩格斯在致马克思的信中说，德国商人瑙特给他弄到了一批军事方面的书，涉及的主要是关于初等军事科学、实际勤务等方面的内容，还有关于筑城等方面的非常精彩的东西。这些书来自一个退职炮兵军官的藏书，恰好是恩格斯所缺少的。恩格斯认为，有了这些资料之后，自己就可以大胆地在公众面前发表关于军事方面的独立见解了。

马克思大力支持恩格斯的军事科学研究。为了帮助恩格斯研究军事问题，他在英国博物馆的图书馆翻阅军事问题的论著，并开了一张书单寄给恩格斯。1852 年 8 月 19 日，马克思在致恩格斯的信中请他再看一看西吉斯蒙德·塔利上校所著的《匈牙利独立战争时期科马罗姆（科莫恩）的要塞》一书，认为也许对他写作匈牙利战争有好处。马克思说："既然你想认真钻研全部军事学，我在下面再给你开一张有关这个问题的书单，或许其中哪一本你觉得值得购买。"马克思开列的书单包括以下书目：卡里翁-尼萨的《军事艺术通史概论》（1824年巴黎版），考斯勒的《各民族战争史》（1825 年乌尔姆版），《词典》（1825年）和《战役地图集》（1831 年），盖拉尔的《军事艺术全书》（1833 年维也纳第 2 版），《军官手册：军事学大全，供专业和非专业人员使用》（1828 年柏林版），奥·约·米（米勒巴赫尔）的《罗马人的军事学，根据古代文献编写》（1824 年布拉格版），勒尔的《希腊人和罗马人的军事学》（1830 年维尔茨堡第2 版），布莱桑的《围攻战的历史》（1821 年格柏林版），霍伊尔的《军事艺术史》（1797 年格丁根版），尚布雷的《1700—1815 年军事艺术中的变化》（1830年柏林版），施滕策尔的《德国军事组织史，以中世纪为主》（1820 年柏林版），巴托尔德的《格奥尔格·冯·弗伦茨贝格》（1833 年汉堡版）。① 这一书单节约了恩格斯自己查找资料的时间。1855 年 6 月 27 日到 7 月 3 日左右，马克思在英国博物馆的图书馆里为恩格斯收集有关西班牙和那不勒斯军队的材料，恩格斯在写作《欧洲军队》一书时利用了马克思提供的材料。

即使有实战经验，对自己的军事研究才能抱有信心，恩格斯仍然感到自己

---

① 马克思，恩格斯. 马克思恩格斯全集：第 49 卷 . 2 版. 北京：人民出版社，2016：196 -197.

在军事问题方面存在诸多欠缺，需要系统补课。恩格斯说："我在普鲁士王国后备军中只不过是炮手而已，因此对了解战役的细节，我还缺乏中间一环的知识，这种知识是普鲁士尉官考试、而且是各兵种尉官考试时所必须具备的。"当然，这不是指军事操练等的细节，这些对恩格斯毫无用处。恩格斯意识到，自学往往是空话，如果不系统地钻研，根本就学不到什么正经的东西。他向魏德迈说："我是说要一般地熟悉各个军事部门所必需的基本知识，了解和正确评价军事史实所必需的细节知识。例如，基本战术，筑城原理（多少带历史性的，包括从沃邦到现代独立堡垒的各种体系）以及对野战工事和其他有关军事工程问题（如各种类型的桥梁等等）的研究；还有一般的军事科学史和由于武器及其使用方法的发展和改进而引起的变化的历史。再就是需要认真熟悉炮兵学，因为我已经忘了不少，而且有些我根本不知道；还需要其他一些材料，我一时想不起来，不过你一定是知道的。"① 这样，恩格斯就开始系统研究军事科学史。

恩格斯阅读了克劳塞维茨、若米尼、维利森、霍夫施泰特尔、金策尔、戈尔盖以及其他许多人的军事著作。例如，1852 年 7 月初到 8 月，恩格斯研究匈牙利军事活动家戈尔盖的著作《1848—1849 年我在匈牙利的生活和活动》，并在书的页边上做了批注。同时，还研究了关于 1848—1849 年匈牙利战争的其他著作。1856 年 6 月到 9 月，恩格斯阅读法国军事著作家巴赞库尔以波拿巴主义观点撰写的新书《塞瓦斯托波尔陷落前的克里木远征》，并做了摘录，加标题《圣阿尔诺》。1870 年 10 月下半月到 12 月初，恩格斯研究德国军事史学家格·亨·彼尔茨的《元帅奈特哈德·冯·格奈泽瑙伯爵的生平》一书。在自己写的《战争短评》中，恩格斯利用这本书的材料，论证了游击战争这种人民反抗外国侵略者的形式的规律性。

在研究的过程中，恩格斯既注意吸收这些军事家、军事理论家的思想，又对之进行了科学评价。恩格斯研读过中世纪以及 15 世纪至 18 世纪的一些军事著作。其中，阅读过意大利政治思想家、历史学家和军事理论家尼科洛·马基雅弗利②（1469—1527）的《论战争艺术》（*The Arb of War*）和《佛罗伦萨史》等书，并给予高度评价。在恩格斯看来，"马基雅弗利是政治家、历史编

---

①　马克思，恩格斯．马克思恩格斯文集：第 10 卷．北京：人民出版社，2009：78.

②　现一般译作"马基雅维利"。

纂学家、诗人，同时又是第一个值得一提的近代军事著作家"①。这样，就充分肯定了马基雅弗利的军事地位。

恩格斯熟悉瑞士资产阶级军事历史学家和军事理论家若米尼（1779—1869）的军事著作，包括 15 卷的《1742—1801 年革命战争的考据与军事史》和 4 卷本的《拿破仑的政治和军事生涯》等。1851 年 6 月 19 日，恩格斯问魏德迈："你对现在被法国人捧上了天的若米尼先生了解得多吗？我只是从梯也尔先生那里知道他的，众所周知，梯也尔无耻地抄袭过他的东西。这个小矮子梯也尔是当今仅有的最不要脸的撒谎家之一，没有一次战役他能举得出正确的数字。由于若米尼先生后来投奔了俄国人，所以人们当然会认为，他有理由不像梯也尔先生那样把法国人的英勇业绩描写得神乎其神，而在梯也尔的书里，一个法国人总是能打败两个敌人的。"② 1853 年 4 月 12 日，恩格斯又对魏德迈说："若米尼到底是这方面的最好的著作家，而天生的天才克劳塞维茨，虽然写了一些优秀的东西，但是并不完全适合我的口味。"③

为研究 1828—1829 年的俄土战争，恩格斯收集并阅读了德国军事家和军事理论家赫尔穆特·卡尔·伯恩哈德·冯·毛奇（1800—1891）即"老毛奇"的著作。老毛奇的军事论文《1828 年和 1829 年在欧洲土耳其的俄土战争》（1845 年柏林版）考察了俄国在战争中的目的、政策和作用，把战争同政治联系起来。恩格斯阅读过此书，并从中摘录了大量材料。同时，恩格斯还阅读过弗·罗·切斯尼的《从东方现状看 1828 年和 1829 年的俄土战争》等书。

恩格斯还多次阅读了普鲁士军事家和军事理论家克劳塞维茨的军事论著尤其是其代表作《战争论》。克劳塞维茨用 12 年岁月写成的《战争论》，是军事科学思想史上第一部划时代的军事理论经典。克劳塞维茨被西方誉为"兵圣"，《战争论》被西方誉为"兵学的圣经"。1858 年 1 月 7 日，恩格斯对马克思说："目前我正在读克劳塞维茨的《论战争》。哲理推究的方法很奇特，但书本身是很好的。对于是否应当使用军事学术或军事科学这一名称的问题，答案是：战争最象贸易。战争中的会战就等于贸易中的现金支付：尽管它实际上很

①　马克思，恩格斯．马克思恩格斯全集：第 26 卷．2 版．北京：人民出版社，2014：466.

②　马克思，恩格斯．马克思恩格斯文集：第 10 卷．北京：人民出版社，2009：80.

③　马克思，恩格斯．马克思恩格斯全集：第 49 卷．2 版．北京：人民出版社，2016：381.

少发生，但一切仍以它为目的，而且它最后必将发生，并起决定性作用。"①
恩格斯认为，克劳塞维茨在军事方面是全世界公认的权威人士，是第一流的
人物。

　　向来注重调查研究的恩格斯，经常利用各种机会深入军队驻地和军事部门
了解情况，以增加自己对军事问题的感性认识。1857 年 9 月 8 日，在海滨疗
养的恩格斯在致马克思的信中说："昨天我在朴次茅斯参观了所有的军事设施，
这样就只剩下目前已是可怜万状的舰队未见到了。""在朴次茅斯完全象是在我
们的祖国。在城里看不到多少海军，相反地，到处都是尉官，到处都是虚伪的
尊严，装模做样的审慎和带有某种腔调的英语，——军官和绅士就是由这些东
西构成的。人们也几乎总是穿着制服。我看到第四十七团的演习，全是挂着奖
章的刚从地中海来的克里木战争的老兵。比较简单的队形变换还过得去，可是
英国的操典中很多的复杂的'理想的'演习就太差了。由斜向行进的展开纵队
/////编成方阵根本失败，出现了极度的混乱。然而横队的正面行进和展开队
形却很出色。军官指挥时非常镇静，但同我们那里一样在连队里受到咒骂。全
部步法操练是按照我们军队的步法进行的，大概只是步子稍大和稍快一些，而
每个士兵的兴致又更低一些。"② 现在，朴次茅斯海军基地仍然是英国皇家海
军三个现役海军基地之一。1860 年 8 月 11 日，恩格斯观看在牛顿举行的志愿
兵猎兵检阅。接着，在 1861 年和 1862 年，他又两次参观英国为防止法国入侵
而组织的带有民兵性质的志愿兵部队的校阅。通过实地参观，恩格斯了解了志
愿兵的组织编制、军官和士兵的素养、武器装备和训练情况等。1863 年 9 月
底，恩格斯参观利物浦港，了解英国装甲舰队的几艘军舰，并仔细观看它们的
试航。显然，"实践"同样是恩格斯军事科学的出发点和落脚点。

　　1853 年 12 月中，恩格斯曾经力求摆脱欧门—恩格斯公司的工作，想当伦
敦一家报纸的军事撰稿人，以便留有更多的空余时间写他打算写的匈牙利
1848—1849 年革命战争史的著作，并能在伦敦与马克思生活和工作在一起。
但这个想法没有实现。

---

　　① 马克思，恩格斯 . 马克思恩格斯全集：第 29 卷 . 北京：人民出版社，1972：244.《论战
争》现在通常翻译为《战争论》。
　　② 同①161，161 - 162.

2. 埃尔伯费尔德演讲中的未来军事预测

恩格斯在年轻时期就表现出了对军事问题的浓厚兴趣。在与马克思一道创立唯物史观的过程中，恩格斯从唯物主义的高度表明了自己对军事问题的看法。

从 1844 年年底到 1845 年年初，社会主义运动在德国迅速发展，位于莱茵省的埃尔伯费尔德（爱北斐特）定期举行共产主义集会。该市的共产主义者和一些头面人物邀请恩格斯前去发表演说。1845 年 2 月 8 日和 15 日，恩格斯在集会上分别发表演讲，其中涉及战争和军队的产生和消亡的规律问题。

第一，社会革命和武装起义的经济必然性。只要存在贫困，只要产生贫困的经济根源依然存在，社会革命和武装起义就不可避免。恩格斯指出："难道穷人的起义会在贫困和贫困的根源消灭以前停止吗？这是不可能的。承认这种事情就等于否认全部历史经验。就从工人的发展水平，特别是从英法两国工人的发展水平来看，我们也已经有理由认为这种事情是不可能的。"① 对革命的恐惧只是人们的利益互相对立的结果。这样，恩格斯就触及了战争和军队产生的经济根源问题，触及了唯物史观的基本问题。

第二，资产阶级军队的寄生性。在阶级社会尤其是资产阶级社会当中，常备军是统治阶级进行统治的工具。他们不仅不从事物质生产，而且浪费物质财富。"常备军是现代社会必不可少的耗费最大的设施之一，它夺走了一个国家中最强壮、最必需的那部分居民，使这部分居民不能从事生产，使国家不得不供养他们。从我们的国家预算中可以看出，我们为常备军花费了多少：每年花钱 2 400 万，从生产中夺走 20 万双最结实的手。"② 旧军队既浪费物，也浪费人。这样，恩格斯就揭露出了剥削阶级军队的寄生性，坚持了科学的阶级分析。

第三，军队在共产主义社会中职能的变化。即将到来的社会革命不会不触动匮乏和穷困、愚昧和罪恶的真正根源，这样，一定会实现真正的社会改革。那时，军队的职能将发生重大的变化。"在共产主义的组织中，现在由于维持

---

① 马克思，恩格斯. 马克思恩格斯全集：第 2 卷. 北京：人民出版社，1957：624 - 625.
② 同①609.

军队而从文明的人民那里夺走的无数的人力就将重返劳动岗位，他们不仅会生产出自己所消费的产品，而且还能生产出比供养他们自己、比补充社会储备所必需的还多得多的产品。"① 即使发生战争，也只能是对付那些反对共产主义的国家的战争。在这个过程中，社会成员一定会保卫真正的祖国、真正的家园，因此，他们将精神焕发、坚毅勇敢地作战。这样，恩格斯已经触及旧式战争的消亡问题，表明了对共产主义必胜的信心。

恩格斯的这两次演说以《在爱北斐特的演说》为题，发表在《莱茵社会改革年鉴》第一卷上。这是恩格斯从正面集中论述军事问题的最早的科学文献。

在 1848—1849 年欧洲革命期间，恩格斯撰写了《皮蒙特②军队的失败》《匈牙利的斗争》等军事评论，论述了战略和战术等方面的问题，充分显示出了自己的军事才华。为了总结这次革命的经验，恩格斯先后写作了《德国维护帝国宪法的运动》《德国农民战争》《德国的革命和反革命》等文献，提出了武装起义的思想。

1851 年 4 月 3 日，在讲到匈牙利战争的时候，恩格斯在致马克思的信中讲，研究和写作战争史，必须充分占有关于兵力、给养和装备等情况的全部材料，否则，就会闹出笑话。通过研究战争史，他觉得不能抽象地谈论什么"英雄气概"。然而，限于条件，恩格斯没法弄到全面的材料。虽然如此，但恩格斯表示："即使根据现有的资料，还是可以阐明一些问题，也许可以写成一篇相当有意思的论文。"③ 这样，恩格斯就提出了从正面写作军事论文的问题。

为了完成上述约定，1851 年 4 月，恩格斯写作完成了《1852 年神圣同盟对法战争的条件与前景》一文。神圣同盟是指拿破仑帝国瓦解后欧洲各国君主组成的保守主义的政治同盟，以阻止法国大革命思想在欧洲的传播。在这篇论文中，恩格斯第一次对军事学术发展做出了唯物主义解释。这篇论文由五个部分构成，主要包括以下内容：

第一，高度评价了拿破仑的军事统帅才能。通过回顾联军 1792 年到 1794 年对法战争的情况，恩格斯认为，法国将军们虽然在 1794 年也犯了不少错误，但还是比敌方将军们略胜一筹。至于现代的军事艺术，拿破仑已经使它十分完善了。法国大革命中的法国军事思想、战略战术更具有先进性。这种现代的军

---

① 马克思，恩格斯. 马克思恩格斯全集：第 2 卷. 北京：人民出版社，1957：610.

② 皮蒙特，现译作"皮埃蒙特"。

③ 马克思，恩格斯. 马克思恩格斯全集：第 48 卷. 2 版. 北京：人民出版社，2007：241.

事艺术已经举世皆知。人们除了在情况许可时仿效拿破仑，便没有什么别的可做了。拿破仑的不朽功绩在于，发现了战略和战术上唯一正确使用广大的武装群众的方法，而这样的群众队伍的出现只是由于革命才成为可能。

"军事学术"释义

军事学术是关于战争指导和武装力量建设的理论及其应用的各学科的总称，包括战略学、战役学和战术学等主要内容，又被称为军事艺术或战争艺术。故此，中国古代兵学典籍《孙子兵法》被译为"*The Art of War*"（《战争的艺术》）。

第二，分析了神圣同盟国家的军事发展状况。俄国战局使俄国成为整个神圣同盟在大陆战争中的中心。俄国军队构成主力，普鲁士、奥地利和其他国家的军队后来才集结在其周围。俄国军队在联军侵入巴黎之前一直是主力。亚历山大事实上是各国军队的总司令。当然，俄军背后起作用的是其"狗头军师"。从 1848 年起，神圣同盟就已经建立在更加坚固的基础上了。1849 年到 1851 年反革命的发展，使法国以外的整个欧洲大陆对俄国的关系成为纯粹的附庸关系。

第三，系统分析了现代作战体系的条件和构成。现代的作战方法是法国革命的必然产物。现代作战体系的枢轴有两个：一是人员、马匹和火炮这些进攻手段的众多性；二是这些进攻手段的运动性。运动性是众多性的必然结果。摆脱封建制度与行会枷锁的资产阶级和小农，是创建现今的庞大的军队所必需的条件；而与之相联系的富裕程度和文化程度，同样是保证现代军队有必要数量的武器、弹药、粮食等物资，培养必要数量的有素养的军官，以及士兵本身获得必要智力所必需的条件。军队的运动性和机动性是资产阶级军队的重要特点。为此，需要一定的文化条件、经济条件、科技条件。

第四，分析了现代军事体系的文化前提。现代作战体系要求每个士兵具有的普遍的平均文化程度，只有在最发达的国家才可能。在英国，士兵即使是粗野的农民出身，也受到过城市的文明教育；在法国，军队由解放了的小农和城市平民（代服兵役者）组成；在德意志北部，封建制度或者已经消灭，或者在一定程度上采取了资产阶级形式，所以在那里军队有相当一部分名额由城市补充；在奥地利，至少在从封建成分最少的地区招募的那一部分军队中，这样的文化程度看来也是有的。显然，现代军事体系的前提是普遍的平均的文化水平的提高。

第五，分析了作战方法的先进生产力和先进科技前提。从物的方面来看，新的生产力同样是作战方法上每一步新的完善的前提。增长了的生产力是拿破仑作战方法的前提。铁路和电报的发明，一定会给有才干的将军或陆军部长一个采取全新的战法的机会。有了铁路网，才可能更迅速地调兵遣将；有了电报，才可能及时地发号施令。从人的方面来看，生产力的逐渐提高，以及随之而来的人口的逐渐增多，同样提供了征集数量更为众多的兵员的可能性。

第六，具体分析了敌我双方的兵力及其部署。恩格斯指出了法国军队在战争中应采取的对策，提出了增加法国部队数量的方法，提出了要塞由无产阶级和农民自卫军来守卫的建议。

第七，科学展望了未来军事发展问题。恩格斯对 18 世纪末至 19 世纪 50 年代欧洲几个主要国家的军事发展进行了分析。在此基础上，他提出："把一个全新的阶级推向统治地位的新的革命，难道不会像第一次革命那样，催生出新的作战手段和新的作战方法吗？这种新的作战方法，将会使现在的拿破仑式的作战方法显得过时和无用，正像第一次革命时期的作战方法使七年战争时期的作战方法显得过时和无用一样。"① 尤其是，恩格斯对行将到来的无产阶级革命的战略战术、无产阶级革命军事科学理论提出了许多高瞻远瞩的见解。

恩格斯本来没有打算发表这篇文章，只是想"从军事的观点"来详细阐述神圣同盟对法战争的前景，与马克思交流在这个问题上的意见。手稿于 1914 年才首次发表在德国社会民主党的理论性机关刊物《新时代》上。但是，其中的思想在恩格斯 1851 年 12 月中旬至 1852 年 1 月写作的《英国》这组文章中得以表达和发展。在这组文章的第一篇文章当中，论述到了欧洲大陆各国军队尤其是法国军队武装入侵不列颠的可能性问题。

总之，恩格斯在系统研究军事问题初期撰写的上述文章，已经初步表达了无产阶级军事科学的一些重要思想，为创立无产阶级军事科学奠定了初步的基础。

---

① 马克思，恩格斯. 马克思恩格斯文集：第 2 卷. 北京：人民出版社，2009：329.

3. 为《纽约每日论坛报》撰写军事评论

1851 年 8 月，马克思和恩格斯开始为《纽约每日论坛报》撰稿。除了总结 1848—1849 年欧洲革命经验、高度评价中国人民和印度人民反抗殖民主义的斗争之外，恩格斯着墨较多的是"克里木战争"（一称"克里米亚战争"）。

克里木战争（东方战争）是指 1853 年到 1856 年期间发生的俄国与英国、法国、土耳其、撒丁四国联盟之间争夺近东的战争，由于主战场在克里木半岛（一称"克里米亚半岛"），故名。1853 年 3 月，俄国要求土耳其政府承认俄国对奥斯曼帝国境内的东正教臣民拥有特别保护权，遭到土方拒绝后，遂与其绝交，并于 7 月出兵占领土耳其属地摩尔达维亚和瓦拉几亚。土方遂于 10 月 16 日向俄宣战。1856 年 3 月 30 日，这场战争以缔结不利于俄国的《巴黎和约》而告终。

在这样的背景下，1853 年 3 月 10 日，马克思在致恩格斯的信中，要求恩格斯就土耳其问题写点东西。"我现在必须给德纳寄一篇关于高级政治的长篇文章，以便与他保持良好关系，也就是说，要写一篇关于讨厌的东方问题的文章。住在这里的一个可恶的美国佬，企图就这个问题和我在《论坛报》上竞争。但是，这个问题首先是军事和地理方面的，不在我的写作范围之内。因此，你还得再作一次牺牲。土耳其帝国将会怎样，我一点也不清楚。因而谈不出什么总的看法。"[1] 应马克思的要求，恩格斯于 3 月 22 日写就了一篇题为《土耳其》的短文，寄给了马克思。马克思认为该文"很出色"，将之连同自己所写的内容作为一篇完整的通讯寄往《纽约每日论坛报》。这篇通讯以马克思的名义发表在 1853 年 4 月 7 日《纽约每日论坛报》第 3736 号上。这是马克思和恩格斯关于东方问题的第一篇文献。3 月 23 日到 24 日，恩格斯写就了《土耳其问题的真正症结》一文。此前在 3 月 10 日的信中，马克思提出了四点写作的建议。其中，第二点建议为，"俄国对土耳其的侵犯。奥地利的贪婪。法国的野心。英国的利益。这个纠纷的种子在贸易上和军事上的重要性"[2]。《土耳其问题的真正症结》一文体现的就是马克思提出的上述建议。

---

① 马克思，恩格斯 . 马克思恩格斯全集：第 49 卷 . 2 版 . 北京：人民出版社，2016：359.
② 同①.

第一，克里木战争是由物质利益引发的战争。土耳其所处的地理位置决定了其在国际贸易当中具有重要的地位。货物经过黑海的大门是否完全自由，不仅决定着十分广泛的贸易的命运，而且决定着欧洲和中亚之间的基本联系的命运，从而也就决定着在这个广大地区恢复文明的基本手段的命运。这就是土耳其特别是达达尼尔海峡在贸易上的意义。正是由于这个原因，英国和俄国成为死敌。

第二，争夺土耳其对于俄国具有至关重要的意义。争夺土耳其，俄国不仅可以控制出海口，而且可以使黑海成为俄国的内湖。达达尼尔海峡和博斯普鲁斯海峡很狭窄，只要在适当的地方构筑若干设备完善的堡垒，便可能挡住企图通过海峡的全世界联合舰队。俄国一旦占领海峡，马上就会这样做。这样一来，黑海就会成为俄国的内湖，甚至位于俄国腹地的拉多加湖也比不上它。高加索人的反抗也马上就会因饥饿而中止；特拉佩宗特便会成为俄国的港口，而多瑙河就会成为俄国的河流。这样一来，土耳其将分为欧洲部分和亚洲部分两个部分，而这两部分将无法彼此沟通或相互支援。

第三，征服土耳其是俄国征服世界的重要步骤。"这个帝国的西部边界线将变得犬牙交错，弯弯曲曲，同自然边界不一致，这样就要修改边界，于是俄国的自然边界就将从但泽或者斯德丁走向的里雅斯特了。一次征服必然继之以又一次征服，一次兼并必然继之以又一次兼并，所以俄国征服土耳其只不过是兼并匈牙利、普鲁士、加利西亚和最终建立某些狂热的泛斯拉夫主义哲学家所梦寐以求的斯拉夫帝国的序幕而已。"① 唯此，俄国才能称霸世界。这样，恩格斯就揭露出了俄国的真实意图。

这是恩格斯撰写的东方问题的第二篇文章，作为社论发表在 1853 年 4 月 12 日《纽约每日论坛报》第 3740 号上。自此，恩格斯密切关注克里木战争的战事，撰写了 70 多篇战争评论。

在关于克里木战争的一系列评论当中，恩格斯就一些重要的军事学术问题表明了自己的看法。

第一，从纵队式战术到散兵线战术的转变。由于武器装备方面的原因，过去的军队像猎人和守林人，在作战时按照纵队布阵。现在，由于步兵装备了射程远的线膛枪，提高了射击的精度、距离和密度，因而，部队在作战时就放弃

---

① 马克思，恩格斯. 马克思恩格斯全集：第 12 卷 .2 版. 北京：人民出版社，1998：20.

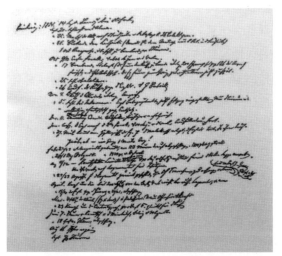

恩格斯于 1855 年 9 月 8 日以后所写的克里木战争大事记

了纵队式的战术，而采用了散兵线的战术。

第二，从防御到进攻的转变。在战争中，要加强战略地区的防御。但是，不能仅仅限于防御，而应该积极进攻，向敌方发起夜袭和偷袭。在突袭后，应该集中力量进行攻击，不给敌方喘息和修整的机会。这就是要把积极防御和各个击破统一起来。

第三，从优柔寡断到集中兵力的转变。在拥有大量军队的条件下，不宜优柔寡断。"迅速集中，强行军，军事智谋，大量兵力对敌人翼侧的迂回，作战基地和作战方向的变换，简单地说，符合真正军事学术原则的大规模的机动和会战，在这里就成为完全必要和理所当然的了。这时，受政治因素影响或优柔寡断的统帅，不可避免地会葬送自己的军队。"[1] 因此，必须集中军队实施主要突击。

第四，从单兵作战到协同作战的转变。在现代作战中，单纯的陆战和单纯的海战可能完成不了既定的军事目标，因此，必须采用陆海协同作战的方式。一旦关于海上和陆上的军事行动的命令下达，这些行动便不再服从外交官的愿望和计划，而只服从其自身的规律。如果违反这些规律，就不免会使整个远征军遭遇危险。各军种和兵种的行动、火力、运动，应该协同推进。

恩格斯提出，只有在欧洲"五大强国"旁边崛起"第六强国"的时候，战

---

① 　马克思，恩格斯 . 马克思恩格斯全集：第 14 卷 . 2 版 . 北京：人民出版社，2013：85.

争的性质才会发生根本性的变化。"在欧洲还有一个第六强国，它在一定的时刻将宣布它对全部五个所谓'大'强国的统治并使它们个个战栗。这个强国就是革命。它已经长久地沉默和退却，但是现在商业危机和粮食匮乏又把它召上战场。从曼彻斯特到罗马，从巴黎到华沙和佩斯——到处都有它的存在，到处它都在抬头，从沉睡中醒来。它复苏的迹象是多种多样的；这些迹象在各地无产阶级的骚动和不安中都可以看到。只要一个信号，这个欧洲最大的第六强国就会披戴灿烂的盔甲、手持宝剑昂然走出来，好像密纳发女神从奥林匹亚神的头脑中出现一样。这个信号将由快要到来的欧洲战争发出，那时，对于列强均势的一切预计都要因新因素的出现而被推翻，这个新的因素将以其永葆青春的活力粉碎旧的欧洲强国及其将军们的一切计划。"① 这就是要将克里木战争转化为革命战争。因此，必须动员工人阶级和劳动人民同各国的反动政府进行斗争。或许恩格斯的估计过于乐观，这样的转变并未发生。但是，利用资产阶级发动的战争进行无产阶级革命，是恩格斯和马克思提出的重要的革命战略。

1857 年 4 月 16 日左右，应病中的马克思的要求，恩格斯撰写关于克里木战争结束后俄国军队实行改革的文章。文章作为社论发表在 5 月 6 日《纽约每日论坛报》上。恩格斯关于克里木战争的评论就此结束。

1856 年 12 月 22 日，马克思在致恩格斯的信中提出："关于普鲁士和纽沙特尔的冲突，你能否给我寄来一些军事上的趣闻？这将非常适时。外交部分我已自己弄出。"② "纽沙特尔"今译为"纳沙泰尔"，在 1707—1806 年是普鲁士所属的一个小邦。1848 年 2 月，纳沙泰尔州宣布成立共和国，彻底脱离普鲁士。1856 年 9 月，纳沙泰尔爆发了保皇派的起义，起义者遭到瑞士政府逮捕。普鲁士国王要求释放被捕者，瑞士要求普鲁士放弃对纳沙泰尔的权利。要求被拒绝后，普鲁士国王以战争相威胁。在法国的干涉下，1857 年 1 月 16 日，瑞士政府决定释放被捕者，普鲁士国王撤销了向瑞士宣战的命令。按照马克思的上述请求，1857 年 1 月 1 日到 10 日之间，恩格斯完成了《山地战的今昔》一文。该文由两部分组成。第一部分分析山地战的一般战略战术，其中有以拿破仑在瑞士的战争为实例的说明，以社论的形式发表在 1857 年 1 月 27 日《纽约每日论坛报》第 4921 号上。第二部分分析了普鲁士军队越过莱茵河入侵瑞士

---

① 马克思，恩格斯．马克思恩格斯全集：第 13 卷．2 版．北京：人民出版社，1998：8.
② 马克思，恩格斯．马克思恩格斯全集：第 29 卷．北京：人民出版社，1972：86.

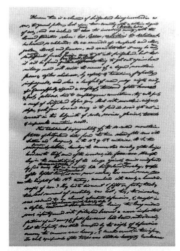

恩格斯《山地战的今昔》手稿的第一页

的可能的方案，以及瑞士联邦如何组织防御的问题。由于现实的冲突已经解决，《纽约每日论坛报》决定不再发表第二部分。

在《山地战的今昔》中，恩格斯认为，进攻在山地战中优于防御。在山地国家进行战争，山地战无疑被视为固若金汤的战略选择。其实不然。"防御者要扼守所有可能被敌人用来对阵地进行迂回的道路，就会分散兵力，以致必败无疑。对这些道路至多只能加以监视，而击退迂回运动要靠预备队的合理使用和各个分遣部队指挥官的正确判断和迅速行动；然而，即使三四路迂回纵队中只有一路获胜，防御者也会陷入极端的困境，几乎等于所有迂回纵队都获得成功。因此，从战略的观点来看，在山地战中，进攻对防御占有决定性的优势。"① 在运动性成为军队主要素质的情况下，更是如此。

从纯粹战术的观点来看，同样如此。一则，防御阵地通常都是狭谷，迂回部队拥有居高临下的优势，能够俯视敌方所占的谷地。二则，由于受到山地地形的限制，构成防御的基础的火力会大为减弱。三则，大部队在高山地带不能生存，也不能在那里安置主要的作战基地和军火库。由此可见，无论从战略观点还是从战术观点来看，我们都会得出这样的结论：在这种战争中，进攻对防御占有巨大的优势。当然，进攻的战略和防御的战略一样都取决于地形，都应具体问题具体分析。

---

① 马克思，恩格斯．马克思恩格斯全集：第 16 卷．2 版．北京：人民出版社，2007：9.

只有采取积极的进攻，山地战才能取得防御的成功。根据上述情况，是不是说防御一个山国是徒劳无益的呢？当然不是。这只是说，防御不应当只是消极的，而应当是积极的。这就是要从机动性中寻求力量，只要有机会，就应当采取进攻行动。从人的因素方面来看，实行积极防御，既需要机敏灵活、经验丰富和指挥熟练的将领，也需要训练有素和行动敏捷的部队。从物的方面来看，军队要善于利用地形，防御者可利用对方进攻部署中的间隙，急速地插到敌方各纵队中间去打击敌人。

山地战是民族起义和人民游击战的重要形式。从蒂罗尔起义（奥地利西部农民对法国军队进行的游击战争，1809—1810）、西班牙反对拿破仑的游击战（1808—1814）、巴斯克的卡洛斯派叛乱（西班牙代表封建贵族的卡洛斯派与资产阶级自由派之间的斗争，1833—1840）和高加索部落反对俄国的战争（19世纪20年代末—1859）的情况来看，还有一种现在大家已很熟悉的山地防御战，即民族起义和游击战。这类战争在山区，至少在欧洲，是绝对需要的。当然，无论如何，甚至在山地居民暂时获胜的起义中，胜利的取得都是进攻行动的结果。人民起义和民族起义的军事艺术，应该不拘一格。

《山地战的今昔》所阐述的关于山地作战进攻和防御两种形式的优劣地位随着军队运动性的增强而变化的观点，以及处于守势的军队必须实行积极防御的看法，具有重要的军事学术价值和军事斗争实际意义。

1855年6月15日，马克思写信告诉恩格斯，《纽约每日论坛报》编辑德纳建议马克思为纽约的进步杂志《普特南氏月刊》撰写论述欧洲军队的文章。"从附上的德纳的信中你可以看到，他要求：（1）为《论坛报》写一篇关于普鲁士军队的文章，篇幅是一栏；（2）为《普特南氏月刊》写一篇关于欧洲各国军队的文章，篇幅是一印张。**如果你没有时间写**后一篇文章，就把材料寄来，我自己写。我对要写的东西不熟悉，文章自然写不好，不过我不能放弃挣10英镑的机会，因为一方面从遗产中应得的钱还没到手，另一方面，开支很大，而且又少写了几篇文章，因为可敬的德朗克在我离开期间**没有给**《新奥得报》写一篇文章（尽管他答应要写），而《论坛报》那里，我透支的窟窿还要填上（**今天寄出的文章才抵上这笔账**）。"① 根据马克思的请求，恩格斯担负起

---

① 马克思，恩格斯. 马克思恩格斯全集：第49卷.2版. 北京：人民出版社，2016：666-667.

了撰写这些文章的工作。

　　1855 年 6 月底到 7 月初，恩格斯撰写了《欧洲军队》一书的第一部分，刊登在《普特南氏月刊》的 8 月号上。这一部分包括法国军队、英国军队、奥地利军队三节。7 月底，恩格斯写完《欧洲军队》一书的第二部分。这一部分包括普鲁士军队、俄国军队、德意志各小邦的军队三节，刊登在《普特南氏月刊》的 9 月号上。9 月，恩格斯完成《欧洲军队》一书的第三部分即最后一部分。这一部分包括土耳其军队等九节，发表在《普特南氏月刊》的 12 月号上。在这本书中，恩格斯提出了以下军事思想。第一，编写军事史的原则。军事史是科学，必须遵循科学的范式。恩格斯指出："军事史，作为一门以正确评价事实为唯一要义的科学还很年轻，有关的著作数量还很有限。然而它是一门已确定的学科，它一天一天越来越多地清扫着那些有如秕糠的无耻而愚蠢的大言狂语。"① 这样，恩格斯就将尊重事实和尊重材料作为研究军事史的科学原则。第二，各国军队应该相互学习。由于各国情况不同，军队的情况自然不同。一国的军队同任何别国的军队都相近似。但是，民族性格、历史传统，特别是不同的文明程度，又造成了许多差异，使各个国家的军队都各有其特殊的长处和短处。因此，大家应该取长补短，相互学习，知己知彼百战百胜。第三，提高军队素质是军队建设的关键。较高的文明程度使一个国家对其不够发达的邻国在军事上享有优势。"军事素质，就勇敢和善战这两点而言，在世界各个不同的民族中间，总的说来都是相当均等的；各民族士兵的差别与其说在于他们能力的大小，不如说在于他们能力的特殊性质；在现今军事公开性已经确立的情况下，只有下功夫在国家的军事制度和资源利用方面多动脑筋，作出改进，有所创造，并发展那些为本国所特有的军事素质，只有这样，该国的军队才能在一段时间里跃居竞争者之首位。"② 因此，提高军队素质是军队建设的首要任务。

　　接着，应德纳的约稿，恩格斯又撰写了一些军事评论。1855 年 9 月 1 日，马克思写信告诉恩格斯，德纳又建议为《普特南氏月刊》写一篇论述现代作战方法中的进步的文章。1856 年 11 月下半月，在准备为《普特南氏月刊》写一组文章的过程中，恩格斯着手研究有关海军方面的文献。为了写作"军舰进攻

---

① 马克思，恩格斯．马克思恩格斯全集：第 14 卷．2 版．北京：人民出版社，2013：530 - 531.

② 同①532.

要塞"的文章，他阅读了威·詹姆斯的《英国海军史》一书。1857年4月22日，恩格斯在致马克思的信中说："我也许还能够给《普特南》写些东西：军事学术的进步、炮的改进、小武器、军舰进攻要塞等等——这一切我都能写，但是那些家伙**也**必须答应一定**发表它们**。德纳一定会把一切安排得使你不致单单依靠《论坛报》；此外，你应当等《普特南》编辑**自己来信**；这更好。"①

　　总之，以德纳的约稿为契机，恩格斯在《纽约每日论坛报》上发表了一系列军事评论和军事论文，从无产阶级的立场上表明了对一系列军事问题的看法。

4. 为《美国新百科全书》撰写军事条目

　　1857年4月6日，马克思收到德纳的来信。德纳在信中约请马克思为他所筹划的《美国新百科全书》撰稿，负责撰写军事和某些其他方面的条目。4月21日，马克思写信征询恩格斯的意见。4月22日，恩格斯回信说："百科全书的事情，对我来说，正是时候，对你来说，大概也是如此。终于有了弥补亏空的希望，而我也有了晚间定时进行工作的希望。安闲几乎把我毁掉；自从不必再给《论坛报》写稿以后，我过于放纵自己，而在这里有的是这种机会。"② 这样，在恩格斯同意的前提下，马克思告诉了德纳决定承担写作任务的决定。

　　当然，恩格斯这么做，也是为了帮助马克思摆脱在《纽约每日论坛报》停止约稿以后面临的经济困境。恩格斯说："稿酬即使每一大页给两美元，也很合算；许多条目只要抄一抄或翻译一下就行了，较大的条目也不用花费很大的力气。我马上就翻阅几本英文百科全书，看看有**哪些**军事条目，然后再重点翻阅一下布罗克豪斯百科辞典，它毕竟是一部较好的最完善的基础参考书，看来，德纳也把它看作范本。"③ 当然，事情没有恩格斯想得那么简单。后来，恩格斯改变了主意，将撰写建立在严谨的、系统的科学研究的基础上，研读了大量军事资料，许多条目是根据军事的最新发展新增加的内容。

---

① 马克思，恩格斯．马克思恩格斯全集：第29卷．北京：人民出版社，1972：123.
② 同①121.
③ 同①122.

《美国新百科全书》简介

《美国新百科全书》(*New American Cyclopaedia*)是一部由《纽约每日论坛报》编辑部编辑出版的科学参考书，查理·德纳、乔治·里普利等人为《美国新百科全书》的编辑。许多西方知名学者参加了《美国新百科全书》的编写工作。马克思和恩格斯不顾编辑部向作者提出的不得阐明党派观点的条件，坚决地站在革命无产阶级的、唯物主义的立场上写作了一系列条目。他们写作的这些条目在《美国新百科全书》中占有特殊的地位。就其涉及的各门知识的广博性和参考资料的丰富性来说，《美国新百科全书》是当时最好的书籍之一。尽管《美国新百科全书》的编辑们带有资产阶级的局限性，但仍然收进了许多反映进步的资产阶级民主主义人士的观点的条目。《美国新百科全书》由纽约的出版公司丹·阿普耳顿公司于 1858—1863 年出版，共 16 卷。1868—1869 年按原版重印。

THE NEW
AMERICAN CYCLOPÆDIA:
A
Popular Dictionary
of
GENERAL KNOWLEDGE.
EDITED BY
GEORGE RIPLEY AND CHARLES A. DANA.
VOLUME I.
A—ARAGUAY.
NEW YORK:
D. APPLETON AND COMPANY,
LONDON: 16 LITTLE BRITAIN.

《美国新百科全书》扉页

恩格斯要求马克思向德纳打探清楚写作的具体程序和操作问题。第一，整套百科全书大约将出版多少卷，计划在第一卷或第一卷和第二卷里包括哪些字母，即以哪些字母开头的术语。这样，方便做好工作安排。第二，军事条目是否主要限于解释如"炮兵""野营""纵队"等这样的专门术语，并做些历史的说明，简要地介绍军事科学的某些科目？例如，"炮兵"一条是否可以包括"定义""历史和现状""现代炮兵学的各个科目（射击，炮手，系驾，野战中的使用和围攻要塞时的使用等等）"等方面的简要说明？显然，恩格斯的想法更具有学术性。为了做好写作的准备工作，恩格斯要求马克思赶快托人找到一本详尽而又简明的军事知识辞典。这本辞典最好是条目最多而又最简明，这样，写作起来可以马上了解应当写条目的哪些信息，同时手头能有一本最完善的字母索引。恩格斯表示，只要弄到辞典，马上就可以开始写 A 和 B 两个字母打头的军事术语。

　　为了给马克思创造条件去集中精力完成建立无产阶级政治经济学的任务，恩格斯承担起了大部分条目的撰写工作。马克思主要负责编写许多军事活动家和政治活动家的传略，恩格斯在这方面也帮助马克思阐明军事方面的问题。为《美国新百科全书》撰写条目的工作，从 1857 年 7 月持续到 1860 年 10 月。

　　1857 年 5 月 28 日，恩格斯给马克思的信中附有他为德纳按英文 A 字头拟出的词条目录初稿，让马克思寄给德纳，以征得其同意。目录中的词条包括：阿本斯堡、阿布基尔、车轴（炮兵学）、阿克（圣让得阿克——围攻）、阿克提翁（会战）、副官、阿富汗（英国的入侵）、阿兰群岛——见博马尔松德、阿耳布埃拉（会战）、阿尔登霍文 1797 年的会战、亚历山大里亚（要塞和几次围攻）、阿尔及利亚（法国的侵占和英国的轰击）、阿耳梅达（西班牙战争时期的围攻）、小炮（炮兵）、安格耳西（侯爵）、攻击（在会战和围攻中）、安特卫普（要塞和几次围攻）、接近壕、阿尔贝雷（会战）、明火枪、阿斯佩恩和埃斯林（1809 年的会战）、奥热罗（元帅）、前卫。最初，开列的词条目录中没有"艾雷"，但恩格斯在 1857 年 5 月 28 日给马克思的信中表示他打算写一个关于艾雷的词条，并要求马克思提供艾雷在克里木战争之前的军事生涯的资料。马克思对一些英文书籍做过摘录，他把有关的资料寄给了恩格斯。

　　1857 年 7 月 10 日，恩格斯开始撰写 A 字头的第一批条目。1857 年 7 月 14 日，马克思已经收到第一批词条并将之寄往纽约。7 月 24 日，他又收到恩格斯寄来的第二批词条。这些词条大都刊登在《美国新百科全书》1858 年版第 1 卷上。

　　1857 年 8 月 26 日，马克思写信告诉恩格斯，德纳早已将附上的 B 字头条目单寄来了。马克思谈道，至于 B 字头的条目，现在要考虑的绝不是怎样增添条目的问题，而是如何想办法尽快地完成它。如果这点做不到，就得全部放弃。1857 年 9 月 24 日，恩格斯告诉马克思，自己次日就着手写作 Battery、露营、掩障、垛墙、爆炸弹、炮手、炮击、两桅小炮艇、炮艇、防弹工事等 B 字头条目。1858 年 2 月 1 日，马克思通知恩格斯："新确定的《B》字头条目是：《比达索阿〔Bidassoa〕》（会战）、《布伦海姆〔Blenheim〕》（同上）、《缅甸〔Burmah〕》（战争）、《博马尔松德〔Bomarsund〕》（围攻）、《博罗迪诺〔Borodino〕》（会战）、《布里西亚〔Brescia〕》（强攻）、《桥头堡〔Bridge-head〕》、《毕洛夫〔Bülow〕》、《布达〔Buda〕》（围攻）、《贝雷斯福德〔Beres-

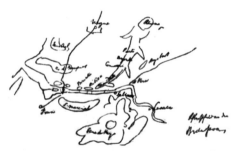

恩格斯在写作"比达索阿"条目时画的草图

ford〕》、《崖路〔Berme〕》。德纳说'其中大多数我以前已经向您要过',这是弄错了。他把你的《B》字头条目单同他自己的混淆起来了。他自己只要求写下面的条目:《炮座〔Barbette〕》、《棱堡〔Bastion〕》、《刺刀〔Bayonet〕》、《巴克莱‐德‐托利〔Barclay de Tolly〕》、《Battery》、《会战〔Battle〕》、《贝姆〔Bem〕》、《卞尼格先〔Bennigsen〕》、《贝尔蒂埃〔Berthier〕》、《贝尔纳多特〔Bernadotte〕》、《贝西埃尔〔Bessières〕》、《露营〔Bivouac〕》、《掩障〔Blindage〕》、《布吕歇尔〔Blücher〕》、《勃鲁姆〔Blum〕》、《玻利瓦尔〔Bolivar〕》、《爆炸弹〔Bomb〕》、《炮手〔Bombardier〕》、《炮击〔Bombardment〕》、《两桅小炮艇,防弹工事,炮艇〔Bomb-Ketch,Bomb-Proof,Bomb-Vessel〕》、《垛墙〔Bonnet〕》、《博斯凯〔Bosquet〕》、《布里昂〔Bourrienne〕》、《桥〔Bridge〕》(浮桥)、《布朗〔Brown〕》(乔治爵士)、《布律恩〔Brune〕》、《毕若〔Bugeaud〕》。(所有这些,蠢驴都已经收到了。)"① 1858 年 2 月 24 日,恩格斯告诉马克思,现在 B 字头的条目应该送去的就只有缅甸〔Burmah〕、博马尔松德〔Bomarsund〕和两篇传记了。接着,恩格斯很快完成了 B 字头条目的写作任务。

1857 年 10 月 6 日,恩格斯把 C 字头的条目单寄给马克思。10 月 19 日,恩格斯又询问:"除《火炮史》外,我还要写些小篇东西,随时寄给你,好让德纳看到工作在进行。可是要把我写信提到的那一些笔记和《D》字头的军事条目单寄给我。《C》字头条目单的副本和后来寄的《军用桥》一文你都收到了吧?"② 11 月 15 日,恩格斯告诉马克思,其余的 C 字头的稿件随即可以寄上。12 月 7 日,恩格斯表示,要尽可能把 C 字头的条目多写一些。

---

① 马克思,恩格斯. 马克思恩格斯全集:第 29 卷. 北京:人民出版社,1972:261 - 262.
② 同①188.

在恩格斯撰写的这些条目当中，军队、步兵、骑兵、炮兵、筑城、海军等条目占据中心位置。

1857 年 8 月，恩格斯着手撰写"军队"条。1857 年 9 月 24 日左右，恩格斯写完"军队"条。该条主要阐明了以下问题：军队是随着奴隶制国家的建立而出现的，军队的盛衰取决于社会经济形态的变迁，社会经济形态更替时期往往是军事艺术大发展的时期，武器改进和技术进步是影响军队发展和带来作战方式方法变化的重要因素，参谋人员在军队中所处的地位极为重要。这样，恩格斯在世界军事科学史上第一次用辩证唯物主义和历史唯物主义的观点阐释了军事学术的全部历史。这一条目载于 1858 年出版的《美国新百科全书》第 2 卷上。

1857 年 9 月 25 日，马克思向恩格斯致敬，认为"军队"一条写得非常好。马克思指出："**军队**的历史比任何东西都更加清楚地表明，我们对生产力和社会关系之间的联系的看法是正确的。一般说来，军队在经济的发展中起着重要的作用。例如，薪金最初就完全是在古代的军队中发展起来的。同样，罗马人的军役特有产是承认非家长的动产的第一种法律形式。同样，工匠公会是行会制度的开端。大规模运用机器也是在军队里首先开始的。甚至金属的特殊价值和它作为货币的应用，看来最初（格林石器时代以后）也是以它在军事上的作用为基础的。部门**内部**的分工也是在军队里首先实行的。此外，市民社会的全部历史非常明显地概括在军队之中。如果今后有时间，你应当从这个观点去探讨这一问题。"[①] 这就表明，恩格斯的研究和撰写是建立在唯物史观基础上的。同时，马克思也直言不讳地指出了恩格斯的一些疏忽：一是雇佣军制度以完备的形式一下子大规模地第一次出现在迦太基人当中；二是 15 世纪和 16 世纪初意大利军队制度的发展；三是亚洲的军事制度，最初出现在波斯人中间，但后来在蒙古人和土耳其人等中间则被改得面目全非了。显然，马克思不是坐享其成，而是深度参与了恩格斯的撰写工作。当时，由于忙于其他事情，恩格斯没有修改稿子，但是，在后来撰写其他条目的时候，恩格斯充分贯彻了马克思的上述思想。

1857 年 11 月 26 日左右，恩格斯写完"炮兵史"这一大条目。这一条以《炮兵》为题载于 1858 年出版的《美国新百科全书》第 2 卷上。内容包括：

---

① 马克思，恩格斯 . 马克思恩格斯文集：第 10 卷 . 北京：人民出版社，2009：135 - 136.

其一，炮兵的起源。通过对史料的考察可以发现，"在公元前 618 年就有了火炮；在其他一些中国古代的著述中，也有用竹筒发射燃烧实心弹以及类似爆炸弹的记载。不过总的来说，火药和火炮在军事上的应用，看来在中国古代并没有得到充分的发展，因为到公元 1232 年才证实第一次大量使用它们"①。即，火药的发明和火炮的发明不是一回事。其二，射击学的内容。根据物理学和军事学的发展情况，我们可以看出，射击学的具体内容为：火炮发射实心弹、空心弹和其他射弹的规律以及通过实验得出的射击规则，射程、射角和装药量之间确定的关系，游隙以及造成射弹偏差的其他因素的作用，命中目标的概率，以及战时可能发生的各种情况。恩格斯讲道，至于炮兵学，贝姆的手册也许是最好的。只有掌握这些知识，才能提高炮兵的战斗力。其三，火炮技术对于推动其他军事技术的发展具有重要意义。技术进步推动火炮进步，火炮进步推动其他军事技术的发展。"火炮改进的最初结果之一，是筑城术的彻底变革。从亚述和巴比伦王朝时代以来，筑城术只有很小的发展。而这时，新式火器已能在旧式石墙的任何地方打开缺口，因此就需要发明一种新式工事。"② 其四，炮兵的主要作用。炮兵具有优越于骑兵的特点，其主要作用始终是：在防御中向对我方威胁最大而又最直接的地点射击，在攻击中向敌方最能有效地阻止我方进攻的地点射击。炮兵的任务还包括破坏坚固的障碍物，应根据火炮的特点及作用而使用不同口径和不同种类的火炮；榴弹炮用来引燃建筑物，重炮用来破坏要塞大门、城墙和街垒。在战术上，炮兵可以综合采用进攻和防御的方法。恩格斯激情澎湃地说："炮兵要随着骑兵战斗的潮起潮落而进退，时刻表现出高超的骑术和沉着镇静，出入于汹涌澎湃的战争之海，跨越并不是所有骑兵都敢于或者愿意跟随前进的任何地形。"③ 其实，这何尝不是恩格斯坚韧不拔、沉稳冷静的人生和性格的写照呢？

为了叙述从火药到炮兵第一支部队出现的历史，恩格斯研究了帕拉韦的《关于亚洲和印度波斯古代发明的火药和火器的笔记》、马可·格雷克的《制敌之火》、罗吉尔·培根的《论魔法的荒诞》、孔代的《阿拉伯人在西班牙的统治史。根据阿拉伯人的各种手稿和回忆录写成》、马基雅弗利的《兵法七卷》等著作。为了研究论证德国炮兵的发展及作用，恩格斯研究了施特鲁恩

① 马克思，恩格斯. 马克思恩格斯全集：第 16 卷. 2 版. 北京：人民出版社，2007：438.
② 同①443.
③ 同①463.

泽的《炮兵学原理》、泰佩尔霍夫的《普鲁士炮手，或论炮弹的飞行——假定空气阻力与速度的平方成正比》、夏恩霍斯特的《炮兵手册》和《军官手册——军事学的实用部分。第 1 部分：炮兵》、霍伊尔的《常用炮兵辞典》、鲁弗鲁瓦的《炮兵讲义》等著作。在此基础上，他提出了社会的经济形态和生产力的发展决定部队的编制装备的思想，体现了历史唯物主义的基本立场。

1858 年 6 月 21 日左右，恩格斯写完"骑兵"这一大条目。这个条目载于 1859 年出版的《美国新百科全书》第 4 卷上。恩格斯概述了骑兵的产生和发展的历史，概括了骑兵的现代编制和战术。最后，他认为："无论步兵在会战中起多大作用，骑兵仍然是、而且将永远是一个必要的兵种。现在，像过去一样，任何军队如果没有一支能骑善战的骑兵，就不能指望作战胜利。"① 显然，这一看法具有其固有的时代特点。随着坦克的出现，尤其是在信息化的条件下，这一论断不能完全成立。

在该条目中，恩格斯引述了弗里德里希二世制定的《骑兵战斗守则》《骠骑兵团团长和全体军官守则》《骑兵军官与敌人遭遇时的行动守则》《骑兵少将守则》等德国官方文件；引用了纳皮尔的《1807 年至 1814 年比利牛斯半岛和法国南部的战争史》、拉罗什-艾蒙的《骑兵，或骑兵部队的编成、组织和训练方面的必要改革》、《拿破仑执政时期法国历史回忆录，与拿破仑一同作俘虏的将军们编于圣海伦岛，根据完全由拿破仑亲自校订的原稿刊印》第一卷军事理论著作等。

1859 年 6 月 9 日左右，恩格斯写完"筑城"这一条目。这个条目载于 1859 年出版的《美国新百科全书》第 7 卷上。该条目包括永备筑城、围攻、野战筑城三个部分，介绍了城堡工事的构造演变及攻守原则。通过对古今战争中筑城历史的研究，恩格斯认为，野战工事可以使兵力较弱的军队成功地抵抗占据优势的敌人，因而能对战局的结果产生重大影响。该条目论及的是军事工程的问题。

1859 年 9 月到 10 月 10 日左右，恩格斯撰写"步兵"这一条目。这个条目载于 1860 年出版的《美国新百科全书》第 9 卷上。恩格斯指出："用同一型式的线膛枪装备所有步兵，就将消除轻步兵和基干步兵之间至今还存在着的差别，就将建立一支能够执行任何任务的步兵。显然，这就是这一兵种进一步发

---

① 马克思，恩格斯 . 马克思恩格斯全集：第 14 卷 . 北京：人民出版社，1964：326.

展的方向。"① 他预测到了步兵战术在步兵武器效能增长的影响下即将发生的变化。

在写作中，恩格斯研读了斯佩克尔的《要塞建筑学》、塔尔塔利亚的《各种研究和发明》、阿尔吉西的《论筑城》、马吉和卡斯特里奥托的《论城市筑城》、蒙塔郎贝尔的《垂直筑城即研究直线、三角、四角及各种多角形筑城方法的经验》等著作。早在 1852 年 5 月，恩格斯就阅读过金策尔的《近代筑城的战术要素》一书，认为这本小册子比他以往读过的任何一本军事著作都更具历史意义和唯物主义精神。

1860 年 11 月 22 日左右，恩格斯完成"海军"条目的撰写工作。这一大的条目最终刊载于 1861 年出版的《美国新百科全书》第 12 卷上。在考察海军产生和发展历史的基础上，恩格斯指出："只要担负决定性行动的军舰即战列舰还仅仅是些帆力舰，那末蒸汽的利用就不可能使进行大规模海战的条件发生重大变化。"② 他充分肯定了蒸汽动力和火炮等先进军事科技成果在军舰上的采用和改进对于海军发展的重要意义。

早在 1856 年 11 月 17 日，恩格斯在致马克思的信中就写道："我现在正在看詹姆斯的 1792 年至 1820 年的《英国海军史》，主要是为了写'军舰进攻要塞'问题。从这本书中可以得出结论：英国人付出了巨大的努力才取得对法国、特别是对西班牙的海军优势。在同等实力的条件下，在战争的头几年，法军和西班牙军几乎总是能够战胜英军并夺去他们的大批船只。"③ 此外，恩格斯还阅读过道格拉斯的《海军炮兵》等书。

最终，恩格斯撰写了 60 多个条目，概括地阐释了自古以来的战争史、军队发展史，分析了各个时期武装力量的组织、装备、训练等问题，考察了作战方式方法的演变。从中可以看出，恩格斯具有广博的军事科学知识、深厚的军事科学素养、卓越的军事写作才能，是一部活的"军事百科全书"。

5. 写作《波河与莱茵河》《萨瓦、尼斯与莱茵》等"兵书"

在马克思出版《政治经济学批判》的同时，恩格斯的小册子《波河与莱茵

---

① 马克思，恩格斯 . 马克思恩格斯全集：第 14 卷 . 北京：人民出版社，1964：381.
② 同①389.
③ 马克思，恩格斯 . 马克思恩格斯全集：第 29 卷 . 北京：人民出版社，1972：82.

河》和《萨瓦、尼斯与莱茵》相继出版。这两部姊妹作是恩格斯创立无产阶级
军事科学过程中的重要作品。

1859 年 2 月，恩格斯打算以《波河与莱茵河》为题撰写一部著作，从战
略观点阐述即将发生的法国和皮埃蒙特对奥地利的战争。他在给马克思的一封
信里讲过这个打算。但是，这封信已经遗失。1859 年 2 月 25 日，马克思在致
恩格斯的信中说："《**波河与莱茵河**》是一个很好的主意，应当马上付诸实现。
你应当**立即动手**，因为在这里时间就是**一切**。""小册子（有多少印张？请立即
答复）应当先**匿名**出版，这样读者会以为作者是一位著名的将军。在出**第二
版**——这东西如能及时出版，这是不成问题的——时，你可以在六行来字的序
言中说出自己的姓名。"① 3 月 3 日，马克思告诉恩格斯，已经看过小册子的手
稿，并建议加上一些民族的和反波拿巴的东西，但要写得小心谨慎、光明磊
落，这样，可以第一次使德国人问心无愧地关心意大利的解放。3 月 4 日，恩
格斯告诉马克思其写作的进展。3 月 10 日，马克思写信告诉恩格斯，已经收
到《波河与莱茵河》的手稿，并给予很高的评价。马克思当天就将手稿寄给柏
林的出版商敦克尔。3 月 14 日，恩格斯致信拉萨尔说："上星期三我已把手稿
寄给马克思，星期四他可能寄出。标题很简单：《波河与莱茵河》，柏林，出版
社等等。马克思和我都认为，小册子由于它的专门的性质，最好先匿名出版，
因为非军人作者的名字对军事著作最初只会带来损害。如果小册子象我所希望
的那样将取得成就，那末再说出名字来也永远不算迟。各章不需要标题，只标
上数字。我也没有写任何序言。"② 4 月 5 日，恩格斯的小册子《波河与莱茵
河》在柏林匿名出版，印数为 1 000 册。该小册子出版以后，引起了极大的社
会反响。许多社会人士甚至军界人士认为，这本小册子出自一位高级军事专家
之手。在这种情况下，根据马克思的建议，1859 年 5 月 14 日《人民报》第 2
号上发表了一篇评论《波河与莱茵河》的文章，文中引用了小册子的几个地
方，并指出小册子的作者是无产阶级政党的一位著名活动家。在 1859 年 6 月 4
日《人民报》第 5 号上，公布了恩格斯的名字。

1860 年 2 月 4 日到 20 日，恩格斯又撰写了《萨瓦、尼斯与莱茵》小册子。
它是《波河与莱茵河》的续篇。在这本小册子中，恩格斯再次论证了无产阶级

---

① 马克思，恩格斯．马克思恩格斯全集：第 29 卷．北京：人民出版社，1972：383 - 384.
② 同①563.

革命者在意大利统一和德国统一这个问题上的立场。恩格斯向柏林出版商敦克尔提出，只在小册子的扉页上指出这本新出的小册子的作者与《波河与莱茵河》的作者为同一个人就够了。恩格斯不想让军界读者知道这两本小册子均出于非军人之手。1860 年 2 月 27 日，敦克尔写信告诉恩格斯，他不同意按照这样的方式出版。因此，1860 年 4 月，这本小册子由柏林的另一家出版社匿名出版。它同样引起了轰动。

恩格斯写作的小册子《萨瓦、尼斯与莱茵》1860 年柏林版扉页

1861 年 5 月 7 日，马克思给恩格斯写信说："顺便说一下。关于你的《波河与莱茵河》等，哈茨费尔特——她在她姐夫冯·诺斯提茨将军家里能见到所有普鲁士将官；她的外甥，另一个诺斯提茨，是'美男子威廉'的侍卫官，——告诉我说，军界的高级和最高级人士（包括弗里德里希-卡尔亲王周围的人）都把你的书看成是一个不愿露名的普鲁士将军的著作。据陪审官弗里德兰德（维也纳《新闻报》编辑的兄弟）告诉我，维也纳也都这样认为。我亲自同普富尔将军谈过这事，他现在已经八十二岁，但精力依然充沛，思想非常激进。"[①] 马克思于 1861 年 3 月曾在柏林逗留。其间，他同拉萨尔的朋友和拥护者，同与普鲁士将领有交往的哈茨费尔特伯爵夫人交谈。从她的言语中得知，军界上层认为匿名出版的小册子《波河与莱茵河》和《萨瓦、尼斯与莱茵》的作者是一位匿名的普鲁士将军。

那么，恩格斯为什么要写作这样两部以河流和地名命名的军事作品呢？马克思一开始为什么要建议恩格斯以匿名的方式出版这样的著作呢？

---

① 马克思，恩格斯. 马克思恩格斯全集：第 30 卷. 北京：人民出版社，1975：162.

恩格斯是在 1859 年奥意法战争（意大利战争）即将爆发的背景下创作《波河与莱茵河》的。意大利资产阶级和自由派地主力图在意大利唯一的独立大国——撒丁王国（皮埃蒙特）的保护下，自上而下地实现意大利的统一。但是，仍然霸占着威尼斯和伦巴第的奥地利反对意大利的统一。1858 年 7 月，皮埃蒙特和法国签订了共同对奥地利作战的秘密协定。为了在对奥地利的战争中得到帮助，撒丁把萨瓦和尼斯两地割让给了法国，使之成为法国的两个省份。假借"解放意大利"之名，法国试图巩固波拿巴制度，扩充自己的版图。其实，法国和奥地利都是意大利独立和统一的凶恶敌人。虽然战争是在严格保密的情况下准备的，但恩格斯已经清醒地意识到战争不可避免。为了阐明自己和马克思对正在密谋中的意大利战争的观点，阐明无产阶级政党在德国统一和意大利统一问题上的政治立场，1859 年 2 月底到 3 月 9 日，恩格斯写作了《波河与莱茵河》。由于战争尚未爆发，因此，匿名出版评论这件事情的作品显得较为谨慎。恩格斯果然料事如神。到 4 月 24 日，意大利战争就爆发了。

恩格斯认为，如果把"自然疆界"作为处理国家关系的原则，那么，以本国的防卫需要为理由主张侵占别国的领土，就会使国际关系陷于混乱，引起严重的国际纠纷，并为侵略扩张提供借口。

"自然疆界论"是法国发动战争的重要借口。这一理论是法国国王路易十四提出的。赞同这个理论的人旨在以法国周围的天然屏障作为法国的领土边界，主张将莱茵河的角落、海洋的角落、比利牛斯山脉的角落、阿尔卑斯山的角落作为法国的边界，形成一个四边形的法国版图。这一理论既要维护法国的国土安全，也要扩张法国的领土范围。在 1859 年的时候，有人老调重弹。在巴黎竟有人公开地说，阿尔卑斯山是法国的自然疆界，法国有权占有这些山脉。其实，"一切波拿巴战争的最终目的，只能是重新占领法国的'自然疆界'——莱茵河疆界"[①]。在德国，也有人以之为依据，试图占领波河，即威尼斯和伦巴第地区。其实，这种主张和做法与法国如出一辙。在这种情况下，恩格斯的两本小册子才出现了河流、地名等地理名称。其实，它们谈论的都是军事问题。

波河（下游）和明乔河是德国与意大利之间的自然疆界。奥地利的"中欧大国论"鼓吹者宣扬"应当在波河上保卫莱茵河"，企图使中欧其他民族屈从

---

① 马克思，恩格斯. 马克思恩格斯全集：第 19 卷 .2 版 . 北京：人民出版社，2006：439.

于德国人的统治。针对这种沙文主义观点，恩格斯指出，那种认为为了德国利益，德国必须统一意大利的观点是错误的，占领意大利并不能保证德国边境的安全。关键的问题是实现德国的统一。"我们德国人如果以波河、明乔河、艾契河以及所有意大利的废物换得德国的统一，那就是作了一桩漂亮的生意，因为统一会使我们不蹈华沙和布隆采耳的复辙，只有统一才能使我们在国内和国外强大起来。一当我们取得了这个统一，我们就可以不再防御了。那时我们就不再需要什么明乔河了。"① 因此，德国人民必须坚决反对奥地利对意大利的统治，坚决反对把占领别国领土和镇压别国民族当作自己力量的源泉。

波拿巴法国借口"自然疆界论"妄图侵占莱茵河左岸，其逻辑与奥地利的"中欧大国论"具有一致性。如果把圆规的一脚放在巴黎，以巴黎—里昂为半径由巴塞尔到北海画一弧线，那么，人们就会发现，莱茵河由巴塞尔非常准确地沿着这一圆弧流到它的河口。莱茵河上的各要点与巴黎的距离都相等，相差仅数德里②。这也就是法国企图获得莱茵河疆界的真正的现实的理由。其实，单纯从军事上来看，以莱茵河作为疆界河流有一点不足之处。只要莱茵河的一岸完全属于德国而另一岸完全属于法国，那么，两国人民谁也不能控制这一河流。无论在什么地方都不能阻止较强的那一个国家的军队渡过莱茵河。这种事情已经发生过几百次，战略也告诉人们这种情形为什么是不可避免的。

萨瓦和尼斯只是两个不大的省份。当时，一个只有 57.5 万人，另一个只有 23.6 万人，总共不过使法国人口增加 81.1 万人。但是，如果占领这两个地方，就会使法国控制阿尔卑斯山脉，使阿尔卑斯山不再成为意大利的屏障，同时，又使法国在军事上控制皮埃蒙特。"无论如何已经非常清楚，尼斯和萨瓦是路易-拿破仑同意伦巴第和威尼斯归并于皮埃蒙特而要求的代价，他所以提出以这个为代价而同意中意大利并入皮埃蒙特，是因为目前不能取得威尼斯。"③ 对这两个省份的领土要求，恰恰使自然疆界论的观点被重新抬了出来。恩格斯运用战略和语言学方面的知识，批驳了法国对意大利萨瓦省和伯爵领地尼斯的领土要求。从军事上来看，有萨瓦和尼斯作为前进堡垒，皮埃蒙特就是意大利军队的第一个作战基地；如果没有它们，皮埃蒙特就成了法国进攻体系的一部分。只有在皮埃蒙特领土上取得胜利并夺回在萨瓦和尼斯的各个山口，

---

① 马克思，恩格斯. 马克思恩格斯全集：第 13 卷. 北京：人民出版社，1962：298 - 299.

② 1 德里约为 7 420 米。

③ 马克思，恩格斯. 马克思恩格斯全集：第 19 卷. 2 版. 北京：人民出版社，2006：446.

才能从法军手中重新夺回皮埃蒙特。

在此基础上，恩格斯突出了民族自决的必要性和重要性。"如果德国愿意保有这样一个缓冲国，那末它实现这个目的的最好的方法就是同意大利搞好关系，承认民族运动，让意大利人能决定自己的事务，因为意大利人是不会干涉德国事务的。"① 如果我们不是把占领别国领土和镇压别国民族当作自己力量的源泉，而是关心使自己在本国内成为统一的和强大的国家，那么，我们就会做得好一些。德国和意大利民族统一的唯一道路就是，以革命民主主义力量去反对反动的君主主义势力。

这两本小册子还谈到了其他一些军事问题，涉及军事地理学、民族语言学等方面的一些知识。总体上，它们是恩格斯从无产阶级立场出发对复杂的国际问题进行马克思主义分析的典范，非常出色地阐述了军事问题和政治问题。

6. 为英国《志愿兵杂志》撰写军事文章

19 世纪 60 年代初，由于受到法国入侵的威胁，英国掀起了志愿兵运动，用志愿兵补充英国军队。由于其是作为对拿破仑第三和整个法国统治集团的掠夺政策的一种反措施而出现的，因此，志愿兵运动在各民主阶层尤其是工人阶级中得到了广泛的社会支持。英国工联号召工人参加志愿兵部队。虽然这种军事组织具有资产阶级性质，但较为民主，因而，可以成为英国受到专制国家侵犯时的国防支柱，也可用来反对国内的资产阶级贵族的寡头政体。恩格斯认为，建立志愿兵部队具有进步的意义。

1860 年 6 月 25 日左右，恩格斯撰写完成《英国的志愿兵部队》一文，分析了志愿兵的阶级成分。当时，伦敦举行了志愿兵大校阅，引起了人们对不列颠国民军的注意。英国《泰晤士报》认为，志愿兵代表"所有阶级"。针对这一谬论，恩格斯指出，这不过是将志愿兵加上一个人民事业的幌子罢了。其实，国民军代表各下层阶级，志愿兵代表资产阶级，不能将二者混为一谈。6 月 28 日，恩格斯致信马克思，同时给他寄去了《英国的志愿兵部队》一文，征求马克思的意见。该文最后发表在 1860 年 7 月 11 日《纽约每日论坛报》第 5994 号上。

---

① 马克思，恩格斯. 马克思恩格斯全集：第 13 卷. 北京：人民出版社，1962：281.

1860 年 8 月 11 日，恩格斯观看在牛顿举行的志愿兵猎兵检阅并收到英国军事杂志《郎卡郡和柴郡志愿兵杂志》（简称《志愿兵杂志》）的编辑诺德耳和霍尔的来信，约请他写一篇关于在牛顿举行的志愿兵猎兵检阅的文章。8 月 24 日左右，恩格斯写完《英国志愿兵猎兵的检阅》一文并将之寄给德国的达姆施塔特《军事总汇报》编辑部，于 9 月 8 日发表。同时，恩格斯将其英译稿寄给《志愿兵杂志》。9 月 14 日，由编辑部加上按语并以《关于在牛顿检阅的德国报道》为题发表在该杂志的第 2 期上。

接着，恩格斯相继写作了《志愿兵炮兵》《志愿兵工兵，他们的作用和活动范围》《志愿兵将军》《连队列教练》《阿尔德肖特①和志愿兵》《志愿兵军官》等一系列论述志愿兵制度的文章，还写作了《法国轻步兵》《步枪史》《法国的武装力量》《毕若②元帅论战斗中的精神因素》《美国战争的教训》等论述一般军事问题的文章。这些文章均发表在《志愿兵杂志》上。在这些文章当中，恩格斯主要阐明了以下问题：

第一，军队训练的原则和方法。为了提高志愿兵的军事素质和战斗能力，必须加强军事训练和体育锻炼。"兵士在有学识而又机灵的教官的领导下，对连队形变换练习得越多，他们以后在营内行动也就越沉着。没有必要指明营行动的十分稳定沉着是多么重要；齐射可以乱到一定程度，而且仍然能获得成果；但是，一个营在做方队、展开、纵队转弯以及其他动作时如果混乱不堪，那末，到面对一支活跃而又有经验的敌军的时候，是随时都会惊慌失措，无法自救的。"③ 在训练的过程中，要加强射击训练和战术训练，加强野外各种地形的训练。在训练的过程中，要努力做到"知己知彼"，虚心学习外国军队尤其是敌军的战术和经验，这样，才能"百战百胜"。在训练的过程中，要注重体育训练，提高士兵的身体素质，这样，才能增强其体力，提升其技巧，提高其灵敏性。由于炮兵和工兵涉及多学科的知识，因此，特别要加强炮兵和工兵的训练，切实提高其科技文化素质和战斗能力。

第二，加强部队纪律建设和纪律训练。军队的纪律和条令规定的各种运动和行动方式，能够保证在尽可能短的时间内以最方便的途径达到所追求的军事目标。只有志愿兵部队严守纪律，严格遵守军队的条令和教令，部队的勤务组

---

①　阿尔德肖特为英国一个军营。
②　毕若（1784—1849）为法国元帅。
③　马克思，恩格斯. 马克思恩格斯全集：第 15 卷. 北京：人民出版社，1963：290.

织得好，这支部队才能像一个统一、协调的机体一样行动自如。相反，在检阅中，"对规定方式的任何违反，都必然会使秩序受到一些破坏，不够整齐，不够正常，这不但给参观者一种马虎从事的印象，而且也意味着浪费了一定的时间，同时还使志愿兵以为条令上的各条规定不过是瞎扯"①。在战斗中，违反规定的方式、不准确或不及时执行指挥员的命令，会一败涂地，甚至付出血和生命的代价。因此，在训练过程中，必须加强全体人员的纪律训练，培养士兵的纪律性和坚定性，提高全体人员的纪律素质。只有全体人员准确履行纪律和条令的各种规定和要求，才能行动一致，完成战斗任务。当然，在具体的训练当中，不能机械搬用纪律和条令，而应创造性地进行军队战斗行动的训练。这样，军队才能所向披靡。

第三，充分发挥战斗精神的作用。法国元帅毕若认为，战斗有精神和肉体两个方面，前者更为重要。士兵的士气和体力都是战斗力的构成要素，但前者更为重要。恩格斯十分重视这一看法。他强调："你们应该同自己的兵士谈我们过去的战争，给他们讲我们的勇敢军队的功勋，引起他们超过这些功勋的愿望，——一句话，要想方设法使他们爱光荣。"② 这样，才能凝聚和鼓舞士气，形成战斗精神。士气可鼓不可泄。当然，只有与其他因素结合起来，精神因素才能发挥好作用。因此，在战斗训练当中，也必须加强精神力量和智力方面的训练。其中还蕴含着军队思想政治工作的意蕴。

第四，充分发挥军官在部队建设当中的作用。在部队当中，士兵应该绝对服从首长，首长应该提出合理的严格要求。更为重要的是，首长必须做出表率。恩格斯反对军官将个人的功名利禄放在第一位的错误想法和做法。"他们追求志愿兵临时将军的地位，是为了猎取无论是他们或任何别的志愿兵军官都永远不会被任命的职位，而且，由于他们缺乏指挥大量部队的经验，也没有能力担任这种职位。"③ 因此，军官必须注意增加自己的知识和履行自己的职责，加强军事理论学习，加强在起伏地行动和运动习惯的训练，加强到部队实习。由于军官更需要更高级的军事知识，因此，必须加强对军官的培训和训练，加强对军官的知识考核，只留下那些能够完成赋予他们的任务的军官，不能发生滥竽充数的现象。对技术兵种来说，更应该如此。因此，要利用培养非军人工

---

① 马克思，恩格斯. 马克思恩格斯全集：第 15 卷. 北京：人民出版社，1963：291.
② 同①270.
③ 同①281.

程师的学校，加强培训工兵等技术兵种军官。学校应该开设几门军事工程学的课程和同工兵连一起进行的实习课。

　　恩格斯的上述文章引起了广泛的社会关注。1860 年 10 月 2 日，马克思在致恩格斯的信中说："所有伦敦的报刊都特别注意你的那篇关于猎兵的文章；内阁的《观察家报》也议论了它。轰动一时。"① 1860 年 12 月 20 日，恩格斯接到诺德耳通知，说《志愿兵杂志》编辑部打算将恩格斯发表在该杂志上的文章印成单行本，以《志愿兵读物》为书名出版。1861 年 3 月 16 日左右，《志愿兵读物》单行本出版。该书包括 1860 年和 1861 年初《志愿兵杂志》上发表的恩格斯的五篇军事论文。

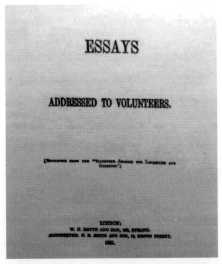

恩格斯所著《志愿兵读物》一书的扉页

　　1862 年 8 月 2 日，恩格斯出席在曼彻斯特附近的希顿公园举行的英国志愿兵校阅。他在为德国《军事总汇报》所写的《英国的志愿兵检阅》一文中，评价了志愿兵的训练状况。11 月 1 日和 8 日，文章发表在该报第 44 号和第 45 号上。自此，恩格斯关于志愿兵问题的论述搁笔。

　　恩格斯对志愿兵提出的上述建议，不仅适用于英国志愿兵，而且对军队建设具有广泛的科学价值，即使在现代条件下仍然具有现实意义。这些建议反映了无产阶级军事科学理论创立者对军队建设和训练的重要看法。

---

　　① 马克思，恩格斯. 马克思恩格斯全集：第 30 卷. 北京：人民出版社，1975：102.

7. 科学预测普法战争走向的"将军"

　　为了扼杀国内革命，转移国内人民的视线，1870 年 7 月 19 日，法国对普鲁士宣战，普法战争就此爆发。1871 年 5 月 10 日，双方签署正式和约。这次战争使普鲁士王国完成了德意志统一的任务，取代法国成为欧洲大陆的霸主。普法战争是 19 世纪欧洲的大规模战争之一。双方投入了数万兵力来进行流血的大搏斗。在这样的条件下，无产阶级急需确立自己的阶级任务。围绕着这个任务，在马克思的支持下，恩格斯发表了大量的战争评论。

　　在 1870 年 7 月 19 日到 23 日之间，马克思撰写了《国际工人协会总委员会关于普法战争的第一篇宣言》。他指出，从表面上来看，法国是非正义的，德国是正义的，但实质上战争是双方统治阶级长期勾结的结果，工人阶级应当区分清楚德国民族利益和普鲁士王国的王朝利益，德法两国的无产阶级应该团结起来。

　　1870 年 7 月 20 日，马克思写信告诉恩格斯："刚才有人打断了我。法籍意大利人塔朗（《派尔—麦尔新闻》的撰稿人）乘马车来我这里；把我借给他的拉萨尔等人的著作送回来了。他将以军事记者的身分去巴黎。问我是否愿意以同样的身分去普鲁士，如果不愿意，能否推荐另外一个人？我现在由于他的关系同《派尔—麦尔》颇有来往，在这段喜剧性的时期里，如果我愿意写点政治题材的文章，或者你愿意写点军事题材的文章，都会被采用，并且还可以得到稿酬。"①《派尔—麦尔新闻》是 1865 年至 1920 年在伦敦每日出版的大型晚报，在 19 世纪 60 年代到 70 年代采取了保守立场，但对社会舆论具有一定影响。7 月 22 日，恩格斯回信说："我打算同意给《派尔—麦尔新闻》每周写两篇有关战事的文章，并取得**优厚的**现金稿酬；我将试写一篇关于军事组织的文章。每篇文章必须付给三个或四个基尼；《卫报》当时付给我每篇两个基尼，并准备付给更多的稿酬。如果你明天能将此事办妥，请立即告诉我。至于以记者身分去普鲁士大本营，这会有许多障碍；最大的障碍就是施梯伯，加之我在那里会比在这里更少有可能用批判的眼光看待事物。"② 施梯伯为普鲁士警察，科隆

---

　　①　马克思，恩格斯 . 马克思恩格斯全集：第 33 卷 . 北京：人民出版社，1973：7.
　　②　同①10.

共产党人案件的策划者之一。由于担心回德国会招惹麻烦，恩格斯决定留在英国以批判性的眼光撰写战争评论。8 月 3 日，马克思在致恩格斯的信中指出，尽管《派尔—麦尔新闻》有各种各样的缺点，但它有几个优点：一是在有威望的报纸当中，它是唯一对俄国采取某种反对立场的报纸。这在战争进程中会有重要的意义。二是作为一家贵族的报纸，它在所有俱乐部特别是在军事俱乐部中起着主导作用。三是它是伦敦唯一没有被收买的报纸。恩格斯和马克思认为，在这家报纸上发表评论，可以有效影响英国的社会舆论。

从 1870 年 7 月 29 日起到 1871 年 2 月 18 日止，恩格斯在《派尔—麦尔新闻》上发表了 59 篇评论，以军事观点阐明了国际工人协会（第一国际）的政治路线。其中，40 篇的标题是"战争短评"（每篇加有编号），其余则用了各种不同的标题。这些文章除了头三篇署名"Z."以外，其余各篇都未署名。起初，按照约定，恩格斯每周写作两篇。但是，头三篇评论发表后，马上引起了读者很大的兴趣和整个报界的关注。许多报刊都在其评论中转述了恩格斯所写的评论的内容。因此，《派尔—麦尔新闻》的编辑格林伍德建议恩格斯不限数量地为该报寄稿。在战事最为激烈的时候，恩格斯每周写作三篇甚至四篇评论。起初，恩格斯把文章寄给马克思，由马克思看后转给编辑部。从第四篇文章开始，为了使之及早见报，恩格斯就直接寄给《派尔—麦尔新闻》编辑部。

尽管恩格斯不是随军"战地记者"，但是，他评论普法战争的文章都是紧随着所发生的战争事件写作的。他充分发挥自己的语言特长，仔细地研究了他所能得到的有关战事的一切资料，如英国、德国和法国报刊的消息，法国和德国的最新电讯，从而掌握了大量第一手资料。尽管这些消息不完整而且互相矛盾，以致他所写文章的个别细节叙述得不确切，但是，恩格斯充分发挥自己的哲学思维和军事智慧，仍然能够真实地描述出战争的实际过程，天才地预测到了战争的趋势和走向。

1870 年 7 月末，还在交战双方调集兵力的阶段，恩格斯就推断出普军总参谋长毛奇的作战计划和双方军队初次交锋的大致地区。关于战争的地点问题，在 8 月 1 日发表的第二篇评论中，恩格斯指出，如果双方军队对此都有准备的话，一旦德军侵入法国，第一次大规模的冲突一定发生在洛林的边缘地区，即摩塞尔河以东和南锡—斯特拉斯堡铁路线以北的地区。如果法军从上周集中的阵地前进，那么第一次重大的会战同样将发生在这个通道内的某地，或者在通道以外的美因兹城下。关于战争发生的时间问题，在 8 月 6 日发表的第四篇评论中，恩格斯指出，"今天，或者至迟明天，预料第一次决战就要开始"①。果不其然，就在第四篇评论见报的当天，普鲁士军队在洛林的福尔巴赫或施皮歇恩附近的亚尔萨斯的维尔特附近发起了第一次攻击，而且首战告捷。普鲁士军队第一次攻击的时间和地点与恩格斯的预测基本吻合。

8月26日，柏林向全世界发布了德军主力已坚决向巴黎挺进的电讯。同时，坊间传闻，普鲁士王储的先头部队正日益接近巴黎，其骑兵已出现在夏龙至巴黎的中途。不少人信以为真，恩格斯却不以为然。他指出："如果麦克马洪军团过于强大，以致德军在这种情况下不能忽视它，那末我们应当得出这样的结论，即大部分报界同人认为极端重要的那个关于威廉国王坚决向巴黎挺进的消息，是伪造的，是为了迷惑敌人而故意散布的，如果确实是不慎泄露出来的真实情报，那也是在尚未获悉麦克马洪最近的行动以前做出的决定，因此它很快就会撤销。不论是哪一种情况，都可能有一两个军继续向巴黎前进，但德国现有全部军队的主要部分将向东北挺进，以充分利用几乎是麦克马洪亲自送到他们手上的有利条件。"② 实际情况确实如此。普鲁士军队当时的主要作战意图并不在于迅速接近巴黎，而是在于尽快设法吃掉麦克马洪军团这支法军的有生力量。

1870年8月底，拿破仑第三随麦克马洪军团到达夏龙之后，麦克马洪主张退向巴黎，凭借巴黎要塞的工事体系，诱敌深入。但是，巴黎当局担心军队退却会导致巴黎爆发革命，从而会危及第二帝国的统治，因此，他们坚持要麦克马洪去援救巴赞军团。其实，这无异于把麦克马洪军团派去送死。因此，8月26日，恩格斯在第十二篇评论当中预言，法军将在色当附近失败。他指出："麦克马洪的军队可能被迫在梅济埃尔和沙尔蒙—纪韦之间法国那片向比利时领土突出的狭窄地带投降。"③ 9月2日，恩格斯在第十五篇评论中再次预言，法军将在色当遭到失败。最终，麦克马洪军团在比利时附近的色当战败，印证了恩格斯的预言。法军死伤17 000人，3 000人在比利时边界被缴械，拿破仑第三和麦克马洪以及86 000名法国官兵成为普鲁士军队的俘虏。

9月5日，马克思大女婿龙格从巴黎发来电报告诉马克思，法兰西第二帝国已经被推翻，法兰西共和国已经宣告成立。这样，战争的性质就发生了变

---

① 马克思，恩格斯. 马克思恩格斯全集：第17卷. 北京：人民出版社，1963：30.
② 同①79.
③ 同①75.

化。9 月 6 日，马克思写信告诉恩格斯，他即将起草《国际工人协会总委员会关于普法战争的第二篇宣言》。9 月 11 日—13 日，第二篇宣言用英文以传单形式印发。这篇宣言呼吁德国工人阶级坚持国际主义义务，号召法国工人阶级保卫共和国，同时利用共和国的自由来加强和壮大工人阶级的组织。这样，普法战争就进入最后阶段。

恩格斯"将军"绰号的由来

最后，但并不是最不重要的，以及军事艺术。1870 年普法战争期间，恩格斯在《派尔—麦尔新闻》上发表的论文引起了广泛的注意，因为他准确地预先指出了色当战役和法军的覆灭。这里还应该顺便提一下，他的"将军"这一绰号就是在这些论文发表以后获得的。我的大姐说他简直就是总参谋部。于是这个绰号被叫开了，从那时起，恩格斯就成了我们的"将军"。但是现在这个绰号却具有更深刻的意义，因为恩格斯实际上已经成为我们无产阶级大军的将军了。①

在战争的最后阶段，恩格斯仍然以同样的准确性，预测到了法国布尔巴基军团失败的命运。布尔巴基军团领受了进军法国东部从而截断围攻巴黎的普鲁士军队同本国之间交通线的任务，但是，由于投入兵力不足，战斗失利，只得狼狈退却。1871 年 1 月 26 日，恩格斯在第三十八篇短评中指出："如果布尔巴基在这个期间不能最有效地利用兵士的两条腿，那末他和他的全部军队就要冒下列危险：或者是被赶进伯桑松要塞而重蹈麦茨的复辙，或者是被驱入与瑞士毗连的汝拉的一隅而不得不在国界的这一边或那一边放下武器。即使他能够带领他的大部分部队逃脱，也几乎肯定要损失大量的掉队人员、辎重以至火炮。"② 事情正如恩格斯预见的那样，布尔巴基军团在 1871 年 1 月 15 日到 17 日埃里库尔会战失败后退却时，被压缩到瑞士边境，被迫于 2 月 1 日进入瑞士领土并放下武器投降。这时，恩格斯的预言才过去了一周而已。

在这个过程中，编辑格林伍德不止一次地未经恩格斯的同意就擅自修改恩格斯的文章，惹得恩格斯很恼火。恩格斯在给他的信中曾指出，各种军事术语

---

① 马克思-艾威林．弗里德里希·恩格斯//中共中央马克思恩格斯列宁斯大林著作编译局．回忆恩格斯．北京：人民出版社，2005：43.

② 马克思，恩格斯．马克思恩格斯全集：第 17 卷．北京：人民出版社，1963：260.

曾被任意修改，而这些修改证明格林伍德不懂军事。

恩格斯在世时，其关于普法战争的文章没有再版。奥地利社会民主党领导人之一维·阿德勒保存有一套《派尔—麦尔新闻》的剪报（每篇剪报的左上角和右上角都有恩格斯的亲笔签名），但是，一直不为世人所知。看来，修正主义者都有"雪藏"马克思恩格斯手稿的"癖好"啊。在阿德勒死后过了几年，即在1923年，恩格斯关于普法战争的文章才被编成以《战争短评》为总标题的英文单行本在维也纳石印出版。1924年，《战争短评》俄文本第一次出版。

《法国的军事形势》一文的开头，有恩格斯的亲笔签名
（《派尔—麦尔新闻》的剪报）

8. 走向马克思主义军事科学

在曼彻斯特时期，恩格斯还对西班牙革命、摩洛哥战争、加里波第运动、美国内战、普奥战争等战争做出了科学的评论，丰富和发展了自己的军事思想。在一系列军事著述的基础上，恩格斯明确提出了建立无产阶级自己的军队和无产阶级自己的军事科学的要求。

通过考察军队的发展，恩格斯提出了建立无产阶级自己的军队的主张。军队是阶级矛盾发展的必然结果，过往的一切军队都是维护剥削阶级利益的工具。在阶级社会当中，不仅称霸世界的列强和它们的臣民之间、国家和社会之间、阶级和阶级之间发生冲突的迹象日趋明显，而且当时的列强相互之间的冲突也在一步步尖锐化，乃至剑拔弩张。因此，从实质上来看，军队是国家为进行进攻性或防御性战争而保持的有组织的武装人员的集团。在推翻资本主义制度的过程中，无产阶级应该设法渗入旧的军队体系当中，利用其民主的形式，使得军队难以被用去掠夺和压迫无产阶级和劳动人民。一旦进行斗争，还要使之易于转变到人民方面来。最终，"总有一天工人政党也要进行自己的、**德国的'军队改组'**"①。即，无产阶级总有一天会组建自己掌握的军队，用来作为实现无产阶级政治权力的工具。没有这样的工具，人类就难以从根本上消除战争，就难以走向共产主义。

通过考察军事学术的发展，恩格斯提出了建立无产阶级自己的军事科学的主张。一种旧的社会经济形态为另一种更先进的社会经济形态所代替，一种旧的社会制度被革命打碎，一种新的社会制度的建立，必然会在军事上产生特别强大的推动力。资产阶级革命开创了军事学术发展的新纪元。资产阶级的军事学术代替了封建主义的军事学术。"拿破仑在军事科学上卓越的发现不能用奇迹来解释；新的军事科学是新的社会关系的必然产物，就如同革命和拿破仑所创造的军事科学是革命所产生的新关系的必然结果一样。"② 无产阶级的解放不仅要求形成无产阶级自己的军事学术，而且要求形成无产阶级自己的军事科学。前者是无产阶级自己的作战方法，后者是无产阶级对自己的作战方法的科学认知。无产阶级军事科学即马克思主义军事科学，是关于军事发展基本规律的科学，是关于马克思主义战争观、无产阶级军队建设学说、人民武装起义和民族武装起义理论、无产阶级作战方法理论等方面的一切知识的系统集成。

无产阶级军事科学是马克思主义立场、观点和方法在军事领域的科学运用和创新发展。

第一，无产阶级军事科学坚持社会存在决定社会意识的唯物主义历史观，始终坚持从经济基础出发来看待军事问题。例如，"自从军事生产成为大工业的一个部门（装甲舰、线膛炮、速射炮、弹仓式步枪、钢皮弹头、无烟火药，

① 马克思，恩格斯．马克思恩格斯全集：第21卷．2版．北京：人民出版社，2003：115.
② 马克思，恩格斯．马克思恩格斯全集：第10卷．2版．北京：人民出版社，1998：663.

等等）以后，制造这一切所不可缺少的大工业，便成为政治上必需的了。要生产这一切，没有高度发展的金属加工工业是不行的，而金属加工工业没有其他一切工业部门，特别是纺织工业的相应发展，也是无法存在的"①。只有在社会主义经济基础上，才能有无产阶级军队和无产阶级军事科学。当然，接受无产阶级军事科学指导的无产阶级军队，将会为社会主义经济保驾护航。

第二，无产阶级军事科学坚持人民群众是历史创造者的唯物主义历史观，创造性地提出了人民战争的思想。"人民战争的浪潮不断消耗着敌人兵力，将把一支最大的军队逐渐地损坏和零敲碎打地摧毁，而最重要的是，人们看不到这一点能因对方的相应损失而抵销。"② 人民战争的力量不在于进行决定性的会战，而在于开展游击战争、防守城市和切断敌人的交通线，在于灵活机动。

第三，无产阶级军事科学坚持唯物辩证法，系统地揭示出军事辩证法。例如，就人和枪的关系来说，人是天下最为宝贵和能动的因素，因此，"赢得战斗胜利的是人而不是枪"③。再如，就心和物的关系来看，"这些枪自己是不会动的，需要有勇敢的心和强有力的手来使用它们"④。其实，战争和部队都具有系统性。

第四，无产阶级军事科学坚持以唯物主义历史观的阶级分析法，科学揭示出用无产阶级革命消灭资本主义社会、走向共产主义社会的光明前景。"全世界工人阶级的联合终究会根绝一切战争。法国当局和德国当局把两国推入一场手足相残的争斗，而法国的工人和德国的工人却互通和平与友谊的信息。单是这一史无前例的伟大事实，就向人们展示出更加光明的未来。这个事实表明，同那个经济贫困和政治昏聩的旧社会相对立，正在诞生一个新社会，而这个新社会的国际原则将是**和平**，因为每一个民族都将有同一个统治者——**劳动！**"⑤ 只有共产主义才能实现"永久和平"，那才是一个"永久和平"的自由王国。

曼彻斯特二十年，孕育了无产阶级军事科学，孕育了无产阶级军事家。创立无产阶级军事科学就是恩格斯在马克思创立无产阶级政治经济学的同时，对科学共产主义理论和国际共产主义事业做出的卓越贡献。恩格斯将以无产阶级"将军"的美誉，永远被镌刻在共产主义运动史和马克思主义发展史的丰碑上。

① 马克思，恩格斯．马克思恩格斯全集：第38卷．北京：人民出版社，1972：465.
② 马克思，恩格斯．马克思恩格斯全集：第17卷．北京：人民出版社，1963：224.
③ 马克思，恩格斯．马克思恩格斯全集：第15卷．北京：人民出版社，1963：232.
④ 马克思，恩格斯．马克思恩格斯全集：第21卷．2版．北京：人民出版社，2003：259.
⑤ 马克思，恩格斯．马克思恩格斯文集：第3卷．北京：人民出版社，2009：117.

第 9 章

红色的五月
——国际工人协会和巴黎公社

　　近来，社会民主党的庸人又是一听到无产阶级专政这个词就吓出一身冷汗。好吧，先生们，你们想知道无产阶级专政是什么样子吗？请看巴黎公社。这就是无产阶级专政。①

　　我相信，下一个国际——在马克思的著作产生了多年的影响以后——将是纯粹共产主义的国际，而且将直截了当地树立起我们的原则……②

　　1871 年 3 月 18 日，巴黎公社革命爆发。在无产阶级第一次尝试夺取政权的时候，恩格斯已经结束了经商，成为国际工人协会（第一国际）的书记，为无产阶级和劳动人民的解放而忙碌着。虽然国际没有动一个手指头，但公社是国际的精神产儿。巴黎公社革命爆发前后，恩格斯和马克思一道与国际内部的各种错误思潮斗争，保证了国际的健康发展。巴黎公社革命结束之后，恩格斯和马克思科学总结公社的经验，大力援助公社流亡者。在此期间，恩格斯创作了《论住宅问题》《论权威》等作品，进一步丰富和发展了无产阶级专政等马克思主义理论。

---

① 法兰西内战·恩格斯写的 1891 年版导言//马克思，恩格斯. 马克思恩格斯文集：第 3 卷. 北京：人民出版社，2009：111 - 112.
② 恩格斯致弗里德里希·阿道夫·左尔格（1874 年 9 月 12—17 日）//马克思，恩格斯. 马克思恩格斯文集：第 10 卷. 北京：人民出版社，2009：399.

1. 与马克思在伦敦毗邻而居

1869 年 6 月 30 日，恩格斯终于结束了曼彻斯特"欧门—恩格斯公司"的工作。但是，由于有一系列复杂的后续事情需要处理，直到 1870 年 9 月 20 日，他才从经商事务中彻底抽身出来。恩格斯迫不及待地来到伦敦，与马克思会师。直到 1883 年马克思逝世，全世界无产阶级革命的两位伟大导师一直战斗和工作在一起。

为了无产阶级革命事业，为了帮助马克思完成建立工人阶级政治经济学的任务，为了尽量帮助马克思从经济困境中解脱出来，恩格斯在曼彻斯特度过了漫长的二十年（1850—1870）。尽管与马克思保持着几乎每天都有的"两地书"，尽管有与玛丽的爱情的甜蜜和缠绵，尽管有与沃尔弗、肖莱马、穆尔等革命战友的深厚友谊，尽管有建立无产阶级军事科学硕果的喜悦，尽管有这样或那样的收获和成就，但是，对于恩格斯来说，这二十年是"寂寞"的二十年，是"牺牲"的二十年，甚至是"碌碌无为"的二十年。当他出入资产阶级灯红酒绿场所的时候，当他骑马驰骋在曼彻斯特的郊野的时候，当他进出交易所的时候，当他在灯下奋笔疾书的时候，有谁能够知晓他内心的落寞呢？因此，当他摆脱这倒霉的生意的时候，当他结束"埃及的幽囚"的生活的时候，恩格斯欢呼雀跃。从而立之年到知天命之年，漫长的二十年并没有泯灭恩格斯的初心，归来的恩格斯仍然是那个翩翩少年。

马克思小女儿爱琳娜笔下结束生意的恩格斯

有一次我到他家里去，这时这种苦刑式的工作快要结束了，我才知道这些年对他说来是什么滋味。我永远不会忘记，那天早晨他穿上皮靴最后一次去营业所，他喊得多么高兴："最后一次了！"几小时以后，我们站在大门口等他回来，只见他从门前的一小片田野里走过来，挥舞着手杖，容光焕发地唱着歌。然后我们就像过节一样大吃一顿，喝香槟酒，陶醉在幸福中。那时我还年幼，不懂得什么。可是现在一回想起这些情景，总忍不住流下泪来。①

---

① 马克思-艾威林．弗里德里希·恩格斯//中共中央马克思恩格斯列宁斯大林著作编译局．回忆恩格斯．北京：人民出版社，2005：39-40.

早在 1870 年 2 月，恩格斯家人就盼望着能够尽早迁居伦敦。5 月 11 日，恩格斯在致马克思的信中委托马克思在伦敦为自己寻找住所，并提出了居住条件的要求。"如果你和你的全家乐意为我在附近找房子，那我们真是高兴极了。我这里的房子 9 月底到期，因此，即使我 8 月底搬走，那也完全来得及。何况在搬家以前我还有一大堆材料要仔细研究，而这里比伦敦要方便些。至于我要什么样的房子，你知道。至少要四间，可能的话要五间卧室（因为彭普斯一天天大了），除我的工作室外，还要两间带厨房的起居室等等。如果可能，对面不要有更高的房子。还希望不要比你住的房子高，因为莉希是气喘病患者，怕上楼梯。你们要是找到了，我可以去看看。不需要象你那么大的房子，小一点我也够了。"① 莉希（莉迪娅）是玛丽的妹妹，玛丽去世之后成为恩格斯忠实的革命伴侣。彭普斯（玛丽·艾伦·白恩士）是玛丽的侄女，打小与恩格斯夫妇生活在一起。

马克思只好四处去看房子。但是，恩格斯已经等不及了。没有办法，马克思的夫人燕妮亲自出马。她带着自己的两位女儿终于找到一处理想的房子。7 月 12 日，她写信向恩格斯报告说："现在说的这所房子要六十英镑。**它就在樱草丘旁边**，因此从窗户朝街的所有房间都能看到优美开阔的景色，而且空气充足。此外，周围的街道上有各种各样的店铺，您的夫人可以自己去购买所有的东西。现在说说内部的情况。地下室有一大间漂亮的厨房，炉灶很大。旁边是一间带有大澡盆和壁炉的宽敞的浴室、洗衣间和各种柜子、煤窖和一个**较深的地窖**，地窖目前虽然还没有地板，但仍然可以成为一个很好的、凉快的酒窖；一个小的、很小的庭园，只够晾晾衣服之类。其次，一楼有两间漂亮的房间，用双扇门隔开。后面一间的窗户不是一般的窗户，而象漂亮的玻璃温室一样，或者，如果您愿意这样说的话，是加大的窗户，因此房间既明亮又爽快。二楼前部是一间漂亮的大房间，第二间略微小一些，没有双扇门。三楼是三间卧室：两间很大，第三间略微小一些，维修情况都很好。楼下两间刚刚糊了壁纸。我想您未必能找到更好的房子，我相信它会使您的夫人很满意。它实在是太敞亮，太令人喜欢了。几乎用不着走出屋子就可以呼吸到新鲜空气和看到成千上万的人。"② 燕妮办事，恩格斯和莉希当然放心。他们夫妇二人根本没有

---

① 马克思，恩格斯. 马克思恩格斯全集：第 32 卷. 北京：人民出版社，1974：491 - 492.
② 同①701 - 702.

去伦敦，只是拍了一封电报说，就决定选择这所房子了。

　　1870 年 9 月 2 日，恩格斯夫妇带着约十岁的侄女彭普斯风尘仆仆地来伦敦定居了。燕妮计划邀请他们到自己的家里小住几天以尽地主之谊，但是，被恩格斯婉言谢绝了。从恩格斯的住所到马克思的住所大约有一刻钟的路程。现在看来，这根本不是问题。在当时，这个距离还是相距较远的。后来，考茨基问过恩格斯，为什么不住得离马克思更近一点。恩格斯说，毕竟都是结婚有家庭的人，每家都有自己的特定的生活方式和社会习惯，住得太近不一定好。看来，恩格斯认为距离产生美啊。

马克思小女儿爱琳娜笔下马克思和恩格斯的"脚印"

　　这以后的 10 年中，恩格斯每天都要来找我的父亲。他们常常一同出去散步。但他们也常常留在家中，在我父亲的屋里走来走去——两人各走一边，在屋角的地方转身，他们的鞋跟在地板上磨出了深深的脚印。他们在这里讨论了大多数人不能想象的许多问题。他们时常肩并肩地走来走去，半晌不发一言。有时，又停下来面对面地各自说出自己所想的一套，于是两人就放声大笑，承认刚才半小时中双方所想的问题毫无共同之处。①

　　但是，距离怎么能够阻隔思想的共振和灵魂的共鸣呢？从这一天起，恩格斯几乎每天与马克思见面，共谋革命大业，共举革命大旗。

　　恩格斯与马克思的再度密切交往，引起了恩格斯家人尤其是恩格斯老母亲的担忧，浪子怎么到了这么大的年龄仍然不回头呢？1871 年 10 月 21 日，恩格斯向自己的母亲坦诚地说："我丝毫没有改变将近 30 年来所持的观点，这你是知道的；而且每当事变需要，我就不仅会坚持它，在其他方面也会去履行自己的义务，对此想必你也没有感到意外。我要是不这样做，你倒应该为我感到羞愧。即使马克思不在这里或者根本没有他，情况也不会有丝毫改变。所以，归罪于他是很不公平的。当然我还记得，从前马克思的亲属曾经断言，是**我把他引坏了**。"② 1873 年 10 月底，恩格斯的母亲去世。母亲生病和去世期间，恩格

---

　　① 马克思-艾威林．弗里德里希·恩格斯//中共中央马克思恩格斯列宁斯大林著作编译局．回忆恩格斯．北京：人民出版社，2005：40.

　　② 马克思，恩格斯．马克思恩格斯文集：第 10 卷．北京：人民出版社，2009：366.

斯住在巴门附近的恩格斯基兴。看来，对于无产阶级的"忠"和对于资产阶级父母的"孝"真的难以两全啊。其实，恩格斯 10 月 28 日回到巴门的时候，母亲只是生病而已。但是，仅仅过了一天，她老人家就撒手而去。这大大出乎恩格斯的预料，他倍感悲痛。自此，丧母之痛伴随着恩格斯的后半生。

1874 年 6 月 1 日，恩格斯致信欧门—恩格斯公司，决定终止原来的约定，恩格斯的名字不再作为股东出现在公司的商标和包装上。1875 年 6 月 30 日，恩格斯终于如愿以偿。自此，恩格斯全身心地投入到了无产阶级解放事业当中。1883 年 3 月 1 日，当他回忆这段岁月时说："但是一个人自己可以当一个不错的交易所经纪人，同时又是社会主义者，并因此仇恨和蔑视交易所经纪人**阶级**。难道我什么时候会想到要为我曾经当过工厂股东这件事进行辩解吗？要是有人想要在这方面责难我，那他就会遭到惨重的失败。如果我有把握明天在交易所赚它一百万，从而能使欧洲和美洲的党得到大批经费，我马上就会到交易所去。"[①] 利用资本主义消灭资本主义，这就是恩格斯的志向和法宝。

2. 国际工人协会忙碌的书记

1870 年 9 月 20 日晚上，即恩格斯迁居伦敦的当天晚上，马克思在国际工人协会总委员会的会议上提议恩格斯为国际工人协会总委员会的委员。10 月 4 日，总委员会通过了马克思的提议，恩格斯被选为总委员会委员。10 月 11 日，恩格斯第一次出席国际总委员会会议。自此，为了保证马克思有充足的时间去完成《资本论》后续的创作工作，恩格斯全身心地投入到了协会的工作当中。

为了把欧美整个战斗的无产阶级组织为一支强大的队伍，1864 年 9 月 28 日，国际工人协会在英国伦敦成立。1889 年 7 月 14 日，国际社会主义工人代表大会召开，标志着第二国际的成立。由此，人们开始将国际工人协会称为"第一国际"（国际），共产主义者同盟被看作第一国际的前身。马克思为国际起草了《国际工人协会成立宣言》和《国际工人协会临时章程》，明确协会的目的是要成为追求工人阶级得到保护、发展、彻底解放的各国工人团体的联络和合作的中心。为了第一国际的事业，马克思度过了繁忙的九年，牺牲了宝

① 马克思，恩格斯. 马克思恩格斯全集：第 35 卷. 北京：人民出版社，1971：445.

贵的时间，拖延了《资本论》的创作，毕竟在他看来"问题在于**改变**世界"。第一国际是世界上第一个国际性的无产阶级革命组织，马克思是其当之无愧的灵魂。由于恩格斯当时在曼彻斯特经商，因此，没有被选入国际的领导机构当中，但是，马克思经常就国际的一些重大事务向他通报。恩格斯通过各种方式积极支持国际的活动和马克思的工作，为国际的健康发展和工人运动的持续发展做出了巨大贡献。

恩格斯的国际工人协会会员证和会费卡

1871年1月31日，在总委员会的会议上，恩格斯被委派为代理西班牙通讯书记；10月，正式当选。2月13日，恩格斯同西班牙联合会委员会建立通信联系。在名为《致国际工人协会西班牙联合会委员会》的信中，恩格斯指出："各地的经验都证明，要使工人摆脱旧政党的这种支配，最好的办法就是在每一个国家里建立一个无产阶级的政党，这个政党要有它自己的政策，这种政策显然与其他政党的政策不同，因为它必须表现出工人阶级解放的条件。这种政策的细节可以根据每一个国家的特殊情况而有所不同；但是，因为劳动和资本之间的基本关系到处都一样，有产阶级对被剥削阶级的政治统治这一事实到处都存在，所以无产阶级政策的原则和目的是一样的，至少在一切西方国家中是这样。"[1] 这就表明：第一，共产党是致力于实现无产阶级解放的政党，马克思主义是关于无产阶级解放条件的科学。第二，由于每个国家的国情不同，各国共产党的政策应该坚持具体问题具体分析的原则。第三，只要资本主义条件存在，各国共产党的政策就应该具有一致性和统一性。这些思想是对《共产党宣言》提出的无产阶级政党建设理论的丰富和发展。在此基础上，恩格斯还提到，无产阶级应该利用资本主义民主制度开展政治斗争，争取自己

---

① 马克思，恩格斯. 马克思恩格斯文集：第3卷. 北京：人民出版社，2009：92.

的权益。恩格斯指示西班牙支部应该同葡萄牙和阿根廷的工人阶级组织建立联系，促进第一国际事业在这些地方的发展。

恩格斯十分关注西班牙工人运动的发展，力求支持西班牙工人的斗争。1871 年 4 月 19 日，他写信给彼时担任总委员会总书记的埃卡留斯（1818—1889），向其详细介绍巴塞罗那纺织工人罢工的情况，以便总委员会能够通过曼彻斯特的工人来组织支援罢工者的活动。恩格斯指出："巴塞罗纳及其四郊是西班牙的南郎卡郡，那里有很多大型的棉纺织企业，而这个地区大部分居民都靠棉纺织业为生。近来，工人们由于英国棉纱的竞争受害不小，如果郎卡郡的棉纺织业工人能为西班牙用机器操作的纺织工人做点什么，那就会在西班牙留下特别良好的印象。世界各国之间频繁而密切的贸易关系，使得涉及一国居民的每件事不可避免地也对其他所有国家发生影响。因此毫不奇怪，如果西班牙棉纺织业中的工资普遍降低（如果这次罢工失败，看来这就不可避免），最后也必将导致南郎卡郡的工资的降低。"① 4 月 25 日左右，恩格斯研究从西班牙寄来的报道巴塞罗那纺织工人罢工的信件和报纸。1872 年 2 月 20 日，恩格斯在总委员会会议上介绍国际在西班牙的活动情况。3 月 26 日，恩格斯主持总委员会会议，并介绍了西班牙联合会委员会向总委员会提出的关于 1870 年以来国际在西班牙活动的报告的内容。由于西班牙联合会将在 4 月召开应届代表大会，国际委托恩格斯起草一封贺信。这封贺信发表在 4 月 13 日的《解放报》上。

1871 年 4 月，恩格斯担任国际比利时通讯书记。此前，1871 年 3 月 29 日，恩格斯和马克思从一封来信中得知安特卫普雪茄烟工人举行罢工的消息。4 月 4 日，在总委员会会议上，恩格斯以比利时通讯书记的身份报告这次工人举行罢工的情况。5 日，恩格斯写作《关于安特卫普雪茄烟工人的罢工》。该文发表于 1871 年 4 月 12 日《人民国家报》第 30 号上。根据恩格斯的提议，会议决定写信给英国工联并派遣代表团去交涉此事。4 月 5 日，总委员会向英国工联发出了援助安特卫普雪茄烟工人的呼吁书。呼吁书以传单形式单独发表。英国许多工联和布鲁塞尔的工人都响应总委员会的号召，对安特卫普的雪茄烟工人提供了经济援助，布鲁塞尔的雪茄烟工人也宣布了罢工。恩格斯还写

---

① 马克思，恩格斯. 马克思恩格斯全集：第 33 卷. 北京：人民出版社，1973：212. 巴塞罗纳，现一般写作巴塞罗那。

信给李卜克内西，请他在德国促进组织对安特卫普雪茄烟工人进行援助的工作。在总委员会的援助下，捍卫自己工会组织的安特卫普雪茄烟工人把罢工坚持到 1871 年 9 月，最终使厂方接受了罢工工人的要求，罢工最终取得胜利。

　　1871 年 8 月 1 日，在总委员会会议上，根据马克思的提议，总委员会免去恩格斯的比利时通讯书记的职务，委任他为意大利通讯书记。1871 年 6 月下半月到 11 月期间，恩格斯经常同意大利工人运动活动家卡菲埃罗（1846—1892）通信，通过他去影响国际那不勒斯支部。恩格斯把国际最重要的文件寄给卡菲埃罗让其在工人中间散发。1871 年 7 月 1 日到 3 日，恩格斯在给卡菲埃罗的信中阐明了宗派主义对工人运动的危害，尖锐地批评了巴枯宁的观点，揭露了马志尼想把国际置于自己影响之下的企图。恩格斯还阐明了国际对待农业工人和小农的策略。"我们对待农村居民的政策整个说来就是：凡是有大地产的地方，租佃者对于农业工人来说就是资本家，我们就应当采取维护农业工人利益的行动；凡是地产不大的地方，租佃者虽然名义上也是小资本家或小私有者（像法国和德国部分地区那样），但是实际上，他们通常也落到和无产者一样贫困的地步，在这种情况下，我们就应当采取维护他们的利益的行动。"① 7 月 16 日，恩格斯在给他的信中还附上了以下材料：一是 1864 年的国际工人协会成立宣言和临时章程；二是代表大会批准的条例；三是 1866 年代表大会决议和 1868 年代表大会决议；四是总委员会关于战争的两篇宣言；五是《法兰西内战》宣言第二版；六是总委员会关于华施贝恩先生的宣言，即马克思所写的《美国驻巴黎大使华施贝恩先生》。7 月 28 日，恩格斯写信给卡菲埃罗，阐明巴枯宁的"社会主义民主同盟"的活动的分裂性质。由于马志尼在意大利的一些报纸上发表反对国际的言论，恩格斯给卡菲埃罗寄去一篇供在报刊上发表的文章，揭露马志尼宣传的"劳资合作"主张的资产阶级实质。恩格斯的这篇文章发表在 8 月 31 日意大利资产阶级民主派杂志《自由思想》以及其他许多意大利报纸上。

意大利警察没收恩格斯致卡菲埃罗的信

　　恩格斯 1871 年 7 月 1 日—3 日、16 日和 28 日给卡菲埃罗的信都是在 1871 年 8 月卡菲埃罗被捕时被警察机关没收的。警察机关的译

① 马克思，恩格斯. 马克思恩格斯文集：第 10 卷. 北京：人民出版社，2009：365.

员曾将英文原件译成意大利文，这些信件归入国际工人协会那不勒斯支部案卷中。在三个文件上都写有下列字样："从卡洛·卡菲埃罗先生那里没收的恩格斯的信件。译自英文。副本。"这些副本是 1946 年意大利历史学家阿·罗曼诺在那不勒斯国家档案馆的省的案卷中发现的。恩格斯的原信没有找到。

同时，恩格斯还于 1871 年担任国际财务委员会的委员，于 1872 年担任国际葡萄牙通讯书记和丹麦通讯书记。在国际的一系列事务上，恩格斯都发挥了重要的领导作用。

3. 英特纳雄耐尔一定要实现

就在恩格斯致力于第一国际工作事务的时候，巴黎公社革命爆发了。这是无产阶级夺取政权的第一次伟大尝试。因此，这一历史事件引起了恩格斯和马克思的高度关注。他们不仅密切关注着公社的进展，而且适时地向公社提出了各种建议。公社失败后，他们不仅投入到救助公社流亡者的活动中，而且根据公社的经验进一步丰富和发展了无产阶级专政的理论。

在普法战争当中，为了动员群众对抗普鲁士军队的入侵，法国政府允许工人武装的发展。法兰西第三共和国成立之后，政权马上被资产阶级共和派和君主派各路政客窃取，他们将这一临时政府美其名曰"国防政府"。很快，法国临时政府背叛人民，与普鲁士政府勾搭，达成了停战协定，将阿尔萨斯和洛林割让给普鲁士，赔款 50 亿法郎。法国投降导致普鲁士军队长驱直入，巴黎危在旦夕。面对割地赔款、丧权辱国的临时政府，30 万巴黎工人和市民自发组成了"法国国民自卫军"，决心用自己的力量保家卫国。由于担心工人和市民武装会危及自己的统治，普法两国的统治阶级勾结在了一起，磨刀霍霍，指向了法国工人和市民武装。1871 年 3 月 18 日，对人民群众面临的生活困难不闻不问的临时政府新的首脑梯也尔，派出军队试图解除工人武装，但是，他们的阴谋没有得逞。工人不仅没有交出自己捐款制造的大炮，而且举行了武装起义。他们高呼着"共和国万岁！""公社万岁！"的口号冲向大炮阵地。梯也尔的军队丢盔弃甲，只好狼狈逃窜到凡尔赛。巴黎街头到处都是戴着红色和三角帽徽的工人，到处都是身穿深蓝色制服的国民自卫军士兵。巴黎沉浸在胜利的欢乐当中。这样，临时政府就被推翻了。3 月 26 日，公社委员会选举产生。

委员会里面有四名第一国际的成员，许多成员是名不见经传的普通人物，甚至是普通的工人。3 月 28 日，巴黎公社正式宣告成立。

公社成立后，采取了一系列民主的措施。在政治上，公社采取议行合一的方式，所有的公社委员都由工人和市民普选产生，只能领取工人平均的工资。如果出现不称职的情况，工人和市民有权随时撤换公社委员；同时，公社取消了征兵制和常备军，建立了国民自卫军这一人民武装。在经济上，公社将逃亡资本家的工厂和作坊交给工人管理，工人成立了协作社以管理企业；同时，公社剥夺了教会的一切财产，将逃亡地主、官僚、厂主的房子分配给无房群众和住房受损群众，废除了面包房工人夜班制，废除了盘剥困难群众的当铺。在文化上，公社实行政教分离，清除了教育中的宗教内容，实行免费教育和义务教育，开展面向工人的职业教育，提高教师的工资待遇；同时，公社大力发展图书馆、博物馆、剧院等文化事业。在社会政策方面，公社实行男女同工同酬的政策，用法律的形式宣布女性同样拥有选举权；同时，公社废除了由旧警察支持的用以剥削劳动者的职业介绍所，由政府接管职业介绍所。在外交政策上，公社拆除了象征民族沙文主义的凯旋柱，给予外国侨民与法国公民同等的权利，实行国际主义和对外和平的政策。这些措施表明，公社实质上是工人阶级的政府。巴黎市政厅上方飘扬的红旗表明，巴黎公社革命是无产阶级夺取政权的第一次伟大尝试。

1871 年 3 月 19 日，恩格斯和马克思就得知了巴黎 3 月 18 日爆发革命的消息。他们仔细研究了关于巴黎局势和巴黎公社的活动的全部材料，同公社委员建立了联系，并在国内外政策的各种问题上向他们提供建议。3 月 21 日，恩格斯在总委员会会议上做了关于巴黎革命和关于政权转入无产阶级的机关——国民自卫军中央委员会手中的发言。这是马克思和恩格斯关于巴黎公社问题的第一篇讲话。恩格斯提出，由于普鲁士军队就在巴黎的附近，因此，如果公社能够做工作使普鲁士军队站在斗争之外，保持中立，那么，公社成功的机会就会增多。4 月 11 日，恩格斯在总委员会会议上分析巴黎的局势时指出，公社错过了进攻凡尔赛的有利时机。"向凡尔赛进军，应当是在凡尔赛还软弱的时候，可是这个有利的时机被错过了，看来现在凡尔赛占了优势并在逼迫巴黎人。人民是不会长久容忍别人把他们引向失败的。巴黎人正在失去土地，几乎无益地消耗弹药，吃光自己的储备粮。"① 看来，真的是"宜将剩勇追穷寇"

---

① 马克思，恩格斯. 马克思恩格斯全集：第 17 卷. 北京：人民出版社，1963：671.

啊！5 月 9 日，恩格斯在总委员会会议上报告巴黎公社社员抗击凡尔赛军队的斗争情况。同时，恩格斯和马克思组织各国工人举行群众集会声援巴黎的革命无产阶级和巴黎公社。

当时，公社委员瓦扬（1840—1915）在会见代表国际前去巴黎打探消息的马克思二女婿拉法格时说，公社现在不缺人才，但是缺领袖人物，不知道恩格斯是否愿意来巴黎发挥他的革命才能。1871 年 4 月 8 日，拉法格写信向自己的岳父汇报了这件事情。但是，马克思和恩格斯未置可否，国际也未正式讨论这件事。看来，瓦扬试图让恩格斯在公社中发挥他独有的军事才能和政治才能以弥补公社的不足，但是，当时马克思正在患重病，国际离不开恩格斯。同时，这只是瓦扬个人的看法，并不代表公社的集体意见。更为重要的是，恩格斯和马克思没有输出革命或干涉各国革命的想法。这里，不存在所谓恩格斯和马克思"见死不救"的问题。

任何反动派都不会自动退出历史舞台。在凡尔赛得到喘息机会的梯也尔反动军队气势汹汹地向公社发起了反扑。工人义无反顾地展开了巷战。但是，由于公社叛徒出卖和城防失守，梯也尔的军队攻入巴黎。5 月 21 日，公社进入紧急关头。经过七天的浴血奋战，5 月 28 日，公社失败。最后一次大屠杀发生在拉雪兹神父墓地的一堵墙旁边，疯狂的反革命用后装枪已嫌不过瘾了，竟然用机关枪扫射成百上千的公社战士。这堵"公社战士墙"至今仍然伫立在那里，无声地诉说着被鲜血染红的五月的巴黎的历史。

在公社失败的第三天，马克思就在国际总委员会的会议上宣读了由他用英文起草的《法兰西内战。国际工人协会总委员会宣言》。经总委员会通过后，《法兰西内战》用英文印成单行本出版。在这部科学文献中，马克思全面总结了巴黎公社的战斗历程和历史经验，阐发了马克思主义关于阶级斗争、国家、无产阶级革命和无产阶级专政的学说。

恩格斯积极推进《法兰西内战》在国际上的传播。1871 年 6 月中旬到 7 月中旬，他亲自将《法兰西内战》译成德文，并把译文寄给李卜克内西，以便在《人民国家报》上发表和转寄日内瓦交贝克尔在《先驱》杂志上发表。恩格斯翻译的《法兰西内战》德文文本，从 6 月 28 日至 7 月 29 日在《人民国家报》上发表，从 8 月至 10 月在《先驱》上部分发表。1871 年 7 月 18 日，恩格斯向总委员会报告《法兰西内战》已用荷兰文、德文和法文出版，并准备译成意大利文和俄文。

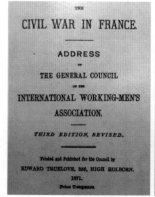

《法兰西内战》英文版和德文版扉页

恩格斯大力捍卫《法兰西内战》确立的科学社会主义原则。1871 年 6 月 27 日，在总委员会会议上，恩格斯提议向《每日新闻》送交一份声明，以回击侯里欧克、鲁克拉夫特和奥哲尔对总委员会和《法兰西内战》的不断攻击。恩格斯起草的这篇声明指出，总委员会一致同意与奥哲尔和鲁克拉夫特决裂。这篇声明得到总委员会的批准，发表在 6 月 29 日《每日新闻》和 7 月 1 日《东邮报》上。6 月 30 日，恩格斯给《人民国家报》写了一篇通讯。他在这篇通讯中指出，尽管资产阶级报刊企图对《法兰西内战》进行封锁，对它进行污蔑诽谤，但是，这篇宣言在英国仍然产生了巨大的影响。文章于 7 月 5 日发表在该报上。

公社失败后，幸存的公社成员遭到反动当局的迫害，许多人被迫流亡海外成为流亡者。1871 年 6 月到 12 月，恩格斯和马克思组织对巴黎公社流亡者的救济。他们领导了总委员会成立的流亡者委员会的工作，想方设法为流亡的公社成员寻找工作，为还在法国处于非法境地的公社成员谋取出国护照。7 月 18 日，恩格斯、马克思等人集会，商讨援助公社流亡者的措施。8 月 8 日，根据恩格斯的提议，总委员会决定在英国工人中募款救助公社流亡者。8 月 22 日，恩格斯在总委员会会议上呼吁美国工人援助公社流亡者。同时，恩格斯和马克思设法营救被逮捕的公社成员。1871 年 7 月底到 8 月初，恩格斯和马克思设法出版即将在凡尔赛进行的对公社成员的审判记录。8 月 7 日，马克思将恩格斯的一封来信寄给《泰晤士报》编辑部；恩格斯的信中附有被俘公社成员的律师来信摘录，叙述了被监禁者在狱中遭受的各种折磨，以及警察的横暴和凡尔赛当局对审判的延宕等问题。但是，这封信没有发表。8 月 9 日，恩格斯写信给在巴黎的拉甫罗夫，请他代订一份会发表公社社员审判案全部报道的《审判通报》，同时请他寄一张巴黎市区和郊区地图，以便恩格斯本人能够研究普鲁士人和凡尔赛人包围巴黎时期的军事行动，发现无产阶级在大城市开展武装斗争的规律。

《国际歌》

巴黎公社失败后不久，幸存的公社委员、法国无产阶级诗人欧仁·鲍狄埃创作了《国际歌》歌词。1888年，法国工人作曲家皮埃尔·狄盖特为《国际歌》谱写了曲子。自此，《国际歌》被译成多种语言传遍世界，成为全世界无产阶级和被压迫人民的战斗歌曲。

从 1872 年到 1895 年，恩格斯一直有这样一个愿望：能够比马克思的《法兰西内战》更为详尽地总结巴黎公社的经验。1873 年 3 月 24 日，恩格斯和马克思应不列颠联合会委员会的邀请，出席了伦敦的国际工人协会会员和公社流亡者举行的纪念巴黎公社两周年大会。在这次大会上，大会通过了由马克思的《法兰西内战》一书的个别篇章构成的宣言。1876 年，为了纪念巴黎公社五周年，《法兰西内战》德文本再版。1891 年，为纪念巴黎公社二十周年，柏林前进报出版社出版了《法兰西内战》德文第三版（纪念版）。在这一版当中，恩格斯重新校订了译文，并为该版新写了导言。恩格斯把马克思所写的国际工人协会总委员会关于普法战争的两篇宣言一并收入这一版本当中。自此，在《法兰西内战》的各种文字的单行本中，都收有这两篇宣言。

在恩格斯所写的《法兰西内战》1891 年版导言中，主要阐明了以下问题：

第一，高度评价《法兰西内战》的理论地位。恩格斯突出强调，必须将第一国际的两篇宣言作为《法兰西内战》文本的重要组成部分，否则，就难以完全掌握马克思评价公社经验的重大意义。《法兰西内战》是由这三个文本组成的整体。"这一著作揭示了巴黎公社的历史意义，并且写得简洁有力而又那样尖锐鲜明，尤其是那样真实，是后来关于这个问题的全部浩繁文献都望尘莫及的。"① 恩格斯认为，在伟大历史事变还在人们眼前展开或者刚刚终结时，马克思就能准确地把握住这些事变的性质、意义及其必然后果。

第二，高度肯定巴黎公社的伟大创举。恩格斯考察了巴黎公社革命爆发的历史背景和条件，认为这是无产阶级和资产阶级之间阶级矛盾发展的结果；描述了巴黎公社革命的历史发展进程，分析了公社采取的各项政策的社会性质，认为公社所通过的决议也都带有鲜明的无产阶级性质；分析了布朗基派和蒲鲁东派对公社的影响，分析了巴黎公社的历史作用和失败原因；认为公社采用的选举制度和薪金制度，能够有效防止国家和国家机关由社会公仆变为社会主人；最后，肯定巴黎公社是无产阶级专政性质的政权。

在此基础上，恩格斯提出，由于《法兰西内战》是一部历史文献，因此，有必要对其叙述进行一些补充，尤其是在巴黎公社革命失败原因的分析上更应该如此。

在《法兰西内战》等文献中，马克思已经深刻分析了公社失败的原因。从国内来看，在巴黎工人起来革命的时候，巴黎郊外的农民却没有行动起来。这再次印证了马克思在分析 1848—1849 年欧洲革命失败的原因时做出的断言：如果没有农民的配合和支持，无产阶级革命将变成孤鸿哀鸣。从国际来看，在法国工人起来革命的时候，在马德里等地的工人却没有行动起来。在普法战争当中，德法两国工人都为了自己国家的剥削阶级而相互厮杀。因此，无产阶级的国际团结很重要。

恩格斯从公社成员的构成入手分析了公社失败的原因。公社委员分为多数和少数两派，前者即布朗基派，后者是国际工人协会会员。由于前者在公社中居于多数，他们的思想影响了公社的政策，使公社政策具有很大程度上的不彻底性。在经济上，公社并没有没收法兰西银行。在恩格斯看来，"这也是一个严重的政治错误。银行掌握在公社手中，这会比扣留一万个人质更有价值。这会迫使整个法国资产阶级对凡尔赛政府施加压力，要它同公社议和"②。由于没有摧毁旧的经济基础，因此，无产阶级的决战没有相应的经济支撑。从政治上来看，公社无疑是无产阶级专政的尝试。"公社一开始想必就认识到，工人阶级一旦取得统治权，就不能继续运用旧的国家机器来进行管理；工人阶级为

① 马克思，恩格斯.马克思恩格斯文集：第3卷.北京：人民出版社，2009：100.
② 同①108.

了不致失去刚刚争得的统治，一方面应当铲除全部旧的、一直被利用来反对工人阶级的压迫机器，另一方面还应当保证本身能够防范自己的代表和官吏，即宣布他们毫无例外地可以随时撤换。"① 但是，公社的政治政策也不彻底。这就表明，只有坚持科学社会主义基本原则，建立完整和强大的社会主义经济基础，建立和巩固无产阶级专政的政权，才能保证革命的成功。

在此基础上，恩格斯考察了国家产生、发展和消亡的规律。"实际上，国家无非是一个阶级镇压另一个阶级的机器，而且在这一点上民主共和国并不亚于君主国。国家再好也不过是在争取阶级统治的斗争中获胜的无产阶级所继承下来的一个祸害；胜利了的无产阶级也将同公社一样，不得不立即尽量除去这个祸害的最坏方面，直到在新的自由的社会条件下成长起来的一代有能力把这国家废物全部抛掉。"② 无产阶级专政只不过是消灭国家的一种手段和一个阶段而已。1853 年，马克思在致魏德迈的信中早已指明了这一点。

最后，恩格斯指出："你们想知道无产阶级专政是什么样子吗？请看巴黎公社。这就是无产阶级专政。"不管怎么说，在社会主义实现了从空想到科学的飞跃之后，巴黎公社促进社会主义实现了新的飞跃：从科学理论向革命实践的飞跃！作为第一国际精神产儿的巴黎公社告诉我们：英特纳雄耐尔一定要实现！英特纳雄耐尔即国际，即共产主义。

4. 伦敦代表会议和反对巴枯宁主义的斗争

巴黎公社革命失败之后，世界无产阶级革命陷入低潮，不仅资产阶级向国际发起了攻击，而且各种机会主义思潮在国际内部沉渣泛起。蒲鲁东主义、拉萨尔主义、巴枯宁主义是当时影响较大的几种思潮。其中，巴枯宁主义风头尤盛。因此，恩格斯和马克思与巴枯宁主义展开了激烈的斗争。

巴枯宁（1814—1876）出生于俄国一个贵族家庭，曾担任过沙皇军队的军官。1840 年出国，在瑞士接受了蒲鲁东（1809—1865）和魏特林（1808—1871）的无政府主义和空想共产主义学说，其间与马克思结识。由于参加1848—1849 年欧洲革命，他被判死刑后被引渡回俄国。在狱中，他向沙皇摇

---

① 马克思，恩格斯 . 马克思恩格斯文集：第 3 卷 . 北京：人民出版社，2009：110.
② 同①111.

尾乞怜，投降变节。国际工人协会成立后，已经逃往英国的巴枯宁拜会了马克思。1864 年，混入国际工人协会。1867 年，迁居瑞士。在那里，完善了其无政府主义思想。1868 年 10 月，他组建"社会主义民主同盟"。这一组织既要申请加入国际工人协会，又要保留自己的纲领和组织。这种做法明显违反了国际工人协会的组织原则。巴枯宁宣扬个人"绝对自由"是整个人类发展的最高目标，将废除个人继承权作为革命的起点，宣称国家和政府是束缚自由的枷锁，反对无产阶级革命和无产阶级专政。由此，形成了巴枯宁主义。

为了将马克思和恩格斯科学总结巴黎公社经验而形成的科学理论及时写入国际工人协会纲领当中，挫败巴枯宁主义的进攻，考虑到当时正处于反革命的白色恐怖当中的现实情况，1871 年 7 月 25 日，恩格斯在总委员会会议上提议于 9 月 17 日在伦敦召开国际工人协会的秘密代表会议。马克思和恩格斯就会议上产生的关于巴枯宁的社会主义民主同盟是否隶属于国际工人协会的问题发表意见，认为事实上应该把其盟员看作已经脱离了国际工人协会的人，因为他们既不执行向他们提出的解散其秘密组织的要求，也不缴纳会费。恩格斯的提议得到总委员会的一致同意。

由于马克思当时正在生病，因此，筹备代表会议的重任就落在了恩格斯肩上。恩格斯提出会议筹备工作的建议后，马克思加以修改完善提交给了 1871 年 9 月 5 日召开的总委员会会议。建议包括以下内容：一是为代表会议寻觅会场。二是为代表会议代表寻觅下榻的旅馆；建议租用从前租过的在莱斯特广场上的一家旅馆。三是任命一个委员会来处理上述两项事务。四是总委员会全体出席代表会议，并有权参加讨论，但只有一定人数的总委员会委员充任代表，享有表决权。这些委员的人数，俟代表会议的代表总数明确后，由总委员会确定。五是现在住在伦敦并且是得到承认的国际工人协会会员的法国人，应派出三名代表，代表法国出席代表会议。六是在代表会议上，如果某一国家的协会没有代表，则其代表将由该国的通讯书记担任。9 月 9 日和 11 日，恩格斯和马克思主持常务委员会会议，会上通过了他们为即将召开的代表会议起草的初步会议草案。9 月 12 日，恩格斯代表常务委员会向总委员会提出即将召开的代表会议的工作计划，总委员会通过了这项计划。

在精心筹备下，1871 年 9 月 17 日，伦敦代表会议召开。恩格斯和马克思参加了代表会议第一次会议，讨论代表会议的议程问题。恩格斯被委托负责决议的拟稿和译成各种文字的工作。马克思做了关于代表会议的任务的发言。代表会议通过了马克思关于选举一个委员会来调查巴枯宁社会主义民主同盟问题的提议。9 月 18 日，恩格斯和马克思就代表会议的议程和国际工人协会的组织原则问题做了发言，还参加了调查社会主义民主同盟问题的委员会会议。9 月 19 日到 21 日，恩格斯起草总委员会向代表会议提交的财务报告。9 月 19 日，恩格斯和马克思就国际工人协会的组织原则问题进行发言。

9 月 20 日和 21 日，在代表会议的第六次和第七次会议上，集中讨论工人阶级的政治行动问题。这是伦敦代表会议的重头戏。出席代表会议的巴枯宁分子巴斯特利卡和罗班，还有西班牙支部的代表罗伦佐，企图破坏对这个问题的讨论。他们宣称，代表会议没有资格研究这个问题。在 20 日晚间会议上，马克思做了关于工人阶级的政治行动的发言，指出放弃政治总是使工人阶级遭受巨大损失。21 日，恩格斯做了关于工人阶级的政治行动的发言，主要阐明了以下问题：

第一，是否可以放弃政治？恩格斯旗帜鲜明地指出，放弃政治是不可能的。那些主张放弃政治的一切报纸都在从事政治，都在攻击政府。因此，问题是怎样从事政治和从事什么样的政治，而不是放弃政治。在工人阶级政党作为政党在大多数国家存在的情况下，"向工人鼓吹放弃政治，就等于把他们推入资产阶级政治的怀抱。特别是在巴黎公社已经把无产阶级的政治行动提到日程上来以后，放弃政治是根本不可能的"①。资产阶级政府不管是出于政治的目的还是出于社会的目的对工人施加的政治压迫，无论工人愿意与否，都在迫使他们从事政治。当然，从事政治要根据情况而定，而不是按照规定办事。

第二，如何消灭阶级？我们要从事的政治不是一般的政治，而是无产阶级的政治。无产阶级政治的目的是消灭阶级，即消灭一切压迫的根源。只有无产阶级掌握政权、成为统治阶级之后，才能实现这个目的。革命是政治的最高行动。谁要想进行革命，谁就要有准备革命和教育工人进行革命的手段，即政治行动。如果没有政治行动，工人总是在战斗后的第二天就会受到各种各样的政客的愚弄，如镇压和叛变等。因此，"工人的政党不应当成为某一个资产阶级政党的尾巴，而应当成为一个独立的政党，它有自己的目的和自己的政治"②。只有保持无产阶级政党的独立性，才能保证实现无产阶级政治的目的。

---

① 马克思，恩格斯 . 马克思恩格斯文集：第 3 卷 . 北京：人民出版社，2009：224.

② 同①224 - 225.

第三，可否采用政治自由手段？在资本主义政治发展的过程中，出现了政治自由，允许结社自由、集会自由和出版自由。无产阶级可以利用这些手段，将之作为宣传鼓动的工具。"政治自由、集会结社的权利和新闻出版自由是我们的武器；如果有人想从我们手里夺走这些武器，难道我们能够置之不理和放弃政治吗？有人说，进行任何政治行动都意味着承认现状。但是，既然这种现状为我们提供了反对它的手段，那么利用这些手段就是不承认现状。"① 因此，我们的这些手段是否会被夺走，难道是无所谓的吗？如果有人侵犯这些手段，难道我们不应当起来反抗吗？捍卫这些政治自由，同样是无产阶级政治的内容。

马克思和恩格斯的发言全面阐述了工人阶级的政治行动问题。在辩论的过程中，巴枯宁派遭到了揭露和孤立。

恩格斯在第一国际伦敦代表会议上关于工人阶级的政治行动的发言提纲手稿
（1871 年 9 月 21 日）

9 月 22 日，恩格斯在代表会议上反驳巴枯宁主义者罗班对调查社会主义民主同盟的分裂活动的委员会的攻击。马克思和恩格斯参加对财务委员会的报告的讨论，该报告得到代表会议的赞同。恩格斯以意大利通讯书记的名义报告了国际意大利各支部的状况。

9 月 23 日，会议通过了伦敦代表会议决议并闭幕。以恩格斯和马克思的发言为基础，决议写入了保持无产阶级政党独立性和无产阶级政治消灭阶级的目的等内容，尤其是科学阐明了经济运动和政治行动的关系。"工人阶级由于经济斗争而已经达到的本身力量的团结，同样应当成为它在反对大土地所有者

---

① 马克思，恩格斯. 马克思恩格斯文集：第 3 卷. 北京：人民出版社，2009：225.

和大资本家的政权的斗争中的杠杆"，"在工人阶级的斗争中，它的经济运动是和政治行动密切联系着的"①。代表会议以多数票决定委托总委员会准备决议的最后文本。

恩格斯为伦敦代表会议的成功做出了巨大努力，光发言就进行了 30 多次，会议的文件大部分由他起草和翻译。

尽管伦敦代表会议取得了成功，但是，巴枯宁主义者不甘心自己的失败，变本加厉地大搞分裂活动。1871 年 11 月，巴枯宁派的汝拉联合会在桑维耳耶代表大会上通过了具有分裂主义性质的桑维耳耶通告。1871 年 12 月 21 日至 22 日，马克思的大女儿燕妮（小燕妮）在给库格曼的信中忧心忡忡地说道："已经完蛋的同盟的继承者们一分钟也不让总委员会安宁。几个月来，他们在各国都进行了阴谋活动。他们使出了如此疯狂的劲头，以致有一个时候国际的未来看来很令人担心。西班牙、意大利、比利时好象都站在巴枯宁派弃权论者方面，反对关于国际必须参加政治斗争的决议。在英国这里，一帮弃权论者同布莱德洛、奥哲尔及其拥护者一起搞阴谋。他们甚至无耻地利用梯也尔和巴登格的密探和奸细。他们的机关报，伦敦的《谁来了！》和日内瓦的《社会革命报》，都竞相诽谤总委员会中的'这些权威主义者'、'这些独裁者'、'这些俾斯麦分子'。布莱德洛先生采取了最明显的歪曲事实的手法，来诽谤'这个委员会的最高首脑'。"② 在这种情况下，恩格斯和马克思决定对巴枯宁主义进行坚决的回击。

1872 年 1 月到 3 月初，为了反击巴枯宁分子的分裂主义的桑维耳耶通告，恩格斯和马克思收集了有关巴枯宁分子反对总委员会的阴谋及其在各国进行破坏活动的材料，准备写作国际的内部通告。3 月 5 日，马克思将他和恩格斯共同起草的《所谓国际内部的分裂》提交给总委员会。这一文件揭露了无政府主义者的真正目的，揭穿了其同工人运动不相容的小资产阶级宗派主义的实质。"无政府状态——这就是他们的只从各种社会主义体系中剽窃了一些标签的导师巴枯宁的战马。所有社会主义者都把无政府状态理解为：在无产阶级运动的目的——消灭阶级——达到以后，为了保持为数极少的剥削者对由生产者组成的社会绝大多数的压迫而存在的国家政权就会消失，而政府职能就会变成

---

① 马克思，恩格斯．马克思恩格斯全集：第 44 卷．2 版．北京：人民出版社，1982：732.

② 马克思，恩格斯．马克思恩格斯全集：第 33 卷．北京：人民出版社，1973：668.

简单的管理职能。同盟则本末倒置，它宣布在无产阶级队伍中实行无政府状态，是摧毁集中在剥削者手中的强大的社会力量和政治力量的最可靠的手段。它以此为借口，竟要求国际在旧世界正力图置国际于死地的时候，用无政府状态来代替自己的组织。"① 马克思在总委员会会议上阐述了通告的基本论点，并指出了这个描绘了"协会的研究得非常透彻的原则和政策的历史发展图景"的文件的意义。总委员会一致决定公布这个通告。5 月底，《所谓国际内部的分裂》第一次以小册子的形式在日内瓦出版，并分发给国际的各支部和各联合会。这一文件标志着马克思主义反对无政府主义的斗争告一段落。

5. 德国科学社会主义的理论范本——《论住宅问题》

在巴枯宁主义向国际发起攻击的同时，蒲鲁东主义也沉渣泛起。本来，马克思在《哲学的贫困》和《政治经济学批判（1857—1858 年手稿）》的"货币章"等文献中已经对蒲鲁东主义进行清算，蒲鲁东主义应该在工人阶级中销声匿迹。但事实上，蒲鲁东主义在"罗曼语族的工人"中大有市场。在巴黎公社革命失败的大语境下，有的论者以住宅问题为切口，大肆贩卖蒲鲁东主义，试图将无产阶级运动引向歧途。针对这种在理论上倒退的做法，恩格斯创作了《论住宅问题》这一科学文献，表明了"德国科学社会主义"的立场、观点和方法。

蒲鲁东出生于法国一个农民兼手工业者家庭，早年当过排字工，后迁居巴黎开始舞文弄墨，著书立说。他提出了"打倒政党、打倒政权，一切人和公民绝对自由"的口号，成为无政府主义的鼻祖。由之形成的蒲鲁东主义是 19 世纪中期欧洲工人运动中有较大影响的小资产阶级社会主义思潮，反映了濒于破产的小资产阶级的心理和愿望。巴枯宁深受蒲鲁东影响，巴枯宁主义继承和发展了蒲鲁东主义，反映的是已经破产的小资产阶级的绝望情绪。可以简单地说，蒲鲁东主义是右倾机会主义，巴枯宁主义是"左"倾冒险主义。

1872 年，《人民国家报》第 10 号等几期报纸连载了六篇关于住宅问题的文章。这六篇以匿名作者名义发表的文章，撇开社会制度来抽象地看待资本主义制度下的住房短缺问题，以"永恒公平"为尺度，将实现承租人成为自己住

---

① 马克思，恩格斯. 马克思恩格斯全集：第 18 卷. 北京：人民出版社，1964：53.

恩格斯《论住宅问题》手稿第一页

房的所有者作为解决住宅问题的最终方案。这里兜售的是蒲鲁东主义的社会方案。1872 年 5 月 7 日，恩格斯在致李卜克内西的信中说："只要一有时间，我就立即给你写一篇关于住宅缺乏现象的文章，来反驳《人民国家报》上一系列文章中关于这个问题所陈述的蒲鲁东主义者的荒谬的臆想。"① 恩格斯后来得知，这几篇匿名文章原来发表在奥地利工人报纸《人民意志报》上，作者是蒲鲁东主义者、医学博士阿·米尔柏格（1847—1907）。《人民国家报》只是转载。1872 年 5 月 7 日到 22 日，恩格斯写作了《蒲鲁东怎样解决住宅问题》一文，作为对几篇题为《住宅问题》的匿名文章的直接答复。

第一，住宅问题的普遍性和特殊性。不能将住宅问题看作单纯的住房短缺问题。在一般意义上，一切剥削社会当中的被压迫阶级都面临着住房短缺造成的痛苦。因此，消灭统治阶级对劳动阶级的一切剥削和压迫，是消除这种住房短缺现象的唯一办法。在具体意义上，住宅问题是指工人的恶劣住房条件由于人口突然涌进大城市而特别恶化；房租大幅度提高，每所住房更加拥挤，有些人根本找不到栖身之处。这里的问题不仅涉及工人阶级，也涉及小资产阶级。由于涉及了小资产阶级的利益，因此，住宅问题成为蒲鲁东主义热衷谈论的话题。其实，与资本家剥削工人阶级相比，这只是一个次要的祸害而已。而资产

---

① 马克思，恩格斯. 马克思恩格斯全集：第 33 卷. 北京：人民出版社，1973：457.

阶级对工人阶级的剥削，才是社会革命要通过消灭资本主义生产方式来加以消灭的根本祸害。

第二，房屋承租人与房主的关系不同于雇佣工人与资本家的关系。蒲鲁东主义者将房屋承租人与房主的关系看作是完全和雇佣工人与资本家的关系一样的关系。其实，这种看法完全歪曲了前一种关系。工人受资本家剥削的关键是，一无所有的工人将自己的劳动力出卖给资本家，资本家靠延长工人的劳动时间，剥削工人阶级创造的剩余价值。在承租的过程中，一是要计算的是整个房屋或房屋一部分的建造和维修费用，二是依房屋位置好坏程度而定的地价，三是当时的供求状况。第三点是决定性的因素。因此，"即使房主明天就被剥夺了收取地租和利息的可能，从工人阶级身上剥削来的无酬劳动的总额也丝毫不会变动"①。房屋承租人与房主的关系只是一种单纯的商品买卖关系。

第三，将工人变为住房的所有者会阻止社会进步和社会革命。蒲鲁东主义者不是从经济必然性的高度看待住房问题，而是诉诸单纯的"永恒公平"。实则，在资本主义大工业的运动过程中，把束缚在土地上的劳动者变为一个除了自己的劳动力一无所有的自由劳动者，才形成了资本主义生产关系。正是在这个经济革命造成的条件下，才能推翻剥削劳动阶级的最后一种社会形态，即资本主义社会。无产阶级是消灭资本主义的阶级主体。但按照蒲鲁东主义的说法，工人获得住房所有权，那么他们就会被重新束缚在土地上。同时，这种做法会限制工人的罢工。恩格斯辛辣地反问："有自己的洞穴的原始人，有自己的土屋的澳洲人，有自己的家园的印第安人，难道能够在什么时候举行六月起义或建立巴黎公社吗？"②蒲鲁东主义将交换银行作为解决工人流动带来的所有权的结算问题的"灵丹妙药"。其实，这里面不仅存在着复杂琐碎的计算问题，而且其本身是根本不可能的。在此之前的欧文尝试的劳动交换市场的破产已经充分证明了这一点。

第四，消灭城乡对立是解决住宅问题的唯一出路。在资本主义社会当中，住宅问题如其他问题一样，只能通过供求关系来解决。但是，老的问题解决之后，又会出现新的问题，因此，就等于根本没有解决问题。其实，城乡对立是造成这一问题的根本原因。因此，消灭城乡对立才是解决住宅问题的最终出

① 马克思，恩格斯.马克思恩格斯文集：第3卷.北京：人民出版社，2009：261.
② 同①257.

路。"现在各大城市中有足够的住房，只要合理使用，就可以立即解决现实的'住房短缺'问题。当然，要实现这一点，就必须剥夺现在的房主，或者让没有房子住或现在住得很挤的工人搬进这些房主的房子中去住。只要无产阶级取得了政权，这种具有公共福利形式的措施就会像现代国家剥夺其他东西和征用民宅那样容易实现了。"① 在无产阶级专政的条件下，住房将以公共福利的形式出现。那时，就可以为住宅问题画上一个休止符。当然，恩格斯这里讲的是未来的理想社会，而不是指现实的社会主义社会。

总之，蒲鲁东主义试图通过"永恒公平"这样单纯的道德说教解决住宅问题，马克思主义立足于经济必然性看待住宅问题，因此，前者具有反动性，后者具有先进性。

1872 年 10 月，恩格斯写完了第二篇文章《资产阶级怎样解决住宅问题》，主要批判了埃·萨克斯（1845—1927）的小册子《各劳动阶级的居住条件及其改良》中宣扬的资产阶级慈善家解决住宅问题的方法。在这篇文章中，恩格斯主要阐明了以下三个问题。

第一，城市问题的资本主义制度根源。在资本主义城市当中，不仅存在着严重的住房短缺问题，而且存在着一系列的"城市病"。在人与社会关系方面，存在着酗酒、犯罪、卖淫等问题。在人与自然关系方面，"现代自然科学已经证明，挤满了工人的所谓'恶劣的街区'，是不时光顾我们城市的一切流行病的发源地。霍乱、斑疹伤寒、伤寒、天花以及其他灾难性的疾病，总是通过工人区的被污染的空气和混有毒素的水来传播病原菌；这些疾病在那里几乎从未绝迹，条件适宜时就发展成为普遍蔓延的流行病，越出原来的发源地传播到资本家先生们居住的空气清新的合乎卫生的城区去"② 。城市水涝问题同样如此。这样，住宅问题、社会问题、环境问题、疫情问题、灾害问题就以复杂的形式叠加在了一起，共同塑造着资本主义城市形象。当资本家对这些问题幸灾乐祸的时候，这些问题最终也会落在资本家自己的头上。"在这样的社会中，住房短缺并不是偶然的事情，它是一种必然的现象；这种现象连同它对健康等等的各种反作用，只有在产生这种现象的整个社会制度都已经发生根本变革的时候，才能消除。"③ 恩格斯的这一看法延续了其《英国工人阶级状况》的思想，

① 马克思，恩格斯 . 马克思恩格斯文集：第 3 卷 . 北京：人民出版社，2009：264.
② 同①272.
③ 同①276.

对我们仍有启示作用。

第二，资产阶级城市改造计划的不彻底性。面对各种城市问题，资产阶级国家也试图通过城市改造的办法加以解决。例如，波拿巴主义者欧斯曼曾经领导过巴黎的城市改造。这就是"欧斯曼计划"。这是指把工人区特别是把大城市中心的工人区从中豁开，中间修建道路、铺设铁路，在街道的两旁修建大型商场。这样，城市美化了，不成样子的小街小巷没有了，似乎城市改造成功了。但是，这种小街小巷立刻又在别处，并且往往就在紧邻的地方出现。这种"形象工程"充分暴露了资本主义国家的实质。"十分明显，现代的国家不能够也不愿意消除住房灾难。国家无非是有产阶级即土地所有者和资本家用来反对被剥削阶级即农民和工人的有组织的总权力。个别资本家……不愿意做的事情，他们的国家也不愿意做。因此，如果说**个别**资本家对住房短缺虽然也感到遗憾，却未必会受触动而去从表面上掩饰由此产生的极其可怕的后果，那么，**总资本家，即国家，也并不会做出更多的事情**。国家顶多也只是会设法在各地均衡地推行已经成为通例的表面掩饰工作。"① 今天，尽管西方国家出现了"生态城市"，但是，在没有出现"人民城市"的情况下，贫民窟证明生态城市仍然不具有可持续性。

第三，消灭资本主义生产方式是解决城市问题的最终出路。由于碰到城乡对立问题，资产阶级解决住宅问题等城市问题的办法立即遭到了失败。在资本主义国家那里，既想解决住宅问题等城市问题又想把现代大城市保留下来，那是荒谬的。只有当社会已经得到充分改造，从而可能着手消灭在现代资本主义社会里已达到极其尖锐程度的城乡对立时，住宅短缺问题才能获得有效解决。资本主义社会不仅不能消灭这种对立，反而必然使这种对立日益尖锐化。现代大城市只有通过消灭资本主义生产方式才能消除，而只要消灭资本主义生产方式这件事一开始，问题就成为另一回事了。"资本主义生产方式使我们的工人每夜都被圈在里边的这些传染病发源地、极恶劣的洞穴和地窟，并不是在被消灭，而只是在……**被迁移**！同一个经济必然性在一个地方产生了这些东西，在另一个地方也会再产生它们。当资本主义生产方式还存在的时候，企图单独解决住宅问题或其他任何同工人命运有关的社会问题都是愚蠢的。解决办法在于

---

① 马克思，恩格斯. 马克思恩格斯文集：第 3 卷. 北京：人民出版社，2009：299.

消灭资本主义生产方式，由工人阶级自己占有全部生活资料和劳动资料。"①
显然，消灭资本主义制度是解决住房问题和城市问题的根本出路。

与第一篇文章相比，第二篇文章将整个资本主义城市问题纳入了批判的视
野当中，将消灭资本主义制度作为解决城市问题的最终出路。其实，这就意味
着社会主义城市的可能性的问题。

1872 年 10 月 26 日《人民国家报》上发表了米尔柏格反驳恩格斯的文章。
1873 年 1 月，恩格斯写作了第三篇文章《再论蒲鲁东和住宅问题》。以唯物史
观为科学依据，结合巴黎公社的经验，恩格斯再度批判了米尔柏格的观点。在
这篇文章中，恩格斯主要表达了以下三个观点。

第一，巴黎公社精神是符合德国科学社会主义的精神。虽然蒲鲁东主义者
在巴黎公社中有许多代表，但是，他们根本不曾尝试过根据蒲鲁东的建议来清
算旧社会或组织经济力量。更为要害的是，蒲鲁东主义者所实行的唯一社会措
施就是拒绝没收法兰西银行，而这是导致巴黎公社覆灭的部分原因。布朗基主
义者的情况也是一样。"恰恰相反，公社莫大的荣幸，就在于它的一切经济措
施的'激励人心的灵魂'不是由什么原则，而是由简单的实际需要所构成。正
因为如此，废除面包工人的夜工、禁止工厂罚款、没收停业工厂和作坊并将其
交给工人协作社等这样一些措施，完全不合乎蒲鲁东的精神，而合乎德国科学
社会主义的精神。"② 德国科学社会主义就是马克思、恩格斯在唯物史观和剩
余价值论基础上创立的科学社会主义。这再次揭示出，公社是国际的精神产
儿。这里，恩格斯明确提出了"德国科学社会主义"的概念。

第二，消灭城乡对立是经济发展的必然要求。蒲鲁东主义者批评恩格斯关
于消灭城乡对立的思想，认为这只是一种空想。基于"德国的唯物史观"而科
学揭示出的经济必然性，恩格斯指出："消灭城乡对立不是空想，不多不少正
像消除资本家与雇佣工人的对立不是空想一样。消灭这种对立日益成为工业生
产和农业生产的实际要求。李比希在他论农业化学的著作中比任何人都更坚决
地要求这样做，他在这些著作中一贯坚持的第一个要求就是人应当把取自土地
的东西还给土地，并证明说城市特别是大城市的存在只能阻碍这一点的实现。
当你看到仅仅伦敦一地每日都要花很大费用，才能把比全萨克森王国所排出的
还要多的粪便倾抛到海里去，当你看到必须有多么庞大的设施才能使这些粪便

① 马克思，恩格斯 . 马克思恩格斯文集：第 3 卷 . 北京：人民出版社，2009：307.
② 同①310.

不致毒害伦敦全城，那么消灭城乡对立的这个空想便有了值得注意的实际基础。甚至较小的柏林在自己的秽气中喘息至少也有 30 年了。"① 这里，如同马克思在《资本论》中得出的结论一样，恩格斯运用李比希的农业化学揭露出了资本主义工业化和城市化造成的人与自然之间的物质变换的断裂，由此论证了消灭城乡对立的必要性和重要性。

第三，社会所有是人类解决一切社会问题的制度保障。蒲鲁东主义将"赎买"作为解决问题的最终出路，完全不敢谈及所有制的问题。对此，我们应该清醒地看出，"由劳动人民'实际占有'全部劳动工具和拥有全部工业，是同蒲鲁东主义的'赎买'完全相反的。如果采用后一种办法，**单个劳动者**将成为住房、农民田园、劳动工具的所有者；如果采用前一种办法，则'劳动人民'将成为房屋、工厂和劳动工具的总所有者。这些房屋、工厂和劳动工具的用益权，至少在过渡时期难以无偿地转让给个人或团体。同样，消灭地产并不是消灭地租，而是把地租——虽然形式发生变化——转交给社会"②。当然，问题并不在于无产阶级取得政权后是去简单地运用暴力占有生产资料和生活资料，还是为此立即给予补偿，抑或是通过缓慢的分期付款办法赎买这些东西的所有权。科学社会主义只是原则性地说明这些问题。如果试图预先面面俱到地回答这个问题，那就是重新倒向了空想社会主义。

总之，在第三篇文章当中，恩格斯站在"德国科学社会主义的精神"的高度再度回击了蒲鲁东主义，进一步明确只有在未来理想社会中才能最终解决住宅问题。

1872 年 12 月—1873 年 3 月，恩格斯的这三篇文章在报纸发表后由《人民国家报》出版社在莱比锡分别出版了单行本。1887 年 3 月，《论住宅问题》在霍廷根—苏黎世出版了第二版，恩格斯对这一版进行了一些修改和补充，并写了一篇序言。

在序言中，恩格斯从马克思和自己专业分工的角度说明，《论住宅问题》是《哲学的贫困》的补充。当时，马克思的主要工作是完成《资本论》的创作，恩格斯的任务是在定期报刊上发表同敌对见解斗争的意见。"马克思的《哲学的贫困》一书，是在蒲鲁东提出他的实际的社会改革方案以前几年间

---

① 马克思，恩格斯.马克思恩格斯文集：第 3 卷.北京：人民出版社，2009：326.
② 同①328.

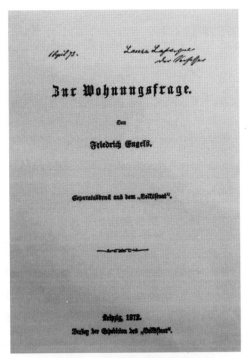

恩格斯《论住宅问题》的扉页
上面写着"作者赠给劳拉·拉法格"

世的；马克思当时只能发现蒲鲁东交换银行的萌芽，并加以批判。因此，在这方面，马克思的著作就由本书来补充，可惜补充得很不够。马克思自己一定会把这一切做得好得多，令人信服得多。"① 当然，这是恩格斯的谦虚之辞。此外，恩格斯再次指明了住房短缺问题的社会制度根源，揭露出了改良主义的实质，分析了德法之间革命的不同。最后，恩格斯指出，"马克思学派"的主要要求是"由上升到政治上独占统治地位的无产阶级以社会的名义占有全部生产资料"②。这样，就明确了无产阶级革命的最终目标。

　　总之，以住宅问题为切入口，在批判蒲鲁东主义的过程中，恩格斯的《论住宅问题》明确提出了"马克思学派""德国的唯物史观""德国科学社会主义"等概念，明确了马克思主义的科学贡献和革命要求。这表明，恩格斯试图确立马克思主义的科学形态。

---

　　①　马克思，恩格斯. 马克思恩格斯文集：第 3 卷. 北京：人民出版社，2009：242.
　　②　同①241 - 242.

6. 盛况空前的海牙代表大会

伦敦代表会议之后，巴枯宁主义者加紧了分裂国际的活动，改良主义者发起了对伦敦代表会议政治决议的攻击，国际处于"四面楚歌"当中。为了摆脱这一困境，从 1872 年 1 月开始，恩格斯和马克思拟议召开国际的应届代表大会。

恩格斯和马克思进行了精心的筹备。从 1872 年 5 月 22 日到 6 月 6 日，恩格斯几次写信给李卜克内西，请他明确德国社会民主工党同总委员会之间的组织关系，并确保该党派代表出席代表大会。6 月 11 日，根据马克思的提议，总委员会决定在荷兰召开应届代表大会。之所以选择在海牙召开代表大会，就在于荷兰政府并没有公开镇压工人运动，巴枯宁主义者和改良主义者在这里没有什么市场。6 月 18 日，由于马克思和恩格斯提议总委员会把注意力完全集中在筹备代表大会的全部问题上，总委员会一致决定把所有的日常事务和代表大会的组织筹备工作移交给常务委员会。自此，常务委员会改称为总委员会执行委员会。恩格斯被选入起草关于应届代表大会的召开地点和议事日程的决议的委员会。由他起草的决议发表在 6 月 29 日《国际先驱报》和国际的其他机关刊物上。6 月 25 日，根据恩格斯的提议，总委员会开始讨论对共同章程和条例提出的修改意见。此后，恩格斯将接到的几个支部的来信提交给国际。8 月下半月，马克思和恩格斯当选为出席海牙代表大会的代表，马克思代表莱比锡支部，恩格斯代表布勒斯劳支部。

1872 年 9 月 1 日，马克思和恩格斯以及马克思的夫人燕妮和三女儿爱琳娜一同到达海牙。他们的到来引起了荷兰社会的极大轰动，人们都在谈论这件事情。这引起了欧洲反动势力的惊恐，反动政府派出的警察和资产阶级报纸的记者都在监视着他们的一举一动。

9 月 2 日，海牙代表大会开幕。国际工人协会的 64 名代表参加了这次会议。其中，有 16 名法国代表、10 名德国代表、7 名比利时代表、5 名英国代表、5 名美国代表、4 名荷兰代表、4 名西班牙代表、3 名罗曼语区联合会（瑞士）代表、2 名汝拉联合会（瑞士）代表、1 名爱尔兰代表、1 名奥地利代表、1 名匈牙利代表、1 名波兰代表、1 名葡萄牙代表、1 名澳大利亚代表和 2 名丹麦代表。按民族成分来说，有 20 个法国人、16 个德国人、8 个比利时人、

库诺笔下参加海牙代表大会的恩格斯

我到达海牙时，代表大会已经开幕了。

…………

然后我看到了恩格斯。他坐在会议主持人的左边，一面吸烟，一面写，聚精会神地听别人发言。当我作自我介绍时，他从纸上抬起头来，抓住我的手，兴奋地说："一切进行得很顺利，我们占绝对优势。"

…………

恩格斯的相貌我是从照片上认识的，但实际上他比照片显得瘦一些。他高而瘦，骨骼很大，但是很匀称，有棕色的长胡子、浅蓝色的眼睛。他动作迅速，口齿清楚；周围的人们确信，他知道他要求的是什么，知道他的谈话和动作会产生什么结果。凡是和他谈过话的人都从他说的每一句话中得到许多新的东西。他的头脑是科学知识的宝库。恩格斯会十几种语言，他学习这些语言是为了领导旧世界许多国家的运动。[1]

6个英国人、1个波兰人、1个爱尔兰人、1个科西嘉人和1个丹麦人。[2] 经过努力，海牙代表大会主要取得了以下几项成果：

第一，将伦敦会议通过的关于工人阶级的政治行动的决议列入国际的共同章程当中。代表大会通过《关于章程的决议》，决定在章程的第七条之后，补入下列概括1871年9月通过的伦敦代表会议第九项决议内容的条文：其一，工人阶级在反对有产阶级联合权力的斗争中，只有组织成为与有产阶级建立的一切旧政党对立的独立政党，才能作为一个阶级来行动。其二，工人阶级这样组织成为政党是必要的，为的是要保证社会革命获得胜利和实现这一革命的最

---

① 库诺. 马克思、恩格斯在海牙代表大会上//中共中央马克思恩格斯列宁斯大林著作编译局. 回忆马克思. 北京：人民出版社，2005：302-303.

② 马克思，恩格斯. 马克思恩格斯全集：第18卷. 北京：人民出版社，1964：184. 这是恩格斯于1872年10月1日给比尼亚米的信中记录的数字。左尔格记录的数字是：出席海牙代表大会的代表有65名，其中有18名法国代表、15名德国代表、7名比利时代表、5名英国代表、5名西班牙代表、4名荷兰代表、4名瑞士代表、2名奥地利代表、1名丹麦代表、1名匈牙利代表、1名澳大利亚代表、1名爱尔兰代表和1名波兰代表。二者有所出入。

终目标，即消灭阶级。其三，工人阶级由于经济斗争而已经达到的力量的团结，同样应该成为它在反对其剥削者的政权的斗争中的杠杆。其四，由于土地巨头和资本巨头总是要利用他们的政治特权来维护和永久保持他们的经济垄断从而保持奴役劳动，因此，夺取政权已成为无产阶级的伟大使命。这项决议以28 票对 13 票（包括弃权的在内）的多数票通过。由于这是超过了三分之二的绝对多数，因此，这项决议被列入了共同章程。这个多数还应该加上 6 名德国代表和 4 名法国代表的票，他们由于不得不离开海牙而以书面形式投票赞成这项决议。这样一来，放弃政治的主张便遭到了四分之三的绝对多数的谴责，只有四分之一表示赞成。总之，正如马克思指出的那样，工人阶级在政治领域内必须像在社会领域内一样，同正在崩溃的旧社会进行斗争。

第二，将秘密同盟开除出国际。根据马克思的提议，1871 年 9 月 17 日，代表大会成立了一个调查由巴枯宁创立的"社会主义民主同盟"这一秘密同盟问题的委员会，这一委员会由库诺（1847—1934）等人组成。总委员会向代表大会揭露了存在于国际内部的这个不是旨在反对各国现存政府，而是旨在反对国际工人协会的秘密团体。这个秘密团体的目的是要夺取国际的中央领导权，如果不能做到这一点，就破坏国际，从而更好地保证自己的影响。为此目的，他们散布了支部自治、反对总委员会的"权威主义的"倾向等错误口号。调查巴枯宁秘密活动的委员会夜以继日地做着单调乏味的工作，阅读信件、文件、摘录，收集秘密团体的证据。"大家知道，这是马克思和巴枯宁之间的一次决定性的斗争。当时要解决的问题是：国际应当成为一支纪律严明的、能对付有组织的敌人的优秀的部队，还是应当四分五裂，每一个成员都要发号施令。而巴枯宁这位永无谬误的大独裁者要领导所有的国际成员，迎合他们的虚荣，使他们成为他的盲目服从的工具。"① 在最后一次会议上，该委员会宣读了调查报告。报告证明：这一秘密团体是存在的，并且具有敌对性质。报告最后建议把巴枯宁、吉约姆、施维茨格贝尔、马隆以及另外两个人开除出国际。其余的人被赦免了。其中，对于开除巴枯宁的决定的票数情况为：27 票赞成，6 票反对，7 票弃权。

第三，将国际工人协会的驻地迁往美国纽约。由于理论研究工作的任务十

① 库诺. 马克思、恩格斯在海牙代表大会上//中共中央马克思恩格斯列宁斯大林著作编译局. 回忆马克思. 北京：人民出版社，2005：303.

分繁重，恩格斯和马克思决定退出国际的领导岗位，但是，这样一来，领导权就有可能落到英国改良主义者或布朗基主义者的手里，因此，恩格斯和马克思等人提出了这一提议。"马克思、恩格斯、赛拉叶、符卢勃列夫斯基、杜邦和前总委员会的其他委员建议把总委员会迁往纽约，因为纽约是除了伦敦以外唯一具备能够保证档案安全并使总委员会的组成具有国际性质这两个基本条件的地方。这一提议证明他们绝不是为了自己而要求给予总委员会以更广泛和更确定的权力的。前总委员会提出的所有建议中，这是唯一遇到了阻难的建议，因为除了汝拉联合会的代表和西班牙人以外，所有的人都一致希望仍然由至今一直领导国际的那些人来领导国际。"① 最后，26 票赞成变更总委员会的驻地，23 票反对变更，9 票弃权。由此，国际驻地迁往纽约。

恩格斯在海牙"下海"

　　代表大会闭幕后，马克思和恩格斯邀请代表们到海牙附近的海滨避暑地斯赫维宁根午餐。饭前我们都去洗海水澡。我差不多游出 250 米，我从来没在海水中游泳过，没有力气同海浪搏斗，所以游不回来了。弗里德里希·恩格斯比我力气大，又比我游得出色，看见我处于危险之中，就潜到我身边，抓住我的胳膊，把我拖到岸上。②

　　不管资产阶级报刊如何说三道四，总之海牙的工人热情友好地接待了国际工人协会的代表们。有一次，反动分子暗中派了一些醉汉跑到会场当中来闹事，要在开完会以后唱荷兰王国的国歌。恩格斯和马克思允许他们唱，同时国际的代表们高唱着《马赛曲》从他们中间走过，作为对他们的"致敬"。要想驱散这些捣乱分子，有大会的少数代表也就足够了。在星期六最后一次会议上，无数群众不止一次地为代表大会的发言人欢呼鼓掌。海牙代表大会取得了预期的成果，圆满结束。

　　1872 年 9 月下半月到 12 月，恩格斯和马克思写信给各国的国际会员，阐明海牙代表大会关于号召工人阶级建立独立政党的决议的意义。10 月 1 日和 5 日，恩格斯把两篇总结海牙代表大会的文章寄给意大利工人运动活动家比尼亚

---

① 马克思，恩格斯．马克思恩格斯全集：第 18 卷．北京：人民出版社，1964：186 - 187.

② 库诺．马克思、恩格斯在海牙代表大会上//中共中央马克思恩格斯列宁斯大林著作编译局．回忆马克思．北京：人民出版社，2005：307.

米。文章以《海牙代表大会》和《再谈海牙代表大会》为题，发表在 10 月 5 日和 8 日的《人民报》上。

7. 批判无政府主义的战斗檄文——《论权威》

　　巴黎公社革命失败之后，无政府主义者在意大利的活动日益猖獗。当时巴枯宁的无政府主义国家观在意大利尤其是在知识分子中间大为流行，第一国际在意大利的工作因此而受到很大的阻碍。这样，对巴枯宁的无政府主义进行批判便成为当时意大利工人运动面临的紧迫任务。应意大利《人民报》编辑比尼亚米的多次请求，恩格斯在 1872 年 10 月到 1873 年 3 月间为 1873 年《共和国年鉴》写作了《论权威》一文。

　　1872 年 11 月，恩格斯将文章寄给了比尼亚米。但是，由于比尼亚米被捕，《共和国年鉴》1873 年卷被迫推迟出版，因此，恩格斯的文章被弄丢。比尼亚米获释后，请求恩格斯寄去文章的副本，或者重新写作一篇文章。1873 年 3 月 8 日，恩格斯将文章寄出。这篇用法文写作的文章译成意大利文后，发表在 1873 年 12 月出版的《共和国年鉴》1874 年卷上。1894 年 6 月 14 日，这篇文章用意大利文以《论权威原则》为题重新发表在《战斗》第 15 号上。针对无政府主义主张个人无限自由和否定一切权威的错误观点，恩格斯在《论权威》中科学阐明了在社会生产和社会活动中确立和维护权威的必要性和重要性。

　　第一，权威在现代经济社会生活中的重要作用。针对无政府主义否认任何权威的错误看法，恩格斯从分析经济社会问题入手，阐明了权威的现代作用。从工业生产方面来看，资本主义生产方式用大资本取代了小自耕农，突出了联合在经济中的作用。联合活动、互相依赖的工作过程的错综复杂化，正在到处取代各个人的独立活动。联合活动就是组织起来。如果没有权威，显然不能够组织起来。大工厂里的自动机器，比雇用工人的任何小资本家要专制得多，即要更多地维护权威。从交通运输方面来看，作为现代交通运输工具的铁路和轮船的正常运行需要许多人和许多部门的协作。如果没有权威，这种协作就不能完成，那样，列车就会像脱缰的野马，轮船就会舟毁人亡。可见，"想消灭大工业中的权威，就等于想消灭工业本身，即想消灭蒸汽纺纱机而恢复手纺车"①。

---

① 马克思，恩格斯. 马克思恩格斯文集：第 3 卷. 北京：人民出版社，2009：336.

在这个意义上，反权威就是逆历史潮流而动。问题不是要不要权威，而是要什么样的权威。

第二，科学处理权威和自治的辩证关系。针对无政府主义将权威和自治绝对对立起来的错误看法，恩格斯同样从经济必然性入手分析了二者的辩证关系。一方面，不管社会组织以及生产和产品流通赖以进行的物质条件是怎样的，不管权威和服从是如何形成的，一定的权威和一定的服从都是人们不得不接受的现实。另一方面，生产和流通的物质条件不可避免地随着大工业和大农业的发展而扩散，并趋向于日益扩大这种权威的范围。"所以，把权威原则说成是绝对坏的东西，而把自治原则说成是绝对好的东西，这是荒谬的。权威与自治是相对的东西，它们的应用范围是随着社会发展阶段的不同而改变的。"①在私有制社会当中，权威和自治是严重对立的。在未来社会当中，将只在生产条件所必然要求的限度内允许权威存在。但是，不论如何，不能闭眼不看使权威成为必要的种种事实，只是抽象地反对"权威"字眼。其实，"反权威"也是一种权威。

第三，革命无疑是天下最权威的东西。针对无政府主义关于社会革命应该立即废除国家的错误论调，恩格斯指出，随着社会革命的发展，政治国家和政治权威将会消失，国家的公共职能将失去其政治性质而变为维护真正社会利益的简单的管理职能。但是，无政府主义者要求在产生权威的政治国家的各种社会条件消除以前，就要一举把权威的政治国家统统废除掉。这些人要求把废除权威作为社会革命的第一个行动。"这些先生见过革命没有？革命无疑是天下最权威的东西。革命就是一部分人用枪杆、刺刀、大炮，即用非常权威的手段强迫另一部分人接受自己的意志。获得胜利的政党如果不愿意失去自己努力争得的成果，就必须凭借它以武器对反动派造成的恐惧，来维持自己的统治。"②恩格斯运用巴黎公社的经验和教训进一步说明了这一点。从其经验来看，如果巴黎公社面对资产阶级而没有运用武装人民这个权威，那么，它就不可能支持一天。从其教训来看，如果巴黎公社加强运用人民武装这个权威，那么，就不会有后来的五月流血。难道我们没有理由责备公社把这个权威用得太少了吗？而这恰好是公社受无政府主义的流毒毒害的结果。

---

①　马克思，恩格斯. 马克思恩格斯文集：第 3 卷. 北京：人民出版社，2009：337.

②　同①338.

在最后，恩格斯总结说，不管是什么情况，无政府主义都只是为反动派效劳。

由于恩格斯的《论权威》的手稿没有保留下来，因此，我们无法确定第二次寄出的文章是否与第一次寄出的文章在内容和文字上完全一致。

在马克思、恩格斯的深刻揭露和科学批判下，在第一国际的坚决斗争和有力打击下，巴枯宁被迫于 1873 年 9 月宣布退出"斗争舞台"，于 1876 年 7 月病死于伯尔尼。此后，尽管他创立的秘密同盟还先后开过四次代表大会，继续进行分裂工人运动的活动，但其影响日渐式微。在 1877 年最后一次代表大会之后，巴枯宁集团内部发生纷争，最终陷于瓦解的境地。

随着马克思主义与无政府主义的斗争告一段落，第一国际进入了尾声阶段。当然，星星之火，已经在各国形成了燎原之势。

第 10 章

火热的岁月
——马克思生命最后十年的并肩战斗

　　将近 40 年来，我们一贯强调阶级斗争，认为它是历史的直接动力，特别是一贯强调资产阶级和无产阶级之间的阶级斗争，认为它是现代社会变革的巨大杠杆；所以我们决不能和那些想把这个阶级斗争从运动中勾销的人们一道走。在创立国际时，我们明确地制定了一个战斗口号：工人阶级的解放应当是工人阶级自己的事情。所以，我们不能和那些公开说什么工人太没有教养，不能自己解放自己，因而必须由仁爱的大小资产者从上面来解放的人们一道走。①

　　马克思和我两个人，应当完成一些确定要写的科学著作。迄今我们看到，任何别的人都不能甚至也不想去写这些著作。我们必须利用世界历史上目前这个平静时期来完成它们。谁知道是否会很快发生什么事件从而把我们重新投入实际运动当中去；因此，我们就更应当利用这一短暂时间，在同样重要的理论方面作出哪怕是微小的发展。②

　　巴黎公社革命失败之后，资本主义进入"和平发展"的时期。在这种情况下，马克思又一次退回书房，投入到了《资本论》后几卷的撰写工作当中，同时极大地开阔了自己的研究视野，拓展了马克思主义的理论疆域。与此同时，各国工人阶级开始纷纷建立独立的革命政党，国际共产主义运动进入了一个以

---

　　① 马克思，恩格斯. 给奥·倍倍尔、威·李卜克内西、威·白拉克等人的通告信//马克思，恩格斯. 马克思恩格斯文集：第 3 卷. 北京：人民出版社，2009：484.

　　② 恩格斯致约翰·菲力浦·贝克尔（1876 年 11 月 20 日）//马克思，恩格斯. 马克思恩格斯全集：第 34 卷. 北京：人民出版社，1972：210.

民族国家为基地建立群众性的社会主义工人政党的时代。为了指导和帮助这些国家建党，马克思和恩格斯倾注了大量的心血。为了保证马克思有充足的时间完成《资本论》的创作，恩格斯承担起了指导各国工人运动发展的重任。在与马克思并肩战斗的过程中，恩格斯写作了《流亡者文献》等作品。从 1873 年到马克思 1883 年逝世之前这十年，恩格斯还创作了《自然辩证法》《反杜林论》等科学文献，完善了马克思主义理论体系大厦。同时，在马克思的建议下，恩格斯开始探讨俄国的社会发展问题，为扩展马克思主义理论体系做出了重大贡献。

1. 第一国际后期的革命活动

由于总委员会驻地已迁往纽约，为使总委员会与欧洲大陆的国际工人协会各组织保持联系，恩格斯做了大量工作。在国际海牙代表大会以后，在马克思和恩格斯的支持下，他们的朋友和战友左尔格（1828—1906）加入了新的总委员会并于 1872 年 10 月 11 日当选为总委员会的总书记。在总委员会的驻地迁往纽约之后，恩格斯仍然坚持指导各国支部的工作，并同总委员会保持经常的联系。

由于恩格斯和马克思生活在英国，因此，他们十分关注英国工人运动的发展，并与国际不列颠联合会委员会保持沟通，耐心指导其工作。1872 年 12 月，恩格斯和马克思从不列颠联合会委员会的委员们那里得知其内部发生分裂的详细情况，这些分裂是由那些拒绝承认海牙代表大会决议的改良派造成的。12 月 20 日，根据曼彻斯特外国人支部委员的请求，恩格斯为该支部对分裂出去的那伙改良派的通告起草一个答复。他在答复中着重指出，分裂分子由于拒绝服从海牙代表大会的决议而把自己置于国际的队伍之外。答复于 12 月 23 日印成传单发表。1873 年 1 月 23 日左右，他写信给不列颠联合会委员会，请他们援助日内瓦钟表工人的罢工，在 1 月 23 日委员会会议上宣读了这封信。1873 年 2 月中旬，恩格斯和马克思一起帮助列斯纳和维克里起草对 1 月 26 日在伦敦举行的英国分裂分子代表大会的报告的反驳。4 月下半月到 5 月，恩格斯经常帮助不列颠联合会委员会书记赛·维克里和其他委员筹备在曼彻斯特召开不列颠联合会第二次代表大会，并审查决议草案、派出代表出席大会的支部的名单和其他文件。同时，恩格斯大力推动英国工人运动的发展。1874 年 2 月 21

日到 22 日，恩格斯撰写《英国的选举》一文，阐述英国政治力量的对比，并揭示英国工人运动中的机会主义的机会根源。该文作为社论发表在 3 月 4 日的《人民国家报》上。

对于迁往纽约的总委员会，恩格斯和马克思仍然与之保持联系，并对其工作提出指导意见。1872 年 11 月 2 日，恩格斯通知左尔格在意大利的洛迪和阿魁拉成立了新的国际支部，并把同西班牙、意大利和葡萄牙联系的地址转寄给他。11 月 16 日左右，恩格斯把总委员会关于纽约总委员会开始执行其职务的通告寄给许多联合会委员会和支部；他校订了该通告的英文文本，并将之寄给《国际先驱报》发表。12 月 11 日，恩格斯写作关于国际各联合会的情况的文章。文章以《伦敦来信》为题，于 12 月 14 日发表在《人民报》上。1873 年 1 月到 2 月中旬，恩格斯撰写关于国际在大陆上活动情况的报道，这些报道发表在《国际先驱报》上关于不列颠联合会委员会会议的报道中。1 月 5 日，总委员会委派恩格斯为总委员会负责意大利事务的代表，授予他裁决有争论的问题以及在经总委员会做出最后决定以前把个别会员和支部暂时开除出国际的权力；国际给恩格斯的委托书和指示发表在 5 月 10 日《人民报》上。3 月 20 日，恩格斯写信给左尔格，建议根据总委员会 1 月 26 日的决议，做出一项适用于西班牙、比利时、英国的有关组织以及汝拉联合会的决定。其内容为：凡是拒绝承认海牙代表大会决议的联合会就认定为退出国际。5 月 30 日，总委员会通过了这样的决定，并授权发表在国际的各机关刊物上。4 月下半月到 5 月，恩格斯整理海牙代表大会的记录，准备用法文发表，但这一工作未完成。6 月 10 日到 14 日，受总委员会委托，恩格斯把总委员会揭露无政府主义者对国际进行诽谤的 5 月 23 日声明分别译成英文和法文，寄往英国、西班牙和葡萄牙的联合会委员会以及意大利的《人民报》。6 月 19 日到 20 日，恩格斯写作《在国际中》一文，评述了国际各国支部的状况；该文于 7 月 2 日发表在《人民国家报》上。8 月底到 9 月初，马克思和恩格斯通信讨论参加日内瓦代表大会是否恰当的问题。他们认为，在当时的条件下举行国际的全权代表大会已经不可能，因此他们说服赛拉叶和赫普纳拒绝去日内瓦出席会议。恩格斯为赛拉叶起草《告国际工人协会第六次代表大会的代表公民们》的信，说明了拒绝参加代表大会的理由。可见，恩格斯和马克思尽管退出了国际的领导岗位，但是，仍然参与国际的活动，做了大量工作。

> **德国工人运动活动家列斯纳笔下的恩格斯在第一国际后期的工作**
>
> 　　总委员会根据海牙代表大会的决议迁到纽约，这使马克思和恩格斯能够抽出更多的时间来研究经济问题。马克思有可能把自己的一切贡献给伟大的著作《资本论》了。从这时候起，恩格斯就成为国际的书记。校阅和编辑《共产党宣言》和其他著作的译文，撰写许多关于当前问题的论文，以及写作论述当时重大事件的小册子，这一切占去了他的绝大部分的时间。可是，我们这位老朋友给我们留下了大量的科学著作，可见他是多么热爱劳动，工作能力又多么强。如果把他的全部著作都在这里一一提名，那就超出我这篇回忆的范围了。①

　　总委员会驻地迁往纽约后，国际领导了美国的工人运动，其支部遍布美国各大城市。但由于地理等方面的原因，国际难以顾及欧洲的工作，与欧洲各国支部的联系几乎中断。到 1874 年 8 月，总委员会内部以左尔格为首的马克思主义者和拉萨尔主义者之间的分歧和斗争日益尖锐化。在这种情况下，左尔格不得已决定退出总委员会。8 月 14 日，他在信中将自己的决定告知恩格斯；9 月 25 日，他正式退出。这样，国际就已"名存实亡"。1876 年 7 月 15 日，总委员会在美国费城召开最后一次代表会议，会上正式宣告国际工人协会解散。自此，第一国际完成自己的历史使命，光荣谢幕。

　　1874 年 9 月 12 日至 17 日之间，恩格斯在致左尔格的信中表明了自己对第一国际的基本看法。

　　第一，国际产生的历史必然性。恩格斯首先回忆了国际在 1864 年成立时的背景。那时，从组织上来看，德国、西班牙、意大利、丹麦刚刚加入运动，或者正在加入运动。从思想上来看，德国共产主义还没有作为工人政党而存在，蒲鲁东主义很弱，无政府主义还没有出现在巴枯宁的头脑中，英国工联的领袖们也认同加入运动。因而，当时笼罩着整个欧洲的压迫，要求刚刚复苏的工人运动实现统一和抛开一切内部争论。那时，无产阶级共同的世界性的利益上升到首要地位。这样，"第一个伟大的成就必然打破各个派别的这种幼稚的联合。这个成就就是巴黎公社，公社无疑是国际的精神产儿，尽管国际没有动

---

　　① 列斯纳 . 一个工人对弗里德里希·恩格斯的回忆//中共中央马克思恩格斯列宁斯大林著作编译局 . 回忆恩格斯 . 北京：人民出版社，2005：62－63.

一个手指去促使它诞生；要国际在一定程度上对公社负责是完全合理的"①。显然，国际的成立恰逢其时，适应和引领了时代。

第二，国际的分裂是由科学社会主义没有占据主导地位造成的。当第一国际由于巴黎公社的成就而在欧洲成为一种道义上的力量时，国际内部的分歧马上就开始了。各个派别都想利用这个成就为自己涂脂抹粉。当看到唯一真正打算按照广泛的旧纲领继续工作的德国共产党人的力量日益增长的时候，其他各派产生了强烈的忌妒心，蒲鲁东主义、巴枯宁主义、工联主义相继粉墨登场，驱使比利时的蒲鲁东主义者投入了巴枯宁主义冒险家的怀抱。对于蒲鲁东主义和巴枯宁主义两派来说，海牙代表大会实际上是一个终结。这样，国际不可避免的瓦解就开始了。当时还能够以国际的名义做出点事情的唯一的国家就是美国。出于健全的本能，国际决定把最高领导机关搬到那里去。但是，到了现在，国际在美国也没有威望和威信了，不得不解散。

第三，新国际必将是纯粹共产主义的国际。国际的谢幕不可避免，那么，是否可以成立新的国际呢？恩格斯认为，现在（1874 年）的条件还不成熟。一旦条件具备，有了可能性，新的国际必将是纯粹的共产主义国际。"10 年来，国际支配了欧洲历史的一个方面，即蕴藏着未来的一个方面，它能够自豪地回顾自己的工作。可是，它的旧形式已经过时了。要创立一个像旧国际那样的新国际，即世界各国各无产阶级政党的联盟，需要有对工人运动的普遍镇压，即像 1849—1864 年那样的情形。可是现在的无产阶级世界太大、太广了，要达到这一点已不可能了。我相信，下一个国际——在马克思的著作产生了多年的影响以后——将是纯粹共产主义的国际，而且将直截了当地树立起我们的原则。"② 就现实来看，每一个这种大组织的单独存在比它们形式上参加国际性的团体更为重要，也就是说应该以民族国家为基地，各国独自开展工作。

1876 年 11 月 20 日，在给德国工人运动活动家贝克尔的信中，恩格斯表达了他和马克思共同的意见，即国际的全体积极活动家应该致力于建立和巩固各国群众性的工人政党，而不是恢复以前的国际组织。1882 年 2 月 10 日，恩格斯在给贝克尔的信中又指出，尽管国际已经停止活动，但由于各国工人党之间的联系使得无产阶级的国际团结仍然保持着，因而重建国际的时机尚未成熟。在这种情况下，建立和巩固各国群众性的工人政党就成为当时国际共产主

义运动发展的方向。

2. 革命的战略和策略——《流亡者文献》

巴黎公社革命失败后，欧洲民主运动和工人运动出现了一些新的发展趋势。布朗基主义、巴枯宁主义和俄国民粹主义等思潮，对上述运动的发展产生了负面影响。在这种情况下，从 1874 年 5 月中旬到 1875 年 4 月，恩格斯写作了由五篇文章组成的以《流亡者文献》为题的系列文章，集中阐明了革命的战略和策略。

1874 年 5 月 4 日，波兰人协会主席瓦·符卢勃列夫斯基（1836—1908）将《波兰流亡者告英国人民书》寄给恩格斯。波兰人协会即 1832 年在法国成立的波兰民主协会，是波兰流亡者中左派贵族资产阶级的组织。协会的纲领规定了恢复波兰独立，取消封建徭役和等级不平等，把农民耕种的土地无偿地交归农民自己所有，以及其他一系列进步措施。恩格斯和马克思向来关注和支持波兰的民族解放运动。在 5 月中旬到 6 月 10 日之间，恩格斯写作了《波兰人的声明》一文，集中表明了对波兰革命的看法。

第一，沙皇俄国的军国主义反动实质。通过追溯沙皇俄国的对外扩张史和波兰被瓜分史，恩格斯深刻揭露出沙皇俄国的军国主义实质。在 1859 年战争期间，俄军充当了法国的后备军。在 1866 年和 1870 年，充当了普鲁士的后备军。最终，使这两个各在自己的时代领先的军事大国能够击溃自己的孤立无援的敌人。同时，俄国军队始终帮助普鲁士来反对国内的任何运动。在波兰被瓜分的过程中，俄国人在波兰做到了普鲁士人、奥地利人和帝国军队在法国所没有做到的事情。可见，"官方的俄国直到现在仍然是欧洲一切反动势力的堡垒和保护伞，而俄国军队则仍然是其他一切镇压欧洲工人阶级的军队的后备军"[①]。只有从这个角度看波兰问题，才能抓住波兰问题的实质。

第二，压迫其他民族的民族不能获得自身的解放。正如压迫阶级不能获得自由一样，压迫民族不能获得自身的解放。压迫民族用来压迫其他民族的力量，最后总是要反过来成为反对它自己的力量。只要沙皇俄国士兵还侵占着波兰，俄国人民就既不能获得政治解放，也不能获得社会解放。当俄国失去波兰

---

① 马克思，恩格斯. 马克思恩格斯文集：第 3 卷. 北京：人民出版社，2009：354.

之日，也就是俄国国内的运动强大到足以推翻现存秩序之时。因而，只有允许被压迫民族解放，实现民族自决，压迫民族自身才能获得解放。这就是民族解放的辩证法。

第三，波兰民族解放运动是欧洲工人运动的重要同盟。作为一支庞大的专事压迫的后备军，俄国将矛头首先对准的是德国的工人，既包括德意志的工人也包括奥地利的工人。只要奥地利和德国的资产阶级与政府还有俄国这个后台撑腰，那么，整个德国的工人运动的"双手"就一直会被束缚住。在这种情况下，只有波兰人民才是欧洲工人运动的一个可靠的而且在任何情况下都是可靠的盟友。巴黎公社的经验充分证明了这一点。"1871 年，在法国的人数众多的波兰流亡者完全听从公社的支配，难道这是贵族的行为吗？难道这不是证明这些波兰人已经完全站在现代运动的高峰上了吗？"① 例如，符卢勃列夫斯基当选为巴黎公社的委员。事实说明，当波兰贵族越来越接近反动的俄国时，波兰的革命群众便越来越接近欧洲的工人阶级，他们建议同德国工人政党结成同盟，加入国际的斗争行列中。因此，支持波兰的解放斗争是无产阶级应尽的国际主义义务。

第四，波兰独立和俄国革命的互补是实现波兰解放的重要途径。只有将波兰的民族解放和俄国的民主革命结合起来，相互补充，波兰才能获得自身的解放。"波兰的独立和俄国的革命是互为条件的。而波兰的独立和俄国的革命——在社会、政治和财政无止境地陷入崩溃的情况下，在贪污贿赂之风腐蚀着整个官方俄国的情况下，这个革命的爆发比乍看起来要快得多——对德国工人来说，就意味着德国的资产阶级和政府，简言之即德国的反动势力，将只能依靠自身的力量了，而这些力量，随着时间的推移，我们自己是能够对付的。"② 当然，在这个过程中，俄国自身才能摆脱专制统治。只有双向发力，协同配合，波兰才能解放。

这篇文章发表在 1874 年 6 月 17 日《人民国家报》第 69 号上。这是《流亡者文献》系列文章中的第一篇。原文没有题目。1894 年被收入《〈人民国家报〉国际问题论文集（1871—1875）》时，恩格斯加上了现在的标题。

1874 年 6 月，法国布朗基派流亡者团体"革命公社"在伦敦发表《致公

---

① 马克思，恩格斯．马克思恩格斯文集：第 3 卷．北京：人民出版社，2009：355.
② 同①356.

社社员》的宣言。布朗基（1805—1881）主张通过密谋的方式进行社会主义革命。针对《致公社社员》的错误，1874 年 6 月，恩格斯写作了《公社的布朗基派流亡者的纲领》一文。文章主要包括以下四方面的内容。

第一，布朗基派的冒险主义实质。布朗基不了解革命产生的经济必然性，将革命看作少数人的密谋，革命成功后要实行少数人的专政。由之形成的布朗基主义的基本信条是：革命完全不是自行发生的，而是由为数不多的一批人根据预定的计划制造出来的；在任何时刻，都可以"马上干起来"。可见，布朗基主义的实质是冒险主义。

第二，布朗基主义无神论的不彻底性。从哲学基础来看，布朗基主义宣布无神论为强制性的信条。但是，无神论是不彻底的唯物主义。在德国，由于确立了唯物主义，无神论已经成为往事。在法国，18 世纪法国唯物主义文献是法兰西精神的最高成就，在今天看来仍然有极高的价值，是不可企及的典范。因此，无神论在法国也已经过时。其实，没有一般的唯物主义，新唯物主义难以产生。

第三，布朗基主义共产主义的抽象性。布朗基主义自称为共产主义，但是，这种共产主义脱离经济的必然性，诉诸善良的愿望。与之截然不同，"德国共产主义者所以是共产主义者，是因为他们通过一切不是由他们而是由历史发展进程造成的中间站和妥协，始终清楚地瞄准和追求最后目的：消灭阶级和建立不再有土地私有制和生产资料私有制的社会"①。由于经济必然性，无产阶级革命具有长期性、阶段性和复杂性，需要在中间站修整，需要一点让步。但是，无论如何，革命的目标仍然是共产主义，要消灭阶级，消灭私有制。《共产党宣言》早已明确了这一点。

第四，布朗基主义的革命者的盲目性。布朗基主义者自称为"革命者"，但是，这种革命具有盲目性。巴黎公社的教训充分说明了这一点。一些布朗基主义者参加了巴黎公社，其盲目的言行影响到了巴黎公社的决策。公社之所以失败，不是由于其是国际的精神产儿，而恰恰在于它没有始终如一地坚持国际的科学社会主义精神。一个重要的原因是采用了布朗基主义式的政策。我们不能将无产阶级专政简化为少数人的专政。

在恩格斯看来，尽管《致公社社员》存在着诸多问题，但是，这一纲领向

---

① 马克思，恩格斯 . 马克思恩格斯文集：第 3 卷 . 北京：人民出版社，2009：363.

前跨出了极为重要的一步。这是法国工人赞同现代德国共产主义的第一篇宣言。

《公社的布朗基派流亡者的纲领》发表在 1874 年 6 月 26 日《人民国家报》第 73 号上；7 月 25 日又在芝加哥《先驱报》第 23 号上转载。这是《流亡者文献》系列文章中的第二篇。原文同样没有标题。1894 年收入《〈人民国家报〉国际问题论文集（1871—1875）》时，恩格斯加上了现在的标题。

1874 年 3 月，伦敦出版的俄文评论性杂志《前进！》第 2 期上发表了拉甫罗夫（1823—1900）的一篇文章。该文公开指责国际工人协会内部开展的反对巴枯宁主义者分裂行为的斗争，鼓吹无原则的团结，反对革命政党内部进行任何论战。针对这一错误指责，恩格斯在 1874 年 8 月初到 9 月中下旬写作了《流亡者文献》系列文章中的第三篇文章。

在第三篇文章中，恩格斯批判了拉甫罗夫的折中主义立场和对巴枯宁主义者的调和妥协态度，揭露了巴枯宁主义对工人运动的危害。在此基础上，恩格斯强调俄国应该融入欧洲革命中。"俄国人应当融入国际的不可避免的命运，就是说他们的运动从今以后要在欧洲其余国家的面前并在它们监督之下进行。任何人都没有像俄国人自己那样不得不因以前与外界隔绝而付出沉重的代价。如果不是处于这种隔绝状态，他们是不会在许多年中被巴枯宁及其同伙那样可耻地愚弄的。从西方的批评中，从西欧的各种运动同俄国运动的相互国际影响中，从终于正在实现的俄国运动同全欧运动的融合中获益最大的正是俄国人自己。"① 只有加强国际联系，打破与外界隔绝的封闭状态，努力相互影响和相互配合，各国工人运动才能获得动力和教益。

《流亡者文献》中的第三篇文章没有标题，发表在 1874 年 10 月 6 日和 8 日《人民国家报》第 117 号和 118 号上。

《流亡者文献》中的第四篇和第五篇文章都是与俄国民粹主义者特卡乔夫论战的文章，也表明了恩格斯对待民粹派的态度。

总之，在《流亡者文献》中，恩格斯批判了布朗基主义、巴枯宁主义和俄国民粹主义三个流派的错误主张，分析和回顾了波兰、法国和俄国的革命运动以及巴黎公社的经验，预测了欧洲革命的未来前景，阐明了无产阶级斗争的战略和策略，是重要的马克思主义政治文献。

① 马克思，恩格斯 . 马克思恩格斯文集：第 3 卷 . 北京：人民出版社，2009：376.

3. 指导德国的建党工作

第一国际退出历史舞台之后，欧洲工人运动的中心从法国转移到了德国。德国党的建设情况直接影响着整个国际共产主义运动的发展。因此，恩格斯和马克思十分重视德国党的建设工作，给予了科学的指导，保证了德国党的健康发展。

当时，德国工人运动中存在着两个相互对立的派别。一个是以李卜克内西和倍倍尔为代表的社会民主工党，一个是以哈森克莱维尔等人为首的全德工人联合会。前者于 1869 年在爱森纳赫城成立，因此，被称为"爱森纳赫派"。后者成立于 1863 年，由于其坚持拉萨尔主义立场，因此，被称为"拉萨尔派"。二者在德国的统一问题上存在着严重的分歧。前者寄希望于人民群众，主张自下而上的统一。后者寄希望于统治阶级，坚持由上而下的统一。在普法战争中，德国实现了由上而下的统一，这样，两派之间对立的社会基础就消除了，合并的问题提上了议事日程。当然，拉萨尔派当时面临着内部危机，他们试图通过合并来使自己渡过难关。但是，爱森纳赫派只是追求党的组织形式上的合并和统一，在原则问题上向拉萨尔派无限让步，没有坚定不移地坚持科学社会主义立场。这种情况引起了恩格斯和马克思的高度警觉，他们严厉批评了爱森纳赫派的妥协立场。

马克思 1861 年在柏林和 1862 年在伦敦两度会见拉萨尔（1825—1864），但是，在给恩格斯和其他人的信中，他屡次批评拉萨尔。这种冲突不是个人主观好恶的问题，而是"三观不合"的问题。因为争风吃醋，1864 年 8 月，拉萨尔在与情敌的决斗中一命呜呼。真是"一怒为红颜"啊！尽管拉萨尔人走了，但是，茶未凉，其思想仍在，在德国工人运动中具有顽固的影响，风头甚至超过了马克思主义。

巴黎公社革命失败后，恩格斯和马克思就注意到拉萨尔主义对工人运动的消极影响。1872 年 2 月到 6 月期间，鉴于拉萨尔主义者在爱森纳赫派领导机构中和《人民国家报》编辑部中加紧活动，恩格斯写信给李卜克内西等人，严厉批评了编辑部的某些成员和李卜克内西本人对拉萨尔主义者及巴枯宁主义者采取的调和主义立场。他警告说，如果该派和该报继续实行这种政策，那么，他和马克思将与之一刀两断。1873 年 6 月 20 日，恩格斯在致倍倍尔的信中指出:"至于党对拉萨尔主义的态度,您自然能够比我们更好地判断应当采取什么策略,特别是在个别场合下。但是,也应当考虑到下述情况。当人们像您一样在一定程度上处于和全德工人联合会竞争的地位时,就容易过于顾忌对手,并且习惯于在一切事情上都首先想到对手。但是,全德工人联合会和社会民主工党二者合起来,在德国工人阶级中也只占无足轻重的少数。根据我们的已经由长期的实践所证实的看法,宣传上的正确策略并不在于经常从对手那里把个别人物和一批批成员争取过来,而在于影响还没有卷入运动的广大群众。"①在 1874 年 10 月 20 日和 30 日之间,恩格斯和马克思接到李卜克内西等人关于两派合并的通知。1874 年 12 月 11 日的《人民国家报》发表《告党内同志们!》的呼吁书,这是关于两派拟议中的合并的第一个正式通告。1875 年 2 月,爱森纳赫派和拉萨尔派在哥达城召开了合并预备会议,并拟定了合并纲领草案《德国工人党纲领》。2 月 23 日,倍倍尔在给马克思和恩格斯的信中,请求他们对"合并这件事"发表自己的意见。3 月 7 日《人民国家报》和《新社会民主党人报》发表了两派的合并纲领草案。这个草案在原则上认同了拉萨尔主义,充斥着大量的荒谬论点,因此,遭到了恩格斯和马克思的痛斥。

在 1875 年 3 月 18 日到 28 日之间,恩格斯写信给倍倍尔,尖锐地批判了两派为准备合并而起草的妥协性的纲领草案。他科学阐明了马克思主义和拉萨尔主义的原则区别。

第一,无产阶级的同盟军问题。拉萨尔主义认为,对工人阶级说来,其他一切阶级只是反动的一帮。这无疑是要将工人阶级变成孤家寡人。恩格斯认为,小资产阶级民主派是无产阶级可以统战的对象。马克思在后来的《哥达纲领批判》中进一步指出,手工业者、小工业家、农民都是无产阶级的团结对象。其实,从 1848—1849 年欧洲革命到 1871 年巴黎公社革命的历史都充分证明,没有农民的配合和支持,无产阶级将变成孤魂哀鸣。

第二,工人运动的国际主义原则。拉萨尔主义放弃了工人运动的国际性原则。对此,恩格斯指出:"德国工人处于欧洲运动的先导地位,**主要是由于他们在战争期间采取了真正国际性的态度;任何其他国家的无产阶级都没有能做得这样好**。"② 在资本主义世界历史格局中,各国的无产阶级革命应该相互配

---

① 马克思,恩格斯. 马克思恩格斯文集:第 10 卷. 北京:人民出版社,2009:390.

② 马克思,恩格斯. 马克思恩格斯文集:第 3 卷. 北京:人民出版社,2009:411.

合，保持与各国工人阶级的团结是无产阶级的国际主义义务。按照《共产党宣言》的号召，全世界无产阶级必须联合起来。

恩格斯 1875 年 3 月 18 日至 28 日致奥·倍倍尔的信（部分）

第三，无产阶级的分配原则。拉萨尔主义将不折不扣的"铁的工资规律"作为自己的重要主张。其实，马克思在《资本论》中早已科学地揭示出，调节工资的各种规律异常复杂。由于情况不同，时而要求采用这个规律，时而要求采取那个规律；有时这个规律占优势，有时那个规律占优势。也就是说，工资规律是有弹性的。马克思在《哥达纲领批判》中指出，在分配之前，必须进行一定的扣除。只有在未来社会，才能做到各尽所能、按需分配。

第四，解决社会问题的国家帮助问题。拉萨尔主义将"国家帮助"作为解决社会问题的灵丹妙药，将之看作唯一的社会要求。当然，这里的国家是旧国家。对此，恩格斯指出："德国工人党力求通过工业和农业中的以及全国范围内的合作生产来消灭雇佣劳动从而消灭阶级差别；它拥护每一项有助于达到这一目的的措施！"[1] 只有消灭阶级才是解决社会问题的根本出路。当然，在具体的问题上，工人阶级可以利用国家帮助解决自己的问题。

第五，工会在无产阶级革命中的作用。工会是无产阶级组织起来的一种重要的方式。但是，在两派合并的过程中，根本就没有涉及这个问题。因此，恩

---

① 马克思，恩格斯. 马克思恩格斯文集：第 3 卷. 北京：人民出版社，2009：413.

格斯提醒，必须明确无产阶级依靠工会和资本进行日常的斗争，使自己受到训练。工会即使今天遇到最残酷的反动势力也绝不会被摧毁。既然工会在工人运动中获得了这样的重要性，那么，在党的组织当中就应该给工会留有一席之地。

第六，国家消亡和解体的规律。撇开国家的阶级实质，拉萨尔主义抽象地谈论"人民立法""人民管理""人民国家"。其实，国家只是在斗争中、在革命中用来对敌人实行暴力镇压的一种暂时的设施。这样看来，自由的人民国家变成了自由国家，自由国家就是可以自由对待本国公民的国家，即具有专制政府的国家。"当无产阶级还**需要**国家的时候，它需要国家不是为了自由，而是为了镇压自己的敌人，一到有可能谈自由的时候，国家本身就不再存在了。因此，我们建议把'**国家**'一词全部改成'**共同体**'[Gemeinwesen]，这是一个很好的古德文词，相当于法文的'公社'。"① 这样的共同体就是自由人联合体。未来的共产主义是自由人联合体。

第七，自由和平等的具体性。科学社会主义主张消灭一切阶级差别，拉萨尔主义却主张用"消除一切社会的和政治的不平等"取而代之。其实，在阶级存在的情况下，不可能存在自由和平等。把社会主义社会看作平等的王国，是以"自由、平等、博爱"这一旧口号为根据的片面的法国人看法。后来，马克思在《哥达纲领批判》中进一步明确指出，权利绝不能超出社会的经济结构以及由经济结构制约的社会的文化发展。

从上面的分析可以看出，爱森纳赫派只是为了合并而合并，丧失了原则。恩格斯认为，两派合并的首要条件是拉萨尔主义者放弃宗派主义的立场。这不是要干涉党的内部事务。马克思和恩格斯与党的关系，只是在于他们能够正确地在理论上引导党，使之健康发展。

在恩格斯看来，一个政党的纲领没有其实际行动重要。"但是，一个**新的纲领**毕竟总是一面公开树立起来的旗帜，而外界就根据它来判断这个党。"② 如果将拉萨尔主义的主张写入党的纲领中，那么，党将丧失自己政治上的纯洁性。因此，新的纲领无论如何不应当像这个草案那样比爱森纳赫纲领倒退一步。《给奥·倍倍尔的信》是恩格斯批判拉萨尔主义的重要文献，表明了无产

---

① 马克思，恩格斯. 马克思恩格斯文集：第 3 卷. 北京：人民出版社，2009：414.
② 同①415.

阶级政党建设的一般科学原则。

1875 年 4 月底，马克思和恩格斯收到李卜克内西答复他们对德国党的纲领草案的批评的来信；李卜克内西竭力为自己在谈判合并时所采取的策略立场以及他对纲领的原则态度做辩护。5 月 5 日，马克思写信给威·白拉克（1842—1880），并寄去了给爱森纳赫派整体领导人的针对德国工人党纲领的几点意见。但是，爱森纳赫派领导人根本没有接受马克思和恩格斯的批评，这个合并纲领草案只在文字上略加修改就于 1875 年 5 月在哥达城举行的合并大会上通过。因此，这个纲领被称为《哥达纲领》。马克思对德国工人党纲领的几点意见被称为《哥达纲领批判》。

在《哥达纲领批判》中，马克思科学论证并进一步发展了无产阶级革命和无产阶级专政的思想，第一次提出从资本主义向共产主义转变的过渡时期的理论，科学地预见到共产主义社会发展的极其重要的规律，指出了共产主义社会要经历社会主义和共产主义这样两个发展阶段的历史必然性，阐明了共产主义社会的特征和各尽所能、按需分配的分配原则。这样，就给了拉萨尔主义和其他机会主义观点以致命的打击。《哥达纲领批判》是科学社会主义从科学理论向革命实践飞跃之后创作的科学社会主义的重要文献。恩格斯《给奥·倍倍尔的信》的一些重要思想，被吸纳到了《哥达纲领批判》中。

1875 年 10 月 11 日和 12 日，恩格斯分别写信给白拉克和倍倍尔声明，自己和马克思仍然不同意《哥达纲领》，但不准备公开反对这个纲领，因为工人是将之作为共产主义的纲领来理解的，同时还因为他们希望真正的共产主义宣传在工人中获得成就。恩格斯指出："幸而这个纲领的遭遇比它应该有的遭遇要好些。工人、资产者和小资产者在其中领会出它本来应该有但现在却没有的东西，任何一方面的任何一个人都没有想到去公开分析这些奇怪的命题中任何一个命题的真实内容。这就使我们可以对这个纲领保持沉默。同时，这些条文不能译成任何一种外文，除非硬写成明显的胡言乱语，或者是给它们掺进共产主义的含义，而后者是朋友和敌人都会做的。"[①]

1891 年 1 月，为了反击德国党内日渐抬头的机会主义思潮，肃清拉萨尔主义的错误影响，帮助德国社会民主党制定正确的纲领，不顾党内某些领导人的反对，恩格斯将《哥达纲领批判》发表在 1890—1891 年《新时代》杂志第 9

---

① 马克思，恩格斯 . 马克思恩格斯全集：第 34 卷 . 北京：人民出版社，1972：148.

年卷第 1 册第 18 期上，并写了序言。在序言当中，恩格斯解释了当初没有发表这一文献的原因，那就是团结党内的同志，不伤害任何人。"但是，这个手稿还有另外的和更广泛的意义。其中第一次明确而有力地表明了马克思对拉萨尔开始从事鼓动工作以来所采取的方针的态度，而且既涉及拉萨尔的经济学原则，也涉及他的策略。"① 在写作的 36 年之后，《给奥·倍倍尔的信》才首次发表在倍倍尔的回忆录《我的一生》1911 年斯图加特版第 2 卷上。显然，恩格斯和马克思将革命的原则性和灵活性高度有机地统一了起来。

1890—1891 年《新时代》杂志第 9 年卷第 1 册第 18 期上发表的
恩格斯为《哥达纲领批判》写的序言第一页

　　在马克思和恩格斯的指导和关怀下，德国社会主义工人党获得了健康的发展。时间到了 1878 年，情况发生变化。这一年的 5 月和 6 月，接连发生了两次刺杀德皇威廉一世的事件。这件事情本来与德国社会主义工人党毫无关系，但是，俾斯麦反动政府借刀杀人，将之嫁祸于工人党，于 10 月颁布了臭名昭著的《反社会党人非常法》（简称为"非常法"），工人运动再度陷于白色恐怖当中。

---

① 马克思，恩格斯. 马克思恩格斯文集：第 3 卷. 北京：人民出版社，2009：423.

对此，由于缺乏应有的思想准备，党一时惊慌失措。有的人以"左"的面目出现，有的人主张右倾投降主义。恩格斯和马克思左右开弓，与他们尤其是与右倾投降主义者进行了坚决斗争。1878 年 10 月底，鉴于"非常法"已经被通过，马克思和恩格斯建议李卜克内西在瑞士出版党的秘密机关报。流亡在伦敦的莫斯特在其编辑的《自由》周报上攻击德国社会民主党领导的全部活动，特别是攻击该党利用国会讲坛进行的"和平"活动。对此，1879 年 6 月中到 9 月，马克思和恩格斯在给工人运动活动家们的信中，批判了莫斯特领导的"左派"的无政府主义立场。1879 年，《社会科学和社会政治年鉴》苏黎世版第 1 年卷上发表了《德国社会主义运动的回顾》一文。该文妄图改变党的无产阶级性质，试图把党变成改良主义政党。这篇文章的作者署名为"三颗星花"。很快，事情就搞清楚了。"三颗星花"原来是卡·赫希柏格（1853—1885）、爱·伯恩施坦（1850—1932）、奥·施拉姆（1830—1905）三人。三人由于这篇文章获得了"苏黎世三人团"和"三人星座"的"荣誉称号"。

1879 年 9 月 9 日，恩格斯在伦敦给在兰兹格特休养的马克思去信谈了对"三人团"问题的看法。他指出："赫希柏格直截了当地宣称，德国人犯了错误，他们把社会主义运动变成了纯粹的**工人**运动，并且由于**不必要地挑逗资**产阶级而给自己招来了反社会党人法！他还说什么运动应当由资产阶级分子和有教养的分子来领导，它应当具有十分和平的、十分改良的性质，等等。你可以想象，莫斯特在多么起劲地攻击这些卑劣言论，并再次以德国运动的真正代表自居。"① 鉴于此，恩格斯向马克思提出了如下建议：我们最好是表明我们的立场，即必须对机会主义分子予以反击。1879 年 9 月 12 日前后，赫希柏格打算通过恩格斯和马克思见面。恩格斯向他说明，在他和马克思之间绝不会达成任何协议。

1879 年 9 月 17 日到 18 日，马克思和恩格斯起草《给奥·倍倍尔、威·李卜克内西、威·白拉克等人的通告信》（简称为"通告信"）。在通告信中，马克思和恩格斯抗议党的领导对"三人团"为首的机会主义集团采取的调和主义的态度，尖锐地批评了在"非常法"实施以后党内出现的机会主义的动摇。为了维护无产阶级政党的坚定不移的阶级性质，他们要求消除机会主义分子对党和党的机关报的任何影响。

---

① 马克思，恩格斯．马克思恩格斯全集：第 34 卷．北京：人民出版社，1972：102.

1879 年 10 月 21 日，在由弗里茨舍和李卜克内西署名的对马克思和恩格斯的通告信的复信中，社会民主党国会党团声明，不在苏黎世《社会民主党人报》编辑部附设任何监督委员会，并否认和"三人团"文章的内容有任何一致的看法。10 月 23 日，倍倍尔在致恩格斯的信中谴责了该文，答应对这篇文章提出抗议。他认为，由于党的软弱，党受到了赫希柏格的影响。10 月 23 日，福尔马尔在致恩格斯的信中，同意以《社会民主党人报》编辑的身份，执行马克思和恩格斯在通告信中所阐明的指示。

1879 年 11 月 24 日，恩格斯在致倍倍尔的信中特别强调要坚持党的无产阶级性质。"小资产者和农民的加入的确证明，运动有了极大的进展，但是同时这对运动也是危险的，只要人们忘记，这些人是被迫而来的，他们来，仅仅是因为迫不得已。他们的加入表明，无产阶级已经确实成为领导阶级。但是，既然他们是带着小资产阶级和农民的思想和愿望来的，那就不能忘记，无产阶级如果向这些思想和愿望作出让步，它就会丧失自己在历史上的领导地位。"[1]在马克思和恩格斯的批评和帮助下，德国社会民主党的领导人纠正了自己的立场，打击了机会主义分子。迫于群众性的工人运动的压力，1890 年 10 月 1 日，"非常法"被废除。这是在马克思和恩格斯的指导下，工人阶级通过斗争争取到的胜利。

此后，党的领导人先后来到伦敦，向马克思和恩格斯汇报党的工作，听取他们的指导意见。1880 年 9 月底，马克思、恩格斯和李卜克内西讨论党的问题，特别是《社会民主党人报》的问题。他们从李卜克内西那里知道了德国社会民主党进行改组的情况，这种改组将改善党的一切方面的工作。1880 年 12 月 9 日到 17 日左右，马克思和恩格斯会见倍倍尔、伯恩施坦和保·辛格尔。他们是为了同两位导师讨论党的事务和加强《社会民主党人报》的工作先后来到伦敦的。这是倍倍尔第一次与马克思和恩格斯见面。他被安排住在恩格斯的家里。在伦敦逗留期间的唯一一个星期日，他和同伴应邀到马克思家里做客。伦敦之行，给倍倍尔留下了美好而深刻的印象。显然，马克思和恩格斯是德国无产阶级政党当之无愧的领袖。

---

① 马克思，恩格斯. 马克思恩格斯文集：第 10 卷. 北京：人民出版社，2009：442-443.

4. 指导法国和英国等国的建党工作

除了德国之外，恩格斯和马克思也十分关心其他国家工人运动的发展和无产阶级的建党问题，给予了必要的指导，保证了这些政党的健康而正确的发展。

巴黎公社革命失败之后，法国工人运动一度低迷不振。1876 年之后，这种情况终于被打破了，法国工人运动开始复苏。1879 年，在马赛举行的法国工人社会主义者代表大会上，通过了成立法国工人党的决议。以茹·盖得为首的法国社会主义者决定，通过马克思乘龙快婿拉法格请求马克思和恩格斯帮助制定工人党的竞选纲领草案。1880 年 5 月，盖得到达伦敦。5 月 10 日前后，马克思、恩格斯、拉法格、盖得四人在恩格斯的寓所一起制定了法国工人党纲领。纲领分为理论部分和实践部分（或称最低纲领）。纲领的理论部分，即《法国工人党纲领导言（草案）》，是由马克思对盖得口授而成。1880 年 11 月，这个马克思主义的纲领获得法国工人党通过。

1881 年 10 月 25 日，恩格斯给伯恩施坦的信中回忆了当时的具体情况。"导言就是在这里，在我的房间里，我和拉法格都在场，由马克思口授，盖得笔录的：工人只有在成了他们的劳动资料的占有者时才能获得自由；这可以采取个体形式或集体形式；个体占有形式正在被经济的发展所排斥，而且将日益被排斥；所以，剩下的只是共同占有形式，等等。这真是具有充分说服力的杰作，寥寥数语就可以对群众说得一清二楚，这样的杰作是我少见的，措辞这样精练，真使我自己也感到惊叹。接下去就讨论纲领的其他内容，在这里我们作了某些增减。"①《法国工人党纲领导言（草案）》简洁地阐明了科学社会主义的重要原理和无产阶级政党的斗争目标。

此后，恩格斯和马克思就法国工人运动的发展和法国党的建设表明了自己的看法。1882 年 10 月 20 日，在给《社会民主党人报》编辑的信中，恩格斯谈到法国工人运动的状况和法国工人党的分裂，对资本主义条件下无产阶级政党的发展和党内两派——革命派和机会主义派的斗争做了一系列总结。他指出："看来，一个大国的**任何**工人政党，只有在内部斗争中才能发展起来，这

---

① 马克思，恩格斯. 马克思恩格斯文集：第 10 卷. 北京：人民出版社，2009：466 - 467.

是符合一般辩证发展规律的。"① 根据德国爱森纳赫派和拉萨尔派斗争的经验，他还指出："在法国，有些人虽然抛弃了巴枯宁的理论，却继续运用巴枯宁的斗争手段，同时还想为了自己的特殊目的而牺牲运动的阶级性质，这些人也必须先垮下来，然后重谈合并才有可能。在这种情况下宣传合并就是十足的愚蠢。"② 1882 年 11 月 11 日，在文特诺尔休养的马克思致信恩格斯说，拉法格在同马隆-布鲁斯做斗争时犯了策略错误。他气愤地说："龙格是最后一个蒲鲁东主义者，而拉法格是最后一个巴枯宁主义者！让他们见鬼去吧！"③ 看来，马克思对自己的两个来自法国的女婿极端不满意。这恐怕只能向自己的老友发发牢骚吧。

身处英国的恩格斯和马克思，自然十分关注英国工人运动的发展和英国工人阶级的建党问题。由于英国存在着工联主义的传统，恩格斯和马克思注重引导英国工人阶级正确看待这一传统，要求加强无产阶级政党的建设。

由于英国资本主义发展最早，工人运动发展最早，因此，工会组织发展也最早。工会运动的主要活动是组织工人进行经济斗争，要求提高工资，缩短工时，当时的斗争口号是"做一天公平的工作，得一天公平的工资"。1836 年宪章运动兴起后，工会运动进入低潮。19 世纪 50 年代宪章运动失败后，工会运动再度抬头。1851 年，机械工人联合会成立。1863 年，英国成立了矿工全国工会联合会。在此基础上，随着英国工人联合会（工联）的成立，英国出现工联主义。工联的领导人曾经担任第一国际的领导人。马克思和恩格斯之所以吸收工联参加国际，主要是为了扩大国际的影响，在国际内部也便于与工联主义做斗争。

第一国际解散之后，恩格斯和马克思继续保持对工联主义的批判，注重引导工人运动健康发展，指导英国工人阶级建立自己的政党。1876 年 12 月 21 日，恩格斯在给贝克尔的信中说："我不能给你写通讯稿，因为我不想说谎，而关于这里的工人运动只能说，它陷在最不足道的工联主义垃圾中了，而所谓的领袖们，其中包括埃卡留斯在内，在巴结自由资产阶级，向它卖身投靠，充当反对所谓土耳其暴行的鼓动者，他们鼓吹为了人道和自由的利益把巴尔干半

---

① 马克思，恩格斯 . 马克思恩格斯文集：第 10 卷 . 北京：人民出版社，2009：483.

② 同①.

③ 马克思，恩格斯 . 马克思恩格斯全集：第 35 卷 . 北京：人民出版社，1971：107.

岛出卖给俄国人。"① 1879 年 6 月 17 日，恩格斯在给伯恩施坦的信中指出：
"英国的工人运动多年来一直在为增加工资和缩短工作时间而罢工的狭小圈子
里毫无出路地打转转，而且这些罢工不是被当做权宜之计和宣传、组织的手
段，而是被当做最终的目的。工联甚至在原则上根据其章程排斥任何政治行
动，因此也拒绝参加工人阶级作为阶级而举行的任何一般性活动。"② 这样，
恩格斯就清晰地揭露出了工联主义的局限。

1881 年 5 月到 8 月，应英国工联的机关报《劳动旗帜报》创办人兼编辑
乔·希普顿之邀，恩格斯成为该报的撰稿人。恩格斯之所以同意为该报撰稿，
是因为他看到英国工人阶级的一部分人表现出了一定的政治积极性，希望通过
自己的文章能够引导英国工人运动冲出狭窄的经济斗争的范围，开展独立的政
治斗争并建立工人阶级自己的政党。5 月 1 日到 2 日，恩格斯撰写第一篇文
章《做一天公平的工作，得一天公平的工资》，于 5 月 7 日发表在该报上。恩
格斯先后为该报撰写了 11 篇文章，均作为社论在该报发表，发表时都未署名。

1881 年 5 月 20 日左右，恩格斯写作《工联》一文。文章分成两部分作为
社论分别发表在 1881 年 5 月 28 日和 6 月 4 日《劳动旗帜报》第 4 号和第 5 号
上。这是恩格斯应《劳动旗帜报》之邀为该报撰写的 11 篇文章中的一篇。恩
格斯在《工联》一文中指出，在阶级反对阶级的任何斗争中，斗争的直接目的
都是政治权力；争取工资高、工作时间短的斗争，以及今天的工联所进行的全
部活动，并不是目的本身，而只是一种手段；英国工人不要局限于一定的经济
要求和经济斗争，而应该建立自己阶级的政治组织，使无产阶级争得政治统
治权。

1881 年 7 月中旬，恩格斯写作完成《工人政党》和《俾斯麦和德国工人
党》两篇文章。这两篇文章都作为社论发表在 1881 年 7 月 23 日《劳动旗帜
报》第 12 号上。恩格斯号召英国无产阶级成立独立的群众性的革命政党，学
习德国工人阶级在政府和警察经常迫害的条件下成功地坚持斗争的经验。

1881 年 8 月初，恩格斯撰写《必要的和多余的社会阶级》一文。该文发
表在 8 月 6 日《劳动旗帜报》第 14 号上。恩格斯指出，英国工人自己能够不
要资本家干预而把国家的大工业管理得很好。

综合这几篇文章，恩格斯主要阐明了以下问题：

---

① 马克思，恩格斯. 马克思恩格斯全集：第 34 卷. 北京：人民出版社，1972：218 - 219.
② 马克思，恩格斯. 马克思恩格斯文集：第 10 卷. 北京：人民出版社，2009：437.

第一，工人阶级必须从单纯的经济斗争中摆脱出来。在英国，1824 年的法令使工联取得合法地位。从那时起，工人阶级在英国成了一支重要力量。随着宪章运动的瓦解，工联组织日益壮大起来。到 19 世纪 80 年代，拥有 100 万到 200 万工人并得到较小的或地方的工联支持的几个大工联，代表着统治阶级的任何政府都必须加以重视的一支力量，这支力量已经达到了其他国家的任何工人组织都不能相比的程度。随着工联的发展，"除了联合和共同行动所产生的力量以外，很快又增添了相当充足的财力——我们的法国兄弟们意味深长地把它叫做'抵抗基金'。这时的形势完全改变了。对于资本家来说，任意减低工资或增加工作时间成了一件冒险的事情"①。在国家法令的帮助下，工作时间至少不会过分超出最大限度致使劳动力过早耗尽。这样，客观上限制了资本家对工人的无限剥削，在一定程度上维护了工人阶级的经济利益。但是，每一次斗争都会陷入恶性循环当中。问题今天解决了，结果明天会出现新的问题。工人阶级的生存问题和权益问题仍然没有得到根本解决。只有经常地斗争、大量地消耗人力和财力，工人斗争才能在一定程度上达到预期的目标。即使如此，工人阶级一如既往地仍然是雇佣奴隶阶级，经济地位根本没有改变。"难道这永远是英国工人的最高目的？抑或英国工人阶级最后应当努力突破这个恶性循环，从**彻底废除雇佣劳动制度**的运动中找到一条摆脱这个恶性循环的出路？"② 显然，尽管经济斗争是工人阶级反对资产阶级的基本武器，但是，单纯的经济斗争不能从根本上解决问题。

第二，工人阶级必须开展政治斗争。只要存在阶级，就会有阶级斗争。阶级斗争最终都是政治斗争。"凡是阶级对阶级的斗争，其斗争的直接目的都是政治权力；统治阶级保卫自己的政治上的统治地位，也就是说要保住它在立法机关中的牢靠的多数；被统治阶级首先争取一部分政治权力、然后争取全部政治权力，以便能按照他们自己的利益和需要去改变现行法律。"③ 英国工人阶级通过采用宪章运动这样的形式开展了政治斗争。尽管这种斗争失败了，但是它使资产阶级甘愿以不断向工人让步为代价来换取比较长期的休战。因此，工人阶级不能放弃和放松政治斗争，必须加强政治斗争。

虽然宪章运动失败了，但是，其提出的不少政治口号已经成为政治现

---

① 马克思，恩格斯. 马克思恩格斯全集：第 25 卷 . 2 版 . 北京：人民出版社，2001：497.
② 同①498.
③ 同①499.

实。"在人民宪章的六点中，有两点，即秘密投票和取消财产资格限制，现在已经成为国家的法律了。第三点即普选权，在户主选举法的形式下至少是已经接近实现了。第四点即平等的选区，显然即将见诸实现，因为这是现政府答应的一项改革。所以，宪章运动瓦解的结果却足足实现了宪章派纲领的一半。如果说，仅仅对于工人阶级过去的一个政治组织的回忆，就能导致这样一些政治改革，而且除此以外还导致了一系列社会改革，那么，一旦真的有了一个以四五十个议会代表为后盾的工人政党，结果又将如何呢？"① 在这个意义上，即使资本主义政治制度具有政治文明的价值，也是由工人阶级的政治斗争争取来的，甚至可以说是由工人阶级自己"创造"的。没有工人阶级的政治斗争，就不可能存在"资本主义政治文明"。因此，英国工人阶级应该延续政治斗争的传统。当然，工人阶级政治斗争拥有自己的远大目标。

在欧洲大陆，工人阶级的政治斗争取得了显著的成效。在德国，作为工人政党的社会民主党人已经存在十多年了，它在国会中占有 10 个席位。在地方议会选举中，它在曼海姆市议会选举中取得了 16 席，在萨克森议会选举中取得了 1 席。这样，这个工人政党的稳步前进和成长壮大，吓得俾斯麦采取了臭名昭著的镇压手段。在法国，工人党的组织工作正在全面展开。在新近的选举中，已经在几个市镇议会里取得了多数，将在众议院取得几个席位。在美国，虽然从工人阶级转变成农场主、商人或者资本家还比较容易，但工人也认为需要把自己组成一个独立的政党。比利时、荷兰和意大利，也都仿效德国人的榜样。在这些国家里，都有工人自己的政党。当然，这些国家过高的选民资格使它们目前还没有可能把自己的成员派到议会当中去。这也充分暴露了"资本主义政治文明"的局限性和反动性。显然，工人到处都在为取得政治权力、为取得本阶级在议会中的直接代表权而斗争。只有大不列颠例外。英国工人阶级的这种政治地位，是和欧洲组织得最好的工人阶级不相称的。因此，英国工人阶级必须抓紧政治斗争。

在当前的资本主义制度环境当中，参加议会选举，开展议会斗争，是工人阶级开展政治斗争的重要形式。议会斗争为工人阶级开辟了一条新的前途。但是，工联忘记了自己作为工人阶级的先锋队的责任，几乎从来没有想过运用议

---

① 马克思，恩格斯. 马克思恩格斯全集：第 25 卷. 2 版. 北京：人民出版社，2001：522 - 523.

会斗争的形式。议会斗争这个新武器在工联手里已经闲置了十多年了，它几乎从来没有被用来对付敌人。对于英国工联来说，"它们不应当忘记，如果它们不能真正走在工人阶级的前列，它们就不能继续保持它们现在所占的地位。英国工人阶级有力量派遣四五十个工人参加议会，却还是永远满足于让资本家或资本家的办事员如律师、编辑等等来代表他们，这是违背常理的事情"①。现在，英国工人阶级应该"扬眉剑出鞘"，把本阶级的人派到议会里去，在议会当中与资产阶级展开唇枪舌剑的论战。当然，从科学社会主义的立场来看，工人阶级始终不能忘记暴力革命，应该将武装斗争和议会斗争结合起来。

第三，工人阶级必须建立自己阶级的政党。在阶级对阶级的政治斗争中，组织是最重要的武器。在资本主义政治制度当中，政党是开展政治斗争的重要形式。无产阶级必须建立自己的政党。

政党总是一定阶级利益的代表。在阶级社会当中，不可能出现"全民党"。在英国，保守党、自由党、激进派都代表统治阶级的利益，代表在地主、资本家和零售商中占优势的这样或那样的意见。他们根本不可能代表工人阶级和劳动人民的利益。即使能够代表的话，也只是歪曲的代表。工人阶级存在着本身的利益。这种利益既有社会的方面，也有政治的方面。因此，工人阶级必须要有自己的政党，作为自己阶级利益的代表。英国工人阶级不能甘愿充当号称"伟大的自由党"的剥削阶级政党的尾巴。

工人阶级政党必须坚持工人阶级的性质。由于政党都具有阶级性，因此，无产阶级政党必须保持无产阶级的性质，成为无产阶级的先锋队。当然，这不是说要关起门来发展工人阶级的政党。出身于其他阶级的人士，只要认同党的纲领，愿意为工人阶级的解放奋斗，他们就同样可以成为党的一员。当然，党始终不能放弃对这些人的教育，这些人始终不能忘记党的性质和宗旨。"例如，在德国，工人的代表并不是在每一场合下都是真正的工人。但是，任何民主的政党，无论在英国或在其他任何国家，除非具有鲜明的工人阶级性质，否则就不可能取得真正的成就。"② 无产阶级政党如果放弃自己的无产阶级性质，加入无产阶级政党的成员如果忘记了党的无产阶级性质，那么，就只有宗派和欺骗了。

---

① 马克思，恩格斯. 马克思恩格斯全集：第 25 卷 . 2 版 . 北京：人民出版社，2001：500.
② 同①522.

第四，工人阶级政治斗争的最终目的是消灭雇佣劳动制度。工人阶级之所以陷入剥削当中，不是由工资低造成的，祸根在于雇佣劳动制度即资本主义制度。经济斗争之所以陷入恶性循环当中，原因就在于没有从根本上触及这个祸根。工联主义之所以不能成为工人阶级政治斗争的最终组织形式，原因就在于它不可能提出消灭雇佣劳动制度的根本要求。"一旦这种认识在工人阶级中普遍地传播开来，工联的地位一定会大大改变。它们将不再享有作为工人阶级惟一组织的特权。在各行业联合会之外或在它们之上，一定会产生一个总的联合会，一个整个工人阶级的政治组织。"① 这个政治组织就是无产阶级政党。无产阶级政党是超越工联主义的无产阶级的组织形式，力求将经济斗争、政治斗争、思想斗争等方面的斗争统一起来，纳入无产阶级的阶级斗争当中，以一种总体性的方式推翻雇佣劳动制度。完全废除雇佣劳动制度是工人阶级政治斗争的更高目标。"为了工人在议会里有充分的代表权，为了准备废除雇佣劳动制度，必须要有组织，但不是个别行业的组织，而是整个工人阶级的组织。这件事做得越快越好。世界上没有任何力量能够对组织成一个整体的英国工人阶级进行哪怕一天的抵抗。"② 只有在无产阶级政党的带领下，完全消灭雇佣劳动制度，工人阶级才能实现彻底的解放。

第五，工人阶级在未来社会当中必然上升为统治阶级。劳动阶级是社会的主体。自从阶级产生以来，从来没有过一个时期社会可以没有劳动阶级。无论这个阶级是被叫作农奴、奴隶，还是被称为自由工人，都是如此。在资本主义社会当中，自由工人就是指那些丧失了生产资料、除了自己的劳动力之外一无所有的人。他们的自由就是一无所有的自由。"然而有一点是很清楚的，无论不从事生产的社会上层发生什么变化，没有一个生产者阶级，社会就不能生存。可见，这个阶级在任何情况下都是必要的，虽然定会有一天它将不再是一个阶级，而是包括整个社会。"③ 之所以如此，就在于劳动阶级从事的物质生产是社会存在和社会发展的基础。承认物质生产在社会存在和社会发展中的决定作用，就要承认从事物质生产的劳动阶级在社会中的主体地位。承认劳动阶级在社会当中的主体地位，就要承认他们从事的物质生产在社会存在和社会发展中的决定作用。当然，无产阶级最终要消灭自身，走向无阶级的社会。

---

① 马克思，恩格斯 . 马克思恩格斯全集：第 25 卷 . 2 版 . 北京：人民出版社，2001：501.
② 同①.
③ 同①534.

无产阶级的政治斗争就是要使无产阶级上升为统治阶级，实行最广泛和最彻底的民主。这在于，"在英国，工业和农业的工人阶级占人民的绝大多数，民主制恰恰意味着工人阶级的统治"①。因此，必须让英国工人阶级自己准备去担负其所面临的政治任务，让他们了解必然要落到他们肩上的政治责任，去统治英国。通过这种民主制度，工人阶级不仅能够把本国的大工业管理得很好，而且在社会领域和政治领域同样能够管理得很好。这样，我们就可以生活在一个人人都得由自己来照管自己的世界里，即人民当家作主。这样，才能谈得上人民管理。

恩格斯的这些论述，从科学上阐明了建立无产阶级政党的必要性和重要性，指明了无产阶级政党的发展方向和最终目标。

但是，由于英国工联的影响，《劳动旗帜报》推行的机会主义方针使恩格斯不得不于 1881 年 8 月停止了撰稿。1881 年 8 月 11 日，他在给马克思的信中说："在一期或两期报上似乎出现过的反应又不见了。不列颠工人完全不想再继续前进，他们只有通过事变，通过工业垄断权的丧失，才能振作起来。而暂时也只能是这样。"② 其实，革命哪能一蹴而就呢？

1884 年，成立于 1881 年 6 月的英国民主联盟改组为英国社会民主联盟，从一个半无产阶级半资产阶级的团体改组成一个将马克思主义确立为联盟理论纲领的团体，从而实现了马克思主义与英国工人运动的初步结合。

由于美国是新兴的资本主义国家，因此，恩格斯和马克思对美国工人运动寄予了厚望。例如，1878 年 1 月 12 日，恩格斯在给比尼亚米的信中，分析了德国、法国和美国工人运动的状况。1882 年 2 月 5 日左右，恩格斯收到库诺从美国寄来的信，信中对群众性的工人组织劳动骑士团成员成功地进行马克思、恩格斯思想的宣传工作的情况做了报告。1882 年 7 月 25 日，恩格斯通知侨居美国的德国社会民主党人赫普纳，说自己和马克思允许他在美国翻印马克思和恩格斯的著作。

不管怎么说，在经历了巴黎公社革命失败的寒冬之后，在马克思和恩格斯的鼓动和指导下，各国工人运动逐渐复苏，各国工人阶级政党的幼芽已经破土而出。既然寒冬已经过去，那么，春天的步伐就加快了。

---

① 马克思，恩格斯 . 马克思恩格斯全集：第 25 卷 . 2 版 . 北京：人民出版社，2001：521.
② 马克思，恩格斯 . 马克思恩格斯全集：第 35 卷 . 北京：人民出版社，1971：19.

5. 伟大的女战士——莉希

就在恩格斯全身心地与马克思并肩战斗，推动无产阶级革命事业发展和完善马克思主义理论体系的时候，灾祸再次降临在他的头上。与他厮守了十六年的忠实的革命伴侣莉希·白恩士于 1878 年 9 月 12 日撒手人寰。

恩格斯妻子莉希·白恩士

莉希（莉迪娅）是玛丽的妹妹。在玛丽不幸去世之后，恩格斯和莉希日久生情，决定生活在一起。由于她同样是来自爱尔兰的无产阶级，同样目不识丁，因此，当她与恩格斯公开同居的时候，遭到了周围资产阶级的冷嘲热讽，遭到了来自巴门的恩格斯家族的坚决反对，尤其是贵族出身的恩格斯妹夫格里斯海姆一再以辱没家门的名义千般阻挠。其实，莉希与恩格斯走到一起的时候，她已经年近五十，风华不再。共同的志向和真挚的爱情，是恩格斯和莉希结合的唯一的和最高的理由。反正当时的恋爱婚姻家庭道德和法律都是剥削阶级玩弄的把戏，既然资产阶级和贵族都反对，那么，就让他们反对去吧。莉希决定不要名分，只要与恩格斯生活在一起就好。

为了深入了解自己心爱的女人的特质，为了深入了解她们出生的热土，恩格斯决定再来一次爱尔兰之旅。早在 1856 年 5 月，恩格斯和玛丽就曾经到爱尔兰旅行，调查和了解爱尔兰人民的生活和受英国殖民压迫的情况。1869 年 9 月 6 日到 23 日，恩格斯和莉希带着马克思的小女儿爱琳娜再度到爱尔兰旅行。爱琳娜后来回忆说："记得 1869 年我曾经同他去爱尔兰游历；由于他当时打算为爱尔兰这位'民族的尼娥贝'写一部历史，同他一道参观这个国家就特别有趣。"[1]

---

① 马克思-艾威林．弗里德里希·恩格斯//中共中央马克思恩格斯列宁斯大林著作编译局．回忆恩格斯．北京：人民出版社，2005：41.

尼娥贝是古代神话中失去了孩子的母亲。爱琳娜用之来比喻爱尔兰。原因在于，19 世纪 40 年代末至 50 年代初，由于饥荒、破产和流亡，爱尔兰丧失人口 200 余万。英国殖民者给爱尔兰带来了灾难和不幸。此次旅行二十余年之后，即 1891 年 9 月 8 日到 23 日左右，恩格斯偕路易莎·考茨基、玛丽·艾伦·罗舍三度在爱尔兰旅行。路易莎为考茨基的前妻，此时担任恩格斯的秘书。艾伦（彭普斯）是玛丽和莉希的侄女，打小与恩格斯生活在一起，恩格斯视如己出。从爱尔兰第二次旅行归来之后，1869 年 10 月到 12 月，恩格斯着手撰写《爱尔兰史》。

恩格斯《爱尔兰史》手稿的第一页

　　恩格斯之所以要写作这样一本书，就是要以爱尔兰历史为典型案例，深刻揭露英国殖民统治的制度和方法，深入剖析对被压迫民族和对压迫民族的历史命运造成的恶果，科学批判英国资产阶级史学家、经济学家、地理学家著作中对待爱尔兰的历史和现实的种族主义和沙文主义的态度。

　　为了能够更好地完成写作任务，恩格斯做了充分的准备工作。他研究了大量的文献和各种历史资料，包括古代和中世纪著作家的著作、年表、古代法律汇编、各种法令、民间传说、古代文学作品、游记等，同时涉猎了相关的历史、考古、经济、地理和地质等方面的许多著作。在此期间，他做了 15 本笔记，大部分是为写作准备的材料。此外，还有许多札记、单页片段、剪报等。为了研究爱尔兰的史料，恩格斯还自学了古爱尔兰语。爱尔兰年表和古斯堪的纳维亚史诗的某些片段，就是由恩格斯本人译为德文的。在研究爱尔兰历史时，马克思经常给恩格斯提供帮助。马克思和恩格斯在爱尔兰历史的最重要问题上的观点，是在共同讨论的基础上形成的。恩格斯所开列的关于爱尔兰历史的书目最后保存下来的达 150 种以上。恩格斯的研究和写作建立在详尽地占有资料的基础之上。

1870 年 5 月，根据研究中所积累的材料，恩格斯开始正式动笔写作。他拟定的写作提纲为：

　　1. 自然条件

　　2. 古代的爱尔兰

　　3. 英国的征服

　　　（1）最初的入侵

　　　（2）"佩耳"和爱尔兰本区［Irishry］

　　　（3）征服和剥夺。152⋯⋯—1691

　　4. 英国的统治

　　　（1）惩治法典。1691—1780

　　　（2）起义和合并。1780—1801

　　　（3）爱尔兰并入联合王国

　　　　（a）小农时期。1801—1846

　　　　（b）灭绝时期。1846—1870①

从这个提纲可以看出，恩格斯计划中的这本书，既包括爱尔兰的自然情况，也包括其社会情况；既包括爱尔兰的历史，也包括其现实。恩格斯试图全景式地描述爱尔兰的历史。

虽然有充足的资料准备，但是，恩格斯只写完了第一章"自然条件"。第二章即"古代的爱尔兰"没有写完。后两章，完全没有动笔。之所以这样半途而废，就在于1870 年之后有一系列更为重要的事情需要恩格斯去处理，他不得不搁笔。即使如此，恩格斯仍然阐明了一系列重要思想。

---

　　① 马克思，恩格斯. 马克思恩格斯全集：第 16 卷. 北京：人民出版社，1964：804.

第一，英国对爱尔兰的经济控制。从地理环境来看，爱尔兰适宜多种经营，但是，由于英国的殖民统治，爱尔兰的经济成为英国的附属品。"我们看到，甚至自然现象本身也成了英国和爱尔兰两国之间争执的对象。而我们同时也看到，英国统治阶级的舆论（大陆上只有它能够为人所知）如何随着时势和利益的变化而反复无常。今天英国急需有保证地输入粮食，于是爱尔兰就似乎是天生适于种小麦的；明天英国需要肉类，于是爱尔兰就又只适于作牧场之用了；存在 500 万爱尔兰人这件事实把一切政治经济学规律都破坏了，必须把他们赶走，让他们随便滚到什么地方去吧！"[①] 这样，地理上的原因就成为殖民政策的借口。当然，这种借口是荒唐的。

第二，爱尔兰人民反抗英国殖民统治的正义性。哪里有压迫，哪里就有反抗。英国的殖民统治遭到了爱尔兰人民的强烈反抗。"杀人成了反抗大地主消灭人民的行为的唯一有效手段；**由于这种原因，并且只要这种情况还没有改变**，在爱尔兰就无法制止在土地骚动基础上产生的杀人行为。这样做是**有用的**，因此虽然有各种惩治法，这种行为现在还在继续，而且将来也会继续下去。正如其他社会现象一样，它在数量上时有起伏，而在一定的情况下它甚至会具有传染病的性质，那时它甚至由于一些微不足道的原因也会发生。传染病还可以防止，但是这种疾病本身却无法防止。"[②] 这样，必将结束殖民统治，恢复爱尔兰的自由。

第三，资产阶级学问的拜物教性质。殖民统治是真实的历史，给爱尔兰人民带来了灾难和不幸。因此，爱尔兰人民用自己的诗歌来表达对殖民统治者的不满。这些诗歌大部分充满着深沉的忧郁，这种忧郁直到今天也还是这个民族情绪的表现。当统治者的压迫手段日益翻新、日益现代化的时候，难道这个被统治的民族还能有其他的表现吗？但是，资产阶级的学问家却无耻地美化这种历史。"资产阶级把一切都变成商品，对历史学也是如此。资产阶级的本性，它生存的条件，就是要伪造一切商品，因而也要伪造历史。伪造得最符合于资产阶级利益的历史著作，所获得的报酬也最多。"[③] 其实，号称客观公正的整个资产阶级学问都是如此。科学性和客观性在这里已经荡然无存。

尽管恩格斯没有完成预定的写作计划，但是，他已经积攒下来的资料，为

---

① 马克思，恩格斯 . 马克思恩格斯全集：第 16 卷 . 北京：人民出版社，1964：549.

② 同①573.

③ 同①573.

后来的科学研究准备了良好的基础。例如，1884 年，在写作《家庭、私有制和国家的起源》一书时，他就利用了自己在研究古代爱尔兰克尔特人社会制度时形成的一些结论。

尽管与有钱的"资本家"生活在了一起，但是，早年艰辛的生活早已摧垮了莉希的身体。到 19 世纪 70 年代中后期，莉希已经重病缠身了。她患上了严重的哮喘、风湿、恶性膀胱肿瘤等疾病。由于当时医疗科技水平仍然有限，没有什么好的医治措施，因此，恩格斯只得带上她到处洗海水浴。但是，这种方法治标不治本。没有办法，恩格斯这位"公子哥"只好亲自打理一些家务了。1877 年 2 月 14 日，恩格斯在致一位友人的信中无可奈何地说："只要我们把家里稍微安排好了，我就首先带妻子到海边住两星期，使她增进食欲，而我也不致精疲力尽。如果您看见了昨天晚上我是如何铺床的，今天早上是怎样在厨房生火的，您一定会发笑。"① 这不仅是义务，更是深沉的爱。感觉到自己来日不多，莉希这位天主教信徒希望恩格斯最后能够给自己一个名分。因此，恩格斯满足了莉希的最后的愿望。1878 年 9 月 11 日，在牧师的主持下，恩格斯和莉希在病床上举行了婚礼。证婚人是莉希的好友莉迪娅·伦肖及其丈夫詹姆斯·伦肖，还有医生查理·里德。马克思及其家人似乎没有参加。就在婚礼结束几个小时之后，莉希在自己合法丈夫恩格斯的怀中安详地去世了。

1878 年 9 月 12 日凌晨一时三十分，恩格斯写信告诉自己的好友列斯纳："死亡刚刚使我可怜的妻子摆脱了她长期的病痛。"接着，恩格斯给自己的三弟鲁道夫·恩格斯发去讣告："今晨一时半我的妻子在长期病痛之后安详地去世了。头天晚上我们结成了合法夫妻。我当前要应付各种各样的特别开支，而我在银行里的存款很少，所以您如果能火速给我汇来大约二百英镑，我将非常感激。"② 前一句话，是恩格斯向资产阶级的"宣告"，自己和莉希的关系是"合法夫妻"的关系，资产阶级家庭的抵制已经可耻地失败了。后一句话，表明恩格斯当时经济上仍然不阔绰，他要用自己的金钱支援革命事业。

葬礼结束后，悲痛欲绝的恩格斯就去小安普顿疗养去了，以恢复一下受伤的身心。1878 年 9 月 17 日，马克思在给恩格斯去信的结尾说："再见。愿你在经过不久前的可怕的不幸之后能在小安普顿平静下来。杜西和琳蘅向你衷心

---

① 马克思，恩格斯. 马克思恩格斯全集：第 34 卷. 北京：人民出版社，1972：234.
② 同①318.

问好。"①

　　作为一名地地道道的工人阶级，莉希是第一国际的成员。1865 年 1 月 25 日，马克思在致恩格斯的信中说："问候白恩士夫人。她想不想入会？妇女可以参加。"② 在为第一国际招兵买马的时候，马克思就想到了莉希。此后，莉希参加了国际的一些重要活动，成为无产阶级革命大军中的一员。

　　作为一名爱尔兰人，莉希参加了争取爱尔兰独立的芬尼亚运动。芬尼亚社在客观上反映了爱尔兰农民的利益，但其社会成分主要是城市小资产阶级和平民知识分子。马克思和恩格斯不止一次强调指出芬尼亚运动的弱点，但对其革命性质还是给予了高度的评价，并曾极力引导这一运动走上进行群众性发动的道路，使之和英国工人阶级一致行动，而不是诉诸谋杀等手段。1866 年 1 月 6 日，国际按照总委员会的决议，在《工人辩护士报》第 148 号上转载了发表在《科克每日先驱报》上的奥顿诺凡-罗萨夫人和克拉克-列克比夫人号召为被判罪的芬尼亚社社员募捐的呼吁书：《被囚禁者的状况。告爱尔兰妇女书》。2 月 13 日，马克思在致恩格斯的信中说："问候'爱尔兰的'女友。爱尔兰妇女，也就是奥顿诺凡-罗萨等，已对我们报纸转载呼吁书和发表福克斯的文章表示感谢。"③ 这里的"爱尔兰的"女友指莉希。1867 年 11 月 28 日，马克思去信向恩格斯说："问候白恩士夫人。燕妮自从曼彻斯特的处决以来便穿上黑衣服，并且用一根绿带子佩带着她的波兰十字章。"④ 绿色被认为是爱尔兰民族解放斗争的象征。从 1867 年年底起，燕妮就用一根绿色带子把其生日的时候别人送的类似波兰人民民族解放斗争的参加者们所戴的那种十字章佩戴在脖子上，以表示对 1867 年 11 月被杀害的芬尼亚社社员的哀悼。1870 年 12 月 19 日，恩格斯致李卜克内西夫人娜塔利亚的信中说："我的妻子是一位具有革命信念的爱尔兰人，因此，您可以想象，昨天当被判刑的芬尼亚社社员获得赦免的消息传来时，我们全家是多么高兴，尽管这是可怜的普鲁士式的赦免。"⑤ 显然，马克思夫妇坚决支持莉希参加的爱尔兰民族解放运动，与恩格斯的立场高度一致。

---

① 马克思，恩格斯 . 马克思恩格斯全集：第 34 卷 . 北京：人民出版社，1972：77.
② 马克思，恩格斯 . 马克思恩格斯全集：第 31 卷 . 北京：人民出版社，1972：46.
③ 同②182.
④ 同②398.
⑤ 马克思，恩格斯 . 马克思恩格斯全集：第 33 卷 . 北京：人民出版社，1973：171.

　　在共同志向的基础上，马克思夫妇与莉希结下了深厚的个人友谊。例如，1867 年 6 月 27 日，马克思在致恩格斯的信中说，如果《资本论》英译本翻译出版成功，自己得到一笔稿费的话，将为莉希夫人在伦敦定制一套高档服装，以示友谊。1876 年 8 月 23 日，马克思夫人燕妮与恩格斯的家人在兰兹格特一起疗养。8 月 25 日，恩格斯写信告诉马克思："你的妻子来到了这里，她看起来至少比六个星期前好得多。她能跑很多路，胃口不错，睡眠似乎也十分正常。我在车站请她和莉希喝了一杯波尔图酒提提精神，随后她们就在海滨沙滩漫步，并为她们不用写信而高兴。海水浴对莉希发生奇效，但愿这次的疗效能维持一冬。"① 当时在那里，海水还是暖的，起风时浪涛更加汹涌，使人感到相当暖和，洗海水浴具有良好的疗效。

　　恩格斯夫妇将马克思夫妇的女儿视同己出，这不仅仅是因为恩格斯没有自己的孩子。当得知杜西即爱琳娜生病时，恩格斯夫妇十分担心和挂念。他们经常邀请马克思及其家人来做客。1870 年 5 月 17 日，身在曼城的恩格斯给身在伦敦的马克思去信说："要把杜西带来。莉希为了迎接她的到来已经烤好了无核葡萄干面包，而且从我宣布我要求你带她来时起，全家都沉浸在欢乐中。要是你们明天能来最好，请立即来个电报；我们接到后再为你们准备房间还来得及。不然就星期四来。尽情地漫步原野，同时把我上次到伦敦以来所发生的种种荒唐事拿来谈笑一番，对我们俩都会有益处。莉希答应，每天晚上——当然，星期天例外——一定和杜西十一点钟上床睡觉，所以，这一点也没有什么困难。"② 同样，每当得知恩格斯要来伦敦造访的时候，马克思全家尤其是杜西都变得兴高采烈。1868 年 12 月 14 日，马克思致信恩格斯说："小杜西知道可能在我们这里和你相见，非常高兴，我们全家也都非常高兴。而杜西是你、莉希夫人和'被征服的民族'的狂热崇拜者。不过你要来信告诉我，你什么时候来。"③ 同样，当得知马克思大女儿全家要来的时候，恩格斯夫妇便精心为他们准备房间。

　　玛丽和莉希的侄女彭普斯，自小与恩格斯生活在一起。恩格斯十分关心她的学业和成长。对此，列斯纳回忆说："1878 年，恩格斯的夫人——一位积极参加芬尼亚运动的爱尔兰女子去世了，这对恩格斯是极大的打击。恩格斯没有孩子，夫人的去世是他的最大的痛苦。在这段时间里，恩格斯在家中看到以前熟悉的一切，就十分悲痛，周围只要有一点改变，他就不能工作。他夫人的侄女为他处理家务，直到她结婚为止。"① 1881 年，彭普斯与英国商人派尔希·怀特·罗舍结婚，改名为玛丽·艾伦·罗舍。1882 年 10 月 21 日，恩格斯在致马克思二女儿劳拉·拉法格的信中说："彭普斯一家过得很好，他们已在自己的新房子里住了两星期或将近两星期，但是因为**现款**不够，房子还没有完全陈设好家具。小家伙曾患胸脓肿，不过正在好转。"② 这里的小家伙指罗舍夫妇所生的第一个孩子。这个孩子是女孩。1883 年 3 月 25 日，恩格斯又告诉劳拉："彭普斯正在日日夜夜等待着老二出生，假使它今天还没有出世的话——星期五以来没听到她的消息了。今天老大满一周岁。"③ 由此可以断定，彭普斯的大女儿出生于 1882 年。显然，如同将 1855 年出生的杜西看作自己的女儿一样，恩格斯将约出生于 1860 年的彭普斯也当作自己的女儿。

不论有多少流言蜚语，不论岁月如何流逝，恩格斯对莉希的爱永远在那里。1892 年 3 月 8 日，恩格斯在致倍倍尔夫人尤莉娅的信中说："我渴望再次看到一个真正的德国女无产者，而人们一直向我描绘的您就是这样一个人。我的妻子也是一个地地道道的血统的爱尔兰无产者，她对本阶级的天赋的热爱，对我是无比珍贵的，在关键时刻，这种感情给我的支持，比起'有教养的'、'多愁善感的'资产阶级小姐的细腻和小聪明可能给予的总要多些。但是我的妻子已经去世十二年多了，而奥古斯特至今还幸运地有您在他身边，全部的差别就在这里。"④ 这是恩格斯发自心底的永恒的告白，跨越了阶级的鸿沟，穿越了岁月的长河。

由于莉希是第一国际的会员，参加过芬尼亚社的民族解放运动，与各国的工人运动领袖有过联系，因此，恩格斯向德国社会民主党发去了讣告。历史将永远铭记这位无畏的无产阶级女战士。

恩格斯很快从丧妻的悲伤中振作起来，再次义无反顾地投入到无产阶级解放事业当中，续写了马克思主义发展史的辉煌灿烂的新篇章。

---

① 列斯纳. 一个工人对弗里德里希·恩格斯的回忆//中共中央马克思恩格斯列宁斯大林著作编译局. 回忆恩格斯. 北京：人民出版社，2005：63.
② 马克思，恩格斯. 马克思恩格斯全集：第 35 卷. 北京：人民出版社，1971：374.
③ 同②463.
④ 马克思，恩格斯. 马克思恩格斯全集：第 38 卷. 北京：人民出版社，1972：299.

第 11 章

自然的追问
——《自然辩证法》

马克思和我，可以说是唯一把自觉的辩证法从德国唯心主义哲学中拯救出来并运用于唯物主义的自然观和历史观的人。可是要确立辩证的同时又是唯物主义的自然观，需要具备数学和自然科学的知识。马克思是精通数学的，可是对于自然科学，我们只能作零星的、时停时续的、片断的研究。因此，当我退出商界并移居伦敦，从而有时间进行研究的时候，我尽可能地使自己在数学和自然科学方面来一次彻底的——像李比希所说的——"脱毛"，八年当中，我把大部分时间用在这上面。①

利用资本主义"和平发展"的契机，在基本完成了军事科学的研究之后，恩格斯开始了一项全新的研究——自然辩证法研究，创作了马克思主义发展史上光辉的文献——《自然辩证法》。在《自然辩证法》中，恩格斯不仅提出了马克思主义自然观、科学技术观、科学技术方法论、科学技术社会学等"自然辩证法"的理论构想，而且丰富和发展了马克思主义哲学、马克思主义政治经济学、科学社会主义理论，为把工人阶级和劳动人民从自然的盲目必然性支配下解放出来指明了科学方向。

1. 提高科学素养的"脱毛"过程

由于自然史和人类史不可分割，在历史唯物主义创立之后，自然而然地提

---

① 马克思. 反杜林论·三个版本的序言//马克思，恩格斯. 马克思恩格斯文集：第 9 卷. 北京：人民出版社，2009：13.

出了如何建立和完善马克思主义自然观的问题。建立唯物的辩证的历史的实践
的自然观需要具备数学和自然科学知识。这样，才能超越黑格尔的自然哲学，
才能使马克思主义哲学成为一块整钢。因此，恩格斯和马克思向自己提出了在
自然科学上"脱毛"的科学任务。

在其年轻时代，恩格斯就读的是理科中学，学习成绩优异。除了语言学和
古典文学之外，数学和物理等学科也学习得不错。但是，由于中学辍学，没有
经历过完整的大学学习，因此，恩格斯的知识结构存在着一定缺陷。为了弥补
这些缺陷，恩格斯不仅注重书本学习，而且注重实践学习，最终成了一个知识
渊博的无产阶级革命家和思想家。

在曼彻斯特期间，在深入技术发展和产业发展实际的同时，恩格斯已经开
始寻求在自然科学上"脱毛"。"脱毛"的说法来源于德国农业化学家李比希。
在李比希看来，化学处于迅速发展的过程中，化学家应该像鸟儿一样脱掉旧的羽
毛、长出新的羽毛，这样，才能展翅高飞，追上化学发展的步伐。恩格斯借用这
个比喻说明，自己正在不断努力更新知识以追赶上飞速进步的自然科学。

在 19 世纪 40 年代的一些作品中，恩格斯就涉及了自然的环境污染、科技
的社会功能等问题。例如，他于 1846 年 10 月 18 日谈到，最初的宗教表现是
反映自然现象、季节更换等的庆祝活动。一个部落或民族生活于其中的特定自
然条件和自然产物，都被搬进了其宗教里。这与中国古代《礼记·月令》的记
述具有类似性，体现的是远古的自然保护传统。但恩格斯并未将这些议题作为
专门问题来对待。

到了 19 世纪 50 年代，恩格斯开始自觉寻求"脱毛"。1851 年 1 月 29 日，
他在致马克思的信中提到，自己正忙于学习和研究生理学。1853 年 3 月 11
日，他又向马克思说明，水力和蒸汽力适应了棉花制造业的发展。1858 年 7
月 14 日，他向马克思提出："请把已经答应给我的黑格尔的《自然哲学》寄
来。目前我正在研究一点生理学，并且想与此结合起来研究一下比较解剖学。
在这两门科学中包含着许多极富思辨成分的东西，但这全是新近才发现的；我
很想看一看，所有这些东西老头子是否一点也没有预见到。有一点是肯定的，
如果他**现在**要写一本《自然哲学》，那么各种事物会从四面八方向他飞来。可
是，人们对最近 30 年来自然科学所取得的成就却一无所知"。[①] 恩格斯提出了

---

① 马克思，恩格斯．马克思恩格斯文集：第 10 卷．北京：人民出版社，2009：162 - 163.
其中，"老头子"是指黑格尔。

在研究当时自然科学最新成就基础上重新写作自然哲学的设想。1865 年 3 月
29 日，他在给资产阶级学者朗格的信中指出："黑格尔的数学知识极为渊博，
以致他的任何一个学生都没有能力把他遗留下来的大量数学手稿整理出版。据
我所知，对数学和哲学了解到足以胜任这一工作的唯一的人，就是马克思。您
说黑格尔的自然哲学的细节中有荒谬的东西，这我当然同意，但是他的**真正的
自然哲学**是在《逻辑学》第二部分即《本质论》中，这是全部理论的真正核
心。现代自然科学关于自然力相互作用的学说（格罗夫的《力的相互关系》，
我记得该书最初是在 1838 年出版的）不过是用另一种说法表达了，或者更确
切地说，是从正面证明了黑格尔关于原因、结果、相互作用、力等等的论
述。"① 这表明，在自然哲学问题上，恩格斯同样要求将黑格尔哲学的内容和
形式区分开来。同时，恩格斯将黑格尔的自然哲学和逻辑学联系起来考察，主
要强调的是自然界的辩证本性。

　　与肖莱马等自然科学家的交往，是恩格斯寻求"脱毛"的重要契机。1863
年间，在曼彻斯特的席勒协会的聚会上，恩格斯结识了当时在欧文斯学院当助
教的肖莱马。卡尔·肖莱马（1834—1892）是德国化学家，有机化学的创始
人。1859 年秋，肖莱马来到英国曼彻斯特。后来，他成为辩证唯物主义者、
德国社会民主党党员、国际工人协会会员。尽管恩格斯年长肖莱马 14 岁，但
二人一见如故，相谈甚欢，两人不仅在自然科学上有共同的兴趣，而且在政治
上有一致的见解，因此，二人开始成为推心置腹的密友。后来，恩格斯又将肖
莱马介绍给马克思。很快，马克思和肖莱马也成为战友和朋友。

无产阶级化学家肖莱马

---

① 马克思，恩格斯．马克思恩格斯文集：第 10 卷．北京：人民出版社，2009：226 - 227.

恩格斯经常与马克思、肖莱马讨论自然科学问题。1865 年 3 月 6 日，恩格斯告诉马克思，自己必须去席勒协会主持理事会，那里有一位叫肖莱马的先生是化学家。不久前，他给恩格斯讲解过丁达尔的日光实验。恩格斯感觉这很妙。1868 年 1 月 3 日，就土壤肥力衰竭问题，马克思致信恩格斯说："我想向肖莱马打听一下，最近出版的有关农业化学的书籍（德文的）哪一本最新最好？""他对近来**反对**李比希的土壤贫瘠论的那些德国作者的情况了解点什么吗？他知道慕尼黑农学家弗腊斯（慕尼黑大学教授）的冲积土论吗？"马克思说，肖莱马既然是这方面的专家，他也许可以提供一些信息资料。1868 年 1 月 6 日，恩格斯回信说，肖莱马将根据最近几年的年度报告为马克思编制一个资料索引；但是，肖莱马不知道弗腊斯的《农业的性质》一书。1868 年 3 月 29 日，恩格斯从曼彻斯特给在伦敦的马克思写信说："肖莱马出色地发现了 C_nH_{2n+2} 系碳氢化合物的**沸点定律**，而且是四个同分异构系中的三个，至于第四个，资料还嫌太少。"[①] 1868 年 5 月 10 日，恩格斯为肖莱马取得的胜利感到高兴。他写信给马克思说，肖莱马大概在星期三或星期四会去看望马克思。皇家学会邀请肖莱马星期四去做关于 C_nH_{2n+2} 的沸点的报告，并请其参加讨论会。1869 年 3 月 7 日，恩格斯写信告诉马克思，肖莱马为了搞新花样，又把脸部烧伤了：他准备好的一瓶溴化磷，在他面前爆炸了。他的样子可真好看，但总的说来伤势并不重。1869 年 3 月 20 日，马克思收到肖莱马寄来的《简明化学教程》第二版后写信给在曼彻斯特的恩格斯。他在信中感谢肖莱马寄来了第二版的化学书，表示自己第二天将开始重新阅读该书的第二部分，即有机化学，以此作为星期天的一种享受。1872 年 1 月到 12 月之间，肖莱马开始从事化学史的研究工作。他的研究工作得到了马克思和恩格斯的热情帮助。

在写于 1883 年 2 月 27 日、28 日及 3 月 1 日的一封信中，恩格斯对肖莱马做出了高度评价："要知道，肖莱马无疑是整个欧洲社会主义政党中仅居马克思之下的最著名人物。我二十年前同他相识时，他已是共产主义者了。当时他是英国教授们手下的一个贫寒的私人助手。现在他是皇家学会（这里的科学院）会员，他在他的专业——单烃（石蜡及其派生品）化学方面是世界上最大的权威。他的巨著化学教程，虽然是他和罗斯科合著的，但几乎完全是他一个人写的（这是所有的化学家都知道的），此书被认为是英国和德国目前最好的

---

① 马克思，恩格斯 . 马克思恩格斯全集：第 32 卷 . 北京：人民出版社，1974：55.

一部著作。他的这种地位是在国外，在同那些最大限度地剥削他的人们进行斗争中取得的，——是完全靠真正科学的劳动取得的。他没有做过任何一件昧良心的事。同时他在任何地方也毫无顾虑地以社会主义者的身分出现。"① 显然，与无产阶级化学家肖莱马的交往促进了恩格斯的"脱毛"。不仅如此，在某种程度上，肖莱马是恩格斯和马克思创立"自然辩证法"工作的卓越的科学顾问。

在与肖莱马交往的同时，恩格斯结识了业余数学家穆尔。穆尔有极高的数学天赋。恩格斯、马克思、穆尔三人之间也产生了深厚的友谊。马克思到访曼彻斯特时，在 1870 年 5 月 31 日给自己的爱女小燕妮的信中谈到，星期天，他与肖莱马和穆尔一块散步。马克思、恩格斯与穆尔还讨论过数学问题。例如，1882 年 11 月 21 日，恩格斯在致马克思的信中谈到了穆尔对马克思微积分看法的评论。另外，1882 年 8 月 20 日，恩格斯对穆尔做出了高度评价，认为"他是一个具有本民族的一切优点而没有其任何一点缺点的典型的英国人。当然他也是社会民主党人"②。后来，穆尔将《共产党宣言》和《资本论》第一卷翻译为英文出版，是恩格斯的遗嘱执行人之一。

恩格斯之所以急于在自然科学上"脱毛"，是因为当时的自然科学取得了重大进展，影响到了现实的社会，需要在哲学上做出概括和总结。

2. 廓清马克思主义的自然科学地平线

自然科学的每一个划时代的发现出现时，唯物主义都要改变自己的形式。从 19 世纪 40 年代开始，自然科学发生了科学革命，出现了细胞学说（1838—1839）、能量守恒定律（1842—1847）、生物进化论（1859）等自然科学三大发现。它们不仅摧毁了机械自然观，还奠定了辩证自然观的科学基础。在此基础上，它们对社会经济生活产生了重大影响。恩格斯和马克思高度关注自然科学的发现和成就，从哲学上进行了概括和总结，从而廓清了马克思主义的自然科学地平线。

1858 年 7 月 14 日，恩格斯在致马克思的信中谈到了前两大发现的哲学

---

① 马克思，恩格斯．马克思恩格斯全集：第 35 卷．北京：人民出版社，1971：442. 这里提到的"他的巨著化学教程"，指《化学教程大全》。

② 同①347.

意义。

在细胞学说方面，恩格斯谈到，对于生理学的发展来说，有决定性意义的，首先是有机化学的巨大发展，其次是近来才学会正确使用的显微镜。细胞的发现表明，使用显微镜所造成的影响比化学的成就还要重大。随着显微镜的发现和人们的正确使用，施莱登在植物中发现了细胞，施旺在动物中发现了细胞。在生物学中，细胞类似于黑格尔的自在的存在。它在自己的发展中正是经过了黑格尔的过程，最后直到"观念"这个完整的有机体从细胞中发展出来为止。在此基础上，恩格斯指出，人们能从最低级的纤毛虫身上看到原始形态，看到简单的、独立生活的细胞，这种细胞同马铃薯病菌和葡萄病菌等单细胞的菌类等最低级的植物、同包括人的卵子和精子在内的处于较高级的发展阶段的胚胎等并没有什么显著区别，这种细胞看起来就同血球、表皮细胞和黏膜细胞以及腺、肾等分泌出来的细胞等生物机体中独立存在的细胞一样。这样，人们到处都会看到，人体的结构同其他哺乳动物完全一致，而在基本特征方面，这种一致性也在一切脊椎动物身上出现，甚至在昆虫、甲壳动物和蠕虫等身上出现。由此，我们就可以发现一切东西都是细胞。细胞架起了植物和动物之间的桥梁，实现了有机界（生物）的统一。

在能量守恒定律方面，恩格斯谈到，物理学的发展表明，在一定条件下，机械运动即机械力（譬如经过摩擦）可转化为热，热可转化为光，光可转化为化学亲和力，化学亲和力可转化为电（譬如在伏打电堆中），电可转化为磁。这些转化也能通过其他方式来回地进行。英国科学家焦耳已经证明，这些力是按照完全确定的数量关系相互转化的。一定量的某种力，例如电，相当于一定量的其他任何一种力，例如磁、光、热、化学亲和力（正的或负的、化合的或分解的）以及运动。后来，恩格斯补充说，当一种形式的量消失时，就有另一种形式的一定的量代之出现。因此，自然界的一切运动都可以归结为一种形式向另一种形式不断转化的过程。这样，就把无机界统一起来了。

在这种情况下，恩格斯认为，如果黑格尔仍然健在并且打算写一本《自然哲学》的话，那么，材料就会从四面八方向他飞来。

关于达尔文的生物进化论，恩格斯也给予了高度评价。1859 年 12 月 11 日或 12 日，恩格斯在致马克思的信中说："我现在正在读达尔文的著作，写得简直好极了。目的论过去有一个方面还没有被驳倒，而现在被驳倒了。此外，至今还从来没有过这样大规模的证明自然界的历史发展的尝试，而且还做得这样成功。当然，人们不能不接受笨拙的英国方法。"① 1860 年 12 月 19 日，马克思在致恩格斯的信中谈到，这本书为他们的观点提供了自然史的基础，但它用英文写得很粗略。马克思、恩格斯都肯定了达尔文的生物进化论的科学意义和哲学价值，认为它为唯物史观提供了一个自然史的基础。当然，由于不懂得辩证法，达尔文的表述方法显得粗略笨拙。1875 年 11 月 12 日到 17 日，恩格斯在致俄国民粹派思想家拉甫罗夫的信中指出，自己同意达尔文进化论学说，但认为达尔文的证明方法（生存斗争、自然选择）只是对一种新发现的事实所做的初步的、暂时的、不完善的说明。在达尔文以前，福格特、毕希纳、摩莱肖特等人只强调有机界中的合作，如植物怎样给动物提供氧和食物，动物怎样给植物提供碳酸气和肥料，李比希也曾特别强调这一点。但是，这些人现在又到处只看到生存斗争。其实，这两种见解在一定范围内都是有一定道理的，但是两者又同样是片面的和偏狭的。在这种情况下，恩格斯指出："自然界中物体——不论是无生命的物体还是有生命的物体——的相互作用既有和谐，也有冲突，既有斗争，也有合作。"② 这样，恩格斯就发展和超越了达尔文的生物进化论。无论如何，达尔文的生物进化论科学揭示出了从无机运动向有机运动的转化。

达尔文像

后来，恩格斯在《路德维希·费尔巴哈和德国古典哲学的终结》（1886

---

① 马克思，恩格斯. 马克思恩格斯全集：第 29 卷. 北京：人民出版社，1972：503. 这里提到的"达尔文的著作"指《物种起源》。

② 马克思，恩格斯. 马克思恩格斯文集：第 10 卷. 北京：人民出版社，2009：410.

年）中对此总结说："由于这三大发现和自然科学的其他巨大进步，我们现在不仅能够说明自然界中各个领域内的过程之间的联系，而且总的说来也能说明各个领域之间的联系了，这样，我们就能够依靠经验自然科学本身所提供的事实，以近乎系统的形式描绘出一幅自然界联系的清晰图画。"① 这样，通过概括和总结 19 世纪自然科学三大发现，不仅确定了辩证唯物主义自然观的自然科学基础，而且廓清了马克思主义的自然科学地平线。

3. 涉猎自然科学的广泛领域

在"脱毛"的过程中，恩格斯广泛涉猎自然科学的各个领域，对自然科学的进展和成就进行了可能的概述和总结。

数学问题是恩格斯和马克思花费精力比较多的一个领域。随着《资本论》研究的深入，马克思开始研究微积分等数学问题。1863 年 7 月 6 日，他在致恩格斯的信中说到，自己正在研究微积分，手头有许多这方面的书。如果恩格斯愿意研究，准备寄一本过去。马克思认为，这对恩格斯的军事科学研究几乎是必不可缺的。1864 年 5 月 30 日，恩格斯在致马克思的信中谈到，看了马克思寄来的那本弗朗克尔的书，自己钻到算术中去了。1865 年 10 月 20 日到 11 月 2 日左右，马克思在曼彻斯特的恩格斯住处做客。在此期间，恩格斯向马克思请教了微积分问题。1881 年，马克思把自己的《数学手稿》中的两篇论文——《论导函数概念》和《论微分》，经整理和誊清后，寄给恩格斯，征求他的意见。

恩格斯仔细地阅读《论导函数概念》手稿后，于 1881 年 8 月 18 日回信给马克思。恩格斯指出："昨天，我终于鼓起勇气，没用参考书便研究了你的数学手稿，我高兴地看到，我用不着参考书。为此我向你表示祝贺。事情是这样清楚，真是奇怪，为什么数学家们要那样顽固地坚持把它搞得神秘莫测。不过这是那些先生们的思想方法的片面性造成的。肯定地、直截了当地令 $\dfrac{dy}{dx} = \dfrac{0}{0}$，这是他们难以理解的。但是很明显，只有当**量** x 和 y 的最后的痕迹消失，剩下的只是它们的变化过程的表示式而不带任何量时，$\dfrac{dy}{dx}$ 才能真正表示出在 x 和 y

---

① 马克思，恩格斯. 马克思恩格斯文集：第 4 卷. 北京：人民出版社，2009：300.

上已经完成了的过程。"①

　　在存放《论微分》手稿的信封上，马克思写有"给弗雷德"（即恩格斯）的字样。恩格斯在 1882 年 11 月 21 日给马克思的信中谈到了这份手稿。恩格斯指出："你的方法和老方法的根本差别在于：你把 x 变为 x'，也就是使之**真正起变化**，而其他人则是从 $x+h$ 出发，这终归是两个量的和，而不是表示一个量在变化。因此，你的 x 纵然通过 x' 再变回到原来的 x，毕竟和原先的已不是一回事；而如果先把 h 加到 x 上，然后再把它减去，x 是始终保持不变的。但是，变化的每一图解都只能表示出**已经完成了的**过程，即**结果**，也就是一个已经变为常数的量；表示线段 x 及其附加线段的是 $x+h$，也就是一根线段的两节而已。从这里已经可以看出，x 如何变为 x' 并再变为 x，这是不可能用图解表示出来的。"②

　　恩格斯不仅对马克思在数学研究上的伟大贡献给予了高度评价，而且从辩证思维的高度概括了马克思的数学研究成果。马克思逝世之后，恩格斯曾计划出版马克思的《数学手稿》。

　　在物理学领域，在关注能量守恒定律的同时，恩格斯还涉猎了热学、电学和电磁学等问题，较为熟悉相关的物理学实验。例如，在电学方面，1851 年 5 月 9 日，恩格斯致信马克思谈到了电的结构问题，同时讨论了电对植物的发芽和生长的作用问题。他指出，如果电对植物的发芽和生长具有积极的作用，那么，它就会使植物春天发芽过早，并使植物受到夜间霜冻等的威胁。这种情况无论如何是必定会发生的，只有在冬天把架空的导线和地下的导线都截断才能补救。最后，恩格斯提出："这种事情不经过试验和取得结果，是无法加以判断的。"③ 这样，就明确了科学实验在检验科学真理过程中的作用。1882 年 11 月 23 日，恩格斯在致马克思的信中又谈到了电学问题。他指出，电气中的电阻和机械运动中的质量是一回事。因此，无论在电的运动中还是在机械运动中，这种运动在量上可以测量的表现形式——一种是速度，一种是电流强度——在不变换形式的简单传递中，作为一次因数发生作用，反之，在变换形式的传递中，作为平方因数发生作用。恩格斯认为，这是自己发现的运动的普遍自然规律。

　　① 马克思，恩格斯 . 马克思恩格斯文集：第 10 卷 . 北京：人民出版社，2009：464 - 465.
　　② 同①489.
　　③ 马克思，恩格斯 . 马克思恩格斯全集：第 48 卷 . 2 版 . 北京：人民出版社，2007：268.

恩格斯关于电的量度的札记

在化学领域，恩格斯对无机化学和有机化学的进展都有所了解。1867 年 6 月 24 日，恩格斯在致马克思的信中写道："关于分子理论，肖莱马对我说，它的主要人物是热拉尔和凯库勒；维尔茨只不过把它通俗化并使它更加完备而已。肖莱马将送给你一本叙述该问题的历史发展的书。"[①] 此外，恩格斯还研究了其他一些化学家的著作。

在生物学领域，除了关注生理学和进化论的进展之外，恩格斯还对生态学问题表现出了极大的兴趣。例如，1866 年 10 月 5 日，恩格斯在致马克思的信中谈到了比·特雷莫的《人类和其他生物的起源和变异》一书。信中，恩格斯提到，达尔文等人并没有否认土壤对生物进化的影响。如果说他们还没有特别强调这种影响，那只是因为他们不知道土壤是如何产生影响的——除了知道肥沃的土壤产生良好的影响，贫瘠的土壤产生不良的影响。一般说来，关于晚近形成的土壤对于高等种的发展更为有利的假说，含有某种颇为合理的成分。它可能是正确的，也可能是不正确的。

在这封信中，恩格斯还提到了托·穆瓦兰的《生理医学讲义》一书。恩格斯在其中谈到了对活体解剖的看法。在他看来，这种方法是确定某些神经的功能及其失常的后果的唯一途径，但是，这些家伙把折磨动物的方法发展到了十分完善的地步。至于药物方面，恩格斯谈到了两个问题：第一，往往必须用害

---

① 马克思，恩格斯.马克思恩格斯全集：第 31 卷.北京：人民出版社，1972：315.

处较小的药物来克服害处较大即本身具有直接威胁的病症，就像没有其他办法时只好施行外科手术来破坏组织一样；第二，在没有更好的办法时，只有采用药物。

在天文学方面，恩格斯研究了古希腊学者关于天文学的文献，高度评价了康德、拉普拉斯的原始星云假说，研究了汤姆生和台特共同提出的潮汐摩擦理论，探究了潮汐摩擦理论和原始星云的关系。这颇有"天地生"综合研究的味道。

在地质学方面，恩格斯论及居维叶和赖尔等地质学家，关注到了居维叶的"灾变说"和赖尔的"渐变说"的关系。恩格斯在 1866 年 10 月 5 日致马克思的信中谈到，土壤的地质结构与一般能生长东西的"土壤"有密切关系，就像这种能生长植物的土壤对生活在它上面的动植物的种产生影响一样。关于土壤因其地质年代的不同而对加速发展产生不同的影响的假说，在一定范围内或许是正确的，也可能不正确。1870 年 4 月 14 日，马克思在信中要求恩格斯介绍关于爱尔兰的纯泥炭沼泽或沼泽的资料。马克思主要的问题是：爱尔兰的 bogs、peats、townlands 到底是什么意思？1870 年 4 月 15 日，恩格斯回信答复了这个问题。"Bogs——指纯泥炭沼泽或沼泽，它们主要出现在两种类型的地方：第一，平原、盆地（旧湖泊）或洼地，这些地方的排水道逐渐被堵塞；第二，有平坦或波状山顶的高地，这些地方由于树木被伐光，青苔、野草和荆棘丛生，这里排水量低于平均降雨量。"[1] 因此，爱尔兰人称平原沼泽为红沼泽，称山地沼泽为黑沼泽。

在技术方面，随着军事科学研究的深入，恩格斯进一步接触到军事技术的问题。1858 年 1 月 14 日，恩格斯从曼彻斯特写信给在伦敦的马克思，信中讲述缺乏《弹射器》的资料。1858 年 1 月 30 日，恩格斯写信询问马克思：《野营》《弹射器》《雷管》的材料准备得怎么样了？1858 年 2 月 1 日，马克思在信中告诉恩格斯，《弹射器》的材料已经准备好，《野营》的大部分也已经搞好了，《雷管》的写作弄得很详细。

同时，随着《资本论》研究的深入，恩格斯和马克思还讨论了机器等问题。为了探讨工业再生产的周期而研究机器磨损问题，马克思特别阅读了拜比吉的《论机器和工厂的节约》一书。1858 年 3 月 2 日，马克思写信给恩格斯，

---

① 马克思，恩格斯. 马克思恩格斯全集：第 32 卷. 北京：人民出版社，1974：464 - 465.

询问在恩格斯的工厂隔多少时间更新一次机器设备。1858 年 3 月 4 日，恩格斯回信说，关于机器设备问题很难说出确切的数字，但无论如何拜比吉的说法都是十分错误的。最可靠的标准是每个厂主每年在自己机器设备的折旧和修理上扣除的百分率。通过实际计算，恩格斯得出了这样的结论：十年到十二年的时间足够改变大部分机器设备的性能，因而会多多少少使它更新。在十三年零四个月的时间里自然会发生破产事件、修理费极贵的重要部件的损坏等，这一类的偶然事件会使得这个期限缩短一些，但无论如何不会少于十年。这种探究有助于科学认识机器的使用问题，有助于深化对不变资本的科学认识。

通过这样的关注和研究，恩格斯在自然科学素养上基本完成了"脱毛"的任务，深入到了自然科学发展的前沿领域，为后来从事自然辩证法研究准备了相应的自然科学基础。

4. 反对自然科学领域错误思潮的斗争

巴黎公社革命失败之后，资产阶级意识形态日益反动化，尤其是庸俗唯物主义、社会达尔文主义、唯心主义、不可知论、神秘主义等错误思潮沉渣泛起。面对乌云压顶，恩格斯通过"自然辩证法"的形式进行了有力的回击。

恩格斯首先将斗争的矛头指向毕希纳。路德维希·毕希纳（1824—1899）是德国医生和自然科学普及者，为庸俗唯物主义和社会达尔文主义的代表人物。庸俗唯物主义不是唯物主义自身发展的科学形态，而是唯物主义的庸俗化表现。其主要缺点在于：一是没有考虑到化学和生物学的最新发展，认为大脑分泌意识就像胆囊分泌胆汁一样，因此，它主要属于机械的唯物主义；二是没有彻底而全面地遵循辩证法，将黑格尔视为死狗，因此，它主要属于一种非历史性、非辩证法的观念；三是没有从社会关系总和的高度来看待人和人性，而是抽象地谈论人的本质，因此，它主要属于历史唯心主义；四是没有从社会经济发展的高度看待阶级、等级、种族等问题，而用智力的高低来划分阶级和等级，甚至认为黑人的脑筋更像动物的脑筋，因此，它主要属于社会达尔文主义。

由于毕希纳的著作《力与物质》已经在法国出版，在法国产生了一定的社会影响，因此，1867 年 5 月 1 日，马克思致信素不相识的毕希纳，希望他能够引荐翻译者和出版商，争取在法国出版《资本论》第一卷的法文版。此后，恩格斯和马克思在通信中多次谈及毕希纳。1868 年 11 月 23 日，他在致马克思的信中说："可尊敬的毕希纳的神奇的原生物质，对我还是一个谜。你能把这本书给我们寄来吗？"① 这本书指的是毕希纳的《关于达尔文的物种变异理论的六次演讲》。1868 年 11 月 25 日，他在致马克思的信中谈到，已经收到了毕希纳的上书。1869 年 1 月 23 日，马克思致信恩格斯谈到，小燕妮已经钻研了达尔文的著作，现在还想看看毕希纳的著作。因此，他请恩格斯把毕希纳的著作寄回来。但是，随着毕希纳政治上的局限性和反动性的暴露，恩格斯和马克思对待毕希纳的态度发生了根本性的变化。1868 年 12 月 5 日，马克思在致库格曼的信中指出："**毕希纳**关于达尔文主义的讲稿我收到了。他的确是一个'著述家'，很可能是因此才姓'毕希纳'的。他关于唯物主义历史的肤浅的废话显然是从朗格那里抄来的。这样的侏儒处理象**亚里士多德**这个和毕希纳不属于同一类型的自然科学家的方式，实在令人惊奇。"② 在德语中，"毕希纳"的发音与"著述家"的发音相似。这里，马克思用语言学的技巧来诙谐地嘲讽毕希纳的夸夸其谈。1872 年 5 月 7 日，恩格斯在致威·李卜克内西的信中指出："至于毕希纳，你只要看看他最近的一篇冒牌社会主义的拙劣作品，就足以确信这个可怜的侏儒对马克思怀着多么强烈的嫉恨和仇视，此人剽窃和歪曲马克思的著作，而根本不提马克思的名字。"③ 由于毕希纳站到了反马克思主义的立场上，因此，恩格斯决定对之展开痛击。1872 年年底，毕希纳的著作《人及其过去、现在和将来在自然界中的地位》第二版发行，因此，恩格斯决定利用这一时机站出来写一部批判毕希纳的著作。

大约在 1873 年 2 月到 5 月底之前，恩格斯写下了一个名为《毕希纳》的片段。这个片段由两部分构成。第一部分，在对庸俗唯物主义和社会达尔文主义进行批判的同时，阐明了辩证法对自然科学的重要价值。第二部分，针对毕希纳对待黑格尔的错误态度，恩格斯对黑格尔的《小逻辑》做了一个札记。综合来看，主要涉及以下方面：

第一，批判毕希纳的原因。福格特、摩莱肖特、毕希纳等人从事的无神论的工作无可指责，但是，他们在对待传统哲学上采取的独断主义态度和妄图把其自然理论应用于社会并用来改良社会主义的做法，令人难以容忍。因此，不得不注意这些思潮，展开正面批判。

---

① 马克思，恩格斯．马克思恩格斯全集：第 32 卷．北京：人民出版社，1974：199.

② 同①567.

③ 马克思，恩格斯．马克思恩格斯全集：第 33 卷．北京：人民出版社，1973：456.

　　第二，辩证法和形而上学的对立。辩证法和形而上学是两个不同的哲学派别（严谨地说，是两种不同的发展观），前者采用流动范畴，后者采用固定范畴。前者证明，"理由和推断、原因和结果、同一和差异、现象和本质这些固定的对立是站不住脚的，经分析证明，一极已经作为核内的东西存在于另一极之中，到达一定点一极就转化为另一极，整个逻辑都只是从这些前进着的对立中展开的"①。即，只有处于一个共同体中的两极才能构成矛盾，矛盾双方是相互依存和相互转化的，事物就是由此向前发展。究其实质，形而上学是关于事物的科学，而不是关于运动的科学。

　　第三，主观辩证法和客观辩证法的关系。逻辑范畴是客观现实的反映和抽象，而不是预先存在的先验的东西。但是，黑格尔颠倒了二者的关系，因此，其辩证法是唯心主义辩证法，具有神秘的性质。事实上，"头脑中的辩证法只是现实世界即自然界和历史的各种运动形式的反映"②。这里，恩格斯将辩证法区分为客观辩证法和主观辩证法两种类型。主观辩证法即头脑中的辩证法，是客观辩证法即自然辩证法和历史辩证法的反映。但是，黑格尔将二者的关系颠倒了。因此，必须将黑格尔颠倒的东西再颠倒过来，发展唯物辩证法。这就是颠倒的再颠倒。

　　第四，自然科学向辩证思维的复归。以往，自然科学家靠形而上学思维方式还能应付得过去。但是，随着以三大发现为代表的 19 世纪自然科学的发展，人们日益科学揭示出了自然界的辩证本性。这样，就日益暴露出了形而上学思维方式的弊端和局限。这说明，自然科学正在向辩证思维复归。

　　第五，辩证思维对科学研究的价值。无论是哲学史还是科学史都表明，科学思维尤其是辩证思维有益于科学工作。"脱掉神秘主义外衣的辩证法成为自然科学绝对必需的东西，因为自然科学已经离开这样的领域，在那里，固定不变的范畴，犹如逻辑的初等数学，足以供日常使用。哲学因自然科学抛弃了它而对自然科学事后进行了报复。"③在科学工作中，单靠仪器等具体的科学方法是远远不够的，而必须运用思维尤其是辩证思维。认识社会现象更要如此，应该通过反思的方式对社会进行深入的研究，这样才能走向社会的深处。

　　《毕希纳》片段是恩格斯留下来的《自然辩证法》手稿的第一个文献，对

①　马克思，恩格斯 . 马克思恩格斯全集：第 26 卷 . 2 版 . 北京：人民出版社，2014：521.
②　同①.
③　同①522.

整个《自然辩证法》具有"基因"的意义。

麦克莱伦论《自然辩证法》的创作意图

《自然辩证法》最初也是一个"反毕希纳"的构思——路德维希·毕希纳当时是一个非常有影响力的庸俗唯物主义宣传家，他希望将一切事情都化约为物质的运动。①

因此，正如我们可以将恩格斯后来完成的《欧根·杜林先生在科学中实行的变革》一书简称为《反杜林论》一样，我们可以将《自然辩证法》称为《反毕希纳论》。就此是否可以断言，恩格斯创作《自然辩证法》的直接原因不是建立"自然辩证法"的理论体系，更不是建立像黑格尔《自然哲学》那样的自然哲学体系，而是要通过清算庸俗唯物主义和社会达尔文主义来表明马克思主义对自然、科技等问题的科学看法？

随着达尔文生物进化论的问世，一些资产阶级学者无条件地将之推广和运用到社会历史领域，由此形成了社会达尔文主义，其肇始者为海克尔。恩斯特·亨利希·海克尔（1834—1919）是德国生物学家，"生态学"概念的创立者，又是社会达尔文主义的创始人。在他看来，在生存竞争上，人与动物世界中的其他物种并无二致。但是，在人与人之间存在着不可逾越的鸿沟。社会主义者的平等诉求，是不可理喻的谬说。达尔文主义和社会主义之间并无瓜葛。由于毕希纳热衷的社会达尔文主义产生了严重的消极影响，具有反动性，因此，恩格斯和马克思展开了对社会达尔文主义的批判。

同时，随着自然科学的飞速进步，从19世纪50年代起，一些学者从唯心主义、不可知论、形而上学的立场出发解释科学成果，鼓吹感觉是事物的符号、认识的界限、宇宙"热寂"、长生不老等歪理邪说。更有甚者，在19世纪70年代，降神术在欧美猖獗一时。这些错误思潮不仅搞乱了思想认识，而且麻痹了工人阶级的革命斗志。为了粉碎这些错误思潮，恩格斯和马克思毅然决然地举起了批判的武器。

此外，从19世纪70年代开始，机会主义思潮在工人运动内部抬头。出版有《自然辩证法》（1865年）一书的杜林就是其代表。他利用当时自然科学的前沿成果反对马克思主义和革命的辩证法，披着市民社会主义的外衣反对科学

---

① 麦克莱伦.恩格斯传.臧峰宇，译.北京：中国人民大学出版社，2017：79.

社会主义。1876 年 5 月 28 日，恩格斯在致马克思的信中指出："我重温古代史和研究自然科学，对我批判杜林大有益处，并在许多方面有助于我的工作。特别是在自然科学方面，我觉得自己对于这个领域熟悉得多了，尽管在这方面还要十分谨慎，但行动起来毕竟已经有点自由和把握了。连这部著作的最终面貌也已经开始呈现在我的面前。这部著作在我的头脑中已初具轮廓，在海滨闲逛对此有不小的帮助，在这里我可以反复思考各个细节。在这个广阔的领域中，不时中断按计划进行的研究工作，并深入思考已经研究出来的东西，是绝对必要的。"①"这部著作"指的就是恩格斯构思和创作中的《自然辩证法》。在这个意义上，"自然辩证法"的发明权在杜林手上而不在恩格斯手上，但是，由于杜林不懂得辩证法，错误地解释了科学成果，因此，其自然辩证法是一种错误的自然辩证法。恩格斯创作《自然辩证法》就是要在唯物论和辩证法相统一的高度阐释自然辩证法（包括科学辩证法），即确立"自然辩证法"的科学形态。

总之，上述各种思潮的蔓延尤其是在党内的蔓延，存在着造成党内派别分裂和思想混乱的新的可能。为了保持党的思想统一和思想纯洁，恩格斯决定研究和确立"自然辩证法"的科学形态，通过科学的"自然辩证法"形态来为科学共产主义进行科学辩护。

5. 《自然辩证法》的创作过程

恩格斯创作《自然辩证法》经历了一个相当长的艰苦开拓的过程。为了写作《反杜林论》和整理马克思的《资本论》遗稿，他不得不两次中断自己的撰写工作。最后，在年老体弱的情况下，为我们留下了《自然辩证法》手稿。

1873 年 5 月 30 日，是《自然辩证法》开始正式写作的日子。就是在同一天，已经从曼彻斯特迁居伦敦的恩格斯在致赴曼彻斯特就医的马克思的信（简称为《信》）中，较为系统地论述了"关于自然科学的辩证思想"。同时，写下了关于"**自然科学的辩证法**"的札记（简称为《札记》）。"自然科学的辩证法"或许是恩格斯对《自然辩证法》的最早的称呼。从文本结构来看，二者都包括两个方面的内容。

一是关于自然科学的对象（自然科学辩证法的对象）的问题。《信》是这

---

① 马克思，恩格斯. 马克思恩格斯文集：第 10 卷. 北京：人民出版社，2009：416.

样阐述的："自然科学的对象是运动着的物质，物体。物体是离不开运动的，各种物体的形式和种类只有在运动中才能认识，处于运动之外，处于同其他物体的一切关系之外的物体，是谈不上的。物体只有在运动之中才显示出它是什么。因此，自然科学只有在物体的相互关系之中，在物体的运动之中观察物体，才能认识物体。对运动的各种形式的认识，就是对物体的认识。所以，对这些不同的运动形式的探讨，就是自然科学的主要内容。"①《札记》是这样论证的："**自然科学的辩证法**：对象是运动着的物质。物质本身的各种不同的形式和种类又只有通过运动才能认识，物体的属性只有在运动中才显示出来；关于不运动的物体，是没有什么可说的。因此，运动着的物体的性质是从运动的形式得出来的。"② 二者共同的地方在于，物质和运动是不可分割的（物质运动），不同的物质具有不同的运动形式（运动形式），对物质运动形式的认识就是对物质的认识（科学分类）。这是对马克思主义物质观和运动观较为集中的论述。不同的地方在于，《信》将"运动着的物质"看作"自然科学的对象"，《札记》将"运动着的物质"看作"**自然科学的辩证法**"的对象。这样看来，二者的立意是不同的。前者着重于科学问题，后者着重于哲学问题。但是，《信》的开头就讲到了"关于自然科学的辩证思想"。这样看来，二者的思想又是相同的。

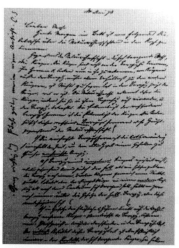

恩格斯于 1873 年 5 月 30 日致马克思的信之一页

---

① 马克思，恩格斯．马克思恩格斯文集：第 10 卷．北京：人民出版社，2009：385.

② 马克思，恩格斯．马克思恩格斯全集：第 26 卷．2 版．北京：人民出版社，2014：578.

　　二是关于物质运动形式的划分和转化的问题。这两篇文献都将物质运动（主要是自然运动）划分为机械运动、物理运动、化学运动、生物运动等几种形式，并且简略地分析了它们之间转化和过渡的可能性。不同的地方在于，《信》谈到了用化学方式人工合成生命物质的问题。"化学只有在那些从生命过程中产生的物质身上才能认识最重要的物体的化学性质；人工制造这些物质越来越成为化学的主要任务。它构成了向关于有机体的科学的过渡。"① 显然，这一看法极具预见性，显示了自然辩证法对于科学发展的意义和价值。《札记》比《信》多出了一条，主要论及了转化的"条件性"。"**实际的转化是在历史**——太阳系的历史、地球的历史之中；有机论的**现实**前提。"② 注重转化的条件性，是辩证法的重要要求。就此而论，《札记》的结构比《信》复杂。不论如何，二者都提出了"物质运动"和"运动形式"等重要范畴。它们即使不是《自然辩证法》的核心范畴，起码也是基本范畴。这样，这两篇文献共同确立了自然观的对象和领域（物质运动），搭起了从自然观到科学观过渡的桥梁（从把握物质运动到把握运动形式的转化，就是从自然观向科学观的过渡），确立了科学观的对象和领域（对不同运动形式的把握）。在这个意义上，《自然辩证法》是马克思主义自然哲学和科学哲学的统一体。

　　1873 年 5 月 31 日，马克思回信说："刚刚收到你的来信，使我非常高兴。但是，我没有时间对此进行认真思考，并和'权威们'商量，所以我不敢冒昧地发表自己的意见。"③ 就在写到这里时，肖莱马来看望马克思了。马克思将恩格斯的信交给肖莱马。肖莱马阅过之后，写下了四处批注并签字。第一，在"自然科学的对象是运动着的物质"这一段旁边写道："很好，这也是我个人的意见。——卡·肖·"。第二，在"单个物体的运动是不存在的"这一段旁边写道："完全正确！"第三，在"人工制造这些物质愈来愈成为化学的主要任务"这一段旁边写道："这是最根本的！"第四，在"有机体——在这里，我暂时不谈任何辩证法"这一段旁边写道："我也不谈。——卡·肖·"。可见，肖莱马基本上完全同意恩格斯的看法，但暂不发表更详尽的意见。显然，恩格斯当时的设想是只谈论"无机界"的辩证法，而不涉及"有机界"的辩证法。

---

　　① 马克思，恩格斯. 马克思恩格斯文集：第 10 卷. 北京：人民出版社，2009：386.
　　② 马克思，恩格斯. 马克思恩格斯全集：第 26 卷. 2 版. 北京：人民出版社，2014：579.
　　③ 马克思，恩格斯. 马克思恩格斯全集：第 33 卷. 北京：人民出版社，1973：86 - 87."权威们"这里指肖莱马和穆尔。

事实上，《信》和《札记》是恩格斯起草的《自然辩证法》的第一份提纲。

在这两篇文献的基础上，在投入反对杜林主义的斗争之前，大约在 1875 年 11 月至 1876 年上半年之间，恩格斯完成了《导言》一文。在 1876 年 5 月到 6 月，他完成了《劳动在从猿到人的转变中的作用》（简称为《作用》）一文。这是两篇较为完整的科学论文。

此外，从 1873 年 2 月到 1877 年 8 月，除了《毕希纳》片段、《札记》和上述两篇科学论文之外，恩格斯还写作了 99 篇札记。《自然辩证法》一书中 85％以上的札记都是在这一时期完成的。这样，恩格斯创作《自然辩证法》的文本就形成了一个从提纲到材料再到论文的较为完整的过程和系列。

1876 年 5 月 28 日，恩格斯在致马克思的信中写道："连这部著作的最终面貌也已经开始呈现在我的面前。这部著作在我的头脑中已初具轮廓。"① 显然，经过三年的悉心研究，恩格斯已经形成了清晰而完整的《自然辩证法》的轮廓。

但这时，杜林主义开始在党内蔓延，应党的要求，恩格斯不得不放下手头的《自然辩证法》的写作工作，在马克思的支持下，投入到反对杜林主义的斗争当中，创作了《反杜林论》。从 1876 年 5 月到 1878 年 6 月，恩格斯将主要精力放在了撰写《反杜林论》上。1877 年 7 月 25 日，恩格斯在致德国新闻工作者维德的信中写道："我为《前进报》写完分析批判杜林的文章之后，立即就要集中全副精力去写一部篇幅巨大的独立的著作，这部著作我已经构思好几年了，我之所以至今未能完成这部著作，除了各种外部条件，为各社会主义机关刊物撰稿也是原因之一。已经过了五十六岁了，应该最终下决心节省自己的时间，以便从准备工作中最终得出某种成果。"② 其实，就是在创作《反杜林论》期间，恩格斯还撰写了其他论文。1878 年 1 月，他完成了《神灵世界中的自然研究》（简称为《神灵》）一文。1878 年 5 月或 6 月初，他完成了《〈反杜林论〉旧序。论辩证法》一文。这是两篇完整的论文。1886 年，恩格斯将这两篇论文亲自编入《自然辩证法》手稿的目录中。

在反对杜林主义的斗争结束之后，恩格斯马上再度投入到《自然辩证法》的写作当中。

大约在 1878 年 8 月下半月至 9 月，恩格斯拟制了一份详尽的计划草案

① 马克思，恩格斯．马克思恩格斯文集：第 10 卷．北京：人民出版社，2009：416.

② 马克思，恩格斯．马克思恩格斯全集：第 34 卷．北京：人民出版社，1972：261.

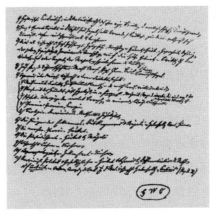

《自然辩证法》1878 年的计划草案手稿

（《1878 年的计划》，或者《总计划草案》）。从文本结构来看，主要包括 11 项内容，其中第 5 项又包括 5 款。从文本思想来看，大体上可以划分为以下四个部分。

一是关于辩证法和形而上学对立的问题。前 3 项主要论述的就是这个问题。第 1 项表明，由于自然科学本身的发展，形而上学观点已经站不住脚了。通过回顾黑格尔以来的德国理论发展进程，第 2 项表明回到辩证法是不自觉的，因而是充满矛盾的和缓慢的。第 3 项概括了辩证法的对象和规律。"辩证法是关于普遍联系的科学。主要规律：量和质的转化——两极对立的相互渗透和它们达到极端时的相互转化——由矛盾引起的发展或否定的否定——发展的螺旋形式。"[①] 因此，将前 3 项视为一个系列较为适宜。

二是关于各门科学及其辩证发展的问题。这一部分包括第 4、5 项。通过总结圣西门（孔德）和黑格尔的科学分类学说，第 4 项提出了阐明数学、力学、物理学、化学和生物学等各门科学相互联系的计划。根据物质运动的特殊矛盾，第 5 项主要概述了数学、天体力学和力学、物理学、化学和生物学的研究对象和辩证内容。

三是关于认识自然的辩证法的问题。这一部分包括第 6、7、8 三项，涉及认识的界限、机械论和原生粒的灵魂等认识论问题，试图通过批判上述错误思想来阐明认识自然的辩证法问题。

---

① 马克思，恩格斯. 马克思恩格斯全集：第 26 卷 . 2 版 . 北京：人民出版社，2014：457.

　　四是关于科学技术与社会的问题。这一部分包括第 9、10、11 三项，涉及科学和讲授、细胞国家、达尔文主义的政治学和社会学说等方面的内容。在最后一条中，提及了"人通过**劳动**而分化出来"和"经济学应用于自然科学"。这样，恩格斯就提出了从自然过渡到人和社会、从自然科学过渡到社会科学的问题。

　　有了这样的构思，《自然辩证法》的体系框架就显得更为全面和系统。但是，前面已经论及的"物质运动""运动形式"等重要内容没有出现在这个计划中，也没有涉及《运动的基本形式》《热》《电》等《自然辩证法》中的重要论文。只是在物理学中讲到"分子运动的相互转化"。

　　或许是为了弥补上述缺陷，大约在 1880 年，恩格斯又编制了一个计划草案（《1880 年的计划》，或者《局部计划草案》）。这个计划包括 7 项内容和 4 项补充。7 项内容是：第一，"一般运动"。第二，"吸引和排斥。运动的传递"。第三，"能量守恒［定律］在这里的应用。排斥＋吸引。——排斥的进入＝能量"。第四，"重力——天体——地球上的力学"。第五，"物理学。热。电"。第六，"化学"。第七，"概要"。4 项补充包括：第一，"在第 4 项之前：数学。无限长的直线。＋和－相等"。第二，"在天文学中：由潮汐做功"。第三，"亥姆霍兹的两种计算，第 2 册第 120 页"。第四，"亥姆霍兹的'力'，第 2 册第 190 页"。因此，这一计划，不仅是《运动的基本形式》这一重要论文的写作计划和发挥 1878 年计划的第 5 项的前 4 款的内容，而且突出了"运动一般"的问题。

　　在此基础上，1879 年，恩格斯创作了《辩证法》一文。1880 年到 1881 年，他完成了《运动的基本形式》《运动的量度——功》《潮汐摩擦。康德和汤姆生—泰特》三文。1881 年到 1882 年，他写成了《热》一文。1882 年，他写完了《电》一文。这一时期是恩格斯完成自然辩证法论文最多的时期。同时，他还在这一时期完成了少量的札记和片段。

　　1882 年 11 月 23 日，恩格斯在致马克思的信中表达了尽快完成《自然辩证法》创作的愿望。他说："电气中的**电阻**和机械运动中的**质量**是一回事。因此，无论在电的运动中还是在机械运动中，这种运动在量上可以测量的表现形式——一种是速度，一种是电流强度——在**不变换形式**的简单传递中，作为**一次因数**发生作用，反之，在变换形式的传递中——作为**平方因数**发生作用。可见，这是由我首先表述出来的运动的普遍自然规律。但是现在必须尽快地结束自然辩证法。"① 这里，恩格斯明确地将自己创作的著作称为"自然辩证法"。

　　但是，1883 年 3 月 14 日，马克思不幸与世长辞。恩格斯不得不再度中止《自然辩证法》的创作工作，全身心地投入到整理和出版《资本论》后几卷的工作当中。

　　即使如此，恩格斯也未完全停止《自然辩证法》的写作，他又为《自然辩证法》新增加了一些内容。主要有：第一，札记《关于现实世界中数学上的无限之原型》。这篇札记原为计划加在《反杜林论》第一版第 17—18 页上的注释，《加在第 17—18 页上：思维和存在的一致。——数学上的无限》是写在本札记开头的标题，后来，恩格斯在对《自然辩证法》手稿进行整理分类时用了现在的标题。第二，札记《关于"机械的"自然观》。这篇札记是计划加在《反杜林论》第一版第 46 页上的注释，《注释二，附在第 46 页：运动的各种形式和研究这些形式的各门科学》是加在本札记开头部分的标题，后来，恩格斯在对《自然辩证法》手稿进行整理分类时用了现在的标题。第三，《〈费尔巴哈〉的删略部分》。这一片段原为《路德维希·费尔巴哈和德国古典哲学的终结》第 16—19 页的内容，应该属于其第二章，在最后整理《路德维希·费尔巴哈和德国古典哲学的终结》手稿时，恩格斯将之抽了出来，而代之以其他的内容。在对《自然辩证法》手稿进行分类整理时，恩格斯将之列入"自然研究和辩证法"中。

　　在进行上述工作的基础上，在其生前的最后几年（大概在《自然辩证法》主体工作结束之后，但是，无论如何不早于 1886 年，因为在第二束目录中已反映出 1886 年年初写的片段《〈费尔巴哈〉的删略部分》，由此推断，大约在 1886 年以及之后），恩格斯对《自然辩证法》的所有手稿进行了分类整理，将之分为"辩证法和自然科学""自然研究和辩证法""自然辩证法""数学和自然科学。各种札记"等四束手稿。同时，恩格斯给自己所编的第二束和第三束材料写了目录。这里，恩格斯又使用了"自然辩证法"的术语。

　　1885 年 2 月，恩格斯完成了《资本论》第二卷手稿的整理工作；1894 年 10 月，他才最终完成《资本论》第三卷手稿的整理工作。1895 年 8 月 5 日，恩格斯不幸辞世。这样，恩格斯就永远没有再回到《自然辩证法》的创作工作上来。这是无产阶级解放事业尤其是理论事业的重大损失和缺憾。

---

① 马克思，恩格斯. 马克思恩格斯全集：第 35 卷. 北京：人民出版社，1971：114 - 115.

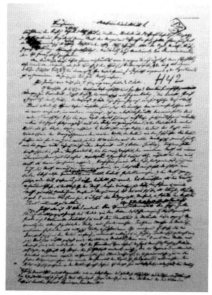

《自然辩证法》第一束手稿的第一页

6. "自然辩证法"的理论构想

《自然辩证法》既不是一部完成的作品，也不是一部未完成的作品，而是一部"半完成"的作品。在《自然辩证法》文本群中，10 篇论文基本完成，具有相对独立的科学意义。即使一些片段和札记，也非信手拈来，而是深思熟虑的产物。通过这些文本，恩格斯表明了自己对"自然辩证法"的科学的理论构想。

我们人类不仅生活在社会中，而且生活在自然中，因此，哲学的发展既需要历史观，也需要自然观。根据当时的自然科学发展材料，通过总结人类理论思维的教训，恩格斯在《自然辩证法》中科学阐明了马克思主义自然观的基本观点。第一，自然界的客观性。自然界是某种既不能创造也不能消灭的东西。人类来自自然界，人类的活动必须遵循自然规律，否则，就会遭到自然界的报复。通过这种方式，自然界向人类证明了自身的客观性。因此，人类必须科学认识和正确运用自然规律。第二，自然界的生成性。由于其自身存在的内在矛盾，自然界具有历史生成性。"如果地球是某种生成的东西，那么它现在的地质的、地理的和气候的状况，它的植物和动物，也一定是某种生成的东西，它不仅在空间中必然有彼此并列的历史，而且在时间上也必然有前后相继的历史。"① 显然，自然是一个过程。第三，自然界的系统性。由于自然界的各种要素和过程存在着相互作用，因此，和人类相接触的整个自然界形成一个系统，即各种物体相互联系的总体。在自然演化的过程中，以劳动为基础和中介，人与自然也构成一个系统。在此基础上，恩格斯进一步科学地揭示出从原初自然向人化自然生成的实践基础和社会性质。尽管动物也具有自主行为，"但是一切动物的一切有计划的行动，都不能在地球上打下自己的意志的印记。这一点只有人才能做到"②。例如，在人类实践的作用下，植物区系和动物区系已经发生了变化或移植。显然，马克思主义自然观是唯物的辩证的历史的实践的自然观。

科学是人类认识自然的重要方式。通过考察自然科学史尤其是近代科学革命，恩格斯在《自然辩证法》中科学阐明了马克思主义科学观的基本观点。第一，科学分类的客观根据。自然科学的对象是运动着的物质。面对不同的物质运动形式，形成了科学的不同门类。"每一门科学都是分析某一个别的运动形式或一系列互相关联和互相转化的运动形式的，因此，科学分类就是这些运动形式本身依其内在序列所进行的分类、排序，科学分类的重要性也正在于此。"③ 按照从低级到高级、从简单到复杂的发展过程，可以将物质运动划分为机械运动、物理运动、化学运动、生物运动等几种形式，由此形成了机械力学、物理学、化学、生物学等科学部门。而天体运动和地质运动是在上述运动形式基础上发展出来的特殊运动形式，由此形成了天文学和地质学等科学部门。数学是研究所有物质运动形式的数量关系和空间结构的科学，是辩证思维的辅助工具。第二，科学发展的客观规律。科学的发展既要受外部自然运动规律的影响，又要受内部科学认识规律的影响。从外部因素来看，由于各种物质运动形式之间存在着相互转化的问题，因此，交叉发展是科学发展的重要规律。恩格斯指出："当我**先**把物理学叫做分子的力学、把化学叫做原子的物理学，再进一步把生物学叫做蛋白质的化学的时候，我是想借此表示这些科学中一门向另一门的过渡，从而既表示出两者的联系、连续性，又表示出它们的差

---

① 马克思，恩格斯．马克思恩格斯全集：第 26 卷．2 版．北京：人民出版社，2014：471.
② 同①768.
③ 同①579.

异、非连续性。"① 现代交叉科学的发展进一步证明了这一点。从内部因素来看，随着对外部世界认识的发展，知识的积累将带来科学的加速发展。在思想解放的过程中，"科学的发展从此便大踏步地前进，而且很有力量，可以说同从其出发点起的（时间）距离的平方成正比。这种发展仿佛要向世界证明：从此以后，对有机物的最高产物即对人的精神起作用的，是一种和无机物的运动规律正好相反的运动规律"②。每一次科学革命带来的"知识爆炸"无不证明了这一点。

技术是人类改造自然的重要工具。在考察技术发展史尤其是产业革命的基础上，恩格斯在《自然辩证法》中集中阐明了马克思主义技术观的基本观点。第一，技术的发生。虽然工具和动物驯养的发明可能在先，但是直到学会摩擦取火之后，人类才第一次迫使一种无生命的自然力来为自己服务。机械运动转化为热在实践上的发现是如此之古老，甚至可以将之看作人类史开端的标志。当然，这也是技术发生的过程。劳动是从制造工具开始的。第二，产业革命的技术基础。蒸汽机是第一个把热转化为真正有用的机械运动的装置，机械力学革命奠定了产业革命的基础。当然，这一切与科学革命具有密切的关系。"随着自然规律知识的迅速增加，人对自然界起反作用的手段也增加了；如果人脑不随着手、不和手一起、不是部分地借助于手而相应地发展起来，那么单靠手是永远造不出蒸汽机来的。"③ 这进一步表明科学革命、技术革命、产业革命具有内在的关系。第三，技术革命的复杂影响。技术革命既可以促进生产力的发展，也可能成为维护现有生产关系的一种工具。例如，除了英国在世界市场上垄断地位的崩溃之外，电报、铁路、苏伊士运河和取代了帆船的轮船等新的交通联络工具，也促使十年一次的工业周期遭到破坏。

辩证思维是推动科技进步的重要思维工具。只有在科学的方法论指导下，科学技术才能更好地向前发展。通过总结哲学史和科技史的经验，恩格斯在《自然辩证法》中科学阐明了马克思主义科学技术方法论的基本观点。第一，辩证逻辑是适合科技革命的思维。恩格斯创造性地提出了"辩证逻辑"的概念。"辩证逻辑和旧的纯粹的形式逻辑相反，不像后者那样只满足于把思维运动的各种形式，即各种不同的判断形式和推理形式列举出来并且毫无联系地

---

① 马克思，恩格斯. 马克思恩格斯全集：第26卷. 2版. 北京：人民出版社，2014：583.
② 同①467.
③ 同①479.

并列起来。相反，辩证逻辑由此及彼地推导出这些形式，不是把它们并列起来，而是使它们互相从属，从低级形式发展出高级形式。"① 因此，以范畴的流动性为特征的辩证逻辑是科学的科学技术方法论。第二，假说是自然科学的发展形式。由于受内外一系列因素的影响，"只要自然科学运用思维，它的发展形式就是**假说**"②。一旦一个新的事实被观察到，先前对同一类事实采用的说明方式便不能再用了。从这一刻起，需要使用新的说明方式。进一步的观察材料会使这些假说纯化，直到最后以纯粹的形态形成定律。如果非要等待材料纯化到足以形成定律为止，那么，就永远都不会形成什么定律了。科学不是绝对的真理体系，也不存在什么绝对的界限，而是需要在猜想、假说、反驳等辩证思维的活动过程中发展，需要在科学和实践的长期发展中加以证明。第三，辩证思维的科学方法。辩证思维要求将分析和综合、归纳和演绎、逻辑和历史、抽象和具体统一起来。例如，"归纳和演绎，正如综合和分析一样，必然是相互关联的。不应当牺牲一个而把另一个片面地捧到天上去，应当设法把每一个都用到该用的地方，但是只有认清它们是相互关联、相辅相成的，才能做到这一点"③。最终，应该在人类实践活动中证明必然性，这样，才能克服归纳主义和演绎主义的弊端，将二者的优点结合起来。

科学技术既是一种智力活动，也是一种社会活动，具有明确的社会性质和社会功能。基于对科技和社会关系的全面系统的考察，恩格斯在《自然辩证法》中科学地阐明了马克思主义科学技术社会学的基本观点。第一，科技产生的社会机制。科技革命是人类追求智力进步的表现和成果，但是，从根本上来看，是由社会需要决定的。1894 年 1 月 25 日，恩格斯在致德国大学生博尔吉乌斯的信中指出："如果像您所说的，技术在很大程度上依赖于科学状况，那么，科学则在更大得多的程度上依赖于技术的**状况**和**需要**。社会一旦有技术上的需要，这种需要就会比十所大学更能把科学推向前进。"④ 科学的发生和发展一开始早就为生产所决定。第二，科技革命的社会后果。科技革命不仅会促进科技自身的发展，而且会转化为现实的生产力，推动社会革命的发生。1883 年 2 月 27 日到 3 月 1 日，恩格斯在致伯恩施坦的信中指出："德普勒的最新发

---

①　马克思，恩格斯 . 马克思恩格斯全集：第 26 卷 . 2 版 . 北京：人民出版社，2014：560.

②　同①567.

③　同①566.

④　马克思，恩格斯 . 马克思恩格斯文集：第 10 卷 . 北京：人民出版社，2009：668.

现在于，能够把高压电流在能量损失较小的情况下，通过普通电报线输送到迄今连做梦也想不到的远处，并在那一端加以利用——这件事还只是处于萌芽状态——，这一发现使工业彻底摆脱几乎所有的地方条件的限制，并且使极遥远的水力的利用成为可能，如果说在最初它只是对**城市**有利，那么到最后它必将成为消除城乡对立的最强有力的杠杆。而且非常明显的是，生产力将因此得到大发展，以至于越来越不再需要资产阶级的管理了。"① 显然，科技革命也是无产阶级实现阶级解放的重要工具。

可见，《自然辩证法》既不是马克思主义自然哲学作品，也不是马克思主义科学哲学文献，而是马克思主义"自然辩证法"的科学巨著。"自然辩证法"是系统论述马克思主义自然观、科学观、技术观、科学技术方法论、科学技术社会学等方面内容的科学理论。正如军事科学是恩格斯对马克思主义理论体系的独特贡献一样，"自然辩证法"同样是恩格斯对马克思主义理论体系的独特贡献。当然，恩格斯在《自然辩证法》中只是勾勒出了"自然辩证法"理论的科学轮廓，而将"自然辩证法"发展成马克思主义理论体系中一个专门的科学领域则是一切马克思、恩格斯的后继者的责任和使命。无产阶级革命不仅要将无产阶级和劳动人民从社会的盲目必然性中解放出来，而且要将无产阶级和劳动人民从自然的盲目必然性中解放出来。这才是无产阶级解放总体性的科学意蕴和要求。

7.《自然辩证法》的理论贡献

恩格斯的《自然辩证法》不仅科学勾勒出马克思主义"自然辩证法"理论体系的科学框架，而且丰富和完善了整个马克思主义理论体系。

从哲学上来看，《自然辩证法》架起了马克思主义自然观和历史观的桥梁，推动实现了辩证法、逻辑学、认识论的统一。

自从唯物史观创立以后，马克思主义自然观和历史观的统一问题一直以一种隐性方式存在，这样，势必会影响到马克思主义哲学的整体性。在《自然辩证法》中，以天体演化论、地质演化论和生物进化论等科学成就为客观依据，站在马克思主义实践观的科学高度，恩格斯科学揭示出劳动（*Arbiet*）在从猿

---

① 马克思，恩格斯. 马克思恩格斯文集：第10卷. 北京：人民出版社，2009：499-500.

到人的转变中的决定性作用。在德文中，*Arbiet* 具有"功"（物理学）和"劳动"的双重含义。在《运动的量度——功》（*Maß der Bewegung—Arbiet*）一文中，恩格斯在前一个意义上使用了 *Arbiet*。在《劳动在从猿到人的转变中的作用》（*Anteil der Arbeit an der Menschwerdung des Affen*）一文中，恩格斯在后一个意义上使用了 *Arbeit*。这样，恩格斯就科学揭示出从自然运动发展到社会运动的科学机理和社会机制，从而架起了马克思主义自然观（自然史、自然辩证法）和马克思主义历史观（人类史、历史唯物论）相联系的桥梁，实现了二者的统一。在这个意义上，《劳动在从猿到人的转变中的作用》一文是体现马克思主义自然观和马克思主义历史观的统一性和整体性的科学典范。

在黑格尔之前欧洲哲学的发展历程中，辩证法、逻辑学、认识论被分割为三个部门，黑格尔通过"绝对精神"的矛盾运动，实现了三者的统一。在《资本论》中，马克思在唯物主义的基础上将黑格尔颠倒的东西又颠倒了过来，在唯物主义的基础上创立了"《资本论》的逻辑"，实现了三者的统一。在《自然辩证法》中，恩格斯原来并没有打算从正面写一部辩证法的著作，而只是想说明：辩证法是为自然界自身所具有的，而不是绝对精神的外化的体现；辩证法对于理论自然科学也是有效的，这样，自然科学才能摆脱经验主义束缚。就是在写作《自然辩证法》的过程中，通过科学阐明自然辩证法和科学辩证法，恩格斯进一步区分清楚了主观辩证法和客观辩证法的关系，认为主观辩证法是对客观辩证法的反映，这样，就将辩证法建立在了唯物主义的基础上。这是第一。第二，通过科学阐明日常思维和理论思维、理论思维和辩证思维的关系，恩格斯认为，辩证思维以概念自身的辩证性质的研究为前提，最终创造性地提出了"辩证逻辑"的科学概念，从而确立了"《资本论》的逻辑"的科学形态。第三，通过对辩证逻辑思维形式的科学区分，尤其是在分析归纳主义和演绎主义关系的过程中，恩格斯提出："但是必然性的证明寓于人的活动中，寓于实验中，寓于劳动中：如果我能够**造成** post hoc，那么它便和 *propter hoc* 等同了。"[①] 这里，post hoc 是"在此之后"的意思，*propter hoc* 是"因此"的意思。在此之后，所以是因此。这一说法表示一种仅仅根据一个现象发生在另一个现象之后便做出两个现象有因果联系的推论的不合理推论。其实，证明客观因果联系和科学认识必然性的是活动、实验、劳动。这样，以实践为基础和中

介，辩证法、逻辑学、认识论三者实现了统一。

　　运用唯物史观，通过科学分析资本主义生产方式的矛盾运动，在劳动价值论的基础上，马克思发现了剩余价值，创立和确立了马克思主义政治经济学。在此基础上，马克思进一步发展和完善了唯物史观。那么，马克思主义哲学和马克思主义政治经济学是如何联系起来的呢？恩格斯在《自然辩证法》中进一步揭示出了这一点。"政治经济学家说：劳动是一切财富的源泉。其实，劳动和自然界在一起才是一切财富的源泉，自然界为劳动提供材料，劳动把材料转变为财富。但是劳动的作用还远不止于此。劳动是整个人类生活的第一个基本条件，而且达到这样的程度，以致我们在某种意义上不得不说：劳动创造了人本身。"①　作为社会实践形式的劳动与自然共同创造了财富。这样，不仅确立了马克思主义劳动价值论的生态维度，而且将作为马克思的"两大发现"的历史唯物论和剩余价值论联结了起来。劳动是历史唯物论和剩余价值论的接口和接点。

　　在此基础上，恩格斯在《自然辩证法》中进一步批判了资产阶级政治经济学的弊端和局限。在恩格斯看来，古典经济学是资产阶级的社会科学，只关注资产阶级的最近的最直接的利益，结果导致了自然和社会的双重破坏性。当然，从根本上来看，这是由资本主义制度造成的。从社会形态的演变来看，"原始的土地公有制，一方面同眼界极短浅的人们的发展状态相适应，另一方面以可用土地的一定剩余为前提，这种剩余为应付这种原始经济的意外的灾祸提供了某种回旋余地。这种剩余的土地用光了，公有制也就衰落了。而一切较高的生产形式，都导致居民分为不同的阶级，因而导致统治阶级和被压迫阶级之间的对立；这样一来，生产只要不以被压迫者的最贫乏的生活需要为限，统治阶级的利益就会成为生产的推动因素。在西欧现今占统治地位的资本主义生产方式中，这一点表现得最为充分"②。由于追求剩余价值成为资本主义生产的唯一目的，甚至成为整个社会的中心法则，因此，"需求和供给之间的和谐，竟变成二者的两极对立，每十年一次的工业周期的过程就显示了这种对立，德国在'崩溃'期间也体验到了这种对立的小小的前奏；以自己的劳动为基础的私有制，必然进一步发展为劳动者丧失财产，同时一切财产越来越集

①　马克思，恩格斯．马克思恩格斯全集：第26卷．2版．北京：人民出版社，2014：759.
②　同①771.

中在不劳动的人的手中"①。这里，劳动者就是雇佣工人即无产阶级，一切财产越来越集中在不劳动的人的手中就是集中在资本家即资产阶级的手中。恩格斯确定了劳动、劳动者、劳动解放的阶级内容和阶级规定。这样，恩格斯进一步强调资本主义的内在矛盾必然导致资本主义的灭亡。

通过上述考察，恩格斯认为，资产阶级和无产阶级的阶级斗争的结局，只能是资产阶级的垮台和一切阶级对立的消灭。但是这一点并不会自动实现。因此，需要对资本主义生产方式以及同这种生产方式一起对人类现今的整个社会制度实行完全的变革。在这种情况下，"只有一种有计划地生产和分配的自觉的社会生产组织，才能在社会方面把人从其余的动物中提升出来，正像一般生产曾经在物种方面把人从其余的动物中提升出来一样。历史的发展使这种社会生产组织日益成为必要，也日益成为可能。一个新的历史时期将从这种社会生产组织开始，在这个时期中，人自身以及人的活动的一切方面，尤其是自然科学，都将突飞猛进，使以往的一切都黯然失色"②。这就是恩格斯提出的著名的"两个提升"的思想。一方面，在物种关系方面，要通过生产力的发展，将人从其他动物中提升出来；另一方面，在社会关系方面，通过生产关系的革命，将人从其他动物中提升出来。这样，才能形成人与自然、人与自身的双重和解。这一双重和解的社会就是共产主义社会。因此，"两个提升"的思想，不仅具有哲学尤其是生态哲学价值，而且具有政治经济学和科学社会主义价值。

可见，通过"劳动"范畴的内在的矛盾运动，恩格斯将自然辩证法和历史唯物论以及辩证法、逻辑学、认识论统一了起来，将马克思主义哲学、马克思主义政治经济学、科学社会主义统一了起来。《自然辩证法》是坚持和发展马克思主义整体性的科学典范。

此外，恩格斯提出的其他一系列思想都具有"超时代"的价值。

例如，针对降神术，恩格斯创作了《神灵世界中的自然研究》一文，科学阐明了以下问题：第一，神秘主义产生的认识论根源。证明神灵存在并不是那种先验的必然性，而是拒绝辩证思维的单纯的经验观察即经验主义，也就是所谓的"眼见为实"。第二，摆脱神秘主义的认识论出路。实际上，单凭经验对付不了唯灵论，蔑视辩证法不能不受到惩罚，因此，经验要摆脱降神者的纠

---

① 马克思，恩格斯.马克思恩格斯全集：第 26 卷.2 版.北京：人民出版社，2014：772.

② 同①479-480.

缠，就不得不借助于理论的思考，必须学会辩证思维。当下，尽管科学昌明，但是，各种非理性主义思潮和异端邪说沉渣泛起，不仅搞乱了人们的思想，而且瓦解了人们的斗争。在这种情况下，《神灵世界中的自然研究》一文为我们捍卫科学精神和坚持唯物主义提供了科学指南。

习近平论《自然辩证法》的生态价值

恩格斯在《自然辩证法》中写到：美索不达米亚、希腊、小亚细亚以及其他各地的居民，为了得到耕地，毁灭了森林，但是他们做梦也想不到，这些地方今天竟因此而成为不毛之地，因为他们使这些地方失去了森林，也就失去了水分的积聚中心和贮藏库。阿尔卑斯山的意大利人，当他们在山南坡把那些在山北坡得到精心保护的枞树林砍光用尽时，没有预料到，这样一来，他们把本地区的高山畜牧业的根基毁掉了；他们更没有预料到，他们这样做，竟使山泉在一年中的大部分时间内枯竭了，同时在雨季又使更加凶猛的洪水倾泻到平原上。①

再如，在提出系统自然观和生态自然观的基础上，恩格斯在《自然辩证法》中深刻阐明了人与自然的辩证关系。在人与自然交往的过程中，"我们一天天地学会更正确地理解自然规律，学会认识我们对自然界习常过程的干预所造成的较近或较远的后果……我们越来越有可能学会认识并从而控制那些至少是由我们的最常见的生产行为所造成的较远的自然后果。而这种事情发生得越多，人们就越是不仅再次地感觉到，而且也认识到自身和自然界的一体性，那种关于精神和物质、人类和自然、灵魂和肉体之间的对立的荒谬的、反自然的观点，也就越不可能成立了"②。这样，就深刻揭示出人与自然构成一个不可分割的系统。一体性（*Eins mit der Natur*）即系统性。在现实中，只有维护和保持这种一体性，人类才能存在和发展。因此，"我们不要过分陶醉于我们人类对自然界的胜利。对于每一次这样的胜利，自然界都对我们进行报复"③。只有实现"两个提升"，才能恢复和保持人与自然的一体性。显然，"一体性"终结了

---

① 习近平. 习近平谈治国理政：第 2 卷. 北京：外文出版社，2017：207.

② 马克思，恩格斯. 马克思恩格斯全集：第 26 卷. 2 版. 北京：人民出版社，2014：769 - 770.

③ 同②769.

人类中心主义和生态中心主义的抽象争论，奠定了生态文明的本体论基础。"报复说"突显了生态文明建设的必要性和重要性。因此，"一体性"和"报复说"不仅具有发展生态哲学的理论意义，而且具有建设生态文明的实践价值。

恩格斯去世后，《自然辩证法》手稿落入伯恩施坦手中，但是，伯恩施坦却将之隐藏了起来。他以经验主义物理学家阿龙斯以及爱因斯坦的意见为借口，拒绝出版《自然辩证法》。迫于各种压力，伯恩施坦后来出版了恩格斯的《劳动在从猿到人的转变中的作用》和《神灵世界中的自然研究》两篇文章。1896—1897 年，《新时代》杂志第 14 年卷发表了前文。但是，伯恩施坦只字不提该文和《自然辩证法》的关系。1898 年，《新世界历书》发表了后文。这时，伯恩施坦才不得不宣布这是一系列关于自然辩证法论文中的一篇。1925 年，在科学的"马克思学"学者梁赞诺夫的努力下，《自然辩证法》全书在《马克思恩格斯文库》第一次公开出版。这一版本以德文原文和俄文译文对照的形式，按照文献写作的年代顺序，由苏联国家出版社出版。比利时当代物理学家普里戈金和日本当代物理学家坂田昌一等高度评价了《自然辩证法》的科学贡献。

《自然辩证法》从 1928 年传入中国以后，与中国无产阶级革命和社会主义建设密切地结合起来，中国共产党几代领导人都十分重视《自然辩证法》的学习、研究、宣传、普及，中国马克思主义者将自然辩证法发展为一门学科。这充分证明了恩格斯《自然辩证法》的科学价值和时代意义。

毛泽东论《自然辩证法》

1930 年 9 月，上海泰东图书局出版了由成嵩翻译的《从猿到人》一书。该书收录有恩格斯的《劳动在由猿进化到人的过程中的作用》[①] 和《人类进化的过程》（《〈自然辩证法〉导言》部分的一段）两篇文章，同时包括苏联学者哥列夫（郭烈夫）撰写的《马克思主义观点的达尔文主义》一文。1943 年 12 月 24 日，毛泽东在致刘少奇的信中谈到上书。毛泽东指出："此书有恩格斯两篇短文，十分精彩，可以看。"[②] 同时，毛泽东表示，自己在找其他唯物史观方面的书。

---

① 即《劳动在从猿到人的转变中的作用》。
② 中共中央文献研究室 . 毛泽东书信选集 . 北京：中央文献出版社，2003：196.

第 12 章

体系的阐述
——《反杜林论》

　　本书所批判的杜林先生的"体系"涉及非常广泛的理论领域，这使我不能不跟着他到处跑，并以自己的见解去反驳他的见解。因此消极的批判成了积极的批判；论战转变成对马克思和我所主张的辩证方法和共产主义世界观的比较连贯的阐述，而这一阐述包括了相当多的领域。①

　　正当恩格斯集中精力创作《自然辩证法》之时，杜林和杜林主义开始在党内大行其道，严重影响党的正常发展。1876 年，应德国党的领导人李卜克内西和白拉克等人的再三请求，在马克思的全力支持下，恩格斯中止了《自然辩证法》的写作，投入到反对杜林主义的斗争中，创作了《欧根·杜林先生在科学中实行的变革》一书，第一次全面概述了马克思主义哲学、马克思主义政治经济学、科学社会主义的基本思想。这即是被称为"马克思主义百科全书"的《反杜林论》。

1. "去收拾无聊的杜林"——杜林主义的危害和反对杜林主义的斗争

　　继反对蒲鲁东主义、拉萨尔主义、工联主义、巴枯宁主义之后，反对杜林主义的斗争是恩格斯和马克思在 19 世纪 70 年代开展的又一重要的思想斗争。

---

　　① 恩格斯. 反杜林论·三个版本的序言// 马克思，恩格斯. 马克思恩格斯文集：第 9 卷. 北京：人民出版社，2009：10 - 11.

19 世纪 70 年代，随着资本主义进入"和平发展"阶段，无产阶级政党的影响也在与日俱增。在德国的帝国国会的选举当中，社会民主党于 1871 年获得选民所投全部有效选票的 3.2%，1874 年上升到 6.8%，1877 年又上升到 9.1%。在这种情况下，一些非无产阶级劳动者也涌入党的队伍当中，给党的思想的纯洁性带来了不小的问题。"小资产者和农民的加入的确证明，运动有了极大的进展，但是同时这对运动也是危险的，只要人们忘记，这些人是被迫而来的，他们来，仅仅是**因为**迫不得已。他们的加入表明，无产阶级已经确实成为领导阶级。但是，既然他们是带着小资产阶级和农民的思想和愿望来的，那就不能忘记，无产阶级如果向这些思想和愿望作出让步，它就会丧失自己在历史上的领导地位。"① 其中，杜林主义就是典型的代表。

杜林（1833—1921）是德国折中主义哲学家、庸俗经济学家、小资产阶级社会主义者。早年，曾经担任律师。中年，由于眼睛疾患造成双目失明，退出律师队伍，成为柏林大学私人讲师（1863—1877），开始舞文弄墨。其实，杜林是一个"有恩于"马克思和马克思主义的人。当资产阶级对《资本论》第一卷采取缄默不言的冷政策的时候，杜林是第一个"热"看《资本论》的人，对这一科学巨著进行了评论。1867 年，杜林发表了关于马克思《资本论》第一卷的书评。当然，他根本看不出《资本论》的崭新因素。1868 年 1 月 7 日，恩格斯在致马克思的信中指出："现将杜林的评论和《观察家报》寄还。前者可笑极了。整篇文章显得狼狈不堪，惶恐不安。这位神气的庸俗经济学家显然被刺痛了。他没法说别的，只好说什么要对第一卷作出评论只能到第三卷出版以后，什么劳动时间决定价值并非无可争议，什么有人怀疑劳动价值由劳动生产费用决定是否正确。你看，对这类人来说你的学问还远远不够，竟没有在要害处把伟大的麦克劳德驳倒！不过，他在字里行间又怕陷入罗雪尔的处境。这家伙文章写完时兴高采烈，付邮时无疑胆战心惊。"② 但是，杜林的政治品质存在"污点"。1866 年 4 月，俾斯麦政府委托杜林为内阁起草一个条陈。但是，杜林起草的充满劳资和谐论调的条陈，被枢密顾问瓦盖纳冒名为自己的作品，以《关于经济联合和社会联盟的备忘录》为题公开发表。由此引发了二人之间的"知识产权"官司，也暴露出了杜林的政治品质问题。尽管其有为工人阶级

① 马克思，恩格斯. 马克思恩格斯文集：第 10 卷. 北京：人民出版社，2009：442 - 443.
② 马克思，恩格斯. 马克思恩格斯全集：第 32 卷. 北京：人民出版社，1974：8.

辩护的一面，但是，也存在着效劳俾斯麦反动政府、破坏德国工人运动的一面。1868 年 3 月 14 日，马克思在致恩格斯的信中说："你是否读过杜林与'枢密顾问'瓦盖纳之间的丑闻（这是波克罕告诉我的）：前者指责后者偷了他关于工人合作社的手稿或诸如此类东西。"① 此外，杜林具有反犹倾向。但从总体上来看，杜林此时还是一个"人畜无害"的私人讲师，因此，恩格斯和马克思对之未加理会。

到了 19 世纪 70 年代初，情况发生了性质上的变化。以"社会主义改革家"自居的杜林，先后出版了《国民经济学和社会主义批判史》（1871）、《国民经济学和社会经济学教程》（1873）和《哲学教程——严格科学的世界观和生命形成》（1875）等"洋洋大作"，从哲学、政治经济学、社会主义理论三个方面向马克思主义发起攻击。在哲学上，他宣扬以庸俗唯物主义为基础的折中主义，反对辩证唯物主义；在政治经济学上，他将暴力作为一切经济现象的终极原因，反对剩余价值理论；在社会主义理论方面，他倡导劳资和谐等改良主义的思想，反对社会主义革命。他激进的言辞、科学的外衣、完备的社会改造方案、身残志坚的形象，在党内获得了一批追随者，不仅伯恩施坦、莫斯特等"小鲜肉"成了杜林的"粉丝"，连李卜克内西、倍倍尔等"老家雀"也成了杜林的"拥趸"。伯恩施坦看到杜林的著作之后欣喜若狂。倍倍尔竟然在《人民国家报》发文声称：杜林的著作是继马克思《资本论》之后经济学领域新近出现的优秀著作。曾经写作《资本论》通俗读物的莫斯特，认为杜林是一个卓越的思想家，写作了吹捧杜林《哲学教程》的文章。这种情况引起了党内一些人士的担忧。1876 年 5 月，李卜克内西给恩格斯去信，附上莫斯特的稿件，它表明"杜林流行病"还感染了那些在其他方面清醒的人，驳斥是必要的。

这样，回应和批判杜林主义的挑战的历史任务，就摆在了恩格斯和马克思的面前。1876 年 5 月 24 日，在兰兹格特休养的恩格斯给身在伦敦的马克思去信说："这个莫斯特到底向我们要求什么，为了使他满意，我们该怎么办。有一点是清楚的：这些人以为，杜林对你进行了卑鄙的攻击，就使我们对他无可奈何。"② 5 月 25 日，马克思回信说，"我们对待这些先生的态度"只能通过对

---

① 马克思，恩格斯. 马克思恩格斯全集：第 32 卷. 北京：人民出版社，1974：44.
② 马克思，恩格斯. 马克思恩格斯全集：第 34 卷. 北京：人民出版社，1972：13.

杜林的彻底批判表现出来。当时，马克思正忙于《资本论》后几卷的创作，恩格斯正在写作《自然辩证法》，莉希疾病缠身，大家都无暇应战。但是，经过严肃认真的思考，考虑到马克思和恩格斯之间的固有分工，恩格斯只好准备"披挂出征"。5 月 28 日，他写信告诉马克思："你说得倒好。你可以躺在暖和的床上，研究具体的俄国土地关系和一般的地租，没有什么事情打搅你。我却不得不坐硬板凳，喝冷酒，突然又把一切都搁下来去收拾无聊的杜林。但是，既然我已卷入一场没完没了的论战，那也只好这样了；否则我是得不到安宁的。"① 为了无产阶级革命事业乐于自我牺牲，这是恩格斯向来的风格。

批判杜林主义对党的健康发展十分重要。恩格斯在 1878 年 6 月 11 日指出："三年前，当杜林先生突然以社会主义的行家兼改革家身份向当代挑战的时候，我在德国的友人再三向我请求，要我在当时的社会民主党中央机关报《人民国家报》上对这一新的社会主义理论进行评析。他们认为，为了不在如此年轻的、不久前才最终统一起来的党内造成派别分裂和混乱局面的新的可能，这样做是完全必要的。他们比我能更好地判断德国的情况，所以我理应相信他们。此外，还可以看到，这个新改宗者受到了一部分社会主义出版物的热忱欢迎，诚然，这种热忱只是对杜林先生的善良愿望所作的表示，但同时也使人看出这一部分党的出版物的善良愿望：它们正是估计到杜林的善良愿望，才不加考虑地接受了杜林的学说。还有些人已经打算以通俗的形式在工人中散布这种学说。最后，杜林先生及其小宗派采用各种大吹大擂和阴谋的手法，迫使《人民国家报》对这种如此野心勃勃的新学说明确表态。"② 显然，反对杜林主义的斗争，绝不是什么"内心冲动"的选择，更不是恩格斯和马克思嫉妒杜林的产物。这一斗争是从科学社会主义立场出发反对国际工人运动内外的资产阶级改良主义思想、小资产阶级无政府主义思想、一切"左"倾腔调的科学抉择，是捍卫科学社会主义之战。

从 5 月底开始，恩格斯不得不放下《自然辩证法》的写作，开始阅读杜林的著作，为批判杜林主义做准备。他对马克思说："我重温古代史和研究自然科学，对我批判杜林大有益处，并在许多方面有助于我的工作。"③ 恩格斯写作了大量的准备材料。这些准备材料由两个部分构成。构成第一部分的札记大

① 马克思，恩格斯 . 马克思恩格斯文集：第 10 卷 . 北京：人民出版社，2009：414.
② 马克思，恩格斯 . 马克思恩格斯文集：第 9 卷 . 北京：人民出版社，2009：7.
③ 同①416.

概写于 1876 年，共计 35 页，是幅面大小不一的稿纸，为杜林著作的摘录和恩格斯的札记。第二部分写于 1877 年，共计 17 页手稿，是幅面较大的稿纸，每页分两栏：左栏大多是阅读杜林《国民经济学和社会经济学教程》（第 2 版）的摘录，右栏是恩格斯的批语。

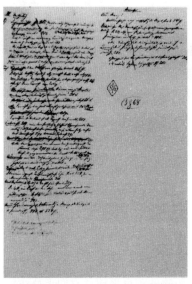

恩格斯为写作《反杜林论》做的笔记

在研究的过程中，恩格斯已经形成了写作的具体思路。1876 年 5 月 28 日，他对马克思说："友人莫斯特对杜林的《哲学教程》的吹捧已明确地给我指出，应当从哪里进攻和怎样进攻。这本书一定要仔细读一读，因为它在许多关键问题上更明显地暴露了《经济学》中所提出的论断的弱点和基础。我将立即订购这本书。实际上，该书根本没有谈到真正的哲学——形式逻辑、辩证法、形而上学等等，它倒论述了一般的科学理论，在这里，自然、历史、社会、国家、法等等都是从某种所谓的内部联系方面加以探讨的。该书还有一整章描写未来社会或所谓'自由'社会，其中从经济方面说得极少，却为未来的初等学校和中等学校拟订好了教学计划。所以，这本书暴露出的平庸性比他的经济著作更直截了当，把这两本书放在一起看，就能同时从这一方面来揭露这个家伙。对于评论这位贵人的历史观（即认为杜林之前的东西全都没有价值），这本书还有一个好处，这就是可以从中引证他自己说的尖刻话。无论如何，他现在已经落到我的手里。我的计划已经订好……开始时我将纯粹就事论事地、看起来很认真地对待这些胡说，随着对他的荒谬性和平庸性这两个方面的揭露越来越深入，批判就变得越来越尖锐，最后给他一顿密如冰雹的打击。这样一来，莫斯特及其同伙就没有借口说什么'冷酷无情'等等了，而杜林则受到了应得的惩罚。要让这些先生们看到，我们用来对付这种人的不只是**一种**办法。"① 恩格斯决定从批判杜林哲学入手，开展对杜林主义的系统批判。

三个月后，1876 年 8 月 25 日，在兰兹格特休养的恩格斯写信给马克思说："在海滨浴场的鄙俗气氛变得越来越浓的情况下，最适宜的读物自然是杜林先生的自然现实哲学。我还从来没有看到过如此自然的东西。一切都被看做是自然之物，凡是杜林先生认为是自然地发生的一切，都应被看做是自然的；因此，他也就永远从'公理式的命题'出发，因为自然的东西不需要任何论证。这本东西的平庸程度超过以往的一切。但是，不管它怎样不好，谈论自然界的那一部分还是最好的。在这里总算还有一些辩证说法的可怜残余，但是只要他一转到社会和历史方面，以**道德**形式出现的旧形而上学就占支配地位，于是他就像骑在一匹真正的瞎马上，由这匹瞎马驮着无望地兜圈子。他的视野几乎没有越出通用邦法的适用范围，而普鲁士的官僚统治在他看来就体现了'国家'。从今天算起，过一个星期，我们将返回伦敦，那时我立即着手批判这个家伙。他宣扬的永恒真理是些什么，你可以从他把烟草、猫和犹太人看做三样令人厌恶的东西并痛加叱骂这一点看出来。"② 马克思主义反对杜林主义的斗争就这样开始了。

2. 共产主义世界观的系统化——《反杜林论》的哲学编

从 1877 年 1 月 3 日起，恩格斯反对杜林主义著作的第一编即哲学编的文章，开始在《前进报》③ 上发表。由于杜林写过一本题为《凯里在国民经济学说和社会科学中实行的变革》的书，因此，恩格斯就给自己的文章加上了《欧根·杜林先生在科学中实行的变革》这样的标题，以示讽刺。

杜林的哲学体系包括世界模式论、自然哲学、关于人的哲学三个部分。恩

---

① 马克思，恩格斯．马克思恩格斯文集：第 10 卷．北京：人民出版社，2009：414 - 415.

② 同①417 - 418.

③ 《前进报》，全称《前进报。德国社会民主党中央机关报》，为德国报纸，1876 年 10 月 1 日至 1878 年 10 月 26 日在莱比锡出版，每周三次，同时出版学术刊刊和附刊；编辑是威·哈森克莱维尔和威·李卜克内西。马克思和恩格斯经常帮助报纸编辑部。"非常法"颁布以后，报纸被迫停刊，其续刊为《社会民主党人报》。

恩格斯《欧根·杜林先生在科学中实行的变革》
于 1877 年 1 月 3 日在《前进报》上发表

格斯同样从"分类。先验主义"（一章）、"世界模式论"（一章）、"自然哲学"
（四章）、"道德和法"（三章）四个部分展开了批判；同时，针对杜林否认黑格
尔辩证法价值的问题，恩格斯专门增加了"辩证法"（两章）的内容；最后一
章为"结论"。哲学编共计十二章，主要阐明了以下七个方面的问题。

　　第一，马克思主义唯物主义的基本原则。杜林的哲学属于庸俗唯物主义，
但是，在庸俗唯物主义当中，贩卖了一些唯心主义的东西，因此，恩格斯立足
于唯物主义的基本立场，对杜林的世界模式论进行了批判，同时向前推进了唯
物主义。

　　事实决定原则。杜林将原则作为研究的出发点，以世界形成之前就久远地
存在于某个地方的模式、方案或范畴，来构造现实世界。尽管他不满意黑格尔
哲学，但是，这与黑格尔的哲学如出一辙，颠倒了原则和事实的关系，是典型
的唯心主义。事实上，"不是自然界和人类去适应原则，而是原则只有在符合
自然界和历史的情况下才是正确的。这是对事物的唯一唯物主义的观点"①。
从其发生来看，原则是从客观存在的自然和历史中抽象出来的。当然，原则也
受人类主体情况的影响。

----

　　① 马克思，恩格斯．马克思恩格斯文集：第 9 卷．北京：人民出版社，2009：38.

世界的统一性在于物质性。与黑格尔一样，杜林同样将世界的统一性归结为存在。尽管世界先存在，然后才能谈得上统一。但是，存在是一个不确定的哲学范畴，既可以指物质的存在，也可以指精神的存在。对此，恩格斯鲜明地指出："世界的真正的统一性在于它的物质性，而这种物质性不是由魔术师的三两句话所证明的，而是由哲学和自然科学的长期的和持续的发展所证明的。"① 物质是标志客观存在的哲学范畴。但是，这不是简单地用"物质"置换"存在"或者黑格尔的"绝对精神"，而是强调物质性需要哲学和科学的长期的发展来证明。

显然，马克思主义的唯物主义不是重复旧唯物主义的论调，而是在坚持一般唯物主义的基础上向前实现了飞跃。哲学和科学的长期证明，其实就是实践的长期证明。

第二，辩证唯物主义自然观的一般原理。黑格尔脱离科学的发展抽象地谈论自然哲学问题。随着辩证唯物主义的形成，自然哲学得以终结。但是，自然观始终是哲学的一个基本领域。杜林是按照唯心主义和形而上学的方式对待自然的。在批评杜林自然哲学的过程中，恩格斯确定了辩证唯物主义自然观一般原理。

运动是物质的存在方式。物质不是惰性的物体，而是在任何时间和任何地点都处于运动中的物体。没有运动的物质和没有物质的运动，都是不可想象的。物质的运动是绝对的，静止是相对的。运动具有客观性，既不能创造，也不能消灭，但是，可以从一个物体转移到另外一个物体上。这样，恩格斯就涉及了运动形式和运动守恒的问题。"转化过程是一个伟大的基本过程，对自然的全部认识都综合于对这个过程的认识。"② 将自然界看作一个转化过程，是辩证唯物主义自然观的基本观点。

生命是蛋白体的存在方式。在自然的转化过程中，从无机界发展到了有机界，出现了生命。通过这种方式，生命与外界进行物质变换。通过这种方式，生命实现了自身的新陈代谢。在此基础上，恩格斯甚至提出了人造生命的设想："如果化学有一天能够人工制造蛋白质，那么这样的蛋白质就一定会显示出生命现象，即使这种生命现象可能还很微弱。"③ 恩格斯在唯物主义的基础

---

① 马克思，恩格斯 . 马克思恩格斯文集：第 9 卷 . 北京：人民出版社，2009：47.
② 同①16.
③ 同①88.

上揭示出了生命的物质基础，并科学地预测了生命科学发展的一些动态。但是，将生命归结为蛋白体具有时代局限性。

恩格斯揭示的辩证唯物主义自然观的原理主要是在反对杜林主义的斗争中形成的，具有那个时代和那场斗争的特点，有一些局限性，但是，其方向是正确的，要求我们科学认识"自然过程的辩证性质"①。

第三，辩证唯物主义认识论的一般原理。杜林从"永恒真理"的角度看待"道德和法"，遮蔽了道德和法的具体性和历史性，因此，恩格斯从辩证唯物主义认识论的高度揭示出了"永恒真理"的实质和局限。

真理和谬误的相对性。在作为认识论一个分支领域的真理观上，真理和谬误是一对范畴。但是，二者之间的界限不是那样泾渭分明，只是在一定的领域当中才有绝对的意义。对立的两极都向其对立面转化。在一定条件下，真理会变成谬误，谬误会变成真理。科学史存在的大量事实充分证明了这一点。在这个意义上，永恒真理和终极真理是不存在的，真理是一个过程。

思维的至上性和非至上性的统一。真理和谬误的相对关系，来自思维的至上性和非至上性的统一。拥有无条件的真理权的认识是在一系列相对的谬误中实现的，思维的至上性是在一系列非常不至上地思维着的人中实现的。"按它的本性、使命、可能和历史的终极目的来说，是至上的和无限的；按它的个别实现情况和每次的现实来说，又是不至上的和有限的。"② 思维的至上性和非至上性都只有通过人类生活的无限延续才能完全实现。在这个意义上，思维是一个过程。

对社会历史的认识更具有相对性。在社会历史领域当中，"认识在本质上是相对的，因为它只限于了解只存在于一定时代和一定民族中的、而且按其本性来说是暂时的一定社会形式和国家形式的联系和结果。因此，谁要在这里猎取最后的终极的真理，猎取真正的、根本不变的真理，那么他是不会有什么收获的，除非是一些陈词滥调和老生常谈"③。这样，在认识（真理）辩证法的意义上，恩格斯打通了自然认识论和社会认识论，使辩证唯物主义认识论成为关于一般认识的科学。针对"永恒真理"，恩格斯主要是突出了认识辩证法和真理辩证法。

---

① 马克思，恩格斯．马克思恩格斯文集：第9卷．北京：人民出版社，2009：15.
② 同①92.
③ 同①94.

第四，马克思主义道德观的一般原则。如同追求"永恒真理"一样，杜林追求"永恒道德"。其实，道德也是具体的，没有超阶级的一般道德。

道德的具体性。杜林鼓吹超历史的道德，忽视了道德的社会历史性。其实，每一个民族都有自己的道德，每一个时代都有自己的道德。超越一切民族和一切时代的道德是不存在的。例如："善恶观念从一个民族到另一个民族、从一个时代到另一个时代变更得这样厉害，以致它们常常是互相直接矛盾的。"[①] 围绕着什么是善和恶，往往发生不同的甚至是对立的意见，充满了道德争论和分歧。充其量，只有抽象的"共同"的道德词语，绝不存在一般的共同的道德内容。例如，尽管"切勿偷盗"是"普世"的道德要求，但在偷盗动机已被消除的社会里，就是说在随着时间的推移顶多只有精神病患者才会偷盗的社会里，如果将"切勿偷盗"宣布为一条永恒真理，那将会遭到什么样的嘲笑啊！

道德的阶级性。由于道德是在一定社会经济基础上产生并为之服务的，而不同的所有制形成了不同的阶级结构，因此，不同的阶级形成了不同的道德，不可能形成"道德共识"。在现代资产阶级社会当中，存在着封建贵族、资产阶级和无产阶级三个阶级，他们都各有自己的特殊的道德。我们由此可以断定："一切以往的道德论归根到底都是当时的社会经济状况的产物。而社会直到现在是在阶级对立中运动的，所以道德始终是阶级的道德；它或者为统治阶级的统治和利益辩护，或者当被压迫阶级变得足够强大时，代表被压迫者对这个统治的反抗和他们的未来利益。"[②] 只有在消灭了阶级存在的经济基础——私有制的情况下，才可能形成普遍的道德。

从经济必然性的高度来看，只有共产主义道德才代表着道德发展的未来方向。这样，恩格斯就在唯物史观的基础上表明了马克思主义道德观的一般原则。

第五，马克思主义平等观的一般原则。杜林鼓吹抽象的平等，将两个人的意志平等看作平等的基本公理，将平等看作法律正义的基本形式。针对这种错误，恩格斯表明了马克思主义对平等问题的基本看法。

平等的历史性。平等同样是在一定的社会经济基础上产生的，同时会随着

---

① 马克思，恩格斯. 马克思恩格斯文集：第 9 卷. 北京：人民出版社，2009：98.
② 同①99 - 100.

经济基础的变化而变化，呈现出一定的社会历史性。从历史发展来看，在原始社会当中，最多只谈得上公社成员之间的平等权利，妇女、奴隶和外地人被排除在外。不同氏族之间存在着"血族复仇"的问题。在古希腊罗马，人们的不平等的作用比任何平等要大得多。城邦民主面向的是城市贵族，平民和奴隶不在其列。在整个阶级社会当中，都是如此。美国的黑奴贸易就是最新的案例。

平等的阶级性。在中世纪，只承认原罪的平等。随着资本主义生产方式的兴起和发展，商品成为平等派，自由和平等被宣布为人权。资本主义确实在一定程度上推进了社会平等。但是，无产阶级和资产阶级都是从第三等级当中产生的。随着资产阶级平等要求的出现，无产阶级也提出了自己的平等要求。平等应当不仅仅是表面的，不仅仅在国家的领域中实行，还应当是实际的，还应当在社会的、经济的领域中实行。因而，"无产阶级平等要求的实际内容都是**消灭阶级**的要求。任何超出这个范围的平等要求，都必然要流于荒谬"①。只有消灭阶级，才能实现普遍的平等。

总之，在社会历史的发展过程中，存在着的是文明和不平等的辩证法，而不是文明和平等的辩证法。这样，恩格斯就在唯物史观的基础上科学揭示出了平等和平等观念的实质。

第六，马克思主义自由观的一般原则。杜林将自由看作合理的认识和本能的冲动及其合力，与客观规律无关；将自由看作按照先天的和后天的悟性对自觉动机的感受，受自然规律的强制。这两种看法是前后矛盾的。对此，恩格斯阐明了马克思主义对自由的科学看法。

自由是对必然性的科学认识。人类不仅生活在自然界，而且生活在社会当中。自然和社会都有自己的客观规律。人类的"自由意志"不能脱离外部的客观规律。"自由不在于幻想中摆脱自然规律而独立，而在于认识这些规律，从而能够有计划地使自然规律为一定的目的服务。这无论对外部自然的规律，或对支配人本身的肉体存在和精神存在的规律来说，都是一样的。"② 只有把握客观存在的规律，人类才能摆脱盲目必然性的束缚，才能实现自由。

自由实现过程的历史性。规律的暴露有一个过程，人们对规律的认识也有一个过程。人们对规律的认识和把握建立在科技进步和生产发展的基础上。随

---

① 马克思，恩格斯. 马克思恩格斯文集：第 9 卷. 北京：人民出版社，2009：113.
② 同①120.

着科技进步和生产发展，人们日益掌握规律，日益获得自由。"蒸汽机确实是所有那些以它为依靠的巨大生产力的代表，唯有借助于这些生产力，才有可能实现这样一种社会状态，在这里不再有任何阶级差别，不再有任何对个人生活资料的忧虑，并且第一次能够谈到真正的人的自由，谈到那种同已被认识的自然规律和谐一致的生活。"①　由于唯物史观的创立，人类对社会历史运动的规律的认识才第一次成为科学，因此，人类的历史还很年轻。

总之，立足于尊重客观规律的唯物主义立场，恩格斯阐明了马克思主义自由观的立场。尽管也突出了实践在实现自由中的作用，但是，多强调自由是对必然的认识。后来，毛泽东指出，自由是对必然的认识和世界的改造。这样，就把自由的含义揭示得更为全面了。

第七，马克思主义辩证法的一般原则。杜林不了解黑格尔的辩证法，将马克思辩证法和黑格尔辩证法混为一谈，将辩证法看作单纯的逻辑上的论证工具，抹杀了辩证法的客观性、普遍性、革命性。恩格斯在颠倒黑格尔辩证法的基础上，阐明了唯物辩证法的基本立场。

辩证法的客观性。黑格尔的辩证法是"绝对精神"的矛盾运动的过程，属于"主观辩证法"。恩格斯要求将辩证法的内容和形式区分开来，突出强调的是"客观辩证法"。"自然界是检验辩证法的试金石，而且我们必须说，现代自然科学为这种检验提供了极其丰富的、与日俱增的材料，并从而证明了，自然界的一切归根到底是辩证地而不是形而上学地发生的。"②　当然，社会生活更是充满了辩证运动。无论如何，在人们学会辩证思考之前，辩证法已经在那里客观地存在着了。马克思的辩证法是唯物辩证法。量变和质变相互转化规律、否定之否定规律是辩证法的基本规律。这里，恩格斯没有注意到对立统一规律。

辩证法的全面性。作为一种客观存在的力量和过程，辩证法存在于自然、社会、思维的发展过程当中。"辩证法不过是关于自然界、人类社会和思维的运动和发展的普遍规律的科学。"③　这既是辩证法的定义，也是对辩证法全面性的科学揭示。从无机界到有机界充满了辩证法，从社会到思维充满了辩证法。辩证法和形而上学是两种不同的思维方式。只有运用唯物辩证法，我们才

① 马克思，恩格斯．马克思恩格斯文集：第 9 卷．北京：人民出版社，2009：121.
② 同①25.
③ 同①149.

能把握自然、社会、思维的矛盾运动规律。

辩证法的世界观性质。辩证法不仅是一种思维方式，更是一种世界观。其实，甚至形式逻辑也首先是探寻新结果的方法，是由已知进到未知的方法。辩证法更是如此。"一旦对每一门科学都提出要求，要它们弄清它们自己在事物以及关于事物的知识的总联系中的地位，关于总联系的任何特殊科学就是多余的了。于是，在以往的全部哲学中仍然独立存在的，就只有关于思维及其规律的学说——形式逻辑和辩证法。其他一切都归到关于自然和历史的实证科学中去了。"① 尤其是随着唯物史观的创立，更是如此。

总之，恩格斯科学阐明了唯物论和辩证法的统一，科学揭示出唯物辩证法的一般原则，与《资本论》的辩证法具有高度的一致性。

这样，通过反对杜林主义的斗争，恩格斯从正面阐明了共产主义世界观的立场、观点和方法，系统阐明了马克思主义哲学的一般原理。在《关于费尔巴哈的提纲》中，马克思只是立足于科学的实践观阐明了科学世界观的一般原则；在《〈政治经济学批判〉序言》当中，马克思只是简明扼要地阐明了唯物史观的一般原理；在《资本论》的序言当中，马克思只是立场鲜明地突出了自己的辩证法和黑格尔辩证法的原则区别，突出强调了唯物辩证法的批判性和革命性。但是，马克思一直没有从正面对自己世界观的全貌进行完整的叙述。恩格斯之前的著作同样如此。在自己反对杜林主义著作的哲学编当中，恩格斯第一次从正面较为全面地概述了共产主义世界观的全貌。这是其突出的哲学贡献。当然，这是一部论战性的著作。由于论战的需要，恩格斯重复了旧唯物主义的一些思想。尽管不能从旧唯物主义直接推出新唯物主义，但是，没有旧唯物主义就不会出现新唯物主义。到了社会主义编当中，恩格斯就将新唯物主义——历史唯物主义当作重点了。显然，这是一个向上提升唯物主义、向前发展唯物主义的过程。

1877 年 1 月 9 日，恩格斯把自己反对杜林主义著作的第一编的结尾部分寄给李卜克内西在《前进报》上发表。至此，完成了对杜林主义哲学的批判。还在 1877 年，恩格斯反对杜林主义著作的第一编以《欧根·杜林先生在科学中实行的变革。一、哲学》为题在莱比锡出版了单行本。

---

① 马克思，恩格斯 . 马克思恩格斯文集：第 9 卷 . 北京：人民出版社，2009：28.

恩格斯《欧根·杜林先生在科学中实行的变革》单行本第一版扉页

3. 杜林主义的反弹和反杜林斗争的进一步推进

　　恩格斯反对杜林主义的哲学文章，不仅引起了杜林主义者的恐慌，而且在党内遭到了"冷"处理。这样，恩格斯在完成繁重的写作任务的同时，还要同这些鬼鬼祟祟的行为斗争，以保证后续的文章能够正常发表。

　　按照原定的计划，《前进报》应该一周发表三篇恩格斯的文章，但是，他们只是一周发表两篇，而且往往是掐头去尾，前后语义不连贯，使读者如坠云雾当中，不明就里。1877 年 1 月 9 日，恩格斯向李卜克内西委婉地说明了这一点。"我想你们会等到选举结束，因为在这期间你们要利用报纸的篇幅进行鼓动。如果每星期有两号分批刊登我的著作，而第三号留给你们刊登别的东西，我也就十分满意了。如果你们有时在第三号中也留篇幅给我，我自然也不会反对。"① 从客观上来看，当时德国议会正在选举。为了争取更多的选票，报纸把有限的版面用于发表宣传鼓动文章，因此，压缩了发表恩格斯文章的版面空间。但是，从实质上来看，杜林主义者对恩格斯的文章极端不满意，干扰报纸编辑部的正常工作。莫斯特说，恩格斯的文章过于冗长，读者尤其是工人

---

① 马克思，恩格斯．马克思恩格斯全集：第 34 卷．北京：人民出版社，1972：222.

读者根本没有时间看，而且看不懂。杜林的信徒大叫大嚷吓坏了编辑部。因此，报纸对恩格斯的意见置若罔闻，仍然我行我素。

4月11日，恩格斯就直截了当地对李卜克内西说："今天接到你9日的来信。这还是过去那一套。起先你许下种种诺言，然后做起来却全然相反。如果我为此指责你，你就沉默两个星期，然后再告诉我说，你很忙，并要我留点情面，对你不要过多责备。'这是既加伤害，又加侮辱'。但这样的事经常发生，以致我不能容许对我再玩弄这类把戏。"① 同时，恩格斯写信请求白拉克，促使《前进报》编辑部把反对杜林的文章发表得更经常一些，分段更大更完整一些。不得已，恩格斯向李卜克内西下了最后通牒，准备到其他刊物上发表。

其实，李卜克内西有苦难言，对恩格斯隐瞒了真相。后来，恩格斯得知真相，谅解了李卜克内西的行为。1877年4月24日，恩格斯在致白拉克的信中说："如果李卜克内西直截了当地向我简略说明一切并答应改进的话，那么我就根本不会怀疑是杜林的影响了。我们之间有过关于每星期发表一篇论文的明确协议。当我抱怨这个条件遭到违背时，李卜克内西让我等了十多天。在这期间，尽管他在莱比锡，但是看不出有丝毫的改善；最后，他给我写了一封信，让我不要过多地责备他，——如此而已；关于将来的改进——只字未提。由于我完全不知道，现在别人对编辑部施加了什么影响，因此，我没有任何别的办法，只好作以上的推测并以最后通牒的方式要求李卜克内西履行自己的诺言。我对他说，他如果愿意的话，可以把我有关此事的信件给**任何人**看，因此，只要涉及到我，这些信您可以随便使用。这里确实是在向我纷纷提出指责，说**我竟允许把自己的论文作为补白发表，弄得谁也无法掌握内在联系。您只要回想一下，这样的事至少已发生过六次，起先对我许下最明确、最肯定的诺言，而后一切又做得截然相反，那么您就会明白，这种事情最后会使人多么厌烦。"②**
其实，李卜克内西好几个月来同杜林集团进行了猛烈的战斗，忍受了不少不愉快的事情，还瞒着不让恩格斯和马克思知道。这当中也有他的良苦用心。

这就是说，在发表恩格斯的文章的问题上，党内存在着严重的分歧。1877年5月27日到29日，德国社会主义工人党在哥达城召开代表大会。在29日的会议上，杜林主义者企图禁止在党的中央机关报《前进报》上继续刊登恩格

---

① 马克思，恩格斯．马克思恩格斯全集：第34卷．北京：人民出版社，1972：243-244.
② 同①250-251.

斯反对杜林主义著作的章节（文章）。莫斯特提出了如下提案：代表大会声明，恩格斯最近几个月以来所发表的反对杜林的批判文章，丝毫不能引起《前进报》大多数读者的兴趣，甚至还引起了极大的愤慨，这类文章今后不应在中央机关报上发表。这是赤裸裸的杜林主义抵制马克思主义批评的观点。瓦耳泰希断言，在报纸上发表恩格斯的这一著作是失策，对报纸和党都造成了巨大的损失。在他看来，无论是马克思和恩格斯的著作，还是杜林的著作，对社会民主党都是有益的。这种折中主义丧失了基本的原则。倍倍尔提出了一个"和稀泥"的提案。一是考虑到恩格斯反对杜林的论文的巨大篇幅及其续编大概将拥有同样的篇幅；二是考虑到恩格斯在《前进报》上开始的反对杜林的论战，使后者及其拥护者有权做同样详细的答复，有权同样大幅度地利用《前进报》的版面；三是考虑到涉及纯粹科学争论的问题仍未解决：代表大会应该做出以下三个决定。一是停止在《前进报》正刊上刊登恩格斯反对杜林的论文，二是以小册子形式发表恩格斯反对杜林主义的文章，三是停止在正刊上对这一争论问题进行任何进一步的讨论。

李卜克内西坚决反对莫斯特的提案和瓦耳泰希的论断。作为《前进报》的编辑，他发表了下述声明：第一，关于发表权的问题。关于发表恩格斯著作的决定是在 1876 年哥达代表大会上通过的，而且这项决定是由于"杜林派"的挑动而做出的。因此，不能轻易变更党的决定。第二，关于文章的篇幅问题。某些人觉得这些论文太长。但是，本来就不能要求《前进报》编辑部给恩格斯这样在科学上同马克思并驾齐驱的人规定写作的字数。这些论文的篇幅应当是大的，因为这关系到要全面击退杜林在他的长篇大论中进行的攻击，并且要从哲学、自然科学和经济学方面驳倒杜林的整个体系。恩格斯出色地做到了这一点。继马克思的《资本论》问世之后，这些反对杜林的论文是来自党内的意义最重大的著作。从党的利益来看，这一著作是必需的。事情关系到保卫党的科学原理即党的理论基础。恩格斯做到了这一点，为此应当感谢他。第三，关于发表形式问题。可以在《前进报》科学附刊上或在科学《评论》[《未来》(*Zukunft*) 杂志] 上或者以小册子形式发表恩格斯后续的文章。

最后，代表大会通过了经李卜克内西修正的倍倍尔的提案，决定恩格斯反对杜林主义著作的第二编和第三编刊登在《前进报》附刊上。这样，就使杜林主义者试图阻挠发表恩格斯科学论著的图谋落空，恩格斯科学论战著作的发表形式问题得到了解决。

4. 广义政治经济学的构想——《反杜林论》的政治经济学编

1877 年 6 月到 12 月，恩格斯写作反对杜林主义著作的第二编政治经济学编。这一编由"对象和方法"（一章）、"暴力论"（三章）、"价值论"（一章）、"简单劳动和复合劳动"（一章）、"资本和剩余价值"（两章）、"经济的自然规律。地租"（一章）、"《批判史》论述"（一章）等几个部分组成，共计十章。这一组文章发表在 7 月 27 日至 12 月 30 日《前进报》附刊上。

在政治经济学问题上，杜林追随凯里，试图为资本主义辩护，宣传庸俗的政治经济学观点，兜售唯心主义的先验论的方法，恶毒攻击马克思主义政治经济学尤其是剩余价值理论。针对这些错误，恩格斯阐明了马克思主义政治经济学的一系列问题，尤其是提出了广义政治经济学的构想，向前推进了马克思主义政治经济学的发展。

第一，政治经济学的研究对象和方法。恩格斯从学科建设的高度出发，首先考察了政治经济学的研究对象和研究方法的问题，创造性地提出了广义政治经济学的设想。

政治经济学的研究对象。恩格斯在写作《自然辩证法》的时候，已经形成了科学分类思想，认为研究对象决定研究的内容和学科的体系，从而为学科分类提供了科学的唯物主义基础。研究政治经济学，同样需要确定其研究对象。恩格斯开宗明义地提出："政治经济学，从最广的意义上说，是研究人类社会中支配物质生活资料的生产和交换的规律的科学。"① 政治经济学的研究对象是各个社会的生产关系的矛盾运动规律，一般不研究生产力问题②。生产关系是在矛盾运动中发展的，呈现出不同的阶段和形态。因此，政治经济学存在着狭义和广义的区分。研究资本主义生产关系或生产方式矛盾运动规律的政治经济学，属于狭义的政治经济学。广义的政治经济学需要对发达的资本主义生产方式和不发达的非资本主义生产方式进行对照，以揭示出生产方式矛盾运动的一般规律。古典经济学属于狭义的政治经济学，杜林仍然局限在这个范围内。广义的政治经济学需要进一步研究，但尚未确立起完整的独立的科学形态。

---

① 马克思，恩格斯. 马克思恩格斯文集：第 9 卷. 北京：人民出版社，2009：153.
② 中国学者后来提出了"生产力经济学"的概念。

政治经济学的研究方法。杜林试图在政治经济学中发现"永恒真理",运用的是唯心主义的先验主义的方法。恩格斯将政治经济学的研究对象和研究方法有机地统一起来,强调要从经济事实出发。在他看来,杜林诉诸道德和法的做法,在科学上丝毫不能将人们推向前进;道义上的愤怒,无论多么入情入理,经济科学总不能将之作为证据,而只能看作象征。因此,"经济科学的任务在于:证明现在开始显露出来的社会弊病是现存生产方式的必然结果,同时也是这一生产方式快要瓦解的征兆,并且从正在瓦解的经济运动形式内部发现未来的、能够消除这些弊病的、新的生产组织和交换组织的因素"①。例如,在考察财富的分配时,我们最好还是遵循现实的客观的经济规律,而不要遵循杜林先生关于正义和非正义的一时的、易变的主观想象。

通过考察政治经济学的研究对象和研究方法,恩格斯认为,"政治经济学本质上是一门**历史的科学**"②,应该坚持具体问题具体分析。

第二,生产关系的系统构成。在批判杜林宣扬的"分配决定论"时,恩格斯深刻地揭示出生产、交换、分配之间的关系,阐明了生产关系的整体性。

分配制度随着生产的变化而变化。通过考察人类历史上分配形式的变化,恩格斯指明,分配是由生产决定的,不能脱离生产而侈谈分配。在原始社会当中,平等的生产决定了平等的分配。如果成员之间在分配方面发生了比较大的不平等,那么,这就已经是公社开始解体的标志了。显然,"随着历史上一定社会的生产和交换的方式和方法的产生,随着这一社会的历史前提的产生,同时也产生了产品分配的方式方法"③。随着分配上的差别的出现,也出现了阶级差别。用暴力对付被统治阶级,成为国家的基本职能。

分配对生产和交换的影响。分配并不仅仅是生产和交换的消极的产物,它反过来也影响生产和交换。每一种新的生产方式不仅受到旧的生产方式以及与之相适应的上层建筑的阻碍,也受到旧的分配方式的阻碍。"每一种新的生产方式或交换形式,在一开始的时候都不仅受到旧的形式以及与之相适应的政治设施的阻碍,而且也受到旧的分配方式的阻碍。新的生产方式和交换形式必须经过长期的斗争才能取得和自己相适应的分配。但是,某种生产方式和交换方式越是活跃,越是具有成长和发展的能力,分配也就越快地达到超过它的母体

---

①　马克思,恩格斯. 马克思恩格斯文集:第 9 卷. 北京:人民出版社,2009:156.

②　同①153.

③　同①154.

的阶段，达到同当时的生产方式和交换方式发生冲突的阶段。"① 资本主义生产方式造成的分配上的对立，最终要造成两极分化，促进资本主义生产方式的解体。

杜林隔断了生产和分配的关系，恩格斯科学阐明了生产、交换、分配之间的辩证关系。这一思想与马克思在《〈政治经济学批判〉导言》中关于生产、消费、分配、交换四者构成一个完整的循环的思想是一致的，表明了马克思主义对生产关系整体性的科学认识。

第三，暴力在社会经济发展中的地位和作用。杜林将暴力看作社会经济发展的最终原因，认为本原性的东西必须从政治暴力当中去寻找，而不应该到经济力量当中去寻找。针对这种颠倒经济和暴力关系的典型的唯心史观，恩格斯科学阐明了暴力在社会经济发展中的地位和作用。

经济力量决定暴力。从历史上来看，人们之所以发明火药和火炮，是由经济原因决定的。火药和火器的采用绝不是一种暴力行为，而是一种工业进步的产物，也就是经济进步的产物。同样，陆军和海军的装备、编成、编制、战术和战略，首先依赖于当时的生产水平和交通状况。因此，"只有通过大工业所达到的生产力的极大提高，才有可能把劳动无例外地分配给一切社会成员，从而把每个人的劳动时间大大缩短，使一切人都有足够的自由时间来参加社会的公共事务——理论的和实际的公共事务。因此，只是在现在，任何统治阶级和剥削阶级才成为多余的，而且成为社会发展的障碍；也只是在现在，统治阶级和剥削阶级，无论拥有多少'直接的暴力'，都将被无情地消灭"②。可见，与暴力相比的经济力量，才是社会发展中的本原性的东西。

暴力推动经济发展。在杜林看来，暴力是绝对的坏事。其实，暴力对于社会经济的发展具有重要的推动作用。政治权力在从社会中独立起来并且从公仆变为主人以后，可以朝两个方向发挥作用。一是它按照合乎规律的经济发展的精神和方向发挥作用。在这种情况下，暴力和经济发展之间没有任何冲突。在暴力的推动下，经济发展加快速度。二是它违反经济发展而发挥作用。在这种情况下，除去少数例外，它照例总是在经济发展的压力下陷于崩溃。因此，不能抽象地说暴力是一种原罪。其实，"暴力在历史中还起着另一种作用，革命

---

① 马克思，恩格斯. 马克思恩格斯文集：第 9 卷. 北京：人民出版社，2009：155.
② 同①189－190.

的作用"，"它是社会运动借以为自己开辟道路并摧毁僵化的垂死的政治形式的工具"①。用马克思的话来说，暴力是每一个孕育着新社会的旧社会的助产婆。

在此基础上，恩格斯揭露了资产阶级国家的军国主义性质。他指出，通过无产阶级革命，将从内部炸毁军国主义并随之炸毁一切常备军。这样，恩格斯不仅科学回答了阶级和政治（暴力）谁决定谁的问题，而且丰富了马克思主义军事科学理论。

第四，不发达经济学的研究构想。从广义政治经济学的角度来看，不发达问题是政治经济学研究的重要问题。马克思和恩格斯在《德意志意识形态》和《共产党宣言》当中已经涉及了这一问题，提出了"三个从属于"的思想。马克思在《资本论》中提出，发达国家的今天昭示着不发达国家的明天的景象。在此基础上，恩格斯进一步表明了自己对这一问题的看法。

东方社会经济的特殊性。杜林完全不知道毛勒关于原始德意志马尔克制度、整个德意志法的基础的划时代的著作，他完全不知道那些主要受毛勒影响的、日益增多的其他著作。这些著作揭示了这样一个经济事实：在所有欧洲和亚洲的文明民族中，都普遍存在过原始的土地公有制。从印度到爱尔兰，大面积的地产的经营，最初正是由氏族公社和农村公社来进行的，同时，耕地或者以公社为单位共同耕种，或者分成小块，由公社在一定时期内分配给各个家庭去耕种，森林和牧场则继续共同使用。"在整个东方，公社或国家是土地的所有者，在那里的语言中甚至没有地主这个名词，关于这一点，杜林先生尽可以向英国的法学家请教，他们曾在印度徒劳地苦苦思索'谁是土地的所有者？'这个问题。"② 在这种情况下，简单地套用西方的做法和理论是行不通的。

东方社会政治的特殊性。一般来讲，国家有政治统治和社会管理两个方面的职能。在东方社会，尽管存在着专制政府，但是，它们始终没有放弃社会管理的职能。"不管在波斯和印度兴起和衰落的专制政府有多少，每一个专制政府都十分清楚地知道它们首先是河谷灌溉的总管，在那里，没有灌溉就不可能有农业。只有文明的英国人才在印度忽视了这一点；他们听任灌溉渠道和水闸毁坏，现在，由于周期性地发生饥荒，他们才终于发现，他们忽视了唯一能使他们在印度的统治至少同他们前人的统治一样具有某种合理性的那种行动。"③

---

①　马克思，恩格斯．马克思恩格斯文集：第 9 卷．北京：人民出版社，2009：191 - 192.

②　同①183.

③　同①187.

随着无产阶级革命的发展，国家的政治职能将消失，社会职能会加强。

随着世界历史的发展，"由大工业产品的竞争引起的自然形成的家庭工业的逐渐破坏，却使公社日益瓦解"①。这里，恩格斯深刻阐明了发达和不发达的矛盾，对于解决不发达问题具有重要的指导意义。

此外，恩格斯还坚决捍卫马克思主义的劳动价值论和剩余价值论，阐明了这些理论的基本观点。

按照马克思和恩格斯在各个专门领域互相帮助的习惯，马克思在 1877 年 3 月初为《反杜林论》写作了政治经济学这一编的第十章，即《〈批判史〉论述》（原稿标题为《评杜林〈国民经济学批判〉》），详细论述了魁奈的《经济表》，对杜林的《国民经济学和社会主义批判史》的基本论点进行了毁灭性的批判。由于外部的原因，恩格斯只是进行了一些简单的处理，压缩了篇幅。

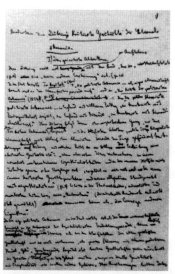

马克思《评杜林〈国民经济学批判史〉》手稿第 1 页

5. 科学社会主义理论的全面阐发——《反杜林论》的社会主义编

1878 年上半年，恩格斯撰写反对杜林主义论著的第三编社会主义编。这一编包括"历史""理论""生产""分配""国家，家庭，教育"五章。这一编

---

① 马克思，恩格斯. 马克思恩格斯文集：第 9 卷. 北京：人民出版社，2009：169.

作为一组文章发表在 5 月 5 日到 7 月 7 日的《前进报》附刊上。

杜林以"社会主义改革家"自居，全面攻击科学社会主义理论。针对这一错误，恩格斯揭露了杜林的虚假社会主义的真实面貌，系统地阐明了社会主义从空想到科学飞跃的条件和成果，科学论证了"两个必然性"，科学预测了未来共产主义的特征。

第一，空想社会主义的评价。作为人类对美好生活的一种向往，社会主义具有悠远的历史。其中，以圣西门、傅立叶、欧文为代表的空想社会主义是批判资本主义、向往社会主义的典范。但是，杜林不熟悉社会主义的历史，抹杀空想社会主义的贡献。针对这种历史虚无主义，恩格斯阐明了社会主义的历史。

空想社会主义的历史局限。空想社会主义是资本主义基本矛盾导致的社会危机的反映。随着资本主义生产方式的发展，无产阶级和资产阶级之间的阶级斗争就开始了。但是，这种斗争还不激烈，这是经济不发达的结果。这种历史情况决定了空想社会主义代表人物观点的空想性。"不成熟的理论，是同不成熟的资本主义生产状况、不成熟的阶级状况相适应的。解决社会问题的办法还隐藏在不发达的经济关系中，所以只有从头脑中产生出来。社会所表现出来的只是弊病，消除这些弊病是思维着的理性的任务。于是，就需要发明一套新的更完善的社会制度，并且通过宣传，可能时通过典型示范，从外面强加于社会。这种新的社会制度是一开始就注定要成为空想的，它越是制定得详尽周密，就越是要陷入纯粹的幻想。"① 因此，科学社会主义始终坚持从经济必然性的高度看待资本主义的灭亡和社会主义的胜利问题。

空想社会主义思想的理论贡献。空想社会主义在批判资本主义旧世界、构想社会主义新世界的过程中，提出过一系列富有见地的观点。例如，傅立叶把社会历史的全部历程分为蒙昧、野蛮、宗法和文明四个发展阶段，将人类社会看作一个不断解决矛盾的社会进化过程。傅立叶和其同时代人黑格尔一样熟练地掌握了辩证法，还把这种考察方法运用于整个人类的未来。"正如康德把地球将来会走向灭亡的思想引入自然科学一样，傅立叶把人类将来会走向灭亡的思想引入历史研究。"② 后来，美国人类学家摩尔根根据达尔文的进化论将人

---

① 马克思，恩格斯 . 马克思恩格斯文集：第 9 卷 . 北京：人民出版社，2009：274.

② 同①277.

类社会的发展划分为蒙昧、野蛮、文明三个阶段。恩格斯在《家庭、私有制和国家的起源》中概括和吸收了摩尔根的观点。

杜林从"最后的终极的真理"的高度蔑视空想社会主义者，殊不知他本人只不过是空想主义者的模仿者，是最新的空想主义者，因为杜林不是根据现有的经济材料，而是从自己至上的脑袋中硬造出一种新的空想的社会制度。

第二，科学社会主义的产生。从空想社会主义到科学社会主义，是基于经济必然性的科学探索的结果。只有在唯物史观的指导下，掌握资本主义经济运行的规律，科学社会主义才是可能的，才能超越空想社会主义。

科学社会主义产生的唯物史观基础。空想社会主义之所以是空想的，就在于对资本主义的批判和对社会主义的构想建立在道德想象的基础上，缺乏最顽强的经济事实的支撑。唯物史观的创立，为科学认识和把握社会历史运动的规律提供了科学的世界观和方法论。在唯物主义历史观看来，生产以及随生产而来的产品交换是一切社会制度的基础；在每个历史地出现的社会中，产品分配以及和它相伴随的社会之划分为阶级或等级，是由生产什么、怎样生产以及怎样交换产品来决定的。因此，一切社会变迁和政治变革的终极原因，不应当到人们的头脑中，到人们对永恒的真理和正义的日益增进的认识中去寻找，而应当到生产方式和交换方式的变更中去寻找；不应当到有关时代的哲学中去寻找，而应当到有关时代的经济中去寻找。一言以蔽之，用来消除已经发现的弊病的手段，也必然以或多或少发展了的形式存在于已经发生变化的生产关系本身中。这些手段不应当从头脑中发明出来，而应当通过头脑从生产的现成物质事实中发现出来。

科学社会主义产生的经济必然性。科学社会主义是社会历史合乎规律发展的必然产物。在资产阶级领导下创造的生产力，以前所未闻的速度和规模发展起来了。但是，新的生产力已经超过了这种生产力的资产阶级利用的形式，社会化大生产和生产资料的资本主义占有的不相容性，必然愈加鲜明地尖锐地表现出来。集中在资本家手中的生产资料和除了自己的劳动力以外一无所有的生产者彻底分离了。这样，社会化大生产和资本主义占有之间的矛盾便表现为无产阶级和资产阶级的矛盾。"新的生产力已经超过了这种生产力的资产阶级利用形式；生产力和生产方式之间的这种冲突，并不是像人的原罪和神的正义的冲突那样产生于人的头脑中，而是存在于事实中，客观地、在我们之外，甚至不依赖于引起这种冲突的那些人的意志或行动而存在着。现代社会主义不过是这种实际冲突在思想上的反映，是它在头脑中，首先是在那个直接吃到它的苦头的阶级即工人阶级的头脑中的观念上的反映。"① 社会化大生产和资本主义私人占有之间的矛盾包含着现代一切冲突的萌芽。最终，用社会主义取代资本主义，才能解决这一冲突。

总之，马克思主义是关于无产阶级解放的科学。"完成这一解放世界的事业，是现代无产阶级的历史使命。深入考察这一事业的历史条件以及这一事业的性质本身，从而使负有使命完成这一事业的今天受压迫的阶级认识到自己的行动的条件和性质，这就是无产阶级运动的理论表现即科学社会主义的任务。"② 因此，无产阶级要掌握科学社会主义，以之作为自己的指导思想；科学社会主义要掌握无产阶级，以之作为实现解放事业的阶级主体。这样，科学社会主义就产生了，并超越了空想社会主义。

第三，资本主义经济危机的产生和消除。社会化大生产和资本主义私人占有之间的矛盾是资本主义的基本矛盾，不仅表现为无产阶级和资产阶级之间的矛盾，而且表现为个别工厂中生产的组织性和整个社会中生产的无政府状态之间的矛盾。随着这两种矛盾的发展，必然导致资本主义经济危机，最终将消除资本主义自身。

资本主义经济危机的产生。随着资本主义基本矛盾的发展，必然造成生产不断扩大的趋势和工人阶级、劳动人民购买能力不足之间的矛盾，出现无产阶级的贫困化，导致资本主义陷入经济危机当中。"对资本家来说，扩大自己的生产规模的单纯的实际可能性也变成了同样的强制性命令。大工业的巨大的扩张力——气体的膨胀力同它相比简直是儿戏——现在在我们面前表现为不顾任何反作用力而在质量上和数量上进行扩张的**需要**。这种反作用力是由大工业产品的消费、销路、市场形成的。但是，市场向广度和深度扩张的能力首先是受完全不同的、力量弱得多的规律支配的。市场的扩张赶不上生产的扩张。冲突成为不可避免的了，而且，因为它在把资本主义生产方式本身炸毁以前不能使矛盾得到解决，所以它就成为周期性的了。"③ 这种周期性的恶性循环，就是资本主义经济危机。

资本主义经济危机的消除。在经济危机中，资本主义基本矛盾剧烈地爆发

---

① 马克思，恩格斯 . 马克思恩格斯文集：第 9 卷 . 北京：人民出版社，2009：285.
② 同①300.
③ 同①292.

出来。商品流通暂时停顿下来，流通手段即货币成为流通的障碍，商品生产和商品流通的一切规律都颠倒过来了。于是，经济危机达到了顶点：生产方式起来反对交换方式，生产力起来反对已经被它超过的生产方式。换句话说，"现代资本主义生产方式所造成的生产力和由它创立的财富分配制度，已经和这种生产方式本身发生激烈的矛盾，而且矛盾达到了这种程度，以至于如果要避免整个现代社会毁灭，就必须使生产方式和分配方式发生一个会消除一切阶级差别的变革。现代社会主义必获胜利的信心，正是基于这个以或多或少清晰的形象和不可抗拒的必然性印入被剥削的无产者的头脑中的、可以感触到的物质事实"①。这样，只有通过社会主义革命，才能消除资本主义经济危机。

综上，恩格斯简明扼要地概括了马克思在《资本论》中提出的资本主义经济危机理论，从而增强了工人阶级对"两个必然"的自信。

第四，未来社会的实现和特征。在分析资本主义矛盾发展趋势的基础上，恩格斯还科学分析了未来理想社会的必然性，科学预测了其特征。

未来理想社会的必然性。资本主义经济危机表明，生产资料的扩张力撑破了资本主义生产方式所加给它的桎梏。这样，就要从变革生产资料开始社会主义革命，实现生产资料的社会占有。"生产资料由社会占有，不仅会消除生产的现存的人为障碍，而且还会消除生产力和产品的有形的浪费和破坏，这种浪费和破坏在目前是生产的无法摆脱的伴侣，并且在危机时期达到顶点。此外，这种占有还由于消除了现在的统治阶级及其政治代表的穷奢极欲的挥霍而为全社会节省出大量的生产资料和产品。通过社会化生产，不仅可能保证一切社会成员有富足的和一天比一天充裕的物质生活，而且还可能保证他们的体力和智力获得充分的自由的发展和运用，这种可能性现在第一次出现了，但它**确实是出现了**。"② 也就是要剥夺剥夺者，重新建立个人所有制。这将是一个按社会主义原则组织起来的联合体，即自由人联合体。

未来理想社会的特征。在分析未来理想社会的经济必然性的基础上，恩格斯科学描绘了其特征。在生产资料所有制上，国家将以社会的名义占有生产资料，即社会所有制涉及土地和其他生产资料，个人所有制涉及产品，也就是涉及消费品。这将杜绝剥削。在生产力上，大力发展社会化生产力。这样，不仅

---

①　马克思，恩格斯 . 马克思恩格斯文集：第 9 卷 . 北京：人民出版社，2009：165.
②　同①299.

可能保证一切社会成员有富足的和一天比一天充裕的物质生活，而且还可能保证其体力和智力获得充分的自由的发展和运用。在社会条件上，将消除城乡差别和对立。在经济的组织方式上，社会生产将按照有计划的方式进行。"只有按照一个统一的大的计划协调地配置自己的生产力的社会，才能使工业在全国分布得最适合于它自身的发展和其他生产要素的保持或发展。"① 这里的计划指的是未来的理想社会克服生产的无政府状态之后的科学抉择。在人的发展方面，将实现人的自由而全面的发展。这些特征在《共产党宣言》等科学文献中都已经做过科学预测。

总之，一旦社会占有生产资料，那么商品生产就将被消除，阶级不复存在，国家将走向消亡。"至今一直统治着历史的客观的异己的力量，现在处于人们自己的控制之下了。只是从这时起，人们才完全自觉地自己创造自己的历史；只是从这时起，由人们使之起作用的社会原因才大部分并且越来越多地达到他们所预期的结果。这是人类从必然王国进入自由王国的飞跃。"② 共产主义社会是必然王国的结束和自由王国的开始。这一科学的预测与《资本论》等文献的预测是一致的。

1878 年 7 月，恩格斯的这一论战著作的第二编和第三编以《欧根·杜林先生在科学中实行的变革。二、政治经济学·社会主义》为题在莱比锡出版单行本。

6.《反杜林论》的传播和《社会主义从空想到科学的发展》的出版

随着恩格斯反对杜林主义论著的连续发表，杜林主义被摧垮了。但是，1877 年 7 月，由于杜林猛烈抨击了柏林大学的教授和大学的各种制度，柏林大学当局解除了其私人讲师的资格，剥夺了他在大学授课的权利。这种做法是不公正的，尤其是对于一个残疾人来说更是如此。因此，一些学生等社会人士对柏林大学当局的上述决定提出了强烈抗议。但是，《柏林自由新闻报》歪曲事实的真相，借机把杜林吹捧为社会主义活动家。杜林主义再度抬头，杜林试

---

① 马克思，恩格斯 . 马克思恩格斯文集：第 9 卷 . 北京：人民出版社，2009：313.
② 同①300.

图东山再起。然而，在恩格斯科学巨著的影响下，人们认清了杜林的真实面貌。1877 年 11 月 17 日，德国社会主义工人党中央选举委员会发表反对杜林的声明，原来受杜林主义影响很深的《柏林自由新闻报》也发表文章公开反对杜林。

恩格斯批判杜林的文章全部发表以后，于 1878 年 7 月全部汇集成册出版了单行本，书名定名为《欧根·杜林先生在科学中实行的变革。哲学·政治经济学·社会主义》。这标志着马克思、恩格斯反对杜林主义的斗争彻底结束。此后，恩格斯批判杜林的著作的德文各版都沿用这一书名出版，只是删去了副标题。恩格斯在 1879 年 11 月 14 日给奥·倍倍尔的信中把这部著作简称为《反杜林论》。因此，人们开始正式把《反杜林论》作为书名。从此，马克思主义的这部光辉著作就以《反杜林论》这个名称载入马克思主义发展史和国际共产主义运动史的史册。

在"非常法"颁布之后，《反杜林论》和几乎所有当时正在流行的恩格斯其他著作一样，在德意志帝国遭到查禁，成为"禁书"。

后来，在恩格斯生前，这一著作又出版了两版。1884 年 4 月 11 日，在获悉该书在德国和其他国家特别是在俄国产生了巨大影响以后，恩格斯写信告诉伯恩施坦，他准备出这部著作的第二版。1885 年 1 月，他准备付印该书德文第二版。5 月到 11 月，他校对该书德文第二版的校样。8 月 14 日到 9 月 14 日，在泽稷岛休养期间，他校订该书第二版的校样。9 月 23 日，他写完《反杜林论》德文第二版的序言，强调必须在自然科学中运用辩证法，认为自然科学的最新成就证明必须这样做。12 月 2 日，《反杜林论》德文第二版在苏黎世出版，扉页上标明的时间为 1886 年。1894 年经过修订的第三版在斯图加特出版。第二版和第三版均以《欧根·杜林先生在科学中实行的变革》为书名。

恩格斯为这三个版本写了序言。按照客观主义和历史主义的精神，他指出："本书是一部论战性的著作，我觉得，既然我的对手不能作什么修改，那我这方也理应不作什么修改。我只能要求有反驳杜林先生的答辩的权利。可是杜林先生针对我的论战所写的东西，我没有看过，而且如无特殊的必要，我也不想去看；我在理论上对他的清算已告结束。况且，杜林先生后来遭到柏林大学的卑劣的、不公正的对待，我对他更应当遵守文字论战的道义准则。当然，这所大学为了这件事受到了谴责。一所大学既然可以在人所共知的情况下剥夺杜林先生的教学自由，那么如果有人要在同样的人所共知的情况下把施韦宁格先生硬塞给它，它也就不应当感到惊讶了。"① 马克思主义批判的是错误思想，而不是某个具体的人。

1880 年 1 月到 3 月上半月，应拉法格的请求，恩格斯把《反杜林论》一书中的三章（《引论》的第一章以及第三编的第一章和第二章）改写为一篇独立的通俗的著作。这一著作由拉法格译成法文后，以《空想社会主义和科学社会主义》为题首先发表在 3 月 20 日、4 月 20 日和 5 月 5 日的《社会主义评论》杂志上。同年，又用同一标题出版了法文单行本。5 月 4 日到 5 日左右，马克思为这一著作的法文版写了导言。马克思指出："他为《前进报》撰写并讽刺地题为《欧根·杜林先生在科学中实行的变革》的最近的一组论文，是对欧根·杜林先生关于一般科学，特别是关于社会主义的所谓新理论的回答。这些论文已经集印成书并且在德国社会主义者中间获得了巨大的成功。在这本小册子中我们摘录了这本书的理论部分中最重要的部分；这一部分可以说是**科学社会主义的入门**。"② 附有马克思的导言的恩格斯的这本著作于 5 月底出版。这里，马克思明确将这部著作定位为"科学社会主义的入门"。

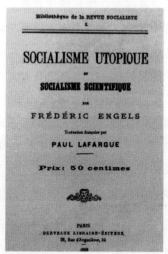

《空想社会主义和科学社会主义》1880 年法文版扉页

1882 年 9 月 14 日，恩格斯开始进行出版《空想社会主义和科学社会主义》德文第一版的准备工作。他决定为该版写一篇专门论述马尔克的文章，以

① 马克思，恩格斯．马克思恩格斯文集：第 9 卷．北京：人民出版社，2009：11 - 12.
② 马克思，恩格斯．马克思恩格斯文集：第 3 卷．北京：人民出版社，2009：493.

便让社会民主党了解德国土地所有制的产生和发展的历史，从而使党注意到把农业工人和农民吸引到党的方面来的必要性。9 月 21 日，在基本上完成这一小册子德文第一版正文的出版准备工作后，恩格斯为该版写作了序言。小册子于 1882 年年底印就，1883 年 4 月以《社会主义从空想到科学的发展》为书名出版，书上印刷的出版时间为 1882 年。自此，该小册子以此为书名，并为世人所熟知。1891 年 5 月 12 日，恩格斯为《社会主义从空想到科学的发展》一书德文第四版，即经过修改和补充的新版撰写了简短的序言。序言刊印在当年下半年出版的书中。1892 年约 6 月初，恩格斯把《〈社会主义从空想到科学的发展〉英文版导言》译成德文。译文于 9 月发表在《新时代》杂志上，标题为《论历史唯物主义》。

恩格斯关于《社会主义从空想到科学的发展》编辑原则的说明

只有一章，我允许自己作些解释性的增补，这就是第三编第二章《理论》。这里所涉及的仅仅是我所主张的观点的一个核心问题的表述，如果我力求写得通俗些，增补得连贯些，我的论敌是不会抱怨的。而且，这里还有外部的原因。我为我的朋友拉法格把本书的三章（《引论》的第一章及第三编的第一、二两章）编成独立的小册子，以便译成法文出版；在法文版成为意大利文版和波兰文版所依据的文本之后，以《社会主义从空想到科学的发展》为名的德文版也刊行了。这本小册子在短短的几个月内就发行了三版，接着俄文的、丹麦文的译本也出现了。在所有这些版本中，只对上述的一章作了增补。不过，如果我在刊行原本的新版时，拘守原文，而不顾它后来的已经成为国际性的版本，那么这就是一种迂腐行为了。①

1892 年 2 月中，恩格斯校订爱琳娜·艾威林翻译的《社会主义从空想到科学的发展》一书的英译文。4 月 20 日，恩格斯写完《〈社会主义从空想到科学的发展〉英文版导言》。在这篇导言中，他用历史唯物主义观点阐述了资产阶级社会发展的几个最重要的阶段，就此分析了几个历史问题和唯物主义哲学问题，并且说明了不可知论和在资本主义开始衰落时资产阶级意识形态的特

---

① 恩格斯. 反杜林论·三个版本的序言//马克思，恩格斯. 马克思恩格斯文集：第 9 卷. 北京：人民出版社，2009：12.

点。该书英文版于 1892 年在伦敦出版。

《社会主义从空想到科学的发展》1883 年德文第一版扉页
（出版时扉页上印的是 1882 年）

　　后来，《反杜林论》和《社会主义从空想到科学的发展》成为学习马克思主义的重要入门书，其流行和普及的程度甚至超过了《资本论》等马克思主义科学巨著。

7. 马克思主义整体性的典范——《反杜林论》的理论贡献

　　在《反杜林论》之前，随着唯物史观和剩余价值论的创立，社会主义实现了从空想到科学的飞跃，马克思主义理论体系的科学大厦已经建立起来，为无产阶级和劳动人民的解放指明了方向。但是，由于忙于实际斗争，恩格斯和马克思还未来得及从正面系统地阐述马克思主义理论体系及其内在关系。马克思只是原则性地说明，不论《资本论》存在着多少缺点，它都是一个科学的艺术的整体。确实，整体性是马克思主义的鲜明的特征。《反杜林论》是坚持和阐明马克思主义整体性的科学典范。

　　历史唯物主义是唯物史观的科学形态。唯物史观是马克思在科学上的第一个伟大的发现，是马克思主义在哲学上的突出贡献。在唯物史观创立之后，恩格斯和马克思用"唯物主义历史观"和"唯物史观"来称呼这一伟大发现。在《社会主义从空想到科学的发展》的英文版导言中，恩格斯创造性地提出了"历史唯物主义"的概念。"本书所捍卫的是我们称之为'历史唯物主义'的东西，而唯物主义这个名词是使大多数英国读者感到刺耳的。'不可知论'也许还可以容忍，但是唯物主义就完全不能容许了。"① 联系《反杜林论》中对"唯物主义历史观"原理的阐发来看，恩格斯用"历史唯物主义"指明了马克思主义哲学变革的科学理论体系。1890 年 9 月 21 日到 22 日，恩格斯在致布洛赫的信中指出："我也可以向您指出我的《欧根·杜林先生在科学中实行的变革》和《路德维希·费尔巴哈和德国古典哲学的终结》，我在这两部书里对历史唯物主义作了就我所知是目前最为详尽的阐述。"② 因此，历史唯物主义不仅仅是唯物主义历史观和唯物史观的同义语，而且是指唯物主义历史观和唯物史观的科学形态。

历史唯物主义实现了唯物主义历史观和唯物主义自然观的统一。费尔巴哈的唯物主义是"半截子"唯物主义，在自然观领域是唯物主义，在历史观领域是唯心主义。在创立唯物史观的过程中，马克思和恩格斯在《德意志意识形态》中提出，作为历史科学的唯物史观应该实现自然观和历史观的统一。在《反杜林论》中，恩格斯进一步指出，现代唯物主义包括自然观和历史观两个方面，其本质是辩证的。"自由不在于幻想中摆脱自然规律而独立，而在于认识这些规律，从而能够有计划地使自然规律为一定的目的服务。这无论对外部自然的规律，或对支配人本身的肉体存在和精神存在的规律来说，都是一样的。这两类规律，我们最多只能在观念中而不能在现实中把它们互相分开。"③自然规律和社会规律的统一决定了唯物主义自然观和唯物主义历史观的统一。

历史唯物主义实现了唯物主义历史观、唯物辩证法、唯物主义认识论的统一。辩证法是关于自然、社会和思维的运动和发展的普遍规律的科学。唯物辩证法是由自然辩证法、社会辩证法、思维辩证法构成的科学整体。正如辩证法为自然界自身所具有一样，辩证法为人类社会自身所具有。恩格斯指出，正如康德把地球将来会走向灭亡的思想引入自然科学一样，傅立叶把人类将来会走向灭亡的思想引入历史研究。这就表明，人类社会是一个辩证运动的过程。当然，从根本上来看，人类社会的辩证运动来自社会基本矛盾。同时，作为主观辩证法的思维辩证法是对自然辩证法和社会辩证法的反映。历史唯物主义是对

---

① 马克思，恩格斯．马克思恩格斯文集：第 3 卷．北京：人民出版社，2009：502.

② 马克思，恩格斯．马克思恩格斯文集：第 10 卷．北京：人民出版社，2009：593.

③ 马克思，恩格斯．马克思恩格斯文集：第 9 卷．北京：人民出版社，2009：120.

社会历史规律的科学认识，打通了自然认识论和社会认识论。

总之，历史唯物主义克服了旧哲学的局限性，使马克思主义哲学成为一个科学的艺术的整体。

历史唯物主义是剩余价值理论的科学世界观和方法论，促进了社会主义从空想到科学的飞跃。按照历史唯物主义研究资本主义生产方式的矛盾运动，马克思在劳动价值论的基础上发现了剩余价值的秘密，从而实现了马克思主义哲学和马克思主义政治经济学的统一，使社会主义实现了从空想到科学的飞跃。恩格斯指出："这两个伟大的发现——唯物主义历史观和通过剩余价值揭开资本主义生产的秘密，都应当归功于**马克思**。由于这两个发现，社会主义变成了科学，现在首先要做的是对这门科学的一切细节和联系作进一步的探讨。"①1890 年 10 月 27 日，恩格斯在致施米特的信中指出："在上述关于我对生产和商品贸易的关系以及两者和货币贸易的关系的见解的几点说明中，我基本上也已经回答了您关于历史唯物主义本身的问题。"② 总的说来，经济运动会为自己开辟道路，但是它也必定要经受其所确立的并且具有相对独立性的政治运动的反作用，即国家权力的以及和它同时产生的反对派的运动的反作用。既然凭借历史唯物主义认清了经济必然性，认清了社会化大生产和资本主义私人占有的矛盾必然导致资本主义解体，那么，在生产力高度发展的基础上，一旦社会占有了生产资料，那么，就开始了从必然王国向自由王国的飞跃。

这样，历史唯物主义将马克思主义哲学（共产主义世界观）、马克思主义政治经济学和科学社会主义理论统一为一个科学的有机整体。

由于杜林从哲学、政治经济学、社会主义理论三个方面向马克思主义发出了诘难，因此，恩格斯也从这三个方面系统阐明了马克思主义的基本观点，并将马克思主义哲学、马克思主义政治经济学、科学社会主义结合为一个整体。"由此可见，对象本身的性质迫使批判不得不详尽，这样的详尽是同这一对象的学术内容即同杜林著作的学术内容极不相称的。但是，批判之所以这样详尽，还可以归因于另外两种情况。一方面，这样做使我在这本书所涉及到的很不相同的领域中，有可能正面阐发我对这些在现时具有较为普遍的科学意义或实践意义的争论问题的见解。这在每一章里都可以看到，尽管这本书的目的

---

① 马克思，恩格斯. 马克思恩格斯文集：第 9 卷. 北京：人民出版社，2009：30.
② 马克思，恩格斯. 马克思恩格斯文集：第 10 卷. 北京：人民出版社，2009：596.

并不是以另一个体系去同杜林先生的'体系'相对立，可是希望读者不要忽略我所提出的各种见解之间的内在联系。我现在已有充分的证据，表明我在这方面的工作不是完全没有成效的。"① 根据《反杜林论》的这种科学认识，1913年，列宁写作了《马克思主义的三个来源和三个组成部分》。当然，我们不能将马克思主义的理论来源只认定为三个源头，也不能将马克思主义的组成部分只认定为三个方面。

《反杜林论》同样是马克思和恩格斯亲密合作的产物。恩格斯指出："本书所阐述的世界观，绝大部分是由马克思确立和阐发的，而只有极小的部分是属于我的，所以，我的这种阐述不可能在他不了解的情况下进行，这在我们相互之间是不言而喻的。在付印之前，我曾把全部原稿念给他听，而且经济学那一编的第十章（《〈批判史〉论述》）就是马克思写的，只是由于外部的原因，我才不得不很遗憾地把它稍加缩短。在各种专业上互相帮助，这早就成了我们的习惯。"② 这是马克思主义整体性的重要体现。西方"马克思学"曾经热衷于制造马克思和恩格斯的"对立论"，割裂马克思主义的整体性。其实，马克思不但是"实践的唯物主义者"，而且是辩证唯物主义者。

恩格斯本人为写作《反杜林论》做出了巨大的牺牲。1876年10月7日，马克思在致李卜克内西的信中指出："现在恩格斯正忙于写他的批判杜林的著作。这对他来说是一个巨大的牺牲，因为他不得不为此而停写更加重要得多的著作。"③ 这部"更加重要得多的著作"，就是《自然辩证法》。如果没有写作《反杜林论》，恩格斯自然会完成《自然辩证法》，从而在科学上博得更大的名声。好在《自然辩证法》和《反杜林论》相得益彰，构成了马克思主义发展史上精彩的华章。正如梅林（1846—1919）所指出的那样，正当一片阴云使政治地平线变得阴暗的时候，《反杜林论》这盏明灯安详地放射出了它那灿烂的光辉。

---

① 马克思，恩格斯．马克思恩格斯文集：第9卷．北京：人民出版社，2009：8.

② 同①11.

③ 马克思，恩格斯．马克思恩格斯全集：第34卷．北京：人民出版社，1972：194.

第 13 章

俄国的前景
——探索俄国社会发展道路

  那么试问：俄国公社，这一固然已经大遭破坏的原始土地公共占有形式，是能够直接过渡到高级的共产主义的公共占有形式呢？或者相反，它还必须先经历西方的历史发展所经历的那个瓦解过程呢？

  对于这个问题，目前唯一可能的答复是：假如俄国革命将成为西方无产阶级革命的信号而双方互相补充的话，那么现今的俄国土地公有制便能成为共产主义发展的起点。[①]

  巴黎公社革命失败之后，俄国社会发展前景问题一跃成为恩格斯和马克思关注的重点问题之一。众所周知，在这个问题上，马克思在《给维·伊·查苏利奇的复信》中创造性地提出了"不通过资本主义制度的卡夫丁峡谷"的设想（即"跨越设想"）。其实，恩格斯早于马克思开始涉及俄国问题，尤其是恩格斯 1875 年创作和发表的《论俄国的社会问题》是马克思主义发展史上和国际共产主义运动史上第一篇公开发表的关于俄国社会问题的专门文献。马克思于 1883 年逝世之后，恩格斯与俄国革命者保持密切互动，进一步阐明了对俄国社会发展前景问题的科学看法，推动形成和完善了马克思主义东方社会理论，从而使马克思主义理论进一步成为一个科学的艺术的整体。

---

① 马克思，恩格斯．共产党宣言·1882 年俄文版序言//马克思，恩格斯．马克思恩格斯文集：第 2 卷．北京：人民出版社，2009：8.

1. "俄国初旅"（1850—1882）

1848—1849 年欧洲革命失败之后，在被迫无奈的情况下，恩格斯只好去曼彻斯特经商。就是从那时起，俄国问题进入了恩格斯的视野当中。

恩格斯具有广泛的语言学兴趣和惊人的语言天赋。到达曼城之后，随着工作和生活步入"正轨"，恩格斯进一步广泛涉及欧洲各种语言。1850 年 12 月底，他开始学习俄文。过了一年多之后，1852 年 3 月 18 日，他在致马克思的信中讲述了自己学习俄文和斯拉夫语的具体情况："何况我必须最终学完我的斯拉夫语。像过去那样从兴趣出发，我整整一年都毫无收获，但是因为已经开始学了，并且已经到了不能丢下的程度，所以现在我必须经常用一些时间来学习。最近两个星期我在努力啃俄语，现在差不多学完了语法，再用两三个月丰富必要的词汇，我就可以开始学别的东西了。我必须今年学完斯拉夫语，其实这些语言并不太难。"① 在此期间，恩格斯学习了俄语、塞尔维亚克罗地亚语、斯洛文尼亚语和捷克语，甚至打算写一部斯拉夫语的比较语法的书。他在学习斯拉夫语的同时，研究了斯拉夫各民族的历史和文化。他阅读了捷克和塞尔维亚著作家所写的有关文学史和民间创作史的著作，如沙法里克的《斯拉夫各种方言的语言文学史》、卡拉季奇的《塞尔维亚民歌集》等著述。

到 1852 年春季，恩格斯进一步自修俄语，后来用一部分时间向俄国的流亡者爱德华·平达学习会话，开始掌握俄语口语。在研究语法的同时，恩格斯还阅读了一些原版的俄国文学作品，如普希金的《叶甫盖尼·奥涅金》和《青铜骑士》、格里鲍耶陀夫的《聪明误》和赫尔岑的《往事与随想》等。他抄录了普希金的小说《叶甫盖尼·奥涅金》，并做了词汇摘录，把其中第一章中的几节译成了德文散文。到 19 世纪 50 年代初，恩格斯研究了包令的著作《俄罗斯诗文集》，从该书中汲取了有关 18 世纪到 19 世纪初俄国诗人和作家，即罗蒙诺索夫、杰尔查文、苏马罗科夫、波格丹诺维奇、赫拉斯科夫、卡拉姆津、茹柯夫斯基、克雷洛夫以及其他俄国作家的智慧。马克思学习俄语的时间比恩格斯晚了二十年。尽管是在年过半百的情况下才学习俄语的，但是，马克思很快掌握了俄语。由于恩格斯和马克思都懂俄文，都能够阅读俄文学术著作，因

---

① 马克思，恩格斯. 马克思恩格斯文集：第 10 卷. 北京：人民出版社，2009：107.

此，他们对俄国问题的研究都是建立在掌握第一手资料的基础上，有效地保证了其研究和结论的科学性。

当然，恩格斯学习俄语绝不是一种"书生意气"，而是服从和服务他的远大的革命志向。除了个人的语言学方面的兴趣之外，恩格斯学习俄语的直接目的是研究俄国的社会发展，即俄国的历史变迁、现实状况、革命选择和未来走向等问题。1852 年 3 月 18 日，他在致马克思的信中说："除了这种学习引起我对语言学的兴趣之外，还有一个想法，那就是在下一场大型政治历史剧上演时，我们当中至少有一个人对那些恰好立即就会与之发生冲突的民族的语言、历史、文学以及社会制度的特点有所了解。说实在的，巴枯宁之所以捞到了一点东西，只是由于谁也不懂俄语。而这种把古代斯拉夫公社所有制变成共产主义和把俄国农民描绘成天生的共产主义者的陈旧的泛斯拉夫主义的骗人鬼话，将会再次十分广泛地传播。"[①] 这里，恩格斯已经开始直面俄国社会发展前景中的关键问题：第一，古代斯拉夫公社所有制能否变成共产主义？第二，俄国农民是不是天生的共产主义者？为了研究这些问题，必须学习俄语以掌握第一手资料。当然，这种学习与反对巴枯宁主义的斗争有关。

在这个过程中，恩格斯接触到俄国民粹主义思想家的作品。民粹主义（populism）是在 19 世纪的俄国兴起的一股社会思潮，由于其提出的"到民间去"即走向人民的口号而得名。19 世纪上半叶随着农奴制危机的加深，反抗农奴制的革命民主主义在平民知识分子中开始流行，亚·伊·赫尔岑（1812—1870）、尼·加·车尔尼雪夫斯基（1828—1889）等人主张解放农民和土地，在传统村社的基础上走向共产主义。1853 年 4 月，恩格斯阅读了赫尔岑 1851 年用法文出版的《论俄国革命思想的发展》一书。4 月 12 日，他在致魏德迈的信中说："赫尔岑先生把问题看得太容易了，他竟按黑格尔的方式设计了一个以巴枯宁—赫尔岑—戈洛文三执政为首的民主社会共产主义的蒲鲁东主义的俄罗斯共和国，来保证自己万无一失（《论俄国革命思想的发展》）。"[②] 1853 年 7 月初，恩格斯阅读赫尔岑写的反对农奴制的宣言《尤利耶日！尤利耶日！给俄国贵族》。1854 年 12 月到 1855 年 1 月，他阅读了赫尔岑的《来自彼岸》《俄国和旧世界》《往事与随想》等作品。这样，恩格斯就知晓了赫尔岑的思想，

---

① 马克思，恩格斯. 马克思恩格斯文集：第 10 卷. 北京：人民出版社，2009：107 - 108.
② 马克思，恩格斯. 马克思恩格斯全集：第 49 卷. 2 版. 北京：人民出版社，2016：381.

并做出了科学评价。同时，恩格斯研究了一系列关于俄国和斯拉夫各民族的历史的德文、俄文和其他文字的资料，如哈克斯特豪森、帕顿、兰克、沙法里克、恩格尔等人的书。

19 世纪 70 年代民粹主义运动的参加者
克拉夫钦斯卡娅回忆恩格斯的俄语水平

有一个星期日，我和我的丈夫、马克思的女儿爱琳娜，一同拜访了恩格斯。

和蔼可亲的老人给了我一个极好的印象。我是非常腼腆的，他偏偏又让我坐在他旁边。我尽量靠近马克思的女儿，竭力避免和恩格斯谈话，他当然像一位殷勤的主人那样开始招待我了。我不会说外国话，因此只希望能让我安安静静地坐在一边。恩格斯又说法语、又说德语、又说英语。他们什么都谈，主要是谈政治问题，并且也有争论。

⋯⋯⋯⋯⋯

突然恩格斯转过来同我攀谈，他知道我不懂外国语，所以讲了俄语。他引了一段普希金的诗：

⋯⋯⋯⋯⋯

这是他用流利的俄语背出来的。我鼓掌叫好，但是恩格斯说："唉，我对俄语的了解也不过如此而已。"①

在《资本论》第一卷刚出版的时候，俄国革命者和出版商就提出了将之翻译为俄文在俄国出版的要求。在这个过程中，恩格斯和马克思与格·亚·洛帕廷（1845—1918）、尼·弗·丹尼尔逊（1844—1918）等俄国革命者来往频繁，后二人成为《资本论》俄文版的翻译者。1870 年，在逗留伦敦期间，洛帕廷开始翻译《资本论》第一卷。他从第二章（后来一些版本中的第二篇）开始，翻译了《资本论》第一卷德文第一版正文的将近三分之二的篇幅。后来，由于他要去俄国营救处于沙皇流放中的车尔尼雪夫斯基，就中断了《资本论》第一卷的翻译工作。接着，由丹尼尔逊完成了其余部分的翻译。由于营救失败，洛

---

① 克拉夫钦斯卡娅．回忆录片断//中共中央马克思恩格斯列宁斯大林著作编译局．回忆恩格斯．北京：人民出版社，2005：130－133.

帕廷被捕，被关在伊尔库茨克的监狱中。在两次尝试越狱失败之后，1873 年 6 月 10 日，他再次尝试越狱，终于逃了出来，于 8 月到了巴黎。11 月，他到达伦敦。此时，马克思恰好带着小女儿爱琳娜去哈罗格特治病去了，他没有见到马克思。11 月 29 日，恩格斯在给马克思的信中详细谈到洛帕廷的情况，并讲了《资本论》翻译为俄文的具体情况。同时，恩格斯谈了洛帕廷等人营救车尔尼雪夫斯基的情况。

在这个过程中，恩格斯和马克思开始讨论俄国社会发展前景中的具体问题。1858 年 4 月 29 日，马克思在给恩格斯的信中，强调在俄国开展的农奴解放运动的重要意义。1859 年 12 月 13 日，马克思在给恩格斯信中，谈到在俄国社会运动发展的速度比欧洲其他各地都快。他指出，农民反对贵族的运动和贵族反对沙皇的立宪运动是俄国当时两种主要的社会运动。1866 年 1 月 26 日，恩格斯写信给马克思说："使我耽搁下来的是：对于俄国农奴的解放究竟是怎样实行的，农民获得了什么样的土地，谁为此付钱，农民现在在对地主的关系上实际上所处的地位怎样等问题，我既没有材料，也几乎没有留下任何记忆。贵族和沙皇以前的**方案**我倒看见过，但不知道这些方案是怎样实现的。你有这方面的材料吗？"① 这表明，恩格斯开始关注和研究 1861 年俄国农奴制改革。

1874 年 3 月到 4 月，马克思把丹尼尔逊写给洛帕廷的信件转交给洛帕廷，并且从他那里得到了发表在《知识》杂志 1874 年第 1 期上的尼·季别尔的文章《马克思的经济理论》。在交往中，恩格斯和马克思得知了《资本论》在俄国的传播情况。

在此基础上，恩格斯和马克思就形成了关于俄国社会发展前景问题的基本看法，开始开辟马克思主义东方社会理论。

2. 俄国跨越发展的前提——《论俄国的社会问题》

马克思和恩格斯论述俄国未来社会前景问题的第一篇文章是由恩格斯于 1875 年撰写的《论俄国的社会问题》一文。与《反杜林论》一样，这篇文章是在马克思的建议下写作的。尽管耽搁了《自然辩证法》的写作，但是，这篇文章将马克思主义关于俄国社会发展前景的观点第一次直接呈现在世人面前。

---

① 马克思，恩格斯．马克思恩格斯全集：第 31 卷．北京：人民出版社，1972：175 - 176.

《流亡者文献》中的后两篇文献是在与俄国民粹主义分子特卡乔夫的论战中形成的。特卡乔夫（1844—1885）是俄国民粹主义当中的布朗基派思想家，追随拉甫罗夫。1874 年 10 月 20 日左右，根据在巴黎的洛帕廷的请求，恩格斯把《流亡者文献》中的第三篇文章寄给了他。洛帕廷立刻把文章寄给彼得堡的革命同志。由于对《流亡者文献》第三篇文献批评拉甫罗夫的言论不满，1874 年，特卡乔夫写作了一本名为《给弗里德里希·恩格斯先生的公开信》的小册子。从民粹主义立场出发，他宣扬俄国社会发展的所谓"独特性"和"优势"。脱离欧洲和俄国社会发展的实际情况，他断言俄国农村公社有可能轻而易举地使俄国社会实现革命的变革，俄国革命可以通过秘密革命组织的密谋取得胜利。

1875 年 2 月到 3 月初，马克思阅读特卡乔夫的上述小册子，并在扉页上写下了自己的批评意见，将之转交给恩格斯，并建议恩格斯在回答时如何对付特卡乔夫。同时，李卜克内西也提出了相同的建议。在这种情况下，恩格斯写作了《流亡者文献》中的第四篇和第五篇作为答复。在这两篇文章当中，恩格斯分析了俄国的社会关系和 1861 年改革后的资本主义的发展，尖锐地批判了民粹派在这些问题上的观点。

1875 年 3 月，恩格斯写作了《流亡者文献》系列文章中的第四篇文章。在这篇文章中，恩格斯批驳了特卡乔夫对他的攻击污蔑，揭露了巴枯宁主义者散布的盲动主义和无政府主义观点对工人运动的危害，阐明了俄国革命和欧洲革命的正确方向。该文同样没有标题，发表在 1875 年 3 月 28 日和 4 月 2 日《人民国家报》第 36 号和第 37 号上。

《论俄国的社会问题》是《流亡者文献》中的第五篇文章。1875 年 3 月底到 4 月中，在对俄国 1861 年农奴制改革以后农村社会发展的新文献进行深入研究的基础上，恩格斯完成了该文。在这篇文献当中，恩格斯主要阐明了以下六个方面的问题。

第一，社会主义革命的阶级基础和阶级条件。社会主义革命或无产阶级革命，是无产阶级反对资产阶级、推翻资本主义制度和建立社会主义制度的革命。无产阶级和资产阶级的存在以及二者之间展开的阶级斗争，是开展和实现社会主义革命的阶级基础和阶级条件。但是，特卡乔夫荒谬地认为，俄国既没有无产阶级也没有资产阶级，因此，俄国工人不需要同**"资本的权力"**（资产阶级和资本主义）斗争，只需要同**"政治权力"**（沙皇和沙皇制度）斗争，这样，社会主义革命更容易在俄国实现。通过对社会历史演进客观规律的科学考察，恩格斯对此进行了驳斥。他指出，只有在野蛮人和半野蛮人那里没有阶级。但是，大家都不想退回到这种蛮荒状态。后来，随着社会生产力的发展，出现了阶级差别。因此，不能离开生产力的发展和阶级差别的产生来看待社会主义革命。"只有在社会生产力发展到一定程度，发展到甚至对我们现代条件来说也是很高的程度，才有可能把生产提高到这样的水平，以致使得阶级差别的消除成为真正的进步，使得这种消除可以持续下去，并且不致在社会的生产方式中引起停滞甚至倒退。但是生产力只有在资产阶级手中才达到了这样的发展程度。可见，就是从这一方面说来，资产阶级正如无产阶级本身一样，也是社会主义革命的一个必要的先决条件。"① 社会主义革命不仅需要实现这个变革的无产阶级，而且需要有使社会生产力发展到能够彻底消灭阶级差别的资产阶级。因此，谁竟然断言在一个既没有无产阶级也没有资产阶级的国家里更容易进行社会主义革命，那么，他就需要学一点社会主义的 ABC。这里，恩格斯从经济必然性出发看待社会主义革命的阶级基础和阶级条件，坚持了历史唯物主义。其实，随着资本主义在俄国的发展，俄国的阶级状况发生了根本变化。同时，在世界历史的环境中，西方国家的阶级结构、阶级矛盾、阶级斗争对非西方社会也产生了一系列重要影响。

第二，国家的阶级基础和阶级实质。国家是阶级矛盾发展到不可调和程度的产物，总是代表占有生产资料统治地位的那个阶级的利益，世界上绝不存在没有阶级性的国家。但是，特卡乔夫肆意美化沙皇俄国，认为俄国绝对不代表任何阶层的利益，是"悬在空中的国家"，与现存"社会制度"毫不相干。通过分析 1861 年农奴制改革的措施和社会后果，恩格斯严厉驳斥了特卡乔夫的观点。在俄国的欧洲部分，占人口多数的农民的土地只是比占人口少数的贵族的土地多一点，但是，二者之间的税负比例却严重不对等。农民一年缴纳 19 500 万卢布的土地税，贵族只缴纳 1 300 万。在改革的过程中，国家把从农民手中剥夺来的土地转交给了贵族，这些土地大部分属于良田，这样，贵族的土地产出平均比农民的土地产出高一倍。这样，税负和产出是倒挂的。农奴制改革不是解放农民，而是加重了农民的负担。农民赎买土地需要钱，缴纳税负需要钱，但是，农民辛勤劳动的产出难以支撑这些经济负担。在这种情况下，

① 马克思，恩格斯 . 马克思恩格斯文集：第 3 卷 . 北京：人民出版社，2009：389 - 390.

高利贷者就"应运而生"。俄国的高利贷者是国家制造出来的，是专门用来掠夺农民的工具。"简言之，没有任何一个国家像俄国这样，当资产阶级社会还处在原始蒙昧状态的时候，资本主义的寄生性便已经发展到了这样的程度，以致整个国家、全体人民群众都被这种寄生性的罗网覆盖和缠绕。"① 那么，怎么能够说所有这些吮吸农民血液的吸血鬼，同运用法律和法庭来保护吸血鬼的巧取豪夺的俄罗斯国家的存在，竟没有丝毫利害关系呢?! 此外，俄国的新生的资产阶级、人数众多的官僚群体，都是在俄罗斯国家的保护下成长起来的。那么，怎么能够说他们与俄罗斯国家的存在毫无关系呢?! 这样，俄国农民在摆脱农奴地位以后的处境已经不堪忍受，不可能这样长久地继续下去，俄国革命正在日益迫近。这个革命不是一般的社会革命，而是社会主义革命。在特卡乔夫看来，由于俄国人可以说是社会主义的选民，并且拥有劳动组合和土地公社所有制，因此，俄国可以在无产阶级和资产阶级只是零星出现并且还处在低级发展阶段的社会状态下来实现社会主义革命。在揭露出国家尤其是沙皇俄国的阶级实质的基础上，恩格斯提出了俄国社会主义革命何以可能的问题。这里的关键是，在西方无产阶级革命胜利之前，俄国是否可以单独实现和完成社会主义革命。

第三，俄国土地公社所有制在未来社会形式中的地位和作用。在生产关系当中，生产资料的所有制是决定生产关系性质的决定性部分。俄国土地所有制为农业公社所有制。这是原始公社土地公有制的遗存。基于"发现"这种所有制的普鲁士政府顾问哈克斯特豪森和身为俄国地主但赞同革命的赫尔岑等人对土地公社所有制性质的认识，特卡乔夫认为，集体所有制使俄国人民充满着公有制原则的精神，成了本能的、传统的共产主义者。其实，这种看似具有俄国"特色"的土地公有制，在人类文明发展的低级阶段普遍存在。从印度到爱尔兰、从波兰和小俄罗斯到西欧，都存在过这种公有制。但是，这种所有制最后都衰落了，甚至成为农业生产发展的阻碍。尽管俄国还保留着这种公有制，但是，保留这种所有制的各个公社之间存在着孤立性，缺乏联系。也就是说，"鸡犬之声相闻，民至老死，不相往来"。这样，就滋生了专制主义。专制主义是从印度到俄国普遍存在的问题。同时，即使存在着土地公社所有制，社会仍然出现了分化问题。在印度，大家共同耕种土地，只有产品拿来分配。在

---

① 马克思，恩格斯. 马克思恩格斯文集：第3卷. 北京：人民出版社，2009：392.

俄国，土地不时在各家之间分配，但是，每家各自耕种自己的一份土地。这样，公社成员之间的富裕程度就出现了差异。随着农奴制改革的推进，在赎买徭役的过程中，农民的土地已经所剩无几。过去公有的森林现在已经转归地主，这样，以前农民可以自由取用的薪柴、做木器用和建筑用的木料，现在也必须用钱来购买。最终，农民除了一所小房子和一块光秃秃的土地以外就一无所有。苛捐杂税和高利贷压垮了他们。这样，土地公社所有制已不再是上天的恩惠，而变成了套在脖子上的枷锁。那么，土地公社所有制到底能不能成为未来高级形式的起点呢？俄国农民到底需不需要经过资产阶级的小块土地所有制这一中间阶段呢？"然而这只有在下述情况下才会发生，即西欧在这种公社所有制彻底解体以前就胜利地完成无产阶级革命并给俄国农民提供实现这种过渡的必要条件，特别是提供在整个农业制度中实行必然与此相联系的变革所必需的物质条件。"[1] 换言之，如果说有一种东西能挽救俄国公社所有制，并使之有可能变成确实富有生命力的新形式，那也只能是西欧的无产阶级革命。在西欧无产阶级革命成功的前提下，俄国土地公社所有制有可能成为新生的起点。这里，恩格斯主要从经济必然性的角度看待公社所有制的地位和作用。

第四，俄国劳动组合在未来社会形式中的地位和作用。劳动组合是集体生产或相互协作的一种方式。劳动组合是俄国的一种很普遍的协作形式，是自由合作的一种最简单的形式。其实，在各民族发展的初期阶段都存在过这种形式。这是从原始的血族复仇等氏族义务当中发展而来的。在俄国，劳动组合不仅用于各种合伙的行动，而且还用于共同的机构，容易成为资本家控制和剥削的一种形式。这类劳动组合主要包括以下三种形式：一是为了暂时性的事业临时搭伙，事业结束后即行解散；二是在从事同一种职业的人中间，例如在搬运工人等中间建立的；三是为了真正的工业企业，即永久性的企业而建立的。如果劳动组合的成员自己不能凑足必要的资本，那么，他们只能向高利贷者借贷。最终，高利贷者将会控制劳动组合。至于全体以雇佣工人身份受雇于某个企业主的那些劳动组合，则会受到更加卑鄙的剥削。恩格斯引用弗列罗夫斯基《俄国工人阶级状况》（1869）的材料指出，资本家把茅舍租给工人居住，借给他们生活资料，从而又实行起最可鄙的实物工资制。在阿尔汉格尔斯克省的伐木工人和松焦油提炼工人中间，在西伯利亚以及其他地方的许多行业中

---

① 马克思，恩格斯. 马克思恩格斯文集：第 3 卷. 北京：人民出版社，2009：399.

间，情况就是如此。在这里，劳动组合成为便于资本家剥削雇佣工人的一种工具。同时，也有一种雇用本团体以外的人做雇佣工人的劳动组合。不论如何，总之劳动组合是一种自发产生的同时还很不发达的合作社形式，与欧洲资本主义发展中出现的合作社不同。现代的西欧合作社至少已经证明，它能够自担风险、有利可图地经营大工业。然而，俄国的劳动组合不仅没有能力做到这一点，而且如果它不继续发展，它甚至必然要亡于大工业。那么，俄国到底能不能从劳动组合直接跳入社会主义的社会制度呢？"要实现这种过渡，首先劳动组合本身应当能够向前发展，抛弃它本身那种自发的，如我们所看到的与其说为工人不如说为资本家服务的形式，并且它应当**至少提高到西欧合作社的水平**。"① 这里，恩格斯强调的是劳动组合如何适应现代生产力发展而进一步发展的问题，而不是发挥传统劳动组合自身的优势的问题。

第五，俄国人民在未来社会形式中的地位和作用。由于存在着土地公社所有制，因此，民粹主义将俄国人民主要是农民看作社会主义革命的主体。如空想社会主义一样，民粹主义没有也不可能认识到只有作为先进生产力代表的工人阶级才是进行社会主义革命的主体。特卡乔夫同样这样看待社会主义革命的主体问题，将俄国人民尤其是农民看作"本能的革命者"，强调他们的"自卫的本能"，强调"实际的必要性"。针对这种陈词滥调，恩格斯反问道：既然革命是这样令人难以置信地轻易，那么，为什么没有早一点儿去革命，为什么人民还没有获得解放，为什么俄国还没有变成模范的社会主义国家？显然，特卡乔夫难以自圆其说。真实的情况完全不是这样。沙皇被俄国农民看成人间的上帝。俄国的农民存在着严重的沙皇崇拜的情结，这甚至成为一种普遍的社会心态，他们根本没有意识到沙皇才是造成一切问题的最终罪恶根源。即使在现代文明如此昌盛的时候，不是仍然有人美化沙皇及其家族吗？不是仍然有人怀疑十月革命对沙皇的革命镇压吗？为什么不谴责沙皇对革命者处以绞刑和流放的残酷和残暴呢？在俄国历史上，即使发生过农民起义，也只是反对贪官污吏而已，从来没有想到过造沙皇的反，因此，这种革命根本是不彻底的，根本不能成功。"俄国人民，这些'本能的革命者'，固然曾经举行过无数次零星的农民起义去反对**贵族**和反对个别官吏，但是，除了**冒名沙皇的人**充任农民首领并要

---

① 马克思，恩格斯. 马克思恩格斯文集：第 3 卷. 北京：人民出版社，2009：395.

夺回王位以外，**从来没有反对过沙皇。**"① 这是一切农民革命的弊端和局限，单靠农民自身根本难以克服这种弊端和局限。1873 年，巴枯宁按照这种本能的革命的方式在西班牙制造出第一次革命，几个地方同时开始起义。"在那里人们也是指望，实际的必要性、自卫的本能将自然而然地在进行反抗的各个公社间建立起紧密的不可分割的联盟。结果怎样呢？每个公社，每个城市，都只是各自保卫自己，根本谈不上互相援助，因而帕维亚只率领 3 000 个士兵，在14 天内就相继征服了各个城市，消除了所有这些无政府主义的壮举。"② 显然，实际的必要性、自卫的本能、本能的革命者难以完成社会主义革命任务。即使是工人阶级，也只有在共产党的领导下提高了阶级意识和科学意识之后，才能充分发挥在无产阶级革命中的主体作用。

　　第六，俄国社会发展的未来前景。通过考察农奴制改革以后俄国的各种情况可以发现，俄国无疑处在革命的前夜。一方面，俄国处于各种危机当中。在经济上，作为俄国最主要的生产的全部农业生产被 1861 年的赎买办法弄得混乱不堪。农民没有足够的土地，大地产没有足够的劳动力，农业生产一年比一年下降。农民遭到捐税压榨，受到高利贷者的洗劫。财政已经混乱到了极点。捐税额已无法再往上提高，旧国债的利息要用新公债来偿付，而每一次举借新公债都遇到越来越大的困难。在政治上，行政机构早已腐败透顶，官吏们主要是靠贪污、受贿和敲诈来维持生活，而不是靠薪俸。"所有这一切只是靠东方专制制度在表面上勉强支持着，这种专制制度的专横，我们在西方甚至是无法想象的。这种专制制度不但日益同各个开明阶级的见解，特别是同迅速发展的首都资产阶级的见解发生越来越剧烈的矛盾，而且连它现在的体现者也不知所措：今天向自由主义让步，明天又吓得要命地把这些让步收回，因而越来越失去信用。"③ 另一方面，首都的上等阶级试图通过立宪的方式解决危机。但是，实践证明，这条道路仍然走不通。"这里，革命的一切条件都结合在一起；这次革命将由首都的上等阶级，甚至可能由政府自己开始进行，但是农民将把它向前推进，很快就会使它超出最初的立宪阶段的范围；这个革命单只由于如下一点就对全欧洲具有极伟大的意义，这就是它会一举消灭欧洲整个反动势力的

---

① 马克思，恩格斯．马克思恩格斯文集：第 3 卷．北京：人民出版社，2009：400.

② 同①400 - 401.

③ 同①401.

迄今一直未被触动的最后的后备力量。"① 无疑，这个革命正在日益迫近。只有两个事变可能使它长久迁延下去：或者是俄国反对土耳其或反对奥地利的战争得手，为此，需要有金钱和可靠的同盟者；或者是过早的起义尝试把有产阶级再次赶入政府的怀抱。这无疑增加了俄国革命的复杂性。如何才能解套呢？恩格斯在上面已经强调过了，在西欧无产阶级革命成功之后，俄国的民主革命才能成功。在此基础上，俄国的土地公社所有制能够成为未来社会的出发点。当然，这还需要一定的物质条件。

《论俄国的社会问题》发表在 1875 年 4 月 16 日、18 日、21 日《人民国家报》第 43 号、第 44 号、第 45 号上。马克思认为，这篇文章是恩格斯于 19 世纪 70 年代在《人民国家报》上所发表的"最重要的论文"② 之一。列宁认为，它是"篇幅虽小，但价值极大的论述俄国经济发展的文章"③。可以说，这是马克思主义东方社会理论的开山之作。

3. 俄国革命的国际意义——《〈论俄国的社会问题〉一书导言》

1875 年 6 月底或 7 月初，《论俄国的社会问题》一书在莱比锡出版了单行本。1875 年 5 月 24 日，《人民国家报》编辑部成员海·朗格将小册子清样随信寄给了恩格斯。1875 年 5 月下半月，恩格斯为单行本写了《〈论俄国的社会问题〉一书导言》。在这篇导言中，恩格斯主要阐明了以下四个方面的内容。

恩格斯《论俄国的社会问题》1875 年单行本扉页

---

① 马克思，恩格斯．马克思恩格斯文集：第 3 卷．北京：人民出版社，2009：401.
② 马克思，恩格斯．马克思恩格斯全集：第 25 卷．2 版．北京：人民出版社，2001：441.
③ 列宁．列宁全集：第 2 卷．2 版（增订版）．北京：人民出版社，2013：10.

第一，《论俄国的社会问题》一文的写作背景和出版情况。在一篇评论伦敦出版的俄文杂志《前进》的文章中，即《流亡者文献》中的第三篇文章，恩格斯曾经附带提到了特卡乔夫的名字。这一提却惹起了他对恩格斯的"可敬"的愤怒，于 1874 年在苏黎世立即发表了一封《给弗里德里希·恩格斯先生的公开信》。在这封信中，他给恩格斯胡诌了一大堆奇奇怪怪的事情，然后，针对恩格斯的"极端无知"，谈了他本人对俄国实际状况和社会革命前途的看法。这篇劣等作品从形式到内容都带有一般的巴枯宁主义的烙印。由于该信是用德文发表的，所以，恩格斯认为有必要在《人民国家报》上对之做一个答复，于是写作了《流亡者文献》中的第四篇和第五篇文章。恩格斯答复的第一部分主要是分析巴枯宁主义者进行文字斗争的方法。这种方法就是，把一大堆简直是胡说八道的东西强加在论战对方的身上。对于这个问题，由于报纸上发表的那篇文章对这个主要是个人方面的部分已经谈得很够了，因而根据出版社的意见，恩格斯在单行本中把这部分略去了，只留下了第二部分。在第二部分中，恩格斯主要探讨了 1861 年农奴制改革以来俄国的社会状况。这样，恩格斯就讲清楚了写作背景和中心思想。

第二，俄国解放对于德国工人阶级解放的重大意义。由于俄罗斯帝国是西欧整个反动势力的最后一根有力支柱，维持着欧洲的反动秩序，因此，"俄国事态的发展，对德国工人阶级有极其重大的意义"[①]。俄罗斯帝国的反动性，在 1849 年和 1850 年已经非常清楚地显示出来了。由于德国不肯支持波兰起义并同沙皇作战，因而这个沙皇能够在 1849 年镇压了已经迫近维也纳大门的匈牙利革命，而在 1850 年又在华沙裁判了奥地利、普鲁士和德意志各小邦并恢复了旧联邦议会。1875 年 5 月初，俄国沙皇正像 25 年前一样，接受他的柏林藩臣们的效忠宣誓，从而证明在今天他仍然是欧洲的仲裁人。后来，"北极熊"还将自己的"熊掌"伸向了中华大地。"西欧的任何革命，只要在近旁还存在着现在这个俄罗斯国家，就不能获得彻底胜利。而德国却是俄国最近的邻国，因此俄国反动派军队的第一个冲击便会落到德国身上。因而，俄罗斯沙皇制度的覆灭，俄罗斯帝国的灭亡便成了德国无产阶级取得最终胜利的首要条件之一。"[②] 只要存在沙皇专制制度，欧洲无产阶级革命就不可能成功，因为沙皇

---

① 马克思，恩格斯．马克思恩格斯全集：第 25 卷．2 版．北京：人民出版社，2001：35.
② 同①.

随时可以支持欧洲资产阶级对无产阶级革命的镇压。只有消灭了沙皇制度，俄国的民主革命取得成功，从而为西欧的无产阶级革命扫清外围环境，欧洲无产阶级革命才能推翻资产阶级统治。在这里，恩格斯突出了俄国民主革命对于欧洲无产阶级革命的意义，为《论俄国的社会问题》中关于西欧无产阶级革命是俄国实现革命条件的思想提供了补充说明。也就是说，这不是一个单向的过程，而是一个双向互动的过程。

第三，波兰人是加速俄罗斯帝国覆灭的第一个内部因素。俄罗斯帝国的覆灭绝不能从外部引起，而外部战争只可能大大加速其覆灭的进程，但不能决定其自身的覆灭。在俄罗斯帝国内部，存在着大力促使其灭亡的因素。即，只有从堡垒的内部才能攻破堡垒。波兰人是加速其灭亡的第一个内部因素。一百年来，波兰一直是俄罗斯帝国的统治对象，俄罗斯帝国的统治成为波兰人的心中之痛。这样的压迫已使波兰处于这样的境地：或者起来革命，支持西欧的一切真正的革命起义，并将之作为解放波兰的第一步；或者听任自己灭亡。但是，被俄罗斯帝国统治的一百年来，波兰人经常被西欧的一切资产阶级政党出卖。在德国，资产阶级一般只是从 1848 年起才算数，但就是从那时以来，它始终敌视波兰人。在法国，资产阶级多次出卖波兰，同样卑鄙地背叛了波兰人。即使到了 1875 年，法国的资产阶级激进派、共和派仍然匍匐于沙皇面前，希望用一次对波兰利益的新出卖来换得一个反普鲁士的复仇的同盟。显然，"除了革命工人而外，波兰人不论在哪里也找不到真诚的和毫无保留的支持，因为推翻共同的敌人对他们两者都有同样的利害关系，因为波兰的解放就意味着推翻了这个敌人"[①]。也就是说，只有无产阶级革命才能成为波兰民族解放的坚强后盾。没有无产阶级的解放，就不可能实现民族的解放。

第四，俄国人民大众在俄国革命中的重要性日益突显。尽管波兰人是加速俄罗斯帝国覆灭的内部因素，但是，波兰人的活动受到了地域上的限制。他们的活动只限于波兰、立陶宛和乌克兰。作为俄罗斯帝国的真正核心的大俄罗斯几乎完全处于这个活动之外。由于大俄罗斯的特殊性，不能从外面把任何一种运动强加给它，而只能寄希望于俄国的人民大众尤其是俄国农民。但是，俄国农民自身存在着局限性，农民起义很难实现改朝换代。每一次起义之后，贵族和政府都会增加新的压迫。1861 年农奴制改革，使大多数农民以及贵族遭到

---

① 马克思，恩格斯. 马克思恩格斯全集：第 25 卷 . 2 版 . 北京：人民出版社，2001：36.

了不可避免的破产。"由此可见，俄国农民现在所处的环境本身，正推动他们
投身到运动中去，这个运动诚然在目前还刚刚产生，但是，农民群众日益恶化
的经济状况，将不可遏止地推动它朝前发展。农民的愤恨不满，现在已经是政
府以及一切不满意的党派和反对党派都不得不予以重视的事实了。"① 显然，
恩格斯不是一概否认俄国人民大众尤其是农民在革命中的作用，而是要求在总
的历史演变和具体的历史环境中看待这一问题。

1894 年，恩格斯写的这篇导言被收入《〈人民国家报〉国际问题论文集
(1871—1875)》；同年，这篇导言的波兰译文发表于在伦敦出版的波兰社会主
义杂志《黎明》第 7 期上；也是在同年，这篇导言的第一个俄文译本连同恩格
斯的《论俄国的社会问题》以《弗里德里希·恩格斯论俄国》为题以单行本形
式出版。后来，列宁专门谈到了这个小册子。

4. 东西方革命的互补——《〈共产党宣言〉1882 年俄文版序言》

《〈共产党宣言〉1882 年俄文版序言》是马克思和恩格斯联名公开发表的第
一篇关于俄国社会发展的文献。这既是《共产党宣言》文本群当中的一篇重要的
科学文献，又是马克思主义东方社会理论文本群当中的一篇重要的科学文献。

其实，在此之前，恩格斯和马克思已经多次交流过对东方社会问题的看
法。这里的东方社会问题不是指俄土战争那种"东方问题"，而是关于非西方
社会的社会发展问题，即在"世界历史"当中，东方社会和西方社会发展的共
同性和特殊性的问题。

1848 年，恩格斯和马克思在《共产党宣言》中提出了"三个从属于"的
思想。他们指出："资产阶级使农村屈服于城市的统治。它创立了巨大的城市，
使城市人口比农村人口大大增加起来，因而使很大一部分居民脱离了农村生活
的愚昧状态。正像它使农村从属于城市一样，它使未开化和半开化的国家从属
于文明的国家，使农民的民族从属于资产阶级的民族，使东方从属于西方。"②
尽管资产阶级开辟了"世界历史"，在普遍交往的过程中形成了"世界的文
学"，但是，世界历史在总体上是不平衡的。未开化和半开化的国家从属于文

① 马克思，恩格斯．马克思恩格斯全集：第 25 卷．2 版．北京：人民出版社，2001：36.
② 马克思，恩格斯．马克思恩格斯文集：第 2 卷．北京：人民出版社，2009：36.

明的国家，即东方社会从属于西方社会。那时，恩格斯和马克思对世界历史的正面评价居于主导地位，对于其消极影响尤其是破坏性影响估计不足。

　　1853 年，恩格斯和马克思讨论过东方社会土地所有制的特殊性问题。1853 年 6 月 2 日，马克思在致恩格斯的信中说，东方社会一切现象的基础是不存在土地私有制。这甚至是了解东方天国的一把真正的钥匙。6 月 6 日，恩格斯在回信中说，不存在土地私有制，的确是了解整个东方社会的一把钥匙。这是东方社会全部政治史和宗教史的基础。问题是，东方各民族为什么没有产生土地私有制，甚至没有产生封建的土地所有制呢？他认为："这主要是由于气候和土壤的性质，特别是由于大沙漠地带，这个地带从撒哈拉起横贯阿拉伯、波斯、印度和鞑靼直到亚洲高原的最高地区。"[1] 在这里，农业的第一个条件是人工灌溉，而这是村社、省或中央政府的事。为了确保农业生产能够正常进行，东方社会不仅产生了专制主义，而且杜绝土地私有制。这样，恩格斯和马克思就开始考虑东方社会的特殊性问题，而不是一味地套用西方社会的尺度衡量东方社会，从而突破了西方中心论。当然，具体的结论能否成立，是一个见仁见智的问题。

恩格斯"指责"马克思过多阅读俄国农业资料

　　没有一种知识是恩格斯不感兴趣的。他在一生的最后几年还开始阅读产科书籍，因为住在他家里的弗赖贝格尔夫人当时正在准备医学考试。马克思指责他，说他为了个人的爱好去研究许多科目，分散了精力，"没有考虑到为人类工作"。但是恩格斯也指责马克思说："我倒很乐意烧掉那些关于农业情况的俄文书刊，这些书多年来使你不能写完《资本论》！"

　　那时，马克思刚好开始学习俄文。他的一个彼得堡的朋友丹尼尔逊寄给他大量长篇的农业统计资料。这些资料揭露了俄国农村中骇人听闻的状况，因而是被俄国政府禁止发表的。[2]

　　在上述讨论的基础上，马克思在《〈政治经济学批判〉序言》当中提出

---

　　[1]　马克思，恩格斯 . 马克思恩格斯文集：第 10 卷 . 北京：人民出版社，2009：113.

　　[2]　拉法格 . 忆恩格斯//中共中央马克思恩格斯列宁斯大林著作编译局 . 回忆恩格斯 . 北京：人民出版社，2005：27.

了"亚细亚生产方式"的概念。大体说来，亚细亚生产方式是指东方社会特有的一种社会形态。在土地所有制上，不存在私有制。在社会关系上，主要存在着血缘宗法制。在政治上，主要存在着专制主义。但是，亚细亚生产方式到底是指社会的原生形态（时间范畴），还是指东方社会的一种特殊的社会形态（地域范畴），马克思和恩格斯并没有以一种十分确定的方式阐述出来。这样，就给后人留下了大量讨论、争论和想象的空间。

　　上述的这些讨论，只是为了自己搞清楚问题。与之不同，《〈共产党宣言〉1882 年俄文版序言》是公之于众的文献。

　　1882 年 1 月 21 日，马克思和恩格斯为由普列汉诺夫翻译的《共产党宣言》俄译本撰写序言。这是《共产党宣言》的俄文第二版。4 月 10 日，恩格斯审阅《共产党宣言》俄文第二版序言的校样后，将之寄给拉甫罗夫。5 月底，登有马克思和恩格斯所写的序言的《共产党宣言》俄文第二版单行本在日内瓦出版。这一版的《共产党宣言》为"俄国社会革命丛书"中的一种。6 月 3 日左右，恩格斯收到拉甫罗夫寄来的刚刚在日内瓦出版的俄文版《共产党宣言》。7 月 31 日，恩格斯回信对拉甫罗夫寄来俄文版《共产党宣言》表示谢意。

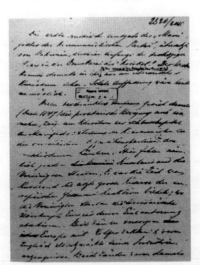

马克思和恩格斯共同撰写的《〈共产党宣言〉1882 年俄文版序言》手稿第一页

　　在《〈共产党宣言〉1882 年俄文版序言》中，恩格斯和马克思主要阐明了以下四个问题。

　　第一，回顾《共产党宣言》俄文第一版的情况。在 19 世纪 60 年代初，由巴枯宁翻译的《共产党宣言》俄文第一版由《钟声》印刷所出版。当时西方社会认为这件事是著作界的一件奇闻。之所以会形成这样的看法，是因为当时的俄国是反动的俄国。在一种最反动的环境当中出版了一本最革命的外国书，当然是一件奇闻了。这既是对反动的俄罗斯帝国的嘲笑，也是对最革命的恩格斯和马克思的"嘲弄"，因为这二位最痛恨反动的俄国，然而，没有想到最反动的国家最先出版了最革命著作的外文版本。但是，在第二版出版的时候，人们就不可能有这样的想法了。此时，马克思主义在俄国产生了深刻影响。甚至《资本论》已经成为大家闺秀床头柜上的必备之物了。

第二，美国和俄国的情况已经发生重要的变化。在 1848 年写作《共产党宣言》时，恩格斯和马克思并没有考虑到这两个国家。那时，美国正通过移民吸收欧洲无产阶级的过剩力量，俄国是欧洲全部反动势力的最后一支庞大后备军。即，这两个国家不管怎样都是当时欧洲现存秩序的支柱。到了 1882 年的时候，情况就完全不同了。在美国，人数众多的无产阶级和神话般的资本积聚第一次发展起来了。在俄国，由于害怕革命，沙皇躲在加特契纳不敢出来，成了革命的俘虏，而俄国已是欧洲革命运动的先进部队了。美国和俄国情况的变化，给世界无产阶级革命带来了新的问题。马克思之所以"迟迟"不能完成《资本论》后几卷，与之有密切的关系。

第三，俄国社会发展道路是否具有特殊性。《共产党宣言》的任务，是宣告现代资产阶级所有制必然灭亡和社会主义必然胜利。但是，俄国的情况不同于西欧。在那里，除了迅速盛行起来的资本主义狂热和刚开始发展的资产阶级土地所有制外，大半土地仍归农民公共占有。也就是说，尽管进行农奴制改革，但是，土地公社所有制依然存在。不管其公有的程度如何，毕竟是一种公有制。史前公有制、公社所有制、未来公有制至少在"形式"上具有同构性，或者说，这是一个否定之否定的过程。"那么试问：俄国公社，这一固然已经大遭破坏的原始土地公共占有形式，是能够直接过渡到高级的共产主义的公共占有形式呢？或者相反，它还必须先经历西方的历史发展所经历的那个瓦解过程呢？"① 其实，关于俄国社会发展前景问题的这种提问方式，就是马克思提出"不通过资本主义制度的卡夫丁峡谷"设想时的提问方式。

第四，东西方革命互补是俄国土地公社所有制成为共产主义发展起点的必由之路。针对上述提问，恩格斯和马克思指出："对于这个问题，目前唯一可

---

① 马克思，恩格斯. 马克思恩格斯文集：第 2 卷. 北京：人民出版社，2009：8.

能的答复是：假如俄国革命将成为西方无产阶级革命的信号而双方互相补充的话，那么现今的俄国土地公有制便能成为共产主义发展的起点。"① 由于依然存在着俄国土地公有制（原始公社所有制的遗存），因此，这里的"俄国革命"不可能是指俄国的无产阶级革命，而是指俄国的民族的民主的革命，即推翻沙皇的反动统治，使俄国成为一个正常的国家。这种革命将会消除欧洲的反动堡垒，为西欧的无产阶级革命打扫好国际环境。西欧的无产阶级革命成功之后，消除了欧洲资产阶级和沙皇勾结的可能，断绝了沙皇的后路，将为俄国革命创造条件。因此，只有东西方革命实现互补，相得益彰，俄国土地公有制才能成为共产主义发展的起点。显然，恩格斯和马克思并没有否认"跨越"的可能性（不通过资本主义制度的卡夫丁峡谷），而是强调在东西方革命的互补当中，才存在着这样的可能性。这样，就将历史唯物论和历史辩证法有机地统一了起来。

《〈共产党宣言〉1882 年俄文版序言》最初于 1882 年 2 月 5 日在俄国民意党人主办的《民意》杂志第 8 期和第 9 期以俄译文形式发表。1882 年 4 月，德国社会民主党中央机关报《社会民主党人报》准备发表这篇序言，由于找不到德文原稿，只好请阿克雪里罗得将俄译文再转译成德文，于 1882 年 4 月 13 日发表在《社会民主党人报》第 16 号上。在《〈共产党宣言〉1890 年德文版序言》中，恩格斯全文引用了他本人由俄文转译成德文的这篇序言，个别地方与德文原稿略有差别。直到 20 世纪 30 年代，这篇序言的德文手稿才被重新发现。

5. "俄国再旅"（1883—1895）

在马克思于 1883 年去世之后，恩格斯与俄国革命者和马克思主义者保持着密切的交往，亲自指导俄国马克思主义政党的发展，继续研究俄国的社会发展前景问题，就俄国的革命前景问题进一步进行了深入的思考。

第一，与俄国民粹主义者和其他人士的来往。在这段时间内，恩格斯与洛帕廷、丹尼尔逊、拉甫罗夫、克拉夫钦斯基、鲁萨诺夫、拉波波特、古尔维奇等民粹主义者保持着联系。1890 年 6 月 10 月，恩格斯写信给丹尼尔逊，对俄

---

① 马克思，恩格斯. 马克思恩格斯文集：第 2 卷. 北京：人民出版社，2009：8.

国的伟大学者、革命民主主义者车尔尼雪夫斯基的逝世，表示深切的哀悼和同情。1892 年 9 月下半月，恩格斯几次会见俄国民族学家柯瓦列夫斯基（1851—1916）。1893 年 6 月 13 日，恩格斯致电拉甫罗夫，祝贺他七十岁生日。同时，恩格斯对民粹主义的局限始终有清醒的意识。1893 年 5 月 27 日，恩格斯在致古尔维奇的信中说："根据我在 1849—1852 年的亲身经验，我知道，任何政治流亡者在祖国暂时平静的时候，是怎样不可避免地要分裂成许多互相敌视的小集团。要行动的愿望很强烈，但又没有可能做出什么有成效的事情，这就使得很多有头脑、精力旺盛的人们冥思苦想，企图发现或者发明新的、大概是有奇效的行动方法。旁人的话不起什么作用，最多留下一些暂时的印象。如果您留心最近十年的俄国流亡者所写的东西，您自己也会知道，譬如说，对马克思的著作和通信中的某些地方，俄国流亡者的各种集团是怎样做出极其矛盾的解释的，完全象对待古典作家的名言或新约的篇章一样。"① 1890 年 4 月 3 日，恩格斯写信给查苏利奇说，必须同各地的民粹派进行斗争，不管是德国的、法国的、英国的还是俄国的。

第二，指导俄国马克思主义者开展工作。1883 年约 10 月底到 11 月初，恩格斯收到查苏利奇的来信，得知在日内瓦已经建立了一个俄国马克思主义团体——劳动解放社。同时，恩格斯收到这个组织的第一个纲领性文件——关于出版《现代社会主义丛书》的声明。劳动解放社在一份纲领性文件中宣布与民粹派运动决裂。他们提出的主要任务是：传播马克思主义，批判革命阵营中占主导地位的民粹主义倾向，从马克思主义的立场和俄国劳动人民的利益出发分析和阐明社会生活中的一些重要问题。查苏利奇（1851—1919）和普列汉诺夫（1856—1918）是劳动解放社的重要成员。其实，1880 年 7 月 22 日，恩格斯就写信告诉哥尔布诺娃，在俄国应该建立具有前所未闻的自我牺牲精神和毅力的从事运动的党。1885 年 4 月 23 日，恩格斯在致查苏利奇的信中指出，俄国革命者应该接受马克思主义的指导，同时，应该将之与本国的具体条件结合起来。他指出："得知在俄国青年中有一派人真诚地、无保留地接受了马克思的伟大的经济理论和历史理论，并坚决地同他们前辈的一切无政府主义的和带点泛斯拉夫主义的传统决裂，我感到自豪。如果马克思能够多活几年，那他本人也同样会以此自豪的。这是一个对俄国革命运动的发展将会具有重大意义的进

---

① 马克思，恩格斯. 马克思恩格斯全集：第 39 卷. 北京：人民出版社，1974：74 - 75.

步。在我看来，马克思的历史理论是任何**坚定不移**和**始终一贯的**革命策略的基本条件；为了找到这种策略，需要的只是把这一理论应用于本国的经济条件和政治条件。"① 这样，恩格斯就提出了在坚持马克思主义的前提下，如何实现马克思主义的民族化的问题。

恩格斯对俄国友人的评价

还有一次，我们谈到了巴枯宁。恩格斯有点同情地说："他懂黑格尔。"但接着又说："在斗争中，他是**不择手段的**。"（这时他宣布不同意巴枯宁的斗争方式）。

关于拉甫罗夫，恩格斯说："他是我们的朋友，但他是一个可爱的折衷主义者。他甚至想要我们同巴枯宁和解。"

恩格斯对普列汉诺夫的评价是不错的，认为他敢于斗争，思维明确，不像拉甫罗夫那样折衷调和。②

在参加于 1889 年 7 月 14 日召开的国际社会主义工人代表大会（第二国际成立大会）期间，恩格斯邀请普列汉诺夫等参加这次会议的俄国革命家到自己的家里做客。在此之前，1885 年 4 月，恩格斯阅读了查苏利奇寄给他的劳动解放社领导人普列汉诺夫的《我们的意见分歧》一书的俄文版。1890 年 4 月 17 日，恩格斯在收到查苏利奇对《社会民主党人报》4 月 5 日发表俄国民粹主义者格·别克的攻击普列汉诺夫和其他俄国马克思主义者的文章表示不满的来信后，写回信给查苏利奇，建议她及其同志在该报上驳斥别克。恩格斯希望查苏利奇和其他俄国社会民主主义者积极为《社会民主党人报》和《新时代》撰稿，以便加强俄国社会主义者同其他国家的社会主义者的联系。1893 年 4 月到 7 月初，恩格斯多次接见普列汉诺夫介绍来访的俄国社会民主党人沃登，同他交谈了俄国的经济状况，马克思主义者反对民粹主义的斗争，以及许多哲学和经济学问题。1894 年 12 月 11 日，恩格斯把《资本论》第三卷寄给普列汉诺夫。1895 年 2 月 1 日和 26 日之间，恩格斯根据普列汉诺夫的请求为查苏利奇延医治病，并给予经济援助。恩格斯就普列汉诺夫的研究方向问题提出了自己

---

① 马克思，恩格斯. 马克思恩格斯文集：第 10 卷. 北京：人民出版社，2009：532.

② 拉波波特. 回忆弗里德里希·恩格斯//中共中央马克思恩格斯列宁斯大林著作编译局. 回忆恩格斯. 北京：人民出版社，2005：106－107.

的建议。据沃登回忆，"恩格斯托我向普列汉诺夫转达他的友善的劝告：普列汉诺夫应该主要从事科学著述，特别是关于土地问题的著述，这是值得他去做的，但不是写论战性的文章，而是研究一些实际问题"①。在恩格斯看来，俄国社会民主党人的最必要的工作就是认真开展俄国土地问题的研究。如果有大量的材料加以阐明，这方面的研究一定会取得崭新的成果。这些成果不论就土地占有形式和土地使用形式的历史来说，还是就运用和检验经济理论，特别是级差地租学说来说，都是很重要的。恩格斯对普列汉诺夫寄予了厚望。在这个过程中，恩格斯与查苏利奇结下了深厚的友谊。查苏利奇十分尊敬和爱戴恩格斯。

第三，推动马克思主义文献在俄国和俄国先进人士当中的传播。恩格斯将在俄国传播马克思主义作为一项十分重要的工作，大力推动马克思主义著作俄文版的出版。

马克思主义文献的收集、整理和传播。1884 年 1 月 28 日到 3 月 3 日，恩格斯整理马克思的俄文藏书，决定将其中的大部分交给俄国革命流亡者的代表以建立图书馆。为此，他和当时在巴黎的俄国民粹派活动家拉甫罗夫通信，并于 2 月底把这些书寄给了拉甫罗夫。1885 年 11 月 13 日，恩格斯写信给丹尼尔逊，感谢他摘录了马克思 1879 年到 1881 年期间写给他的信，并告诉他以后准备出版马克思的书信选集。1887 年 2 月 12 日，恩格斯把《资本论》第一卷英文本寄给丹尼尔逊。1887 年 4 月 24 日左右，恩格斯收到丹尼尔逊挂号寄来的马克思写给丹尼尔逊的两包书信。此外，1893 年 2 月 7 日，恩格斯就俄国社会主义者弗·施穆伊洛夫为撰写马克思传记请求提供材料，写信给予答复，提出许多意见和指示，并把第一国际活动时期马克思和恩格斯合写的著作《所谓国际内部的分裂》和《社会主义民主同盟和国际工人协会》寄给他。由于马克思、恩格斯早期的著作大都属于未公开发表的作品，因此，普列汉诺夫提出了出版这些著作的设想。对此，恩格斯持否定的态度。沃登回忆说："我把格·瓦·普列汉诺夫关于尽快出版马克思全部哲学遗著和他俩合作的著作的理由，全都说了。恩格斯说，这一点他早已听某些德国人说过不止一次，他也没有理由不相信他们的确对这堆'旧货'感到兴趣，但是他请我真诚地回答一个问

---

① 沃登. 和恩格斯的谈话//中共中央马克思恩格斯列宁斯大林著作编译局. 回忆恩格斯. 北京：人民出版社，2005：125.

题：对他（恩格斯）来说，究竟哪一件事更重要——是要他在一生的余年出版那些 40 年代的旧的政论文章的手稿，还是让他在《资本论》第三卷出版后着手准备出版马克思的剩余价值学说史的手稿？"难道有了关于费尔巴哈的摘录（在他看来这是'旧货'中内容最丰富的）还不够吗？"① 在恩格斯看来，《关于费尔巴哈的提纲》是马克思早期最为重要的著作，而当务之急是出版马克思的剩余价值学说史的手稿。

积极推动马克思主义著作俄文版的出版。主要涉及以下著作：一是《哲学的贫困》。1884 年 3 月 6 日，恩格斯写信给查苏利奇，对俄国革命者研究社会主义理论的兴趣日益浓厚感到满意，对劳动解放社准备用俄文出版马克思的著作《哲学的贫困》表示欢迎，答应把他为该书德文第一版写的序言以及其他一些材料寄给她。1886 年 3 月底，恩格斯感谢查苏利奇寄来由她译成俄文出版的《哲学的贫困》。二是《资本论》第二卷。1885 年 2 月 11 日，恩格斯写信答复丹尼尔逊，同意把《资本论》第二卷德文版的校样寄给他翻译，以便加快《资本论》第二卷俄译本的出版。1885 年 8 月 21 日左右，恩格斯接到丹尼尔逊的来信，信中说《资本论》第二卷俄译稿已经完成。但是，出于书报检查方面的考虑，不得不对恩格斯的序言进行了某些删节。1886 年 1 月底，恩格斯收到丹尼尔逊寄来的刚刚出版的《资本论》第二卷俄译本。三是《给〈祖国纪事〉杂志编辑部的信》。1884 年 3 月 6 日，恩格斯给查苏利奇寄去了自己在整理马克思遗稿时发现的一封给《祖国纪事》杂志编辑部的信的抄本。马克思的这封信写于 1877 年 11 月，但是没有寄出。该信由查苏利奇译成俄文于 1886 年发表在秘密杂志《民意导报》上。1885 年 8 月 25 日，恩格斯根据丹尼尔逊的建议，写信给俄国的《北方通报》杂志编辑部，建议它发表马克思的这封信。马克思的这封信于 1888 年 10 月发表在俄国的《司法通报》这一合法刊物上。四是恩格斯自己的著作。1894 年 6 月 1 日，恩格斯在给丹尼尔逊的信中感谢他寄来《家庭、私有制和国家的起源》一书俄文第一版，认为译文很好。

恩格斯对马克思《给〈祖国纪事〉杂志编辑部的信》的评价

然后恩格斯说，他在等待我"照例"对马克思给《祖国纪事》的那封信的意思提出问题，他说他不明白，这封信到底什么地方不清

① 沃登．和恩格斯的谈话//中共中央马克思恩格斯列宁斯大林著作编译局．回忆恩格斯．北京：人民出版社，2005：121.

楚，因为马克思已经非常清楚地说明了他自己和恩格斯的主张，即西方社会民主党获得政权，同时俄国也进行政治革命和土地革命，这是很重要的。此外恩格斯希望俄国人——不仅仅是俄国人——不要生搬硬套马克思和他（恩格斯）的话，而要根据自己的情况像马克思那样去思考问题，只有在这个意义上，"马克思主义者"这个词才有 raison d'ê tre［存在的理由］……①

第四，阅读和分析研究俄国问题的资料。与马克思一样，恩格斯坚持从问题和实际出发，十分注重从具体的实证的材料中发现问题的蛛丝马迹。在这期间，他阅读的俄国问题资料主要涉及以下领域：一是俄国经济材料。1886 年 1 月，恩格斯收到丹尼尔逊寄来的关于俄国经济状况的札记。2 月 8 日，他回信说："十分感谢您介绍了贵国的经济状况。凡是这一类的材料总是引起我极大的兴趣。近三十年在全世界表明，即使在至今还是纯农业的国家里，现代工业的巨大生产力也可以在多么短的期间里移植过去，并且牢牢地扎下根子，而且随这一过程而来的现象到处都在重现。"② 1890 年 1 月 28 日左右到 5 月 25 日，恩格斯收到丹尼尔逊的几封来信，信中报道了俄国的经济情况。1892 年 3 月 15 日到 9 月 25 日左右，恩格斯收到丹尼尔逊寄来的关于俄国经济情况的材料以及俄国的经济学书刊，其中包括《根据地方自治局统计资料做出的俄国经济研究总结》第一卷。恩格斯在给他的回信中指出，在俄国，资本主义的迅速发展必然引起农业中的资本主义关系的发展，以及农民公社的解体和大批农民破产。1893 年 5 月 27 日，恩格斯在读完《俄国农村的经济状况》一书之后，写信给作者伊·阿·古尔维奇，对该书给予好评。这本书是作者寄给恩格斯的。1894 年 2 月底到 5 月，恩格斯阅读丹尼尔逊寄给他的两卷关于俄国工农业发展的统计资料。二是俄国政治材料。1885 年 1 月 25 日，恩格斯写作《帝俄高级炸药顾问》一文，揭露沙皇政府力图使英国统治集团引渡俄国政治流亡者的阴谋；文章发表在 1 月 29 日《社会民主党人报》上。恩格斯在给拉法格的信中也谈到了这个问题。盖得为法国社会主义报纸《人民呼声报》撰写的 1 月 31 日社论，摘引了这封信的某些段落。1890 年 4 月 3 日，恩格斯写信给查苏

---

　　① 沃登. 和恩格斯的谈话//中共中央马克思恩格斯列宁斯大林著作编译局. 回忆恩格斯. 北京：人民出版社，2005：120.

　　② 马克思，恩格斯. 马克思恩格斯全集：第 36 卷. 北京：人民出版社，1975：429.

利奇，感谢她寄来载有恩格斯本人的《俄国沙皇政府的对外政策》一文第一章的俄国劳动解放社《社会民主党人》杂志。他就此强调说，揭露沙皇政府的外交，对俄国革命运动具有重大意义。三是俄国文学作品。1884 年 6 月 26 日，恩格斯在给俄国流亡者叶·帕普利茨的信中，对俄国文学中的历史的和批判的学派给予好评，认为这个学派比德国和法国官方历史科学在这方面所创建的一切成果都要高明得多。1887 年 2 月 12 日左右，恩格斯收到丹尼尔逊寄来的米·叶·萨尔蒂科夫-谢德林的《童话》。

总之，恩格斯关心俄国问题，不仅对它的经济问题，而且对各种意识形态的问题很感兴趣。这样，不仅进一步夯实了恩格斯研究俄国问题的知识基础，而且为丰富和发展马克思主义东方社会理论提供了新的资料。

6. 俄国跨越发展的条件——《〈论俄国的社会问题〉跋》

1894 年 1 月，恩格斯把自己在《人民国家报》上发表的五篇关于国际问题的论文合集出版，题为《〈人民国家报〉国际问题论文集（1871—1875）》。《论俄国的社会问题》一文被收入本文集当中。为此，恩格斯专门写作了《〈论俄国的社会问题〉跋》一文，一并收入文集中。

当时，关于俄国农民公社的未来前景问题，比任何时候都更引起所有考虑自己国家经济发展的俄国人的注意。因此，俄国国内外的一些俄国人，再三请求恩格斯发表对俄国社会发展前景问题的看法。但是，由于忙于整理和付印《资本论》第三卷，加上年龄和身体原因，恩格斯推辞了这种请求。恩格斯十分清楚，自己对俄国经济状况的细节了解得很不够，在同一时间不能既整理《资本论》手稿又去钻研"旧俄国用来编造临死前的财产清单"的真正堆积如山的文献，鱼与熊掌不可兼得。由于人们迫切希望重印《论俄国的社会问题》一文，恩格斯不得不去尝试从对俄国当前经济状况的历史比较研究中得出某些结论，以作为对这篇旧文章的补充。这样，恩格斯就写作了这篇跋。他认为："虽然这些结论未必给俄国公社指明伟大的未来，但是，在另一方面，它们还是试图论证这样一个观点，即西方资本主义社会日益临近瓦解，也将使俄国有可能大大缩短它现在必然要经历的资本主义发展过程。"① 这样，恩格斯

---

① 马克思，恩格斯. 马克思恩格斯文集：第 4 卷. 北京：人民出版社，2009：449 - 450.

就交代清楚了写作背景和意图。

恩格斯用俄文写信

恩格斯同我亲热地分手时，很惋惜我这次没有见到普列汉诺夫和倍倍尔，他希望俄国马克思主义者和民意党人在反饥饿、反政府的斗争的基础上最终能结成联盟。他要我把他用法文写的一封关于这个问题的短信转交给拉甫罗夫，在这位罕见的语言天才的信的末尾竟然是用俄文写的。①

在这篇跋中，恩格斯不仅回顾和介绍了自己在 1875 年撰写的《论俄国的社会问题》一文中对俄国农村公社和俄国革命问题的论述，而且还详细引述了马克思在 1877 年《给〈祖国纪事〉杂志编辑部的信》中对俄国农村公社发展前景的判断，以及马克思和他在《〈共产党宣言〉1882 年俄文版序言》中对俄国农村公社发展前途的预测，并联系不断发展变化的新情况进行了阐述和分析。在这篇跋中，恩格斯阐述了关于俄国的资本主义发展和农村公社的命运的基本观点，主要阐明了以下六个问题。

第一，俄国社会发展前景问题的实质。地主出身的赫尔岑在反动的普鲁士政府顾问哈克斯特豪森关于俄国的书中"发现"了农业公社，试图以之作为起点走向共产主义。这是一种典型的主观主义的观点。车尔尼雪夫斯基也持有同样的看法。特卡乔夫赞同这种观点。恩格斯纠正说，特卡乔夫不是巴枯宁主义者，而是布朗基主义者。这样，在民粹主义发展的过程中，提出了这样一个严肃的问题："如果说在西方用重新改组社会的办法来解决矛盾是要以一切生产资料（当然也包括土地）转归社会所有作为前提条件，那么在俄国已经存在，或者说得更准确点，仍然存在的公有制对于西方的这个只是行将建立的公有制是怎样的关系呢？它难道不能作为民族活动的一个起点，以便用资本主义时代的一切技术成就来充实俄国的农民共产主义，使它一下子越过整个资本主义时期进入一切生产资料的现代社会主义公有制？"② 即，俄国是否可以不经过资本主义的发展在土地公社所有制的基础上走向共产主义。

---

① 鲁萨诺夫. 我认识了恩格斯//中共中央马克思恩格斯列宁斯大林著作编译局. 回忆恩格斯. 北京：人民出版社，2005：115.

② 马克思，恩格斯. 马克思恩格斯文集：第 4 卷. 北京：人民出版社，2009：456.

恩格斯谈俄国农村公社

这是 1895 年 7 月的事。老人身材很好，腰板笔直，头发有些花白，头颇大，脸上的线条不是很匀称但很可爱，浅色的眼睛里流露出善良而愉快的微笑。您在德国经常可以遇见这样的退休教授。

虽然我是用德语向他作了自我介绍，但不知怎么却用法语交谈起来了。恩格斯的法语讲得很流利，语调也很好听。我们坐在他的宽敞明亮的做藏书室用的书房里，这里摆放着千余册书 [……] 起初我们谈我们的朋友，后来谈整个俄罗斯。恩格斯很了解俄国的事情，还知道不少俄语词汇，比如"地方自治机关"和"村社"，他说得挺吃力但发音清楚。老人渐渐谈得兴致勃发，并吩咐端来一杯红酒。①

第二，土地公社所有制可否作为共产主义的起点。民粹主义者将土地公有制看作俄国的重要特质，试图在这一基础上走向共产主义。其实，土地公有制在一切民族当中都存在过，但是，当遇到经济的必然性时，都走向衰落甚至解体了。即使在现实中仍然存在土地公有制，也是统治阶级出于军事目的做出的一种选择。一旦军事目的达到，这种所有制便有可能成为奴役农民的一种军事制度——军事国库。"所有这些公社，都在包围着它们的、或者在它们内部产生并且逐渐渗透它们的商品生产以及各户之间和各人之间的交换的影响下，随着时间的推移越来越丧失共产主义的性质，而变成互不依赖的土地占有者的公社。"② 1880 年 8 月 5 日，恩格斯在致哥尔布诺娃的信中谈道："您信中所谈关于公社和劳动组合已经开始瓦解的情况，证实了我们从其他来源得到的消息。"③

第三，资本主义在俄国是否得到了发展。1861 年农奴制改革之后，随着大工业的发展，资本主义在俄国已经得到了发展。"随着铁路和工厂的建立，已有的银行扩大了而且建立了新的银行；由于农民从农奴地位下解放出来，有了迁徙自由，而且可以预期，在这之后，这些农民中的很大部分自然而然也将从占有土地的状况中解放出来。这样，俄国在短短的时间里就奠定了资本主义

---

①　博博雷金．回忆录片断//中共中央马克思恩格斯列宁斯大林著作编译局．回忆恩格斯．北京：人民出版社，2005：144．

②　马克思，恩格斯．马克思恩格斯文集：第 4 卷．北京：人民出版社，2009：457．

③　马克思，恩格斯．马克思恩格斯全集：第 34 卷．北京：人民出版社，1972：429．

生产方式的全部基础。但是与此同时也就举起了连根砍断俄国农民公社的斧头。"① 同时，俄国政府规定，在公社社员之间重新分配土地，间隔时间不得少于 12 年。之所以如此，目的就在于使农民越来越不习惯于重新分配土地，并开始把自己看作自己份地的私有者。这样，在资本主义的冲击下，俄国传统的土地公有制已经被摧垮了。

第四，从土地公有制走向共产主义的物质条件。虽然公社没有解体，但是，在与先进的西欧资本主义生产方式并存的条件下，俄国只有大胆吸收西欧资本主义创造出来的先进生产力，才能使土地公社所有制成为共产主义发展的起点。"在资本主义社会本身完成这一革命以前，俄国公社如何能够把资本主义社会的巨大生产力作为社会财产和社会工具而掌握起来呢？在俄国公社已经不再按照公有原则耕种自己的土地之后，它又怎么能向世界指明如何按照公有原则管理大工业呢？"② 在此之前，1892 年 6 月 18 日，恩格斯在致丹尼尔逊的信中指出："问题是，俄国的社会舆论是否会发生这样的变化，以至于能使现代工业和现代农业嫁接在公社上面，同时又能对公社加以改造，使之成为组织这种现代生产和变这种生产的资本主义形式为社会主义形式的适当而又有利的工具？"③ 这样，就明确了两点：一是在生产力上，必须发展现代工业和现代农业；二是在生产关系上，必须对公社进行改造。最终，公社应该成为组织现代生产的工具，成为从资本主义向社会主义转变的工具。也就是说，只有将先进的生产力和先进的生产关系统一起来，使公社获得新生，公社才能成为共产主义发展的起点。这里，恩格斯突出了现代农业和现代工业即先进生产力的作用。

第五，西欧资本主义被战胜是俄国走向共产主义的重要环境。俄国土地公有制能不能成为走向共产主义的起点，还取决于西欧资本主义发展的情况。由于俄国与西欧资本主义同时并存，因此，只有当资本主义矛盾充分发展和充分暴露的时候，只有当资本主义经济在其故乡和在其兴盛的国家里被战胜的时候，只有当落后国家从这个榜样上看到历史规律到底是如何展现的时候，只有看到怎样把现代工业的生产力作为社会财产来为整个社会服务的时候，像俄国这些落后的国家才能开始这种缩短的发展过程。显然，"不仅可能而且毋庸置疑的是，当西欧各国人民的无产阶级取得胜利和生产资料转归公有之后，那些

---

① 马克思，恩格斯．马克思恩格斯文集：第 4 卷．北京：人民出版社，2009：464.

② 同①458.

③ 马克思，恩格斯．马克思恩格斯文集：第 10 卷．北京：人民出版社，2009：627.

刚刚进入资本主义生产而仍然保全了氏族制度或氏族制度残余的国家,可以利用公有制的残余和与之相适应的人民风尚作为强大的手段,来大大缩短自己向社会主义社会发展的过程,并避免我们在西欧开辟道路时所不得不经历的大部分苦难和斗争"①。在世界历史的环境中,只有资本主义危机充分发展并且得到克服的情况下,土地公社所有制才能成为未来社会的起点。

第六,俄国革命是从土地公社所有制走向共产主义的重要社会条件。尽管俄国存在着土地公社所有制,存在着劳动组合,存在着其他一系列有利的条件,但是,沙皇是俄国的残暴统治者,是欧洲反动秩序的最后堡垒,因此,推翻沙皇专制制度,推进俄国民主革命,才能保全这个残存的公社,才能使土地公社所有制成为共产主义发展的起点。1885 年 4 月 23 日,恩格斯在致查苏利奇的信中指出:"在俄国能有一种推动力,能爆发革命。至于是这一派还是那一派发出信号,是在这面旗帜下还是那面旗帜下发生,我认为是无关紧要的。如果这是一场宫廷革命,那它在第二天就会被一扫而光。在这个国家里,形势这样紧张,革命的因素积累到这样的程度,广大人民群众的经济状况日益变得无法忍受,社会发展的各个阶段——从原始公社到现代大工业和金融巨头——都有其代表,所有这一切矛盾都被举世无双的专制制度用强力禁锢着,这种专制制度日益使那些体现了民族智慧和民族尊严的青年们忍无可忍了"②。俄国革命具有双重效应。一方面,会把这个民族的大部分即农民从农村的隔绝状态中解脱出来,使他们通过这个大舞台来认识外部世界和认识自己,了解自己的处境和摆脱目前贫困的方法;另一方面,俄国革命还会给西方工人运动以新的推动,为它创造新的更好的斗争条件,从而加速现代工业无产阶级的胜利。只有这两种效应相互叠加,土地公社所有制才能成为共产主义发展的起点。

将俄国土地公社所有制作为共产主义发展的起点,之所以需要一系列条件,最为关键和根本的一点是这是由社会历史规律决定的。从社会历史的演进来看,"较低的经济发展阶段解决只有高得多的发展阶段才产生了的和才能产生的问题和冲突,这在历史上是不可能的。在商品生产和单个交换以前出现的一切形式的氏族公社同未来的社会主义社会只有一个共同点,就是一定的东西即生产资料由一定的集团共同所有和共同使用。但是单单这一个共同特性并不

---

① 马克思,恩格斯. 马克思恩格斯文集:第 4 卷. 北京:人民出版社,2009:459.

② 马克思,恩格斯. 马克思恩格斯文集:第 10 卷. 北京:人民出版社,2009:534.

会使较低的社会形式能够从自己本身产生出未来的社会主义社会，后者是资本主义社会的最独特的最后的产物"①。只有一个事物达到成熟形态的时候，我们才可以理解它的历史。当然，一个事物发生的时候，会包含着往后发展的萌芽，但是，事物不是预成的，而是不断建构的过程。

显然，从 1875 年的《论俄国的社会问题》到 1894 年的《〈论俄国的社会问题〉跋》，从马克思的《给〈祖国纪事〉杂志编辑部的信》和《给维·伊·查苏利奇的复信》到恩格斯的《〈论俄国的社会问题〉跋》，尽管二十年间风云变幻，时过境迁，但是，这些文献与《〈共产党宣言〉1882 年俄文版序言》的精神实质是高度一致的。在世界历史的环境当中，在遵循社会历史规律的前提下，只要具备一定的物质条件，只要实现东西方革命的互补，俄国土地公社所有制便可以成为共产主义发展的起点。这里，不存在马克思和恩格斯的"对立"问题，不存在"两个恩格斯"的问题，一以贯之的是历史唯物论和历史辩证法的统一。这就是马克思主义东方社会理论的真实意蕴。

《〈人民国家报〉国际问题论文集（1871—1875）》于 1894 年在柏林出版。这篇跋还同恩格斯的《论俄国的社会问题》一同被收入《弗里德里希·恩格斯论俄国》小册子当中。这本小册子经查苏利奇同恩格斯商定后译成俄文，1894年由俄国劳动解放社出版，普列汉诺夫为小册子专门写了序。后来，这篇跋连同恩格斯的《论俄国的社会问题》一文曾以不同标题在俄国多次出版。

其实，关于资本主义是否可以"跨越"的问题，恩格斯在此之前已经形成了完整的认识。1893 年 2 月 24 日，恩格斯在致丹尼尔逊的信中指出，丹尼尔逊证明俄国在沿着非资本主义道路发展的看法是站不住脚的；俄国的农村公社只有在较发达的国家推翻了资本主义之后，才可能在某种程度上成为新的社会发展的基层单位；在现存条件下，资本主义道路对俄国是不可避免的。在阅读作者丹尼尔逊本人寄给他的《我国改革后的社会经济概况》一书以及司徒卢威评论这本书的文章之后，1893 年 10 月 17 日，恩格斯在致丹尼尔逊的信中指出，司徒卢威把资本主义生产方式理想化了。其实，资本主义发展不可避免地同广大群众的贫困化联系在一起，尤其是在像俄国这样经济落后的国家里更是如此。资本主义的二重性也决定了俄国跨越农村公社的双重性。这才是"跨越设想"的真谛。

---

① 马克思，恩格斯．马克思恩格斯文集：第 4 卷．北京：人民出版社，2009：458．

1894 年俄国劳动解放社出版的《弗里德里希·恩格斯论俄国》的扉页，
书中载有《〈论俄国的社会问题〉跋》

　　1895 年 2 月 26 日，恩格斯在致普列汉诺夫的信中指出："在现代大工业接枝于原始村社，同时存在着文明的一切中间阶段的你们的国家里，在专制制度筑起的相当牢固的精神万里长城所封锁的国家里，出现各种最不可思议的和离奇古怪的思想，是不足为奇的。就拿可怜虫弗列罗夫斯基来说吧，他认为桌子和床都能思考，只是它们没有记忆。这是一个国家必须经历的阶段。随着城市的发展，有才能的人们与世隔绝的状态将逐渐消失，这些思想谬误也会随之消失，因为这些谬误是由这些古怪的思想家的离群索居以及知识零散无条理所引起的，部分地（在民粹派那里）也是由于他们看到自己的希望破灭感到绝望所引起的。事实上，曾经是恐怖主义者的民粹派，最后完全可能成为沙皇制度的拥护者。"① 这或许是恩格斯关于俄国问题的最后政治"遗言"。仅仅半年之后，恩格斯就溘然长逝了。但是，走向现代化的一条非西方非资本主义的道路，已经隐然出现在东方的地平线上了……

---

　　①　马克思，恩格斯 . 马克思恩格斯全集：第 39 卷 . 北京：人民出版社，1974：394.

第 14 章

遗愿的执行
——整理和出版《资本论》手稿

马克思还没有把他那部论述资本的巨著整理完毕就逝世了。可是，这部著作的草稿已经完成，于是恩格斯在他的朋友逝世后就从事整理和出版《资本论》第 2 卷和第 3 卷的艰巨工作。1885 年他出版了第 2 卷，1894年出版了第 3 卷（他没有来得及把第 4 卷整理好）。整理这两卷《资本论》，是一件很费力的工作。奥地利社会民主党人阿德勒说得很对：恩格斯出版《资本论》第 2 卷和第 3 卷，就是替他的天才朋友建立了一座庄严宏伟的纪念碑，无意中也把自己的名字不可磨灭地铭刻在上面了。的确，这两卷《资本论》是马克思和恩格斯两人的著作。[①]

在马克思逝世之后，在继续担任无产阶级革命的顾问和领导人的同时，整理并出版马克思《资本论》的余卷以及其他著作，成为恩格斯晚年的头等大事。在整理和出版马克思遗稿的过程中，恩格斯进一步捍卫了马克思主义，完善了马克思主义理论体系。

1. 巨星的陨落——马克思的逝世

1883 年 3 月 14 日下午，恩格斯像往常一样来到马克思的房间，发现他正安静地睡着，就退了出去。然而，还不到两分钟便发现，这位伟大的思想家已

[①] 列宁. 弗里德里希·恩格斯//列宁专题文集：论马克思主义. 北京：人民出版社，2009：58.

经停止了思想。

在写作《资本论》期间，马克思时常感受到死亡的威胁，写信给恩格斯谈到疾病干扰他的思路、僵化他的肢体，有一阵子几乎陷入瘫痪之中。给马克思打击最大的是爱妻燕妮的逝世。1881 年 12 月 2 日，燕妮因癌症不幸离世。就在燕妮逝世不久前，马克思患上了胸膜炎，此时重病缠身的他悲痛不已。恩格斯深知，马克思失去的不仅是一位亲人，更是一位"共患难、同辛劳、同斗争"的终身革命伴侣。因此，就在燕妮的灵床旁，恩格斯对哭泣的爱琳娜说道："摩尔也死了。"由于马克思皮肤黝黑，获得了"摩尔"的绰号，因此，家人和朋友都爱这么称呼他。尽管无法抑制失去燕妮的痛苦，但马克思还是接受了医生的建议前往法国和瑞士等地进行休养，这样，健康状况才有所好转。

恩格斯对燕妮·马克思的评价

她在革命运动中表现出的睿智的批判精神，敏锐的政治嗅觉，充沛的精力，伟大的忘我精神，是公众看不到的，在报刊上也没有记载。她所做的一切只有和她在一起生活的人才了解。但是有一点我知道：我们将不时地为再也听不到她的大胆而谨慎的意见（大胆而不吹嘘、谨慎而不失尊严的意见）而感到遗憾。①

然而，好景不长。1883 年 1 月 11 日，马克思的长女燕妮·龙格在巴黎的阿让特伊突然去世。这个噩耗再次将马克思打倒在病床上。这次，马克思患上了支气管炎，恩格斯便开始每天陪伴在其左右。马克思的病情常常使恩格斯夜不能寐。恩格斯在写给左尔格的信中谈道："由于过去的种种情况，加上他这么大的年纪，这是很危险的。此外还产生许多并发症，尤其是肺脓肿以及体力异常迅速地衰竭。"② 因此，恩格斯每天早晨都怀着十分担忧的心情前去看望马克思。尽管在忠实的琳蘅的悉心的照料之下，马克思的病情曾有所减轻，但是肺部化脓所带来的致命伤以及痛失亲人的精神打击使得马克思的病情始终未见好转。

恩格斯深知，马克思并不愿意再勉强硬拖几年而死去。他一生充满斗志和

---

① 恩格斯．在燕妮·马克思墓前的讲话//马克思，恩格斯．马克思恩格斯全集：第 25 卷．2 版．北京：人民出版社，2001：545.

② 马克思，恩格斯．马克思恩格斯文集：第 10 卷．北京：人民出版社，2009：504.

热血，不会愿意忍受"唐达鲁士式的痛苦"。恩格斯认为，马克思不会愿意像一个废人一样苟且而活，宁愿与燕妮共安息，也不愿意遭受庸人们的嘲讽。正如马克思常用伊壁鸠鲁的话来理解死亡："死不是死者的不幸，而是生者的不幸。"① 由于无产阶级革命运动仍需恩格斯主持大局，因而他未过度沉浸在悲伤之中，而是继续努力献身伟大的事业，但十分可惜的是人类社会失去了一个最伟大的头脑。

马克思去世后，恩格斯收到了许多朋友寄来的慰问信，同时还收到了各个组织和个人数不清的唁电和花圈，各国工人阶级一起分担着恩格斯的悲痛。

2. 科学的概括——《在马克思墓前的讲话》

1883 年 3 月 17 日，即马克思逝世后的第三天，葬礼在伦敦的海格特公墓举行，马克思与家人葬在一起。那里，有他的青梅竹马的爱妻；那里，有他的不幸夭折的爱子。马克思的家属、战友与学生纷纷前来悼念这位伟人。其中，有李卜克内西、列斯纳、罗赫纳、龙格、拉法格、劳拉以及自然科学家朗凯斯特、肖莱马等人。恩格斯是葬礼的主持人和致悼词者。他以英文起草讲稿，并宣读了其中的一部分。这部分便是著名的《在马克思墓前的讲话》一文。1883 年 3 月 18 日，受爱德华·伯恩施坦的邀请，恩格斯又用德文撰写了《卡尔·马克思的葬仪》，复述了马克思墓前讲话的内容，并被欧美的多家报刊转载。恩格斯高度评价了马克思一生的伟大成就和贡献。

第一，马克思在科学上的伟大发现和成就。恩格斯认为，创立唯物史观和剩余价值理论是马克思做出的两个伟大的科学发现。在马克思之前，社会历史领域一直由唯心主义占领。随着唯物史观的创立，唯心主义从其最后的避难所中被驱逐出去了。"正像达尔文发现有机界的发展规律一样，马克思发现了人类历史的发展规律，即历来为繁芜丛杂的意识形态所掩盖着的一个简单事实：人们首先必须吃、喝、住、穿，然后才能从事政治、科学、艺术、宗教等等；所以，直接的物质的生活资料的生产，从而一个民族或一个时代的一定的经济发展阶段，便构成基础，人们的国家设施、法的观点、艺术以至宗教观念，就是从这个基础上发展起来的，因而，也必须由这个基础来解释，而不是像过去

---

① 马克思，恩格斯. 马克思恩格斯文集：第 10 卷. 北京：人民出版社，2009：505.

那样做得相反。"① 这是恩格斯对唯物史观基本原理的简明扼要的概括。在唯物史观的指导下，马克思研究资本主义生产方式的矛盾运动规律，在以劳动二重性为核心的劳动价值论的基础上，发现了剩余价值。在唯物史观和剩余价值论的基础上，社会主义实现了从空想到科学的飞跃。

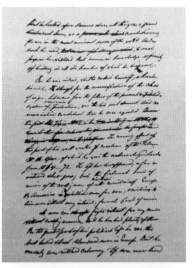

恩格斯所写的马克思悼词草稿

第二，马克思的科学精神和科学品格。马克思兴趣广泛，知识渊博，在其所研究的每一个领域都有独到的发现，而且其中任何一个领域他都不是浅尝辄止。甚至在数学领域，他也留下了《数学手稿》。"在马克思看来，科学是一种在历史上起推动作用的、革命的力量。任何一门理论科学中的每一个新发现——它的实际应用也许还根本无法预见——都使马克思感到衷心喜悦，而当他看到那种对工业、对一般历史发展立即产生革命性影响的发现的时候，他的喜悦就非同寻常了。"② 例如，马克思曾经密切关注电学方面各种发现的进展情况，去世前不久，还密切关注相关的发现。可见，马克思不仅赞同"自然辩证法"，而且同样是马克思主义自然辩证法理论的创始人。在自然辩证法问题上，不存在马克思和恩格斯的"对立"的问题。

第三，马克思的革命家的鲜明品格和伟大贡献。马克思从事的一切学术活动和理论研究事业，马克思从事的一切鼓动活动和实际工作，都有一个中心、

---

① 马克思，恩格斯 . 马克思恩格斯文集：第 3 卷 . 北京：人民出版社，2009：601.
② 同①602.

一个目标——全人类的解放尤其是无产阶级和劳动人民的解放。"马克思首先是一个革命家。他毕生的真正使命，就是以这种或那种方式参加推翻资本主义社会及其所建立的国家设施的事业，参加现代无产阶级的解放事业，正是他第一次使现代无产阶级意识到自身的地位和需要，意识到自身解放的条件。斗争是他的生命要素。很少有人像他那样满腔热情、坚韧不拔和卓有成效地进行斗争。"① 因此，不能脱离马克思的无产阶级革命家的身份来抽象地谈论马克思的理论贡献。作为第一国际的创始人，马克思单凭创办国际工人协会这一伟大成果也足以永垂青史。

马克思的逝世，对于欧美战斗的无产阶级，对于历史科学，都是不可估量的损失。正因为这样，马克思是当代最遭忌恨和最受诬蔑的人。但是，他对这一切毫不在意。他逝世了，在整个欧洲和美洲，从西伯利亚矿井到加利福尼亚，千百万革命战友无不对他表示尊敬、爱戴和悼念。他可能有过许多敌人，但未必有一个私敌。马克思的英名和事业将永垂不朽！

3. 马克思遗稿的整理

尽管马克思和恩格斯之间知无不言、言无不尽，但是，出于科学上谨慎小心的考虑，马克思并没有向恩格斯透露自己著述的过多的具体细节。因此，马克思逝世后，恩格斯的首要任务是搞清楚马克思到底留下了多少遗稿，涉及什么领域和什么问题。一接触马克思的遗稿和遗物，恩格斯大吃一惊。就数量而言，远远超过了他的想象。

为了保护好马克思的遗稿以及便于整理遗物，恩格斯续租了马克思居住的梅特兰公园路 41 号的房子，租期截至 1884 年 3 月 31 日。在这一年的期限内，恩格斯不仅需要整理马克思生前的工作室，还要整理整个阁楼的箱包与书籍。1883 年 5 月 22 日，恩格斯在写给贝克尔的信中谈道："在马克思家里我们还得忙到明年 3 月，因此不必急于离开那里和制订未来的计划。整理这些遗物，也要花费许多劳动。我感到惊奇的是，马克思甚至把 1848 年以前所写的几乎全部文稿、书信和手稿都保存下来了，这是写传记的绝好材料。传记我当然要写。另外，这部传记也将是一部《新莱茵报》和 1848—1849 年下莱茵地区运

动的历史，是一部 1849—1852 年讨厌的伦敦流亡生活的历史和国际的历史。首先要出版《资本论》第二卷，这不是一件小事。第二册的手稿有四稿或五稿，其中只有第一稿是写完了的，而后几稿都只是开了个头。这需要花费不少的劳动，因为像马克思这样的人，他的每一个字都贵似金玉。但是，我喜欢这种劳动，因为我又和我的老朋友在一起了。"① 除了星期天要休息以及远足锻炼外，恩格斯夜以继日地投入到整理马克思遗稿的工作当中。

为了能够完成卷帙浩繁的马克思遗稿的整理工作，恩格斯开始实行严格的作息。每天早晨早起，然后是早餐、散步，从上午十点开始一直专心工作到下午五点，再吃晚餐与讨论党的工作，并且用"一周的任何一个晚上"来接待访问者。在 19 世纪 80 年代末，蓬勃发展的美国工人运动让恩格斯开始固定写作，星期三晚上成为恩格斯固定"给美国写信的日子"。他要在晚上处理来往信件，审读校对马克思的遗著和译文，以及翻阅时报和新书。

1883 年 5 月 22 日，爱琳娜在与二姐劳拉的通信中说，她将与忠诚的海伦·德穆特预先将马克思的遗稿与遗物整理一遍。然而，在整理过程中，爱琳娜发现整理父亲的遗稿工作十分艰巨，她几乎无从下手。从 1883 年 4 月中旬开始，恩格斯每天都在马克思的家中进行搜寻、整理和分类，用一年将马克思的遗稿整理齐全，并且又花费了一段时间整理马克思的遗物。在爱琳娜看来，"敬爱的将军"付出了巨大心血来整理父亲的遗稿和遗物，但由于繁多杂乱，这些物品在恩格斯去世之后都仍未完成分类。

1884 年 3 月 25 日，恩格斯将马克思的全部遗稿塞满了整整"六个大箱子"，将其全部存放在自己家中储藏报纸杂志的顶楼上。恩格斯费尽心血保护马克思的藏书，并且在整理书籍时寻找马克思所留下的珍贵的页边字句。他翻阅了马克思留下的每一本文稿，俄文类的文稿排出了一大批，这些文稿后来移交给在巴黎的拉甫罗夫。字典、法文文学书籍和法文书稿移交给在阿尔让台的马克思二女儿劳拉。恩格斯将全部蓝色封皮的文稿交给穆尔保留，并将这些文稿用于《资本论》第一卷的英文翻译。关于马克思个人的回忆以及英文文稿则由爱琳娜收藏。其余剩下的书为马克思在世期间已经出版或整理出的重要著作的精粹，由恩格斯负责保管。

就在马克思遗稿和遗物被收拾整理完毕之际，马克思遗作的法定继承权问

---

① 马克思，恩格斯. 马克思恩格斯文集：第 10 卷. 北京：人民出版社，2009：508-509.

题也成为迫切需要解决的问题。尽管《社会民主党人报》宣布爱琳娜·马克思与弗里德里希·恩格斯是马克思的"遗著处理人"，但这份书面声明只表明了当时的法律效力，之后要确定马克思遗作的继承权仍然需要经过英国法院的证明。劳拉也提出了自己的异议。为此，恩格斯聘请了多年的好朋友法学家穆尔，由他来作为法律顾问。

在 1883 年 6 月 24 日给劳拉的书信中，恩格斯写道："根据英国法律（赛姆·穆尔给我们解释过），摩尔在英国的唯一法定代表就是杜西，或者更确切地说，她是唯一在得到支配死者财产的法院证书以后，能够成为他的法定代表的人。这必须**由住在英国的近亲**来办，也就是说，要由杜西来办，只要她不放弃，也不提出其他什么人（此人也应当是住在联合王国的）。因此，根据法律，我也不合适。由于许多原因，这张法院证书是**必须**得到的。"① 为此，爱琳娜前往法院拿到了法院的证书，而恩格斯却实际地进行着整理遗作和藏书的工作。由于小燕妮去世，劳拉不住在英国，按照英国当时的法律，只有居住在英国的后人才有继承权，因此，爱琳娜是马克思遗产的唯一合法的继承人。当然，恩格斯再也不自称为"遗著处理人"了，而只是受委托来处理这些遗作。实际上，在马克思去世之后，恩格斯就曾问过爱琳娜是否知道马克思最后的写作计划。爱琳娜告诉恩格斯，马克思希望由她和恩格斯来共同处理全部遗作并将其中的重要著作予以出版。

正如恩格斯在《资本论》第二卷序言中所说，马克思确实将重任寄希望于恩格斯。恩格斯讲："马克思逝世前不久曾对他的女儿爱琳娜说，希望我根据这些材料'做出点什么'来。我在最有限的范围内接受了这种委托；我尽可能把我的工作限制在单纯选择各种文稿方面。因此，我总是把最后的文稿作为根据，并参照了以前的文稿。只有第一篇和第三篇出现了实际的、不仅仅是技术性的困难；而这种困难也不小。我总是设法完全根据作者的精神去解决这些困难。"② 除此之外，劳拉也曾向他人透露自己的父亲在失去康复希望时，将《资本论》第二、三卷的零星手稿交给了爱琳娜，而将其他所有的手稿交给恩格斯并希望他能够有所作为。

在 1894 年年底时，恩格斯还曾提出想要将马克思和自己的文章以"全集"

---

① 马克思，恩格斯．马克思恩格斯全集：第 36 卷．北京：人民出版社，1975：43.
② 马克思，恩格斯．马克思恩格斯文集：第 6 卷．北京：人民出版社，2009：9.

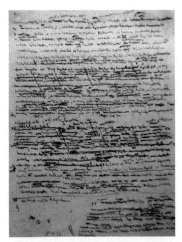

马克思《资本论》第二卷手稿第六稿的第 12 页

的形式出版，但是还未能与《前进报》编辑部谈妥出版事宜，恩格斯便也与世长辞。毕竟只靠恩格斯一人，很难完成出版《资本论》、整理安排其他遗作出版、参与国际共产主义活动等多方面的重任。

4.《资本论》第二卷和第三卷的整理和出版

尽管恩格斯并不完全了解马克思写作的全部计划和想法，但是，在整理和出版马克思遗稿方面，除了恩格斯之外，没有第二个人能够胜任这一工作。在与马克思长期并肩战斗中，恩格斯熟知马克思的思想和文风，能够辨识马克思"龙飞凤舞"的字体，能够按照马克思思想的固有逻辑将遗稿"串联"起来，甚至是"重写"和"续写"而不违反原意。尤其是，恩格斯在资本主义企业的长期实际工作所积累的知识和经验，恰好提供了《资本论》论证方面所需要的实证材料。这一点又是马克思所欠缺的。这样，无论从私还是从公来看，无论是从知还是从行来看，恩格斯都是唯一能够处理马克思手稿的人。在整理和出版马克思遗作的计划中，《资本论》的整理与出版是最为重要的工作。

出版《资本论》第二卷是极为艰难的工作（本小节以下将《资本论》第二卷简称为"第二卷"）。1883 年 8 月 30 日，恩格斯在给倍倍尔的信中坦言："我一回去，就要坐下来搞第二卷，这是一项巨大的工作。除了完全写好的部分外，其他的还很粗糙，全是草稿，大约只有两章例外。引文没有条理，随便记在一起，仅仅是为了日后选用而搜集起来的。而且那种字迹只有**我**才能认得出来，但也很费劲。你问，怎么会连我也不知道该书完成的程度？很简单，要是我知道的话，就会使他日夜不得安生，直到此书写成并印出来为止。"① 看来，马克思是"慢性子"，恩格斯是"急性子"。一慢一急，相得益彰。

难以辨认的字迹和杂乱的资料给整理和出版都带来了不小的麻烦。为此，年迈的恩格斯邀请奥斯卡尔·艾森加尔滕作为自己的工作秘书，协助工作。艾森加尔滕是德国社会民主党人，职业是排字工人。由于出版"非法"刊物，艾森加尔滕被俾斯麦政府驱逐出德国而流亡英国伦敦。被恩格斯"雇用"之后，他每天从上午十点到下午五点整理编辑《资本论》工作，每周得到恩格斯给予的两英镑的报酬。在 1884 年 6 月中旬到 1885 年 11 月中旬期间，他还负责记录恩格斯的口授，并将其誊抄整理，然后由恩格斯在这些誊抄好的稿子上进行修改和完善。由于既能够为党工作又能够有稳定的收入，因此，艾森加尔滕十分珍惜和热爱这份工作。

恩格斯为马克思《资本论》第二卷手稿的笔记本所加的目录

1884 年 3 月底，恩格斯与出版商奥托·迈斯纳签订了关于出版《资本论》第二卷的合同。在马克思的计划中，《资本论》的第二卷分为两册。经过整理和研究，恩格斯决定将《资本论》第二卷分为两部分出版，也即先出版《资本论》的第二册（编为第二卷）和第三册（编为第三卷），并将《剩余价值理论》作为单独一册（卷）出版。1884 年 3 月 24 日，恩格斯在给考茨基的信中写道："我和迈斯纳现在已一致同意，先单独出版《资本论》第二册，接着是第三册和作

---

① 马克思，恩格斯. 马克思恩格斯全集：第 36 卷. 北京：人民出版社，1975：57.

为第二卷后半部的《剩余价值理论》。"① 从 1884 年 6 月中下旬开始，恩格斯正式开始着手整理第二卷。他在 1884 年 6 月 22 日给考茨基的信中写道："现在我终于开始搞第二卷了。我本来打算每天晚上校订你们的译稿以及英译稿（《资本论》第一卷），但是，想得太简单了。从复活节起，我加紧工作，往往要伏案八至十小时，这样长时间坐着，我的老毛病又有些复发，不过，这次已是慢性，不像以前那样是亚急性的。"② 到 1884 年 10 月中旬，恩格斯完成了第二卷的口授工作。由艾森加尔滕誊抄整理完毕后，几近于可以付印的程度。

要完成第二卷的付印工作，使其既成为一部连贯的、尽可能完整的著作，又成为一部只是作者的而不是编者的著作，不是一件容易的事情。马克思留下的文稿很多，多半带有片段性质，所以，要完成这个任务就更为困难。至多只有一稿（第四稿）已经过彻底校订，可以照原样付印。但是，由于有了以后的文稿，这一稿的大部分也变得陈旧了。恩格斯只是把这些手稿尽可能逐字地抄录下来；在文体上，仅仅改动了马克思自己也会改动的地方，只是在绝对必要而且意思不会引起怀疑的地方，才加进几句解释性的话和承上启下的字句。意思上只要略有疑难的句子，恩格斯就宁愿原封不动地编入。恩格斯所改写和插入的文句，总共还不到 10 个印刷页，而且只是形式上的改动。恩格斯尽可能把其工作限制在单纯选择各种文稿方面。因此，恩格斯总是把最后的文稿作为根据，并参照以前的文稿。只有第一篇和第三篇出现了实际的、不仅仅是技术性的困难。恩格斯总是设法完全根据马克思的精神去解决这些困难。③

1885 年 7 月，第二卷终于正式出版。恩格斯所作的第二卷序言写于 1885 年的 5 月 5 日，表达了恩格斯对马克思深切的怀念，因为 5 月 5 日是伟大的马克思诞生的日子。

1885 年 2 月，还未等到第二卷出版，恩格斯便开始了《资本论》第三卷（本小节以下简称为"第三卷"）的辨认、整理和修订工作。起初，他认为第三卷的整理只存在技术方面的困难，然而，实际上遇到的困难超出了他的预期。恩格斯后来在第三卷的序言中谈道："但我当时没有想到，正是全书这些最重要的章节会给我造成这么多的困难，同样也没有想到，还有其他一些障碍会如

---

①　马克思，恩格斯．马克思恩格斯全集：第 36 卷．北京：人民出版社，1975：132.

②　同①166.

③　马克思，恩格斯．马克思恩格斯文集：第 6 卷．北京：人民出版社，2009：3-9.

1885 年出版的《资本论》第二卷德文第一版扉页

此严重地拖延本书的付排。"① 第三卷的整理和出版整整耗费了恩格斯九年之久的工夫。

1885 年 2 月 24 日，恩格斯正式开始整理第三卷。早在 2 月 22 日，他就在一封信中写道："《资本论》第二册手稿的最后部分明天寄出，后天我就开始搞第三册。当我心里还放不下这件事时，我就无法认真考虑其他任何事情。"② 在经过半个月的整理之后，恩格斯发现第三卷的价值巨大。他在 3 月 8 日写给劳拉的信中讲道："我钻研得越深，就越觉得《资本论》第三册伟大……一个人有了这么巨大的发现，实行了这么完全和彻底的科学革命，竟会把它们在自己身边搁置二十年之久，这几乎是不可想象的。"③ 尽管第三卷的手稿篇目清晰并且篇目开篇都是马克思精心打磨过的，但越是往后，手稿也就越像是草稿，也越不完整。此时的恩格斯已经步入晚年，由于视力衰退和工作繁忙，他吃力地辨识着马克思潦草的字迹，以惊人的毅力克服着种种障碍。

1885 年 4 月 23 日，恩格斯通读了第三卷的全文，开始了口授原稿的工作，并设想在未来能够以马克思手稿的原貌来出版第三卷。1885 年 5 月 19

---

① 马克思，恩格斯．马克思恩格斯文集：第 7 卷．北京：人民出版社，2009：3.

② 马克思，恩格斯．马克思恩格斯全集：第 36 卷．北京：人民出版社，1975：284.

③ 同②285.

马克思《资本论》第三卷手稿的一页（上面有恩格斯做的标记）

日，他口授了第三卷一半多的内容，发现马克思关于银行资本和信用的部分较为混乱，而地租的部分却十分出色。7 月 24 日，也就是在历时五个月之后，恩格斯终于完成了第三卷手稿的整理工作。此时，他终于放下了对马克思手稿命运的担忧，并诙谐地说，即使"我的歌子唱完了的话"，第三卷仍然能够以原貌出版。

从 1885 年秋天开始，恩格斯着手开始第三卷的定稿工作，其中的一道重要工序是修订"用词"。相较于第二卷的修订，第三卷的修订工作更为复杂，为此，恩格斯表示尽可能保留马克思初稿中的用词，而重复的部分也没有划去，因为他知道马克思往往是从不同部分（方面）在解释或阐明同一个问题。从 1885 年秋天到 1888 年秋天，恩格斯一直埋头于修订"用词"，直到 1888 年10 月，第三卷还剩下两三篇仍然需要修订、加工和整理。在第三卷的七篇五十二章中，最为困难的是第五篇。在这里，马克思讨论了货币资本到生息资本的转化与相关的问题。这是第三卷中最为复杂的问题，而当时的马克思又恰好旧病复发，导致这一篇只是写了开头部分，还有一堆未经整理的笔记、评述和摘录等资料。恩格斯试图去补足这一篇中的空白，以使其像第一篇那样更为完整，但在三次尝试失败之后，他只能以当时已有的材料来做出一些必不可少的补充。因此，第三卷的付排出版工作被推迟了许久。

直到 1894 年 5 月，恩格斯总算完成了修订"用词"和补足空白的工作。

长达数千页的手稿，马克思只是划分为七章（也即七篇），但他并未对各篇章
进行分节，因而可能会影响读者的阅读和理解。为此，恩格斯重新编排了全书
的结构，将七个篇章细化为五十二章，对每一章进行分节，并加上了各章节的
标题。第三卷手稿是马克思在 19 世纪 60 年代写作的，而当恩格斯拿到并整理
这份手稿时，已经过去了 20 年的光阴。在此期间，资本主义发生了诸多变化，
处于由自由竞争向垄断阶段的过渡时期，出现了许多新的现象和情况。这是马
克思未能记录和分析的部分，因此，在马克思原意的基础上，恩格斯补充了对
这些新现象、新变化进行深入研究后得出的结论，对马克思原来的正文部分进
行了许多补充说明。恩格斯前后补充了约 60 处的附注和插入语。

　　1894 年 11 月，第三卷终于出版。马克思的手稿经过恩格斯细致的整理和
合理的编排，得以成为一部结构合理、逻辑严谨、层次清晰、内容丰富、十分
完善的理论巨著。出版商迈斯纳在拿到第三卷之后，决定将其分为两册出版。
第一分册由第一章至第二十八章组成，于 1894 年 12 月初出版；第二分册由第
二十九章至第五十二章组成，于 1895 年 3 月出版。这部巨著的问世，让人们
深刻了解了马克思在政治经济学领域内实现的伟大革命变革。

1894 年出版的《资本论》第三卷德文第一版第一分册扉页
（第一分册扉页上有恩格斯赠书给倍倍尔的题词）

　　《资本论》的第二卷和第三卷的出版，是恩格斯对马克思主义政治经济学
的重要贡献，也是恩格斯为自己的战友所建立的一座宏伟丰碑。这部著作不仅
体现了马克思、恩格斯的思想高度，而且体现了马克思、恩格斯伟大的友谊和
崇高的情怀。

5. 捍卫马克思在政治经济学上的伟大贡献

随着《资本论》续卷的出版，资产阶级经济学家们坐不住了。他们不再以沉默应对，转而以诬蔑的方式来诋毁马克思。德国的庸俗经济学家、国家社会主义者洛贝尔图斯就是其中的典型代表，他大肆宣扬马克思的剩余价值理论"剽窃"自他本人的剩余价值理论。在此之后，那些反对马克思的资产阶级学者将洛贝尔图斯的诽谤当作武器，不断对马克思以及马克思主义发起一场场颇具规模的声讨之战。在与洛贝尔图斯等人的斗争中，恩格斯坚决捍卫了马克思在政治经济学上的伟大贡献。

在洛贝尔图斯的一些个人通信中，他声称马克思"剽窃"了其关于剩余价值的理论。鲁·迈耶尔 1874 年出版的《第四等级的解放斗争》将洛贝尔图斯对马克思的诬蔑和诽谤公之于世，并指责马克思从 18 世纪 30 年代的洛贝尔图斯的著作中借鉴了大量的观点。在 1881 年出版的洛贝尔图斯的书信政论集中，他直接指责马克思剽窃了他在《第三封社会问题书简》（1851）中的观点。1884 年，泰·科扎克出版了洛贝尔图斯的《资本》一书，在这本书的导言中，他公开重复了之前对马克思的诽谤。

追随这股妖风，麦·席佩耳开始大肆传播"洛贝尔图斯—马克思理论"，以阴谋论的方式将马克思与洛贝尔图斯捆绑在一起。格·阿德勒则认为洛贝尔图斯创立了科学社会主义，为此写作了《科学社会主义的奠基人——洛贝尔图斯》。施拉姆从社会学角度将马克思与洛贝尔图斯、拉萨尔之流相提并论，发表了《洛贝尔图斯、马克思、拉萨尔。社会学研究》等。

面对这些资产阶级辩护者的攻击，恩格斯十分愤怒。他无法容忍这些人主观地将马克思的理论水平拉低档次，更无法容忍的是这些人对亲密战友人格的抹黑。

1884 年 7 月，当席佩耳在《新时代》上发表关于剩余价值理论形成史的文章时，恩格斯便立马联系了该刊的主编考茨基，表达了严正的抗议和不满，指出席佩耳将剩余价值理论归功于洛贝尔图斯和马克思二人的做法是根本错误的。恩格斯认为，洛贝尔图斯在经济学理论上未曾有什么突破性的建树，不过是在李嘉图的基础上前进了一步，但仍然限于古典经济学的黑话之中，没有将"剩余价值"确定为一个实在之物，从而走向了乌托邦。恩格斯指出，洛贝尔图斯难以匹敌马克思。马克思不仅深入剖析了剩余价值产生的原因，并且将资本进行剥削的秘密公之于世，彻底推翻了资产阶级政治经济学，推动了无产阶级革命。在对洛贝尔图斯揭露之后，考茨基在恩格斯的帮助之下写作了驳斥席佩耳等人的文章，恩格斯则亲自批判洛贝尔图斯的政治经济学。

1885年2月，恩格斯在《哲学的贫困》德文版的序言中指出，马克思和洛贝尔图斯二人之间具有根本差别。这篇序言同时单独发表在《新时代》杂志上。紧接着，恩格斯于同年5月为《资本论》第二卷写作了序言，对洛贝尔图斯及其信徒进行了强烈的批判，并义正词严地驳斥了"剽窃"的诬蔑与诽谤。序言指出，马克思并未完全阅读过迈耶尔的《第四等级的解放斗争》，所以他起初对于洛贝尔图斯及其信徒的指责一无所知，但是在与洛贝尔图斯的通信中，马克思得知了其意图，然而洛贝尔图斯并没有再表达什么，马克思就尽量不予以理睬。事实上，在马克思生前，洛贝尔图斯并非重要的理论敌手，虽然他和恩格斯在1848年批判过这位"大臣"，但对其经济学理论并未涉及。在当时，马克思通过自己的研究已经知晓"资本家的剩余价值"从何而来，已经弄清楚这种剩余价值是如何产生的了。只是在1859年前后，经过拉萨尔的介绍，马克思才知道洛贝尔图斯还是一位经济学家，并且在大英博物馆中阅读了《第三封社会问题书简》。因此，马克思不会也不可能从洛贝尔图斯那里剽窃其关于剩余价值的理论学说。

事实上，马克思的剩余价值理论与洛贝尔图斯的剩余价值理论具有本质的区别。洛贝尔图斯将自己封为剩余价值理论的"真正创始人"，提出剩余价值的产生来自对工资产生的价值的扣除，也就是说工人劳动所创造的价值仅仅以工资的形式表现为产品或商品价值的一部分，并且工资不等于"自然交换价值"。在马克思看来，洛贝尔图斯的地租理论还没有将土地和资本分离的情况纳入考量，而只是将地租看作一种没有报酬的劳动。洛贝尔图斯也和李嘉图一样，感受到了"额外"产生的一部分价值，但是他们没有发现这种价值产生的基础，只是将其限定在"地租—工资—资本"三要素之间，而无法超越这些范畴之外去寻找价值产生的基础或原因。

在恩格斯看来，实际中的剩余价值已经产生数百年了，而资产阶级理论家们对此事实的理论反映则颇为滞后。起初，人们是从商人那里获得了对价格和价值不等的反思，但认为剩余价值来自商品的溢价（即涨价），由此还为重商主义者们提供了理论基础。在詹·斯图亚特看来，"一人之所得必然是

赛·穆尔在帮助恩格斯编辑《资本论》第三卷时摘录的
马克思关于剩余价值率和利润率的公式和计算

他人之所失"[1]。由此，人们认为剩余价值的产生是偶然的，是来自购买加价商品的行为。这在很长的一段时间中影响着人们的观念，尤其是对社会主义者们造成了很大的影响。直到亚当·斯密的出现，才改变了对剩余价值认识的颠倒观念。

在亚当·斯密（1723—1790）看来，由于对象化在商品中的劳动创造了超过工资所赋予的价值，因而产生了剩余价值，也即剩余劳动。这种剩余劳动或价值被斯密揭示出来，并作为一般范畴与地租、利润成为一组范畴。也就是说，在斯密的理论体系中，劳动、土地、资本的增殖对应着产生了工资及其剩余价值、地租和利润，并且斯密将地租和利润看作从工人的产品价值中扣除的部分，也即来源于工人的剩余劳动。因此，在洛贝尔图斯之前的斯密就早已敏锐地察觉到资本家的剩余价值从何而来。

尽管马克思在 1861 年的经济学手稿中坦率地指出了斯密的贡献，然而斯密的理论本身也存在着问题。其中，斯密最大的问题在于未将剩余价值本身作为"专门范畴"来进行区分，因而混淆了剩余价值和利润以及地租之间的关系。这个问题一直延续在李嘉图和洛贝尔图斯等资产阶级政治经济理论者的身

---

① 马克思，恩格斯．马克思恩格斯文集：第 6 卷．北京：人民出版社，2009：13.

上，洛贝尔图斯只是将"租"看作地租与利润的总和，而没有看到"租"的本质在于对剩余价值的剥削。马克思的剩余价值理论并非如此。在马克思的分析中，剩余价值并非"租"，而是生产资料的占有者（所有者）不用支付等价的物品就可以占有的价值额。这种价值额有着其自身的独特性质，其自身可以被分割与转化为利润和地租等形式，也就是说利润和地租的本质在于此价值额。

通过李嘉图的中介作用，斯密的劳动价值论被进一步发展，劳动被当作产生价值的基础，并且其所产生的价值量被分配于工人和资本家之间，从而产生了地租、工资和利润的现象。李嘉图的论证指出了商品价值存在的部分秘密，确立了关于剩余价值和利润形式的工资之间的相互关联，而超过利润余额的部分就导致了地租的产生，但是李嘉图并没有指出这种剩余价值被侵占的剥削形式，只是极力地对范畴进行维护和修补，这也是李嘉图学派走向破产的重要原因。值得注意的是，李嘉图看到了资本家对工人劳动的占有存在一定限度，这种限度是以工人生存为基础来衡量的。他认为，资本家只能占有除了工人维持生活之外的部分，但是他并没有考虑工人是如何维持生活的。换言之，李嘉图并没有对工人的实际生活有所考察，而只是在经济范畴之间的加减算法中进行说明。

与李嘉图一样，洛贝尔图斯也陷入了范畴之间的矛盾之中，只是将剩余价值当作资本的利息，而没有看到其本质并非来自资本。"租"或者"利息"是洛贝尔图斯及其信奉者们看待"剩余价值"的主要方式，这使得"剩余价值"本身成为一种可有可无、极不确定的存在。因此，洛贝尔图斯再次陷入了李嘉图等人所构建的经济学"行话"之中，成为乌托邦理论的基础，而缺乏实践性和科学性。以李嘉图和洛贝尔图斯的价值理论作为指南的行动，最终都将失败。欧文的空想社会主义便是以李嘉图经济学为依据的典型代表。尽管这些理论家认识到非生产阶级占有财富的蹊跷，并且对这种扣除工人生产劳动价值的行为进行了强烈的批判，但是由于他们没有认识到剥削的本质，所以无法提出更多能够进行变革的实际方案。

关于剩余价值的认识，在马克思之前就已经有人开始进行探索，人们在探索中逐渐确定了剩余价值是真实的存在，并较为模糊地认识着剩余价值的构成部分，人们想要消除这种工人与资本家之间的不平等根源，却只能通过寻求分配公平的乌托邦方式来加以干预。人们长期将原因与结果、现象与本质颠倒来看，从而无法深入问题之中去寻找最终的解决方案。马克思的看法与前人不同甚至对立，在前人以为找到答案的地方，马克思认为问题才呈现出来，被人们当作原因的事物其实是事物的结果。正如剩余价值本身不是结果而是原因一样，要理解资本主义生产的方式、规则、秘密，就必须要深入其中的各个方面来进行研究。马克思正是在研究劳动中确定了价值形成的规律，确定了货币、资本等价值背后的基础，而这是洛贝尔图斯等人始终未能理解的。

马克思区分了劳动与劳动力，从而破解了货币向资本转化的矛盾之谜。斯密等人看到了劳动决定价值的重要意义，却忽视了资本和劳动交换之间的不对等性质，从而导致劳动和资本之间的矛盾始终被当作是利润在起作用。马克思将资本区分为可变资本和不变资本，从而发现了剩余价值形成的秘密。这是洛贝尔图斯以及其他资产阶级经济学家都没有想到和做到的事情，而对资本的内部结构进行区分是解决经济学中最复杂问题的关键。在进一步研究剩余价值时，马克思发现了绝对剩余价值和相对剩余价值，说明了资本在形成中产生变化的重要原因，也即阐明了资本和劳动、工资的关系理论，指出了资本主义积累的历史和变化趋势。

洛贝尔图斯不仅对斯密的劳动价值论缺乏了解，而且还与蒲鲁东主义之流有着相近之处。洛贝尔图斯将剩余价值变成"租"，从而掩盖了剩余价值的基础性地位，所以，他也和蒲鲁东、西斯蒙第一样，陷入了对消费的迷恋之中。对于生产过剩与消费不足的危机现象，西斯蒙第就曾在《政治经济学新原理》中进行过探讨。他认为，商业危机或资本危机是由社会消费不足尤其是工人阶级的消费不足所导致的。洛贝尔图斯也这样以为，只不过他只是在普鲁士王国的国内考察这个问题。在工资的认识问题上，洛贝尔图斯和李嘉图学派一样，将工资看作资本或收入的来源，而没有看到劳动创造价值以及劳动力的交换性质，因而，他对资本的认识仍是模糊的。

在第三卷的序言中，恩格斯进一步对洛贝尔图斯的追随者以及庸俗经济学家们进行了深刻批判。就相等的平均利润率问题而言，洛贝尔图斯的追随者们无法做出回应，而以庸俗经济学家自称的一些人却在这个问题上做出了模糊的回答。他们认为资本利润来源于贫穷工人的廉价劳动价格额外的追加价格。蹊跷的是，这与马克思的剩余价值理论分析后所得出的结果是相同的。也正如莱克西斯所分析的，工人是弱势群体，出于生计的缘由，工人选择以低廉的价格来出卖自身的劳动力。然而，这种理解是庸俗的，这对于资本利润的理解并未达到科学的认识高度，而只是在皮毛上对马克思的理论（成果）进行了改写。

在庸俗经济学家们看来，资本占有者所获得的利润来源于工人在获得生存资料（劳动价格的补偿物）之外的无酬劳动的产品，也即产生了一种剩余价值使得资本利润成为可能。除此之外，施米特等人尝试为平均利润率进行辩护。他认识到单个商品的均价是以价值规律为基础形成的，并且平均利润率也因此而产生。但是，这些观点都误解、曲解或是错误使用了价值规律，掩盖了剩余价值的真实面目，从而将剩余产品与有酬产品当作一回事。资本家们为了证明自身利润具有合法性，他们将预付的资本看作利润的成本价格，那么价值的源泉就不仅仅是活劳动，而是活劳动和积累劳动的结合。这就打破了价值规律。

就利润率的问题而言，马克思在《资本论》第三卷中做出了十分详细的论述，极为精辟地阐述了剩余价值转化为利润、利润转化为平均利润、价格转化为生产价格等问题，从而在价值规律的基础上化解了价值规律与资本等量获取利润之间的现实矛盾。然而，洛里亚等庸俗经济学家站出来指责马克思的平均利润和生产价格的理论与价值规律之间是矛盾的，也就是说《资本论》第三卷与第一卷之间存在矛盾，并且企图以此来推翻马克思的价值理论。恩格斯对此予以坚决的驳斥，强调了价值规律与利润率下降趋势之间并不存在矛盾，指出洛里亚等人混淆了价值、交换价值以及价格的概念和相互关系。在《资本论》第一卷中，马克思阐述了劳动价值论的科学含义，指出了商品价值由社会必要劳动时间所决定，而商品的交换以价值为基础。在《资本论》第三卷中，马克思进入剩余价值的分析之中，指出在资本主义制度下，部门间的竞争以及资本的流动，使得宏观上的等量资本获得了等量利润，商品的价格来自生产价格，因而价值规律表现为价格的交换规则，而剩余价值总量与社会的平均利润总量相一致。由此可见，第三卷并未否定第一卷，而是进一步使用价值规律分析了利润总量的问题。

总之，在出版《资本论》第二卷和第三卷的过程中，恩格斯不仅付出了大量的心血进行编辑工作，而且不断地与资产阶级的各色经济学派进行论战和斗争，坚决地捍卫马克思在政治经济学领域中实现的革命性变革，保卫了《资本论》这部旷世巨著的历史地位，同时还维护了亲密战友的崇高声誉。

6. 整理和出版马克思其他著作的计划

在将《资本论》第二卷和第三卷整理完成之后，恩格斯立即投入到对马克思其他著作的整理之中，甚至萌生了出版"马克思恩格斯全集"的想法。

　　尽管恩格斯未能亲自整理《资本论》第四卷，但是他对这部重要著作的出版做了一系列规划。第四卷也即《剩余价值理论》，是《资本论》第二稿（1861—1863 年手稿）的主体部分，共有 23 个笔记本 1 472 页，篇幅高达 200 多印张。这是马克思经过 20 年辛勤劳动和深入研究所取得的伟大成果，是为写作《资本论》所做的前期准备工作。正是在这部手稿的重要册本和评注札记中，马克思梳理了剩余价值理论的发展历史。

　　在写作《资本论》第三稿时，马克思认为历史文献部分并不困难，但是这部分要以历史的形式对理论部分进行重述和验证。马克思在后来的写作中并未对这部分手稿进行进一步的加工整理。恩格斯在遗稿中发现了手稿，并且很快就告诉劳拉找到了关于理论问题的批判史部分。1884 年 2 月 16 日，恩格斯在写给劳拉的信中讲道："在手稿中，有《资本论》的第一种稿本（1861—1863年），在那里头我发现了几百页《剩余价值理论》。"① 此时的恩格斯非常忙碌，因此，这部分的编辑工作是在整理出版《资本论》第二、三卷之后才开始的。在恩格斯看来，《剩余价值理论》的重要性在于其将政治经济学的核心问题作为对象来研究，并主要对剩余价值理论的历史进行了批判，马克思以论战的形式反驳了前人关于剩余价值的片面认识。

　　关于第四卷的整理和编辑问题，恩格斯没有过多的直接的说明。在与考茨基、伯恩施坦等人的通信中可以看到，恩格斯仍然想以编辑第二、三卷的原则来整理第四卷。1889 年年初，在征得爱琳娜的同意之后，他决定指导考茨基和伯恩施坦来辨别马克思的字迹以及着手整理第四卷的手稿。此时的恩格斯已经年迈，意识到自己很难直接从事马克思著作的编辑工作了，而只能教会一些人来识别马克思的字迹。在看到恩格斯的信后，考茨基立马启程从维也纳赶往伦敦。在恩格斯的指导下，考茨基开始辨认并阅读马克思的手稿，将其誊抄下来，后由恩格斯审阅并根据原稿进行补充整理。然而，好景不长，考茨基不久就带着其中的一本手稿离开伦敦，长时间脱离恩格斯所嘱托要完成的任务。因此，遗憾的是，在恩格斯生前，第四卷未能出版，而手稿的大部分后由爱琳娜和劳拉保管。最终，在 1905 年到 1910 年期间，考茨基以《剩余价值学说史》为名出版了"第四卷"，为反对资产阶级理论提供了充足的"弹药"。但是，由

---

　　① 马克思，恩格斯 . 马克思恩格斯全集：第 36 卷 . 北京：人民出版社，1975：114.

于考茨基水平有限，他将第四卷只是看作与第三卷平行的一卷。这就割裂了第四卷与前三卷之间的逻辑关系，降低了第四卷的科学价值和重要意义。

除了《资本论》的整理和出版，恩格斯还十分注重马克思早年的著作的重印和出版。马克思早年著作有着许多重要的哲学原理的阐发。随着国际工人运动的发展，研究和再版马克思早年的作品，了解和整理马克思主义发展史，以及用马克思主义基本原理来指导革命实践，成为当时迫切的需要。

恩格斯十分注重对马克思著作的校订、再版和翻译等工作。在 1886 年 1 月 29 日给左尔格的信中，恩格斯曾列出他关于马克思和自己著作的校订工作计划："此外我要做的仍然只是一些校订工作：（1）《雾月十八日》，法文译稿——已经完成三分之一左右；（2）马克思的《雇佣劳动与资本》——意大利文译稿；（3）《家庭的起源》——丹麦文译稿；（4）《宣言》和《社会主义……的发展》——丹麦文译稿，这两个译本都已经印好，但错误百出；（4）《家庭的起源》——法文译稿；（5）《社会主义的发展》——英文译稿。以后还有很多其他的东西。"① 除了以上文本之外，恩格斯还曾在 1891 年计划出版拉萨尔与马克思、恩格斯的书信；1895 年 1 月，他与库格曼联系，商议出版马克思和他自己在 1842—1852 年发表的短文。然而，由于时间和精力有限，不少计划在恩格斯生前都未能完成。但是，关于马克思早年著作的再版和发表，恩格斯投入了大量心血并取得了不少成果。

由于年代已久，恩格斯在重印出版马克思早年的著作时又做了大量的相关研究，旨在帮助新加入革命队伍的年轻人掌握马克思的思想要点。恩格斯写了若干的前言、序言、导言和按语。其中包括：《共产党宣言》的五篇序言（1883 年德文版序言、1888 年英文版序言、1890 年德文版序言、1892 年波兰文版序言、1893 年意大利文版序言），《雇佣劳动与资本》的前言（1884 年）和导言（1891 年），《哲学的贫困》的序言（第一版）和按语（第二版），《卡尔·马克思在科隆陪审法庭面前》的序言，《卡尔·马克思〈路易·波拿巴的雾月十八日〉》德文第三版序言，《关于自由贸易问题的演说》的序言，《哥达纲领批判》的序言，《法兰西内战》的导言，等等。恩格斯高度概括了这些重要著作写作的历史背景、意义和主要内容，论述了马克思理论研究和革命斗争的贡献，分析了马克思主义理论的发展历程，批驳了资产阶级或机会主义等倾

---

① 马克思，恩格斯. 马克思恩格斯全集：第 36 卷. 北京：人民出版社，1975：421.

向。这些论述对于马克思文献以及马克思主义观点的传播具有重要作用，对革命斗争起着莫大的鼓舞和激励作用。

在介绍马克思早年的著作时，恩格斯在序言或者补充中简要概述了马克思在理论方面的贡献和斗争成果。他一再强调，《共产党宣言》中的唯物史观基本原理是马克思的功劳。为了帮助无产阶级更好地了解和掌握马克思著作的内涵和精神，恩格斯还在一些序言中以自己的方式论述了相关著作的主要内容，从而加深人们对这些著作的理解，促进了这些重要著作的传播与发展。马克思的学说和马克思主义都是在不断发展的。例如，马克思的经济理论从 19 世纪 40 年代末开始起步，并在 19 世纪 50 年代进一步发展，在“1857—1858 年手稿”中将原来在《雇佣劳动与资本》中的劳动商品论进行了修改，从而得以完善。在 1891 年出版《雇佣劳动与资本》单行本时，恩格斯就根据马克思晚年的观点，将劳动改为劳动力，并且在导言部分向读者们进行了详细的解释。这对于维护和发展马克思学说具有重要意义。

重新出版和发表马克思早年的著作，与当年发表这些著作一样，都是进一步推动革命斗争的需要。恩格斯在《〈卡尔·马克思在科隆陪审法庭面前〉一书序言》中指出，1848 年的德国无产阶级参加反封建的斗争具有重要意义，无产阶级将在资产阶级取得胜利之后获得自身发展的空间，将在阶级斗争的历史舞台上占据一席之地，从而以此为出发点去进一步发展自身。再版或发表马克思的其他著作，这是恩格斯的使命和责任，同时也是革命迫切的需要。恩格斯联系实际，批判了德国当时不合理的政治制度，指出了工人阶级的增长和资本主义的腐朽是既有的现实，指明了无产阶级的革命终将胜利，而资本主义的灭亡终将到来。

7. 对讲坛社会主义的批判

在恩格斯整理马克思遗著期间，正是讲坛社会主义者们对马克思以及《资本论》进行疯狂攻击的时候。洛贝尔图斯、布伦坦诺、洛里亚轮番对马克思的“剩余价值论”“格莱斯顿引文”以及“《资本论》第一、三卷”的关系进行诽谤、诬陷与攻击。为了维护亲密战友的声誉以及捍卫科学真理，恩格斯与这些庸俗的讲坛社会主义者进行了激烈的斗争，以无可争辩的事实和道理证明了马克思的清白，也进一步重申了马克思主义坚定的理论立场。

从 19 世纪 70 年代开始，就有资产阶级学者开始对马克思、恩格斯的著作进行研究，其中以大学教授为主。他们以"社会主义"的名义在大学讲坛宣扬改良主义主张，以学术口号和华丽辞藻将"国家"描绘成超阶级甚至是超历史的组织，将"国家"视为一种神圣的存在，以期其可以调和敌对阶级之间的矛盾。这些资产阶级学者十分庸俗，只是在当时德国大学的讲坛上卖弄和玩弄着政治经济学和社会主义的辞藻，因而被称为"讲坛社会主义者"。讲坛社会主义者对马克思本人以及马克思主义理论进行攻击，企图通过诽谤、诬陷等手段抹黑马克思本人和《资本论》。

首先，在《资本论》第三卷序言以及《哲学的贫困》德文第一版序言（《马克思和洛贝尔图斯》）中，恩格斯有力地回击了针对马克思的"剽窃论"。恩格斯指出，在对洛贝尔图斯没有认识和了解之前，马克思就已经弄清楚价值以及剩余价值的来源与本质。早在 1847 年，马克思在《哲学的贫困》和《雇佣劳动与资本》中就指出了劳动价值论具有的缺陷，同时在工资和利润的矛盾中发现了剩余价值及其相关问题。直到 1859 年由拉萨尔介绍，马克思才了解到洛贝尔图斯的经济学说。在阅读其《第三封社会问题书简》之后，马克思对其地租理论进行了有力批判。通过剩余价值学说史的研究，恩格斯还发现在马克思以前，没有任何一位政治经济学研究者揭示出剩余价值的真正原因，人们只是在感性层面上达到了对剩余价值的认识，却没有将剩余价值作为确定的范畴进行研究，同时忽视对工人剩余劳动以及剩余价值的研究，只是将剩余价值看作地租和利润的特殊范畴。马克思不仅将"剩余价值"作为研究的科学范畴，而且以此科学地解释了地租、利润与工资之间的关系。回到洛贝尔图斯的著作来看，恩格斯发现其不过是继承和发展了李嘉图的经济学说而已，将李嘉图的经济学理论运用于社会主义，极力地将主观道德因素运用于经济分析之中。由此，恩格斯批判并反驳了洛贝尔图斯等人的"剽窃论"。

其次，恩格斯对布伦坦诺等人引发的"捏造引文"案进行了彻底的回应和批判。以布伦坦诺为主的讲坛社会主义者以诽谤的方式对马克思展开攻击，侮辱马克思的学术素养和人格。起初，《资本论》第一卷的出版遭到了资产阶级的"沉默"对待，但随着恩格斯等人的宣传工作的进展，资产阶级再也无法回避这一科学巨著，转而开始攻击马克思和《资本论》。1872 年 3 月，布伦坦诺在《协和》杂志上以匿名的方式发表了《卡尔·马克思是怎样引证的》，指责马克思错误引用了格莱斯顿关于财富和实力令人陶醉的增长"完全限于有产阶级"这样一段话。马克思当即对这种指责进行了回应。他指出，这段话确实为格莱斯顿所说，并且各大权威报纸对此都有过报道，《资本论》和《国际工人协会成立宣言》都曾引用过。格莱斯顿本人知道此事。由此，马克思与布伦坦诺的论辩停息了下来。但在马克思逝世之后，布伦坦诺等人故技重演，对马克思的引文冠之以"断章取义"的污名。爱琳娜多次核对《资本论》的引文以反驳"断章取义"的说法，恩格斯撰写《布伦坦诺反对马克思。关于所谓捏造引文问题。事情的经过和文件》，将布伦坦诺等人对马克思施行的阴谋公之于众，从而彻底击垮了布伦坦诺等人对马克思的诬蔑。

最后，恩格斯对洛里亚等人在政治经济学理论等方面进行的攻击予以坚决的反击。在洛里亚看来，《资本论》的第一卷和第二卷之间存在着无法解决的矛盾，第三卷直接丢弃了第一卷的价值理论，而价值转化为生产价格的过程是"故弄玄虚"的解决办法，是"重大的理论破产""谬论""科学上的自杀行为"；马克思根本没有时间和计划写作《资本论》第二、三卷，这些都是恩格斯编造出来的。恩格斯指出，洛里亚的价值理论是对庸俗经济学的运用和完成。洛里亚等人以边际效用为理论基础，将商品的价值阐释为由供需关系所决定的偶然存在，将价值看作商品交换过程中所体现出来的比例。事实上，按照洛里亚的理解，在供需关系达到平衡的状态时，商品的价值将递归为零。显然，这无法来解释现实情况。以此为基础，恩格斯进而指出马克思在《资本论》第一卷和第三卷阐发的价值规律和剩余价值论有着内在的严密逻辑。

综上可见，在讲坛社会主义种种栽赃、诘难、攻击下，恩格斯坚强地捍卫了马克思主义，尤其是保卫了《资本论》的科学理论成果，使其真理所放射出的光辉愈加灿烂。一方面，恩格斯对讲坛社会主义的抹黑攻击做出了强有力的分析和批判，揭穿了这些讲坛学者的资产阶级本质，对庸俗的辩护和无理的攻击进行了有效反击，从而让世人看清了这些资产阶级辩护士的真面目。另一方面，在对讲坛社会主义者某些理论攻击的分析和批判中，恩格斯重申并维护了马克思主义的基本立场和观点，尤其是在对洛贝尔图斯和洛里亚等人关于价值理论的批判中，恩格斯阐释了科学劳动价值论的内涵和剩余价值理论的科学观点，进而为读者们更好地理解马克思与《资本论》提供了更加清晰的思路和指南。

第 15 章

历史的步履
——人类学和历史学研究

> 我希望你们在研究国家问题的时候看看恩格斯的著作《家庭、私有制和国家的起源》。这是现代社会主义的基本著作之一,其中每一句话都是可以相信的,每一句话都不是凭空说的,而是根据大量的史料和政治材料写成的。[①]

巴黎公社革命失败之后,为了让社会民主党了解德国土地所有制的产生和发展的历史,从而使党注意到把农业工人和农民吸引到自己方面来的必要性,为了进一步完善历史唯物主义科学理论体系尤其是马克思主义社会形态理论,恩格斯在 1881 年到 1894 年间写作了《论德意志人的古代历史》(《论日耳曼人的古代历史》)、《法兰克时代》、《马尔克》、《论封建制度的瓦解和民族国家的产生》等著作,重点探讨了欧洲前资本主义社会的历史。在马克思去世之后,在整理马克思的遗作和遗物时,恩格斯"发现"了马克思的《人类学笔记》,尤其是《摩尔根笔记》。在此基础上,恩格斯完成了《家庭、私有制和国家的起源》一书,在某种程度上完成了马克思的遗愿。在《家庭、私有制和国家的起源》中,恩格斯利用了马克思留下的关于摩尔根《古代社会》一书的读书笔记与摘录,进一步完善并充实了他对希腊、罗马、日耳曼等历史研究的成果,研究了人类文明产生和演进的规律,阐明了马克思主义对妇女解放问题的根本看法,开辟了马克思主义史前社会理论。在其晚年,恩格斯写作了《论原始基

---

① 列宁.论国家//列宁专题文集:论辩证唯物主义和历史唯物主义.北京:人民出版社,2009:284.

督教的历史》等作品。

1. 欧洲从原始社会到奴隶社会的历史

1878 年中到 1882 年 8 月初之间，恩格斯草拟了一个写作提纲——《〈论德意志人的古代历史〉的提纲（最初的计划）》。（《论德意志人的古代历史》旧译为《论日耳曼人的古代历史》。）这个提纲最早是用铅笔写的，包括"凯撒和塔西佗""马尔克制度和军事制度""和罗马的最初战斗""民族大迁徙以前的进步"四个部分。[①] 在这个计划中，恩格斯原本只打算写一篇关于德意志古代史的文章，在实际写作中却有所变化。例如：原计划的第二章是"马尔克制度和军事制度"，恩格斯用铅笔在第一章结束的行尾写道"下一章讲土地制度和军事制度"，但是在手稿当中并没有此章节内容；不过在后来写作的《法兰克时代》中，恩格斯将此部分内容运用到了第二章"区制度和军事制度"中。与此相关，本来计划放在《论德意志人的古代历史》中的有关"法兰克方言"的部分也被放在了《法兰克时代》中。接着，恩格斯写作了《论德意志人的古代历史》一文。由于缺少直接的证据，关于这一文献的写作确切时间无法确定，但从恩格斯的其他写作和历史经历来看，可以推断此手稿是在 1878 年中到 1882 年之间完成的。在写作过程中，内容发生了改变。恩格斯生前，这一文献从未被发表过。

"日耳曼"和"德意志"

2 000 年前，古罗马皇帝凯撒派兵向欧洲北部扩展版图，当走到今天德国科隆一带时，发现这里的"野蛮人"很骁勇，吵吵闹闹，于是将之称为"German"（"很吵闹的邻居"）。根据发音，我们将之译为"日耳曼"。

日耳曼人英勇善战，成为罗马军团的骨干，最后推翻了西罗马帝国的统治，建立了法兰克王国。他们将自己的国家称为"Deutschland"（"人民的国家"）。根据发音，我们将之译为"德意志"。

---

① 马克思，恩格斯. 马克思恩格斯全集：第 25 卷 . 2 版 . 北京：人民出版社，2001：190.

> "日耳曼"是古罗马帝国对北方野蛮族群的称呼，在古代是个贬义词。"德意志"是德国人用德文对自己的称呼，是个褒义词。

在创作《自然辩证法》的繁忙时期，恩格斯为什么要写作这样一部"怀古"的作品呢？我们从恩格斯当时的阅读材料中可以略见一斑。在此期间，恩格斯阅读了博伊德·道金斯的《不列颠的原始人》（1880 年伦敦版）、鲁·微耳和的《关于梅诺卡岛头盖骨的报道》（载于 1878 年的《民族学杂志》）、卡·弥伦霍夫的《德国考古学》（1870 年柏林版）、普卢塔克的《希腊罗马名人传》、狄奥·卡西乌斯的《罗马史》等著作和文章。如果再往前追溯的话，大家知道，马克思的《政治经济学批判（1857—1858 年手稿）》专门论及了"资本主义生产以前的各种形式"。在那里，马克思将亚细亚的、古代的、日耳曼的所有制形式看作前资本主义生产方式的三种方式。简言之，亚细亚的所有制为一个人所有（皇帝），古代的所有制（古典古代的所有制）为极个别人所有，日耳曼的所有制为每个人所有。当然，这三种所有制形式是前后关系还是并列关系，是一个悬而未决的问题。综合这些情况来看，《论德意志人的古代历史》一文应该是一篇研究社会形态的"原生形态"的文献，恩格斯试图阐明古代德意志人的演化历史、生活制度、语言文化、发展历史等方面的内容。

恩格斯原打算将《论德意志人的古代历史》分为两部分完成。第一部分分为四章；第二部分是相关注释，主要是从史料学、民族学以及语言学等方面对第一部分做进一步的补充和阐释。

德意志人在克尔特人之后（大约在公元前 400 年以前）开始往德国地区迁徙，在凯撒时代仍然在进行。在第一章"凯撒和塔西佗"中，恩格斯主要考察了德意志人的迁徙历史。根据普卢塔克的记载，在公元前 180 年前后，德意志人（巴斯泰尔人）出现在多瑙河下游，是马其顿国王柏修斯军队中的雇佣步兵。在半个世纪之后，日耳曼军队与凯撒的高卢军队屡次发生冲突，但最终败给罗马军队，开始了迁徙的生存。由于罗马的统治，西欧的各民族都处于大迁徙的过程中，直到伦巴德人占领意大利后才得以暂停，日耳曼人停下了脚步。但是，日耳曼人的内部存在着不稳定的生活方式和纷争。他们经过喀尔巴阡山和波希米亚山脉以北的平原才来到了德意志，在占领北方的平原之后，又将住在南方山里的克尔特人撵过多瑙河对岸。

在凯撒的记载中，日耳曼人并没有在他们占领的领土上定居，因为这些人以畜牧方式为生，很少进行农耕活动，男子以打猎和习武为主要劳动方式，农业活动只是附带做一点，并且是十分原始的刀耕火种的方式。德意志人还有一种自我保护的方式，就是在面对敌人或异族的方向前找一片广阔的林野来保护自身。这种习俗一直延续到中世纪后期，勃兰登堡的斯拉夫名字就意指"防护森林"（*Branibor* 的前缀 *Braniti* 来自捷克语，意味着防护，后缀 *bor* 是松树林的意思）。正如凯撒所记录，德意志人经历的并非亚洲游牧民族的"游牧生活"。他们没有草原，而是住在原始森林之中，但他们也没有像农业民族那样定居于森林。

德意志人以这种在森林游牧的方式向多瑙河、莱茵河以及北海之间的新地域迁徙，在凯撒的时代，德意志人刚开始他们的步履。在凯撒逝世之后的 150 年后，塔西佗的《日耳曼尼亚志》告诉我们，德意志人的部落安定下来并有了固定住所，一部分人住在井然有序的固定村落中，村子里分为独家别院和毗连的院子，院子里的房子是单独修建的。这些房屋是由原木搭建的，没有砖瓦和石头。在耕作方面，德意志人从凯撒时期就逐渐减少了打猎，而家畜则成为他们的主要财富，多数人以粗布遮挡身体，穷人无衣遮体，最富有的人则有贴身衣服，人与人之间进行着简单的物物交换。

在凯撒到塔西佗的这段时间（前 102 或前 100—约公元 120），德意志人经历了从游牧生活到农耕生活的转变，各个部落之间逐渐划定活动区域，但由于记载不详，无法确定这些区域对应的部落名称。从一些材料来看，德意志人分为温底尔人、印格伏南人、易斯卡伏南人、赫米奥南人、佩夫金人及巴斯泰尔人（已灭绝）五大系统。[①] 除此之外，还有住在斯堪的纳维亚的第六个分支叫作希列维昂人。这六大系统分布在不同的地域，并且所使用的语言各不相同。

德意志人所留下的语言遗物是了解他们的重要途径。通过稀少的语言遗物，可以得知：温底尔人（哥特人）的多数部族讲的是哥特人的方言，少部分的瓦林人使用的语言则难以得知；印格伏南人多数讲的是弗里西安语，还有少数讲的是萨克森语；易斯卡伏南人也就是后来的法兰克人，使用的是法兰克语；赫米奥南人是后来的高地德意志人，使用的是高地德意志语；还有就是少数使用斯堪的纳维亚语的希列维昂人。由语言、地域和生活习俗的历史分布情况出发，恩格斯指出，德意志人在迁移过程中经历了生产方式和生活方式的转

[①] 马克思，恩格斯. 马克思恩格斯全集：第 25 卷 . 2 版 . 北京：人民出版社，2001：206.

变，他们从北德平原腹地向不同的方向推进，大致形成了五个民族与语言系统。

在介绍完德意志人迁徙古代史之后，恩格斯本来计划介绍古代德意志的土地制度和军事制度，但他却先介绍了古代德意志与古罗马之间的战斗。在第二章"和罗马的最初战斗"中，恩格斯考察了这个问题。在凯撒时代之后，以莱茵河为界，德意志人和罗马人处于对峙的状态。随着摩擦的升级，古罗马开国皇帝奥古斯都及其继子德鲁苏斯①先后通过高卢对日耳曼尼亚发动征服战争。公元前12年德鲁苏斯首次入侵日耳曼，随后从高卢北部海上入侵并征服了沿岸日耳曼部落。两年后德鲁苏斯的战绩使罗马占据了威悉河以西几乎全部领土，并为罗马帝国建立日耳曼省奠定了基础。然而同年德鲁苏斯（时年30岁）从马背上摔落后不久，伤重不治而死，而他攻占的所有日耳曼领土都在19年后（公元9年）的条顿堡森林战役中被日耳曼人收复。德鲁苏斯的后继者们试图将罗马文明（法律、道德等）强加给德意志人，但德意志人由于尚未达到罗马的发达程度，在习俗上难以接受罗马文明，这反而促使德意志人团结一致来反抗罗马帝国，并最终取得胜利。

对此，恩格斯评价道："用来奴役别人的手段，也应该允许别人用来摆脱奴役。只要一方面存在着剥削和统治的民族与阶级，另一方面存在着被剥削和被统治的民族与阶级，那么，使用暴力的同时使用权术对双方都是必要的，反对这样做的任何道德说教都是没有力量的。"② 德意志人以其团结的力量在与瓦鲁斯的会战中取得了具有历史转折意义的胜利，从而使得德意志永远摆脱了罗马的统治，成为独立的共同体。尽管德意志在此之后经历了大大小小的不幸，但是这一次，历史站在了德意志人的一边。公元14年8月，在奥古斯都逝世之后，德鲁苏斯之子盖尔马尼库斯成为罗马皇帝。他在平定莱茵军团暴乱之后，对德意志发起了第三次进军，却无功而返，罗马人此后便转向防御，在莱茵河附近筑起了防御体系和边境墙，罗马和德意志之间逐渐出现了安定、平静的局面。

在塔西佗和托勒密之后，关于德意志的古代历史文字的记载长期中断，恩格斯通过古代的出土文物，大致了解了德意志人在公元2世纪以后的贸易往

---

① 尼禄·克劳狄乌斯·德鲁苏斯是奥古斯都的继子，是第一个在日耳曼进行征服战争，也是第一个率罗马军队抵达威悉河和易北河的将军。

② 马克思，恩格斯. 马克思恩格斯全集：第25卷.2版. 北京：人民出版社，2001：221.

来、金属工业、纺织业、造船业等情况，其中，文物上的鲁恩文字引起了恩格斯的格外关注。在第三章"民族大迁徙以前的进步"中，恩格斯考察了这个问题。公元 3 世纪开始，德意志的金属工业日益进步，在公元 5 世纪末期达到了很高的水平。到了公元 6—7 世纪，这些工艺制造业就在德意志广泛传播。与此同时，鲁恩文字得到了广泛的使用和传播。在出土的刀鞘、盾牌带扣、金戒指、衣服扣子上，都出现了鲁恩文字。这是一种非常笨拙的文字体系，来源于希腊字母和罗马字母，为了适应刻在木材上的需要，很多字体被改变了样式。古代德意志人经历了从迁徙到定居的生活方式转变，其文明程度也随着他们的迁徙步伐而得以上升。随着罗马帝国的商业和工业品传入德意志地区，德意志人开始了自己的工业制造和商业交换，以独立的方式发展起来。不过，德意志人内部也存在着差异，离罗马较远的、较往西的部落，往往落后于东部和内地的部落，法兰克人与阿勒曼尼人的工业制品远不如盎格鲁-撒克逊人和斯堪的纳维亚人的。

可见，《论德意志人的古代历史》是恩格斯研究社会发展历史早期阶段的重要作品。

1882 年 9 月 14 日，恩格斯开始进行出版《社会主义从空想到科学的发展》德文第一版的准备工作。为了让社会民主党了解德国土地所有制的产生和发展的历史，从而使党注意到把农业工人和农民吸引到自己方面来的必要性，恩格斯决定为该版写作一篇专门论述马尔克制度的文章。为此，从 1882 年 9 月下半月到 12 月上半月，恩格斯重新阅读了毛勒（1790—1872）的《马尔克制度、农户制度、乡村制度、城市制度和公共政权的历史概论》和《德国马尔克制度史》等著作，做了评注性的摘录，并把毛勒的资料同其他资料进行了比较。1882 年 12 月上半月，恩格斯写完《马尔克》一文，并在付排前寄给马克思校阅。12 月 18 日，在阅读《马尔克》手稿后，马克思在给恩格斯的信中说："手稿寄还；**非常好！**"[①] 同年，《马尔克》一文作为新出版的德文版《社会主义从空想到科学的发展》一书的附录发表。在这一文献中，恩格斯主要论及了以下五个问题。

第一，马尔克制度的出现和发展。早在罗马统治时期，德意志人就在战斗中按照血缘亲属关系编制战斗队形，并在新占领的土地上推行土地公有制。在

① 马克思，恩格斯．马克思恩格斯全集：第 35 卷．北京：人民出版社，1971：126．

此基础上，形成了马尔克制度。"由于人口的激增，在划归每一个村的极其广阔的土地上，也就是在**马尔克**里面，产生了一批女儿村，它们作为权利平等或者权利较小的村，跟母村一起，构成一个单一的马尔克公社。因此，我们在德国，在史料所能追溯的范围内，到处可以看到，有或多或少的村联合成**一个**马尔克公社。但在这种团体之上，至少在初期，还有百户或区这种较大的马尔克团体。最后，为了管理归民族直接占有的土地和监督在它领土以内的下级马尔克，整个民族在最初阶段构成一个单一的大马尔克公社。"① 马尔克是德意志人的土地公有制制度。有的论者将之概括为土地公有但私用的农村公社。

　　第二，马尔克制度的自我转型。在塔西佗（约55—约120）以后的四五百年，马尔克制度出现了转型。耕地是各个农民世袭的地产，虽然它不是绝对自由的地产，但农民有权通过出卖或者其他方式的转让来支配。之所以会出现这种转变，是由两个方面的原因促成的。其一，由于地理上封闭等原因，一些马尔克将住处和耕地作为世袭财产分配给各个农民，只有周围尚未开垦的土地留给马尔克。后来，当可以通过转让给第三者来支配家宅和园地的权利获得重要意义的时候，这类宅院的所有者便占了便宜。这样，可能使许多耕地共有的村停止了通行的重新分配办法，因而使社员的各块份地同样成为可以继承和转让的财产。其二，征战将德意志人带进了罗马的领土，土地在罗马那里早已成为私有财产，这样，受罗马土地私有制的影响，私有制很快就不可阻挡地渗透到马尔克当中。

　　第三，马尔克制度的存留和社会结构。虽然放弃了重新分配耕地和草原的权利，但是，马尔克在土地上的其他权利依然存在。在经济上，采用公有制的形式。公社将其田地转交给个人，只是为了把它用作耕地和草地，而并无其他目的。单个的占有者没有任何权利。地下发现的财宝和矿物，如果埋藏的地方深到犁头所不及，那就首先属于公社。在政治上，实行原始民主制。"马尔克社员拥有平等的土地份额和平等的使用权，同样，他们当初也都拥有平等的一份权利参与马尔克内部的立法、行政和司法。他们定期地或如有必要经常地举行露天集会，商定马尔克的事务，审判马尔克中的不法行为和纠纷。这是古老的德意志人的民众大会，只不过是雏形罢了，而民众大会，当初也就是一个大

---

① 马克思，恩格斯. 马克思恩格斯全集：第25卷. 2版. 北京：人民出版社，2001：568-569.

规模的马尔克集会。"① 在审判中，主席只能提出问题，判决由到会的全体社员决定。在文化上，马尔克成员有一种根深蒂固的公有和平等的观念。例如，他们认为森林是公有的财产，每一个人都可以到森林中收获山货。只要他不做有害的事，便可以在里面自由行动。马克思青年时代谴责的"林木盗窃法"的罪恶就在于破坏了人民拥有的这种公有和平等的权利。

第四，马尔克制度的解体和崩溃。马尔克制度在中世纪遭到了很大的挑战，后来，贵族和僧侣在君主们心甘情愿的支持下大肆掠夺农民的土地，尤其是马尔克的生产组织方式难以适应科学技术的发展，这样，马尔克制度就开始解体和崩溃。

第五，马尔克制度的未来和前景。马尔克制度解体了，但是，面对资本主义发展的危机，只有在社会管理和社会经营的情况下，欧洲农业才可能继续存在。因此，未来不是采用恢复马尔克的方法，而是要向马尔克辩证复归。"采用这样一种更新土地公有制的方法，以便使这种公有制不但能保证小农社员得到大规模经营和采用农业机器的全部好处，而且能向他们提供资金除农业以外去经营利用蒸汽动力或水力的大工业，并且不用资本家，而依靠公社去经营大工业。"② 因此，只有德国社会民主党人才能够帮助德国农民们。德国农民必须好好地想一想，怎么跟着社会民主党人走。社会民主党应该好好地想一想，如何科学引领农民。其实，这就是要将先进生产力和先进生产关系结合起来，向社会主义和共产主义过渡。

1883 年，恩格斯的《马尔克》一文由《社会民主党人报》连载。1883 年年底，该文又以《德国农民。他过去怎样？他现在怎样？他将来会怎样？》为题在苏黎世印成单行本出版。

许多资产阶级学者否认人类历史上存在过土地公有制，认为马尔克是 13世纪后西欧各地农民为共同使用公共土地而组织的。通过《论德意志人的古代历史》和《马尔克》两文，以古代德意志为解剖对象，恩格斯恢复了历史真相，有力地驳斥了资产阶级学者的陈词滥调，完善了唯物史观关于社会形态"原生形态"的理论，有助于增强工人阶级和劳动人民对"两个必然性"的自信和自觉。

---

① 马克思，恩格斯. 马克思恩格斯全集：第 25 卷 . 2 版 . 北京：人民出版社，2001：574 - 575.

② 同①584.

2. 欧洲封建社会的形成和瓦解的历史

　　按照《〈论德意志人的古代历史〉的提纲（最初的计划）》及其变动情况，《论德意志人的古代历史》一文还有一篇姊妹作。这就是《法兰克时代》。同样，现在无从断定其写作的具体时间，可判定为大约写于 1878 年中到 1882 年 8 月初之间。

　　在《法兰克时代》中，恩格斯进一步探讨了德意志民族的社会生活制度（主要是"马尔克制"和"采邑制"）及其瓦解的原因。从凯撒到塔西佗的时期，德意志开始形成各个部落，为德意志走向封建国家奠定基础，各个部落的生活方式则以马尔克制度为基础。这种制度一直延续到中世纪，持续了 1 500 多年，最终伴随着工业革命与商业兴起而逐渐没落下去。在古代德意志时期（中世纪以前），马尔克制度维系着德意志部落之间的联系和自由，但是之后却成为阻碍德意志发展并奴役人民的制度。

　　通过对墨洛温王朝和加洛林王朝的土地制度（采邑制）、区制度和军事制度历史变革的梳理与分析，恩格斯指出，德意志人依靠采邑的方式维系了国家制度，德意志的封建等级制度体现为土地采邑制和封地制，阐明古代德意志的土地所有权归国王。国王将土地以采邑的方式分给大的受采邑者（即帝国公爵的前身）、中等受采邑者（即贵族的前身）、生活在马尔克团体内的农民（不论自由与否）等，这样，就形成了一套金字塔式、自上而下、等级森严的封建等级制度。然而，随着时间的推移，采邑逐渐脱离上层权力的绝对控制，其形式不变，但内容逐渐发生转变，具有了自由发展的倾向，因而，采邑逐渐发展为封地。

　　采邑制是以法兰克人的马尔克制度与罗马的庇护制为基础演变而来的制度，是封建主与受采邑者之间等级关系的基础。这时，马尔克制形式上是土地的公有，内容上是土地的私用。这种制度维护了封建地主的权力，强调人们可以使用财产而无法拥有财产，从而导致现代意义上土地的绝对所有权被割裂，因而土地拥有"双重身份"，即土地的占有和土地的使用。这种土地所有制也是财产所有制的表现形式，不仅存在于封建地主与佃户之间，而且存在于君主与臣民之间，从而导致君主享有形式上的占有权，而将实际上的使用权赋予其臣民，以至于其自身的权力随着臣民的强大而不断削弱。在征服高卢之后，法兰克人实行了采邑制，国王将其掠夺来的土地赏赐（或分封）给臣仆和教会以维系统治、共享利益，但是这种制度由于缺乏规定而极不稳定，因而逐渐转变为一种有条件性的分封，出现了领主与附庸，双方具有薄弱的权利和义务关系，附庸也通过自身力量的增强，击溃了原先的领主，从而推翻了马尔克制度，消灭了领主与附庸的权力关系，王权也因此瓦解崩溃。

在对古代德意志人和法兰克人历史的研究中，恩格斯十分关注德意志人的语言（方言）种类及其区别。这是由于德意志的部落分布情况较为复杂，不仅需要借助历史学家和地理学家著作进行研究，而且还需要运用普林尼的五大系统学说以及语言（尤其是方言）区分作为研究的实证材料。恩格斯首先对德意志人的部落分布与语言使用情况做了介绍。

第一大系统是温底尔人，包括勃艮第人、瓦林人、喀林人和古顿人，分为汪达尔人、勃艮第人和哥特人三个民族。他们使用的都是哥特方言，住在日耳曼尼亚的东部地区。根据哥特方言的特征，又可以对这部分人的分布与迁徙情况做出反证。

第二大系统是印格伏南人，包括基姆布里人、条顿人和乔克人。他们使用的是弗里西安语（或称作印格伏南语）。弗里西安语与英语十分接近，因为英语中的喉音向咝音的转变正是源于弗里西安语。通过弗里西安方言的使用划分，恩格斯认为，萨克森人、盎格鲁人和朱特人都归入弗里西安-印格伏南的系统之中。

第三大系统是易斯卡伏南人，包括西干布尔人。他们使用的是法兰克语，但是由于法兰克语的使用较为复杂，人们常常误将易斯卡伏南人与法兰克人混同起来，从而对法兰克人的认知产生了误区。

第四大系统是赫米奥南人，包括苏维汇人、赫蒙杜利人、卡滕人和凯鲁斯奇人。他们使用的是高地德意志语，也正因如此，被普林尼当作赫米奥南人的凯鲁斯奇人并非事实。通过对法兰克语和弗里西安语的比较可知，凯鲁斯奇人使用的语言保留了古代萨克森语所使用复数第二格和阳性弱变化中的 α，因此，恩格斯认为，凯鲁斯奇人可划归为萨克森部落，属于印格伏南人的系统。

第五大系统是佩夫金人及巴斯泰尔人。这两个民族从语言和名称来看都与哥特人非常相近，二者都是长期过着流浪生活的德意志民族。但是，由于地域的划分和生活方式的不同，二者又与温底尔人不同，而二者在哥特王朝建立之后便也消失在王国之中。

　　由此，恩格斯认为，哥特大系统住在东部和东北部。这一大系统的阳性及中性复数第二格都有 $\hat{e}$，阴性都有 $\hat{o}$ 和 $\hat{e}$，弱变化阳性都有 a。印格伏南大系统住在西北部。这一大系统的复数第二格都有 a，弱变化阳性也有 a。在弗里西安人这一支派里面，又加上了斯堪的纳维亚大系统。他们的全部名词变化所表现出来的情形是：复数第二格是 a，弱变化阳性是 i，这是从 a 软化而来的。[①] 通过阳性和阴性词格的变化，恩格斯区分了这五个系统的方言特征。这些语言之间的区别和历史告诉了我们关于古代德意志的主要部落及其历史。

　　在这些方言之中，恩格斯又重点研究了法兰克方言。与同时代的语言学家（如雅各布·格林）对法兰克语的认识不同，恩格斯认为法兰克方言并非已经融化在法兰西语与高地德意志语之中。他指出："法兰克语早在 6 世纪和 7 世纪就已经是一种独立的方言，它是高地德意志语（即首先是阿勒曼尼语）同印格伏南语（即首先是萨克森语和弗里西安语）之间的过渡环节，当时还完全处于哥特—低德意志语的辅音音变阶段。"[②] 根据恩格斯的研究，法兰克人的部落有两个主要支派，他们各自有其独特的方言。法兰克方言分为萨利克语和里普利安语，这些区别在民间口语中仍然可见。因此，法兰克人不是受外部影响结合而来的混合部落，而是德意志人系统中独立的易斯卡伏南人。

　　恩格斯准确地解释了法兰克语与其他语言的若干差别，从而说明易斯卡伏南人所具有的独特性。第一，在印格伏南方言中，现在时的直陈式复数的三种人称相同，人们使用的语音字母以带有元音的齿音字母作为结尾。例如，古代萨克森语结尾为 d，法兰克语则以 nt 为结尾。第二，在莱茵法兰克语言中，动词的第一人称现在时的直陈式词尾是 n，但是在印格伏南语中没有这个词尾 n。正是在全面比较了法兰克方言的共性和差异的基础上，恩格斯结合地理、习俗、部落等历史事实，科学地将法兰克方言划分为里普利安语、中法兰克语和南法兰克语三个方言群，推进了当时历史语言学关于语言谱系分类的发展。

　　以方言的差异和层次区别为证明，恩格斯还揭示了部落迁徙的过程。这也是他写作该文的初衷和目的。方言的历史发展，一些是固有的，一些是经过发展变化而来的，方言的变化在一些方面展示了部落迁徙的过程。西萨克森语与印格伏南语的语法差别从侧面反映了萨克森人的迁徙过程。第一种差别在于：

---

① 马克思，恩格斯．马克思恩格斯全集：第 25 卷．2 版．北京：人民出版社，2001：253.
② 同①290.

在印格伏南方言（盎格鲁撒克逊语和古代弗里西安语）中，第二格复数的变化词的词尾都以 *a* 收尾；在古代西萨克森语、法兰克语和高地德意志语中，相同位置的变化则以 *o* 收尾。第二种差别在于：在阳性弱变化的地方，法兰克语、西萨克森语和高地德意志语都以 *o* 收尾；印格伏南语和古代萨克森语则以 *a* 收尾。在这种差别的背后是萨克森语受到外来影响而发生变化。具体而言，西萨克森地区本来是法兰克领土，等到法兰克人退出此地之后，萨克森人才越过埃格山和奥斯宁山。以 *o* 代 *a* 的两种变化正是这段历史事实的一种体现。

通过对法兰克语中方言词尾 *weiler*、*hofen*、*ingenh* 和 *ich*、*rade*、*rad* 所使用区域的研究，恩格斯阐明了里普利安人在古代的迁徙活动。他指出，里普利安人没有因为黑森人迁徙的步伐而停止向韦斯特林山和艾费尔高原进发。反之，里普利安人占据了整个法兰克领土，并且向西南的摩泽尔河上游地区不断拓展。在语言使用上，德意志领土的西南地区方言与里普利安语十分接近，西南地区的方言还受到了高地德意志语的音变影响，但总体上仍然是里普利安语的变化与延续。

虽然《法兰克方言》是一篇注释性的文稿，但是在历史语言学盛行的 19 世纪，这篇文稿克服了同时代语言学研究的弊病。恩格斯将历史唯物主义运用于古代德意志人的研究和法兰克方言的研究之中，让我们更为客观清晰地了解到德意志及其语言的使用情况，进而进入德意志历史的深处。恩格斯的这篇文稿对于语言和方言的研究具有深刻意义。其一，打破了对方言研究非此即彼的方法论模式，运用中介理论和过程思维说明了语言及方言的历史性和发展性，从而让人们了解到法兰克语的形成融合了多重因素。其二，以语言研究来论证人类迁徙的过程，在揭示法兰克方言的层次差异的基础上，论证了法兰克人的迁徙过程和活动范围，这为人类语言学研究和迁徙史研究提供了重要方法。其三，在对方言进行研究时，不仅要重视语音现象的差异，而且要注重语法和构词上的差异，这对于反映古代德意志人历史中的细节差别具有重要作用，也正是通过比较西萨克森语与印格伏南语的语法规则差异，萨克森人的迁徙过程才更为清晰。更为重要的是，关于语言的研究不能脱离社会历史，语言的研究必须以了解社会历史的变迁为目的，而社会历史的研究也为语言的研究提供了客观依据，二者相结合才能使人们更好地了解人类历史及其意义。

这样，《法兰克时代》以德意志封建制度的形成为典型，说明了欧洲社会的封建制度的形成过程。同时，恩格斯将语言学研究运用到民族学和历史学研究当中，具有重要的学术意义。

　　1884 年年底，恩格斯准备重新修订并出版《德国农民战争》一书。在同年 12 月 31 日给左尔格的信中，恩格斯曾谈及要将 1525 年爆发的德国农民战争作为理解德国历史的中心线索加以研究。这样，就需要对原文的开篇和结尾补充史实方面的内容。在修订《德国农民战争》时，恩格斯利用了自己以前所写的德国历史提纲，尤其是《关于德国的札记》手稿，写作了《论封建制度的瓦解和民族国家的产生》一文。从内容来看，《论封建制度的瓦解和民族国家的产生》应该是新版《德国农民战争》的引言部分或第一章内容。但是，由于工作繁忙，恩格斯并未完成这一出版计划。在《论封建制度的瓦解和民族国家的产生》中，他揭示了 15—16 世纪西欧资本主义生产关系和社会关系在封建制度解体中脱胎而出的历史过程，论述了欧洲民族国家的起源和形成。

　　首先，在封建贵族逐渐走向没落、城市的市民阶级逐渐兴起的背景下，由于社会经济因素发生重要变化，封建制度逐步被瓦解。伴随着城市的兴起，中世纪的手工业以行会的和小规模的方式发展起来，积累了最初的资本，出现了商业交往和贸易保护机制。在 15 世纪，社会中的市民阶级已经成为城市的重要主体，尽管社会的主要生产部门仍是农业，但随着人们生活需求的变化，市民的手工业也逐渐成为重要的生产部门，而贵族则成为社会寄生虫般的存在。对此，恩格斯认为："贵族越来越成为多余并且阻碍着发展，而城市市民却成为体现着进一步发展生产、贸易、教育、社会制度和政治制度的阶级了。"①封建贵族停滞不前，走向没落，而城市的市民越发成为社会生产与交换活动中的主要力量。

　　与此相应，市民阶级还锻造了对付封建贵族及其制度的各种武器。这些武器中最为锋利的无疑是货币。在中世纪以前，封建主以劳役的方式占有他人劳动，长期处于自给自足状态，商业和交往的缺失使得货币的作用微乎其微。但是到了 15 世纪，手工业和商业交往的兴起使得货币成为普遍的交换手段，人们再也无法离开货币。因此，恩格斯指出："货币是市民阶级的巨大的政治平衡器。凡是在货币关系排挤了人身关系、货币贡赋排挤了实物贡赋的地方，封建关系就让位于资产阶级关系。"② 等到 15 世纪末期，货币就已经成为人们日

① 马克思，恩格斯 . 马克思恩格斯文集：第 4 卷 . 北京：人民出版社，2009：216.
② 同①217.

常使用的交换中介，人们狂热地寻找追逐着黄金，随之兴起的是航海业和世界性的交往。生产的发展使货币产生了巨大作用，而货币的使用也使生产和交往发展起来，一切都活动了起来，权力和资源重新得到了配置，旧有的封建基础开始被瓦解。

其次，代表落后封建生产力的封建贵族在政治层面阻碍了城市以及民族国家的发展。在恩格斯看来，由于中世纪早期的各族人民混合发展，在各族之间的征服与被征服的过程中，民族开始产生，而现代的民族本质上是压迫阶级的产物。随着语族的划分和生产的紧密联系，民族逐渐发展为民族国家，国王位居国家的中心，维系着民族国家的统一与统治。然而，不论是王权还是法律的统治，都在一定意义上推动了市民阶级的发展，王权统治依赖于市民的物质生产，法律的统治则保护了市民阶级的所有权。恩格斯指出："我们已经看到，在中世纪后期的社会中，封建贵族是怎样在经济方面开始成为多余，甚至成为障碍；它是怎样在政治上也已阻碍城市的发展，阻碍当时只有在君主制形式中才有可能存在的民族国家的发展。"① 可见，封建贵族不但失去了经济上的主导，而且逐步丧失了政治上的权力。

最后，新兴的市民阶级依靠技术等因素的变革，取得了推翻封建制度的决定性胜利。尽管封建统治仍然保持着军事上的垄断地位，但是随着新步兵、弓箭手和雇佣兵的发展，封建军队开始屈服于新兴的现代军队。等到火药出现后，封建军队及其统治者便完全丧失了统治的最后堡垒。不仅如此，印刷术的推广与文艺复兴等运动日益普遍，促进了市民阶级的反封建意识的高涨和思想解放。对此，恩格斯指出："所有这些原因的共同作用（由于这些原因日益增强的、越来越朝同一方向发展的相互影响，这种共同作用也逐年增强），在 15 世纪下半叶就决定了对封建制度的胜利，尽管这还不是市民阶级的胜利，而是王权的胜利。"② 可见，市民阶级的胜利是多种原因共同作用的结果，而其本身就裹挟着王权，因而这种看似是王权胜利的背后仍然是市民阶级的胜利，为资本主义的发展奠定了重要基础。

通过对封建制度与民族国家的兴衰对比，恩格斯揭露了资产阶级永恒国家观的虚假性。一方面，恩格斯为我们揭示了西欧资本主义生产关系和政治关系

---

① 马克思，恩格斯. 马克思恩格斯文集：第 4 卷. 北京：人民出版社，2009：221.

② 同①224.

的演变，说明了民族、国家都是历史范畴，国家或统治方式的转变有其重要的物质基础，有其本身的产生、发展和消亡的历史过程。另一方面，恩格斯运用阶级分析的方法，解释了民族国家形成背后的阶级利益关系，阐明了市民阶级和王权推翻封建贵族统治背后的阶级关系，因而，民族国家本身也只是阶级统治的暂时工具，历史的发展并不会止步于此。

　　1935 年，《论封建制度的瓦解和民族国家的产生》第一次以俄文的形式发表在《无产阶级革命》杂志的第 6 期上。这一科学文献是分析封建社会解体和西欧资本主义社会产生的唯物史观著作，同时阐述了马克思主义的民族理论。

3. 执行马克思的人类学遗愿——《家庭、私有制和国家的起源》的创作

　　《资本论》第一卷于 1867 年出版之后，续卷迟迟没有面世。恩格斯可能会以为马克思"拿"了自己的钱而"虚度光阴""无所事事"。马克思去世之后，在整理马克思遗稿的过程中，恩格斯发现马克思留有大量的稿件，可谓"卷帙浩繁"，大吃一惊。除了《资本论》手稿外，马克思的《人类学笔记》（又称为《古代社会史笔记》或《民族学笔记》）和《历史学笔记》具有填补理论空白的重大价值。

　　达尔文生物进化论创立之后，一些文化人类学家将这一理念和方法运用到文化人类学当中研究人类文明的起源，确立了原始社会在人类文明当中的"原生形态"的地位，形成了文化人类学的进化论学派。在与其代表人物、俄国民族学家柯瓦列夫斯基的交往过程中，马克思阅读了这一流派重要代表人物的著作，写有大量笔记。其所做的笔记包括《马·柯瓦列夫斯基〈公社土地占有制，其解体的原因、进程和结果〉（第 1 册，1879 年莫斯科版）一书摘要》、《路易斯·亨·摩尔根〈古代社会〉一书摘要》（简称《摩尔根笔记》）、《约翰·菲尔爵士〈印度和锡兰的雅利安人村社〉（1880 年版）一书摘要》、《亨利·萨姆纳·梅恩〈古代法制史讲演录〉（1875 年伦敦版）一书摘要》、《约·拉伯克〈文明的起源和人的原始状态〉（1870 年伦敦版）一书摘要》等。这些笔记合称为《人类学笔记》。当然，马克思还涉猎了其他一些著作。面对这些资料，马克思产生了大量的想法，打算写一部关于原始社会历史的著作。当然，马克思研究这个问题也与深化《资本论》逻辑具有密切的关

系。《资本论》续卷涉及土地所有制等问题。在这些问题上，英国不再具有典型意义，需要寻求新的解剖对象进行研究。这是马克思延迟《资本论》续卷出版的一个重要原因。然而，这个愿望落空了，还未等到动笔，马克思便与世长辞了。

在仔细阅读和研究了马克思的笔记和摘录之后，尤其是研究了《摩尔根笔记》之后，恩格斯萌发了完成马克思未能完成的这项重要工作的想法。由于正忙于整理《资本论》第二卷，恩格斯本想暂时先放下整理有关马克思对摩尔根《古代社会》摘录和评价的工作，但是面对资产阶级的猖狂挑战，恩格斯被迫暂停《资本论》的整理出版工作。从他给考茨基的信中可以得知，恩格斯当时面对着意识形态领域对唯物史观发起攻击的一股逆流，而摩尔根提供的历史资料恰好以一种崭新的资料和姿态解释和捍卫了唯物史观。对唯物史观的攻击主要来自讲坛社会主义者和拉萨尔派。这两者极力宣扬超阶级的国家，鼓吹绝对的民主和自由。另外，还有资产阶级的学者极力宣扬非历史主义的观点，声称私有制、阶级、国家是永恒不变的范畴，否定家庭的历史演变，为父权制辩护，认为母系社会或母权制度的遗迹只是神话传说或是陋习，进而从资本主义现状出发对马克思主义有关分析进行攻击，并且否定摩尔根关于古代社会的科学分析。正如德国的庸俗经济学家们处心积虑抹杀《资本论》一样，英国历史学界以同样的方式想要抵制摩尔根的《古代社会》，这是对唯物主义历史观的又一次攻击。

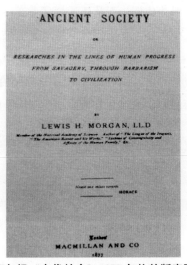

摩尔根《古代社会》1877 年伦敦版扉页

马克思对摩尔根《古代社会》一书所做的摘录

　　1884 年 2 月底到 3 月初，恩格斯阅读摩尔根的《古代社会》一书。在他看来，对古代历史的整理十分重要，这是他和马克思共同的愿望。他认为，摩尔根通过对北美印第安人和许多古代民族的社会制度的研究，独立地重新发现了马克思的唯物主义历史观。恩格斯在摩尔根的著作中找到了新的事实根据，可用以证实马克思和他自己对原始社会历史的看法。他讲道："以下各章，在某种程度上是实现遗愿。不是别人，正是卡尔·马克思曾打算联系他的——在某种限度内我可以说是我们两人的——唯物主义的历史研究所得出的结论来阐述摩尔根的研究成果，并且只是这样来阐明这些成果的全部意义……我这本书，只能稍稍补偿我的亡友未能完成的工作。不过，我手中有他写在摩尔根一书的详细摘要中的批语，这些批语我在本书中有关的地方就加以引用。"① 恩格斯不是仅仅以摩尔根提供的资料为依据，而是还运用了北美、英法德、俄国以及其他国家许多科学家关于资本主义之前社会形式的研究成果，利用了自己研究古代德意志历史、马尔克公社、法兰克时代等方面的资料。为了掌握和了解更多古代历史的资料，恩格斯参加了当时关于人类的史前史问题的讨论会。加上恩格斯早年对希腊、罗马、德国和爱尔兰历史的研究，这项工作计划进行得颇为顺利。

伯恩施坦忆恩格斯整理马克思《人类学笔记》的情况

　　1883 年 3 月，马克思与世长辞了，他的全部遗著都转到恩格斯手里。为了使朋友的著作尽可能多地公之于世，恩格斯全力以赴，清理、编纂这些遗稿。当我和他在一起的时候，接连好几个晚上，他选

---

　　① 马克思，恩格斯. 马克思恩格斯文集：第 4 卷. 北京：人民出版社，2009：15.

择一部分手稿和一本书（这本书是以马克思从美国人路易斯·摩尔根的《古代社会》中作的摘录为基础的）的草稿念给我听，一直念到深夜。这样一来，起床就更晚了。吃过早饭，看点报纸，处理来往信件，干些工作。①

恩格斯以惊人的创作效率，仅用时两个半月就完成了《家庭、私有制和国家的起源》这部光辉的科学著作。1884 年 5 月 26 日，恩格斯写完《家庭、私有制和国家的起源》一书。由于这本书对现代资产阶级社会进行了激烈的批判，并做出了这个社会必然灭亡的结论，不可能在德国公开发表，因此，恩格斯把稿子寄往苏黎世出版。1884 年 7 月底到 10 月 3 日，他校阅《家庭、私有制和国家的起源》一书的校样。1884 年 10 月 3 日左右，《家庭、私有制和国家的起源》在苏黎世正式出版。

4. 文明的起源——《家庭、私有制和国家的起源》的主要内容

在《劳动在从猿到人的转变中的作用》一文中，恩格斯运用历史唯物主义科学地解释了人类的起源问题，使得人类社会形成和早期发展过程的理论得以完善，弥补了从《自然辩证法》到《资本论》的过渡环节。这是恩格斯为历史唯物主义完善和系统化所做出的重要理论贡献。在此基础上，《家庭、私有制和国家的起源》更进了一步。

《家庭、私有制和国家的起源》是恩格斯阐释和发展历史唯物主义理论的巨著。正如题目所示，恩格斯在这部著作中阐明了人类社会早期发展阶段的历史，运用唯物史观对家庭、私有制和国家的发展历史进行考察，具体论述了氏族组织的结构、特点和作用以及家庭的起源和发展，解释了原始社会制度解体和以私有制为基础的阶级社会形成的过程，进而分析了国家产生的历史条件和本质特征，指出国家是伴随阶级产生的产物，同时也必将伴随阶级的灭亡和共产主义的胜利而消亡。

从结构上来看，《家庭、私有制和国家的起源》包括两篇序言和正文。1884 年 10 月初，《家庭、私有制和国家的起源》第一次在苏黎世出版，此时

---

① 伯恩施坦. 第二次英国之行//中共中央马克思恩格斯列宁斯大林著作编译局. 回忆恩格斯. 北京：人民出版社，2005：91.

仅有一篇序言，即"1884年第一版序言"。1890年，在积累大量关于原始社会史资料的基础上，恩格斯着重运用考古学和民族学的最新材料和研究成果，对"家庭"部分做了进一步的重要补充。此后，恩格斯再次修订《家庭、私有制和国家的起源》，出版了第四版《家庭、私有制和国家的起源》，并为之撰写新的序言，即《1891年第四版序言》。除了这两篇重要的序言，正文分为九个部分：第一，史前各文化阶段（蒙昧时代和野蛮时代）；第二，家庭；第三，易洛魁人的氏族；第四，希腊人的氏族；第五，雅典国家的产生；第六，罗马的氏族和国家；第七，凯尔特人和德意志人的氏族；第八，德意志人国家的形成；第九，野蛮时代和文明时代。这九个部分按照历史的顺序和区域的分布作为内在逻辑，展现了人类社会从产生到发展、从家庭到国家、从野蛮到文明的历史发展过程。

在《家庭、私有制和国家的起源》中，恩格斯主要回答了人们关于人类社会历史发展中的一些疑惑，并且从人类社会的发展时间、形式、内容等角度出发，对这些疑惑进行了科学解答。

第一，关于人类社会发展的时代转变问题。从总体上来看，人类社会的发展经历了蒙昧时代、野蛮时代和文明时代三个阶段。蒙昧时代和野蛮时代主要指史前社会，文明时代则主要指阶级社会。以生产力的发展和技术进步作为考察标准，恩格斯揭示了人类社会逐渐从蒙昧时代过渡到野蛮时代的过程。进而，他指出，随着生产力的发展以及财富的不断增加，人类在野蛮时代的高级阶段出现了私有制、阶级和国家，进而进入文明时代。时代的转变展现了人类的发展图景。具体言之，蒙昧时代以天然之物（产物）作为主要生产对象，人的产物是为了获取天然之物的辅助工具；野蛮时代以畜牧和农耕为主，人们逐渐以自身的活动介入天然产物的生产之中；文明时代则以工业和商业为主，人们对天然产物的影响更深，多以直接或间接的方式介入生产活动。

第二，关于家庭的产生及其发展形式问题。从不同地域和不同时间出发，家庭的三种婚姻形式也与时代紧密相关，群婚制与蒙昧时代相对应，对偶制与野蛮时代相适应，专偶制则与文明时代相适应。恩格斯指出，家庭婚姻的形式都随着社会的经济基础（制度）而发生变化，资本主义社会的生产使得婚姻变成一种商品关系，婚姻是一种契约、法律关系，其本质上是阶级的婚姻。这样看来，就婚姻自由问题来说，只有在资本主义生产及其财产关系被消灭后才能实现。摩尔根的著作没有对资本主义的婚姻关系做进一步说明，他主要是对文明时期发展起来之前的社会制度进行考察，但是他也认为家庭或婚姻制度是社会制度的产物，反映了社会制度的发展状况。

第三，氏族制度的形式与演变问题。从美洲印第安人的血族团体到希腊罗马的氏族，反映了人类在原始时期的社会组织形式及其变化，氏族作为人类社会发展的最初单位，是从野蛮时代向文明时代过渡的主要组织形式，不同发展阶段的氏族的发展水平也不尽一致。恩格斯全面论述了易洛魁人的氏族、希腊人的氏族、罗马人的氏族、凯尔特人和德意志人的氏族等的状况，考察了这些氏族的产生、发展、解体及其影响，全面阐述了国家组织出现之前的氏族制度所具有的组织制度、经济制度同生产力发展之间的密切关系。在 19 世纪 50 年代，马克思就开始了对氏族制度的研究，并科学地甄别了氏族与家庭之间的关系。马克思指出，氏族是早于家庭的基本组织，氏族纽带解体后，家庭的形式才逐渐发展起来。尽管家庭也十分古老，但是在社会制度的形成序列中，氏族制度只是其中的一个环节，因此，关于氏族的认识对于明确史前社会的状况具有重要作用。

第四，阶级、私有制和国家的起源问题。在野蛮时代的高级发展阶段，分工的发展引发了生产力的发展和财富的增加，随之而来的是利益的分化与对立状况逐渐出现，私有财产开始出现并积聚在少部分人的手中，从而产生了阶级。生产力的发展和财富的增加还推动了氏族的发展，促使氏族逐渐转变为部落及其联盟，并最终形成国家。通过对希腊人的氏族、罗马人的氏族和德意志人的氏族发展历史的考察，我们看到相对应地产生了雅典国家、罗马帝国和德意志国家。进而，恩格斯指出，国家不是一种由外部强加而来的组织力量，不是伦理观念或绝对精神的外化，而是一定社会发展阶段的产物。正是在社会陷入不可自我调解的矛盾之处，国家便应人们的需要而产生，国家可以将社会纳入自身的控制范围内，对社会内部的经济利益冲突进行调节，使斗争在一定秩序中进行。换言之，国家是根据阶级需要与阶级对立而产生的，其按照处于统治地位的阶级来塑造国家的形象，因此，随着私有制的消灭与阶级的消失，国家也会消亡。

第五，关于家庭、阶级、私有制和国家的发展结果与未来走向问题。从蒙昧时代到文明时代，从家庭到国家的建立，从氏族的合作到阶级的对立，无不体现着人类社会发展存在着客观规律。理论研究是为现实服务的。通过《家庭、私有制和国家的起源》的写作，恩格斯为我们揭示出共产主义的必然性，为实现共产主义奠定了坚实的理论基础。在未来的共产主义社会中，人类的文明实现了否定之否定的发展，阶级社会的家庭形式将会废除，家庭将得到真正充分而自由的发展，妇女能够在家庭和社会中获得真正的平等。伴随着生产力的充分发展和物质财富的极大丰富，私有制将会被废除、剥削终将会消失、阶级最终将被消灭，随之国家必将走向消亡，人类得以解放，开始进入新的历史起点——共产主义社会。

《家庭、私有制和国家的起源》第一版封面

　　总体而言，《家庭、私有制和国家的起源》内涵丰富、逻辑清晰、论证充分，是关于家庭、私有制和国家起源研究的科学典范。恩格斯从理论上完整地概括了人类社会发展的一般规律，系统地阐明了私有制、阶级和国家的相互关系及其产生和消亡的必然原因，为无产阶级提供了反对资产阶级的强大理论武器。《家庭、私有制和国家的起源》一经出版便引发了社会的广泛反响，这是马克思主义关于史前社会研究的代表性著作，是唯物史观的经典之作。

5. "猴体解剖"① ——《家庭、私有制和国家的起源》的理论贡献

　　恩格斯的《家庭、私有制和国家的起源》和马克思的《人类学笔记》，共同开创了马克思主义史前社会理论，具有多方面的意义和贡献。

　　《家庭、私有制和国家的起源》的重要贡献之一就在于恩格斯创造性地提出了"两种生产"的理论。两种生产即生活资料及所需工具的生产（即物质生

---

　　① 马克思在《〈政治经济学批判〉导言》中说："人体解剖对于猴体解剖是一把钥匙。反过来说，低等动物身上表露的高等动物的征兆，只有在高等动物本身已被认识之后才能理解。因此资产阶级经济为古代经济等等提供了钥匙。"这里用以说明，恩格斯的《家庭、私有制和国家的起源》的理论贡献在于它提供了理解人类史前社会的钥匙。

产）和人自身的生产。这是马克思、恩格斯研究人类社会发展的重要理论，是破解人类史前之谜的科学利器。在《德意志意识形态》和《资本论》等科学文献中，恩格斯和马克思已经论及这方面的问题。只有《家庭、私有制和国家的起源》第一次公开地提出了这一理论。

在 19 世纪 70 年代中后期，马克思、恩格斯运用文化人类学的研究成果，科学升华了两种生产的理论。从生活资料的生产和进步出发，摩尔根将人类社会划分为蒙昧、野蛮和文明三个时代，以实证研究的方式揭示出物质生活资料的生产与人口繁殖和家庭形式变化具有内在一致性，并根据生活资料的发展将家庭形式划分为血缘家庭、普那路亚家庭、对偶制家庭、专偶制家庭。马克思肯定了摩尔根从物质生活资料的发展来划分家庭形式的理论，并且对血缘家庭和普那路亚家庭生活中的共产制十分关注。他认为，这种共产制受制于蒙昧和野蛮的时代，此时人自身的生产占据着主导型地位。

恩格斯在其他一些论著中也涉及了人自身生产的问题。1882 年 12 月 8 日，他在致马克思的信中曾指出，在史前社会中，部落旧有的血缘关系和两性相互共有关系对人们的生活起到了决定性作用，物质生产的方式在此阶段的社会中并不发挥绝对的主导作用。恩格斯在《马尔克》一文中认为："有两个自发产生的事实，支配着一切或者说几乎一切民族的原始历史：民族按亲属关系的划分和土地公有制。"① 他肯定了血缘亲属关系和土地公有制在史前社会中具有决定性的地位。

在《家庭、私有制和国家的起源》中，恩格斯进一步归纳总结了两种生产理论。他在《家庭、私有制和国家的起源》1884 年第一版序言中着重指出："根据唯物主义观点，历史中的决定性因素，归根结底是直接生活的生产和再生产。但是，生产本身又有两种。一方面是生活资料即食物、衣服、住房以及为此所必需的工具的生产；另一方面是人自身的生产，即种的繁衍。一定历史时代和一定地区内的人们生活于其下的社会制度，受着两种生产的制约：一方面受劳动的发展阶段的制约，另一方面受家庭的发展阶段的制约。劳动越不发展，劳动产品的数量，从而社会的财富越受限制，社会制度就越在较大程度上受血族关系的支配。"② 这是关于两种生产理论的经典表述。

恩格斯深刻阐述的两种生产理论是唯物史观的基本原理。人自身的生产是

---

① 马克思，恩格斯 . 马克思恩格斯全集：第 25 卷 . 2 版 . 北京：人民出版社，2001：567.

② 马克思，恩格斯 . 马克思恩格斯文集：第 4 卷 . 北京：人民出版社，2009：15 - 16.

生产活动的重要组成，是生产的客体与主体辩证运动的重要内容。舍弃人自身的生产将会导致对生产的片面理解，也会造成对人类社会历史发展的曲解。因此，这一理论具有重要的理论贡献和现实意义。

第一，两种生产理论拓展了马克思、恩格斯对人类社会研究的宽度与深度。在系统研究史前社会和东方社会之前，马克思、恩格斯主要以西欧资本主义社会为研究对象，揭示了西欧资本主义社会的运动发展规律。依据西欧发展的历史，马克思、恩格斯指出，生产力决定生产关系、经济基础决定上层建筑的基本规律，是理解人类社会发展的一把钥匙，尤其是对理解西欧资本主义社会具有决定性意义。但是，在史前社会和东方社会，低下的生产力水平使得物质生产的意义被淹没，生产力决定生产关系的原理难以在此完全展现出来。然而，当恩格斯提出人自身的生产时，问题就迎刃而解了。

第二，两种生产理论科学合理地解释了史前社会的特殊性。在史前社会，由于生产力的水平十分低下，物质生产对社会关系并非起到决定性作用，反而是血缘亲属关系决定了社会形态。血缘亲属关系也即人自身的生产，与物质生产一样具有重要作用。人自身的生产看似是主体性的活动，实际上产生的是客观性的力量和社会的决定性力量。这种力量生产出了新的社会关系。因此，不能以简单的经济基础决定上层建筑、生产力决定生产关系来分析史前社会，而应该从人自身的生产和物质生产的共同作用来把握史前社会的形态，从经济基础与上层建筑的辩证关系来分析史前社会，而不是将主客体割裂开来进行分析。当物质生产停滞不前的时候，人自身的生产（新人的出现）对人类突破史前社会形态具有决定性意义。

第三，两种生产理论揭开了东方社会的神秘面纱。在东方社会，由于亚细亚生产方式的存在，生产力决定生产关系、经济基础决定上层建筑的基本原理表现得十分隐蔽。同样，由于生产力的低下和地理环境的作用，东方社会的血缘宗法制和村社土地所有制发挥了重要作用。一方面，宗法制是建立在血缘亲属关系之上的社会关系范畴，其与人自身的生产密切相关，血缘宗法制产生了坚固的主体关系；另一方面，看似公有的东方土地制实质上具有极端私有的性质，这使得物质生产依赖的土地也成为坚固的客体。二者共同导致了东方的专制主义，产生了过于强大的上层建筑，将经济基础的作用控制在专制之下，这使得社会经济的发展长期受到阻碍，也正因如此，东方社会长期处于相对停滞的状态。正是由于物质生产和人自身关系的生产长期僵化，东方社会才长期无法进入新的历史发展阶段。

第四，两种生产理论丰富和发展了唯物史观，提供了研究人类社会的科学方法。当物质生产停滞的时候，人自身的生产的重要意义就凸显出来，尤其是对生产力极其低下的社会形态而言，社会经济关系无法成为决定性因素时，人自身的生产（血缘亲属关系）、家国制度、地理环境等非经济因素就会发挥重要作用。因此，当我们在运用唯物史观基本原理和基本立场时要注意：一方面，要从物质生产和人自身的生产的关系出发来进行分析，把握生产力与生产关系、经济基础与上层建筑之间的辩证关系，对不同的社会形态进行具体的考察；另一方面，要对史前社会、东方社会进行具体的历史分析，充分考量非经济因素对社会发展进程的影响和作用。

总之，只有从两种生产理论出发，才能更为科学合理地认识并把握人类社会发展的历史进程和趋势。此外，《家庭、私有制和国家的起源》还阐明了唯物史观的一系列其他原理。

《家庭、私有制和国家的起源》深刻表明了马克思主义对文明问题的基本观点。按照摩尔根关于蒙昧、野蛮、文明三个阶段的历史划分，恩格斯科学揭示出文明时代建立在阶级对立的基础上。"国家是文明社会的概括，它在一切典型的时期毫无例外地都是统治阶级的国家，并且在一切场合在本质上都是镇压被压迫被剥削阶级的机器。"[①] 这样，就深刻揭示出文明和国家的阶级性。

《家庭、私有制和国家的起源》系统表明了马克思主义关于社会形态的基本看法。在《〈政治经济学批判〉序言》中，马克思事实上提出了"五种社会形态"的理论。运用人类学等实证方面的材料，《家庭、私有制和国家的起源》证明了"五种社会形态"理论的科学性和有效性。"随着在文明时代获得最充分发展的奴隶制的出现，就发生了社会分成剥削阶级和被剥削阶级的第一次大分裂。这种分裂继续存在于整个文明期。奴隶制是古希腊罗马时代世界所固有的第一个剥削形式；继之而来的是中世纪的农奴制和近代的雇佣劳动制。这就是文明时代的三大时期所特有的三大奴役形式；公开的而近来是隐蔽的奴隶制始终伴随着文明时代。"[②] 奴隶制（奴隶社会）、农奴制（封建社会）、雇佣劳动制（资本主义社会）这三种奴役形式，加上文明时代产生之前的史前社会（原始社会）和未来的共产主义社会，构成了完整的"五种社会形态"的演进序列。

《家庭、私有制和国家的起源》科学揭示出妇女解放的社会条件和前景。

---

① 马克思，恩格斯. 马克思恩格斯文集：第 4 卷. 北京：人民出版社，2009：195.
② 同①.

以人类学等实证科学材料为依据，恩格斯和马克思通过揭示家庭形式的演变，深刻揭示出私有制是父权制的根源，从而揭露出性别压迫的阶级根源。在此基础上，恩格斯指出："只要妇女仍然被排除于社会的生产劳动之外而只限于从事家庭的私人劳动，那么妇女的解放，妇女同男子的平等，现在和将来都是不可能的。妇女的解放，只有在妇女可以大量地、社会规模地参加生产，而家务劳动只占她们极少的工夫的时候，才有可能。而这只有依靠现代大工业才能办到，现代大工业不仅容许大量的妇女劳动，而且是真正要求这样的劳动，并且它还力求把私人的家务劳动逐渐溶化在公共的事业中。"① 只有在未来的共产主义社会，在消灭私有制的基础上消灭父权制，妇女才能获得彻底解放。

《家庭、私有制和国家的起源》科学阐明了马克思主义对爱情、婚姻、家庭道德的基本看法。恩格斯指出，现有的爱情、婚姻、家庭道德都建立在私有制的基础之上，都是为私有制服务的，无不打上了阶级烙印。只有在消灭了资本主义生产及其所造成的财产关系之后，爱情和婚姻的真正的充分的自由才是可能的，家庭将成为人们真正的共同体的表现和表征。"如果说只有以爱情为基础的婚姻才是合乎道德的，那么也只有继续保持爱情的婚姻才合乎道德。"② 到了共产主义社会，除了相互的爱慕以外，人们的婚姻和家庭就再也不会有什么别的动机了。当然，这要在新的一代成长起来的时候才能确定：男子将永远不会用金钱或权力去买得妇女的献身；除了真正的爱情以外，女性永远不会再出于其他某种考虑而委身于男子，或者由于担心经济后果而拒绝委身于她所爱的男子。

恩格斯本人所画的爱妻莉希的素描

从 1890 年 5 月底到 1891 年 7 月下半月，恩格斯断断续续地进行《家庭、私有制和国家的起源》一书第四版的准备工作。为此，他阅读了柯瓦列夫斯基

---

① 马克思，恩格斯. 马克思恩格斯文集：第 4 卷. 北京：人民出版社，2009：181.
② 同①96.

的《家庭及所有制的起源和发展概论》（法文本）和《俄国现今的风俗和古代的法律》（英文本）等有关新文献；他对自己的著作，特别是对"家庭"那一章，进行了相当多的修改和补充，订正了一些不确切的地方。6 月 16 日，恩格斯写完第四版序言。他从历史编纂学的角度对家庭和原始社会史研究中的最重要派别做了评论，特别强调了著名的美国历史学家和民族志学家摩尔根所进行的研究的意义。序言以《关于原始家庭的历史（巴霍芬、麦克伦南、摩尔根）》为题发表在 1890—1891 年《新时代》杂志第 9 年卷第 2 册第 41 期上，并刊印在年底出版的《家庭、私有制和国家的起源》一书中。1891 年 10 月底到 11 月初，《家庭、私有制和国家的起源》第四版出版。

麦克莱伦论恩格斯《家庭、私有制和国家的起源》的理论贡献

当他渐渐变老的时候，他对历史的兴趣比过去更浓了。农业史——马克思认为他是专家——是他注意力特别集中的领域。这些关于原始社会的研究缔结的成果体现为 1884 年出版的《家庭、私有制和国家的起源》。它主要依靠路易斯·摩尔根出版于 1877 年的著作《古代社会》。马克思在逝世前已经对这本书研究了相当长的一段时间……立足于摩尔根的理论，恩格斯比较了原始社会的公共特征以及后来产生的剥削关系。他研究了家庭的本质特别是妇女角色的不断变化，进而阐述了作为剥削阶级的工具的国家的兴起。①

6. 作为群众运动的宗教——《论原始基督教的历史》

在对民族国家的本质进行阐释之后，恩格斯将其历史研究的目光转向基督教与宗教的历史。1882 年 4 月下半月，恩格斯写作了《布鲁诺·鲍威尔和早期基督教》一文，科学地阐明了基督教的起源和实质。该文发表在 5 月 4 日和 11 日的《社会民主党人报》上。在 1894 年 6 月 19 日和 7 月 16 日之间，恩格斯撰写《论原始基督教的历史》一文。这是他多年就这个题目所做的研究的总结，发表在 1894—1895 年《新时代》杂志第 13 年卷第 1 册第 1、2 期上。

在《论原始基督教的历史》一文中，恩格斯运用唯物史观研究和阐述了宗

---

① 麦克莱伦. 恩格斯传. 臧峰宇，译. 北京：中国人民大学出版社，2017：40-41.

教历史问题，主要对基督教产生的历史背景、演变过程和社会本质做了科学的阐释。通过对《启示录》的分析，恩格斯说明了宗教产生的现实基础以及宗教为统治阶级所利用的必然性。尤其是在对原始基督教与现代工人运动的比较中，恩格斯阐明了两种运动的共性与个性，揭示了现代工人运动在对现实超越中的历史意义。

第一，从压迫、奴役和贫困的角度来看，原始基督教的产生与现代工人运动之间具有一定的共性特征，但二者实现解放的方式完全不同。恩格斯指出："基督教和后者一样，在产生时也是被压迫者的运动：它最初是奴隶和被释奴隶、穷人和无权者、被罗马征服或驱散的人们的宗教。基督教和工人的社会主义都宣传将来会从奴役和贫困中得救；基督教是在死后的彼岸生活中，在天国里寻求这种得救，而社会主义则是在现世里，在社会改造中寻求。"① 换言之，恩格斯认为原始基督教产生的历史原因在于：在强大的罗马专权统治下，破产的自由人、卖身的奴隶、负债的小农等被奴役和压迫，人们遭受着贫困对生命的威胁，却无法在现实的世界中找到安全的港湾，只能将目光投向彼岸的天堂——宗教世界。因此，基督教得以出现，受压迫的人们在基督教中找到了精神的寄托；同样遭受压迫和贫困的困境，现代工人却是以现实的社会革命来寻求解放。

第二，从反抗与斗争的主体来看，原始基督教和社会主义革命都是群众运动，但基督教在演变过程中被统治阶级利用，成了统治阶级的阶级统治的工具。原始基督教起初在与尘世和革新者自身做斗争，这也是社会主义者具有的特点。恩格斯指出："这两个伟大的运动都不是由领袖们和先知们创造出来的（虽然两者都拥有相当多的先知），两者都是群众运动。"② 二者都是群众在现实苦难前所做出的回应，都力图摆脱奴役与贫困，但二者在本质上有着区别。基督教是号召人们在死后的天国中实现救赎，社会主义运动则是通过无产阶级和广大人民群众在尘世的实际斗争来实现解放。在演变过程中，基督教的解放方式在客观上维护了统治阶级的统治，并且在诞生300年后成为罗马帝国的国教，成为统治阶级进一步奴役和压迫贫苦人民的统治工具，加强了封建制度的稳固性。

① 马克思，恩格斯. 马克思恩格斯文集：第4卷. 北京：人民出版社，2009：475. "后者"，这里指现代工人运动。
② 马克思，恩格斯. 马克思恩格斯文集：第4卷. 北京：人民出版社，2009：488.

　　第三，从历史的发展和群众运动的发展规律来看，基督教是人类社会发展到一定阶段的产物，具有深刻的局限性，而现代社会主义运动要以此为戒，避免走向"天国之路"。原始基督教的产生离不开其苦难的现实，最初的基督徒来自最底层"受苦受难的人"。这些人来自各行各业，所寻求的利益各不相同，这使得宗教成为人们的一条共同出路。一种顺应时代的世界宗教的精神、观念和道德吸引了广大人民群众，但是，这种精神世界的慰藉只是"鸦片"，无法给压迫阶级和广大人民群众带来现实的利益和解放。在此基础上，恩格斯对现代社会主义运动做出反思。他指出：其一，基督教运动和现代社会主义运动都是群众运动，但是这种群众运动起初都是杂乱无章的。现代社会主义运动不能重蹈覆辙，需要以科学的理论来武装和指导自身。其二，必须要与社会主义运动中的投机分子做斗争。这些投机分子（魏特林派的共产主义者、蒲鲁东主义者、布朗基主义者、巴枯宁无政府主义者等）在一定程度上将社会主义运动引向了维护资产阶级利益的道路。要避免基督教的历史教训，就要同形形色色的"社会主义者"进行斗争。其三，群众运动是以实现人民群众的现实利益为基础的，脱离了现实和现世的利益，群众运动将走入死胡同。不论采用何种形式，群众运动追求的始终都是实实在在的利益。因此，社会主义运动必须时刻以广大人民群众的利益为导向，为人民谋福利和幸福，这样的社会主义运动才能够得到人民的拥护和历史的承认。

　　总之，通过对原始基督教产生、演变及其本质的解析，恩格斯不仅深入开展了对世界性宗教及其相关问题的研究，而且还深化了对现代社会主义运动和群众运动发展规律的研究，从而丰富并发展了现代社会主义运动的指导原则。这对于引导无产阶级和劳动群众科学地认识自身、改造世界、实现解放都具有重要的指导意义。

　　在 1875 年之后，恩格斯从人类学、语言学、历史学等维度出发，对古代家庭、社会、国家、制度、宗教等方面的问题进行了大量的具有开拓性的研究，进一步揭示了人类社会发展中各类现象的秘密，丰富和发展了唯物史观的科学体系。恩格斯的这些作品与马克思的《人类学笔记》和《历史学笔记》交相辉映，成为坚持和发展唯物史观的新的光辉典范。

第 16 章

哲学的出路
——对马克思主义哲学的总结

  马克思和恩格斯最坚决地捍卫了哲学唯物主义，并且多次说明，一切离开这个基础的倾向都是极端错误的。在恩格斯的著作《路德维希·费尔巴哈》和《反杜林论》里最明确最详尽地阐述了他们的观点，这两部著作同《共产党宣言》一样，都是每个觉悟工人必读的书籍。①

  ……根据唯物史观，历史过程中的决定性因素**归根到底**是现实生活的生产和再生产。无论马克思或我都从来没有肯定过比这更多的东西。如果有人在这里加以歪曲，说经济因素是**唯一**决定性的因素，那么他就是把这个命题变成毫无内容的、抽象的、荒诞无稽的空话。②

  马克思去世之后，在与新康德主义、庸俗社会学和教条主义等错误思潮斗争的过程中，在写作《反杜林论》和《自然辩证法》的基础上，恩格斯又创作了《路德维希·费尔巴哈和德国古典哲学的终结》（简称《费尔巴哈论》）和"历史唯物主义书信"（简称"书信"）等科学文献，在捍卫马克思主义哲学的同时，进一步完善了马克思主义哲学体系，完善了科学的马克思主义观。

---

  ① 列宁. 马克思主义的三个来源和三个组成部分//列宁专题文集：论马克思主义. 北京：人民出版社，2009：67.

  ② 恩格斯致约瑟夫·布洛赫（1890 年 9 月 21 ［—22］日）//马克思，恩格斯. 马克思恩格斯文集：第 10 卷. 北京：人民出版社，2009：591.

1. 复活还是新生——批判新康德主义和新黑格尔主义的斗争

在马克思逝世前后，出于对无产阶级革命的恐惧，资产阶级在政治上对无产阶级革命活动加紧进行镇压，在思想上肆意诋毁马克思主义。为了掩盖自身的阶级利益，资产阶级的附庸们企图通过复活德国古典哲学中的消极因素（不可知论、神秘主义等）来蛊惑群众，以此来对抗马克思主义所阐明的科学真理，以此来对付无产阶级革命。这种被复活的德国古典哲学以"新康德主义"和"新黑格尔主义"的面目出现。

新康德主义是一种复活和重新阐释康德哲学的社会思潮。康德哲学曾对人们的思想观念起到了重要的启蒙作用。但是，其"自在之物"（"物自体"）概念是典型的不可知论的观点。随着马克思主义实践观的形成，"自在之物"被消解了，不可知论走向完结。但是，新康德主义企图复活康德的唯心主义先验论、不可知论和伦理学，将社会发展的基础归结为人的伦理道德。其代表人物有李普曼、朗格、柯亨、文德尔班和李凯尔特等，主要流行于德国。1865 年，李普曼在《康德及其模仿者》中提出"回到康德去"的口号，由此拉开了新康德主义的序幕。新康德主义旨在建立"伦理社会主义"，公然声称康德是工人阶级的导师，是德国社会主义运动之父。

新黑格尔主义是一种企图复活黑格尔哲学消极方面的唯心主义哲学流派。黑格尔在唯心主义的基础上第一次系统阐明了辩证法问题。马克思和恩格斯在唯物主义基础上对之进行了"颠倒"，创立了唯物辩证法。但是，新黑格尔主义继承了黑格尔唯心主义而忽视了黑格尔辩证法的革命一面。其代表人物有斯特林、格林、布拉德雷、鲍桑葵和罗伊斯等，主要流行于英国和美国。1865 年，斯特林在其《黑格尔的秘密》一书中，将黑格尔比作当代的亚里士多德，掀起了复兴黑格尔的运动。新黑格尔主义不是从物质生产出发来理解社会及其关系，而是以具有精神性特征的存在作为世界观的基础，强调国家、伦理、法律的理念对于现实世界的决定性作用，继承了黑格尔思想中最具保守性的社会政治学说，主张国家至上和民族至上的观点。

新康德主义和新黑格尔主义都将康德或黑格尔哲学中有利于自身的观点"复活"，借神秘的方式树立资产阶级国家政权的权威。在这种情况下，迫切需要厘清马克思主义哲学和德国古典哲学的关系。

　　1885 年，丹麦资产阶级哲学家和社会学家施达克（1858—1926）出版《路德维希·费尔巴哈》一书。《新时代》杂志请恩格斯就此写一篇评论。利用这一机会，1886 年年初，恩格斯创作了《费尔巴哈论》一书，系统阐述了马克思主义哲学与德国古典哲学的关系。这一著作最初分两次刊登在德国社会民主党的理论杂志《新时代》1886 年第 4 年卷第 4 期和第 5 期上。1888 年，经过修订后，在斯图加特出版了单行本。在出版单行本的时候，恩格斯找到了《德意志意识形态》的旧稿，认为其中涉及费尔巴哈的部分并不适用新的目的，而把马克思的《关于费尔巴哈的提纲》作为《费尔巴哈论》的附录第一次公开发表。

《新时代》杂志 1886 年第 4 年卷第 4 期和第 5 期上刊登的
《路德维希·费尔巴哈和德国古典哲学的终结》（部分）

1888 年出版的《路德维希·费尔巴哈和德国古典哲学的终结》
单行本的扉页

恩格斯这种处理旧的文献的方式是适宜的。按照马克思在《〈政治经济学批判〉序言》中的说法,《德意志意识形态》的主要目的是作者要自己搞清楚问题,因此,在没有公开出版的情况下,只好留给老鼠的牙齿去"批评"了。对此,恩格斯给出了科学的解释。"其中关于费尔巴哈的一章没有写完。已写好的部分是阐述唯物主义历史观的;这种阐述只是表明当时我们在经济史方面的知识还多么不够。旧稿中缺少对费尔巴哈学说本身的批判;所以,旧稿对现在这一目的是不适用的。"① 唯物史观在《资本论》中得到科学运用、科学检验、科学发展。当然,这丝毫不能动摇《德意志意识形态》作为唯物史观奠基之作的地位。因此,我们不能脱离《资本论》来谈论唯物史观问题。当然,我们也不能将《资本论》归结为唯物史观。同时,《关于费尔巴哈的提纲》是马克思主义实践观创立的标志。恩格斯指出:"我在马克思的一本旧笔记中找到了十一条关于费尔巴哈的提纲,现在作为本书附录刊印出来。这是匆匆写成的供以后研究用的笔记,根本没有打算付印。但是它作为包含着新世界观的天才萌芽的第一个文献,是非常宝贵的。"② 而这恰好是对《德意志意识形态》的确证。《德意志意识形态》提出,实际上,对实践的唯物主义者即共产主义者来说,全部问题在于使现存世界革命化。在《费尔巴哈论》中,恩格斯将马克思主义哲学看作在劳动发展史中找到社会发展史锁钥的哲学新派别。在这个意义上,《关于费尔巴哈的提纲》《德意志意识形态》《费尔巴哈论》三个文本具有内在的统一性和整体性,《费尔巴哈论》是对马克思主义哲学四十余年发展规律的科学总结。

2. 把握社会发展史的锁钥——《路德维希·费尔巴哈和德国古典哲学的终结》

《路德维希·费尔巴哈和德国古典哲学的终结》(《费尔巴哈论》)是系统阐述马克思主义哲学基本原理的著作,突出了"劳动发展史"在哲学革命变革中的重大作用。

第一,思维和存在的关系问题是哲学的基本问题。通过总结人类理论思维

① 马克思,恩格斯. 马克思恩格斯文集:第4卷. 北京:人民出版社,2009:266.
② 同①.

史，恩格斯第一次鲜明地提出："全部哲学，特别是近代哲学的重大的基本问题，是思维和存在的关系问题。"① 这是哲学观上的革命自觉，为梳理哲学自身的构成和自身的发展提供了一个科学的尺度或标准。当然，我们不能将之简单化和绝对化，作为标签到处乱套。

哲学基本问题包括两个方面。第一个方面是思维和存在何者为世界本原的问题，即究竟是物质第一性还是精神第一性的问题。由于对之做出了不同的回答，形成了唯物主义和唯心主义两大阵营。前者认为物质第一性、精神第二性，经历了古代朴素唯物主义、近代机械唯物主义和辩证唯物主义三个发展阶段。后者认为精神第一性、物质第二性，存在着客观唯心主义和主观唯心主义两种形态。第二个方面是，思维和存在是否具有同一性的问题。由于对之有不同的回答，形成了可知论和不可知论的区别。前者认为思维和存在具有同一性，思维能够认识存在。康德和休谟是后者的代表。在他们看来，人只能认识现象或表象的事物，而无法达到对"自在之物"本质的认识。

以"实践"为基础和中介，马克思和恩格斯不仅科学回答了哲学基本问题，而且实现了哲学领域中的革命变革。恩格斯在《反杜林论》中早已指出，世界的统一性在于物质性的原理需要哲学和科学的长期证明，这样，就将实践引入对哲学基本问题第一个方面的回答中。否则，所谓的"物质"无非是换了马甲的黑格尔的"绝对精神"而已。其实，无论是旧唯物主义还是唯心主义，都不懂得感性实践活动本身。关于哲学基本问题的第二个方面，恩格斯在《费尔巴哈论》中指出："对这些以及其他一切哲学上的怪论的最令人信服的驳斥是实践，即实验和工业。"② 人们能够通过掌握自然科学规律再生产自然过程，将自在之物变为为我之物，证明人的思维能够达到对存在的真理性认识。这有力地驳斥了不可知论。

当然，这一切不等于"实践本体论"，马克思和恩格斯始终坚持物质第一性。

第二，马克思主义哲学是德国古典哲学的终结者和继承者。由于将实践的观点引入对哲学基本问题的回答当中，因此，马克思主义哲学在继承德国古典哲学遗产的基础上超越了德国古典哲学，实现了哲学领域的革命。

---

① 马克思，恩格斯．马克思恩格斯文集：第4卷．北京：人民出版社，2009：277.
② 同①279.

通过对德国古典哲学的社会历史背景和阶级立场的分析，通过考察德国古典哲学回答哲学基本问题的哲学立场，恩格斯深刻分析了黑格尔哲学的体系和方法的矛盾，将黑格尔哲学中辩证法这一"合理内核"从唯心主义"外壳"当中拯救出来，阐明了唯物辩证法的意义和贡献。在唯心主义横行天下的时候，费尔巴哈恢复了唯物主义的权威。但是，费尔巴哈的唯物主义是"半截子"唯物主义，即在自然观领域是唯物主义，在历史观领域是唯心主义。这样，恩格斯就从费尔巴哈哲学中拯救了唯物主义这一"基本内核"，阐明了唯物史观的意义和贡献。马克思主义的哲学革命变革，绝不是费尔巴哈的唯物主义和黑格尔的辩证法的简单嫁接。唯物史观是哲学领域中最伟大的革命变革。在唯物史观看来，社会历史规律是人们在实践中创造的规律，只有在实践中才能把握规律。这样一来，"这种历史观结束了历史领域内的哲学，正如辩证的自然观使一切自然哲学都成为不必要的和不可能的一样。现在无论在哪一个领域，都不再是从头脑中想出联系，而是从事实中发现联系了。这样，对于已经从自然界和历史中被驱逐出去的哲学来说，要是还留下什么的话，那就只留下一个纯粹思想的领域：关于思维过程本身的规律的学说，即逻辑和辩证法"①。唯物史观和唯物辩证法具有内在的统一性。逻辑学和辩证法是最为"纯粹"的哲学领域。

其实，《路德维希·费尔巴哈和德国古典哲学的终结》书名中的"终结"，用的是 *Ausgang* 一词。在德语中，*Ausgang* 既有"终结"或"结束"之意，又有"出路"或"出口"的意思。因此，马克思主义哲学不是德国古典哲学的简单的"终结"或"结束"，而是其"出路"或"出口"。在马克思主义哲学和德国古典哲学之间充满了"终结"或"结束"和"出路"或"出口"之间的辩证张力。

第三，批判唯心主义宗教观和道德观。费尔巴哈在社会历史领域仍然是唯心主义，尤其是在宗教问题和道德问题上更是如此。"我们一接触到费尔巴哈的宗教哲学和伦理学，他的真正的唯心主义就显露出来了。"② 在批判费尔巴哈的基础上，恩格斯科学阐明了马克思主义宗教观和道德观的基本观点。

费尔巴哈认为，宗教是人与人之间的情感关系，宗教的本质就在于人的本

---

① 马克思，恩格斯. 马克思恩格斯文集：第 4 卷. 北京：人民出版社，2009：312.
② 同①287.

质。他并不希望废除宗教，而是希望使宗教不断完善，甚至想要自己创立宗教。费尔巴哈在其宗教中寻找永恒真理，认为人只有在宗教名义下才能获得完整的意义。虽然他将宗教看作与人相关的产物，但他却没有看到人本身是社会中的人，这些人具有现实的社会关系和形式。这样，"对抽象的人的崇拜，即费尔巴哈的新宗教的核心，必定会由关于现实的人及其历史发展的科学来代替"①。"现实的人"就是处于一定社会关系当中从事社会实践的人。"关于现实的人及其历史发展的科学"就是历史唯物主义。在唯物史观看来，宗教有其认识论根源，是对现实世界的虚幻反映。"宗教是在最原始的时代从人们关于他们自身的自然和周围的外部自然的错误的、最原始的观念中产生的。"② 宗教也有其阶级根源，是统治阶级愚弄人民的工具。显然，费尔巴哈没有认识到宗教是一定阶级社会发展阶段的产物，更没有看到人类历史的变迁并非宗教的变迁史。

同样，在道德问题上，费尔巴哈告诉我们的东西极其贫乏。他用爱和友情等道德感情解释社会历史领域当中的一切东西，试图用道德来解释和调节人与人的关系，将爱看作适用于一切时代、一切地方、一切领域的"普世"的法则，似乎资产阶级社会尊重一切人追求幸福的平等权利，而没有看到爱、友情等道德的历史性和阶级性，掩盖了资产阶级剥削的不道德性和压迫性，遮蔽了无产阶级与资产阶级的对立关系。在批判这些错误论调的基础上，恩格斯鲜明地指出："实际上，每一个阶级，甚至每一个行业，都各有各的道德，并且，只要它能破坏这种道德而不受惩罚，它就加以破坏。"③ 在《反杜林论》中，恩格斯对之已经有科学的说明。所以，费尔巴哈所提倡的爱只会变成一些人对另外一些人的统治工具，正如基督教成为罗马帝国的国教那样，人们被爱和信仰所束缚。对于无产阶级革命事业来说，我们需要的是无产阶级道德或社会主义道德，必须反对资产阶级道德或资本主义道德。

费尔巴哈虽然有着唯物主义的"面相"，但是在社会领域内，只是局限于自己的知识和生活，并没有理解感性的实践及其作用，所以，他无法对人类社会及其历史做出彻底唯物主义的解释。而正是在对社会领域进行深入的研究基础之上，以实践为基础和中介，马克思、恩格斯对社会存在和社会意识的关系

---

① 马克思，恩格斯.马克思恩格斯文集：第4卷.北京：人民出版社，2009：295.
② 同①309.
③ 同①294.

做出了科学的回答，创立了历史唯物主义。这样，恩格斯不仅描述了唯物主义和唯心主义在宗教观、道德观上的区别，而且进一步阐明了人类社会发展历史的客观规律。

第四，马克思主义自然观和马克思主义历史观的统一。费尔巴哈的"半截子"唯物主义割裂了自然观和历史观的关系。其实，"我们不仅生活在自然界中，而且生活在人类社会中，人类社会同自然界一样也有自己的发展史和自己的科学。因此，问题在于使关于社会的科学，即所谓历史科学和哲学科学的总和，同唯物主义的基础协调起来，并在这个基础上加以改造"①。在创立唯物史观的基础上，马克思主义自然观和马克思主义历史观成为一个科学的有机的整体，集中彰显着马克思主义哲学的整体性。

伴随自然科学领域的划时代发现和进步，唯物主义必然要改变自己的形式。细胞学说、能量守恒和转化定律、生物进化论是 19 世纪自然科学的"三大发现"。三大发现说明，自然界各个领域中存在着内在关联，构成一个整体，从而打破了黑格尔唯心主义自然哲学的空想和幻觉，瓦解了机械唯物主义的自然观，奠定了马克思主义哲学的自然科学基础。在这个过程中，辩证唯物主义自然观即马克思主义自然观应运而生。辩证唯物主义自然观建立在更为牢固的自然规律基础之上。正是借助于自然科学的最新成果，我们发现了自然领域和历史领域的现实的联系及其客观基础，破除了人们长期在感性直观和某些臆想中所产生的错误认识，进而发现了人类社会中起作用的一般运动规律的类自然性，即人类社会的发展也是一个自然历史过程。这样，就实现了马克思主义自然观和马克思主义历史观的统一。

与自然领域中的规律一致，人类社会的历史也受到一般运动规律的支配，但是，社会发展史与自然发展史并不完全相同，二者的动力主体各异。自然界的动力因素没有意识和目的。这些推动力通过普遍联系和互相作用产生了自然的一般规律。然而，社会历史领域内的活动主体是有意识、有目的、有理性、有激情的人，因而人类社会中发生的事实都与人的这些因素有关。尽管如此，人类自身创造的历史也受到客观规律的支配，每个人虽然有着自觉预期的目的，看似受到偶然因素的支配，但实际上这些预期目的并不能够完全如愿实现，从而也形成了与无意识的自然界相似的状况，即人类行动具有意识和目

①　马克思，恩格斯．马克思恩格斯文集：第 4 卷．北京：人民出版社，2009：284.

的，但是行动的结果往往并不能与意识和目的相符合。这就造成了偶然的历史现象，但这种偶然的现象仍然受到隐藏的客观规律的支配。可见，自然观和历史观的统一具有其内在的客观的基础。

第五，对马克思主义哲学一些基本观点的阐发。在实现哲学领域的伟大革命变革的过程中，借助于自然科学、社会科学、思维科学等具体科学知识，马克思主义哲学表明了对自然、社会、思维发展一般规律的科学看法。

其一，坚持从事实出发。历史唯物主义是哲学领域中最伟大的革命变革，但是，不是脱离一般唯物主义的哲学。因此，唯物史观同样要求从事实出发。事实是"从事实本身的联系而不是从幻想的联系来把握的事实"①。唯物主义的基本要求是从事实出发，尊重事实。除此之外，它不可能有其他含义和要求。

其二，概念辩证法是客观辩证法的反映。辩证法是关于外部世界和人类思维的运动的一般规律的科学。换言之，辩证法是由客观辩证法和主观辩证法构成的整体，前者是关于现实世界的辩证法，后者是概念的辩证法。尽管存在着两个系列的规律，但是，它们是统一的甚至是同一的。"概念的辩证法本身就变成只是现实世界的辩证运动的自觉的反映。"② 因此，我们需要坚持的不是黑格尔的辩证法，而是"唯物主义辩证法"。

其三，世界是过程集合体。事物的普遍联系引起相互作用。在相互作用中，事物既构成不可分割的整体，又成为一个生生不息的过程。因此，"世界不是既成**事物**的集合体，而是**过程**的集合体，其中各个似乎稳定的事物同它们在我们头脑中的思想映象即概念一样都处在生成和灭亡的不断变化中，在这种变化中，尽管有种种表面的偶然性，尽管有种种暂时的倒退，前进的发展终究会实现"③。万物互联，万物互动，万物共在，万物共荣。这一伟大的基本思想就是唯物辩证法的基本要求。

其四，历史合力推动历史进步。历史似乎是由偶然性支配的，但在偶然性背后存在着必然性。"无论历史的结局如何，人们总是通过每一个人追求他自己的、自觉预期的目的来创造他们的历史，而这许多按不同方向活动的愿望及其对外部世界的各种各样作用的合力，就是历史。"④ 历史是沿着力的四边形

---

①　马克思，恩格斯. 马克思恩格斯文集：第 4 卷. 北京：人民出版社，2009：297.

②　同①298.

③　同①298.

④　同①302.

的对角线向前发展的。这种对角线是在各种各样的貌似主观的利益的角逐中形成的一种客观的力量。

其五，人民群众是历史的主体。尽管需要和利益是历史的原动力，但是，"与其说是个别人物，即使是非常杰出的人物的动机，不如说是使广大群众、使整个整个的民族，并且在每一民族中间又是使整个整个阶级行动起来的动机"①，才能够发挥这种作用。无论如何，大多数人的需要和利益始终居于第一位，人民群众是历史的创造者。

其六，阶级斗争是阶级社会发展的动力。在原始社会后期，由于利益发生分化而产生了阶级，这样，"使整个整个阶级行动起来的动机"便成为阶级社会的动力。这就是阶级斗争。随着资本主义生产方式的兴起，地主阶级、资产阶级、无产阶级成为现代社会的三大阶级主体，三者之间的利益冲突成为现代历史的动力。随着生产过剩和大众贫困矛盾的加剧，无产阶级反对资产阶级的斗争必然导致资本主义的灭亡和社会主义的胜利。

这样，在总结马克思主义哲学发展规律的过程中，恩格斯也简明扼要地概括了马克思主义哲学的基本观点。

第六，马克思主义哲学是在劳动发展史中找到理解全部社会史的钥匙的哲学新派别。实践不仅是马克思主义认识论首要的基本的范畴，而且是马克思主义历史观的首要的基本的范畴。立足于实践尤其是生产实践即劳动，马克思主义科学回答了社会历史观的基本问题，创立了唯物史观。哲学领域当中的最伟大的革命就是这样发生的。

马克思主义立足于劳动科学地回答了社会历史观的基本问题。社会存在和社会意识的关系问题是社会历史观的基本问题。马克思主义之前的一切哲学流派之所以都遁入历史唯心主义，关键就在于他们不懂得物质生产在社会的存在和发展中的决定性作用，不懂得从事物质生产的人民群众在社会的存在和发展中的主体性作用，因此，他们得出了社会意识决定社会存在的错误观点。历史唯心主义之所以为唯心主义，根本原因就在这里。马克思主义指出，物质生产决定社会的存在和发展，从事物质生产的人民群众是社会历史的创造者，因此，我们得出了社会存在决定社会意识的科学观点。历史唯物主义之所以向上提升了唯物主义、向前发展了唯物主义，根本原因就在这里。因此，要打开社

① 马克思，恩格斯. 马克思恩格斯文集：第 4 卷. 北京：人民出版社，2009：304.

会历史之谜的大门，就必须深入了解劳动发展史。

由于劳动创造了人，创造了社会有机体，因此，劳动形塑着社会有机体的结构。在唯物史观的科学体系中，劳动联结起了社会存在、社会意识、生产力、生产关系、经济基础、上层建筑等一系列范畴，各种社会现象最终都可以通过劳动得到合理的解释。

由于劳动的主体与客体的矛盾展开促进了社会运动，因而劳动成为社会存在的基础和社会发展的动力，劳动发展史推动着社会形态的变化。原始社会解体之后，人类经历了三种形式的奴役劳动。在作为奴役劳动的最后一种形式的雇佣劳动的基础上，将最终走向自由联合劳动。这将促进人的自由而全面的发展，实现从必然王国向自由王国的飞跃，走向共产主义。

由于劳动在从猿到人的转变过程中具有决定性的作用，劳动是人与自然之间的物质变换过程，因此，劳动是联结自然观和历史观的中介范畴。进而，在科学实践观的基础上，马克思主义哲学实现了世界观和方法论的统一，实现了唯物主义和辩证法的统一，实现了辩证法、逻辑学、认识论的统一，实现了真理观和价值论的统一。这样，马克思主义哲学就成为一个科学严密的整体。

最终，我们可以从马克思主义哲学产生和发展的规律中发现："在劳动发展史中找到了理解全部社会史的锁钥的新派别，一开始就主要是面向工人阶级的，并且从工人阶级那里得到了同情，这种同情是它在官方科学那里既没有寻找也没有期望过的。德国的工人运动是德国古典哲学的继承者。"① 由于坚持从劳动发展史中理解社会发展史，马克思主义哲学一开始就具有鲜明的阶级性，是工人阶级实现自身解放的科学世界观和方法论。我们不能将马克思主义哲学简单地看作学者书斋或大学课堂中的一种哲学，将之归结为一个特定的哲学流派。这样，马克思主义哲学既终结了德国古典哲学，又为德国古典哲学找到了一条新的出路。这条出路就是历史唯物主义，这条出路就是辩证唯物主义，这条出路就是实践的唯物主义，最终这条出路就是科学共产主义的世界观和方法论。这样，马克思主义哲学就超越了德国古典哲学，成为哲学发展史上最壮丽的日出，成为理论思维领域当中的普照之光。

① 马克思，恩格斯．马克思恩格斯文集：第4卷．北京：人民出版社，2009：313.

3. 批判庸俗社会学和"青年派"的斗争

在 19 世纪 90 年代的德国，历史唯物主义受到了来自两个方面的攻击：一是以巴尔特为代表的庸俗社会学，二是以恩斯特为代表的党内"青年派"。他们都将历史唯物主义错误地降解和贬低为"经济唯物主义"。正如"庸俗唯物主义"不是唯物主义而是唯物主义的庸俗化而已一样，"经济唯物主义"也不是唯物主义而是唯物主义的庸俗化而已。为了捍卫历史唯物主义以至整个马克思主义的纯洁性，年届古稀之年的恩格斯"单枪匹马"地投入到战斗当中。这时，他的战友马克思早已作古了。在批判庸俗唯物主义的过程中，恩格斯坚持和发展了历史唯物主义。

1890 年，德国资产阶级社会学家保尔·巴尔特（1858—1922）所著的《黑格尔和包括马克思及哈格曼在内的黑格尔派的历史哲学》一书出版。在该书中，他将历史唯物主义歪曲为"经济唯物主义"和"技术决定论"。当看到一篇关于此书的书评后，1890 年 8 月 5 日，恩格斯在给施米特的信中谈到了如何科学理解和把握历史唯物主义的问题。康拉德·施米特（1863—1932）为德国经济学家和哲学家。他在大学学习政治经济学的时候接受了这样的教条：马克思运用哲学方法从价值理论中推论出了社会主义结论。他按照这种套路完成了自己以工资理论为主题的博士论文。可见，将历史唯物主义庸俗地理解为经济唯物主义的做法在当时的德国有一定的市场。这种做法不仅误解了历史唯物主义，而且给历史唯物主义造成了极大的危害。在考试结束以后，施米特有机会到伦敦旅居几个月。他希望在那里能够拜见恩格斯。于是，作为一个与恩格斯素不相识的人，他把那篇他自己认为很了不起的博士论文寄给了恩格斯。施米特回忆说，恩格斯在 1887 年的一封详细的回信中，分析了他的"反驳"，给他指出了错误（当然不是立见成效），并友好地邀请他访问恩格斯的寓所，再继续讨论这些问题。

施米特回忆与恩格斯的第一次见面

我第一次登门拜访他时，就被他吸引住了。在他身上看不出一点取得伟大成果后的矜持。他毫不自诩渊博，毫不装腔作势，毫不居功自傲。这个 67 岁的老人兴高采烈地欢迎我。我一边吸烟，一边饮酒，似乎使他很兴奋。他没有再谈我的论文，没有再同我争论，让我安静地思考。他邀请我再去，从此我这个年轻人便无所顾虑地常去了。每隔一个星期或每隔半个月，我晚上总要到西北区他的住宅去朝圣一次。他的视力不好，医生禁止他在灯光下看书，因而我可以认为我的拜访至少不会妨碍他的工作。

我常听他坐在壁炉旁侃侃而谈，这样的时刻我永远也不会忘怀。他知识渊博，使我惊叹不已。凡是愿意听他讲的人，他都乐于施教。他妙语连珠，谈话内容涉及政治、历史、军事、语言研究、立法、党史、文学、自然科学、哲学。将近午夜，我才满载无数新的启示，满怀感激和幸福的心情，踏上长达三个小时的归途。次日，我记下谈话的要点，在以后的年代，还经常阅读这些笔记。今天每当我读到记述这些美好的时刻的回忆，还感到十分新鲜和幸福！

我已说过，恩格斯没有再谈我的论文。也没有必要再谈了。在他的影响下，我不知不觉地、不由自主地对自己进行着社会主义的脱胎换骨。和他的几次谈话，总算使我弄清了唯物史观的本质……①

从以上论述可见，恩格斯早就注意到了将历史唯物主义庸俗化为经济唯物主义的问题。在1890年8月5日给施米特的信中，恩格斯较为系统地批驳了巴尔特的观点。1890年10月27日，在致施米特的信中，恩格斯阐明了上层建筑对经济基础的反作用问题。

1890年9月3日，后来成为德国新闻工作者的约瑟夫·布洛赫（1871—1936）写信给恩格斯提出了两个问题：第一个问题为原始社会的家庭婚姻问题，第二个问题为如何从唯物史观的角度来看待经济因素和其他因素的关系问题。恩格斯对这两个问题都给出了详细的回答，阐明了经济基础和上层建筑的关系。

面对资产阶级和机会主义对历史唯物主义的庸俗化理解，受马克思和恩格斯教导的新一辈也投入到了反对庸俗唯物主义的斗争中。其中，梅林在其所著的《莱辛传奇》一书的附录中，专门收入了他自己创作的《论历史唯物主义》

---

① 施米特. 回忆弗里德里希·恩格斯//中共中央马克思恩格斯列宁斯大林著作编译局. 回忆恩格斯. 北京：人民出版社，2005：101.

一文。在该文中，他对巴尔特观点进行了深入批判，并指出："谁想切切实实地了解它，那必须研读马克思、恩格斯、摩尔根、考茨基、狄慈根、毕尔克里、拉法格、普列汉诺夫诸人的著作，历年的《新时代》。考虑到这么许多著作，恩格斯很可以说，唯物主义历史观的正确性已经证明了的；如果巴尔特先生还要抱怨，说'可惜'恩格斯没有说出他所指的著作的篇名来，那末我们的博学的朋友一定是忽视了恩格斯不是为德国讲师们，而是为思想着的工人们写的。"[①] 在收到梅林寄来的《莱辛传奇》单行本后，1893 年 7 月 14 日，恩格斯在给梅林的回信中高度评价了《论历史唯物主义》一文，通过德国和法国历史上的实例阐明了历史唯物主义基本原理，痛斥了巴尔特之流的谬论。

　　布雷斯劳的德国大学生瓦尔特·博尔吉乌斯来信向恩格斯请教历史唯物主义问题，1894 年 1 月 25 日，恩格斯在给他的回信中，阐明了历史唯物主义基本原理，尤其是上层建筑对经济基础的反作用问题、历史发展中的必然性和偶然性的关系问题等。该信由《社会主义大学生》杂志撰稿人海·施塔尔根堡于 1895 年 10 月发表在该杂志上。

　　这样，围绕着历史唯物主义问题，就形成了恩格斯晚年的"历史唯物主义书信"文本群。

恩格斯给弗里德里希·阿道夫·左尔格、弗洛伦斯·凯利-威士涅威茨基、
保尔·恩斯特、康拉德·施米特、约瑟夫·布洛赫、弗兰茨·梅林和
瓦尔特·博尔吉乌斯的信

---

① 梅林. 保卫马克思主义. 吉洪，译. 北京：人民出版社，1982：74.

施米特评恩格斯的"历史唯物主义书信"的贡献

我离开伦敦时,他要求我继续给他写信,这使我十分高兴。他的通信联系本来已经非常广泛,但是只要能从中受益,他还准备扩大这种联系。因此他不仅要我向他报告我今后的情况,而且热情地注意我提出的一切问题,希望对我有所促进和启发。他写信就像他谈话一样,非常生动,引人入胜,措辞往往风趣诙谐,不拘一格。只要他认为对方真正在作出某种努力,他总是给予明显的鼓舞和勉励。在这种毫不利己的劳动中,他究竟付出了多少时间和精力,在我们所期望的他的书信集出版后,将会表明。不久前《莱比锡人民报》刊登的一封信①已经使人对此有了大致的概念。这封信几乎占了报纸的三栏的篇幅,极其精辟地阐释了唯物史观的本质。人们感到惊奇:一个习惯于对公众讲话的人,为了开导某一个人竟不惜花费如此多的精力。②

1890 年初期,德国国内的政治局面发生了重要变化。统治阶级的策略进行了调整,统治长达 12 年的"非常法"被废除。无产阶级在议会斗争中取得巨大胜利。3 月 1 日,长期处于非法地位的社会民主党在帝国议会的两次投票选举中获得了约 143 万张选票,35 名党员当选为议员,一跃成为帝国的第二大党。在这种情况下,一些大学生、著作家和没落的年轻资产者涌入党内,形成了"青年派"。

青年派忽视在废除"非常法"之后党的活动条件所发生的变化,否认利用议会斗争形式的必要性,反对社会民主党参加任何合法活动,将维护小资产阶级利益、奉行机会主义、破坏党的民主等"屎盆子"扣在党及其执行委员会的头上。"他们之中有几个人,如鲍尔·恩斯特和鲍尔·卡姆弗迈耶尔是有天赋,有学识的,他们的错误只是,由于没有政治斗争的实际经验,因此对《共产党宣言》作了片面的、形式上的理解。其他一些人,如汉斯·弥勒和布鲁诺·维勒要求作出更严厉的判决。弥勒幻想在党内进行小资产阶级和无产阶级之间的可怕的阶级斗争,他完全模仿普特卡默的摘引方法(虽然目的是相反的),从

---

① 指给布洛赫的信。——引者注
② 施米特.回忆弗里德里希·恩格斯//中共中央马克思恩格斯列宁斯大林著作编译局.回忆恩格斯.北京:人民出版社,2005:102.

反社会党人法的十二年中，收集了杰出的或平常的党员同志的许多口头或书面的言论，在这些言论中大概可以发现一点小资产阶级激进的味道，把关于党身上的'脓疮'的有趣词句同这一点结合起来。自由教区的教士布鲁诺·维勒竟然提出这种令人难以置信的指责：反社会党人法给我们带来的最坏的事情，就是腐化。"[①] 青年派自称是马克思主义的"拥护者"，但根本不懂马克思主义，实际上主张的是半无政府主义，是一场大学学生们的"躁动"而已。

较为典型的事例是恩斯特对易卜生作品的评价。他毫不考虑该作品产生的环境，简单地将其原因归为时代经济发展的结果，用公式化的分析来说明艺术创作这种特殊又复杂的社会活动，不解释作家和阶级的相互关系，也不解释作家所要表达的思想观念，仅仅做出简单化的判断行为。这表明恩斯特等人其实根本不了解唯物史观。

连一些资产阶级人物都看出了青年派对待马克思主义的错误态度。1890年5月，评论家海尔曼·巴尔在《自由论坛》杂志上发表了一篇题为《马克思主义的模仿者》的文章，讥讽恩斯特在马克思的词句下，把历史唯物主义的"批判方法"变成"教条主义的公式"。

青年派占领了原本是德国社会民主主义日报的《萨克森工人报》，将之变成了自己的机关报。被青年派占领之后，该报编辑部企图宣布恩格斯支持青年派反对德国社会民主党的领导路线的言论。这些错误言论使该报编辑部在1890年8月底被撤换，于是，编辑部在告别文章中试图蛊惑地说明其下台似乎是由于党内"小资产阶级议会社会主义"从中作梗，并企图为了达到自己的目的而放肆地利用恩格斯的威信。这些言行激怒了恩格斯，于是，恩格斯决定公开驳斥青年派。1890年9月7日，恩格斯写信给该报编辑部答复说，青年派的观点是对马克思主义的粗暴歪曲。这即是恩格斯的《给〈萨克森工人报〉编辑部的答复》。这一文章发表在《社会民主党人报》和《柏林人民报》上，还发表在1890年9月19日维也纳《工人报》第38号上。这一文章在揭露青年派的立场方面起了巨大的作用。

1890年10月1日，恩格斯又写作了《答保尔·恩斯特先生》一文，痛斥了青年派首领假借恩格斯的威望来反对党的领导的新企图。文章发表在10月

---

① 梅林. 德国社会民主党史：第4卷. 青载繁，译. 北京：生活·读书·新知三联书店，1966；322-323.

5 日《柏林人民报》第 232 号上。

1892 年 9 月 12 日,恩格斯从施米特那里得知已被德国社会民主党开除出去的青年派首领又在进行新的分裂活动之后说,既然他们脱离工人群众,那么,他们在德国就找不到任何的支持。同时,恩格斯又提醒施米特,在与这些人在政治上决裂之后,还需要多做团结和教育的工作,切不可一棍子将人打死。他语重心长地说:"我知道,在青年派中,您有许多大学时期的同学和青少年时代的朋友,但这需要摆脱。当然,政治上决裂了,私人友好往来还是可以保持的。我们大家都有过这样的经历,而我甚至对待我的笃信上帝的极端反动的家庭也是如此。而且,您总还可以对您的老朋友施加一些好的影响,促使他们走上科学研究的道路,而不再自吹自擂。只要这些先生们继续学习,其中一些比较干练的人是会醒悟过来的。我只是担心盛行于这些先生中间的那种流行性自大狂会阻碍他们醒悟过来。至于说诽谤和残酷无情,那总是会有的。"[1] 1892 年 10 月上半月,恩格斯阅读青年派的头目之一汉·弥勒的小册子《德国社会民主党内的阶级斗争》。10 月 7 日,恩格斯在给倍倍尔的信中提出,应当揭露这个小册子对党的恶毒的蛊惑性攻击,同时要批判德国社会民主党某些领导人的机会主义错误。恩格斯旗帜鲜明地指出:"这一切都是自命不凡的大学生、著作家和过去是工人而现在一心想当著作家的人们那种软弱无力的嫉恨的产物,他们嫉恨我们党在稳步地胜利前进,而丝毫不需要这些小人的帮助。即使犯了某种错误,党已坚强到足以用自己的力量来纠正这些错误。……我们党现在已如此强大,在无须担心变质的情况下,不仅可以溶解数量可观的市侩,而且可以溶解'有教养的人',甚至溶解独立派的先生们,如果他们自己不滚出去的话。"[2] 可见,在与青年派错误斗争的过程中,恩格斯将原则性和灵活性有机地统一了起来。对错误思想进行坚决的斗争,对犯错误的人坚持惩前毖后、治病救人,应该成为党内政治生活的重要准则。

无论是庸俗社会学还是青年派,都对历史唯物主义以至马克思主义做了庸俗化的理解。在批判这些错误的过程中,恩格斯突出了历史唯物主义的辩证法向度,突出了马克思主义的方法论意义和功能。

---

[1] 马克思,恩格斯. 马克思恩格斯全集:第 38 卷. 北京:人民出版社,1972:456-457.
[2] 同[1]490.

4. 社会历史发展的辩证法——捍卫历史唯物主义

尽管唯物史观是马克思和恩格斯在哲学上的伟大贡献，但是，由于作为唯物史观创立标志的《德意志意识形态》留给老鼠的牙齿去批评了，重点阐述唯物史观思想的《马克思致帕维尔·瓦西里耶维奇·安年科夫（1846 年 12 月 28 日）》很少为人知晓，世人只是从《共产党宣言》《〈政治经济学批判〉序言》等文献中知道了唯物史观的概貌，因此，不少人将历史唯物主义误解为经济唯物主义或经济决定论。在其晚年，恩格斯在《反杜林论》《费尔巴哈论》等著作中对唯物史观的基本原理进行了集中的概括和阐释，在《社会主义从空想到科学的发展》英文版导言中鲜明地提出了"历史唯物主义"的科学概念，这样，就丰富和完善了历史唯物主义的科学思想。在此基础上，恩格斯晚年的"书信"在坚持历史唯物主义的唯物主义性质的前提下，着重阐明社会历史的辩证运动，突出了历史唯物主义的辩证法向度。

第一，人类社会是由各种要素构成的复杂的有机的整体。自然运动经历了机械运动、物理运动、化学运动、生物运动等形式。在自然演化的基础上，以劳动为基础和中介，开始了社会进化的过程。人类史是自然界向人不断生成的过程。"整个伟大的发展过程是在相互作用的形式中进行的。"① 在这个整体的伟大的过程中，既存在着人与自然的相互作用，也存在着人与社会的相互作用。这是一个生生不息的自我创造和自我完善的过程。在这个过程中，出现了生产力和生产关系、经济基础和上层建筑的矛盾运动，产生了经济、政治、文化、社会、生态等领域。这里，表现出一切因素之间的相互作用，而在这种相互作用中归根到底是经济运动作为必然的东西通过无穷无尽的偶然事件发挥作用，推动社会向前发展。正是在这一复杂的相互作用的过程中，形成了社会有机体。经济运动是社会有机体当中的运动，社会有机体是以经济运动为基础而包含诸多要素、诸多矛盾、诸多过程的有机的整体。脱离社会有机体，经济运动就会成为"孤家寡人"，无处安身立命。离开经济运动，社会有机体就成为"空中楼阁"，无所适从。因此，唯物史观要求我们"把握总的联系"②。我

---

① 马克思，恩格斯 . 马克思恩格斯文集：第 10 卷 . 北京：人民出版社，2009：601.

② 同①670.

们应该从"总的联系"看待社会有机体的构成以及其各种要素在社会的存在和发展中的作用。任何孤立地看待单一社会要素作用的看法，都是一种形而上学，都与唯物史观背道而驰。显然，恩格斯这里强调的就是马克思在《哲学的贫困》和《资本论》等著作中提出的"社会有机体"思想。社会有机体是唯物史观透视和把握人类社会的总体性的视野和方法。

第二，地理环境是社会存在和社会发展的重要物质条件。人类社会是在自然运动的基础上凭借人类的劳动创造出来的。现实的社会存在和社会发展建立在人与自然之间的物质变换的基础上。现实的人利用现实存在的自然条件生产自身所需要的生活资料和生产资料，从而自我创造着人类历史。显然，"在经济关系中还包括这些关系赖以发展的**地理基础**和事实上由过去沿袭下来的先前各经济发展阶段的残余（……），当然还包括围绕着这一社会形式的外部环境"①。地理环境不能决定人类社会的存在和发展，但是，作为一种既得的客观的物质力量能够影响社会存在和社会发展的性质和走向。例如，"滥伐森林加上对旧地主以及对农民的剥夺，可能引起生产力的巨大浪费"②。如果地理环境再严重恶化，甚至会取消生产力的发展成果，将人类文明毁于一旦。因此，地理环境不仅是重要的社会要素，而且是社会存在的重要组成部分，是社会物质条件的重要组成部分。"要从经济上说明每一个德意志小邦的过去和现在的存在，或者要从经济上说明那种把苏台德山脉至陶努斯山所形成的地理划分扩大成为贯穿全德意志的真正裂痕的高地德语音变的起源，那么，很难不闹出笑话来。"③ 在《德意志意识形态》当中，马克思和恩格斯早已指出，作为唯一的一门历史科学，要以人类史和自然史的辩证关系为研究对象。以人类史和自然史辩证关系为研究对象的历史科学，就是广义的历史唯物主义。历史唯物主义不仅仅是一种社会历史理论，更为重要的是马克思主义透视和把握自然、社会、思维发展一般规律的科学世界观和方法论。

第三，物质生产方式是社会存在的基础和社会发展的动力。尽管社会是由诸多要素构成的有机体，但是，归根到底是物质生产（经济关系）起决定作用。"我们视之为社会历史的决定性基础的经济关系，是指一定社会的人们生产生活资料和彼此交换产品（在有分工的条件下）的方式。因此，这里包括生

---

① 马克思，恩格斯．马克思恩格斯文集：第 10 卷．北京：人民出版社，2009：667.

② 同①663.

③ 同①592.

产和运输的**全部技术**。这种技术，照我们的观点看来，也决定着产品的交换方式以及分配方式，从而在氏族社会解体后也决定着阶级的划分，决定着统治关系和奴役关系，决定着国家、政治、法等等。"① 生产方式是生产力和生产关系的矛盾集合体，是指一定社会的人们生产生活资料和生产资料的方式，是指在既有分工条件下彼此交换产品的方式。

从前者来看，物质生活条件对社会历史发展具有决定性的作用，生产力又是最终起决定性作用的关键力量。无论我们如何创造历史，我们都是在十分确定的物质前提和物质条件下进行创造的，其中经济的前提和条件归根到底是决定性的。经济状况构成了社会存在的基础。历史过程中的决定性因素归根到底是现实生活的生产和再生产。

当然，我们不能对物质生产进行狭义上的理解。我们要看到，"种族本身就是一种经济因素"②。这里，恩格斯将《家庭、私有制和国家的起源》中关于人自身的生产的思想再次呈现出来。如同地理环境一样，人口也是自然社会存在的自然物质条件的重要构成部分。如同物质生产一样，人自身的生产也是重要的物质力量。在唯物史观当中，"生产"和"生产力"都是"复数"概念，而不是"单数"概念。

在社会存在和社会发展当中，科学技术不仅反映了生产力发展的程度和水平，而且成为提升和推动生产力发展的重要力量，推动着生产关系的变革。例如，从手推磨到蒸汽磨的转变，实现了从封建社会向资本主义社会的转变。这里，"如果像您所说的，技术在很大程度上依赖于科学状况，那么，科学则在更大得多的程度上依赖于技术的**状况**和**需要**。社会一旦有技术上的需要，这种需要就会比十所大学更能把科学推向前进"③。科学技术是在解决实际需要尤其是经济需要的过程中产生和发展的，科技进步又推动着经济发展，甚至成为社会发展动力的动力。在《英国状况》系列文献中，青年恩格斯已经论及技术革命、科学革命、产业革命、社会革命之间的复杂关系。

从后者来看，在由生产、消费、分配、交换构成的生产关系的矛盾运动中，生产具有决定性的意义。当然，其他因素也影响生产的发展。

生产和贸易的关系就是如此。在社会发展过程中，"生产归根到底是决定

---

①　马克思，恩格斯．马克思恩格斯文集：第 10 卷．北京：人民出版社，2009：667.

②　同①668.

③　同①668.

性的东西。但是，产品贸易一旦离开本来的生产而独立起来，它就循着本身的运动方向运行，这一运动总的说来是受生产运动支配的，但是在单个的情况下和在这个总的隶属关系以内，它毕竟还是循着这个新因素的本性所固有的规律运行的，这个运动有自己的阶段，并且也对生产运动起反作用"①。例如，在资本主义发展过程中，由于输出的需要，才创立和发展了大工业；国际贸易的发展，促成了地理大发现和殖民侵略，终归极大地促进了工业发展。

生产和分配的关系同样如此。生产决定分配，分配对生产具有反作用。巧妇难为无米之炊。分配方式本质上毕竟要取决于有多少产品可供分配，分配最终是由生产决定尤其是由生产的多寡决定的。当然，随着生产和社会组织的进步，分配方式也应当改变。因此，通过生产关系的调整和优化，能够促进分配方式的优化。

第四，由经济基础决定的政治上层建筑对经济基础具有重要的反作用。政治上层建筑是适应经济发展的需要而产生的，同时对经济基础发挥着这样或那样的作用。在社会有机体当中，经济运动和政治运动是两种不同的力量。这样两种不相等的力量发生着相互作用。一方面是经济运动，另一方面是追求尽可能大的独立性并且一经确立也就有了自己的运动的新的政治权力。一般说来，经济运动会为自己开辟道路，但是它也必定要经受它自己所确立的并且具有相对独立性的政治运动的反作用，即国家权力的以及与它同时产生的反对派的运动的反作用。

国家是社会分工的产物，执行着社会的某些共同的职能。分工和私有制是一回事，一个是就过程而言的，一个是就结果而言的。国家一旦产生，对经济发展就具有直接的控制作用。一般来讲，国家权力对于经济发展的反作用可以有三种。一是可以沿着同一方向起作用。在这种情况下，就会发展得比较快。二是可以沿着相反方向起作用。在这种情况下，像现在每个大民族的情况那样，它经过一定的时期都要崩溃。三是它可以阻止经济发展沿着某些方向走，而给它规定另外的方向。当然，这种情况归根到底还是归结为前两种情况中的一种。在后两种情况下，政治权力会给经济发展带来巨大的损害，并造成大量的人力和物力的浪费。因此，只有通过政治革命，才能化解后两种情况带来的危机，才能为经济发展提供正常的政治条件。

---

① 马克思，恩格斯. 马克思恩格斯文集：第10卷. 北京：人民出版社，2009：595.

军事征服与经济发展的关系同样如此。对外军事征服是国内政治的延续。在对外征服的过程中，由于发生侵占和粗暴地毁灭经济资源的情况，这样，某一地方和某一民族的全部经济发展可能被毁灭。这种情况多半都有相反的作用，至少在各大民族中间是如此。从长远看，战败者在经济上、政治上和道义上赢得的东西有时比胜利者更多。这可能就是知耻后勇的道理吧。

作为政治上层建筑的法与经济发展的关系亦然。一定的法是在一定的经济基础之上产生的，而且要为这个基础服务，尤其是法律影响财产的分配，总是保护一定的财产关系。"在现代国家中，法不仅必须适应于总的经济状况，不仅必须是它的表现，而且还必须是不因内在矛盾而自相抵触的**一种内部和谐一致**的表现。而为了达到这一点，经济关系的忠实反映便日益受到破坏。"① 在阶级社会当中，经济和法律的关系被倒置了。同样，经济关系反映为法的原则，必然是一种头足倒置的反映。

显然，政治上层建筑在经济基础面前不是无能为力、无所作为的。"再说，如果政治权力在经济上是无能为力的，那么我们何必要为无产阶级的政治专政而斗争呢？暴力（即国家权力）也是一种经济力量！"② 我们进行无产阶级革命，建立无产阶级专政，本身是经济力量的要求和体现。无产阶级革命和无产阶级专政的目的是扫除阻碍经济发展的障碍，促进经济的发展，造福人民。

第五，作为社会存在反映的意识形态对经济发展具有重要的反作用。政治思想、法律思想、文学、艺术、道德、哲学、宗教等构成了社会系统中的意识形态领域。它们都是对一定的经济基础的反映，并受一定的政治上层建筑的制约和影响，但是，它们似乎都有远离经济基础的独立外观，甚至存在着独立的发展，对经济基础发挥着促进或者阻碍的作用。

意识形态都有自己产生的特殊规律。与一般的认识和科学不同，意识形态有其固有的产生方式和特有的发展规律。意识形态是由所谓的思想家通过意识完成的过程。当然，这种意识是虚假的意识或者是颠倒的意识。他只和思想材料打交道，毫不迟疑地认为这种材料是由思维产生的，而不去进一步研究这些材料的较远的、不从属于思维的根源。推动他的真正动力始终是他所不知道的，他想象出虚假的或表面的动力。由于这是思维过程，所以，其内容和形式

①　马克思，恩格斯 . 马克思恩格斯文集：第 10 卷 . 北京：人民出版社，2009：598.
②　同①600 - 601.

都是他从纯粹的思维中引出的。在意识形态家看来，一切行动都以思维为中介，最终似乎也都以思维为基础。因此，意识形态有独立的历史发展史。

当然，真实的情况不一定如此。例如，哲学是最远离经济基础的意识形态。但是，它总受经济基础的影响，总是发生在这样一种作用所规定的条件的范围内。这种作用就是各种经济影响对思想先驱所提供的现有哲学材料发生的作用。因此，经济在这里并不重新创造出任何东西，但是它决定着现有思想材料的改变和进一步发展的方式，而且多半也是间接决定的。当然，经济影响多半只是在它的政治等的外衣下起作用，对哲学产生最大的直接影响的是政治的、法律的和道德的反映。与科学和知识不同，意识形态具有明显的阶级性。

不仅如此，意识形态和经济发展之间还存在着不平衡的规律。在人类文明史上，并不是经济发展水平低，意识形态水平就自然低，经济发展水平高，意识形态水平就自然高。在思想文化方面更是如此。例如："每一个时代的哲学作为分工的一个特定的领域，都具有由它的先驱传给它而它便由此出发的特定的思想材料作为前提。因此，经济上落后的国家在哲学上仍然能够演奏第一小提琴：18 世纪的法国对英国来说是如此（法国人是以英国哲学为依据的），后来的德国对英法两国来说也是如此。"① 在资本主义生产方式确立的过程中，德国通过文学上的狂飙运动和哲学上的古典哲学为自己开辟了发展道路。就思维的"形式"而言，后来的哲学难以匹敌德国古典哲学所达到的理论思维水平的高度。

通过上面的考察，我们可以发现："政治、法、哲学、宗教、文学、艺术等等的发展是以经济发展为基础的。但是，它们又都互相作用并对经济基础发生作用。这并不是说，只有经济状况才是**原因，才是积极的**，其余一切都不过是消极的结果，而是说，这是在**归根到底**不断为自己开辟道路的经济必然性的基础上的相互作用。"② 因此，我们应该从经济基础和上层建筑、经济基础和意识形态的辩证关系的意义上来理解社会结构和社会形态的问题。

第六，社会历史发展的总体趋势是由历史合力推动的。人类社会是一个自然历史过程，但是，这个过程与自然运动存在着本质区别。自然运动是在没有人的参与下展开的，社会运动是在人的参与下进行的。人类社会历史无非是自觉追求自己的意志和目的的人的活动而已。这样，人的意志和目的总会这样或

① 马克思，恩格斯．马克思恩格斯文集：第 10 卷．北京：人民出版社，2009：599.
② 同①668.

那样影响着人类社会历史的走向。但是，影响人类社会历史的不是具体的人的意志和目的，不是共同的意志和目的，而是"历史合力"。在总体上，物质生产是按照非线性方式发挥作用的。

"历史合力"是在个人意志的冲突和整合过程中形成的整体性的力量和过程。人类社会历史的发展终归受到客观规律的支配，但是这种必然性的客观规律又是以偶然性的主观意志作为"前提"的。各种主观意志之间存在着冲突和张力。如果这种冲突和张力任意发展，那么，社会就难以聚集成为一个整体。同时，这种整体也不是绝对的整齐划一。否则的话，社会就会丧失生机和活力。因此，"历史是这样创造的：最终的结果总是从许多单个的意志的相互冲突中产生出来的，而其中每一个意志，又是由于许多特殊的生活条件，才成为它所成为的那样。这样就有无数互相交错的力量，有无数个力的平行四边形，由此就产生出一个合力，即历史结果，而这个结果又可以看做一个作为整体的、**不自觉地**和不自主地起着作用的力量的产物"①。这样，就形成了历史合力。所谓合力并非简单地将每一个个体的意志和力量相加，而是指各种力量在相互的冲突、牵制、抵消等作用中产生的结果。这种结果是融合的总平均数，而不是单个意志愿望的满足。也就是说，社会中的每个个体的意志都在历史发展中发挥了作用，每个人都是合力中的一部分，但是任何个体的意志却无法决定历史的发展走向，历史的发展不以个体意志为转移，其自身有着客观规律性。社会发展的合力在客观上决定着历史的走向，合力是在人类活动的相互作用中形成的。

在人类社会当中，都是那种以偶然性为其补充和表现形式的必然性占统治地位。个人意志和个人目的参与历史，表明人类社会历史具有偶然性。但是，历史合力的形成，表明在偶然性中存在着必然性。在这里，通过各种偶然性来为自己开辟道路的必然性，归根到底仍然是经济的必然性。从历史发展的"长波"来看，"历史上所有其他的偶然现象和表面的偶然现象都是如此。我们所研究的领域越是远离经济，越是接近于纯粹抽象的意识形态，我们就越是发现它在自己的发展中表现为偶然现象，它的曲线就越是曲折。如果您画出曲线的中轴线，您就会发现，所考察的时期越长，所考察的范围越广，这个轴线就越是接近经济发展的轴线，就越是同后者平行而进"②。显然，必然性通过偶然

---

① 马克思，恩格斯．马克思恩格斯文集：第 10 卷．北京：人民出版社，2009：592．

② 同①669．

性为自己开辟道路，偶然性是必然性的表现和表征。最终，仍然是经济发展发挥决定作用。

这样，恩格斯进一步发展了《费尔巴哈论》提出的历史合力思想。从历史合力论当中可以看出，马克思主义历史决定论是辩证决定论。这里，绝不存在波普尔所说的"历史决定论的贫困"问题，存在的是怀疑历史决定论者的思想贫困的问题。

在最后，恩格斯实事求是地总结了自己和马克思创立唯物史观工作的功过得失。由于唯物史观创立之初的主要任务是将唯心主义从其最后的避难所中驱逐出去，因此，恩格斯和马克思十分重视物质生产的决定性作用。这样，就容易给人造成一种错觉，似乎可以将历史唯物主义归结为经济唯物主义或经济决定论。"青年们有时过分看重经济方面，这有一部分是马克思和我应当负责的。我们在反驳我们的论敌时，常常不得不强调被他们否认的主要原则，并且不是始终都有时间、地点和机会来给其他参与相互作用的因素以应有的重视。但是，只要问题一关系到描述某个历史时期，即关系到实际的应用，那情况就不同了，这里就不容许有任何错误了。"① 其实，在社会有机体当中，非经济因素的反作用也很重要。只有保持经济因素和其他因素的全面发展、协调发展、共同发展，社会有机体才能健康发展。因此，历史唯物主义是社会历史领域当中的唯物论和辩证法的科学的有机的统一。历史辩证法是历史唯物主义的固有之意和重要维度。这是恩格斯的"书信"的重大理论贡献。

5. 龙种还是跳蚤——捍卫马克思主义的纯洁性

庸俗社会学和"青年派"之所以对马克思主义有误解，一个重要的原因就在于他们误读了马克思主义，没有树立起科学的"马克思主义观"。马克思主义观是对什么是马克思主义、如何坚持和发展马克思主义等问题的看法。恩格斯的《卡尔·马克思》（1868 年）和《在马克思墓前的讲话》等文献，就是科学马克思主义观的典范。在意识形态斗争的过程中，无论是怀疑和否定马克思主义还是抬高和捧杀马克思主义，都是非科学马克思主义观的一种"征候"。1890 年 8 月 27 日，恩格斯在致拉法格的信中指出："德国党内发生了大学生

---

① 马克思，恩格斯．马克思恩格斯文集：第 10 卷．北京：人民出版社，2009：593 - 594.

骚动。近两三年来，许多大学生、著作家和其他没落的年轻资产者纷纷涌入党内。他们来得正是时候，在种类繁多的新报纸的编辑部中占据了大部分位置；他们习惯性地把资产阶级大学当做社会主义的圣西尔军校，以为从那里出来就有权带着军官证甚至将军证加入党的行列。所有这些先生们都在搞马克思主义，然而是 10 年前你在法国就很熟悉的那一种马克思主义，关于这种马克思主义，马克思曾经说过：'我只知道我自己不是马克思主义者。'马克思大概会把海涅对自己的模仿者说的话转送给这些先生们：'我播下的是龙种，而收获的却是跳蚤。'"① 也就是说，对待马克思主义不是接受形式的问题，而是接受内容的问题。因此，为马克思主义正名成为恩格斯晚年理论斗争的重要任务。在这个过程中，恩格斯进一步丰富和发展了马克思主义观，成为捍卫马克思主义的典范。

第一，马克思和恩格斯是马克思主义的共同创立者。从创始人的角度来看，马克思主义是由全世界无产阶级革命的伟大导师马克思和恩格斯共同创立的科学理论体系。任何试图将马克思和恩格斯割裂开来甚至对立起来的做法都是荒谬绝伦的。当然，恩格斯个人在这个问题上始终都很低调，谦虚地将自己称为"第二小提琴手"。在给梅林的那封信当中，恩格斯再次谦逊地说："我从末尾，即从《论历史唯物主义》这篇附录谈起。在这里主要的东西您都论述得很出色，对每一个没有成见的人都是有说服力的。如果说我有什么异议，那就是您加在我身上的功绩大于应该属于我的，即使我把我经过一定时间也许会独立发现的一切都计算在内也是如此，但是这一切都已经由眼光更锐利、眼界更开阔的马克思早得多地发现了。如果一个人能有幸和马克思这样的人一起工作40 年之久，那么他在后者在世时通常是得不到他以为应当得到的承认的；后来，伟大的人物逝世了，那个平凡的人就很容易得到过高的评价——在我看来，现在我的处境正好是这样。历史最终会把一切都纳入正轨，到那时那个人已经幸运地长眠于地下，什么也不知道了。"② 这里，不仅展现了恩格斯个人的高风亮节，而且展现了他对马克思主义理论事业和无产阶级革命事业的权威和整体的有力维护。用马克思个人名字命名科学共产主义理论体系反映了马克思在创立科学共产主义理论体系中的主要作用。今天，我们尤其要警惕和反对

---

① 马克思，恩格斯 . 马克思恩格斯文集：第 10 卷 . 北京：人民出版社，2009：590.

② 同①657.

形形色色的"马克思恩格斯对立论",而这恰好是一些西方马克思主义流派和"马克思学"的如意法宝。同时,我们要始终将马克思和恩格斯看作一个不可分割的整体,始终将恩格斯看作另一个马克思,同一切肆意贬低恩格斯理论贡献的各种错误观点进行坚决的斗争。

第二,马克思主义是科学的方法而不是僵化的教条。马克思主义科学地揭示出自然、社会、思维发展的普遍规律,把伟大的认识工具交给了全人类尤其是工人阶级。马克思主义是科学的世界观和科学的方法论的统一。恩格斯和马克思从未把马克思主义当成是万能的公式,而是将之作为认识世界和改造世界的科学方法。在反对青年派斗争的过程中,恩格斯提出:"我向他说明,他把马克思的世界观当做纯粹的公式,按照它来剪裁各种历史事实,而这正是我责备那些先生们对这个世界观'完全理解错了'的一个例子。"① 在此基础上,1895 年 3 月 11 日,恩格斯在给德国学人桑巴特的信中鲜明地指出,马克思的整个世界观不是教义,而是方法。它提供的不是现成的教条,而是进一步研究的出发点和供这种研究使用的方法。恩格斯之所以这样强调马克思主义的方法论意义,不是要割裂世界观和方法论的关系,更不是要否认马克思主义揭示出来的科学真理的普遍性,而是反对将马克思主义变为到处乱贴的标签。恩格斯的目的是反对本本主义和教条主义。同时,马克思主义不仅是指导认识的方法论,更是指导实践的科学方法论。就前者来看,马克思主义为研究自然、社会、思维发展的一般规律提供了科学指南;就后者来看,马克思主义强调在认识世界的基础上,关键在于改变世界。最终,这两个方面是统一的。

第三,以科学的态度和科学的方法研究马克思主义。自从社会主义成为科学以来,就要求人们以科学的态度和方法来研究科学社会主义。这适用于整个马克思主义。在反对庸俗社会学和青年派的斗争中,恩格斯阐明了研究马克思主义的科学方法。

坚持逻辑和历史相一致的辩证思维方法,要注意马克思主义形成的理论资源和理论来源。尽管唯物史观是马克思在科学上的独创,但是,梯叶里、米涅、基佐以及 1850 年以前英国所有的历史编纂学家的工作表明,人们已经在这方面做过努力。摩尔根对于同一观点的发现表明,发现这一观点的时机已经成熟了。唯物史观必定被发现。马克思主义不是脱离世界文明发展大道故步自

---

① 马克思,恩格斯.马克思恩格斯全集:第 29 卷.2 版.北京:人民出版社:2020:101.

封的僵化体系，而是向人类文明创造的一切成果开放的。因此，恩格斯感慨地发问："在依附于党的青年著作家中间，是很少有人下一番功夫去钻研经济学、经济学史、商业史、工业史、农业史和社会形态发展史的。有多少人除知道毛勒的名字之外，还对他有更多的了解呢?"① 只有更多地了解历史，才可掌握社会历史发展的规律。这样，才能真正理解马克思主义的真理和方法。

坚持理论和实践相统一的马克思主义方法，要注意马克思主义形成的实践基础和实践功能。在从思想历史和思想资源出发的同时，研究马克思主义更重要的是必须从实践历史和实践资源出发。例如，就历史唯物主义的研究来看，必须重新研究全部历史，必须详细研究各种社会形态的存在条件，然后设法从这些条件中找出相应的政治、私法、美学、哲学、宗教等的观点。这样，才能保证唯物史观首先是进行研究工作的指南，而不是按照黑格尔学派的方式构造体系的杠杆。最终，一切理论都必须走向实践。对于党的事业发展来说，关键是要让加入无产阶级革命大军的人们尤其是知识分子和青年学生投身到革命实践当中，要增加实际斗争的经验和技巧。"在我们党内，每个人都应该从普通一兵做起；要在党内担任负责的职务，仅仅有写作才能或理论知识，甚至二者全都具备，都是不够的；要担任领导职务还需要熟悉党的斗争条件，掌握这种斗争的方式，具备久经考验的耿耿忠心和坚强性格，最后还必须自愿地把自己列入战士的行列中——一句话，他们这些受过'学院式教育'的人，总的说来，应该向工人学习的地方，比工人应该向他们学习的地方要多得多。"② 只有这样，才能避免本本主义和教条主义。当然，单纯的经验主义也要不得。

坚持从第一手资料出发，坚持根据马克思主义原著来研究马克思主义。马克思主义文本是马克思主义理论的文献载体，是研究马克思主义基本原理和马克思主义发展史的基本依据。脱离马克思主义经典著作研究马克思主义，根据第二手资料研究马克思主义，都是隔靴搔痒的做法，都不可能走向马克思主义理论的深处，都不可能把握马克思主义的科学真谛。在整理马克思《资本论》手稿的过程中，恩格斯就指出："一个人如果想研究科学问题，首先要学会按照作者写作的原样去阅读自己要加以利用的著作，并且首先不要读出原著中没有的东西。"③ 从文本和文献出发还远远不够，还必须从文本和文献的自身逻

①　马克思，恩格斯．马克思恩格斯文集：第 10 卷．北京：人民出版社，2009：587.

②　马克思，恩格斯．马克思恩格斯文集：第 4 卷．北京：人民出版社，2009：397.

③　马克思，恩格斯．马克思恩格斯文集：第 7 卷．北京：人民出版社，2009：26.

辑出发，不能望文生义，更不能言不及义。在给布洛赫的信中，恩格斯进一步强调，不要根据二手材料来研究马克思主义，而应该根据原著来研究这个理论。他指出，自己创作的《反杜林论》和《费尔巴哈论》对历史唯物主义做了最为详尽的论述。

　　第四，马克思主义不是机械的教条而是不断发展的理论。与时俱进是马克思主义最显著的理论品质。一方面，时代和实践在不断发展，因此，作为其反映的理论同样应该不断发展。马克思主义是随着时代、实践发展而不断发展的理论。另一方面，真善美与假恶丑相比较而存在、相斗争而发展。马克思主义是在与各种社会思潮和党内错误倾向的对话与斗争中产生的。随着资本主义日益走向腐朽，各种错误思潮必然沉渣泛起。在与各种"新"的错误思潮斗争的过程中，马克思主义必然得到新的发展。由此可见，"我们的理论是发展着的理论，而不是必须背得烂熟并机械地加以重复的教条"①。在总体上，时代和实践是一个过程，认识和真理是一个过程，马克思主义是一个过程。

　　可见，在与庸俗社会学和德国青年派等庸俗经济唯物主义思潮斗争的过程中，恩格斯科学阐明了正确认识和对待马克思主义的观点和方法，完善了科学的马克思主义观，从而坚决地捍卫了马克思主义的纯洁性。

　　总之，继《反杜林论》《自然辩证法》《家庭、私有制和国家的起源》等科学文献之后，恩格斯在《费尔巴哈论》和"书信"等文献中进一步丰富和发展了马克思主义哲学尤其是历史唯物主义理论体系。这是恩格斯晚年在哲学上的突出贡献。

---

　　① 马克思，恩格斯．马克思恩格斯文集：第 10 卷．北京：人民出版社，2009：562.

第 17 章

不倦的老骥

——创立和领导第二国际

马克思逝世以后，恩格斯一个人继续担任欧洲社会党人的顾问和领导者。无论是受政府迫害但力量仍然不断迅速增长的德国社会党人，或者是落后国家内那些还需仔细考虑斟酌其初步行动的社会党人，如西班牙、罗马尼亚和俄国的社会党人，都同样向恩格斯征求意见，请求指示。他们都从年老恩格斯的知识和经验的丰富宝库中得到教益。[①]

第一国际解散后，各国工人阶级之间的联系仍然保持着。19 世纪 80 年代之后，随着资本主义经济力量与政治势力的扩张，马克思主义在世界范围内进一步得到广泛传播，国际工人阶级力量逐渐发展壮大，工人阶级的国际联合再次成为一种必然趋势。在这种时代背景下，在恩格斯的指导和领导下，第二国际应运而生。虽然国际工人运动不断发展进步，但是各种机会主义随之滋生与抬头。在这个过程中，作为国际共产主义运动领袖的恩格斯肩负重任，在科学地分析各种机会主义滋长的社会历史原因中，阐明了同机会主义斗争的重要性与策略，为第二国际以及各国工人阶级的政党提供了科学的理论指导。

1. 亲自指导第二国际的创立

虽然工人阶级的新的国际联合被提上了议事日程，但在联合的组织原则和

---

① 列宁. 弗里德里希·恩格斯//列宁专题文集：论马克思主义. 北京：人民出版社，2009：59.

组织方式等一系列问题上在国际工人运动内部存在着分歧。当时主要存在着两派。一派是马克思主义影响下的德国社会民主党和法国工人党盖得派（法国"马克思派"），一派是改良主义影响下的英国社会民主联盟和法国"可能派"。这两派都想建立以自己为中心的新的国际组织。在恩格斯的亲自指导下，前者挫败了后者，建立了第二国际。

英国社会民主联盟和法国"可能派"

社会民主联盟为英国社会主义组织，成立于1884年8月。这个组织联合了各种各样的社会主义者，主要是知识分子中的社会主义者。以执行机会主义和宗派主义政策的海德门为首的改良主义分子长期把持联盟的领导。加入联盟的爱琳娜·马克思-艾威林、爱德华·艾威林等一小批革命马克思主义者，为建立同群众性的工人运动的密切联系而斗争。1884年秋天联盟发生分裂，左翼组成了独立的组织——社会主义同盟。

"可能派"是以布鲁斯、马隆等人为首的法国社会主义运动中的机会主义派别。他们在1882年造成法国工人党分裂，并成立新党"法国社会主义革命工人党"。这个派别的领袖们实际上反对革命的策略，采用改良主义的原则，即只争取"可能"（possible）争得的东西，因此，获得"可能派"之称。

在第一国际解散之后，就有人建议成立新的国际，但是，由于担心这样一来会给反动阶级造成镇压工人运动的借口，恩格斯和马克思都没有接受这类建议。1884年2月，恩格斯断然拒绝一位侨居巴黎的德国大学生的要求。他执意要求恩格斯支持建立一个由一些恩格斯不大熟悉或者根本不认识的人组成的国际社会主义组织的计划。后来查明，此人是德国政府在巴黎的警探。1886年3月15日，恩格斯在《纪念巴黎公社十五周年》一文中指出："无产者的国际团结，各国革命工人的友谊，已经比公社以前巩固千倍，广泛千倍。国际不再需要原来意义上的组织了；由于欧洲和美洲工人的自发而真诚的合作，国际依然活着并且日益壮大。"[①] 显然，恩格斯在建立新的国际的问题上持严格的审慎的态度。

---

① 马克思，恩格斯. 马克思恩格斯文集：第4卷. 北京：人民出版社，2009：314-315.

　　1887 年 10 月，德国社会民主党在圣加仑代表大会上通过决议，计划在 1888 年召开国际社会主义者代表大会，以实现国际工人的团结与合作。法国工人党也提出了同样的建议。但是，两党领导人筹备新的国际组织方面的工作进展相当迟缓。

　　与此相反，法国"可能派"加紧行动起来，联合英国工联、美国劳动骑士团和一些国家的无政府主义者，于 1888 年在伦敦召开世界工人代表大会，决定于 1889 年 7 月在巴黎召开国际工人代表大会。按照其决议，只有由工会选出的代表才能参加这次代表大会。由于"非常法"当时在德国仍旧有效，上述规定等于剥夺了德国社会民主党人参会的机会，因此，德国社会民主党提出了抗议。1888 年 4 月 14 日，《社会民主党人报》上发表了《英国社会民主联盟关于在伦敦召开国际工会代表大会的声明》，对德国社会民主党的抗议表示不满。

　　针对上述问题，1888 年 4 月 16 日，恩格斯给李卜克内西去信阐明了以下问题。一是在"非常法"的条件下，德国社会民主党不适宜作为召开这次代表大会的倡议者。二是由于在英国没有一个群众性的社会主义工人政党，因而不适宜在伦敦举行代表大会。三是应该由法国社会主义者在纪念法国 1789 年大革命 100 周年的时候召开代表大会，代表大会应该具有纯粹社会主义的性质。

　　1888 年 11 月，伦敦国际工会代表大会通过决议，决定在 1889 年召开巴黎国际工人代表大会，并委托"可能派"组织这个代表大会。为了阻止"可能派"夺取新的工人阶级国际组织的领导权，恩格斯放下手头的工作，亲自投入到定于 7 月 14 日在巴黎召开的国际社会主义工人代表大会的筹备工作当中。

　　1889 年 1 月 5 日，恩格斯写信给倍倍尔，阐述了同时要召开两个国际代表大会而形成的复杂局势，揭露了"可能派"的叛变和投降的实质。他指出，"可能派"同"马克思派"进行着拼死的斗争，自封为唯一能拯救世人的教会。其实，"可能派"已经卖身投靠现任政府，其旅费、召开代表大会和办报的费用，都从秘密基金中支付。恩格斯提醒倍倍尔，如果同这帮人混在一起，就意味着德国社会民主党背叛了以往奉行的整个对外政策。

　　1889 年 1 月 14 日，恩格斯建议法国"马克思派"参加德国社会民主党人倡议在南锡召开的、邀请所有社会主义政党（包括"可能派"）参加的预备性代表会议，以便为召开统一的国际社会主义工人代表大会创造条件。在恩格斯看来，这个会议是揭露和孤立"可能派"的一种手段。1889 年 2 月下半月，恩格斯积极参加原定在南锡后来改在海牙召开的各社会主义政党代表会议的筹备工作。1889 年 3 月到 7 月 14 日，恩格斯积极参加由法国"马克思派"召开的代表大会的筹备工作，与他们来往信件频繁。

　　1889 年 5 月 7 日到 10 日之间，恩格斯收到拉法格夫妇寄来的法国各社会主义组织和工人组织的代表邀请欧美工人和社会主义者参加巴黎国际社会主义工人代表大会的通知书。他亲自将之译成德文并安排译成英文。通知书发表在德国和英国的许多社会主义报纸上。通知书提出："资本家邀请富人和掌权者到国际博览会来参观并欣赏工人的劳动成果，而工人却在人类社会从未有过的巨大财富之中陷于贫困境地。我们，社会主义者，致力于解放劳动，消灭雇佣奴隶制，并建立一切工人不分性别和民族一律有权享用他们的共同劳动创造出来的财富的社会制度，**我们邀请这些财富的生产者 7 月 14 日在巴黎同我们聚会。**"① 最后，通知书号召，各国无产阶级应该巩固自己的兄弟联系。这种联系能把各国无产者的努力集合在一起，从而加速新世界的开始。当时，国际博览会计划在巴黎举行。

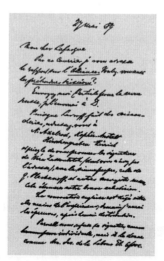

恩格斯 1889 年 5 月 27 日致拉法格的信的第一页

　　在恩格斯的亲自指导下，经过德法两党的精心筹备，1889 年 7 月 14 日，在纪念法国大革命攻克巴士底狱 100 周年纪念之日，国际社会主义工人代表大会终于在巴黎开幕。有来自 22 个国家的 407 位代表参加了这次大会。由于忙于整理《资本论》的工作，恩格斯没有参加大会。在大会上，各国社会主义政

---

① 马克思，恩格斯. 马克思恩格斯全集：第 28 卷 .2 版 . 北京：人民出版社，2018：727.

党的代表汇报了各国工人运动发展的状况，统一了国际劳工保护法的立法原
则，明确提出法律规定 8 小时工作日等要求。大会重点强调了建立无产阶级政
治组织的必要性和争取工人政治权利的重要性，主张废除常备军队，以人民武
装力量取代之。大会规定每年的 5 月 1 日为国际无产阶级的节日，即"五一"
国际劳动节。1889 年 7 月 20 日晚，代表大会在"社会革命万岁！""社会民主
国际万岁！"的口号声中胜利落幕。

同时，"可能派"召集的国际代表大会也于 7 月 15 日在巴黎召开，出席会
议的 606 位代表当中，法国代表占 512 名，其余的主要是英国工联主义者。这
一代表大会，既缺乏广泛的代表性，又缺乏社会主义性质，从而表明"可能
派"夺取国际工人运动领导权的企图彻底破产。

1889 年 7 月 17 日，恩格斯就国际社会主义工人代表大会的情况写信给左
尔格。他指出："不管怎样，可能派和社会民主联盟想要各自在法国和英国窃
取领导地位的阴谋完全失败了，他们要取得国际领导权的妄想则失败得更惨。
要是两个代表大会同时并存仅仅为了达到这样的目的，即让可能派和伦敦的阴
谋家们为一方，欧洲的社会主义者（由于前者而形成为**马克思派**）为另一方，
都检阅兵力，以此向全世界表明，究竟哪里集中代表真正的运动，而哪里只是
欺骗，那末这已经足够了。"[①] 从最驯服的工联到最革命的共产主义者共有 900
多人参加的工人代表大会，仅仅是对广大资产阶级公众的一次强大的示威而
已。这次代表大会是"马克思派"争取各国社会主义者在科学社会主义基础上
的国际团结事业中的一次重大胜利，"可能派"夺取国际工人运动领导权的企
图遭到了彻底的失败。因此，1889 年 7 月 14 日，标志着第二国际的正式成立。

2. 深受工人运动欢迎的长者和顾问

在马克思逝世之后，恩格斯实际上成为深受全世界工人运动欢迎的长者和
顾问。他持续热情地关注着欧美各国工人运动的发展，保持着与各国工人运动
理论家、活动家和政党领袖的密切书信往来，研究实际的斗争经验，回答他们
提出的各种疑难问题，同时与各国工人运动中出现的各种错误倾向和思潮进行
坚决的斗争。

---

① 马克思，恩格斯 . 马克思恩格斯全集：第 37 卷 . 北京：人民出版社，1971：242 - 243.

从 19 世纪 80 年代到 90 年代，恩格斯既没有在某个国家的组织担任领导，也没有领导国际的任何组织，但是，所有工人阶级的组织都从他丰富的知识和宝贵的经验中获益良多。尽管受人敬仰，但恩格斯并不因此随意地对各国政党和组织指手画脚或下达命令。他一向都是就事论事，只谈论问题本身，辨明道理。在恩格斯生前，有反马克思主义的敌人诋毁恩格斯在操纵各国政党，但这在恩格斯看来纯粹是无稽之谈。他觉得自己不过是国际主义意义上"党的总司令部"的代表。他总是细致地听取谈话方和通信方的意见，然后才提出自己的看法或建议。为了全世界无产阶级革命事业，恩格斯晚年进行着紧张的工作。

恩格斯十分认真负责。他勤奋地分析各种资料，不仅对无产阶级运动状况十分关心，而且对某些细节的过程都了如指掌。1894 年 12 月 17 日，他在与劳拉的通信中讲道："我要观察欧洲五个大国和许多小国运动的情况，还有美国运动的情况。为此我收到的**日报**有：德国的三份、英国的两份、意大利的一份，从 1 月 1 日起还有一份维也纳的报纸，总共七份**日报**。我收到的**周报**有：德国的两份，奥地利的七份，法国的一份，美国的三份（两份是英文的，一份是德文的），意大利的两份，以及波兰、保加利亚、西班牙和捷克的各一份，这几种文字中有三种我现在还在逐步掌握。除此之外还有各种各样的来访者（……），还有越来越多的通讯员（比国际时期还要多！），其中许多人都希望得到详细的说明，这都要占去时间。以上这些再加上第三卷的工作，使我甚至在看校样期间，即 1894 年全年，只能读完**一本书**。"① 可见，恩格斯不仅为《资本论》第三卷的出版而忙碌，而且十分关注时事新闻以了解和把握各国工人运动的发展状况。

第一，通过倍倍尔和李卜克内西等人指导德国工人运动健康发展。对于自己祖国德国的工人运动，恩格斯十分上心。

1884 年、1887 年、1890 年，围绕着德国社会民主党参加德意志帝国国会选举问题，恩格斯给出了耐心细致的指导。对于德国社会民主党的胜利，他每每都感到由衷的喜悦。每当议会选举时，他都邀请朋友们来家中聚会；每当德国传来一份选举报告的电报时，他都亲自去取，然后在朋友们面前高声朗读，接着就与大家举杯庆祝。但他并没有陶醉于这些胜利之中，而是清醒地认识到，这些胜利离工人阶级取得最终胜利还相差甚远。"革命尚未成功，同志仍

---

① 马克思，恩格斯．马克思恩格斯文集：第 10 卷．北京：人民出版社，2009：680．

须努力"。恩格斯时常提醒党的领导人，在胜利面前不要被冲昏头脑，必须要提防危险与迫害，要时刻做好与反动派决战的准备。与此同时，他还坚决反对以为夺取议会席位就能完成革命的机会主义观点，坚决批判了反对暴力革命的"议会迷"们。

1889 年 5 月，在德国社会民主党的领导下，鲁尔区的十万矿工举行大罢工，震动整个德国，各地工人纷纷响应，掀起了规模空前的罢工浪潮。由德皇威廉二世和俾斯麦施行的"非常法"已然失效。1890 年 1 月，德国议会以 169 比 98 票的差距否决了延长"非常法"的提案。同年 3 月，俾斯麦被迫辞职。到了 10 月，该法令被废除。1890 年 2 月 21 日到 4 月 12 日，恩格斯就社会民主党在德意志帝国国会选举中获得胜利，在为报纸写的两篇文章中，以及在给左尔格、拉法格夫妇和李卜克内西的信中指出，这次选举标志着俾斯麦统治完结的开端，并将加强人民群众的解放斗争。恩格斯特别强调社会民主党在德国北部和东北部农业区所取得的相当大的成就的意义。这两篇关于选举结果的文章，一篇于 3 月 3 日在英国《新堡每日纪事报》的"德国社会民主党人"栏发表，没有署名；另一篇于 3 月 8 日以《今后怎样呢?》为题发表在德国社会民主党中央机关报《社会民主党人报》上。

1890 年 10 月中，根据报纸的报道和李卜克内西、爱琳娜、费舍等人的来信，恩格斯密切注意 10 月 12 日至 18 日在哈雷举行的德国社会民主党代表大会的进程。这次代表大会通过了新的党章，并且通过了给 1891 年党的下次代表大会起草一个新的党纲的决定。恩格斯在给左尔格和劳拉的信中，对代表大会的结果表示满意。

第二，通过拉法格夫妇指导法国工人运动健康发展。法国工人运动的健康发展是恩格斯关注的又一个问题。

支持法国工人阶级的罢工斗争。1886 年 2 月中，恩格斯在给拉法格等人的信中指出，以德卡兹维耳矿工罢工为标志的法国工人运动的新高涨具有很大意义。同时，他对三个法国工人议员坚决支持罢工者的行动表示欢迎。这三人同资产阶级激进派决裂，并且实际上为独立的工人党团在议会中的形成奠定了基础。恩格斯认为，这个事件是革命社会主义者的重大胜利，意味着法国工人开始摆脱激进派的影响。1886 年 5 月 15 日，恩格斯的《关于里昂玻璃厂工人的罢工》短评发表在《公益》杂志上。他高度评价了法国工人的英勇行为，抨击了法国反动政府枪杀罢工工人的野蛮行径。

支持法国工人党开展议会斗争。1884 年 5 月，恩格斯几次写信给拉法格，就巴黎市参议会选举结果，向法国工人党提出了一系列有关他们对待从工人党分裂出去的"可能派"的策略的意见，并建议他们在选举中提出自己的候选人。1886 年 5 月初，恩格斯就社会主义者候选人 5 月 2 日在巴黎举行的市镇选举中获得了大量选票一事发表谈话，认为这是一个胜利，证明工人正日益摆脱资产阶级激进派的影响。1889 年 10 月 8 日和 29 日，恩格斯写信给劳拉，对 9 月 22 日和 10 月 6 日举行的法国众议院选举做了评价。他指出，尽管社会主义者候选人有些没有当选，但是选举的结果相对地说是一个胜利，因为"马克思派"得到的选票比"可能派"多一倍。恩格斯指出，布朗热分子遭到彻底失败是选举的主要结果。在 1889 年的众议院选举活动中，恩格斯就曾联系德国社会民主党给予法国工人党以物质支持和多方面帮助，拉法格因此在 1891 年当选为议员。这些活动都大大加强了工人阶级在法国政治方面的影响。

纪念巴黎公社革命。1886 年 3 月 15 日，恩格斯写信给法国社会主义者，在纪念巴黎公社十五周年之际表示与他们团结一致。恩格斯的信发表在 3 月 27 日《社会主义者报》上。1887 年 3 月 18 日，恩格斯写信给法国工人党巴黎组织，祝贺巴黎公社纪念日。贺信发表在 3 月 26 日《社会主义者报》上。1892 年 3 月 17 日，恩格斯向法国工人阶级发去《巴黎公社二十一周年给法国工人的贺信》。他深情地说：

> 自从巴黎人民举起了红旗，同时向飘扬在凡尔赛的法国三色旗和飘扬在普鲁士人占领的炮台上的德国三色旗发出挑战以来，到今天已经过去 21 年了。这面红旗象征着巴黎无产阶级已站得这样高，在它眼里，战胜者与战败者都同样消失了。使公社具有伟大历史意义的，是它真正的国际性。这是它向一切资产阶级沙文主义表现的勇敢挑战。各国无产阶级都正确地了解这一点。让资产者去庆祝他们的 7 月 14 日或 9 月 22 日吧。无产阶级的节日将到处永远都是 3 月 18 日。①

这封贺信发表在 3 月 26 日的《社会主义者报》上。1894 年 3 月 18 日，恩格斯为纪念巴黎公社二十三周年写贺信给法国工人党全国委员会。贺信刊登在 3 月 25 日《社会主义者报》上。

---

① 马克思，恩格斯．马克思恩格斯全集：第 29 卷．2 版．北京：人民出版社，2020：355.

第三，通过艾威林夫妇指导英国工人运动健康发展。由于自己身处英国，因此，恩格斯大力支持英国工人运动。

大力支持英国工人的罢工斗争。1884—1886 年的经济危机使英国工人运动高涨，先后爆发了多次罢工事件。1886 年 11 月下半月，恩格斯继续密切注意英国工人运动的状况。他指出，工人群众尤其是失业者的不满情绪正在增长；社会民主联盟内存在健康的无产阶级的力量，它仍有可能提高自己在工人中的威信；必须把社会民主联盟的领导同其普通支持者区别开来。1889 年 8 月底到 9 月初，恩格斯密切注意伦敦码头工人的罢工。他认为，这次罢工是英国工人运动中一个极其重大的事件，标志着无产阶级中尚未组织起来的阶层已经积极地参加了斗争。1894 年 7 月 19 日到 8 月 2 日，鉴于苏格兰发生矿工罢工以及罢工委员会向恩格斯本人呼吁，恩格斯就给罢工者以物质帮助的问题同德国社会民主党执行委员会和伦敦德意志工人共产主义教育协会通信。他本人还向罢工者提供了帮助。

大力支持英国新工联的活动。由于社会主义同盟越来越变成脱离实际斗争的宗派组织，因此，艾威林夫妇和其他英国社会主义者与其分离，另外组建了社会主义者同盟。在恩格斯的亲自指导下，艾威林夫妇领导的同盟在工人运动中努力宣传马克思主义，参加和组织工人罢工运动，产生了积极影响。1889 年 10 月到 12 月，恩格斯对艾威林夫妇在伦敦非熟练工人中的活动给予帮助。他认为，工人阶级的这些阶层走上罢工斗争的道路，组织与专门联合工人贵族的旧工联完全不同的新工联，是英国工人运动发展中的新阶段的开端。1890 年 1 月，恩格斯继续关注英国非熟练工人的政治积极性的高涨，以及把他们联合起来的新工联的活动，直接帮助艾威林夫妇等人。恩格斯认为，这些新工联同代表工人贵族利益的旧工联完全不同，是按无产阶级团结的精神进行活动的，其进一步发展能够使工联代表大会摆脱改良主义者的领导。艾威林夫妇等人组织和领导的码头工人的罢工取得了胜利。后来，由于无政府主义者的加入，同盟开始倾向于宗派主义，因此，艾威林夫妇退出了同盟。

积极参加伦敦五一游行和群众集会。根据 1889 年国际社会主义工人代表大会的决议，1890 年 4 月底到 5 月初，恩格斯积极参加拟在伦敦举行五一节示威游行和群众大会的准备工作。他把准备工作的情况告诉左尔格，同时还向他报道了在工人群众当中进行社会主义鼓动的成绩。这次示威活动的口号是争取在国际范围内在法律上规定八小时工作日。1890 年 5 月 4 日，英国工人阶级在伦敦举行了声势浩大的示威游行，要求实行八小时工作日，70 岁高龄的恩格斯同多达 20 余万的工人一起参与了此次游行活动。他把第一次举行的五一节活动看作对工人阶级战斗力量的检阅，认为伦敦的成千上万人的示威游行和群众大会是英国工人运动的重大胜利。1891 年 1 月底到 4 月，恩格斯积极参加庆祝五一节的准备活动，同法国、美国、德国及其他国家的社会主义活动家广泛地通信商谈此事。1891 年 5 月 3 日，他参加伦敦庆祝五一节的示威游行和群众大会。1892 年 3 月到 4 月，鉴于五一节临近，恩格斯帮助艾威林夫妇以及他们所领导的争取八小时工作日同盟制定同英国的其他工人和社会主义组织采取一致行动的策略方针。恩格斯把在伦敦筹备五一节的情况通知其他国家的社会主义活动家。1892 年 5 月 1 日，恩格斯参加在伦敦举行的五一节示威游行和群众大会。他认为，庆祝五一节的活动是工人运动的巨大成就。1892 年 8 月 19 日到 23 日，恩格斯写信告诉倍倍尔、左尔格和阿德勒，英国社会主义者在争取八小时工作日的斗争中取得了巨大成绩。他指出，郎卡郡纺织工人的态度有了转变，他们绝大多数都赞成参加争取在法律上规定八小时工作日的斗争。1893 年 5 月 7 日，恩格斯参加伦敦的五一节示威游行。

列斯纳回忆恩格斯参加五一集会

谁都知道，恩格斯多么积极地参加了新工联主义运动！他热心支持争取八小时工作制的斗争，而自己则经常一天工作 16 小时，直到深夜。他虽然年迈，仍然积极参加每年"五一"劳动节的集会，甚至还登上我们当作讲台用的马车去发表演说。谁又能忘却"五一"劳动节集会后所举行的那些晚会！①

第四，通过左尔格等人指导美国工人运动的健康发展。恩格斯与左尔格保持密切的联系，经常交流各国工人运动的发展情况。

美国工人运动的发展方向。1886 年 11 月底到 12 月，恩格斯写信给左尔格和其他社会主义者，分析了美国工人运动发展中的一些新的因素。其一，尽管劳动骑士团成员人数大量增长，但是，其缺乏有理论根据的社会主义纲领，因此，在美国传播科学社会主义理论具有特别重要的意义。其二，由德国移民

---

① 列斯纳．一个工人对弗里德里希·恩格斯的回忆//中共中央马克思恩格斯列宁斯大林著作编译局．回忆恩格斯．北京：人民出版社，2005：64.

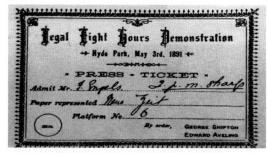

1891 年 5 月 3 日伦敦海德公园示威游行集会时恩格斯上讲台的记者证

组成的、和美国工人阶级的实际斗争没有联系的北美社会主义工人党，存在着教条主义和宗派主义的问题。其三，美国社会主义者的任务是，在不拒绝参加现有各种形式的群众运动的情况下，努力争取建立一个美国无产阶级的全国性政党。1887 年 1 月 26 日，恩格斯写完《英国工人阶级状况》一书美国版的序言。在这篇序言中，他研究了美国工人运动的状况，批判了美国经济学家亨·乔治的理论，揭露了他提出的土地国有化要求的资产阶级性质，指出美国工人阶级和社会主义者的最重要的任务是建立一个全国性的无产阶级政党。该书美国版于 5 月初在纽约出版。这篇序言经恩格斯译成德文后又以《美国工人运动》为题发表在 6 月 10 日和 17 日的《社会民主党人报》上，并于 7 月在纽约以同一标题用英文和德文出版了单行本。

　　美国工人运动的组织问题。1887 年 9 月中，获悉在亨·乔治的策动下北美社会主义工人党被开除出纽约州统一工人党的消息以后，在给左尔格和凯利-威士涅威茨基夫人的信中，恩格斯指出，乔治同社会主义者的决裂并组织资产阶级改良派类型的政党将对美国工人运动的发展产生有利影响，因为这样就会使工人们认清乔治的真面目，阻止他去领导运动。1890 年 1 月 11 日到 2 月 8 日，在给施留特尔、左尔格和倍倍尔的信中，恩格斯赞同 1889 年秋天从北美社会主义工人党中开除它原先的一批领导人——执行宗派主义政策的拉萨尔派德国流亡者。他认为，这是美国无产阶级建立独立的社会主义政党的重要条件之一。1891 年 1 月，恩格斯从左尔格那里和其他方面得知北美社会主义工人党的领导人和美国劳工联合会的领导之间发生冲突的消息。社会主义工人党要求在工会中有自己的正式代表。劳工联合会的领导宣称，社会主义工人党作为一个政治组织不能参加劳工联合会，并建议该党党员以个人身份通过工会参加劳工联合会。恩格斯收到劳工联合会的领导人赛·龚帕斯的一封关于这个问题的信。恩格斯在给施留特尔的信中批评社会主义工人党领导人的态度，认为他们拒绝联合会的建议并且力图把党同美国工人这个最广泛的群众性组织对立起来是宗派主义的表现，将在客观上加强改良主义者在工人运动中的影响。

恩格斯与左尔格等人还交流其他方面的情况。1884年2月20日左右，恩格斯收到左尔格的来信，信中提供了关于美国工人状况的若干材料，也提到了德国工人运动活动家、唯物主义哲学家约·狄慈根即将迁居美国。1884年3月7日，恩格斯写信给左尔格，告诉他英国和法国社会主义运动的状况，指出以盖得和拉法格为首的法国工人党正在外地积极活动，并在巴黎进行着卓有成效的马克思主义的宣传工作。1886年4月中，恩格斯接见圣路易斯（美国）的一家民主党报纸的记者麦肯尼斯，并就工人立法问题同他进行了谈话。1891年5月20日左右，恩格斯从施留特尔那里得知美国工人运动的情况、矿工为八小时工作日进行斗争的情况，以及在美国出版的《资本论》第一卷英译本的发行情况。

此外，恩格斯对其他欧洲国家的工人运动也给予了热情的关怀和支持，同时指导各国无产阶级的建党工作。在恩格斯的支持和帮助下，奥地利的社会主义活动家阿德勒在1889年年初创立了奥地利社会民主党。在匈牙利，恩格斯热情指导和支持了巴黎公社委员弗兰克尔创立匈牙利统一工人党的工作。此外，恩格斯还与比利时、西班牙、意大利和丹麦等国的工人运动活动家保持着十分紧密的联系，促进了这些国家工人运动的开展和建立工人阶级政党的工作。这些国家的工人阶级都将恩格斯视作革命的导师，对他无比敬爱。恩格斯还特别关注和关心俄国工人运动的进展，与俄国革命者保持着密切的联络。1893年5月6日左右，恩格斯收到普列汉诺夫和查苏利奇共同写给即将举行五一节集会的英国工人的贺信；同时，普列汉诺夫在给恩格斯的信中还把日内瓦五一节示威游行的情况告诉恩格斯。在对俄国社会状况具体的分析基础上，恩格斯对俄国革命的前途抱有极大的希望和期待，坚信俄国的"1789年"一定会到来。

每当工作繁多且难以完成时，恩格斯常会希冀自己能够做一名十足的"学究"。但假若真成为"学究"，他又会觉得十分不幸。恩格斯向来都十分关注现实，洞悉纷繁的世事。他需要与朋友们不断交流和探讨现实，需要接触广大人民群众，需要同各国的工人政党进行书信往来。同样，人们也需要恩格斯。在

1890 年匈牙利社会民主党邀请恩格斯参加该党代表大会的请柬（左）
1892 年奥地利社会民主党邀请恩格斯参加该党代表大会的请柬（右）

国际工人运动中，他的建议总会被重视、采纳并起到重要作用。无产阶级的运动时刻都需要他的指导，人们就经常请求恩格斯亲自出面来解决难题，并且时常请他参与辩论。各国的工人报刊总是以刊登恩格斯的文章为荣，在无产阶级的世界里，恩格斯无疑是最被"信任的人"（倍倍尔语）。

3. 支持和培养无产阶级的组织者和接班人

无产阶级革命事业需要一代又一代革命者前赴后继不懈努力，因而，恩格斯晚年十分关心和注重培养具有坚定共产主义信仰、深厚马克思主义理论素养和丰富无产阶级革命斗争经验的年轻一辈革命者。随着时光流逝，恩格斯年岁渐高，支持和培养共产主义事业接班人的问题日益紧迫。为此，恩格斯无私地奉献出了自己宝贵的精力、时间和热情。

恩格斯在培养年轻人方面有着自己独到的办法。他通过审阅和修改各国青年社会主义者的文章或手稿，来帮助他们提高马克思主义理论水平和掌握无产阶级革命策略方法。他认为，重要的并不在于让年轻人熟背马克思主义的个别词句和结论，而应该教导他们完整准确地领会马克思主义理论的精神实质和思想方法，学会运用马克思主义的立场、观点、方法去分析各国千差万别的具体情况。他强调，革命的青年知识分子必须注意向工人群众学习。他还注重发挥年轻人的独创性，放手让他们独立从事革命活动，积累实际的斗争经验。恩格斯认为，革命事业的接班人必须熟悉斗争的条件，懂得斗争的方式和方法。他还主张要让年轻的革命者多游历各国，开阔眼界，摆脱地方、民族的偏见，鼓励年轻人多掌握几门外语，尤其是英语和法语。

爱琳娜谈恩格斯对青年的慈爱

他对青年的无限慈爱，用不到我来谈论。每个国家中都能找到不少的人来证明这一点。我想讲的是我经常看见恩格斯搁下自己的工作，亲切地帮助青年人；为了帮助某一个新手，他曾不止一次地把自己的工作拖到以后去做。惟一不能得到恩格斯宽恕的就是虚假。对一个不老实的人，尤其是不忠实于党的人，恩格斯是决不留情的。在他看来这是最不可饶恕的罪恶。每次谈到别人，除了这个罪恶，他不承认还有什么别的罪恶。这里我必须指出他的另一个特点。恩格斯比任何人都一丝不苟，他的责任感，特别是党员的纪律性比我所知道的一切人都强。他丝毫没有清教徒的那种拘谨。他通情达理，因此，他能痛快地原谅我们的缺点。[①]

对于在工作中由于能力不足或认识不清而犯错误的年轻人，恩格斯会毫不留情地指出其错误及根源，耐心而热情地帮助他们改正错误。对于勇于改正错误、值得教导的人，恩格斯总是给予更多的鼓励和支持。对从资产阶级阵营转向无产阶级阵营的年轻人，恩格斯热情欢迎，但强调需要对他们进行更为严格的考察。当然，对他们做出的贡献，恩格斯也会毫不吝啬自己的赞扬和褒奖。正是在这样的培养教育观念下，恩格斯在各国培育并教导了一大批无产阶级革命事业的接班人，为无产阶级解放事业培养了大量的人才，将无产阶级革命事业的火炬传递下去。

为了推动法国的工人运动，在法国培养优秀的革命接班人，具有十分重要的意义。马克思的大女儿燕妮（小燕妮）嫁给了法国人沙尔·龙格。龙格夫妇都是英勇的无产阶级战士。可惜的是，1883 年 1 月 11 日，小燕妮早于自己的父亲去世。马克思的二女儿劳拉嫁给了拉法格。作为法国年轻的社会主义者，保尔·拉法格早在 19 世纪 60 年代初就参与了国际工人协会的革命活动，不久后，他便与劳拉走到一起，在声援巴黎公社的活动中，他们二人都得到了一定程度的锻炼。在马克思、恩格斯的指导下，19 世纪 70 年代末 80 年代初法国工人党成立。拉法格为此做出了卓越贡献。1882 年，拉法格夫妇回到法国，

---

① 马克思-艾威林．弗里德里希·恩格斯//中共中央马克思恩格斯列宁斯大林著作编译局．回忆恩格斯．北京：人民出版社，2005：42.

仍然得到恩格斯不断的帮助。1883 年 5 月，拉法格被法国当局逮捕送入监狱，恩格斯多次写信鼓励监狱中的拉法格，不要气馁，抓紧时间继续学习。恩格斯的关怀和帮助使拉法格保持着昂扬的革命斗志，在出狱后就立刻深入实践，广泛宣传法国工人党的革命主张。

在恩格斯的指导下，拉法格积极参加议会活动，在 1891 年 11 月以 6 470 票成功当选为法国国民议员。他利用议员身份，在议会中提出大赦政治犯、实行政教分离的法案，在城乡各地宣传工人党的主张和社会主义思想，不断扩大党的影响。由于认识到拉法格是法国最有理论教养和实践经验的青年革命家，因而，恩格斯特别注意指导他形成与资产阶级辩护者们展开论战的科学方式。通过实践的交锋，恩格斯逐字逐句指明拉法格论战文稿的失误和不足之处，对他论文的取舍和火力点等论战策略做出详细指导。针对年轻人轻率的攻击性特点，恩格斯一再告诫拉法格不要急于求成，因为论战的对手是行家里手，论战的结果又关系到全党的威望和得失，所以在与论敌交锋时务必要严肃认真、有理有据，且要有高度的理论水平，唯此才能够在论战中立于不败之地。这样，拉法格的论战水平一步步得到了提升。恩格斯对拉法格报以极大的希望，认为严格要求和严肃批评都会促使他进步。1884 年 2 月 21 日，恩格斯在致劳拉的信中这样评价她的夫婿："如果说我对他要求严格，那只是因为我认为这对他有好处，因为不时地给予一些严肃批评，他就会有显著的进步；他最近的一些表现确实证明他大有进展。只要他更加注意一些理论上的问题（主要是对一些细节），那他就会成为巴黎这个光明之城的一盏明灯。"① 恩格斯以自己大量的心血点燃着这盏明灯，希望薪火相传，照亮法国工人阶级奋勇向前的道路。

恩格斯对劳拉给予了极大的关爱。劳拉与她的父亲有很多相似之处，她有着渊博的学识、卓越的文学才能和审慎的工作态度，恩格斯对她给予了深切关怀和热情鼓励，并且引导着劳拉充分发挥她的才能，指导她翻译马克思主义著作，同时扩大宣传马克思主义科学真理。最终，劳拉成为无产阶级革命运动的伟大女性。

马克思的三女儿爱琳娜嫁给了英国人爱德华·艾威林。艾威林是一位工人运动活动家。他们二人由于共同的革命理想走到一起。爱琳娜获得了恩格斯的格外关怀和帮助。她自幼就与恩格斯夫妇关系十分亲密，也因为自身的活泼聪

① 马克思，恩格斯. 马克思恩格斯全集：第 36 卷. 北京：人民出版社，1975：117-118.

慧而深得恩格斯宠爱。在长大之后，爱琳娜承袭了父亲深邃的思想和犀利的笔锋，成为一名出色的政治活动家。在领导伦敦煤气工人罢工和码头工人罢工的活动中，艾威林夫妇经常向恩格斯汇报情况，多次得到恩格斯的指导和建议，从而取得罢工的胜利。爱琳娜还掌握多种语言，帮助恩格斯共同整理和出版了父亲的遗著，并翻译了许多马克思主义著作和世界文学名著，成为十分出色的女翻译家。

马克思的三个女儿之所以都走上了为无产阶级解放事业奉献的道路，都嫁给了无产阶级革命者，固然因为有"红色的基因"，受自己父母的深刻影响，但恩格斯这个"第二个父亲"也功不可没。恩格斯竭尽全力帮助她们成长为无产阶级革命事业的接班人。

在德国的青年一代中，恩格斯最为器重的是奥古斯特·倍倍尔，称赞他为德国党内头脑最清楚的人。倍倍尔不仅思维活跃清楚，而且可靠果敢，其演讲广受当时人们的欢迎，使人诚服。恩格斯深知，倍倍尔虽然具有杰出的理论才能，但由于实际工作繁忙，其才能往往只能表现在实际活动中。为此，恩格斯督促倍倍尔抓紧学习，提升自己的理论水平，将丰富的实践经验上升为科学理论。同时，恩格斯认为，倍倍尔缺乏对国际形势的了解，这十分不利于他成为国际工人运动的领导者和杰出的革命家。因此，恩格斯建议倍倍尔多外出游历，甚至亲自带着他"周游列国"，以此来开阔其眼界。当倍倍尔工作出现失误的时候，恩格斯总会提出中肯的批评，毫不姑息迁就。倍倍尔也坦白地承认错误，接受批评，乐于改正错误。

每到处理德国事务时，恩格斯总会征求倍倍尔的意见。在与倍倍尔的交往和共事中，恩格斯常常感到他与倍倍尔之间有着同样的方向和类似的想法，而这对于有着时间间隔的两代人而言，确实令人惊奇。当然，他们之间也存在着分歧。但又如恩格斯所分析的那样，随着时间的推移和新事件的出现，他们总能取得一致意见。正是倍倍尔优秀的品质和杰出的才能，促使恩格斯与其结为志同道合的战友。在生活中，恩格斯对倍倍尔关怀有加。为了使他能从狱中的劳苦中解脱出来，恩格斯邀请倍倍尔来到伦敦旅行。在倍倍尔银婚纪念日时，恩格斯送上自己的祝福，并期待倍倍尔的金婚之时。这些都体现出恩格斯对倍倍尔寄予的厚望。在恩格斯的遗嘱中，他提出要将归自己所有和可支配的全部手稿书信都送给倍倍尔和伯恩施坦。恩格斯对李卜克内西的培养大体也如此。

在对待从资产阶级阵营转投无产阶级阵营的人时，恩格斯常以无产阶级革命家的宽广胸襟予以接纳，不计前嫌地帮助和引导这些人成为真正的社会主义者。弗兰茨·梅林就是其中最为有名的一个例子。梅林出生于一个封建官僚家庭，之后成长为一名资产阶级的民主主义者，对科学社会主义和社会民主党采取敌对的态度。恩格斯在严厉批评梅林的反动言论时，看到梅林有着犀利的文笔，因而劝倍倍尔极力争取梅林加入无产阶级革命运动的队伍。在实践斗争中，梅林的观点发生了转变，开始认识到无产阶级的革命力量，并转投社会主义的阵营。恩格斯亲自写信给梅林，表示会不计前嫌，热情地欢迎和鼓励他，赞扬他的文笔，与他深入探讨理论问题。在恩格斯的指导和帮助下，梅林迅速成长为一名卓越的马克思主义理论家和德国工人运动的活动家。在恩格斯逝世后，他没有令恩格斯失望，他继续坚持原则，同机会主义和修正主义进行了坚决的斗争。

　　恩格斯十分关注无产阶级革命女性的成长。克拉拉·蔡特金就是其中之一。在恩格斯的亲切关怀和指导下，蔡特金成长为国际社会主义妇女运动的杰出活动家，一位名副其实的无产阶级女战士。对于其他妇女运动家，恩格斯也十分尊重与爱护，对她们取得的点滴成就都会给予热情的鼓励和赞扬。

查苏利奇"畏惧"恩格斯

　　恩格斯实际上和每个人一样，有强烈的爱，也有强烈的恨。有时，他觉得事情给办糟了，就会怒不可遏，不过他的发怒往往是有道理的。说来也许令人惊奇，恩格斯在某些方面还是一个保守主义者。他是一个遵守习惯的人，每天所做的事情都有一定的时间、一定的方式。他在政治关系和社会关系上表现出来的值得信任、实在、严肃认真、一丝不苟，那简直是难以形容的。维拉·查苏利奇有一次说过，一想到"将军对这件事会怎么想"，我们有些人就不再去乱说乱干了。很难想象，还有谁的头脑比他的更清醒、更敏捷的了。不管什么问题，只要一经他手就会迎刃而解。人们原来没有看到的东西，现在看到了，原来已经看到的东西，现在认识得更清楚了。[①]

　　在培养年轻一代无产阶级革命者的工作中，恩格斯可谓是尽心竭力，尽管

---

　　① 艾威林．将军的家庭生活//中共中央马克思恩格斯列宁斯大林著作编译局．回忆恩格斯．北京：人民出版社，2005：53.

这种努力所换来的结果并不都令人欣慰。在栽培伯恩施坦、考茨基、普列汉诺夫和阿德勒等人方面，恩格斯花费了不少精力和心血，恩格斯也知道他们身上存在的弱点和缺点，但仍然抱着希望试图帮助他们克服缺点。恩格斯时常热情地帮助他们在各自的领域发挥作用，启发他们，亲自教导，耐心培养，努力提高他们的马克思主义理论素养。尽管这种努力在恩格斯在世时取得了一定成效，伯恩施坦等人在各自的地区都成为工人运动的骨干，但是，在恩格斯逝世之后，他们没有领会到恩格斯的科学教导，辜负了恩格斯对他们的关怀和培养，最终走入歧途。显然，培养接班人不是一件简单的事情。不坚持与机会主义和修正主义进行坚决的斗争，年轻的一代就不可能成长为成熟的无产阶级革命事业的接班人，党的血液就不会纯洁，党的肌体就不会健康。

在恩格斯的指导下，在 19 世纪 80 年代到 90 年代，无产阶级革命运动沿着马克思主义指引的方向蓬勃发展，年轻一代工人运动活动家迅速成长为主干力量。薪火相传，薪尽火传。谁能够阻挡年轻一代的马克思主义者的成长和壮大呢?!

4. 反对机会主义的斗争

第二国际成立之后，国际工人运动进一步得到发展，但是，各种机会主义错误思想也开始在工人运动中滋生和蔓延。"1871—1914 年这个时期的相对'和平的'性质滋养了机会主义——起初是作为一种**情绪**，后来作为一种**思潮**，最后作为一个工人官僚和小资产阶级同路人的**集团或阶层**。"① 机会主义者为了谋求自己的利益而混入无产阶级队伍，采取投机取巧的心态，将革命胜利的希望寄托于某个人或部分人身上，时常幻想直接获取革命果实。在与工人运动中逐渐抬头的各种机会主义的斗争过程中，恩格斯揭露和批判了机会主义的实质和危害，科学分析了机会主义产生的社会历史根源以及与其斗争的策略。

在德国，随着社会民主党人进入帝国议会，一些社会民主党人议员出现了右倾的倾向，形成了机会主义。1884 年 6 月 5 日到 6 日，鉴于机会主义者继续在德国社会民主党内特别是国会党内加紧进行活动，恩格斯写信给倍倍尔和党

---

① 列宁. 列宁全集: 第 27 卷. 2 版（增订版）. 北京: 人民出版社，2017: 120.

的其他领导人，要求对机会主义分子进行不调和的斗争。他指出，同机会主义者的彻底决裂最终是不可避免的，同时党应该尽可能推迟分裂的发生，以便逐步地把机会主义者孤立起来和把他们开除出党。1885 年 6 月 15 日，恩格斯在致贝克尔的信中集中阐明了以下问题：其一，由于德国是一个小市民国家，从1844 年起就形成了小市民社会主义，因此，党自然有一个小市民的"有教养的"右翼。这个右翼跟德国小市民本身一样，是不会灭亡的。这样，就深刻揭示出机会主义产生的根源。其二，在反社会党人法依然存在和有效的情况下，党要避免主动引起分裂，因为二者之间的武器相差悬殊。在白色恐怖的环境中，为了保存有生力量，党对机会主义还要包容。这样，就阐明了对待机会主义应有的策略。其三，一旦右翼"企图抹杀党的无产阶级性质，而代之以粗陋的、唯美的、伤感的、枯燥的博爱主义，那我们就应该同意分裂"①。在原则问题上，党不能让步。这个原则就是保持党的无产阶级性质。这样，就阐明了反对机会主义的底线。

在法国，巴枯宁主义与蒲鲁东主义对工人的影响依然存在。同时，"可能派"在法国有一定市场，形成了法国的机会主义集团。1889 年 8 月 10 日，恩格斯发表《可能派的代表资格证》一文，揭露"可能派"破坏巴黎国际社会主义工人代表大会声誉的企图，并且指明"可能派"代表大会的许多代表实际上并不代表任何组织。进而，在其他一系列通信当中，恩格斯向法国工人党的领袖和其他国家的社会主义者揭露了"可能派"的本质。尽管这些人自称为社会主义者，但他们并不是独立的工人阶级政党，而只是资产阶级激进派的尾巴而已。因此，必须与之划清界限。恩格斯为法国工人党制定了争取和团结其他工人派别和社会主义者的策略。1891 年 1 月 31 日至 4 月 22 日，恩格斯不断收到拉法格夫妇关于法国社会主义运动情况的详细报告。他在给拉法格夫妇的信中，赞成工人党对"可能派"所采取的策略：不为形式上的一致做任何原则性的让步，但是也不拒绝在必要的时候进行实际合作。

在英国，恩格斯积极支持以艾威林夫妇为代表的社会民主联盟内的革命派反对以海德门为首的机会主义领导的斗争。海德门是一个不择手段的野心家和隐蔽的沙文主义者，曾秘密地从保守党那里拿钱进行议会选举的竞选活动。恩格斯于 1885 年 12 月 7 日指出："当然，接受另一个党的钱是可以的，只要取

---

① 马克思，恩格斯．马克思恩格斯全集：第 36 卷．北京：人民出版社，1975：325.

得这些钱不带任何条件并且不能弊多利少！但是海德门做得很蠢。首先他应当知道，这些候选人只能显示出英国社会主义力量弱得可怜。其次他应当知道，拿托利党人的钱，就意味着在广大激进的工人群众的心目中无可挽回地丧失自己的威信，可是要知道，**社会主义只有在这些人中间才能找到自己的拥护者**。最后，既然已经做了这样的事情，那就不要隐瞒它，而要自己公开它，夸耀它。但海德门是拉萨尔的拙劣翻版。对他来说，采取什么手段都好，即使这些手段**不会**达到目的也行。他急于想充当一个大政治家，以致看不见自己的实际情况。此外，除了英国职业政治冒险家的一切恶劣品质，他还有一个在法国十分普遍而在这里极少见的特点，就是他能把事实看成不是实际上的那个样子，而是他想要看成的那个样子。"① 除此之外，1884 年，英国还组建了自称为社会主义组织的费边社。恩格斯指出，费边社是由各色资产阶级拼凑而成的集团，这些人不过是害怕工人阶级的联合反抗，从而打着工人的幌子来欺骗工人。

在实际斗争的基础上，恩格斯坚定地站在马克思主义立场上科学地分析了这些倾向产生的历史原因。

第一，工人阶级队伍中混入非工人阶级成员，是机会主义滋生的重要土壤。随着革命的发展，城市小资产阶级、手工业者、自由职业者和被统治阶级抛弃的人也加入了革命的队伍。如果这些人的世界观仍然停留在原有的阶级立场上，有所保留，那么，机会主义就会侵入党内。就小资产阶级而言，他们由于受到压迫而投向无产阶级，表面上是合作共进的关系，暗地里却处处反对革命运动，只想着自己过舒服的日子。一旦其生活状况转好，他们就会破坏团结合作的战线，露出本来的面目。可见，机会主义的滋生与小资产阶级的加入有着密切关联。

第二，第一国际的遗留因素为机会主义提供了滋生的温床。法国的巴枯宁主义、德国的拉萨尔主义、比利时的蒲鲁东主义等思潮的重新抬头，就是第二国际所面临的第一国际遗留的重要难题。针对巴枯宁主义再次活跃起来的问题，恩格斯指出："有些人虽然抛弃了巴枯宁的理论，却继续运用巴枯宁的斗争手段，同时还想为了自己的特殊目的而牺牲运动的阶级性质。"② 同时，在

---

① 马克思，恩格斯. 马克思恩格斯全集：第 36 卷. 北京：人民出版社，1975：398.
② 马克思，恩格斯. 马克思恩格斯文集：第 10 卷. 北京：人民出版社，2009：483.

巴黎公社革命失败之后，无政府主义死灰复燃。这是资产阶级反动行动的结果。1887 年 6 月 4 日和 7 日，恩格斯告诉左尔格和劳拉，5 月 29 日在伦敦举行的社会主义同盟代表会议上无政府主义者取得了胜利，他们投票通过了旨在反对一切议会活动的决议。在这种情况下，以艾威林夫妇为首的"马克思派"将不得不退出同盟，因为同盟已经成为开展群众性工人运动的绊脚石。

第三，和平的斗争环境和党内部分领导者的温和立场为机会主义创造了条件。尽管第二国际以及工人运动有了明显的进步和发展，马克思主义进一步为广大工农群众所接受，但是，资产阶级的剥削和压迫变得更为隐蔽，使得工人运动中的部分领导者产生了错觉。一方面，19 世纪末的资本主义从自由竞争阶段向垄断过渡，社会经济的发展环境相对稳定，各项福利政策收买拉拢了部分工人，各种社会庸俗习气和荒唐的想法也逐渐产生，一些工人的双眼被改善的资本主义社会面貌蒙蔽。另一方面，在对待党内不同派别的分歧时，党的部分领导者产生了温和甚至妥协的立场，助长了机会主义的泛滥。这些都表明，党内存在着忽视机会主义问题的情况，没有坚决果断地表明立场和态度，给了敌人可乘之机。对机会主义的让步与妥协只会重蹈覆辙，无产阶级可能将再次回到流血的巴黎。

进而，恩格斯科学分析了与机会主义斗争的策略，阐明了与机会主义斗争的重要意义，为世界的工人运动同机会主义斗争提供了科学理论指导。

第一，应通过积极的争论来化解存在的分歧，消除不良思想的影响，团结党内的成员。党内存在不同意见是常见的事，但是不同意见如果影响了党的团结，就会造成党的分裂，甚至破坏党的肌体。"一个大国的**任何**工人政党，只有在内部斗争中才能发展起来，这是符合一般辩证发展规律的。……在这种斗争中连吵架本身也起了重要的作用。"① 故此，党内不能用简单粗暴的手段处理派别之争，而要在开展批评争论中辨明真理，对分歧和错误的观点要深入分析，这样，才能促进党的团结和发展。当然，这种争论是以不破坏党的团结和不突破党的原则为底线和前提的，否则，这种争论也是无效的。

在坚持党的原则和维护党的团结的前提下，工人阶级政党需要对内部成员开展严格的批评与自我批评，对友党也应如此。对工人阶级政党而言，与亲戚政党合作时必须保持理性和冷静。"假如我们对各'**亲戚**'党只限于纯粹消极

---

① 马克思，恩格斯. 马克思恩格斯文集：第 10 卷. 北京：人民出版社，2009：483.

的批评，那么我们就要犯极大的错误。"① 党必须清楚地认识到，在实现伟大目标的过程中，党是独立的、有原则的政党。工人政党应该抛弃幻想，对违背党的原则和破坏党的团结的人要毫不留情，应当与其做出坚决斗争。唯此，工人政党才能得以发展壮大，不断取得胜利。

第二，与机会主义等错误思潮的斗争需要灵活应对，但是前提是坚持党的无产阶级性质不可动摇。党的无产阶级性质是根本性原则，是高于团结一致的原则。否则，无产阶级政党就无法代表广大无产阶级。在恩格斯看来，"所有这一切又必须以党的无产阶级性质不致因此发生问题为前提。对我来说，这是绝对的界限"②。所以，工人运动与工人阶级政党都必须与机会主义做斗争，而不能毫无原则地拉拢这些伪装成社会主义者的资产阶级。一旦放弃这个根本原则，党的绝对界限就被突破，无产阶级的运动就会陷入泥潭，甚至前功尽弃。这里涉及的是任何一个无产阶级政党内都根本不容讨论的问题。在党内讨论这些问题，就意味着对整个无产阶级社会主义的怀疑和背叛。

当然，坚持原则并不意味着刻板教条行事。恩格斯在 1889 年 12 月 18 日致格尔松·特里尔的信中特别指出："您原则上拒绝同其他政党采取任何共同行动，甚至是暂时的共同行动……可是，这并不是说，这一政党不能暂时利用其他政党来达到自己的目的。同样也不是说，它不能暂时支持其他政党去实施或是直接有利于无产阶级的、或是朝着经济发展或政治自由方向前进一步的措施。"③ 因此，无产阶级革命要在一定条件下和坚持原则的基础上进行灵活的斗争。这是无产阶级进行斗争的重要策略，也是保持政党阶级性的重要方式。

第三，必须将伟大的目标作为斗争过程的指明灯。无产阶级政党与资产阶级政党根本不同。为工人阶级谋利益、为人类谋未来，是无产阶级政党的最终目的。无产阶级政党一刻也不能忘记自己的伟大目标。"这个目标就是：由无产阶级夺取政权作为改造社会的手段。"④ 这种永远不忽视伟大目标的策略，能够防止共产党人产生失望情绪。如果缺乏远大目标，鼠目寸光，就会滋生投机倾向。因此，工人阶级政党要时刻保持清醒认识，坚决与这种倾向做斗争，防止革命的工人阶级沦落为机会主义分子。

---

① 马克思，恩格斯. 马克思恩格斯文集：第 4 卷. 北京：人民出版社，2009：471.
② 马克思，恩格斯. 马克思恩格斯文集：第 10 卷. 北京：人民出版社，2009：578.
③ 同②.
④ 同①470.

　　只有抛弃幻想、准备斗争、勇于斗争，工人阶级政党才能在同机会主义的斗争中不犯错误。在实际中，抱有幻想是极其危险的，一旦幻想破灭，人民群众的革命情绪就会一落千丈，甚至朝反方向转变。

　　总之，关于同机会主义做斗争的策略和意义，恩格斯做出了十分详细的科学分析，为工人政党走向成熟提供了科学指南，极大地推动和促进了世界工人运动和社会主义运动的发展。

5. 与马克思家人的友谊

　　在长期的革命事业中，恩格斯不仅与马克思和燕妮夫妻二人结下了牢不可破的旷世友谊，而且与马克思的其他家人结下了深厚的革命友谊。马克思逝世之后，恩格斯十分关心马克思女儿和女婿的健康成长，尤其是悉心帮助和科学指导他们所从事的革命事业。恩格斯俨然成为马克思女儿们的第二个"慈父"和严师，成为与他们并肩作战的革命战友。

　　马克思的大女儿燕妮（小燕妮）性格酷似父亲，也最受父亲的宠爱。小燕妮长期与父母相伴，她在年轻时就代母亲协助父亲，收集、摘录和整理了有关金融、财贸等方面的材料，为父亲的《资本论》写作提供了不少帮助。1872年，她与法国新闻工作者、共产国际成员沙尔·龙格结婚，此后一直从事教育事业。由于受到家庭的束缚，小燕妮常常承担繁重的家务，她在信里常常发出悲痛和反抗的呼声。恩格斯在 1874 年 8 月 2 日致燕妮·龙格的信中讲道："最近几个星期，你经历了种种精神上的痛苦和身体上的折磨之后，十分有必要换一换地方和环境，我深信，你需要到海滨休息，就象摩尔和杜西需要到卡尔斯巴德一样。在这种情况下，你要把我当作自己的医生，并让我给你开一个呼吸小量海滨空气的处方。你越快到这里来，对你越好。恩格斯夫人因为我没有立即把你带来而非常生气。"[1] 恩格斯与夫人莉希·白恩士对龙格夫妇关爱有加，尤其是在小燕妮遭受丧子的痛苦时，恩格斯劝她来到身边，为她提供疗养的地方。恩格斯时常通过信件与小燕妮交流马克思及家人的状况，十分挂念背负沉重负担的小燕妮，往往因无法提供帮助而内心不安，甚至由于担心小燕妮而发作痉挛性咳嗽。然而，小燕妮还是在 1883 年 1 月不幸因癌症而撒手人寰。

---

　　[1]　马克思，恩格斯. 马克思恩格斯全集：第 33 卷. 北京：人民出版社，1973：635－636.

马克思家的"三朵金花"（从左往右依次为小燕妮、劳拉、爱琳娜）

对于长期居住在法国的劳拉和拉法格夫妇，恩格斯时常与他们通信，对他们的革命活动和生活方面格外关照。拉法格也没有辜负恩格斯的期望，无论是在领导法国和国际工人运动的实际活动中，还是在宣传马克思主义的理论活动中，他都发挥了重要作用。恩格斯与劳拉更是有着深厚的友谊。多年以来，恩格斯像马克思一样关怀和爱护劳拉，与劳拉的通信也最为频繁，给劳拉写信往往是恩格斯最为高兴的写信时光。恩格斯认为，劳拉聪明且很有才华，她是法国运动中最为清醒的"头脑"。在给劳拉的信中，恩格斯总是详尽地分析国际工人运动和法国运动的情势，对法国工人党的活动提出了许多极为宝贵的建议。劳拉的翻译工作深受恩格斯好评。她曾在1889年年底将翻译的《参议员》一诗寄给恩格斯，请恩格斯给予点评。在阅读后，恩格斯认为劳拉的翻译很了不起，将这篇很难的作品翻译得原汁原味。长此以往，在恩格斯的帮助和指导下，劳拉及其丈夫成为国际和法国工人运动的骨干力量，成为受人尊敬的工人运动领袖人物。

对于马克思最小的女儿爱琳娜（杜西）而言，恩格斯更像是父亲。爱琳娜英勇聪慧、爱好军事，善于组织和开展工人运动。1884年，她与英国社会主义者爱德华·艾威林结为夫妇，一起积极参与英国的工人运动。在1888年8月，恩格斯和肖莱马、爱琳娜及其丈夫艾威林乘坐"柏林号"轮船从英国利物浦港出发，横渡大西洋至美国，会见了美国工人运动领袖左尔格等人。1889—1890年，爱琳娜在英国先后组织了码头工人和煤气工人的大罢工运动，引起了极大震动。恩格斯在知道此事后，热情欢呼工人运动的新开端，并且给予爱琳娜以极大的鼓励和支持。恩格斯时常通过爱琳娜和艾威林为工人们出主意，提醒他们注意斗争策略，争取社会的广大群众，克服急躁情绪和冒险倾向。在1890年的五一国际劳动节，恩格斯在艾威林、拉法格的陪同下参加了几十万工人群众的集会和示威活动。

恩格斯 1888 年 9 月 4 日给左尔格的信

　　在马克思和恩格斯的指引下，爱琳娜坚定地捍卫和宣传马克思主义。爱琳娜曾协助父亲摘抄整理材料，还曾为恩格斯写过《弗里德里希·恩格斯》（1890 年）。1894 年年初，恩格斯将整理、出版《资本论》第四卷排上日程，并在同年年底，选定爱琳娜作为此项工作的助手，指导她辨认马克思的笔迹。1895 年，恩格斯与世长辞。为了纪念这位和蔼可亲的"将军"，爱琳娜在 1896 年独自出版了恩格斯的著作并作序。1898 年，爱琳娜出版了马克思的《工资、价格和利润》。爱琳娜长期出入伦敦东部工人和贫民居住的东区，注意研究底层人民的生活，而人们也都十分欢迎爱琳娜。

　　此外，马克思去世之后，马克思家的女佣和忠实的朋友海伦·德穆特（1823—1890）来到恩格斯的家中，帮助恩格斯料理家务。这位忠诚的无产阶级革命女战士，不仅是马克思和恩格斯的生活助理，而且是两位"大胡子"的良师益友。马克思和恩格斯经常就党内复杂而困难的问题与她商讨。

6. 人活七十古来稀

　　恩格斯结束了曼彻斯特的商人生涯之后，便定居在伦敦西北区的瑞琴特公园路 122 号。[①] 每天来这里看望恩格斯的人总是络绎不绝，人们从世界各国来

―――――――――

　　①　1894 年 10 月后，恩格斯搬住到瑞琴特公园路 41 号，直到逝世。

到这里，探望恩格斯并请教他对于当前问题的意见和看法，与他交流想法并请求指导。恩格斯的家是向全世界开放的。来到这里的，不仅有各国社会主义者、工人运动的精英和工人阶级的代表，还有渴求知识的资产阶级民主人士和科学界的进步人士，偶尔还会有一些无政府主义者来这里乞求帮助。对于从事无产阶级革命事业的人，恩格斯一向慷慨大方，总是从经济上给予援助。但对于反革命者，恩格斯则会毫不客气地将其"扫地出门"。

　　每逢节假日，恩格斯都会在家中举行盛大的聚会，受邀对象都是恩格斯的至亲好友和工人运动的战友。"常在恩格斯家作客的法国人有马克思的大女儿燕妮（她在1883年马克思逝世前两个月去世）的几个孩子，他们到英国时，总要上他家去。此外，沙尔·贝尔纳每次到伦敦总忘不了去看恩格斯。还有工人党的两名积极分子，加来的德尔克律兹和巴黎的鲁赛耳每次来参加'五一'节游行时也总要去拜访恩格斯。比利时的埃米尔·王德威尔德和安塞尔也是如此。奥地利人中有，在海伦·德穆特逝世后替恩格斯管理家务的弗赖贝格尔夫人；在恩格斯病逝前给他医治的弗赖贝格尔医生；《工人报》编辑、生动风趣的演说家和作家、奥地利党的成熟的思想家维克多·阿德勒；同伯恩施坦一样惟一能坚信马克思和恩格斯的经济学和文学著作的卡尔·考茨基。波兰人中有斯塔尼斯拉夫·门德尔森和玛丽亚·门德尔森，他们俩都是很可爱、很了不起的人，都富于思想，为人正直，至少会说四种语言。"① 另外，德国、法国、意大利、奥地利与俄国的许多朋友也常来参加聚会。

　　在斗争和友谊交织的奏鸣曲当中，1890年11月28日，恩格斯迎来了自己的七十岁生日。1890年11月27日到12月初，恩格斯亲切接待来做客的倍倍尔、李卜克内西、辛格尔。他们三人是代表德国社会民主党到伦敦来祝贺恩格斯七十寿辰的。根据恩格斯的提议，他们三人会见了英国工人运动的活动家爱琳娜·马克思-艾威林等人。1890年11月28日这一天，恩格斯收到许多政党和组织以及社会主义和工人运动的活动家寄来的大批贺信、贺电，各国的社会主义和工人政党以及其他工人阶级组织庆祝恩格斯的七十寿辰。这一天，恩格斯的家中高朋满座，杯觥交错，欢歌笑语。祝寿的人们一直喝到次日凌晨三点半才意犹未尽地告别。1890年12月2日到3日，恩格斯写信给《柏林人民

---

　　① 艾威林. 将军的家庭生活//中共中央马克思恩格斯列宁斯大林著作编译局. 回忆恩格斯. 北京：人民出版社，2005：50.

报》、匈牙利社会主义报纸《工人纪事周报》和《人民言论》的编辑部以及法国工人党全国委员会和有关个人，感谢他们对他七十岁生日的祝贺，同时强调马克思在国际工人运动发展中的重大作用。这些信发表在 12 月 5 日《柏林人民报》、12 月 14 日《工人纪事周报》和《人民言论》、12 月 25 日《社会主义者报》上。

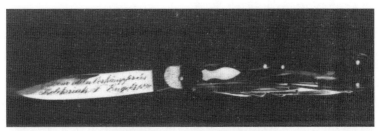

德国索林根工人送给恩格斯的礼物
小刀上刻的字是："献给尊敬的无产阶级战士弗·恩格斯。1890 年。"

　　时间又过了一年。1891 年 11 月 28 日，恩格斯写信给伦敦德意志工人共产主义教育协会歌咏团，回答它关于在他生日那天举行庆祝会的建议。恩格斯强调指出："马克思和我都从来反对为个别人举行任何公开的庆祝活动，除非这样做能够达到某种重大的目的；我们尤其反对在我们有生之年为我们个人举行庆祝活动。因此，如果我对准备为我举行这种庆祝会的事稍有所闻，我就会及早提出最恭顺然而最坚决的请求，要求歌手同志们放弃这个意图。遗憾的是，我直到今天才知道这件事；既然我出于不得已而只好请求你们取消这个对我如此深情厚谊的计划，我只有尽可能用如下的保证作为补救：我将把我还余下的有限岁月，和我还保有的全部精力，一如既往地完全献给我为之服务已近 50 年的伟大事业——国际无产阶级的事业。"① 显然，恩格斯要求在尊重权威与反对个人崇拜之间保持一种必要的张力。

　　创立和领导第二国际，是恩格斯晚年对国际共产主义运动事业的伟大贡献。恩格斯这匹负重前行的老骥，尽管已经到了古稀之年，但是，不知老之将至，仍然志在千里。

---

　　① 马克思，恩格斯. 马克思恩格斯全集：第 29 卷 .2 版. 北京：人民出版社，2020：309 - 310.

第 18 章

耀眼的夕阳
——最后的探索和永远的导师

　　我打算从马克思的著作中给您找出一则您所期望的题词。我认为，马克思是当代唯一能够和那位伟大的佛罗伦萨人①相提并论的社会主义者。但是，除了《共产主义宣言》中的下面这句话（……），我再也找不出合适的了："代替那存在着阶级和阶级对立的资产阶级旧社会的，将是这样一个联合体，在那里，每个人的自由发展是一切人的自由发展的条件。"

　　要用几句话来概括未来新时代的精神，而又不堕入空想主义或者不流于空泛辞藻，几乎是不可能的。

　　因此，如果我向您提供的这段文字不能满足您所希望的一切条件，那就请您原谅。②

　　进入 19 世纪 90 年代之后，随着资本主义从自由竞争阶段向垄断阶段的过渡，随着"非常法"被废除，随着工人阶级的议会斗争取得重要进展，党内的机会主义再度抬头，帝国主义战争的危险开始逼近，马克思主义理论事业和无产阶级革命事业又到了何去何从的关键时期。在这种情况下，恩格斯不顾自己已过了古稀之年，病魔缠身，毅然决然地投入到保卫马克思主义和捍卫无产阶级革命事业的伟大斗争中去，完美地谱写了自己生命的最后篇章，将马克思主义理论事业和共产主义实践事业推向了 20 世纪。

---

　　① 这里指但丁。
　　② 恩格斯致朱泽培·卡内帕（1894 年 1 月 9 日）//马克思，恩格斯. 马克思恩格斯文集：第 10 卷. 北京：人民出版社，2009：666 - 667.

1. 和平不能长入社会主义

在 1890 年"非常法"被废除之后，德国社会民主党重新获得合法地位，进入一个新的发展时期。1890 年 10 月 12 日至 18 日，德国社会民主党在哈雷举行代表大会。这次代表大会通过了新的党章，并通过了给 1891 年党的下次代表大会起草一个新的党纲的决定，以代替 1875 年的《哥达纲领》。在这种情况下，一些人试图将机会主义的东西写入新的党纲当中，拉萨尔主义在党内死灰复燃。因此，恩格斯投入到反对这种错误的斗争中。

第一，公开发表马克思的《哥达纲领批判》。《哥达纲领》本来就存在许多缺陷，《哥达纲领批判》早已科学地澄清了这些问题，因此，将之公布于世有助于制定一个新的科学的党纲。但是，德国党内的一些领导成员不赞成在《新时代》上公开发表马克思的这一科学巨著，在党内引起了辩论。对此，1891 年 2 月初到 4 月初，恩格斯同《新时代》杂志的编辑考茨基以及左尔格、施留特尔、拉法格等社会主义运动活动家通信，阐明了公开发表这一著作的必要性和重要性。1891 年 5 月 1 日到 2 日，恩格斯在致倍倍尔的信中，批评了李卜克内西和德国社会民主党执行委员会的一些委员在发表《哥达纲领批判》问题上的错误立场，认为这一著作对于提高党员的思想理论水平和结束党内对拉萨尔的迷信的状况具有重大意义。恩格斯指出："信中阐述了唯一正确的政策。在一定的试行期间采取共同行动，这是唯一能使你们避免拿原则做交易的办法。但是李卜克内西无论如何不想放弃促成合并的荣誉，令人诧异的只是，他那时候没有作出更大的让步。他早就从资产阶级民主派那里接受了地地道道的合并狂热，并且一直抱住不放。"① 恩格斯建议德国党更多地注意掌握革命理论，注意革命理论的发展，开展科学讨论。不顾这些人的反对，恩格斯不仅公开发表了《哥达纲领批判》，而且亲自为之撰写了序言。《哥达纲领批判》公开发表后，受到广大工人群众的热烈欢迎，廓清了制定新的党纲的理论地平线。

第二，撰写《爱尔福特纲领批判》。1891 年 6 月，德国社会民主党执行委员会经过讨论后制定了新的纲领草案，决定提交在爱尔福特城召开的代表大会通过。6 月 18 日，德国社会民主党成员费舍以党的执行委员会的名义将纲领

---

① 马克思，恩格斯．马克思恩格斯文集：第 10 卷．北京：人民出版社，2009：610.

草案寄给恩格斯。在 6 月 18 日和 29 日之间，恩格斯仔细研究了这个纲领草案，并写出了《1891 年社会民主党纲领草案批判》（即《爱尔福特纲领批判》），提出了对纲领草案的批评意见。恩格斯指出，草案基本上消除了《哥达纲领》的最严重的错误，但没有提出无产阶级夺取政权、国家制度民主化和建立统一的民主共和国的要求。恩格斯认为，这些缺点带有向机会主义让步的妥协性质。恩格斯把自己的意见寄给党的执行委员会；草案接受了恩格斯这些意见中的某些意见，发表在 7 月 4 日《前进报》上，后来又发表在党的其他刊物上，供党内讨论使用。

恩格斯《1891 年社会民主党纲领草案批判》手稿的开头部分

恩格斯在《爱尔福特纲领批判》中，主要阐明了以下问题：

首先，现代社会和平长入社会主义的条件性和复杂性。在资本主义的"和平发展"时期，德国党内形成了现代社会可以"和平长入"社会主义的机会主义论调。针对这种错误，恩格斯强调，要具体分析和平长入的可能性和条件性，而不能抽象地谈论这一问题。一方面，在民主充分发展的条件下，存在着和平长入的可能性。"可以设想，在人民代议机关把一切权力集中在自己手里、只要取得大多数人民的支持就能够按照宪法随意办事的国家里，旧社会有可能和平长入新社会，比如在法国和美国那样的民主共和国，在英国那样的君主国。"① 另一方面，在民主没有得到充分发展的情况下，不可能和平长入社会主义。"在德国连一个公开要求共和国的党纲都不能提出的事实，证明了以为

---

① 马克思，恩格斯. 马克思恩格斯文集：第 4 卷. 北京：人民出版社，2009：414.

在这个国家可以用舒舒服服和平的方法建立共和国，不仅建立共和国，而且还可以建立共产主义社会，这是多么大的幻想。"① 显然，撇开具体的条件抽象地谈论"和平长入"问题，是一种典型的机会主义观点。出于同样的考虑，恩格斯认为，可以**"把一切政治权力集中于人民代议机关之手的要求"**写入党纲当中，作为党的政治要求。

其次，无产阶级专政的必要性和可能形式。由于基于经济利益分化的阶级是客观存在的事实，因此，无产阶级不仅要坚持阶级斗争，而且要坚持建立无产阶级专政。不消灭阶级，那么消灭阶级统治在经济上就是不可思议的事。消灭阶级是无产阶级革命的基本要求。只有在民主共和国这种形式下，无产阶级政党和工人阶级才能取得政治统治地位。法国大革命已经证明，民主共和国甚至是无产阶级专政的特殊形式。但是，不论怎么说，"无产阶级只能采取单一而不可分的共和国的形式"②。在这种共和国里，应当废除官僚制，实现地方自治和不阻碍发展的集中制的统一；为了所有人的平等权利和平等义务，应当实行平等权利和平等义务的统一；应当实现教会和国家的完全分离。当然，无产阶级革命是一种整体性的革命，无产阶级专政是一种整体性的专政。我们在要求整体时，也就包括了它的各个部分和各个方面，大力支持使党接近于这个目标的一切要求。

最后，恩格斯深刻揭露出机会主义的实质。"为了眼前暂时的利益而忘记根本大计，只图一时的成就而不顾后果，为了运动的现在而牺牲运动的未来，这种做法可能也是出于'真诚的'动机。但这是机会主义，始终是机会主义，而且'真诚的'机会主义也许比其他一切机会主义更危险。"③ 因此，对于共产党人来说，无论在什么时候和什么地方，都不能忘记共产主义远大理想。当然，我们也不能脱离具体的社会历史条件侈谈理想。恩格斯还强调，在对工人阶级教育的过程中，应该注意通俗易懂，以便动员群众。但是，不能为了通俗牺牲原则，因此，党的纲领应该体现党应该具有的理论水平。无产阶级政党应该是具有高度马克思主义理论水平的政党。

1891 年 10 月中到 11 月初，恩格斯密切注意 10 月 14 日至 21 日在爱尔福特举行的德国社会民主党代表大会的筹备工作。会议前，他写贺信给代表大

---

① 马克思，恩格斯．马克思恩格斯文集：第 4 卷．北京：人民出版社，2009：415．

② 同①．

③ 同①414 - 415．

会，祝贺大会的召开。代表大会通过决议，决定把青年派的首领开除出党，对福尔马尔的机会主义和沙文主义言论进行谴责。在给德国社会民主党人和国际的社会主义运动活动家的信中，恩格斯表示赞同代表大会的各项决议，对代表大会通过了一个基本上是马克思主义的党纲表示满意。1892 年 3 月初，恩格斯阅读考茨基的小册子《爱尔福特纲领。对原则部分的解说》手稿的开头部分，并把自己的意见寄给作者。1892 年 7 月 23 日，由于福尔马尔发表了新的为"国家社会主义"思想和社会民主党同德意志帝国合作进行辩护的言论，恩格斯在致倍倍尔的信中强调，必须同机会主义者决裂，并拟定了同他们斗争的策略。直到 1895 年 1 月 3 日，恩格斯仍然关注德国社会民主党队伍内的反对机会主义分子的斗争。他在给德国社会民主党人保尔·施士姆普弗的信中指出，党内各种机会主义倾向趋于活跃的原因之一是，新加入党的队伍的成员不仅有工人，而且有小资产阶级分子。"由于我们的党事实上是唯一真正先进的党，而且是唯一可以取得某些成就的强大的党，因此容易受诱惑，想用社会主义的宣传鼓动对那些身负重债并日渐反叛的中农和大农产生点影响，特别是在农村中这些人占大多数的地区。在这种情况下可能有人越出我们党的原则所许可的界限，那时就会引起某些分歧；但是我们党的机体十分健康，所有这些都丝毫无损于它。"① 因此，要始终加强党的思想工作。最后，恩格斯强调，革命派必将赢得与机会主义斗争的胜利。

第三，撰写《卡·马克思〈1848 年至 1850 年的法兰西阶级斗争〉一书导言》。1895 年 1 月 30 日，担任德国社会民主党《前进报》出版社经理的费舍写信给恩格斯，建议把马克思在 1850 年《新莱茵报。政治经济评论》上发表的论述法国 1848—1850 年革命的一组文章编成单行本出版，并恳请恩格斯写一篇导言。费舍原计划收入三篇马克思的文章，恩格斯建议增添一篇文章，作为该书的第四章，并为四章各自拟定了标题，将书名定为《1848 年至 1850 年的法兰西阶级斗争》。1895 年 2 月 14 日到 3 月 6 日，恩格斯为该书撰写了导言。但是，德国社会民主党领导人害怕这篇导言会给恢复反社会党人法提供不必要的借口，建议恩格斯对导言进行修改。由于他们的坚持，恩格斯不得不在校样中删去了一些地方和改变了一些提法。这样，就使导言的原稿受到了一定程度的损害，但这篇著作的革命实质还是完整地保存下来了。导言于 1894—1895

---

① 马克思，恩格斯. 马克思恩格斯文集：第 10 卷. 北京：人民出版社，2009：683.

年在《新时代》杂志第 13 年卷第 2 册第 27 期和 28 期上连载，并被收在 4 月中出版的单行本中。在这篇导言中，恩格斯主要阐明了以下问题：

首先，无产阶级开展议会斗争的可能性和有效性。从 1848 年到 1895 年，47 年过去了。在这期间，资本主义社会的社会经济形式、阶级力量对比等情况都发生了诸多变化，甚至可以说是翻天覆地的变化，因此，1848 年的斗争方法拿到 1895 年就显得过时了。尤其是德国工人阶级在议会斗争中取得了重要胜利，将普选权作为工人斗争的重要武器。既然客观现实发生了这样的变化，那么，无产阶级的阶级斗争形式也要实现与时俱进。"由于这样有成效地利用普选权，无产阶级的一种崭新的斗争方式就开始发挥作用，并且迅速获得进一步的发展。人们发现，在资产阶级用来组织其统治的国家机构中，也有一些东西是工人阶级能够用来对这些机构本身作斗争的。工人参加各邦议会、市镇委员会以及工商业仲裁法庭的选举；他们同资产阶级争夺每一个职位，只要在确定该职位的人选时有足够的工人票数参加表决。结果弄得资产阶级和政府害怕工人政党的合法活动更甚于害怕它的不合法活动，害怕选举成就更甚于害怕起义成就。"① 在这种情况下，无产阶级应该运用和平手段促进社会力量的成长和壮大，避免无谓的流血和牺牲。毕竟，流血和牺牲不是无产阶级革命的目的。这样，恩格斯就肯定了议会斗争在无产阶级革命中的重要作用。

其次，无产阶级开展暴力革命的必要性和重要性。承认议会斗争的合法性，并不是要取消暴力革命，而是要具体地分析暴力革命的形式和作用。在西欧社会，由于资本主义发展最终实现了城市对乡村的胜利，因此，暴力革命主要采用的是巷战的形式。无论是 1848—1849 年的欧洲资产阶级革命还是 1871 年巴黎公社的无产阶级革命，采用的都是这种形式。但是，1848 年以后，欧洲城市街区建得又长、又直、又宽，城市当中的资产阶级驻军成倍地增长，而无产阶级武器装备严重不足甚至手无寸铁，这样，巷战就变得对无产阶级越来越不利。因此，未来不是不要巷战，而是要尽量减少巷战。至少，运用街垒战可以进行有效的社会动员，凝聚人心。无论如何，无产阶级始终不能忘记自己的革命权。"不言而喻，我们的外国同志们没有放弃自己的革命权。须知革命权是唯一的**真正'历史权利'**——是所有现代国家无一例外都以它为基础建立

---

① 马克思，恩格斯 . 马克思恩格斯文集：第 4 卷 . 北京：人民出版社，2009：545.

起来的唯一权利","革命权已经如此普遍地深入人心"①。资产阶级战胜封建主义难道凭借的不是暴力革命吗？各种反动力量的政变难道凭借的不是暴力革命？无产阶级运用暴力革命推翻资产阶级的统治何错之有？任何反动势力都不会自动地退出历史舞台，资产阶级同样如此。放弃暴力革命，最终只能葬送无产阶级革命事业。当然，暴力革命的具体形式在东方和西方、在城市和农村、在彼时和此时会有这样或那样的不同，并不存在统一的模式。"游击战"何尝不是无产阶级革命的一种有效的暴力革命的形式呢？

最后，恩格斯强调，实现生产资料社会所有制是无产阶级革命的最终目标。"使本书具有特别重大意义的是，在这里第一次提出了世界各国工人政党都一致用以扼要表述自己的经济改造要求的公式，即：生产资料归社会所有。"② 这里的社会所有也就是公有制。在公有制的基础上，才可能实现人的自由而全面的发展。

1895年4月1日和3日，恩格斯在给考茨基和拉法格的信中，坚决抗议《前进报》未经他的同意而在3月30日的社论中断章取义地摘录了导言。这篇摘录给人造成一种错误的印象，似乎恩格斯是"无论如何都要守法"信条的捍卫者，是资产阶级的卫道士。恩格斯认为，这是对他的观点的歪曲。

后来，伯恩施坦以被删改的《卡·马克思〈1848年至1850年的法兰西阶级斗争〉一书导言》为借口，为自己的修正主义辩护，仿佛恩格斯是修正主义的"祖师爷"，主张放弃阶级斗争、和平长入社会主义。其实，恩格斯晚年已经知晓修正主义爱搞小动作的毛病了。1895年5月21日，当得知考茨基和伯恩施坦瞒着他准备出版一套关于社会主义历史的丛书时，恩格斯在给考茨基的信中对这件事表示愤慨。他认为，考茨基和伯恩施坦的这种行为是力图在实际上不让他参与工人运动史和社会主义思想史的研究工作。当然，这时已经回天乏术了。一个即将告别人生舞台的老者，又能够怎么样呢？

事实上，恩格斯从未放弃暴力革命，从未将议会道路作为无产阶级革命的唯一出路，而是要求将二者结合起来。该采用暴力革命形式的时候就大胆地采用暴力革命的形式，该采用议会道路的形式就灵活地采用议会道路的形式。当用议会道路培育了无产阶级革命的社会力量的时候，当资产阶级仍然采用各种形式剥削和压迫工人阶级和劳动人民的时候，无产阶级就应该采用灵活机动、

---

① 马克思，恩格斯．马克思恩格斯文集：第4卷．北京：人民出版社，2009：550-551.
② 同①536.

1895 年《新时代》发表的
《卡·马克思〈1848 年至 1850 年的法兰西阶级斗争〉一书导言》

与时俱进的暴力革命形式推翻资产阶级的统治，实现生产资料公有制，建立无产阶级专政，促进人的自由而全面的发展。这才是恩格斯的真正的"最后遗嘱"。谁坚持这一点，谁就是马克思主义者；谁违背了这一点，谁就是马克思主义的叛徒。

2. 无产阶级政党的农民政策和知识分子政策

农民问题和知识分子问题是无产阶级革命中必须高度关注的重大问题，涉及无产阶级的同盟军问题和无产阶级革命的后备力量问题。在 19 世纪 90 年代，恩格斯专门撰文阐明了马克思主义对待这些问题的科学态度，为制定无产阶级政党的农民政策和知识分子政策指明了方向。

1886 年 1 月 20 日到 23 日，恩格斯在给倍倍尔的信中强调，把德国劳动农民作为工人阶级的同盟军吸引到无产阶级革命斗争中来具有重大的意义。只有社会民主党才能实现在保持国家占有生产资料和土地的条件下建立小农和农业工人合作社的要求，这样的合作社应当是向共产主义经济过渡的必经阶段。在《卡·马克思〈1848 年至 1850 年的法兰西阶级斗争〉一书导言》中，恩格斯明确地指出："甚至在法国，社会主义者也日益认识到，除非预先把人口中的主体——在这里就是农民——争取过来，否则就不可能取得持久的胜利。"①

1894 年 10 月 25 日，福尔马尔在法兰克福德国社会民主党代表大会上做

---

① 马克思，恩格斯. 马克思恩格斯文集：第 4 卷. 北京：人民出版社，2009：550.

了关于起草土地纲领的报告。他主张这个纲领既要反映劳动农民的利益，也要反映农村富裕阶层、农村资产阶级的利益。其实，这些主张只是为了争取农民的选票，而非为了从根本上解决农民和农村问题。但是，他竟然引述法国工人党的土地纲领来为自己辩护，声称恩格斯也赞同这个纲领。10 月底到 11 月，恩格斯在给左尔格、考茨基、倍倍尔、李卜克内西等人的信中对这个发言进行了最为严厉的批判。11 月 12 日，恩格斯在给《前进报》编辑部的信中回应了这个问题。他指出，福尔马尔所掌握的关于恩格斯的消息是完全不可靠的。因此，恩格斯认为有必要写作一篇文章，专门阐述无产阶级政党关于农民问题的基本原则，并对法国工人党的土地纲领中的错误观点进行批判。在这种情况下，在 1894 年 11 月 15 日和 22 日之间，恩格斯撰写了《法德农民问题》一文，表明了马克思主义在农民和土地问题上的原则性立场。

第一，农民的社会地位。在分析农民的局限性的同时，恩格斯充分肯定了农民的重要作用。"从爱尔兰到西西里，从安达卢西亚到俄罗斯和保加利亚，农民到处都是人口、生产和政治力量的非常重要的因素。"[①] 因此，无产阶级政党不能像拉萨尔主义那样，将农民看作"反动一帮"，将之推到地主和资产阶级的怀中。关键的问题是把农民吸引到无产阶级革命的队伍中来。"社会党夺取政权已成为可以预见的将来的事情。然而，为了夺取政权，这个政党应当首先从城市走向农村，应当成为农村中的一股力量。"[②] 只有走向农村，团结、教育、引导农民，才能增强无产阶级革命的力量。

第二，农民的阶级构成和阶层构成。农民包含着一些很不相同的组成部分，这些不同的组成部分本身又按各个地区而有所区别。因此，无产阶级应该区别对待农民。

只有搞清楚对待小农的态度和政策，才能确定对待其他农民的态度和政策。小农是小生产的残余，是小私有者。他们所拥有的这块土地既不大于他以自己全家的力量通常所能耕种的限度，也不小于足以让他养家糊口的限度。随着资本主义私有制的发展，他们必将破产，成为未来的无产者。对于这个阶层来说，除了社会主义，没有办法能够得救。因此，无产阶级对待小农的政策是："我们永远也不能向小农许诺，给他们保全个人财产和个体经济去反对资

---

① 马克思，恩格斯. 马克思恩格斯文集：第 4 卷. 北京：人民出版社，2009：509.
② 同①510.

本主义生产的优势力量。我们只能向他们许诺，我们不会违反他们的意志而强行干预他们的财产关系。其次，我们可以促使资本家和大土地占有者反对小农的斗争现在就尽量少用不公正的手段进行，并且尽可能阻挠现在常常发生的直接掠夺和欺诈行为。"① 无产阶级应该尽快地争取小农。如果等到所有的小手工业者和小农变成资本主义生产的牺牲品时才改造他们，那么，就为时已晚了。

对待中农和大农，应该引导他们走向合作社。但是，关键问题是如何对待他们雇用的农业长工和农业短工。农村当中的长工和短工是农村的无产阶级，即农业工人。因此，"工人政党当然应该首先维护雇佣工人，即维护男女长工和短工的利益；仅仅由于这一点，工人政党就不能向农民作出任何包括有让工人雇佣奴隶制继续存在的诺言。但是只要大农和中农本身仍然存在，他们就非使用雇佣工人不可。如果我们向小块土地农民许诺他们可以长期作为小块土地农民存在是愚蠢行为的话，那么向大农和中农作这样的许诺就近乎背叛了"②。无产阶级政党必须旗帜鲜明地维护农业工人的利益。当然，对于农村的长工和短工应该加强教育，增强他们的阶级意识，引导他们开展阶级斗争。只要把科学社会主义的种子撒到这些工人当中去，鼓舞他们和团结他们去坚持自己的权利，容克地主的统治就会马上完结。至于如何对待中农和大农的问题，无产阶级大概也将拒绝实行暴力的剥夺。无产阶级只能指望这样的情况发生：随着经济的发展，这些顽固的脑袋也能变得明智。

对待大地主即大土地占有者，如同对待工厂主一样，必须实行剥夺。无产阶级革命胜利之后，一旦掌握国家政权，便要在社会的监督下，把归还给社会的大地产转交现在就已经耕种着这些土地并将组织成合作社的农业工人使用。当然，剥夺的形式是灵活多样的，可以采用"赎买"的方式。"这一剥夺是否要用赎买来实行，这大半不取决于我们，而取决于我们取得政权时的情况，尤其是也取决于大土地占有者先生们自己的态度。我们决不认为，赎买在任何情况下都是不容许的；马克思曾向我讲过（并且讲过好多次！）他的意见：假如我们能赎买下这整个匪帮，那对于我们最便宜不过了。"③ 赎买是一种代价最小的剥夺方式。当然，在无产阶级革命尚未取得成功的情况下，谈论这个

①　马克思，恩格斯．马克思恩格斯文集：第 4 卷．北京：人民出版社，2009：526.

②　同①528.

③　同①529.

问题为时尚早。无论如何，资本主义的企业转变为社会主义的企业在这里已经万事俱备了，并且一夜之间就可以完成。

在此基础上，恩格斯旗帜鲜明地要求无产阶级政党要始终坚持自己的阶级性。除了吸收农村无产者和小农以外，任何国家的社会主义工人政党都没有任务和义务将中农和大农甚或是大地产租佃者、资本主义畜牧主以及其他按资本主义方式经营国内土地的人，也都吸收到自己的队伍中来。虽然封建土地所有制对于他们大家而言是共同的敌人，无产阶级在某些问题上可以和他们成为同路人，可以在一定时期为达到一定的目的而与他们一起奋斗，但是，他们绝非无产阶级革命大军中的一员。"我们党内可以有来自任何社会阶级的个人，但是我们绝对不需要任何代表资本家、中等资产阶级或中等农民的利益的集团。"[1] 我们欢迎来自剥削阶级的个人加入无产阶级革命队伍，成为党的一员，但是，在无产阶级革命和无产阶级政党当中不能出现代表地主和资本家的利益的集团。否则，我们就会背叛无产阶级革命和无产阶级政党的性质和宗旨，走向工人和农民的对立面。

第三，实现生产资料所有制的社会主义改造是走向生产资料公有制的必由之路。通过分析农村当中的土地所有制可以看出，无产阶级革命就是无产阶级运用自己拥有的一切手段来为生产资料转归公共占有而斗争。"社会主义的任务，不如说仅仅在于把生产资料转交给生产者**公共占有**"[2]。对于无产阶级政党的农民政策来说，关键是如何引导农民走上合作社的道路，然后逐步提升合作社的水平，通过社会主义改造的方式使之成为走向共产主义经济的形式。当然，这里的合作社不是拉萨尔式的合作社。在 1886 年 1 月 20 日到 23 日致倍倍尔的信中，恩格斯已经指出："正像巴黎公社要求工人按合作方式经营被工厂主关闭的工厂那样，**应该将土地交给合作社，否则土地会按照资本主义方式去经营**。这是一个巨大的差别。至于在向完全的共产主义经济过渡时，我们必须大规模地采用合作生产作为中间环节，这一点马克思和我从来没有怀疑过。但事情必须这样来处理，使社会（即首先是国家）保持对生产资料的所有权，这样合作社的特殊利益就不可能压过全社会的整个利益。"[3] 恩格斯在《法德农民问题》中进一步提出，应当逐渐把农民合作社转变为更高级的形式，使整

---

① 马克思，恩格斯. 马克思恩格斯文集：第 4 卷. 北京：人民出版社，2009：519.
② 同①517.
③ 马克思，恩格斯. 马克思恩格斯文集：第 10 卷. 北京：人民出版社，2009：547.

个合作社及其社员个人的权利和义务与整个社会其他部门的权利和义务处于平等的地位。

　　总之，《法德农民问题》是一篇马克思主义关于农民问题和土地问题的科学纲领。这篇文章发表于 1894—1895 年《新时代》第 13 年卷第 1 册第 10 期上，曾以《农民问题》为标题转载于波兰杂志《黎明》1894 年第 12 期。

《新时代》1894—1895 年第 13 年卷第 1 册第 10 期发表的《法德农民问题》

　　恩格斯和马克思十分重视知识分子尤其是年轻知识分子的培养问题，希望他们通过接受科学共产主义理论而成为无产阶级革命队伍的一员。马克思和恩格斯在《共产党宣言》等文献中已经科学阐明了这一点。

　　1893 年 12 月 22 日至 25 日，根据日内瓦社会主义者大学生小组的倡议，国际社会主义者大学生代表大会在日内瓦举行。会前，他们盛情邀请恩格斯参会。由于仍然忙于《资本论》第三卷的整理工作，恩格斯不能出席会议，于是，1893 年 12 月 19 日，恩格斯向大会发去了一封热情洋溢的贺信——《致国际社会主义者大学生代表大会》。

　　在这封信中，恩格斯主要阐明了以下问题：第一，在无产阶级革命当中，需要的绝不是响亮的词句，而是扎实的知识。没有扎实的知识，无产阶级革命不可能成功，社会主义不可能建成。第二，无产阶级革命的知识分子队伍，不仅要掌管政治机器，而且要掌管全部社会生产。过去的资产阶级革命向大学要求的仅仅是律师，作为培养政治家的最好的原料，以维护资产阶级的统治。工人阶级的解放，除此之外，还需要医生、工程师、化学家、农艺师及其他专门人才。在此之前，1890 年 8 月 21 日，恩格斯在致奥托·伯尼克的信中就指出，无产阶级还缺乏技术员、农艺师、工程师、化学家、建筑师等。但是，在万不得已时无产阶级也能像资本家所做的那样收买这些人来为自己服务。当然，无产阶级最终要培养自己的知识分子。这些人既能服务于维护无产阶级利益的社会主义国家政权的巩固和强大，又能够带动社会主义经济建设等各项建设事业，服务人民。因此，无产阶级知识分子队伍必须是又红又专的队伍。第三，脑力劳动无产阶级和体力劳动无产阶级应该并肩战斗。脑体差别是私有制造成的三大差别之一。在无产阶级革命的过程中，必须消除脑体差别，进而要将脑力劳动无产阶级和体力劳动无产阶级结合起来。恩格斯指出："希望你们的努力将获得成功，能使大学生们意识到，从他们的行列中应该产生出脑力劳动无产阶级，它的使命是在即将来临的革命中同自己从事体力劳动的工人兄弟在一个队伍里肩并肩地发挥重要作用。"[1] 当然，知识分子必须向体力工人学习，体力工人必须提高自己的科学文化水平，最终，脑力劳动无产阶级和体力劳动无产阶级应该合为一体，成为自由而全面发展的人。会议建议在学生中进行积极的社会主义宣传，并决定在日内瓦设立旨在建立和加强各国社会主义者大学生的联系的国际书记处。

在这次大会上，宣读了恩格斯的贺信。这封信阐明了马克思主义关于知识分子问题的基本立场。它刊登在 1894 年 3 月 25 日至 4 月 10 日《社会主义者大学生报》等上。创刊于 1891 年的《社会主义者大学生报》是一家社会主义的双周报，从 1893 年年底起成为国际社会主义者大学生书记处的机关报。

3. 科学分析和预测资本主义发展的垄断趋势

巴黎公社革命失败之后，资本主义在"和平发展"的条件下开始从自由竞争的资本主义向垄断资本主义转变。马克思在《资本论》续卷当中已经注意到了资本主义发展的这一趋势，恩格斯在整理和出版《资本论》续卷的过程中更是加深了对这一问题的科学认识，将自己的一些研究结论补充到了《资本论》的相关篇章结构当中。同时，恩格斯对这个问题也进行了一定程度的独立研究。

第一，交易所在资本主义经济发展中发挥着越来越重要的作用。1883 年 2

---

① 马克思，恩格斯. 马克思恩格斯文集：第 4 卷. 北京：人民出版社，2009：446.

月 8 日，恩格斯在致伯恩施坦的信中指出："您把反对交易所的喧嚣称做小资产阶级的行为，这是很对的。交易所只改变从工人身上**已经窃得的**剩余价值的**分配**，而这种分配是如何进行的，这一点对于工人本身而言，起初可以说是无所谓的。但交易所朝着集中的方向改变分配，大大加速资本的积聚，因此这是像蒸汽机那样的革命的因素。"① 1890 年 6 月 5 日，恩格斯在与保尔·恩斯特通信中讲到挪威时指出："直到最近，这个国家才零散地出现了一点点大工业，可是在那里并没有资本积聚的最强有力的杠杆——交易所，此外，海外贸易的猛烈扩展也正好产生了保守的影响。"② 交易所新作用的出现表明资本主义开始朝着进一步集中的方向发展，这样，可以大大加速资本的积聚，从而推动资本主义进入新的发展阶段。

根据这种情况，1891 年 5 月 12 日，恩格斯在《社会主义从空想到科学的发展》的"1891 年德文第四版序言"中特别说明，在这一版的第三章接近末尾处补充了关于在这期间已经变得很重要的新的生产形式"托拉斯"。与 1883 年德文第一版相比，恩格斯主要增加了以下内容：国内同一工业部门的大生产者联合为一个"托拉斯"，即一个以调节生产为目的的联盟。这一联盟规定企业应该生产的总产量，在各个企业之间分配产量，并且强制实行预先规定的出售价格。但是，一旦遇到不景气的时候，大部分托拉斯就会土崩瓦解。因此，它们就趋向于更加集中的社会化：整个工业部门变为一个唯一的庞大的股份公司，国内的竞争让位于这一个公司在国内的垄断。"在托拉斯中，自由竞争转变为垄断，而资本主义社会的无计划生产向行将到来的社会主义社会的计划生产投降。当然，这首先还是对资本家有利的。但是，在这里剥削变得这样明显，以致它必然会被废除。任何一个民族都不会容忍由托拉斯领导的生产，不会容忍由一小撮专靠剪息票为生的人对全社会进行如此露骨的剥削。"③ 无论有或者没有托拉斯，作为资本主义社会正式代表的国家终究不得不承担起对生产的管理。

第二，托拉斯成为控制资本主义政治发展的重要力量。随着垄断的发展，资产阶级国家日益为一小撮托拉斯资本家所控制，资本家把国家机器变为吞食整个社会甚至吞食国家的工具。1884 年，恩格斯在《家庭、私有制和国家的

---

① 马克思，恩格斯. 马克思恩格斯文集：第 10 卷. 北京：人民出版社，2009：497.

② 同①584.

③ 马克思，恩格斯. 马克思恩格斯文集：第 3 卷. 北京：人民出版社，2009：558.

起源》中已经指出："在这种国家中，财富是间接地但也是更可靠地运用它的权力的。其形式一方面是直接收买官吏（美国是这方面的典型例子），另一方面是政府和交易所结成联盟，而公债越增长，股份公司越是不仅把运输业而且把生产本身集中在自己手中，越是把交易所变成自己的中心，这一联盟就越容易实现。"① 与君主制国家相比，资产阶级民主共和制国家同样是阶级压迫的工具，在镇压被剥削阶级方面丝毫不比前者差。

第三，在托拉斯的支配下，资产阶级的意识形态也日益腐朽。在资本主义生产方式兴起的过程中，人文主义和理性主义发挥过很重要的进步作用。但是，随着垄断的出现，资产阶级意识形态日益具有欺骗性和虚伪性。1884 年 8 月 13 日，恩格斯在致福尔马尔的信中指出："在无产阶级运动的压力下，资产阶级经济学家几乎无一例外地都涂上一层讲坛社会主义的博爱主义色彩，而且到处盛行着无批判的、善意的折衷主义，那是一种柔软的、可塑的、粘质状的动物胶，可以捏成任何一种形状，也正因为如此，它是培养钻营之徒的极好培养基，如同真正的动物胶繁殖细菌一模一样。这种使人委靡不振、动摇不定、糊里糊涂的思想方式的影响，至少在德国和一部分在美国的德国人中间，甚至在我们党内，都感觉得到，在我们党的周围极为流行。"② 这种资产阶级意识形态在党内的表现就是机会主义。这样，资产阶级意识形态就开始走向反动。

第四，随着垄断的发展，资本主义各国展开的争夺世界的战争危险日益逼近。1887 年 12 月 15 日，恩格斯在为波克罕的《纪念 1806—1807 年德意志极端爱国主义者》一书第二版所写的引言中指出："三十年战争所造成的大破坏会集中在三四年里重演并殃及整个大陆；到处是饥荒、瘟疫，军队和人民群众因极端困苦而普遍野蛮化；我们在商业、工业和信用方面的人为的运营机构会陷于无法收拾的混乱状态，其结局是普遍的破产；旧的国家及其传统的治国才略一齐被摧毁，以致王冠成打地滚落在街上而无人拾取；绝对无法预料，这一切将怎样了结，谁会成为这场斗争的胜利者；只有一个结果是绝对没有疑问的，那就是普遍的衰竭和为工人阶级的最后胜利创造条件。"③ 恩格斯相信，一旦这场战争爆发，终将带来无产阶级的胜利。

第五，社会主义合作社将会超越资本主义股份公司。资本主义股份公司的

---

① 马克思，恩格斯. 马克思恩格斯文集：第 4 卷. 北京：人民出版社，2009：192.

② 马克思，恩格斯. 马克思恩格斯全集：第 36 卷. 北京：人民出版社，1975：200.

③ 同①331.

发展将会克服资本主义生产的私人性质和无政府状态。1891 年，恩格斯在《1891 年社会民主党纲领草案批判》中指出："据我所知，资本主义生产是一种社会形式，是一个经济阶段，而资本主义**私人生产**则是在这个阶段内这样或那样表现出来的**现象**。但是究竟什么是资本主义**私人生产**呢？那是由**单个企**业家所经营的生产，可是这种生产已经越来越成为例外了。由**股份公司**经营的资本主义生产，已经不再是**私人生产**，而是由许多人联合负责的生产。如果我们从**股份公司**进而来看那支配着和垄断着整个工业部门的托拉斯，那么，那里不仅没有了**私人生产**，而且也没有了**无计划性**。"① 这样，股份公司的发展可以为实现社会主义创造经济条件。但是，社会主义合作社将会超越资本主义股份公司。早在 1890 年 8 月 21 日，恩格斯在致奥托·伯尼克的信中就指出："我国工人能够做到这一点，这已经由他们的许多个生产和分配合作社所证明，在那些没有遭到警察蓄意破坏的地方，这种合作社同资产阶级的股份公司相比，管理得一样好，而且廉洁得多。我国工人在反对反社会党人法的胜利斗争中出色地证明了自己政治上的成熟。"② 因此，问题是如何把资本主义股份公司改造成社会主义合作社。显然，恩格斯坚信社会主义必将战胜和取代资本主义。

恩格斯富有远见地触及了资本主义发展的垄断趋势。当然，如马克思一样，恩格斯还不能提出"垄断资本主义"和"帝国主义"的科学概念来指认资本主义的这一新的发展阶段及其本质。历史将这一任务交到了马克思和恩格斯的后继者列宁的手里。

4. 科学制定反对世界战争、维护世界和平的无产阶级策略

在资本主义进入"和平发展"的过程中，资本主义世界体系的结构开始发生变化。1882 年 5 月，德奥意三国签订同盟条约；1892 年，法俄两国缔结军事协定。这样，沙文主义和军国主义结伴而行，展开激烈的军备竞赛，将人类推向世界大战的毁灭边缘。这时，恩格斯以无产阶级革命导师和马克思主义军事科学奠基人的身份，以高瞻远瞩的战略思维能力提出了反对世界大战、维护

---

① 马克思，恩格斯. 马克思恩格斯文集：第 4 卷. 北京：人民出版社，2009：410.
② 马克思，恩格斯. 马克思恩格斯文集：第 10 卷. 北京：人民出版社，2009：588-589.

世界和平的无产阶级策略。

第一，资本主义世界大战的二重性。1885 年 11 月 17 日，恩格斯在致倍倍尔的信中分析了资本主义世界战争社会影响的二重性。一方面，一旦世界大战爆发，600 万士兵将开赴战场，军费耗费空前，造成闻所未闻的流血和浩劫，最终是前所未有的元气大伤。1887 年 12 月 15 日，他进一步指出："最后，对于普鲁士德意志来说，现在除了世界战争以外已经不可能有任何别的战争了。这会是一场具有空前规模和空前剧烈的世界战争。那时会有 800 万到 1 000 万的士兵彼此残杀，同时把整个欧洲都吃得干干净净，比任何时候的蝗虫群还要吃得厉害。"[①] 1889 年 3 月 25 日，恩格斯在致拉法格的信中进一步揭露了战争的破坏性。另一方面，由于战争激化社会矛盾，因而有可能引发革命。1885 年 12 月 5 日，恩格斯在致贝克尔的信中指出："希望不幸的巴尔干事件能和平结束。我们现在到处都在顺利前进，世界大战现在对我们来说是不合时宜的——太晚或太早。但是归根到底，世界大战对我们也是有利的，因为可以永远结束军国主义，其代价是毁灭一百五十万人，浪费一万亿法郎。在这之后，战争就会是不再可能的了。"[②] 这里，恩格斯明确提出了世界大战可以永远终结军国主义的科学设想。1888 年 1 月 7 日，恩格斯在致左尔格的信中进一步分析了资本主义世界战争的二重性。

第二，反对战争、争取和平是无产阶级对待世界大战的基本立场。鉴于欧洲列强之间的矛盾日益尖锐，1886 年 8 月到 10 月，恩格斯仔细研究了欧洲的局势，于 1886 年 10 月 25 日写作了《欧洲政局》一文。他分析了西方各大强国之间特别是俄国同奥匈帝国之间以及德国同法国之间矛盾尖锐化的情形，由此指明爆发全欧战争的危险在日益增长。由于这些大国的统治阶级都把战争看作一种镇压革命运动和维持反动统治的手段，他们都不惜发动和制造战争，因此，恩格斯向社会主义者提出了坚决反对战争危险的任务。他把这篇简评寄给了拉法格，发表在 11 月 6 日《社会主义者报》第 63 号上。此文是恩格斯给拉法格的信的删节本。恩格斯在给拉法格的信中明确提出："如果您想知道我的看法，那末，对我们来说肯定无疑的是，这场战争如果开始，其目的只能是阻碍革命：在俄国，是要预防斯拉夫主义者、立宪派、虚无主义者、农民这些不

①　马克思，恩格斯. 马克思恩格斯文集：第 4 卷. 北京：人民出版社，2009：331.
②　马克思，恩格斯. 马克思恩格斯全集：第 36 卷. 北京：人民出版社，1975：392.

满分子的总发动；在德国，是要支持俾斯麦；在法国，是要压制社会主义者的胜利的运动和（象整个大资产阶级所打算的那样）恢复君主制。因此，我主张'不惜一切代价争取和平'，因为付出这种代价的将不是我们。"① 因此，争取和平才是无产阶级最终的政策选择。无产阶级并不喜欢战争和暴力。只是由于资产阶级等反动阶级将战争和暴力加诸无产阶级的头上，无产阶级不得已才选择了暴力革命的方式。

1891 年亨利希·肖伊作的恩格斯版画肖像

肖像下方摘引了恩格斯的话："德国社会主义者以我们不仅继承了圣西门、傅立叶和欧文，而且继承了康德、费希特和黑格尔而感到骄傲。德国的工人运动是德国古典哲学的继承者。"

这一段话，前一句引自恩格斯《社会主义从空想到科学的发展》序言，后一句引自恩格斯的《路德维希·费尔巴哈和德国古典哲学的终结》。

第三，世界大战的军国主义实质及其消除。1887 年 2 月 13 日，恩格斯在《给巴黎国际联谊节组织委员会的信》中深刻揭露出世界大战的军国主义实质。到底是什么原因造成了世界大战呢？恩格斯鲜明地指出："是军国主义，是大陆各大国实行了普鲁士式的军事制度。这个制度据说是要武装全民以保卫本国领土和本国权利。这是撒谎。"② 因此，战争将把人类尤其是无产阶级和劳动人民带到万劫不复的境地。那么，如何才能摆脱这种境地呢？恩格斯提出："首先实行这种制度的国家的人民，会使自己的军事实力增加一倍，而同时使自己的军事预算减少一半。他们将用武装本国全体公民这一事实来证明他们对和平的热爱，因为这支由国民自己组成的军队是根本不能用来对外进行征服的，正像他们在保卫祖国领土时是根本不可战胜的一样。**而那时，如果每个**

---

① 马克思，恩格斯．马克思恩格斯全集：第 36 卷．北京：人民出版社，1975：553.
② 马克思，恩格斯．马克思恩格斯全集：第 28 卷．2 版．北京：人民出版社，2018：433.

公民家里都有一支枪和 50 发实弹，还会有哪一个政府敢侵犯公民自由?"① 这里，恩格斯将建立人民武装、废除军国主义看作摆脱世界大战危险的正确抉择。1894 年 1 月 3 日，恩格斯阅读刊登在《社会主义党》周刊上瓦扬为提交给众议院而提出的关于把常备军改编成民军的提案。在给拉法格的信中，恩格斯对上述提案的基本思想表示赞同，并建议以他在《欧洲能否裁军?》一文中提出的建议作为提案的基础。1893 年 2 月，应倍倍尔的请求，恩格斯就德意志帝国国会讨论政府的军事法草案写作了一组题为《欧洲能否裁军?》的文章。恩格斯指出，军备竞赛是压在人民身上的沉重负担，而且意味着会有一场大战，因此，应通过国际协议来逐步缩短服现役的期限和以民兵代替常备军。这篇文章发表在 3 月 1 日至 10 日的《前进报》上，并于 3 月底出版了单行本。

第四，对世界大战尚未爆发的原因的分析。1889 年 12 月到 1890 年 2 月，鉴于法德两国之间的矛盾激化、法俄两国之间出现相互接近的迹象，以及爆发全欧战争的危险日益增长，恩格斯研究欧洲局势，撰写了《俄国沙皇政府的对外政策》一文。他认为，战争的危险正在逼近，但是，"只有两个情况至今阻碍着这场可怕的战争爆发：第一，武器技术空前迅速地发展，每一种新发明的武器甚至还没有来得及在**一支**军队中使用，就被另外的新发明所超过；第二，绝对没有可能预料胜负，完全不知道究竟谁将在这场大战中最后成为胜利者"②。当然，这并不能消除战争的危险。只有当俄国局势发生变化，使得俄国人民能够永远结束沙皇的传统的侵略政策，抛弃世界霸权的幻想，关心自己在国内的受到极严重威胁的切身利益，这样，才会消除世界战争的全部危险。该文于 1890 年发表在俄国劳动解放社《社会民主党人》、德国社会民主党《新时代》和英国《时代》等杂志上。1891 年 9 月 23 日，劳拉受法国工人党领导的委托请恩格斯为《1892 年工人党年鉴》撰写一篇文章，文章的题目已由盖得和拉法格提出来。因此，按照这一"命题作文"，在 1891 年 10 月 13 日和 22 日之间，恩格斯写作了《德国的社会主义》一文。在该文中，恩格斯指出，由于俄国在 1891 年发生了农业歉收，俄国的战争热将瘫痪若干年。显然，战争是政治的继续，政治要以经济为基础。这是马克思主义军事科学的基本常识。

1894 年 1 月 3 日，在给拉法格的信中，就法国社会主义者提议的召开国

---

① 马克思，恩格斯. 马克思恩格斯全集：第 28 卷. 2 版. 北京：人民出版社，2018：434 -435.

② 马克思，恩格斯. 马克思恩格斯文集：第 4 卷. 北京：人民出版社，2009：390.

际裁军会议的问题，恩格斯建议他们事先同德国和意大利的社会主义者进行协商。显然，恩格斯希望以无产阶级的国际主义团结来应对资本主义的世界大战。

恩格斯的上述论述是在第一次世界大战还没有爆发的时候对资本主义世界大战进行的科学预测和分析，显示出恩格斯高超的战略预见。尽管后来爆发的第一次世界大战出现了诸多新的趋向，但这丝毫不影响恩格斯预测的科学性。恩格斯的论述不仅进一步丰富和发展了马克思主义军事科学，而且为无产阶级反对世界大战、加强国际合作提供了科学武器。

5. 胜利之旅

1893 年国际社会主义工人代表大会（第二国际）将在苏黎世举行，倍倍尔和阿德勒等社会民主党人一再盛情邀请恩格斯赴会指导工作。盛情难却之下，1893 年 8 月 1 日至 9 月 29 日，在秘书路易莎及其未婚夫弗赖贝尔医生（恩格斯晚年的主治医生）的陪同下，恩格斯前往瑞士、奥地利和德国等地旅行两个月，受到当地工人阶级政党和工人群众的热烈欢迎和盛情款待。

1893 年 8 月 6 日到 12 日，第三次国际社会主义工人代表大会在苏黎世隆重举行，来自 18 个国家的 411 名代表出席了大会。在欧洲旅行并预先访问了德国之后，恩格斯来到苏黎世。1893 年 8 月 12 日，在最后一次会议上，代表大会主席团委托恩格斯以名誉主席的身份宣布代表大会闭幕。恩格斯用英语、法语、德语发表了热情洋溢的闭幕词。首先，恩格斯指出，大家给予自己的荣誉应该归功于马克思。"你们对我的热烈欢迎出乎我的意料，使我深受感动，我认为这不是为了我个人，我是作为那个肖像就挂在那上面的伟人（指马克思）的战友来接受它的。"① 尽管"第二提琴手"早已成为乐队的"指挥"，但是，他仍然是那么谦逊和质朴。其次，恩格斯回顾了第一国际的历史，总结了解散第一国际的原因，论述了每一个国家的无产阶级以独立自主的形式组织起来的重要性。再次，恩格斯强调，为了避免党成为宗派，必须容许在党内开展讨论。"为了不致蜕化成为宗派，我们应当容许讨论，但是必须始终不渝地遵

---

① 马克思，恩格斯. 马克思恩格斯全集：第 29 卷. 2 版. 北京：人民出版社，2020：696.

守共同的立场。"① 即讨论应该是在坚持原则下的讨论,不能放弃原则。为了讨论而讨论,其实就是一种机会主义。最后,受主席团的委托,恩格斯宣布代表大会闭幕,并高呼"国际无产阶级万岁!"的口号。恩格斯演讲完毕之后,全场响起暴风雨般的掌声、经久不息的欢呼声,会议在与会者全体起立齐唱《马赛曲》中胜利闭幕。恩格斯的演说以报道或记录的形式载于 1893 年 8 月至 9 月的一些社会主义报纸和工人报纸上,并载于 1894 年在苏黎世出版的小册子《1893 年 8 月 6—12 日在苏黎世音乐厅举行的国际社会主义工人代表大会记录》上。

恩格斯同参加第三次国际社会主义工人代表大会的部分代表合影
自左至右:斐迪南·西蒙、弗丽达·西蒙、克拉拉·蔡特金、弗里德里希·恩格斯、尤莉娅·倍倍尔、奥古斯特·倍倍尔、恩斯特·沙特奈尔、雷吉娜·伯恩施坦、爱德华·伯恩施坦。

　　1893 年 9 月 4 日,恩格斯由倍倍尔陪同前往维也纳。为此,奥地利社会民主党人于 1893 年 9 月 11 日组织了欢迎恩格斯和倍倍尔的晚会,大约有 600 人出席了晚会。由于想向恩格斯致敬的人比这多得多,因此,1893 年 9 月 14 日,奥地利社会民主党又举行了庆祝苏黎世代表大会胜利闭幕的大会,大约有 2 000 人出席了会议。阿德勒、倍倍尔等代表大会的参加者发表了讲话,恩格斯最后做了演说。首先,恩格斯再次表明,大家给予自己的至高荣誉和热情款待都应归功于马克思。其次,恩格斯骄傲地指出,无产阶级革命运动已经遍布

　　① 马克思,恩格斯. 马克思恩格斯全集:第 29 卷. 2 版. 北京:人民出版社,2020:697.

全世界。放眼全世界，"到处都有我们的同志：在西伯利亚的监狱里，在加利福尼亚的金矿里，直到澳大利亚。没有一个国家，没有一个大的国家，在那里社会民主党没有成为一支不容忽视的力量。现在全世界无论做什么事，都得顾及到我们。我们是一支令人畏惧的强大的力量，比其他强大的力量更能起决定作用。这使我感到骄傲！我们没有白活，我们能够自豪地、满意地回顾自己的事业"①。无产阶级革命在全世界早已形成了燎原之势。最后，恩格斯高度评价了无产阶级议会斗争取得的成就。恩格斯演讲之后，暴风雨般的掌声经久不息，与会者一再高呼的"恩格斯万岁！"的口号响彻云霄。恩格斯的这篇演说发表于 1893 年 9 月 15 日《新自由报》第 10440 号和 1893 年 9 月 22 日《工人报》第 38 号上。

　　1893 年 9 月 16 日，经过五十一年的岁月的洗礼，恩格斯再次来到曾经服兵役的柏林。他在火车站受到威廉·李卜克内西、卡尔·李卜克内西父子以及理查·费舍等人的热情欢迎。9 月 22 日，德国社会民主党举行大会欢迎恩格斯，约有 4 000 人出席欢迎会。威廉·李卜克内西在宴会上祝酒时指出，恩格斯在德国工人运动中发挥了杰出的作用。然后，恩格斯发表了饱含深情的演说。首先，他再次强调，他只把对他的欢迎看作对一个伟人的同事和战友，对卡尔·马克思的斗争中的同志的接待。其次，恩格斯总结了德国工业革命以来柏林城市的变化、无产阶级和资产阶级二者之间阶级力量的对比，充分肯定了德国无产阶级在议会斗争中取得的成就。再次，恩格斯高度评价了德国社会民主党的优秀品质和工作成就。"德国社会民主党是全世界最统一、最团结、最强有力的党，由于它在斗争中有冷静的头脑、严格的纪律和蓬勃的朝气，它从胜利走向胜利。"② 他表示，确信德国社会民主党今后也能履行自己的责任。最后，恩格斯高呼"国际社会民主党万岁！"的口号。恩格斯的演说发表于 1893 年 9 月 26 日《前进报》第 226 号附刊和 1893 年 10 月 6 日《工人报》上。

　　恩格斯于 1893 年 9 月 28 日离开柏林，于 9 月 29 日回到伦敦。这次历时两个月的欧洲之旅是"一次社会主义的胜利进军"。蓬勃发展的欧洲工人运动接受了自己的总司令的检阅。这次大检阅是欧洲无产阶级的大集结。

---

　　① 马克思，恩格斯. 马克思恩格斯全集：第 29 卷 . 2 版 . 北京：人民出版社，2020：700 - 701.

　　② 同①704.

6. 无产阶级革命永远的导师

时间到了 1895 年，恩格斯走到了生命的终点。

尽管生老病死是人之常情，但是，有些事情让人永远难以释怀。1895 年 5 月，恩格斯身上出现了后来导致他死亡的食道癌的初期症状。尽管恩格斯外出疗养，但是，不见有多少成效。马克思的女儿们成为恩格斯"身边"的亲人，陪伴他走过了人生的最后时光。这是历史对恩格斯的回报。1895 年 7 月 23 日，他写信给劳拉。这封信成为恩格斯的最后一封亲笔信。1895 年 7 月 28 日，不顾病情严重，他仍同爱琳娜谈论英国独立工党内的状况。从 1895 年 1 月到 7 月，患病中的老年恩格斯至少写了 80 封信，阐明了无产阶级革命的方针、策略和一系列理论问题，仍然坚守着全世界无产阶级革命顾问的职责。经过与病痛的英勇斗争之后，1895 年 8 月 5 日晚 10 点 30 分，全世界无产阶级又一次失去了自己的伟大导师，继马克思之后，弗里德里希·恩格斯与世长辞。一盏多么明亮的智慧之灯熄灭了，一颗多么伟大的心脏停止跳动了！

1895 年 8 月 10 日下午 2 时，恩格斯的追悼会在伦敦威斯敏斯特桥的滑铁卢车站大楼悄然举行。鲜花铺满了盛殓恩格斯遗体的红色灵柩，各国工人政党

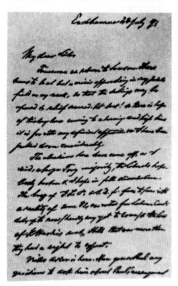

恩格斯 1895 年 7 月 23 日致劳拉的信
（这是恩格斯的最后一封亲笔信）

和社会主义者、亲朋好友送来的花圈摆满了四周。遵照恩格斯生前的嘱咐，追悼会以纯粹的私人性质举行，没有举行任何形式的游行。只有 80 多人参加了追悼会。其中，有马克思和恩格斯多年的老朋友穆尔，有恩格斯视同己出、疼爱有加的马克思的小女儿爱琳娜，有作为恩格斯年轻的朋友和战友的马克思的二女婿拉法格和三女婿艾威林，有来自德国社会民主党的倍倍尔、李卜克内西、考茨基、伯恩施坦，有俄国女革命家查苏利奇，有来自家乡的恩格斯的四个侄儿和在伦敦的亲戚，等等。李卜克内西代表德国社会民主党、受奥地利社会民主党委托的倍倍尔代表奥地利社会民主党、拉法格等在追悼会上发表了沉痛的讲话。他们高度评价恩格斯的革命成就和理论贡献，高度评价恩格斯理论和实践相统一的品格。李卜克内西说，恩格斯既是无产阶级革命的指路人，又是无产阶级革命的带路人；既是无产阶级革命的领袖，又是无产阶级革命的战士。

下午 3 时 30 分，一辆专车把盖满了鲜花和花圈的灵柩运到了位于罗克伍德的沃金火葬场。5 点整，专车到达。火化持续了一小时十五分。6 时 30 分，专车把送葬的人送回伦敦。

1895 年 8 月 27 日，是一个孕育风暴的日子。遵照恩格斯的遗愿，列斯纳、艾威林、爱琳娜、伯恩施坦等四人雇了一只双桨的小船，将恩格斯的骨灰罐沉入了离伊斯特本海滨约两海里的汹涌波涛中。伊斯特本是恩格斯喜爱的夏季休养地。恩格斯魂归大海，回到了大海的怀抱当中……

虽然恩格斯去世了，但是，与马克思一样，他给全世界的无产阶级和劳动人民留下了无比珍贵的精神财富。正如李卜克内西指出的那样："我们失去了一位思想界的伟人，失去了和马克思一起奠定科学社会主义基础并以社会主义策略教导无产阶级的人，失去了在 24 岁时就为我们写出《英国工人阶级状况》这一经典著作的人，失去了《共产党宣言》的合著者、帮助马克思组织国际工人协会的马克思的第二个'我'，失去了《反杜林论》这部深刻透彻的每个有思想的人都能理解的科学百科全书的作者，失去了《家庭的起源》和许多其他著作、文集、论文的作者，我们永远失去了我们的朋友、忠告者、领袖和战士。"[①] 但是，凡是有觉悟的工人阶级所生活和战斗的地方，恩格斯的思想、精神、人格和品质都将长留，他将与山河同在、与日月同辉。

---

① 李卜克内西．忆恩格斯（1820 年 11 月 28 日—1895 年 8 月 5 日）//中共中央马克思恩格斯列宁斯大林著作编译局．回忆恩格斯．北京：人民出版社，2005：16.

　　这位资本家的"不肖子孙",也将自己的物质财富捐献给了无产阶级革命事业。1893 年 7 月 29 日,恩格斯所写的遗嘱主要包括以下内容:第一,恩格斯指定自己的朋友穆尔、学生伯恩施坦、秘书路易莎为其遗嘱执行人,并遗赠他们每人二百五十英镑作为酬劳。第二,恩格斯交代,"我遗嘱给德意志帝国柏林的奥古斯特·倍倍尔(德意志帝国国会议员)和柏林的保尔·辛格尔(也是帝国国会议员)共一千英镑,这笔钱奥古斯特·倍倍尔和保尔·辛格尔或他们的继承人应作为在他们或他们的继承人确切肯定合适的时间和地点选举他们或他认为合适的人选进入德意志帝国国会时的经费"①。其实,这笔钱是用来支持德国社会民主党人开展议会斗争的竞选经费。第三,给其内侄女,即玛丽和莉希的侄女玛丽·艾伦·罗舍三千英镑。后来,考虑到其他资产问题,具体数字略有调整,但总额未变。第四,把三万英镑的现款(当时约合六十完金马克)分成八等份。马克思的两个女儿,即劳拉和爱琳娜各自获得八分之三,路易莎获得剩下的八分之二。其中,劳拉和爱琳娜都要拿出八分之一给小燕妮的后人,她们自己各自留下八分之二。这样做,符合当时英国的法律,因为小燕妮已经去世,不能成为遗产的继承人。换言之,小燕妮(其后人)、劳拉、爱琳娜、路易莎四人各自获得恩格斯现款遗产的八分之二。天下熙熙皆为利来,天下攘攘皆为利往。但是,这个曾经作为资本家经营过工厂的人,为了无产阶级的解放事业,视金钱如粪土,献出了自己的一切!

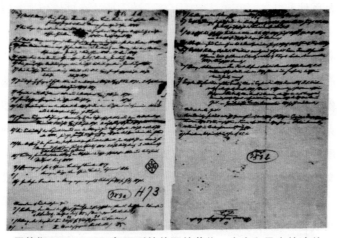

恩格斯 1889—1892 年开列的他写的著作、序言和导言的清单

---

① 马克思,恩格斯. 马克思恩格斯全集:第 39 卷. 北京:人民出版社,1974:483.

然而，在马克思遗稿和遗著等文献的继承问题上，由于马克思的后人出于感情的需要都想继承这些"财富"，分"家产"的结果为后来马克思甚至恩格斯文献遗产的七零八落的去处埋下了"伏笔"，造成了诸多遗憾。虽然多次协调，但恩格斯生前对此也没有什么好的处理办法。毕竟清官难断家务事嘛。

就在恩格斯逝世前不到两个星期，一位年轻的俄国社会民主主义者收拾行囊，从伯尔尼匆匆忙忙地直奔巴黎。他面见马克思的二女儿劳拉和她的丈夫拉法格，希望他们能够将自己引介给恩格斯。遗憾的是，恩格斯当时的病情已经不允许客人的来访了。从伦敦不断地传来恩格斯病重的消息，最后传来了恩格斯逝世的噩耗。因此，这位年轻人很遗憾地与恩格斯失之交臂。

1895 年秋，这位年轻人撰写了《弗里德里希·恩格斯》一文。在该文中，他回顾了恩格斯伟大而光辉的一生，高度评价恩格斯的《英国工人阶级状况》、马克思和恩格斯合著的《神圣家族》、恩格斯的《反杜林论》《家庭、私有制和国家的起源》《路德维希·费尔巴哈和德国古典哲学的终结》《论住宅问题》《论俄国的社会问题》《俄国沙皇政府的对外政策》等文献的科学贡献，高度评价恩格斯整理和出版《资本论》的巨大功劳，高度评价恩格斯在 1848—1849 年欧洲革命、第一国际、第二国际等革命运动中建立的丰功伟绩，高度评价恩格斯和马克思关于"东西方革命互补理论"对欧洲革命和俄国革命的指导意义。如同恩格斯的《在马克思墓前的讲话》一样，《弗里德里希·恩格斯》一文同样是阐明科学的马克思主义观、马克思主义发展史的科学文献的典范。这位年轻人名叫弗拉基米尔·伊里奇·乌里扬诺夫。后来，他给自己取名为列宁。列宁与恩格斯未能谋面，这成为无产阶级革命事业中永远的历史遗憾。

列宁于 1895 年秋写的悼念恩格斯的文章《弗里德里希·恩格斯》
（载于俄国《工作者》文集 1896 年第 1 - 2 期合刊）

最后，让我们用无产阶级革命伟大导师列宁在《弗里德里希·恩格斯》一文中的最后一句话来结束我们这次学习恩格斯的思想之旅，以表示我们的忠诚和致敬：

无产阶级的伟大战士和导师弗里德里希·恩格斯永垂不朽！

恩格斯生平大事年表

1820 年

11 月 28 日　弗里德里希·恩格斯出生于普鲁士莱茵省巴门市。

1829 年

恩格斯进入巴门市立学校学习。

1834 年

10 月　恩格斯进入埃尔伯费尔德文科中学学习。

1837 年

9 月　恩格斯辍学，到他父亲在巴门的公司当办事员。

1838 年

1838 年 7 月中—1841 年 3 月下半月　恩格斯在不来梅一家贸易公司见习。

1839 年

约 1 月—3 月初　恩格斯撰写《伍珀河谷来信》。

1841 年

1841 年 9 月底—1842 年 10 月 8 日　恩格斯作为志愿兵在柏林服役；利用公余时间在柏林大学旁听哲学课程并参加青年黑格尔派的活动；撰写一系列著作，对谢林做了尖锐的批判。

1842 年

11 月下半月　恩格斯动身前往英国，到曼彻斯特欧门—恩格斯公司实习经商。赴英途中，恩格斯访问了科隆的《莱茵报》编辑部，在那里和马克思初次见面。

1843 年

恩格斯结识爱尔兰女工玛丽·白恩士，后来同她结为夫妇。

约 5—6 月　恩格斯在伦敦和正义者同盟建立联系，结识了同盟领导人卡·沙佩尔、约·莫尔和亨·鲍威尔。

1843 年 9 月底或 10 月初—1844 年 3 月中　恩格斯为马克思和阿·卢格创办的《德法年鉴》撰稿，写了《国民经济学批判大纲》《英国状况。评托马斯·卡莱尔的〈过去和现在〉》等文章。

1844 年

8 月底—9 月初　恩格斯从英国回德国时，绕道巴黎会见马克思。这次会见为他们终生不渝的伟大合作奠定了基础。马克思和恩格斯着手合著《神圣家族》，该著作于 1845 年 2 月在美因河畔法兰克福出版。

1844 年 9 月—1845 年 3 月　恩格斯在巴门撰写《英国工人阶级状况》；在莱茵省积极参加民主主义运动的宣传和组织工作。

1845 年

4 月　恩格斯迁往布鲁塞尔，与马克思共同从事革命活动。

7—8 月　马克思和恩格斯到伦敦和曼彻斯特进行为期六周的考察旅行。

1845 年秋—1846 年 5 月　马克思和恩格斯撰写《德意志意识形态》。

1846 年

年初　马克思和恩格斯在布鲁塞尔创立共产主义通讯委员会。

8 月 15 日　恩格斯来到巴黎，向正义者同盟巴黎各支部宣传科学社会主义思想，组织共产主义通讯委员会，并同魏特林主义、蒲鲁东主义和"真正的社会主义"进行斗争。

1847 年

1 月底　马克思和恩格斯在确信正义者同盟领导人愿意改组同盟并接受科学社会主义理论之后，同意加入同盟。

6 月初　恩格斯出席在伦敦召开的共产主义者同盟第一次代表大会，为同盟起草了纲领草案《共产主义信条草案》。

9 月 27 日以前和 10 月 3 日　恩格斯撰写《共产主义者和卡尔·海因岑》。

10 月底—11 月　恩格斯为共产主义者同盟起草纲领草案《共产主义原理》。

11 月 29 日　马克思和恩格斯在伦敦出席民主派兄弟协会为纪念 1830 年波兰起义而举行的国际大会。马克思和恩格斯在大会上发表了关于波兰问题的演说。

11 月 29 日—12 月 8 日　马克思和恩格斯出席共产主义者同盟第二次代表大会。

大会委托马克思和恩格斯为共产主义者同盟起草一个准备公布的理论和实践的纲领。

1847 年 12 月 9 日—1848 年 1 月底　马克思和恩格斯撰写《共产党宣言》。

1848 年

1 月底　恩格斯被法国当局驱逐，迁居布鲁塞尔。

2 月底　《共产党宣言》在伦敦出版。

3 月 11 日　共产主义者同盟新的中央委员会在巴黎成立。马克思当选中央委员会主席。在布鲁塞尔的恩格斯缺席当选中央委员会委员。

3 月 21 日前后　恩格斯来到巴黎，参加共产主义者同盟中央委员会的工作。

3 月下半月—4 月初　鉴于德国爆发三月革命，以马克思为首的共产主义者同盟中央委员会组织了三四百名德国工人（大多数是同盟盟员）分散回国参加革命。

3 月下旬　马克思和恩格斯拟定了共产主义者同盟在这次革命中的行动纲领《共产党在德国的要求》。

4 月 6 日前后　马克思和恩格斯离开巴黎，回德国参加革命。

4 月 11 日　马克思和恩格斯到达科隆，筹办《新莱茵报》。

6 月 1 日　马克思主编的《新莱茵报》创刊号在科隆出版。

6 月 25 日—7 月 1 日　马克思和恩格斯撰写有关巴黎六月起义的一系列文章。

8 月 13—14 日　马克思和恩格斯参加莱茵省第一届民主主义者代表大会。

9 月 13 日　《新莱茵报》编辑部、科隆工人联合会和民主协会在科隆弗兰肯广场召开民众大会。马克思和恩格斯被选入由 30 人组成的安全委员会。

9 月 17 日　恩格斯参加由科隆各民主团体发起的在科隆附近沃林根召开的民众大会。恩格斯被选为大会书记。

9 月 26 日以后　恩格斯面临被捕的危险，不得不离开科隆，先后前往比利时、法国和瑞士。

1849 年

1 月中　恩格斯回到科隆，重新全力投入《新莱茵报》的编辑工作。

2 月 7 日　科隆陪审法庭开庭审理《新莱茵报》因发表《逮捕》一文被控侮辱检察官和诽谤宪兵一案，马克思和恩格斯在法庭上当众揭露普鲁士反动当局的诬陷和迫害。陪审法庭宣告马克思、恩格斯无罪。

5 月中　恩格斯参加埃尔伯费尔德的起义。

5 月 19 日　《新莱茵报》被迫停刊，用红色油墨印出终刊号第 301 号。

6 月 6 日　普鲁士政府下令通缉恩格斯。

6 月 13 日—7 月 12 日　恩格斯作为奥·维利希的副官参加巴登-普法尔茨起义军

的多次战斗。起义失败后，恩格斯于 7 月 12 日随同最后一批起义军越过边界退入瑞士境内。

11 月 10 日前后　恩格斯到达伦敦，立即投入共产主义者同盟中央委员会的工作，与马克思一起改组同盟和筹办《新莱茵报。政治经济评论》，后来又参加德意志工人教育协会的工作。

1850 年

3—11 月　马克思和恩格斯创办的《新莱茵报。政治经济评论》出版了六期（其中第 5—6 期是合刊）。该杂志发表了马克思的《1848 年至 1849 年》（即《1848 年至 1850 年的法兰西阶级斗争》）和恩格斯的《德国维护帝国宪法的运动》《德国农民战争》等著作。

3 月和 6 月　马克思和恩格斯共同起草了两篇《共产主义者同盟中央委员会告同盟书》。

9 月 15 日　马克思和恩格斯在共产主义者同盟中央委员会会议上尖锐地批判了维利希和沙佩尔的宗派冒险主义策略。会议决定把中央委员会迁往科隆，委托科隆区部组建新的中央委员会。

11 月中　恩格斯迁居曼彻斯特，重新回到欧门—恩格斯公司工作。

11 月底　恩格斯在曼彻斯特开始系统地研究军事问题。

1851 年

8 月 8 日　马克思写信告诉恩格斯，《纽约每日论坛报》编辑查理·安德森·德纳约他为该报撰稿，他已接受建议。为了让马克思专心从事政治经济学研究，恩格斯大力协助马克思为该报撰稿。马克思和恩格斯为该报撰稿持续十年以上。

1851 年 8 月 17 日—1852 年 9 月 24 日　恩格斯撰写《德国的革命和反革命》一组文章，发表时署名马克思。

1852 年

10—11 月　马克思和恩格斯密切关注科隆共产党人案件的审讯进程，想方设法把揭露普鲁士警察当局阴谋的文件和材料寄往科隆，帮助被告辩护人在法庭上证明起诉的虚假性。

1853 年

9 月 28—29 日　恩格斯鉴于克里木战争即将爆发，为《纽约每日论坛报》撰写分析俄土两军兵力对比的文章。此后直到 1856 年战争结束，恩格斯就克里木战争写了一系列军事评论。

1855 年

6 月 15 日　马克思致信恩格斯，约请恩格斯为纽约《普特南氏月刊》撰写论述欧洲军队的文章。

1856 年

5 月　恩格斯和玛丽·白恩士到爱尔兰旅行，了解爱尔兰人民的生活和受英国殖民压迫的情况。

1857 年

5 月 20 日前后　恩格斯撰写《波斯和中国》。

6 月 30 日　马克思撰写关于印度军队起义的文章。此后，马克思和恩格斯写了一系列论述印度 1857—1859 年民族解放起义的文章。

1857 年 7 月—1860 年 11 月　马克思和恩格斯为《美国新百科全书》撰写条目，许多条目是两人合作的成果。

1858 年

7 月 14 日　恩格斯写信告诉马克思自己研究比较生理学、物理学以及其他自然科学的情况。

1859 年

2 月底—3 月 9 日　恩格斯撰写《波河与莱茵河》。

8 月 3—15 日　恩格斯为马克思的《政治经济学批判。第一分册》撰写书评。

1860 年

1 月 11—26 日　马克思和恩格斯密切关注美国争取消灭奴隶制的运动和俄国争取废除农奴制的运动。

2 月 4—20 日　恩格斯撰写《萨瓦、尼斯与莱茵》。

3 月 23 日—4 月 6 日　恩格斯因父亲逝世，暂住巴门。

1861 年

1861 年 6 月—1862 年 11 月　马克思和恩格斯鉴于美国爆发内战，特别注意研究美国内战发生的原因和战争进程。

1863 年

1 月 6 日　恩格斯夫人玛丽·白恩士在曼彻斯特逝世。

2 月中—5 月初　马克思和恩格斯充分肯定用革命方法解决波兰问题的意义，决定以伦敦德意志工人教育协会的名义就波兰起义发表呼吁书，并撰写论述波兰人民斗争的小册子。

1864 年

6 月 30 日　恩格斯和欧门兄弟签订为期五年的协议，成为曼彻斯特欧门—恩格斯公司的股东。

7月7日   恩格斯被选为曼彻斯特德国政治流亡者席勒协会理事会理事，同月又被选为协会主席。

9月10日前后—10月中   恩格斯到石勒苏益格-荷尔斯泰因旅行。

11月4日   马克思写信给恩格斯，详尽地叙述了成立国际工人协会、起草成立宣言和临时章程的经过。

1865 年

1月27日—2月11日   恩格斯撰写《普鲁士军事问题和德国工人政党》。

1866 年

1月底—2月中   马克思由于紧张写作《资本论》而患病。恩格斯建议马克思将第一卷先送去付印。马克思按照恩格斯的意见，决定首先发表《资本论》第一卷。

1867 年

6月3—16日   马克思把《资本论》第一卷前五个印张的清样寄给恩格斯校阅。恩格斯读完《资本论》第一卷第一批校样后，在给马克思的信中谈了自己的意见。

8月16日   马克思看完《资本论》第一卷最后一个印张的校样。他在深夜两点写信给恩格斯，衷心感谢恩格斯在他写作这部著作期间所给予的无私帮助。

1867年10月—1868年6月   恩格斯为了宣传《资本论》的理论观点，打破资产阶级报刊和学术界对《资本论》第一卷的出版蓄意保持的沉默，发表了一系列书评。

1868 年

3月   马克思和恩格斯研究德国历史学家格·毛勒的著作，并给予很高的评价。

3月2—13日   恩格斯为德国工人报纸《民主周报》撰写《资本论》第一卷书评。

1869 年

6月30日   恩格斯结束曼彻斯特欧门—恩格斯公司的工作，从此全力以赴地投身于无产阶级解放事业。

9月6—23日   恩格斯和他的第二任夫人莉迪娅（莉希）·白恩士以及马克思的女儿爱琳娜到爱尔兰旅行。

10—12月   恩格斯着手撰写《爱尔兰史》。

1870 年

1870年7月27日前后—1871年2月中   恩格斯撰写了59篇关于普法战争的文章。

9月20日   恩格斯和莉希·白恩士迁居伦敦，住在马克思家附近。此后，恩格斯在伦敦一直居住到逝世。

10月4日　经马克思提名，恩格斯当选为国际工人协会总委员会委员，并先后担任总委员会比利时、意大利、西班牙、葡萄牙和丹麦的通讯书记。

1871 年

3月19日—5月　马克思和恩格斯仔细研究3月18日巴黎爆发革命后的局势和3月28日宣布成立的巴黎公社的材料，同公社社员建立联系，并在有关内外政策的各种问题上向公社提供建议。马克思和恩格斯组织各国工人举行群众集会声援巴黎公社，致信国际工人协会各支部，呼吁对公社给予支持。

6—12月　马克思和恩格斯组织对巴黎公社流亡者的救济和援助，领导了国际工人协会总委员会成立的流亡者委员会的工作，设法为流亡的公社社员寻找工作。

6月中—约7月26日　恩格斯把马克思的著作《法兰西内战》译成德文。

9月17—23日　马克思和恩格斯领导国际工人协会伦敦代表会议的工作。马克思和恩格斯在会上做了关于工人阶级的政治行动的发言。

1872 年

1月中—3月初　马克思和恩格斯撰写国际工人协会总委员会内部通告《所谓国际内部的分裂》。

1872年5月—1873年1月　恩格斯撰写《论住宅问题》。

6月24日　马克思和恩格斯为《共产党宣言》1872年德文版撰写序言。

9月2—7日　马克思和恩格斯领导国际工人协会海牙代表大会的工作，挫败了巴枯宁派的分裂阴谋。

10月　恩格斯撰写《论权威》。

1873 年

约2月　恩格斯撰写批判德国庸俗唯物主义的代表人物路·毕希纳的提纲。恩格斯对毕希纳的批判性研究超出了计划的范围，由此转入自然辩证法的研究和写作。

4—7月　马克思和恩格斯撰写《社会主义民主同盟和国际工人协会》。

5月30日　恩格斯写信给马克思，介绍《自然辩证法》一书的构思和自然辩证法的要点。他在1873—1882年写了大量论文、札记和片段，后因忙于整理马克思遗稿和领导国际工人运动，这部著作没有最终完成。

约1873年10月—1874年2月　恩格斯研究德国史相关资料和著作并做详细摘要，撰写关于德国史著作的草稿。

约10月28日—11月20日　恩格斯因母亲生病和逝世，暂住恩格斯基兴。

1874 年

约1874年5月中—1875年4月中　恩格斯撰写以《流亡者文献》为题的一组

文章。

1875 年

3 月 18—28 日　恩格斯写信给德国社会民主工党领导人奥·倍倍尔，批判社会民主工党（爱森纳赫派）同全德工人联合会（拉萨尔派）为准备合并而起草的纲领草案。

1875 年年底或 1876 年上半年　恩格斯撰写《自然辩证法》中第一篇较完整的长篇论文《导言》。

1876 年

5—6 月　恩格斯撰写《自然辩证法》中的《劳动在从猿到人的转变中的作用》。

5 月 24—26 日　马克思和恩格斯鉴于德国小资产阶级社会主义者欧·杜林的思想对德国社会主义工人党的危害日益严重，商讨开展对杜林思想的批判。

1876 年 9 月—1878 年 4 月　恩格斯撰写《欧根·杜林先生在科学中实行的变革》（即《反杜林论》）。

1877 年

6 月中旬　恩格斯应威·白拉克的请求为《人民报》撰写马克思传略，题为《卡尔·马克思》。

1878 年

约 1—4 月　恩格斯撰写《自然辩证法》中的《神灵世界中的自然研究》。

1878 年中—1882 年 8 月　恩格斯研究德国史，收集资料并撰写《论德意志人的古代历史》和《法兰克时代》。

8 月或 9 月初　恩格斯写完《反杜林论》以后，打算着手系统地整理《自然辩证法》的材料，为此他拟订了这一著作的总计划草案。

9 月 12 日　恩格斯的第二任夫人莉希·白恩士在伦敦逝世。

1879 年

不早于 9 月　恩格斯撰写《自然辩证法》中的《辩证法》。

9 月 17—18 日　马克思和恩格斯共同起草给奥·倍倍尔、威·李卜克内西、威·白拉克等人的通告信，批评在"非常法"实施以后德国社会主义工人党内出现的机会主义倾向。

1880 年

1 月—3 月上半月　恩格斯应保·拉法格的请求，把《反杜林论》的三章内容（《引论》的第一章、第三编的第一章和第二章）改编为一篇独立的通俗著作，由拉法格译成法文，书名为《空想社会主义和科学社会主义》，1883 年出版德文单行本时书名改为《社会主义从空想到科学的发展》。

5 月 10 日前后　马克思、恩格斯应保·拉法格和茹·盖得的请求，帮助制定法国工人党纲领。马克思口授了法国工人党纲领导言，即纲领的理论部分。

1881 年

8 月 17—18 日　恩格斯研究马克思的数学手稿，并在信中对马克思的观点给予高度评价。

12 月 2 日　马克思的夫人燕妮·马克思在伦敦逝世。恩格斯于 12 月 5 日在燕妮的葬礼上发表讲话。

1882 年

1 月 21 日　马克思和恩格斯为格·瓦·普列汉诺夫翻译的《共产党宣言》俄译本撰写序言。

4 月下半月　恩格斯撰写《布鲁诺·鲍威尔和早期基督教》。

9 月中—12 月　恩格斯为出版《社会主义从空想到科学的发展》德文第一版进行工作。

1883 年

3 月 14 日　卡尔·马克思在伦敦逝世。

3 月 17 日　马克思的葬仪在伦敦海格特公墓举行。恩格斯发表墓前讲话。

3 月下半月　恩格斯放下自己的科学研究工作，着手整理马克思的遗稿。

6 月 28 日　恩格斯为《共产党宣言》1883 年德文版撰写序言。

12 月　恩格斯完成了马克思的《资本论》第一卷的修订工作后，出版了该书德文第三版。

1883 年 12 月—1884 年 10 月　恩格斯审定马克思的著作《哲学的贫困》的德译本，为这个版本撰写序言和注释。

1884 年

2 月中—3 月初　恩格斯撰写《马克思和〈新莱茵报〉（1848—1849 年）》。

3 月底—5 月 26 日　恩格斯撰写《家庭、私有制和国家的起源》。

1884 年 6 月—1885 年 2 月　恩格斯正式进行《资本论》第二卷的编辑工作。

1885 年

2 月 23 日　恩格斯完成《资本论》第二卷最后一部分手稿的整理工作，并把它寄给出版社。

2 月底　恩格斯开始整理《资本论》第三卷手稿。这一工作持续了近十年时间。

7 月　恩格斯编辑的马克思《资本论》第二卷在汉堡出版。

10 月 8 日　恩格斯写完《关于共产主义者同盟的历史》，作为马克思的著作《揭露科隆共产党人案件》德文第三版的引言。

1886 年

年初　恩格斯撰写《路德维希·费尔巴哈和德国古典哲学的终结》。

3 月 15 日　恩格斯写信给法国社会主义者，在纪念巴黎公社十五周年之际表示与他们团结一致。

1887 年

1 月初　经恩格斯审定的《资本论》第一卷英文版出版。

1 月 26 日　恩格斯写完《英国工人阶级状况》一书美国版的序言。这篇序言后经恩格斯译成德文以《美国工人运动》为题单独发表。

1887 年 3 月—1888 年 1 月　恩格斯审定《共产党宣言》的英译本，为这个版本作注和撰写序言。

1887 年 12 月底—1888 年 3 月　恩格斯撰写《暴力在历史中的作用》。

1888 年

4 月—5 月 9 日　恩格斯审定马克思《关于自由贸易问题的演说》的英译文，并撰写序言。序言以《保护关税制度和自由贸易》为题先期单独发表。

5 月上半月　《路德维希·费尔巴哈和德国古典哲学的终结》一书的单行本出版。

8 月 8 日—9 月 29 日　恩格斯和爱琳娜·马克思、爱·艾威林、卡·肖莱马到美国和加拿大旅行。

1889 年

1—7 月　恩格斯积极参加定于 7 月 14 日在巴黎召开的国际社会主义工人代表大会的筹备工作。这次代表大会标志着第二国际的成立。

1889 年 12 月—1890 年 1 月　鉴于法德之间矛盾激化、法俄之间出现相互接近的迹象，以及爆发全欧战争的危险日益增长，恩格斯开始研究欧洲局势，撰写《俄国沙皇政府的对外政策》。

1890 年

2 月 21 日—4 月 12 日　恩格斯在文章和书信中高度评价社会民主党在德意志帝国国会选举中获得胜利的意义。

4 月—5 月初　恩格斯密切关注根据 1889 年国际社会主义工人代表大会决议在伦敦举行五一节示威游行和群众大会的准备工作。

5 月 1 日　恩格斯为《共产党宣言》1890 年德文版撰写序言。

5 月 4 日　恩格斯参加在伦敦举行的五一节示威游行和群众大会。

7月1—26日　恩格斯和卡·肖莱马到挪威旅行。

10月底11月初　经恩格斯审定的《资本论》第一卷德文第四版出版。

11月28日　恩格斯70岁生日。各国社会主义政党和工人组织及其活动家向恩格斯表示祝贺。

1890年12月—1891年1月6日　恩格斯整理发表马克思于1875年写的《哥达纲领批判》的手稿，并撰写序言。

1891 年

3月14日　恩格斯写完为纪念巴黎公社二十周年而准备出版的马克思的著作《法兰西内战》德文第三版的导言。

4月30日　恩格斯为马克思《雇佣劳动与资本》新版单行本撰写导言。

5月3日　恩格斯参加伦敦庆祝五一节的示威游行和群众大会。

6月16日　恩格斯写完《家庭、私有制和国家的起源》第四版序言，序言以《关于原始家庭的历史（巴霍芬、麦克伦南、摩尔根）》为题先期发表。

6月19日和27日之间　恩格斯撰写《1891年社会民主党纲领草案批判》。

9月8—23日左右　恩格斯和路易莎·考茨基、玛丽·艾伦·罗舍到爱尔兰和苏格兰旅行。

10月13日和22日之间　恩格斯撰写《德国的社会主义》。

1892 年

2月10日　恩格斯为《共产党宣言》波兰文版撰写序言。

4月20日　恩格斯写完《〈社会主义从空想到科学的发展〉英文版导言》。

5月1日　恩格斯参加在伦敦举行的五一节示威游行和群众大会。

11月9日和25日之间　恩格斯为《社会政治科学手册》撰写马克思传略。

1892年11月—1893年7月　恩格斯准备出版《资本论》第二卷德文第二版。

1893 年

1月底—4月　恩格斯写信给奥地利、德国、捷克、西班牙和法国工人庆祝五一节，指出庆祝这一节日对无产阶级国际团结的意义。

2月1日　恩格斯撰写《共产党宣言》意大利文版序言。

2月13日和23日之间　恩格斯撰写题为《欧洲能否裁军?》的一组文章。

3月31日　根据恩格斯的倡议，德国、法国和英国的社会主义者议员奥·倍倍尔、保·拉法格和约·白恩士在恩格斯家里会晤。恩格斯认为这次会晤本身证明国际工人运动取得了巨大成就。

5月7日　恩格斯参加伦敦的五一节示威游行。

5月11日　恩格斯同法国《费加罗报》记者谈话。

7月15日　恩格斯为《资本论》第二卷德文第二版撰写序言。

8月1日—9月29日　恩格斯在路易莎·考茨基和路·弗赖贝格尔的陪同下到德国、瑞士和奥匈帝国旅行。参加在苏黎世举行的国际社会主义工人代表大会的最后一次会议并发表演说；出席社会民主党人在维也纳和柏林举行的欢迎会和庆祝会并发表演说。

12月19日　恩格斯写信祝贺在日内瓦举行的国际社会主义者大学生代表大会。

1894 年

1月上半月　恩格斯为《〈人民国家报〉国际问题论文集（1871—1875）》撰写序言，论文集收录了1871—1875年他在《人民国家报》上发表的文章。恩格斯专门为这本论文集中的《论俄国的社会问题》一文写了跋。

1月26日　恩格斯撰写《未来的意大利革命和社会党》。

6月19日—7月16日　恩格斯撰写《论原始基督教的历史》。

10月4日　恩格斯写完《资本论》第三卷序言；表达了继续整理《资本论》第四卷即《剩余价值理论》的愿望。

11月12—29日　恩格斯撰写《法德农民问题》。

12月初　恩格斯编辑的《资本论》第三卷在汉堡出版。

1895 年

上半年　恩格斯就出版马克思和他自己的著作的全集和文集同路·库格曼、理·费舍、弗·梅林等人通信。

2月14日—3月6日　恩格斯为马克思的著作《1848年至1850年的法兰西阶级斗争》单行本撰写导言。

5月　恩格斯写《资本论》第三册增补。恩格斯开始出现食道癌的症状。

6月中—7月24日　恩格斯最后一次在伊斯特本休养。

8月5日　弗里德里希·恩格斯在伦敦逝世。

8月10日　恩格斯的追悼会在伦敦威斯敏斯特的滑铁卢车站大楼举行。

9月27日　恩格斯的骨灰罐投葬在伊斯特本海滨的岩崖附近的海中。

（资料来源：中共中央党史和文献研究院. 恩格斯画传：恩格斯诞辰200周年纪念版. 重庆：重庆出版社，2020：329-337.）

后　记

　　2020 年 11 月 28 日，是全世界无产阶级革命的伟大导师、科学共产主义理论的共同创始人恩格斯 200 周年诞辰。为此，中国人民大学出版社周莹同志在我完成《马克思传：人间的普罗米修斯》的时候，就约我撰写一部《恩格斯传》，作为上书的姊妹篇。与国内研究生态哲学（生态伦理学）的一部分学者不同，我是在 20 世纪 80 年代中期学习和研究恩格斯的《自然辩证法》之后开始沿着恩格斯开辟的道路从事生态问题研究的，对恩格斯充满了崇拜和敬畏之情，因此，我欣然答应了周莹同志的约稿。

　　本来计划本书在 2020 年 11 月 28 日前出版，但我没有如期完成这项光荣而神圣的任务，愧对恩格斯。从客观上来讲，突如其来的新冠疫情提出了回到恩格斯的《英国工人阶级状况》《自然辩证法》等文本上来重新审视疫情和生态的问题，我尽自己的所能以自己的方式投入了这场战斗中。同时，研究和宣传新时代中国共产党在生态文明问题上的理论创新成果，也成为一名理论工作者应该承担的紧迫任务。由于忙于这些议题的写作，本书的写作就被耽误了。从主观上来讲，我个人努力严重不够，没有统筹好人员和时间等问题。好在周莹同志锲而不舍，在她的多次善意的诚恳的催促下，本书终于完成，我偿还了一笔信誉债，终于在自己年届花甲之时献上一位列兵对"将军"的敬礼。因此，本书能够得以完成，首先应该感谢周莹同志！

　　本书写作的具体分工（按照写作的章节顺序）为：范雅捷（中国人民解放军军事科学院军队政治工作研究院助理研究员）负责撰写第一、二、三章（共三章），张当（中国人民大学马克思主义学院讲师）负责撰写第十四、十五、十六、十七章（共四章），笔者负责撰写其余的十一章。初稿完成之后，笔者完善甚至重写了绝大部分的章节。为了完整、准确地把握恩格斯的思想原意，本书不少地方的引文略长。因此，如果本书存在什么问题的话，那只能由笔者一人来承担责任。请广大读者批评指正！

本书中所采用的图片大部分翻拍自中共中央编译局编写的《恩格斯画传》（2012 年版、2020 年版），有一部分翻拍自编译局编译的《马克思恩格斯文集》（2009 年版）、《马克思恩格斯全集》（第一版、第二版），极个别采自网络的图片最终也来源于上述文献。本书中涉及的恩格斯和马克思著述的背景情况介绍，直接援用了编译局编译的马克思恩格斯著作的题注、注释等材料，以保持叙述的准确性。在此，对编译局几代老师的付出深表敬意和谢意！

最后，对中国人民大学出版社领导的大力支持和责任编辑徐德霞、焦娇老师的辛勤付出，表示诚挚的谢意！

张云飞

2022 年 8 月 25 日于京北回龙观

2023 年 4 月 20 日再记于中国人民大学

图书在版编目（CIP）数据

恩格斯传：将军和第二提琴手/张云飞著 . -- 北京：中国人民大学出版社，2023.6
ISBN 978-7-300-31695-6

Ⅰ.①恩… Ⅱ.①张… Ⅲ.①恩格斯（Engels，Friedrich 1820-1895)-传记 Ⅳ.①A721

中国国家版本馆 CIP 数据核字（2023）第 080149 号

恩格斯传

将军和第二提琴手

张云飞　著

En'gesi Zhuan

出版发行	中国人民大学出版社				
社　　址	北京中关村大街 31 号		**邮政编码**	100080	
电　　话	010 - 62511242（总编室）		010 - 62511770（质管部）		
	010 - 82501766（邮购部）		010 - 62514148（门市部）		
	010 - 62515195（发行公司）		010 - 62515275（盗版举报）		
网　　址	http://www.crup.com.cn				
经　　销	新华书店				
印　　刷	涿州市星河印刷有限公司				
开　　本	720 mm×1000 mm　1/16		**版　　次**	2023 年 6 月第 1 版	
印　　张	36 插页 4		**印　　次**	2023 年 6 月第 1 次印刷	
字　　数	601 000		**定　　价**	168.00 元